PER FILO E PER SEGNO 3

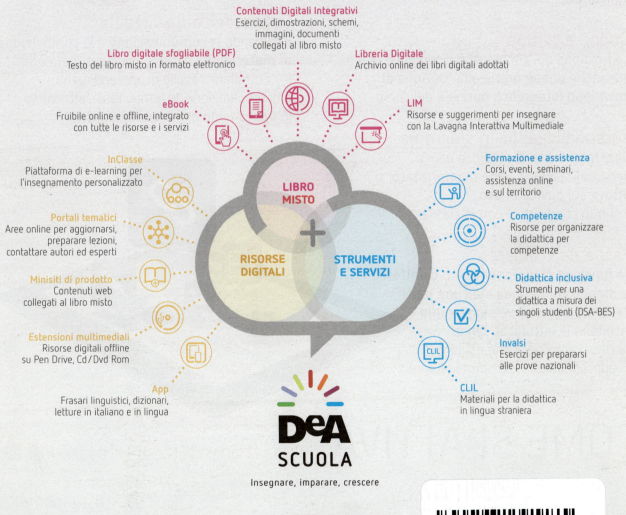

eBook. Cos'è

La versione digitale amplifica la proposta formativa del corso, grazie a una serie di rimandi che portano dal testo a risorse multimediali interattive fruibili online e offline.

Multidevice
Utilizzabile ovunque, su **tutti i tipi di dispositivo**: PC/Mac, netbook, tablet, LIM, con **impaginazione ottimizzata** per la lettura su ogni device.

Online e offline
La fruizione dei contenuti è disponibile online, ma anche offline grazie alla funzione di **download integrale** o **parziale** del corso.

Personalizzabile in sincronia
Ogni **intervento** di modifica e personalizzazione viene **memorizzato**, si ritrova **sui device in uso** e si può condividere con la classe.

Facile da studiare
La funzione di **ingrandimento carattere**, le **mappe concettuali** e **alcune parti del testo** anche in versione **audio** facilitano la lettura, andando incontro alle specifiche esigenze di apprendimento dei singoli alunni.

Semplice da usare
Intuitivo e immediato, consente di **consultare**, **organizzare** e **condividere** contenuti e risorse digitali con facilità.

Fulcro dell'aula virtuale
Facilitando la **comunicazione** e la **condivisione di materiali** fra docenti e studenti, permette di controllare il livello di apprendimento e di preparazione, in tempo reale, attraverso lo svolgimento di esercizi interattivi.

COME SI ATTIVA (guarda il video tutorial su deascuola.it)

1 Vai su deascuola.it, registrati o accedi per attivare il tuo eBook

2 Clicca su "Attiva eBook" e inserisci il codice* nell'apposito campo

* Trovi il tuo codice sulla seconda di copertina del libro o puoi acquistarlo su deascuola.it

eBook. Come si usa

L'eBook, una volta attivato, si può leggere, consultare e personalizzare utilizzando l'App di lettura bSmart, che mette a disposizione un kit di funzioni tecnologicamente avanzate.

L'App di lettura bSmart, fruibile online o installata sul tuo device, ti mostrerà una scrivania comprensiva di:

❶ Libreria Digitale: qui potrai conservare i tuoi corsi e scegliere se **consultarli online o scaricarli**, anche un capitolo alla volta, e usarli senza connetterti

❷ Classi: qui potrai entrare a far parte di una **classe virtuale** e tenerti in contatto con compagni e docenti anche oltre l'orario di lezione.

L'App di lettura bSmart, inoltre, ti permette di usare l'eBook come un quaderno, grazie a queste barre degli strumenti di **personalizzazione**:

Strumenti — Ritaglio, Glossario, Mappe, Crea lezione

consente di **preparare la lezione** ritagliando parti di testo e/o immagini e creando **mappe concettuali** interattive

Annotazioni

consente di **evidenziare**, aggiungere **note testuali** e inserire forme e/o frecce utili a dare rilievo a concetti e nozioni particolarmente significativi di una pagina

Aggiungi — File, Link, Registrazione, Appunto

consente di rendere l'eBook ancora più tuo grazie all'inserimento di **link a siti esterni** e di altri contenuti: dal semplice testo alla foto fino ai video.

L'eBook, completando e integrando sul digitale il libro di testo, diventerà per te uno strumento più stimolante e coinvolgente di studio, approfondimento ed esercitazione interattiva.

3 Inserito il codice, vai su bSmart.it, registrati o accedi per iniziare a usare il tuo eBook

4 Consulta l'eBook online nella tua Libreria Digitale o scarica l'App di lettura offline sui tuoi device**

** Da **bSmart.it** per PC/Mac - Da **iTunes** per iPad - Da **Google Play** per Android.

PER FILO E PER SEGNO

Percorsi ed esperienze nel mondo delle parole

In allegato al volume 3 è scaricabile la **narrativa in formato eBook** *Il giardino segreto*, con schede di verifica della comprensione.

Le risorse disponibili sull'eBook sono evidenziate sia nelle **pagine di apertura delle unità**, sia nel **Piano generale dell'opera**, consultabile in formato digitale.

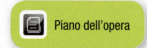

La didattica per competenze
La diverse tipologie di competenza sono segnalate nelle **Attività** al termine dei brani antologizzati, nelle schede di **Laboratorio** e in quelle di **Progetto**.

La Scuola di scrittura
13 lezioni che affrontano le principali **tecniche di scrittura**: dalle **tipologie testuali** alla **scrittura creativa**.

Ogni lezione è introdotta da un episodio di una storia a puntate, proposto come modello di scrittura.

La scuola di scrittura è sempre disponibile, nelle risorse dell'eBook, per tutti e tre gli anni di corso.

Il quotidiano in classe per informarsi e discutere sui temi di attualità

Sul sito **deascuola.it** il canale **E20**, gestito in collaborazione con il quotidiano **La Stampa**, propone materiali (articoli, video, immagini) periodicamente aggiornati per conoscere e approfondire i più importanti fatti di cronaca e gli argomenti di attualità.

La preparazione alla Prova INVALSI
Nei tre volumi sono disponibili esercitazioni guidate per la preparazione alla Prova INVALSI mentre tra le risorse dell'eBook si trovano delle Prove complete, elaborate secondo il modello ministeriale, per ciascun anno.

Insieme al traguardo. Preparazione all'Esame di Stato
Il volumetto, che propone esercitazioni in vista della Prova scritta di Italiano e del colloquio orale, è sempre disponibile nell'eBook.

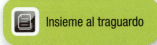

Nell'eBook

 approfondimenti

 esercizi interattivi

 video

 audio

  link

 carte interattive

 presentazione in PowerPoint

Indice

Il **Metodo di studio** e la Scuola di scrittura sono risorse sempre disponibili nell'eBook e quindi utilizzabili secondo le necessità didattiche.

Le lezioni della **Scuola di scrittura** possono esser utilizzate sia autonomamente sia seguendo i rimandi 📖 presenti nelle *Attività* che seguono i brani.

IL MIO METODO DI STUDIO

Saper studiare
1. Che cosa vuol dire studiare
2. Perché studiare? Le motivazioni allo studio
3. Concentrarsi: una condizione essenziale, irrinunciabile
4. Organizzare il proprio tempo
LABORATORIO DELLE COMPETENZE > I miei motivi per studiare: un'indagine in classe

Leggere per studiare
1. Porsi qualche domanda prima di cominciare
2. Leggere per "avere un'idea"
3. Leggere per cercare e riconoscere le informazioni
4. Raccogliere e sintetizzare le informazioni 1
5. Elaborare le informazioni
6. Memorizzare ed esporre
7. Leggere e sottolineare
8. Raccogliere e sintetizzare le informazioni 2
LABORATORIO DELLE COMPETENZE > Regole per studiare bene

Ascoltare una lezione
1. Che cos'è una lezione
2. Ascoltare attivamente per imparare

Memorizzare ed esporre
1. Esercitare i diversi tipi di memoria
2. Le condizioni che aiutano a ricordare
3. L'interrogazione
4. Consigli pratici per affrontare un'interrogazione

Leggere per fare
I testi non continui

LA SCUOLA DI SCRITTURA

Fra lettura e scrittura
LEZIONE 1 Il riassunto

LEZIONE 2 Dalla scheda di narrativa alla recensione

Scrivere con metodo
LEZIONE 3 Prima di scrivere: l'analisi della traccia

LEZIONE 4 Allora c'è tutto? Il progetto e la stesura

LEZIONE 5 Rivedere, rivedere, rivedere

Esperienze di scrittura
LEZIONE 6 Descrivere luoghi

LEZIONE 7 Descrivere persone

LEZIONE 8 Raccontare la realtà: esperienze personali e scrittura autobiografica

LEZIONE 9 Scrittura creativa 1:
- Scrivere partendo da altri testi
- Facciamo che io ero... Scrivere da punti di vista bizzarri
- Scrivere a partire da immagini
- Scrivere ministorie

LEZIONE 10 Raccontare storie inventate: dal sogno al racconto fantastico

LEZIONE 11 Scrittura creativa 2:
- Inventare miti e fiabe
- Entrare nelle storie e continuarle
- Giocare con finali, personaggi e generi

LEZIONE 12 Scrivere una relazione

LEZIONE 13 Scrivere un testo argomentativo

PER INCOMINCIARE

UNITÀ 1 — DOPO L'ESTATE: PROGETTI PER IL FUTURO

CONTENUTI DIGITALI INTEGRATIVI
- Un'intervista a Rita Levi Montalcini
- Micol Fontana, *Il drittofilo*
- I Percorsi scolastici formativi in Italia
- *Cielo d'ottobre*
- *L'amica delle stelle*: una pagina di assaggio

4 **Noi e il nostro futuro: progetti di vita**

5 **Storie di sogni e di progetti**
6 Gary Paulsen, *Il futuro oltre il confine*
11 Ursula Kroeber Le Guin, *Le ambizioni di Natalie*
14 Paul Bakolo Ngoi, *Dal villaggio alla città*
19 Fiona May, Paola Zannoner, *Un futuro nello sport*

22 **Storie di progetti realizzati**
22 Gherardo Colombo, *La scelta di una professione*
24 Luca Fraioli, *La signora delle Scienze. Fabiola Gianotti si racconta.*
29 Rita Levi Montalcini, *Una scelta*

33 **LABORATORIO DELLE COMPETENZE** > *Una scelta consapevole*
35 **Un film per te** > *Cielo d'ottobre*
35 **Un libro per te** > *L'amica delle stelle*

36 **PROGETTO COMPETENZE** > IN VISITA A UNA CITTÀ D'ARTE ITALIANA

42 **IL METODO DI STUDIO**
43 **LA SCUOLA DI SCRITTURA**

UNITÀ 2 — STORIE PER STUPIRSI, PER CONOSCERE
e per mettere alla prova le abilità di base

CONTENUTI DIGITALI INTEGRATIVI
- Jerry Spinelli, *Mitico e Mars*
- Per fare il punto

46 **Stupirsi e... ascoltare con attenzione**
cogliendo le caratteristiche del racconto
46 Anton Čechov, *Lo specchio curvo*

48 **Stupirsi per la vicenda narrata e...**
ascoltare prendendo appunti
48 Dino Buzzati, *La giacca stregata*

49	**Conoscere una bimba speciale e...**
	saper leggere una poesia
49	Umberto Saba, *Ritratto della mia bambina*
51	**Conoscere una persona singolare e...**
	esporre un'esperienza e le proprie opinioni
51	Muhammad Yunus, *Il banchiere dei poveri*
55	**LABORATORIO DELLE COMPETENZE >**
	Tenere una relazione in pubblico

ALLA SCOPERTA DEI TESTI
Il testo narrativo

58	**Gli strumenti del lettore • Il testo narrativo**
58	**Le caratteristiche del testo narrativo**
58	La struttura della storia e il ritmo narrativo
60	Narratore e punto di vista
64	I personaggi
69	Le scelte linguistiche e lessicali
71	Capire simboli e allegorie
73	I generi narrativi
76	Testo e contesto
77	**Interpretare il testo narrativo**
77	Che cosa significa interpretare un testo

CONTENUTI DIGITALI INTEGRATIVI

 Il testo narrativo: una presentazione in Power Point

Indice

UNITÀ 1 — IL ROMANZO DI FORMAZIONE

- 88   **SOLO PER IL PIACERE DI LEGGERE...**
  Niccolò Ammaniti, *Mio papà ti ci ha messo qua*
- 92   **LE CARATTERISTICHE DEL ROMANZO DI FORMAZIONE**
- 94   **COME È FATTO UN ROMANZO DI FORMAZIONE**
  Elsa Morante, *L'isola come la reggia di re Mida*
- 98   **Legami per crescere: amore, amicizia, parentela**
- 98   Marjorie Kinnan Rawlings, *Una decisione difficile da accettare* **+ facile**
- 103   Jerome David Salinger, *Phoebe*
- 107   **Momenti di crescita: la perdita, la scelta, la sconfitta**
- 107   Pat Brisson, *L'ultimo sguardo al cielo*
- 111   Paolo Giordano, *La tesi di laurea* **+ difficile**
- 115   **LABORATORIO DELLE COMPETENZE >** Storie di formazione
- 117   **Un film per te >** *David Copperfield*
- 117   **Un libro per te >** *Qualcuno con cui correre*

CONTENUTI DIGITALI INTEGRATIVI
- Crescita e comportamento degli adolescenti
- Delphine de Vigan, *Un'amicizia coraggiosa*
- Come guarda il mondo Holden?
- Richard Wright, *Un lavoro per Richard*
- **Per approfondire >** La segregazione razziale negli Stati Uniti
- James Joyce, *Eveline*
- *David Copperfield*
- *Qualcuno con cui correre*: una pagina di assaggio
- **Per fare il punto**

UNITÀ 2 — LA NARRATIVA FANTASTICA E ALLEGORICA

- 120   **SOLO PER IL PIACERE DI LEGGERE...** Italo Calvino, *Una questione complicata per il re*
- 123   **LE CARATTERISTICHE DELLA NARRATIVA FANTASTICA E ALLEGORICA**
- 125   **COME È FATTO UN RACCONTO FANTASTICO**
  Dino Buzzati, *Il colombre*
- 131   **I diversi volti del fantastico**
- 131   Nicolaj Vasil'evic Gogol', *Il naso* **+ facile**
- 137   Franz Kafka, *Un enorme insetto immondo*
- 141   **Per approfondire >** Le metamorfosi
- 142   Jules Feiffer, *Ospiti inattesi*
- 148   Luigi Pirandello, *Una giornata* **+ difficile**
- 153   **LABORATORIO DELLE COMPETENZE >** Inventare una storia fantastica
- 155   **Un film per te >** *Il segreto del bosco vecchio*
- 155   **Un libro per te >** *Il visconte dimezzato*

CONTENUTI DIGITALI INTEGRATIVI
- Il surrealismo
- Jonathan Swift, *Gulliver tra i lillipuziani*
- *Il segreto del bosco vecchio*
- *Il visconte dimezzato*: una pagina di assaggio
- **Per fare il punto**

Indice

UNITÀ 3 — IL ROMANZO GIALLO

- 158 **SOLO PER IL PIACERE DI LEGGERE...**
  Carlo Lucarelli, *Il delitto di Natale*
- 162 **LE CARATTERISTICHE DEL ROMANZO GIALLO**
- 165 **COME È FATTO UN RACCONTO GIALLO**
  Tiziano Sclavi, *Testimone oculare*
- 171 **Per approfondire >** L'Indagatore dell'incubo: Dylan Dog
- 173 **Investigatori e commissari di ieri e di oggi**
- 173 Arthur Conan Doyle, *Sherlock Holmes: il personaggio e il suo metodo d'indagine* **+ facile**
- 177 Georges Simenon, *Il commissario Maigret: un delitto in periferia*
- 182 Raymond Chandler, *Philip Marlowe: appostamenti e corse in auto sotto la pioggia*
- 187 **Enigmi da svelare**
- 187 Edgar Allan Poe, *La lettera rubata*
- 196 Agatha Christie, *La dama velata* **+ difficile**
- 205 **LABORATORIO DELLE COMPETENZE >** Scriviamo un racconto giallo
- 207 **Un film per te >** *Sherlock Holmes*
- 207 **Un libro per te >** *Il fiammifero svedese e il segreto dell'amore*

CONTENUTI DIGITALI INTEGRATIVI
- Andrea Camilleri, *Guardie e ladri*
- Leggere con il cuore in gola
- **Per approfondire >** Agatha Christie, la regina del delitto
- Ellery Queen, *Lo zio d'Australia*
- Sherlock Holmes
- *Il fiammifero svedese e il segreto dell'amore*: una pagina di assaggio
- Per fare il punto

UNITÀ 4 — LA FANTASCIENZA

- 210 **SOLO PER IL PIACERE DI LEGGERE...** Fredric Brown, *Sentinella*
- 211 **LE CARATTERISTICHE DEL RACCONTO DI FANTASCIENZA**
- 214 **COME È FATTO UN RACCONTO DI FANTASCIENZA**
  Ray Bradbury, *L'amabile sorriso*
- 220 **Ragazzi del futuro**
- 220 Arthur C. Clarke, *La base Clavius* **+ facile**
- 224 Fredric Brown, *Vietato l'accesso*
- 229 Margareth St. Clair, *Prott*
- 235 Philip K. Dick, *La pecora sul terrazzo* **+ difficile**
- 239 **Per sorridere del mondo del futuro**
- 239 Stefano Benni, *Parigi: una incredibile avventura che comincia dal freddo*
- 245 **LABORATORIO DELLE COMPETENZE >** Inventare una storia di fantascienza
- 247 **Un film per te >** *A.I. Intelligenza artificiale*
- 247 **Un libro per te >** *Sfera*

CONTENUTI DIGITALI INTEGRATIVI
- Isaac Asimov, *A scuola nel 2155*
- Jordy Sierra I Fabra, *Zuk-1, l'uomo-macchina*
- **Per approfondire >** Scienza e fantascienza
- L'uomo e i robot
- **Per approfondire >** Robot, robotica e fantascienza
- *A.I. Intelligenza artificiale*
- *Sfera*: una pagina di assaggio
- Per fare il punto

Indice

UNITÀ 5 — LE AUTOBIOGRAFIE E I LIBRI DI MEMORIE

- 250 **SOLO PER IL PIACERE DI LEGGERE...**
  Mario Lodi, *Il mio primo giorno di scuola... da maestro*
- 252 **LE CARATTERISTICHE DELLE AUTOBIOGRAFIE**
- 254 **COME È FATTA UN'AUTOBIOGRAFIA**
  Natalia Ginzburg, *Il signor Paolo Ferrari*
- 257 **La memoria dell'infanzia: le persone e i luoghi**
- 257 Giusi Quarenghi, *La valle come compagna di giochi* [+ facile]
- 260 Sveva Casati Modigliani, *Sant'Antonio e le crocchette di patate*
- 266 **Annunci di futuro**
- 266 Ermanno Olmi, *L'unica cosa che avevo in mente era il teatro*
- 271 Carlo Verdone, *Principi, streghe e diavoli in corridoio*
- 274 Isabel Allende, *Perché ricordare* [+ difficile]
- 277 **LABORATORIO DELLE COMPETENZE >** Scrivere di sé
- 281 **Un film per te >** *Shine*
- 281 **Un libro per te >** *Il nazista e la bambina*

CONTENUTI DIGITALI INTEGRATIVI
- Elias Canetti, *Il venerdì degli zingari*
- Olaudah Equiano, *Il rapimento*
- **Per approfondire >** Chi erano i mercanti di schiavi
- Raccontare di sé in pubblico
- *Shine*
- *Il nazista e la bambina*: una pagina di assaggio
- **Per fare il punto**

UNITÀ 6 — I NOSTRI CLASSICI

- 284 **La lettura dei libri in Italia**
- 284 *Leggere in Italia: libri a stampa ed elettronici*
- 289 **Giocare e riflettere con i classici**
- 289 Charles Dickens, *In un covo di ladri*
- 293 Agatha Christie, *Un'inquietante filastrocca e una voce disumana*
- 300 Ken Follett, *L'ufficio di zio Grigorian*
- 305 Italo Calvino, *Sugli alberi sotto la pioggia*
- 309 Primo Levi, *Se questo è un uomo*
- 313 **LABORATORIO DELLE COMPETENZE >** Per un pugno... di racconti
- 315 **Un film per te >** *Oliver Twist*
- 315 **Un libro per te >** *O sei dentro o sei fuori*

CONTENUTI DIGITALI INTEGRATIVI
- La produzione e la lettura dei libri in Italia (ISTAT)
- Fred Uhlman, *Il processo di sradicamento era iniziato*
- **Per approfondire >** Come è fatto un libro
- *Oliver Twist*
- *O sei dentro o sei fuori*: una pagina di assaggio
- **Per fare il punto**

UNITÀ 7 — LA STORIA ATTRAVERSO LE STORIE

CONTENUTI DIGITALI INTEGRATIVI
- Uri Orlev, *La rivolta*
- **LABORATORIO DELLE COMPETENZE>** I bambini di Theresienstadt
- I Ragazzi Perduti del Sudan in fuga dalla guerra
- La storia di Enrico Calamai
- Le madri di Plaza de Mayo
- Paola Zannoner, *Donne che ballano*
- *Il bambino con il pigiama a righe*
- *Il cacciatore di aquiloni*: una pagina di assaggio
- **Per fare il punto**

318 SOLO PER IL PIACERE DI LEGGERE... Paola Zannoner, **La bomba**
319 **LE CARATTERISTICHE DEL RACCONTO STORICO**
320 COME È FATTO UN RACCONTO STORICO
      Roberta Fasanotti, ***Bambini italiani sotto la dittatura fascista***
323 **Scheda storica >** *Lo squadrismo fascista*

324 **Bambini ebrei nel ghetto di Varsavia**
324 Jerry Spinelli, ***I treni*** +facile
328 **Scheda storica >** *La deportazione degli ebrei*
330 Karen Levine, ***Alla ricerca di Hana***
334 **Scheda storica >** *Terezin*

336 **Bambini tedeschi nell'inferno di Berlino**
336 Helga Schneider, ***Salute, Hitler!***
340 **Scheda storica >** *Adolf Hitler – La propaganda del regime*

342 **Conoscere i modi di vivere e i problemi di Paesi lontani**
342 Francesco D'Adamo, ***La battaglia***
345 **Scheda storica >** *I bambini soldato*
347 Daniela Palumbo, ***Io, chi sono?***
351 **Scheda storica >** *La dittatura militare in Argentina*
353 Deborah Ellis, ***Una scelta difficile*** +difficile
357 **Scheda storica >** *L'Afghanistan e i talebani*

359 **LABORATORIO DELLE COMPETENZE>** I diritti violati dei bambini nel mondo
361 **Un film per te >** *Il bambino con il pigiama a righe*
361 **Un libro per te >** *Il cacciatore di aquiloni*

362 **PROGETTO COMPETENZE >** REALIZZARE UN VIDEO SU PROBLEMI E PERSONAGGI DELLA STORIA

ALLA SCOPERTA DEI TESTI
Il testo argomentativo

370	**Gli strumenti del lettore • Il testo argomentativo**
370	*Testi per esprimere le nostre idee*
370	*Che cosa è il testo argomentativo*
370	Un testo per dimostrare e convincere
372	*Le caratteristiche del testo argomentativo*
372	La struttura del testo argomentativo
373	L'emittente e il destinatario
374	Il linguaggio del testo argomentativo
376	*Comprendere il testo argomentativo*

CONTENUTI DIGITALI INTEGRATIVI

Il testo argomentativo: una presentazione in Power Point

UNITÀ 8 — IL MONDO DEI GIOVANI

382	SOLO PER IL PIACERE DI... CONOSCERE OPINIONI E DISCUTERE
	Dialogare per crescere
383	COME È FATTO UN TESTO ARGOMENTATIVO
	Sabino Acquaviva, *I figli devono capire i genitori?*
385	**Writer e web: come e quanto**
385	*I graffiti: forma d'arte o manifestazione di teppismo?*
387	*Navigare nel web: opportunità e rischi*
389	*Lasciare Facebook*
392	**Giovani e adulti**
392	*Genitori e figli: controllo o fiducia?*
394	Marco Lodoli, *Il demone della Facilità*
396	Federica Mormando, *Bambini coraggiosi. Insegnare a cadere (e a rialzarsi)*
399	**LABORATORIO DELLE COMPETENZE >**
	Secondo me... e secondo te?

CONTENUTI DIGITALI INTEGRATIVI

Abbattere l'indifferenza

Antonello Ronca, *Castelli di sabbia*

Per fare il punto

ALLA SCOPERTA DEI TESTI
Il testo poetico

402	**Gli strumenti del lettore • Il testo poetico**
402	*Poesia della tradizione e poesia del Novecento*
405	*Le caratteristiche della poesia*
405	Che cosa sono le forme metriche
405	I principali componenti poetici tradizionali
411	Le caratteristiche del significato
418	Il testo e il contesto
419	*Interpretare il testo poetico*
419	Che cosa significa interpretare un testo poetico
420	Un esempio di commento

CONTENUTI DIGITALI INTEGRATIVI

 Il testo poetico: una presentazione in Power Point

UNITÀ 9 — OLTRE SE STESSI: L'AMORE E L'ALTRO

426	SOLO PER IL PIACERE DI LEGGERE...
	Paul Eluard, *Non verremo alla meta ad uno ad uno*
427	COME È FATTA UNA POESIA Umberto Saba, *Ed amai nuovamente*
429	**L'esperienza dell'amore**
429	Tony Mitton, *La sposa del mare* +facile
433	Umberto Saba, *A mia moglie*
436	Franco Fortini, *A mia moglie*
437	Hermann Hesse, *Se la mia vita*
439	Roberto Piumini, *Se meno piena sarà la canzone*
441	**Per approfondire >** Innamorarsi è l'occasione per conoscersi
442	Cintio Vitier, *Il tuo viso*
444	Eugenio Montale, *Ho sceso, dandoti il braccio*
446	Natalia Ginzburg, *In ricordo di Leone* +difficile
449	**La ricerca dell'Altro**
449	Alda Merini, *Dio mi ha messo in mano una cetra*
451	Corrado Govoni, *Una domanda*
453	Giuseppe Ungaretti, *Senza più peso*
455	Giorgio Caproni, *Congedo del viaggiatore cerimonioso*
459	**LABORATORIO DELLE COMPETENZE >** Scrivere l'amore
461	**Un film per te >** *Il postino*
461	**Un libro per te >** *L'amore in forma chiusa*

CONTENUTI DIGITALI INTEGRATIVI

 La traduzione

• Eugenio Montale, *La tua parola così stenta e imprudente*
• Rabindrānāth Tagore, *Hai colorato i miei pensieri e i miei sogni*

 La vita di Alda Merini

• Gianfranco Ravasi, *Dal cratere di una granata*

Il postino

L'amore in forma chiusa: una pagina di assaggio

Per fare il punto

Indice

UNITÀ 10 — GUERRA E PACE

CONTENUTI DIGITALI INTEGRATIVI
- Ungaretti e Gassman leggono *Sono una creatura*
- Giuseppe Ungaretti: contro la guerra e l'imperialismo
- Evghenij Evtušenko, *La scuola di Beslan*
- Miguel Hernandez, *(Guerra)*
- Per fare il punto

464	SOLO PER IL PIACERE DI LEGGERE... Bertolt Brecht, *La guerra che verrà*
465	COME È FATTA UNA POESIA Giuseppe Ungaretti, *In dormiveglia*
469	**I bambini e la guerra**
469	Pavel Friedman, *La farfalla* `+ facile`
471	**Un poeta e la guerra**
471	Giuseppe Ungaretti, *Veglia*
473	Giuseppe Ungaretti, *Sono una creatura*
475	Giuseppe Ungaretti, *San Martino del Carso*
476	Giuseppe Ungaretti, *Fratelli*
477	Giuseppe Ungaretti, *Soldati*
478	Per approfondire > I luoghi del soldato Ungaretti
479	Giuseppe Ungaretti, *Natale* `+ difficile`
481	**Altri poeti, altre guerre**
481	Salvatore Quasimodo, *Milano, agosto 1943*
482	Salvatore Quasimodo, *Alle fronde dei salici*
484	Diego Valeri, *Campo di esilio*
486	Vittorio Sereni, *Non sa più nulla, è alto sulle ali*
488	Vivian Lamarque, *Contagiosa morte*
489	Bertolt Brecht, *Generale*
490	**Il desiderio di pace**
490	Iakovos Kambanellis, *Quando la guerra finirà*
491	Nelly Sachs, *A voi che costruite la nuova casa*
493	Bertolt Brecht, *Chi sta in alto dice: pace e guerra* `+ difficile`
494	Li Tien Min, *La pace*
495	**LABORATORIO DELLE COMPETENZE** > Rovesciamo i ruoli

ALLA SCOPERTA DEI TESTI
Il testo teatrale

498	**Gli strumenti del lettore • Il testo teatrale**	
498	**Dal testo alla rappresentazione teatrale: l'allestimento**	
498	La regia	
499	La scenografia	
501	Gli attori	
503	I costumi	
504	Le luci	
505	La musica	

CONTENUTI DIGITALI INTEGRATIVI

 Il testo teatrale: una presentazione in Power Point

UNITÀ 11 — IL TEATRO PER NOI

508	**La comicità nella tragedia**
508	Achille Campanile, *Tragedie in due battute*
511	Achille Campanile, *La lettera di Ramesse*
516	Samuel Beckett, *Aspettando Godot*
520	**LABORATORIO DELLE COMPETENZE >** La messa in scena: dal testo teatrale al copione

CONTENUTI DIGITALI INTEGRATIVI

 Aspettando Godot: testo e scenografia

 Per fare il punto

UNITÀ 12 — IL TEATRO E LA SUA STORIA
522

eBook

IL TEATRO TRA OTTOCENTO E NOVECENTO
Adesione alla realtà e naturalezza
Il teatro del nord Europa: Henrik Ibsen, August Strindberg, Anton Čechov
Il teatro inglese di fine Ottocento: Oscar Wilde e George Bernard Shaw
Il teatro borghese e i nuovi mezzi di comunicazione

LA RIVOLUZIONE DEL NOVECENTO
Il teatro tradizionale…
… e le avanguardie
Tendenze del teatro del Novecento
Il teatro militante. Bertolt Brecht e Federico García Lorca
Il teatro dell'assurdo
Il teatro americano

IL TEATRO IN ITALIA
Luigi Pirandello
Il secondo dopoguerra e la nascita del Piccolo Teatro

Indice

Altre esperienze
Henrik Ibsen, *Casa di bambola*
Luigi Pirandello, *La patente*
Dario Fo, *Mistero buffo*
PER FARE IL PUNTO

524 **Invito a teatro >** *I promessi sposi*

ALLA SCOPERTA DEI TESTI
I testi fatti di parole e immagini

UNITÀ 13 — IL GIORNALE
526

CHE COSA È IL GIORNALE
Giornali periodici e giornali quotidiani
Di che cosa parlano i giornali
A chi si rivolgono
Testata, tiratura e diffusione
Tipi di quotidiani
I giornali on line
La stampa gratuita
Per approfondire > «Metro»: storia e motivi di un successo

LA STORIA DEL GIORNALE
Informazione e partecipazione
Antiche forme di informazione organizzata
Nascono i giornali
La diffusione della stampa
Per approfondire > Il linguaggio dei giornali

COME È FATTO IL GIORNALE
I contenuti
Come si costruisce il giornale
La struttura del giornale

GLI ARTICOLI
Vari tipi di articoli
La struttura e il linguaggio dell'articolo

LABORATORIO DELLE COMPETENZE > La nostra rassegna stampa
PER FARE IL PUNTO

528 **PREPARA LA PROVA INVALSI**

CONTENUTI DIGITALI INTEGRATIVI
Esercitazioni per la preparazione alla Prova INVALSI

Indice

NOI, GLI ALTRI, IL MONDO

UNITÀ 1 — LE GRANDI DOMANDE

CONTENUTI DIGITALI INTEGRATIVI

- Le grandi domande
- Domande da "filosofi"
- Jules Feiffer, *I problemi di Jimmy*
- **Per approfondire >** Chi era Socrate?
- Due canzoni sull'amore
- Una poesia d'amore
- Isabel Allende, *Alexander e Nadia*
- **LABORATORIO DELLE COMPETENZE >** Il poeta e l'amore
- Due canzoni sulla guerra
- Il bombardamento su Roma del 19 luglio 1943
- Emilio Lussu, *Soldati in marcia*
- Cesare Pavese, *Ogni guerra è una guerra civile*
- **LABORATORIO DELLE COMPETENZE >** Passi verso la pace
- War Horse
- *Il profumo del tiglio*: una pagina di assaggio
- **Per fare il punto**

544 **Chi sono io?**
544 Elena Rosci e Simona Rivolta, *E invece io sono diverso* +facile
546 Jostein Gaarder, *Chi sei tu?*
549 Oscar Brenifier e Jacques Després, *Per capire meglio noi stessi*
554 *Prendila con filosofia*

557 **LABORATORIO DELLE COMPETENZE >**
Il mio nome per dire chi sono

559 **Che cosa vuol dire amare?**
559 Susie Morgenstern, *Un amore che può aspettare*
562 Carla Gariglio, *Bellissimo*
565 Aldo Nove, *La bambina*
567 Abraham B. Yehoshua, *Dafi e Na'im*

571 **Pace o guerra?**
571 Elsa Morante, *Il bombardamento di Roma*
575 Alain Serres, *E Picasso dipinge* Guernica
579 Renato Dulbecco, *Non riuscivo a nutrire ostilità per quella gente*
582 Don Primo Mazzolari, *L'unica alternativa è la non violenza* +difficile
586 **Per approfondire >** La non-violenza come stile di vita
587 **Un film per te >** *War Horse*
587 **Un libro per te >** *Il profumo del tiglio*

UNITÀ 2 — DIVENTARE CITTADINI

CONTENUTI DIGITALI INTEGRATIVI

- Le regole sono sempre utili?
- Un cartone animato per conoscere i rischi della Rete
- Speciale legalità: parla Nicola Gratteri
- Gherardo Colombo, *Un Paese immaginario*
- Giovanni Falcone e Paolo Borsellino
- Federica Baroni, *Cyberbulli? No, grazie*
- Immigrazione e accoglienza

590 **Il piacere della legalità**
590 Nicola Balossi Restelli, *Nel buio* +facile
593 Beppe Severgnini, *L'educazione digitale che manca ai ragazzi per non ferire gli altri*
596 Andrea Gentile, *Il Mostro*

599 **La ricchezza della diversità: oggi in Italia**
599 Gherardo Colombo, *Che cosa dice l'articolo 3 della Costituzione*
601 Tahar Ben Jelloun, *Integrazione, assimilazione e identità per i figli di immigrati* +difficile

XIX

Indice

604	*Alunne e alunni con cittadinanza non italiana*
608	**LABORATORIO DELLE COMPETENZE >** Ragazzi stranieri in Italia: questioni aperte
610	**L'importanza della memoria**
610	Primo Levi e Graziano Udovisi, *Vergogne*
613	Bruno Maida, *Vivere ancora* **+ difficile**
616	Umberto Ambrosoli, *L'uomo con la pistola*
619	Alfredo Bazoli, *Per volontà di qualcuno*
621	**Per approfondire >** Gli Anni di piombo
622	**Per uno sviluppo sostenibile**
622	*Perché è necessario uno sviluppo sostenibile* **+ difficile**
626	*Un'alimentazione sana nel rispetto dell'ambiente*
629	*Quanta acqua serve*
632	Paolo Rumiz, *Un viaggio "sostenibile"*
636	**Un film per te >** *Home*
636	**Un libro per te >** *Benvenuto*
637	**PROGETTO COMPETENZE >** CAMBIARE ROTTA: MENO COSE PIÙ FELICITÀ

- Sentirsi stranieri
- Tahar Ben Jelloun, *Il razzismo*
- Raffaele Mantegazza, *Per combattere il pregiudizio*
- Gian Antonio Stella, *Bel Paese, brutta gente*
- La storia di Liliana Segre
- La storia di Graziano Udovisi
- **Per approfondire >** Le foibe
- La strage di piazza Fontana
- Le vittime degli Anni di piombo: le storie di Ambrosoli, Tobagi e Calabresi
- Umberto Ambrosoli, *L'esame di coscienza di chi sa e non parla*
- Lo scioglimento dei ghiacci e l'innalzamento del livello dei mari
- La regola delle quattro "R"
- *Sviluppo tradizionale e sviluppo sostenibile*
- **Per approfondire >** Il dissesto idrogeologico in Italia
- Vincenzo Vizioli, *L'agricoltura biologica*
- Paolo Pigozzi, *Il commercio equo e solidale*
- Home
- *Benvenuto: una pagina di assaggio*
- **Per fare il punto**

UNITÀ 3 **UN MONDO SEMPRE PIÙ PICCOLO**

648

Raccontare i luoghi
Marco Cattaneo, *Magia bianca* **+ facile**
Luigi Bignami, *La vita verde nell'isola di fuoco*
Per approfondire > Il reportage di viaggio
Andrea Semplici, *In piroga sul fiume Niger*
Ettore Mo, *Il corridoai azzurro che fa litigare l'Egitto con il resto dell'Africa*
Angela Terzani Staude, *Ritorno in Cina* **+ difficile**
Un film per te > *I diari della motocicletta*
Un libro per te > *Ebano*
PER FARE IL PUNTO

650 **Biografie**

PER INCOMINCIARE

UNITÀ **1** Dopo l'estate: progetti per il futuro

UNITÀ **2** Storie per stupirsi, per conoscere
e per mettere alla prova le abilità di base

 IL METODO DI STUDIO

 LA SCUOLA DI SCRITTURA

UNITÀ 1

Il terzo anno della scuola secondaria di primo grado, che stai frequentando, è una tappa importantissima non solo nella tua "carriera scolastica", ma anche nella tua vita: devi infatti affrontare i primi importanti esami del tuo percorso scolastico, e soprattutto sostenere la scelta della scuola superiore. Questa scelta rappresenta l'avvio del tuo progetto di vita e la responsabilità di una decisione che sarà soprattutto tua, sia pure anche sulla base di informazioni, sollecitazioni e indicazioni della tua famiglia e dei tuoi insegnanti.
Noi ti aiuteremo ad affrontare questo impegno attraverso un percorso di letture e riflessioni individuali e con i tuoi compagni.

DOPO L'ESTATE: PROGETTI PER IL FUTURO

Conoscenze
- Conoscere i possibili percorsi che la scuola italiana offre
- Conoscere le caratteristiche proprie e quelle dei compagni, le loro esperienze, le loro convinzioni

Competenze
- Comprendere se stessi: considerare le proprie caratteristiche e il proprio modo di apprendere
- Cercare il corso di studi che meglio corrisponde alle tue capacità, desideri e aspirazioni
- Fare una scelta consapevole

IL MIO PERCORSO

Noi e il nostro futuro: progetti di vita

Storie di sogni e di progetti
G. Paulsen, *Il futuro oltre il confine*
U. Kroeber Le Guin, *Le ambizioni di Natalie*
P. Bakolo Ngoi, *Dal villaggio alla città*
F. May, P. Zannoner, *Un futuro nello sport*

Storie di progetti realizzati
G. Colombo, *La scelta di una professione*
L. Fraioli, *La signora delle Scienze. Fabiola Gianotti si racconta.*
R. Levi Montalcini, *Una scelta*
M. Fontana, *Il drittofilo*

LABORATORIO DELLE COMPETENZE >
Una scelta consapevole

Un film per te > *Cielo d'ottobre*
Un libro per te > *L'amica delle stelle*
PROGETTO COMPETENZE >
IN VISITA A UNA CITTÀ D'ARTE ITALIANA

CIAO
STORIE DI PROGETTI REALIZZATI

Brani
Approfondimenti
Attività

STORIE DI SOGNI E PROGETTI

UNITÀ 7 — DOPO L'ESTATE: PROGETTI PER IL FUTURO

Noi e il nostro futuro: progetti di vita

▶ Che cosa è importante per il nostro futuro?

Prima di iniziare il nostro percorso, vi proponiamo un'attività di gruppo che vi aiuterà a riflettere sulle aspettative che avete per il vostro futuro attraverso una piccola inchiesta da svolgere in classe.

Scegliete una serie di elementi che considerate importanti per il vostro futuro (noi ve ne indichiamo alcuni, voi potete aggiungerne altri); date a ciascun elemento un voto a seconda del valore che gli attribuite (8 = massima importanza; 1 = minima importanza) scrivendolo nella colonna "Per me" della tabella; poi, per ogni voce, sommate i voti che ogni studente ha dato e riportateli nella colonna "Per la classe". Rielaborate infine i dati, costruendo grafici (istogrammi, tabelle...) che rappresentino anche visivamente le vostre scelte e discutete i risultati.

Che cosa è importante nel futuro	Per me	Per la classe
famiglia		
lavoro		
guadagno		
amicizia e vita di relazione		
cultura		
divertimento		
impegno sociale o politico		
sport		
.... (altro)		

Storie di sogni e di progetti

I protagonisti dei testi che ti proponiamo in questa prima parte dell'unità hanno sogni e prospettive molto diversi, ma tutti hanno in comune la voglia di riuscire a realizzarli.

▶ Quali progetti?

1. In molte espressioni del nostro linguaggio compare la parola "progetto": quali, tra i seguenti modi di dire, sono adeguati al lavoro che faremo?

- ☐ Il progetto di una macchina.
- ☐ Un progetto di viaggio.
- ☐ Un progetto di vita.
- ☐ Avere una mente piena di progetti.
- ☐ Un progetto di legge.
- ☐ Il progetto per il rilancio di un'attività.

2. Quali significati del termine "progetto" prenderemo in esame?

- ☐ Studio preparatorio di un'impresa o di un'opera.
- ☐ Ciò che si pensa di fare o organizzare in futuro.
- ☐ Proposito vago, difficilmente realizzabile.
- ☐ Tutto ciò che ci si propone di compiere.

Prima della lettura... facciamoci un'idea

Il tema che accomuna le storie dei protagonisti dei testi che leggerai è un importante progetto che essi hanno in serbo per il proprio futuro; ogni brano, tuttavia, presenta un aspetto diverso della stessa tematica.

Sfoglia le pagine dell'unità, osserva le illustrazioni, leggi i titoli e le introduzioni delle letture, poi stabilisci la corrispondenza tra il brano e l'aspetto della tematica che in esso viene trattato, unendoli con una linea.

Brano 1	Una ragazza con un singolare sogno nel cassetto.
Brano 2	Una passione che supera ogni difficoltà.
Brano 3	Un ragazzo che sogna una vita migliore in un luogo diverso.
Brano 4	Conoscere cose nuove e scoprire nuovi mondi.

UNITÀ 1 — DOPO L'ESTATE: PROGETTI PER IL FUTURO

 Gary Paulsen

Il futuro oltre il confine

Manny Bustos è un orfano che tenta disperatamente di sopravvivere nelle strade polverose di Juárez, una cittadina messicana al confine con gli Stati Uniti. Il sogno di Manny è riuscire a superare quel confine per costruirsi una vita migliore negli USA, sfuggendo, una volta per tutte, alla fame, alla violenza, alla vita di strada.

Manny Bustos si svegliò quando il sole arroventò il cartone, scaldando la scatola dove dormiva a un punto insopportabile persino per una lucertola, e di colpo capì che era giunta l'ora. Quello era il giorno.

Il giorno del grande viaggio.

Juárez, in Messico, non era mai tranquilla. Tipica città di confine, era fatta di rumori che riempivano ogni ora del giorno, cambiando di continuo. Ormai li ascoltava senza più farci caso. Clacson strombazzanti, schiamazzi di gente al mercato che comprava formaggio di capra o caffè, insulti e imprecazioni... un fracasso costante. Il mattino era il momento migliore, non buono: non c'erano momenti buoni, per lui, ma solo migliori. Manny viveva per strada e non stava mai fermo, si muoveva sempre perché aveva quattordici anni, capelli rossi e grandi occhi castani dalle lunghe ciglia e, se non si fosse mosso, sarebbe stato preda di uomini che volevano prenderlo e venderlo a quelli che compravano i ragazzi come lui.

Così, quando il sole scaldò il suo rifugio di cartone, sgusciò fuori e cominciò a progettare i suoi spostamenti. Un altro giorno a Juárez. Ma quel giorno sarebbe stato diverso, avrebbe segnato la fine di tutto. Quel giorno, lui, Manny, sarebbe partito. Avrebbe attraversato il confine settentrionale, verso gli Stati Uniti, e là sarebbe diventato un uomo ricco, con una cintura di cuoio dalla grossa fibbia e un cappello di paglia con una piuma nel nastro.

La fame lo assalì. In realtà non lo lasciava mai. Andava a letto con la fame, dormiva con la fame, si svegliava con la fame. Aveva fame in ogni momento del giorno, nei suoi ricordi c'era sempre la fame.

Persino quand'era piccolo, un neonato in una scatola dietro la chiesa di Nostra Signora del Dolore Perenne, dove una madre sconosciuta l'aveva abbandonato e le suore avevano cercato di nutrirlo, la fame l'aveva accompagnato. Era quasi un'amica, la fame, se una cosa poteva essere insieme amica e odiata. Partì in cerca del primo cibo della giornata.

Infilando la maglietta nei calzoni laceri, si passò le dita fra i capelli. Non che servisse a molto – i suoi capelli erano crespi e compatti e resistevano a ogni tentativo di ravviarli – ma era un gesto automatico.

 Parole, parole...

Schiamazzi e strepiti

Uno *schiamazzo* è un insieme di grida e rumori confuso e fastidioso. Ti indichiamo alcuni sinonimi: *strepito*, *rumore*, *chiasso*.

- Con l'aiuto del dizionario cercane altri e scrivili:

  ....

- Inventa una frase per ciascun sinonimo trovato.

Storie di sogni e di progetti

Mettendosi il berretto da baseball, vi spinse sotto le ciocche ribelli. "Ford", c'era scritto sul davanti.

Percorse il vicolo alle spalle della chiesa, dirigendosi verso il retro del Due-per-Quattro, il piccolo ristorante vicino alla Santa Fe Street, dove sboccava il ponte che univa El Paso a Juárez. Quasi tutti i bar e club con le donne, destinati ai turisti e ai soldati di Fort Bliss, erano ancora chiusi. Ma il Due-per-Quattro apriva presto per accogliere chi andava al mercato.

Era un locale semplicissimo, solo per mangiare. Sul davanti, appena entrati, c'era un'ampia griglia, con tubi pieni di forellini, dove il gas bruciava in file di fiamme azzurre. Dietro la griglia ruotava una rastrelliera con polli interi infilzati su aste d'acciaio. Di lato c'era un fornello con un pentolone di fagioli e sulle quattro tavole con le panche per sedere erano posate scodelle di salsa così piccante che nemmeno Manny riusciva a mangiarla. In fondo al ristorante c'era una specie di grosso tamburo d'acciaio, dentro il quale ardeva il fuoco, con in cima una lastra piatta dove venivano cotte le *tortillas*[1]. In piedi davanti al tamburo, la Vecchia Maria – fra sé, Manny la chiamava sempre così, anche se non era poi tanto vecchia – prendeva pezzetti di pasta di granturco, li schiacciava col palmo delle mani e li buttava sulla piastra bollente, girandoli con un rapido movimento delle dita appena fumavano, per friggerli sull'altro lato finché non si doravano a puntino. E poi li aggiungeva a una pila di *tortillas* che sembrava non crescere mai, perché la gente le mangiava col pollo e la salsa con la stessa rapidità con cui cuocevano. Se rimaneva abbastanza a lungo, con un sorriso timido sulle labbra, a volte la Vecchia Maria gli dava una tortilla e, con un po' di fortuna, anche dei fagioli. Così teneva a bada la fame per un po'. [...]

Sul retro del Due-per-Quattro, si fermò davanti alla porta protetta dalla zanzariera. Faceva caldo, nel vicolo, e il puzzo della spazzatura era

---

1. ***tortillas***: focaccine tipiche della cucina messicana.

UNITÀ
DOPO L'ESTATE: PROGETTI PER IL FUTURO

soffocante, ma il profumo dei polli arrosto e delle *tortillas* gli s'insinuò nelle narici. Con lo stomaco che brontolava, allungò il collo e vide Maria davanti al tamburo di metallo. Le rivolse il sorriso timido.

«Salve, bella signora, come andiamo stamattina?»

Maria gli lanciò un'occhiata attraverso la zanzariera e scoppiò a ridere.

«Se avessi un orologio, potrei regolarlo su di te. Prima viene il sole, poi il caldo, poi Manny Bustos in cerca della colazione.» Schiacciò una tortilla e la buttò sulla piastra, ne rivoltò quattro e prese altra pasta per farne un'altra. Una ciocca, sfuggita al fermacapelli di cuoio, le ricadeva sulla guancia: era spessa e folta e nera, a parte una lingua di farina rimasta là dove l'aveva toccata per ravviarla. «Posso darti una tortilla, ma i fagioli non sono pronti.»

Manny annuì. «Te ne sarei molto grato. Le tue *tortillas* sono le migliori che abbia mai mangiato.»

«Lusinghe, sempre lusinghe. Sembri il mio primo marito, quando paragonava la mia bellezza alla luna...» Aprì la zanzariera e gli porse una *tortilla* appena cotta, così calda che Manny dovette farla saltellare fra le dita per non scottarsi. Appena fu tiepida, l'arrotolò e l'ingoiò in due morsi. Una tortilla era piccola, in realtà serviva solo a stuzzicargli l'appetito, ma evitò di chiederne altre. Quel mattino aveva pensieri più importanti.

«Oggi parto», annunciò a voce bassa, da "uomo". «È ora che attraversi il confine per cercare lavoro.»

Maria lo scrutò attraverso la zanzariera. Una decina di mosche cercavano di entrare, con un brusio sonoro che faceva da contrappunto al chiacchiericcio del ristorante.

«Sei troppo giovane.»

Manny scrollò le spalle. «L'età non c'entra. Io sono pronto e, perciò, è ora.»

«Ma sei piccolo.»

«Non tanto», protestò lui. «Sono forte e veloce e lavoro sodo. Non serve altro, di là. Solo che lavori sodo.»

Maria sospirò. «I coyote[2] ti prenderanno. Sono farabutti quelli che portano la gente oltre il confine. Ti prenderanno e ti venderanno.»

Manny scacciò le mosche dalla zanzariera. «Non starò peggio di ora. Tutti i giorni devo sfuggire a quelli che vorrebbero vendermi. E poi non ricorrerò ai coyote: andrò da solo. Mi confonderò con la notte, passerò il confine e salterò sul retro di un camion diretto a nord. Là c'è un sacco di lavoro. Lavorerò, diventerò ricco e comprerò pantaloni nuovi, una camicia nuova con i bottoni d'argento, una cintura nuova con una grossa fibbia e forse anche un paio di stivali nuovi. Sì, stanotte passerò il confine e tutto questo sarà mio...»

Maria schiacciava ritmicamente la pasta e le *tortillas* scorrevano in un fiume infinito dalle sue mani alla piastra e fino ai clienti in attesa. «Se ne sei così sicuro, perché sei venuto a dirmelo?»

---

2. **coyote**: letteralmente il termine indica i cani della prateria, in questo contesto si riferisce agli uomini che, illegalmente e dietro compenso, aiutano i clandestini a passare il confine tra il Messico e gli Stati Uniti.

Manny esitò. Quello che voleva andava chiesto con tatto. «Al nord c'è molto lavoro, ma può darsi che non ne trovi subito. Forse dovrò aspettare un giorno, o magari due...» s'interruppe.

«E vuoi del cibo», concluse Maria. «Sei venuto a chiedermi del cibo.»

«Se avessi un pollo, uno di quei polli squisiti, e qualche *tortilla*, potrei resistere per giorni. Forse riuscirò a pagarti. Oggi pomeriggio andrò al fiume a lavorarmi i turisti, e forse mi daranno abbastanza soldi. In caso contrario, vorrei prendere la roba in prestito.»

«In prestito?» sbuffò Maria. «Vuoi prendere in prestito un pollo?»

«Sì, più tardi ti pagherò, ti manderò i soldi.»

Lì per lì pensò che avrebbe rifiutato. Ce l'aveva sulla bocca, il "no". Invece, i suoi occhi si velarono d'una tristezza inspiegabile e sospirò di nuovo.

«Torna stasera. Sarò ancora al lavoro. Vieni qui sul retro quando fa buio e ti darò un pollo in un sacchetto di carta. Ma prima di bussare, aspetta che sia sola. Il padrone viene il pomeriggio e si trattiene per tutta la sera. Non sarebbe contento di vedere che ti do del cibo.»

Manny sorrise. «Grazie. Sono in debito con te. Vedrai che riuscirò a pagarti.»

«Sciocchezze. Non hai un soldo, tu, e probabilmente non ne avrai per il resto dei tuoi giorni, anche se ora non lo capisci. Ma parti pure. Ti darò da mangiare e chissà, forse sarai uno dei fortunati.» Spinse indietro la ciocca di capelli. «Vattene, ora. Parlare con te mi fa sentire vecchia e stanca.»

Manny la ringraziò ancora una volta e si avviò verso il Ponte. Era ancora troppo presto per l'ondata dei turisti, ma doveva preparare il suo acchiappasoldi e conquistarsi una posizione strategica. Aveva ancora parecchio da fare e pochissimo tempo.

Quella notte avrebbe attraversato il confine.

(G. Paulsen, *Oltre il confine*, tradotto dall'inglese da C. Arnone, Mondadori)

Attività

CHE COSA DICE IL TESTO
COMPETENZE DI LETTURA

Una decisione importante

1. Nel brano si possono riconoscere cinque sequenze. Indicane i confini nel testo e riordinale.

   ☐ La descrizione del locale Due-per-Quattro, della Vecchia Maria e della sua generosità

   ☐ Le perplessità di Maria e le aspettative di Manny

   ☐ Il risveglio di Manny Bustos e la decisione di partire dalla caotica città di Juárez

   ☐ La comunicazione a Maria della decisione di partire e la richiesta di cibo

   ☐ Il ricordo della fame dell'infanzia e la partenza alla ricerca di cibo

2. Scegli la risposta corretta.

   a. Chi è Manny Bustos?

   ☐ Un ragazzo fuggito di casa, che vive per la strada.

   ☐ Un ragazzo abbandonato che vive per la strada.

   ☐ Un ragazzo che di tanto in tanto dorme per la strada.

   ☐ Un ragazzo che aiuta gli altri ad attraversare il confine che dal Messico porta negli Stati Uniti.

UNITÀ 7 — DOPO L'ESTATE: PROGETTI PER IL FUTURO

b. Che cosa ha deciso di fare? Per quale motivo?
- ☐ Ha deciso di partire per gli USA alla ricerca di maggiore libertà.
- ☐ Ha deciso di fare un viaggio negli USA per conoscere la cultura del posto.
- ☐ Ha deciso di partire per gli USA per sfuggire ai ragazzi più grandi che cercano di derubarlo.
- ☐ Ha deciso di partire per gli USA per cercare fortuna e ricchezza.

c. Perché Maria gli sconsiglia di partire?
- ☐ Perché crede che negli USA la vita sia peggiore.
- ☐ Perché crede sia troppo piccolo, facile preda degli approfittatori che accompagnano la gente oltre il confine.
- ☐ Perché crede che nessuno sia disposto ad accompagnarlo oltre il confine.
- ☐ Perché teme che anche là non ci sia lavoro.

d. Che cosa spera di trovare Manny oltre il confine?
- ☐ Persone che lo accolgano.
- ☐ Soldi in abbondanza senza nessuna fatica.
- ☐ Casa e lavoro.
- ☐ Lavoro e soldi in abbondanza.

3. Attribuisci i seguenti aggettivi ai due personaggi del racconto.

fiducioso • diffidente • ottimista • generoso • pessimista • giovane • adulto • furbo

Manny	Maria

CHE COSA NASCONDE IL TESTO TRA LE RIGHE?
(CONSAPEVOLEZZA ED ESPRESSIONE CULTURALE)

Cambiare la vita: un sogno possibile?

4. L'idea chiave del testo può essere riassunta con queste parole: anche quando le condizioni socio-economiche di partenza rendono difficile pensare al proprio futuro, è possibile sognare di cambiare la propria vita e preparare un progetto per realizzare un desiderio. Discutete in classe. Conoscete storie simili a quella che avete letto? Credete sia possibile realizzare il sogno di cambiare la propria vita in modo così radicale?

OLTRE IL TESTO: ALLARGARE L'ORIZZONTE
(COMPETENZE SOCIALI E CIVICHE)

Bambini poveri, bambini sfruttati

5. Segna nell'elenco le tematiche presenti nel testo e aggiungine, eventualmente, altre da te individuate.
- ☐ Sfruttamento minorile
- ☐ Povertà
- ☐ Desiderio di migliorare la propria condizione
- ☐ ....
- ☐ ....

6. Manny è un "ragazzo di strada", uno dei tanti bambini e ragazzi che nel Sud del mondo vivono da soli, senza una famiglia né un'abitazione. Raccogli, insieme ai tuoi compagni di classe, informazioni su questo fenomeno e sulle iniziative a favore di questi ragazzi (potete trovare materiali presso le sedi o sul sito Internet dell'UNICEF, www.unicef.it, o di altre organizzazioni umanitarie internazionali). Rielaborate le informazioni raccolte costruendo un cartellone, un dossier, oppure organizzando una discussione in classe.

Il mio futuro: percorso di orientamento
(CONSAPEVOLEZZA ED ESPRESSIONE CULTURALE)

Progetti per me

7. Rifletti e rispondi alle domande.
> Quali progetti hai per il tuo futuro?
> Quali passi pensi di poter fare fin da oggi per realizzarli?
> Quali caratteristiche della tua personalità credi ti possano essere utili? Quali ti potrebbero ostacolare?
> Pensi che sia facile realizzare i tuoi progetti o credi che ti sarà richiesto un grande impegno?
> A quali, tra gli adulti che conosci, potresti confidare i tuoi progetti?

Storie di sogni e di progetti

Ursula Kroeber Le Guin

Le ambizioni di Natalie

Owen, il narratore, giovane futuro scienziato, conosce una ragazza, Natalie, che ama la musica e vuole diventare una compositrice. La loro amicizia, fatta di dialoghi intensi e profondi, è una leva potente che aiuta i due ragazzi a trovare la loro strada.

Tutto questo avvenne il 25 novembre, come dicevo. Da quel giorno fino a Capodanno ebbi modo di conoscere Natalie Field molto di più. Andavamo d'accordo. Ogni volta che ci vedevamo cominciavamo a parlare, e parlavamo come matti per tutto il tempo. Era raro che avessimo molto tempo, però, perché Natalie era occupatissima. Cinque giorni alla settimana, dopo le ore di scuola, dava lezioni, e il sabato lavorava dalle nove alle due in una scuola di musica, dove insegnava ai bambini una cosa chiamata metodo Orff[1]. Di sera si esercitava, e la domenica suonava in un gruppo da camera[2], poi si esercitava ancora e andava in chiesa. Il signor Field era un uomo molto religioso. No, mi correggo. Il signor Field frequentava assiduamente[3] la chiesa. Non so se fosse religioso o meno. Natalie era religiosa, probabilmente aveva preso da lui, ma la chiesa non le piaceva. Ci andava, però. Aveva riflettuto a lungo su questo, e aveva deciso che era più importante per suo padre che per lei, e così cedeva su questo punto, almeno finché sarebbe rimasta in casa. Rifletteva a fondo su questo tipo di cose. A volte andare in chiesa le faceva provare risentimento, ma nel suo risentimento non si lasciava impantanare e invischiare[4] come me per la storia della macchina. Imprecava contro la stupidità del pastore, e poi passava alla prossima cosa da fare. Aveva ben chiare le sue priorità[5].

Aveva quasi diciott'anni, era più grande di me. Questo può rappresentare una grossa differenza alla nostra età, soprattutto perché si pensa che le ragazze maturino psicologicamente più in fretta dei maschi, ma per noi non contava. Andavamo d'accordo e basta. Era la prima persona che avessi mai conosciuto alla quale e con la quale riuscivo a parlare sul serio. Più parlavamo e più avevamo da parlare. Avevamo entrambi un'ultima ora libera nel pomeriggio, e così potevamo gironzolare e chiacchierare finché Natalie doveva recarsi a dare le sue lezioni; ogni tanto l'andavo a trovare di sera, e poi ci furono le vacanze di Natale.

Solo durante le vacanze, mi pare, scoprii che non studiava per fare la violista di professione. Suonava la viola, il violino e il pianoforte, ma il suo interesse vero era comporre. Studiava gli strumenti per poter guadagnare insegnando e per poter entrare nelle scuole di musica, e più tardi insegnare o suonare in un'orchestra per guadagnarsi da vivere, ma erano tutti mezzi diretti a un fine. Ci misi un bel po' a scoprirlo, perché era restia a parlarne[6]. Non so se l'abbia mai detto a nessuno tranne, forse, a sua madre. Era così sicura di sé e così obiettiva sul proprio modo di suonare, che sulle prime non mi accorsi che tutto questo copriva un terreno in cui lei non era affatto sicura di sé, ed era ambiziosa e idealista

---

1. metodo Orff: uno dei numerosi metodi che facilitano l'apprendimento della musica.

2. gruppo da camera: un gruppo di musicisti specializzati nell'esecuzione di musica da camera, cioè eseguibile in uno spazio ristretto.

3. assiduamente: regolarmente e costantemente.

4. impantanare e invischiare: catturare completamente.

5. priorità: gli obiettivi ritenuti importanti e da perseguire.

6. era restia a parlarne: non voleva parlarne.

UNITÀ 7 — DOPO L'ESTATE: PROGETTI PER IL FUTURO

7. pancionese: termine ironico con cui l'autore designa il cane a causa della sua robustezza.

8. suppongo: ritengo, penso.

e ignorante e insicura, per cui le era difficile parlarne. Ma quello era anche il vero centro di tutta la sua vita.

«Non esistono compositrici», mi disse una volta. Erano le vacanze di Natale, e avevamo potuto vederci abbastanza spesso. Quel giorno camminavamo nel parco. È la cosa più bella della nostra città, un parco enorme, una foresta, in cui si possono fare vere passeggiate lungo i sentieri.

Facevamo smaltire un po' di grasso al cane della signora Field, un pancionese[7] di nome Orville (lo so che passa per un pechinese, ma quel cane in realtà è un pancionese). Pioveva.

«Non esistono compositrici? Ce ne deve pur essere qualcuna», dissi io. Rispose che ce n'erano, ma che non valevano molto, o che se pure valevano non lo si poteva scoprire, perché se scrivevano opere non venivano rappresentate, e se scrivevano sinfonie non venivano eseguite. «Ma se fossero brave, veramente brave», disse, «credo che la loro musica verrebbe eseguita. È segno che non ne è mai esistita nessuna veramente eccezionale.»

«Perché lo credi?» Sembrava strano, a pensarci. Oggi nella musica pop ci sono molte donne che compongono; e nei vari generi di canto, metà sono sempre state donne; in ogni caso, la musica non sembra maschile, ma solo umana.

«Non so perché. Forse lo scoprirò, il perché», disse un po' cupa. «Ma *suppongo*[8] che sia per pregiudizio o roba simile. Come la profezia auto-non-so-che di cui mi parlavi!»

«La profezia autorealizzantesi?»

«Sì. Tutti ti dicono che non puoi, e così finisce che ci credi. È stato così in letteratura, finché non ci fu un numero sufficiente di donne che smisero di crederci e scrissero un numero sufficiente di grandi romanzi da far fare una figura da imbecilli agli uomini che continuavano a dire che le donne non sapevano scrivere. Il guaio è che le donne devono essere di livello veramente superiore per arrivare allo stesso punto di un uomo mediocre. È grottesco. Dev'essere un po' come coi tuoi livellatori.»

Parlando con lei, avevo elaborato una teoria su che cos'era che mi faceva sentire tanto estraneo. E perché la gente considera eroi quegli uomini che riescono nello sport o in politica, ma riserva disprezzo e risentimento a chi eccelle nel pensiero. A meno che le loro idee non si trasformino direttamente in denaro o in potere, nel qual caso anche quelli diventano degli eroi. Mi pareva che qui c'entrasse la diffidenza per gli intellettuali, ma non solo: c'entrava anche la volontà di appiattire ogni cosa a un livello in cui tutti siano uguali, come formiche; e io questo lo chiamavo livellamento.

(U.K. Le Guin, *Agata e pietra nera*, tradotto dall'inglese da M. Giardina Zannini, Salani)

Storie di sogni e di progetti

Attività

CHE COSA DICE IL TESTO
COMPETENZE DI LETTURA

La passione di Natalie

1. Dopo una prima lettura, rispondi alle domande.
   > Chi sono i protagonisti del testo?
   > Natalie ha le idee chiare sul suo futuro. In che modo pensa di guadagnarsi da vivere?
   > Qual è invece la sua passione?

2. Il personaggio di cui si parla maggiormente nel testo è Natalie. Completa la scheda, individuando nel testo le informazioni richieste.

Studi	
Attività	
Prospettive per il futuro	
Elementi del carattere	
Rapporto con il narratore	

3. Dal testo si possono ricavare anche alcune informazioni sul narratore. Rispondi alle domande.
   > Quanti anni ha all'incirca?
   > Qual è il suo rapporto con Natalie?
   > Il narratore è anche l'autore del testo? Da che cosa lo deduci?

CHE COSA NASCONDE IL TESTO TRA LE RIGHE?

L'amicizia e l'impegno

4. Indica quali, tra le tematiche proposte, emergono dalla vicenda narrata (puoi eventualmente aggiungerne altre).
   - ☐ L'importanza dello studio.
   - ☐ L'importanza di guadagnare molti soldi.
   - ☐ L'importanza di dare uno scopo alla propria vita.
   - ☐ L'importanza di avere autostima (cioè consapevolezza delle proprie capacità).
   - ☐ La necessità per i giovani di sentirsi tutti uguali.
   - ☐ Le pari opportunità tra uomini e donne.
   - ☐ Altro: ....

OLTRE IL TESTO: ALLARGARE L'ORIZZONTE
CONSAPEVOLEZZA ED ESPRESSIONE CULTURALE

La fatica di essere donna

5. Natalie dice che «il guaio è che le donne devono essere di livello veramente superiore per arrivare allo stesso punto di un uomo mediocre».
   > Ti sembra che abbia ragione? Per quale motivo? Porta degli esempi e cerca dei dati a sostegno della tua tesi.
   > Confrontate le vostre risposte, poi discutetene in classe.

Il mio futuro: percorso di orientamento
COMPETENZE DI SCRITTURA

Con chi condividere le scelte

6. Natalie e il narratore parlano spesso e a lungo della loro vita e delle loro idee. Il loro rapporto è fatto di ascolto e di rispetto ed è frutto di un dialogo profondo e continuo. È molto importante nei momenti cruciali dell'esistenza poter contare su una persona a cui parlare con fiducia, sicuri di essere ascoltati e accolti.
   > C'è una persona così nella tua vita?
   > Che cosa fai per coltivare il rapporto con lei?

PER INCOMINCIARE

UNITÀ 1
DOPO L'ESTATE: PROGETTI PER IL FUTURO

Paul Bakolo Ngoi

Dal villaggio alla città

Il protagonista del racconto, Ekota, è un bambino africano che, nel suo villaggio, affronta per la prima volta il mondo della scuola: una scuola all'aperto, disprezzata dallo stregone della tribù, ma tanto amata e difesa dai ragazzi che desiderano diventare, nel loro futuro, dei grandi cacciatori o dei mariti valorosi. La curiosità nei confronti del sapere cambierà le prospettive di vita del piccolo protagonista. Nel brano che leggerai le autorità del villaggio sono riunite per decidere il suo futuro.

Senza dare nell'occhio avevamo trovato un posto per ascoltare la discussione. La presenza del maestro, del prete e dello stregone sotto lo stesso tetto mi aveva molto sorpreso. Non era quindi una riunione del villaggio perché mancavano alcuni uomini importanti del consiglio.

«Ekota deve venire con me», diceva il prete. «Ho pensato di dargli la possibilità di conoscere cose nuove e di scoprire mondi nuovi. Senza il vostro consenso, però, non posso fare niente.»

«Ma come facciamo a decidere se non sappiamo nemmeno dove deve andare», ribatté il capo. «Chi ci garantisce che tornerà da noi?»

«Ascolti capo, sa quanti bambini sognano una vita diversa? Ha mai osservato attentamente Ekota? Ha mai sentito i suoi discorsi? È un ragazzo curioso, ha voglia di imparare cose nuove, è attento, interessato, vivace e sono sicuro che si troverà bene ovunque vada. Per adesso si parla di una grande città, tra qualche giorno vi saprò dire la città esatta.»

Una grande città? Le mie orecchie avevano sentito bene?

Non riuscivo a capire perché il prete volesse cacciarmi dal mio villaggio. E perché tutti lo lasciavano fare? Avevo voglia di entrare nella capanna del capo e dire a tutti come la pensavo.

Avrei voluto far sentire la mia voce, ma se avessero scoperto che eravamo lì a origliare[1], il capo non ce l'avrebbe mai perdonato.

Qualche istante dopo il maestro uscì e, trovandosi di fronte a me, mi disse: «Ekota, da oggi ha inizio per te una nuova vita».

Quella frase mi sembrava incompleta ma allo stesso tempo piena di significati. Nella mia testa avevano cominciato a mescolarsi immagini e parole, tanta confusione e nessuna chiarezza, con un solo ritornello: «addio, villaggio mio».

Da quel giorno il mio sonno non fu più lo stesso. Sognavo un mondo diverso dal mio, una città dove tutti si conoscono ma nessuno sa nulla dell'altro e ognuno può raccontare la sua avventura e dire da dove arriva. La grande città, come l'aveva chiamata padre Jacob, era diventata il mio incubo.

Avevo capito che dovevo lasciare il villaggio, presto o tardi, e la cosa sembrava giusta agli anziani che s'erano lasciati convincere ancora una volta dal prete.

Secondo loro andare a vivere altrove significava una fortuna per il villaggio. Lo facevano per il mio bene e per il bene della comunità. Nessuno

---

[1]. **origliare**: ascoltare di nascosto.

mi aveva ancora comunicato ufficialmente la notizia, dovevo solo aspettare. Ma per la mamma di Banakina, che non aveva smesso di piangere da quando aveva appreso della mia partenza, era ormai sicuro che avrei fatto il viaggio con padre Jacob a bordo di una di quelle grandi navi che ogni tanto gettano l'ancora nel piccolo porto del mio villaggio.

Non avevo diritto alla parola, non potevo dire la mia opinione, la mia sorte era nelle mani degli anziani del villaggio e solo loro potevano decidere quello che era giusto per noi ragazzi. Secondo lo stregone, che era l'unico a essere contrario alla mia partenza (e questa volta avrei voluto baciargli le mani) gli dèi avevano previsto questo per me e nessuno, neppure lui, si doveva opporre.

«Forse questo è il suo destino», aveva dichiarato al maestro, «e se ci sarà qualche cosa che ci farà cambiare idea, gli dèi ce lo faranno sapere. Prete», aveva aggiunto il vecchio stregone, «il mio consenso non è di certo perché credo nelle tue parole, anzi non ci credo affatto e tu lo sai benissimo; dico di sì al viaggio del nostro bambino solo per ubbidire a un segno del destino che gli dèi già da qualche tempo mi avevano rivelato.» In quest'ultima frase svaniva tutta la mia speranza di rimanere al villaggio. Questa volta gli dèi avevano parlato per bocca di padre Jacob, una scelta che neppure lo stregone aveva capito.

Soltanto due giorni dopo il maestro, che conduceva in gran segreto i preparativi per la mia partenza e cercava di trovare un modo allegro per farmi digerire il dolore della separazione dai miei amici, mi invitò a fare una lunga passeggiata fuori dal villaggio e mi annunciò: «Ekota, tra qualche giorno andrai con padre Jacob a vivere in una grande città. Non ti spaventare, lo sai che non avrei accettato se non fossi stato sicuro di quello che ti aspetta. Troverai altri amici, altri ragazzi che vivono come te. Sarà diversa la scuola, ma non farti sfuggire la possibilità che hai di imparare cose nuove.»

«Ma che ne sarà dei miei amici? E le mie trappole nella foresta? La mia rete da pesca? Che tristezza andarsene così! Che mi succederà in un mondo dove non conosco nessuno?»

PER INCOMINCIARE

UNITÀ 1 — DOPO L'ESTATE: PROGETTI PER IL FUTURO

Con parole piene di dolcezza e come un fiume in piena, senza fermarsi un attimo, il maestro mi spiegò le ragioni del suo appoggio alla mia partenza.

Malgrado la mia disapprovazione, ormai la notizia si era diffusa in tutto il villaggio. Ogni giorno che passava per me era una sofferenza, io non sapevo ancora nulla di certo, di chiaro. Le lacrime versate dalla mamma di Banakina mi toccavano l'anima e facevano crescere in me il dolore della separazione.

Partire, lontano, città, novità, scuola, queste erano le parole che mi perseguitavano persino nel sonno. Le lettere si abbattevano sulla mia testa come una grandine. Padre Jacob era la causa di tutto questo! Povero me. Se solo non avesse notato la mia curiosità che lui chiama intelligenza, non sarebbe successo nulla. Perché non sto mai zitto? [...]

Dopo i primi momenti passati a contemplare la bella città con tutte le sue luci e dopo aver trascorso la prima notte a piangere nel mio letto per il dolore della separazione, al mattino dovevo affrontare la mia nuova vita.

Padre Jacob, che non aveva spiccicato una sola parola durante tutto il viaggio, si presentò al mattino presto nella mia stanza e con un sorriso luminoso mi chiese gentilmente: «Allora piccolo, dormito bene?».

«Sì padre, ma sono triste. Non conosco nessuno e nessuno mi parla.»

«Calmati Ekota, sei appena arrivato e poi non sei ancora andato a scuola. Anche qui troverai tanti nuovi amici.»

Miracolo! Ancora una volta quel Dio che padre Jacob invocava sempre nei momenti di bisogno aveva fatto un prodigio.

La mia nuova scuola, una scuola vera con tante classi, tanti bambini, grandi e piccini, era veramente come quella che il maestro ci aveva descritto. Era la stessa scuola che il Governo voleva costruire per riunire tutti i bambini del mio villaggio con quelli dei villaggi accanto.

Rio, così chiamato perché tutti dicono che suo padre abitasse a Rio, un Paese lontano, è stato il mio primo amico. Poi ho conosciuto Patou e Vincent. Con questi ragazzi abbiamo trovato un'intesa incredibile. Mi sembra di aver ricostruito il gruppo del villaggio, anche se i componenti erano altri, e io non perdo occasione per ricordare i vecchi tempi e gli amici lasciati nel mio lontano Bonganganda[2].

Insieme ai miei nuovi amici seguiamo con profitto le lezioni e qualche volta andiamo anche a pescare. Per me la pesca è rimasta un gioco, per loro una cosa da imparare. Ma come si fa a imparare a pescare? Uno nasce pescatore!

Insomma, dopo le prime esperienze i miei nuovi amici sono diventati abili quanto me.

La vita della città comincia a piacermi e a poco a poco ho fatto l'abitudine a tante cose strane, come il rumore frequente delle automobili. «Ekota, sei diventato uno di città», mi prende bonariamente in giro padre Jacob.

---

2. **Bonganganda**: è il villaggio di Ekota, situato nell'Africa equatoriale.

Storie di sogni e di progetti

«Non credevo di trovarmi così bene in un altro posto e quasi quasi mi dispiace dirlo perché amo molto il mio villaggio.»

«Ma cosa c'entra? Dico solo che ti sei adattato subito e a scuola mi parlano tutti bene di te. Adesso pensa a studiare.»

(P. Bakolo Ngoi, *Il maestro, il prete e lo stregone*, Gianni Iuculano Editore)

Attività

CHE COSA DICE IL TESTO
COMPETENZE DI LETTURA

Un'intelligenza speciale

1. Dopo una prima lettura, rispondi alle domande.
   > Il futuro del protagonista è nelle mani di tre persone. Di chi si tratta?
   > Che cosa decidono per lui?
   > Chi comunica la decisione al bambino?
   > Qual è la sua reazione?
   > Come si trova, una volta giunto in città?

2. Usando gli aggettivi che vengono utilizzati nel brano e altri che ritieni appropriati, descrivi, in un breve testo, il carattere di Ekota.

3. Durante lo svolgimento della vicenda, lo stato d'animo del protagonista muta. Definiscilo con alcune brevi frasi.

   Dopo aver appreso la notizia della necessità di partire dal villaggio, egli è ....

   Dopo alcuni giorni di permanenza in città, egli diventa ....

4. I luoghi di cui si parla nel racconto sono il villaggio e la città. Completa.

   Per Ekota il villaggio rappresenta ....

   Quando apprende di doversi trasferire, la città rappresenta ....;
   al suo arrivo, egli la trova ....;
   dopo essersi abituato alla vita di città, essa gli appare ....

CHE COSA NASCONDE IL TESTO TRA LE RIGHE?
CONSAPEVOLEZZA ED ESPRESSIONE CULTURALE

Chi sceglie?

5. Completa l'elenco delle tematiche affrontate nel testo.
   a. L'importanza della cultura.
   b. Le opportunità e i rischi della vita in città.
   c. ....
   d. ....
   e. ....

6. Il futuro di Ekota viene deciso dagli adulti del villaggio, tenendo conto delle sue capacità e dei vantaggi che ne potranno derivare, in seguito, per il villaggio stesso; il bambino non può influire in alcun modo sulla scelta. Credi sia giusto questo atteggiamento? Tu lo accetteresti? Giustifica la tua risposta. Confrontate poi le vostre opinioni, organizzando una discussione.

OLTRE IL TESTO: ALLARGARE L'ORIZZONTE
COMPETENZE DI SCRITTURA

Lontano per studiare e lavorare?

7. Ekota ama il villaggio in cui è cresciuto e soffre all'idea di doverlo abbandonare. E tu, quale rapporto hai con il luogo in cui vivi? Racconta brevemente seguendo la traccia.
   a. Che cosa ti piace della tua città o del tuo paese.
   b. Che cosa non ti piace.
   c. Se preferisci vivere a lungo nello stesso luogo, oppure ti piacerebbe trasferirti altrove.
   d. Se e dove saresti disposto a trasferirti, in futuro, per un lavoro.
   e. A quali condizioni andresti a vivere in un altro luogo.

UNITÀ 1 — DOPO L'ESTATE: PROGETTI PER IL FUTURO

Il mio futuro: percorso di orientamento

CONSAPEVOLEZZA ED ESPRESSIONE CULTURALE

Come mi vedo, come mi vedono gli altri

8. Ekota non può scegliere il suo percorso, che dipende solo da ciò che hanno previsto per lui gli adulti. Tu invece hai la possibilità, e la responsabilità, di fare delle scelte. Tuttavia il giudizio degli adulti di riferimento (genitori, insegnanti) deve essere importante anche per te: loro infatti ti conoscono e sono certamente in grado di offrirti dei punti di vista interessanti sulle tue potenzialità e le tue debolezze. Compila, con l'aiuto degli adulti che ti sono vicini, la scheda, indicando *sempre*, *spesso*, *qualche volta*, *mai*.

	La mia opinione	L'opinione dei miei genitori	L'opinione dei miei insegnanti
Affronto la scuola con serenità.			
Racconto e discuto quello che ho fatto a scuola.			
Chiedo consiglio agli adulti se ho qualche problema scolastico.			
Mi confronto con i compagni.			
Tengo molto in considerazione le opinioni degli insegnanti.			
Eseguo regolarmente i compiti in autonomia.			
Approfondisco alcuni argomenti cercando informazioni anche senza indicazione degli insegnanti.			
Ho interessi extrascolastici.			
Leggo volentieri libri, giornali o riviste culturali.			
Vado volentieri a visitare mostre, a teatro, al cinema.			
Discuto con gli adulti o con gli amici di argomenti di attualità, cultura, storia.			
Organizzo il mio tempo in modo ottimale.			
Mi dedico ad attività pratiche.			
Coltivo con costanza un interesse o una passione.			
Instauro facilmente buoni rapporti con le persone.			
So lavorare in gruppo portando il mio contributo.			
Ho particolarmente sviluppato la capacità di…			

Confronta le diverse risposte: le opinioni degli altri coincidono con quello che pensi tu? In che cosa differiscono? Secondo te, per quale motivo?

**Fiona May
Paola Zannoner**

Un futuro nello sport

All'età di dieci anni, Fiona May, italiana di origine inglese (nata da genitori giamaicani), ex atleta detentrice del record nazionale di salto in lungo, vinceva sempre le gare di atletica della scuola. L'insegnante suggerì allora ai genitori di iscriverla alla società di atletica di Derby, la sua città.

«Buongiorno signor Dunphy, mi chiamo Fiona May.»
L'uomo guardò la ragazzina con aria di sufficienza. Sembrava che la soppesasse bene bene con lo sguardo. Era un uomo di mezz'età, magro, con degli spessi occhiali dalla montatura nera e quadrata. Con quella giacca a quadrettini e pantaloni scuri, aveva l'aria dell'insegnante, più che del presidente di una società di atletica. Almeno così pareva a Fiona che si aspettava una persona più giovane, forse qualcuno con l'aria molto amichevole e una tuta da jogging addosso. Ricambiò lo sguardo indagatore.
«Vuoi correre?», fece l'uomo, con quell'espressione impassibile.
«Sì.»
Erano ai bordi del campo, il signor Dunphy annuì e accennò verso la pista. «Bene. Fai un giro.»
Fiona dette un'occhiata alla pista e partì. Corse veloce, come faceva sempre nelle gare a scuola. L'uomo la seguì con gli occhi un poco stretti.
Alla fine del giro alzò un sopracciglio: «Brava».
Fiona sorrise. Quel complimento, anche se detto così bruscamente, senza stupore o enfasi[1], le fece credere di avercela fatta. Da qualche tempo aveva scoperto una vera passione per l'atletica e non sognava che di far parte di una società sportiva vera. Le squadre della scuola non le bastavano più: troppo facile vincere sui compagni di scuola, che non ci mettevano neppure impegno. Lei, invece, sentiva sprigionarsi una grande energia: correre le piaceva, la faceva sentire libera, in testa davanti a tutti.
«Quanti anni hai?»
«Dieci e mezzo.»
Il signor Dunphy scosse la testa.
«Mi spiace, non puoi iscriverti alla società: sei troppo piccola. Torna l'anno prossimo.»
Il sorriso si spense subito dal viso di Fiona. La faccia si rabbuiò. Annuì, ma le pareva che l'uomo le avesse dato uno schiaffo. Mentre tornava a casa, la testa si affollò di pensieri e di rabbia: quel tipo non le piaceva, no, non le piaceva per niente! Come poteva sapere cos'era meglio per lei, qual era l'età giusta? Lei voleva solo correre, diventare una vera atleta. Si sentiva già pronta, non poteva aspettare un anno. Un anno era un'enormità, magari tra un anno non le sarebbe più piaciuto correre oppure avrebbe corso meno veloce. E poi che c'entrava l'età? In classe sua era la più alta, dimostrava più dei suoi anni. Quell'uomo aveva voluto offenderla, di sicuro! Aveva trovato solo una stupida scusa per non ammetterla nella società.
Mentre entrava in casa il groviglio di pensieri e di delusione si sciolse

1. **enfasi**: rilievo, entusiasmo eccessivo.

in lacrime. Suo padre era pronto a consolarla. L'abbracciò, le passò una mano sui capelli, protettivo.

«Non preoccuparti, torneremo l'anno prossimo», le disse con dolcezza.

Fiona si asciugò con il dorso della mano le guance bagnate. «Papà, ti prometto che tra un anno io sarò in quella società. Andrò forte. Te lo prometto.»

Il signor Dunphy è rimasto piuttosto impressionato da me. Naturalmente non è venuto a dire né a me né ai miei genitori che ha visto qualcosa di particolare in quella bambina piccola. Ma lo ha detto a molte altre persone, l'ho saputo in giro. Ecco, a volte succede così, un adulto non dice quel che pensa davvero, di positivo, ai ragazzi. C'è chi rimane bloccato, inconsapevole del suo valore. Io invece quel rifiuto per colpa dell'età lo prendo come una sfida. E poi, ho fatto un patto con mio padre. [...]

Fiona si presentò una mattina insieme a suo padre.

«Ah, sei tu.»

L'uomo la guardava sempre con quel modo di pesare gli altri come se dovesse valutare il prezzo della merce. Era passato un anno, e aveva sempre la stessa giacchetta, gli stessi pantaloni, le stesse guance attraversate da sottili venuzze rosse. Sembrava la replica della volta scorsa.

«Vuoi correre?»

Anche la domanda era la solita. Fiona annuì. Sapeva già qual era la prassi[2]: partì veloce per il giro della pista e arrivò dopo pochi minuti, un poco affannata.

«Brava», commentò laconico[3] il presidente. «Quanti anni hai?»

Fiona alzò gli occhi al cielo: «Ci siamo di nuovo!».

Si accigliò e sbottò: «Guardi che sono qui che aspetto dall'anno scorso! Ho solo un anno in più di dieci».

Il padre, poco lontano, si avvicinò: «Ehi, Fiona, che modi sono? Devi essere gentile».

Fiona incrociò con rabbia le braccia, attaccate al petto: «Va bene, va bene... Sto solo scherzando».

«Mi scusi signor Dunphy, mia figlia è impulsiva», sorrise il padre.

---

2. la prassi: il modo di procedere.

3. laconico: di poche parole.

Storie di sogni e di progetti

Dunphy le scoccò l'ultima occhiata, la bocca si piegò appena in quello che parve un accenno di sorriso. «Molto bene, Fiona. I giorni d'allenamento sono domenica mattina, martedì, giovedì.»

Fiona sciolse le braccia, il viso le si aprì in un'espressione luminosa di gioia, gioia pura. Abbracciò il padre: «Te l'avevo detto che sarei andata forte!».

(F. May, P. Zannoner, *Il salto più lungo*, Giunti)

Attività

CHE COSA DICE IL TESTO
COMPETENZE DI LETTURA

Troppo piccoli per affrontare una scelta?

1. Dopo una prima lettura, rispondi.
   > Perché Fiona si rivolge al signor Dunphy?
   > Quale prova viene proposta a Fiona? Qual è l'esito?
   > Perché il signor Dunphy rifiuta di accogliere Fiona nella sua società sportiva?
   > Che cosa accade quando Fiona si ripresenta, dopo un anno?

2. Analizza i personaggi del racconto e raccogli gli elementi utili per completare (ove possibile) la tabella.

	Elementi riferiti all'aspetto fisico	Elementi riferiti al carattere
Fiona		
Signor Dunphy		
Padre di Fiona		

CHE COSA NASCONDE IL TESTO TRA LE RIGHE?
CONSAPEVOLEZZA ED ESPRESSIONE CULTURALE

L'importanza degli adulti

3. Nel testo sono presenti i temi sotto elencati. Sottolinea nel brano i passi in cui compaiono.
   a. Passione per lo sport.
   b. Importanza del sostegno della famiglia per la realizzazione dei propri obiettivi.
   c. Determinazione nel perseguire i propri obiettivi.
   d. Importanza di porsi degli obiettivi da raggiungere.

4. Fiona afferma che «a volte [...] un adulto non dice quel che pensa davvero, di positivo, ai ragazzi. C'è chi rimane bloccato, inconsapevole del suo valore. Io invece quel rifiuto per colpa dell'età lo prendo come una sfida». Rifletti su queste parole.
   > Hai sperimentato anche tu che spesso gli adulti non dicono ai ragazzi ciò che pensano in positivo di loro?
   > Ritieni importante, nella scelta di una professione per il futuro, avere riscontri positivi dagli adulti?

   Confronta le tue risposte con quelle dei tuoi compagni e discutetene in classe.

Il mio futuro: percorso di orientamento
COMPETENZE DI SCRITTURA

Lo sport può essere una professione per la vita?

5. La protagonista del testo ha maturato fin da bambina la passione per lo sport e il desiderio di farne una professione per la vita. Quale atteggiamento hai tu nei confronti dello sport? Scrivi un breve testo, indicando:
   a. se pratichi attività sportiva;
   b. se sì, quale, perché ti appassiona e come desideri sviluppare questa passione in futuro;
   c. se no, perché non lo ritieni importante;
   d. quali sport ti affascinano e per quale motivo;
   e. se ti sembra possibile fare dello sport una professione per la vita.

DOPO L'ESTATE: PROGETTI PER IL FUTURO

Storie di progetti realizzati

I protagonisti dei testi che ti proponiamo in questa seconda parte hanno realizzato il loro progetto professionale e di vita. I loro esempi potrebbero esserti utili nel tuo percorso di scelta.

Prima della lettura... facciamoci un'idea

Il tema che accomuna i protagonisti dei testi che leggerai è l'aver realizzato i propri progetti per il futuro. Ogni brano però presenta un aspetto diverso della stessa tematica.

Sfoglia le pagine dell'unità, osserva le illustrazioni, leggi i titoli e le introduzioni delle letture, poi stabilisci la corrispondenza tra il brano e l'aspetto della tematica che in esso viene trattato, unendoli con una linea.

Brano 1 L'importanza della determinazione e dell'umiltà per raggiungere i propri obiettivi.

Brano 2 Una professione nata dalla sofferenza.

Brano 3 Come l'esempio e la storia della famiglia influenzano la scelta della professione.

Puoi trovare altri brani relativi alla scelta di una professione e al mondo del lavoro nell'eBook.

La scelta di una professione

L'ex giudice milanese Gherardo Colombo racconta quale peso ha avuto la storia della sua famiglia nella scelta degli studi che lo hanno portato a intraprendere la carriera in magistratura.

«Sei sicuro di iscriverti a legge?»

«Non del tutto. Mi piace molto anche fisica, ma penso proprio che sceglierò legge.» [...]

Pensavo a mio padre, al suo lavoro di medico, al segnale forte che mi avevano trasmesso lui e la mamma. Mio padre non ha mai voluto diventare ricco. Mia madre lo era stata, e lo era ancora un pochino. Hanno vissuto sempre come se il denaro non esistesse. Ce n'era sempre abbastanza, ma mio padre non lavorava per quello. Ha lavorato tanto per la dignità del suo lavoro, di se stesso e della gente che gli stava intorno. Ha continuato per anni da generico, alzandosi la notte per recarsi a visitare chi aveva bisogno. E poi, più anziano, quando avrebbe potuto «far soldi», si è sempre rifiutato di venire a patti con sé. Devono aver fatto fatica all'inizio, tre figli in tre anni.

E mia madre era del tutto in sintonia con quello che adesso mi sembra, in entrambi, essere stato il desiderio di vivere piuttosto che avere.

E pensavo al nonno Gherardo, il papà di mia mamma, con quella sua vita così contraddittoria ma vera. Lui sì, ricco, al punto di possedere, ai

Storie di progetti realizzati

suoi tempi, più di un aereo. Ma non ostentava il lusso e rifuggiva il potere, che pur tante volte gli era stato offerto. Non era mai stato una persona verso la quale gli altri sentissero distacco.

Pensavo all'onore del bisnonno materno, il papà di mia nonna, di cui i racconti familiari dicono che, coinvolto in affari sfortunati, non aveva esitato a restituire il suo titolo nobiliare e a rientrare nella forza lavoro della nazione: capostazione a Como.

Pensavo sicuramente a tutto ciò, anche se di qualcosa soltanto ero consapevole, ma non c'era soltanto questo. C'era anche una forte volontà di riscatto dai miei studi approssimativi (fino al ginnasio ero stato un disastro) e dai miei pessimi risultati. [...]

Non c'era prestigio, allora, negli anni Sessanta, per la professione che avevo scelto. E nemmeno l'aspetto economico, lo stipendio, era soddisfacente.

C'era anche l'esempio guascone[1] di un altro bisnonno (sempre da parte di madre, il ramo paterno è di discendenza operaia, e quindi di loro assai poco si è tramandato). Mi aveva fatto un grandissimo effetto quest'antenato, divenuto avvocato, e nominato d'ufficio difensore di un omicida, alla sua prima causa. Ce l'aveva messa tutta, ma l'uomo era stato condannato all'ergastolo. Subissato dai sensi di colpa, il bisnonno decise di passare un vitalizio alla moglie e ai figli di quel disgraziato e di ritirarsi dalla professione. Certo, poteva permettersi un simile lusso, ma pensate l'impressione di quel gesto su un adolescente!

(G. Colombo, *Il vizio della memoria*, Feltrinelli)

1. **guascone**: persona spavalda e sfrontata.

Attività

CHE COSA DICE IL TESTO
COMPETENZE DI LETTURA

L'esempio della famiglia

 1. Dopo una prima lettura, rispondi alle domande.
> Tra quali facoltà universitarie è indeciso l'autore? Quale sceglie alla fine?
> Quale professione vuole intraprendere?
> Quale desiderio aveva guidato le scelte dei suoi genitori e dei suoi nonni?

CHE COSA NASCONDE IL TESTO TRA LE RIGHE?
CONSAPEVOLEZZA ED ESPRESSIONE CULTURALE

Soldi e prestigio, o passione autentica?

2. L'autore, parlando della sua famiglia, sottolinea nei suoi genitori «il desiderio di vivere piuttosto che avere». Che cosa significa, secondo te? Che cosa ne pensi? Discutetene in classe.

3. L'autore scrive che negli anni Sessanta la professione del magistrato non aveva né prestigio né uno stipendio soddisfacente. Quali sono oggi, secondo te, le professioni di maggior prestigio?

Il mio futuro: percorso di orientamento
COMPETENZE DI SCRITTURA

L'esempio familiare

4. Come abbiamo visto la famiglia è fondamentale per le scelte di vita di un ragazzo. Come senti l'influenza della famiglia sulle scelte per il tuo futuro? Come un appoggio? Un punto di riferimento? Un esempio da imitare? O invece ti senti in conflitto, incompreso o in qualche modo costretto?

PER INCOMINCIARE

UNITÀ 7 — DOPO L'ESTATE: PROGETTI PER IL FUTURO

Luca Fraioli

La signora delle Scienze. Fabiola Gianotti si racconta

Il testo che ti proponiamo è un'intervista a Fabiola Gianotti, la ricercatrice che ha guidato, nel 2012, il gruppo di scienziati che al CERN[1] di Ginevra ha individuato il bosone di Higgs, la famosa "particella di Dio". La rivista statunitense «Time» l'ha scelta, insieme al presidente degli Stati Uniti Barack Obama e ad altre tre persone, come protagonista dell'anno 2012.

1. CERN: l'Organizzazione europea per la ricerca nucleare, il più grande laboratorio al mondo di fisica delle particelle.

2. ricerca di base... ricerca applicata: la ricerca di base non ha uno scopo pratico, ma di aumento della conoscenza scientifica teorica; la ricerca applicata, invece, ha fini pratici, in genere è proposta allo scopo di trovare soluzioni a problemi tecnici e viene finanziata dalle industrie.

Una donna di successo in una posizione di grande responsabilità... Dottoressa Gianotti, lei sembra rappresentare tutto quello che in Italia è considerato impossibile. Come ci è riuscita?

«Studiando e credendo negli obiettivi che mi ero data. Se si ha il coraggio e la forza di insistere nessun traguardo è irraggiungibile, ma ci vuole anche molta modestia: dobbiamo essere consci di quanto poco sappiamo e di quanto c'è ancora da scoprire. E poi devo tanto alla scuola italiana, dove per scuola intendo tutto il percorso formativo: dalle elementari all'università.»

Persino «Time», nella sua "motivazione", sottolinea però il suo essere donna in un mondo come quello della fisica dominato dagli uomini. Lei ha fatto più fatica dei colleghi maschi?

«No, non ho mai subìto alcun tipo di discriminazione. L'ambiente del CERN è talmente ricco: migliaia di scienziati che arrivano da tutto il mondo, uomini e donne, neolaureati che lavorano gomito a gomito con premi Nobel. Gli esperimenti che si fanno qui, oltre a essere una grande avventura scientifica e tecnologica, sono un'avventura umana molto speciale e, soprattutto per i giovani, un'importante scuola di vita.»

La sua carriera sarebbe stata la stessa se invece che volare a Ginevra fosse rimasta in Italia?

«La mia non è la storia di un "cervello in fuga"... Dopo il dottorato vinsi un posto da ricercatore a Milano. E un paio di anni più tardi una borsa di studio e poi un contratto permanente al CERN. Ho avuto quindi la possibilità di lavorare nel laboratorio di punta a livello mondiale nel nostro campo. Ma certo, per molti giovani scienziati è quasi impossibile restare in Italia. In questi tempi di crisi si tende a sacrificare la ricerca di base, perché non ha un impatto immediato sulla società. In realtà è linfa vitale che alimenta la ricerca applicata[2] e quindi lo sviluppo di un Paese.»

Storie di progetti realizzati

3. Bosone di Higgs: particella, ipotizzata dal fisico Higgs nel 1964 e "riprodotta" dagli scienziati del CERN nel 2012, che spiega la formazione della materia delle altre particelle.

4. Carlo Rubbia: fisico italiano, vincitore del premio Nobel per la fisica nel 1984.

5. Bosoni di W e Z: particolari classi di particelle.

6. Large hadron collider: acceleratore di particelle, situato presso il CERN di Ginevra.

7. Lhc: sigla per Large hadron collider (vedi nota 6).

Visto dal CERN e dalla copertina di «Time», come le appare il nostro Paese?

«Come un Paese che spreca i suoi talenti. I giovani ricercatori italiani in fisica delle particelle sono bravissimi e vanno a ruba all'estero. Merito delle nostre università e dell'Istituto nazionale di fisica nucleare, che hanno una grande tradizione. Anche la scoperta del bosone di Higgs[3] è frutto di questa tradizione. Ma a furia di perdere i talenti migliori le nostre istituzioni di punta rischiano di perdere la loro leadership.»

Cosa direbbe a un giovane studente o ricercatore scoraggiato per come vanno le cose in Italia?

«Quello che ho detto a uno di loro, uno studente lavoratore, che mi ha scritto: insisti e trova dentro di te la forza per raggiungere i tuoi obiettivi, come ho fatto io.»

E lui?

«Ha continuato a studiare e ora è un brillante ricercatore, non certo per merito mio, ma mi piace pensare di aver dato un piccolo contributo.»

Lei chi deve ringraziare per aver studiato tanto?

«I miei genitori [*un geologo e una letterata*], che mi hanno trasmesso il rigore intellettuale e la serietà.»

Da studentessa di liceo classico a matricola del corso di fisica delle particelle. Come mai?

«Colpa di Einstein e di Marie Curie. A diciassette anni lessi una biografia della scienziata polacca. Ed ero ancora al liceo quando rimasi folgorata dalla spiegazione che Einstein aveva dato dell'effetto fotoelettrico. La trovai bellissima. E poi quelli erano gli anni in cui Carlo Rubbia[4] vinceva il Nobel per aver scoperto i bosoni W e Z[5].»

Poi Rubbia lo ha ritrovato come "collega".

«Come dicevo, è quello che accade al CERN. Ricordo ancora quanto ero intimidita il giorno che lo incontrai la prima volta. Poi ho scoperto il suo grande senso dell'umorismo, che nel nostro lavoro non guasta.»

Un altro mito per i fisici è Peter Higgs, lo scienziato britannico che nel 1964 previde l'esistenza di quella "particella di Dio" che da allora porta il suo nome. Quando il 4 luglio scorso lei ha dato l'annuncio che finalmente il Large hadron collider[6] del CERN l'aveva "vista", Higgs era in platea e si è messo letteralmente a piangere. Cosa ha provato quel giorno?

«Ero molto emozionata anch'io. E non solo per la presenza di Higgs che vedeva coronata la sua carriera di scienziato. Ma perché in quell'aula c'erano tanti fisici che hanno fatto la storia del CERN. Costruire Lhc[7]

PER INCOMINCIARE **25**

UNITÀ 1 — DOPO L'ESTATE: PROGETTI PER IL FUTURO

è stata un'impresa senza precedenti, e ha richiesto vent'anni di sforzi di migliaia di scienziati di tutto il mondo.»

Ci vuole il pugno di ferro per coordinare migliaia di ricercatori?
«Al contrario, le decisioni si prendono per consenso. Un minimo di organizzazione e gerarchia servono per essere efficienti, ma devono essere esercitate in modo soft per non soffocare le idee e la creatività dell'individuo. Nella ricerca quello che conta sono le idee. Se il più giovane degli studenti ha un'intuizione brillante, l'esperimento la persegue.»

Torniamo a «Time», che effetto le ha fatto finire nella cinquina delle persone dell'anno?
«Lo considero un grande onore. Un riconoscimento che però condivido con le migliaia di scienziati che lavorano su Lhc.»

Se avessero chiesto a lei, a chi avrebbe dato la copertina di «Time»?
«La scelta di Obama mi trova d'accordo, per tutto quello che il presidente americano rappresenta. Ma c'è moltissima gente sconosciuta che ogni giorno fa grandi cose. Sono loro i veri eroi dell'umanità. E ci vorrebbero milioni di copertine.»

(da Luca Fraioli, «La Repubblica», 22 dicembre 2012)

Attività

CHE COSA DICE IL TESTO — COMPETENZE DI LETTURA

Coraggio, impegno, modestia

1. Dopo una prima lettura, rispondi alle domande.

> Quali sono i requisiti indicati dalla ricercatrice per ottenere risultati nella professione?
> Quali "incontri" durante gli studi hanno condizionato la scelta della facoltà universitaria?
> Che cosa pensa la ricercatrice della scuola italiana?
> La ricercatrice coordina migliaia di studiosi: quale "stile" direttivo persegue?

CHE COSA NASCONDE IL TESTO TRA LE RIGHE?

CONSAPEVOLEZZA ED ESPRESSIONE CULTURALE

Eroismo quotidiano

2. Discuti insieme ai compagni su alcuni temi emersi dalla lettura.

> All'intervistatore che le chiede come sia riuscita a raggiungere obiettivi tanto elevati, Fabiola Gianotti risponde: «Studiando e credendo negli obiettivi che mi ero data. Se si ha il coraggio e la forza di insistere nessun traguardo è irraggiungibile, ma ci vuole anche molta modestia: dobbiamo essere consci di quanto poco sappiamo e di quanto c'è ancora da scoprire». Ritenete sia sempre così? Quali altri modi per raggiungere obiettivi elevati ci possono essere? Voi, quali siete disposti a perseguire?

> Alla domanda su chi avrebbe dovuto ottenere la copertina del «Time», prestigioso settimanale di informazione americano, Fabiola Gianotti risponde: «C'è moltissima gente sconosciuta

Storie di progetti realizzati

che ogni giorno fa grandi cose. Sono loro i veri eroi dell'umanità. E ci vorrebbero milioni di copertine». Chi sono, secondo voi, i veri eroi dell'umanità? Quali sono gli "atti eroici" che si possono compiere ogni giorno?

> La ricercatrice ringrazia i genitori per averle trasmesso «il rigore intellettuale e la serietà»: secondo voi, perché li considera valori importanti? Siete d'accordo? Perché?

OLTRE IL TESTO: ALLARGARE L'ORIZZONTE

La ricerca in Italia

● **3.** Si discute molto in questi anni dell'eccellenza dei ricercatori italiani, della difficoltà di lavorare in Italia e delle opportunità all'estero. Raccogliete informazioni sui percorsi di studio che portano alla professione di ricercatore, le opportunità offerte dalle nuove norme di legge, le possibilità di fare esperienza all'estero.

Il mio futuro: percorso di orientamento — SENSO DI INIZIATIVA E IMPRENDITORIALITÀ

Scoprire le propensioni, progettare scelte coerenti

● **4.** La ricercatrice intervistata da «Time» ha trovato la sua realizzazione nella scelta di una professione di ricerca. E tu? Preferisci attività teoriche o pratiche? Prova a verificare i tuoi interessi, segnando con una crocetta le attività che svolgi volentieri o che ti piacerebbe svolgere e verificando alla fine i risultati del questionario.

1. ☐ Risolvere giochi enigmistici.
2. ☐ Occuparsi del giardino di casa.
3. ☐ Accudire gli animali di casa.
4. ☐ Controllare il funzionamento delle apparecchiature elettriche.
5. ☐ Smontare il motorino dell'amico o del fratello maggiore.
6. ☐ Creare gioielli o decorazioni.
7. ☐ Leggere.
8. ☐ Fotografare.
9. ☐ Scrivere racconti.
10. ☐ Fare esperimenti scientifici.
11. ☐ Cercare acquirenti per gli spazi di pubblicità del giornalino scolastico.
12. ☐ Rappresentare testi teatrali.
13. ☐ Aiutare i compagni o gli amici in difficoltà.
14. ☐ Passeggiare o correre in parchi e boschi.
15. ☐ Fare piccoli lavori di manutenzione in casa.
16. ☐ Risolvere problemi matematici complessi.
17. ☐ Nutrire un cucciolo trovato in giardino.
18. ☐ Collezionare oggetti (catalogandoli e sistemandoli in ordine).
19. ☐ Guardare documentari scientifici.
20. ☐ Fare compagnia alle persone anziane.
21. ☐ Partecipare a iniziative per la salvaguardia del patrimonio boschivo.
22. ☐ Costruire modellini di auto.
23. ☐ Studiare la composizione chimica di un elemento.
24. ☐ Disegnare e dipingere.
25. ☐ Far giocare fratellini e cuginetti.
26. ☐ Scrivere articoli per il giornalino scolastico.
27. ☐ Vendere il giornalino scolastico.
28. ☐ Spiegare una lezione a un compagno che è stato assente.
29. ☐ Ascoltare gli sfoghi di un amico triste.
30. ☐ Cucinare.
31. ☐ Comporre e suonare brani musicali.
32. ☐ Riparare la bicicletta.
33. ☐ Aggiornare il catalogo della biblioteca di classe.
34. ☐ Curare la distribuzione dei libri della biblioteca.
35. ☐ Gestire la cassa della classe.
36. ☐ Comporre testi poetici.
37. ☐ Preparare le didascalie per una mostra.
38. ☐ Far visita ai compagni malati.
39. ☐ Realizzare un programma per il computer.
40. ☐ Coltivare piante.
41. ☐ Osservare e annotare la crescita di una pianta per un lavoro di ricerca.

DOPO L'ESTATE: PROGETTI PER IL FUTURO

UNITÀ 1

Valuta ora i risultati del questionario, seguendo con attenzione le indicazioni. Abbiamo raggruppato i possibili interessi manifestati in sei categorie, alle quali abbiamo ricondotto i diversi *item* (si chiamano così le espressioni corrispondenti a un numero del questionario) proposti.

a. INTERESSI AMBIENTALI (A): sono legati al contatto con la natura e alla difesa dell'ambiente (possono portare a professioni quali il giardiniere, l'ambientalista, il veterinario...).
Corrispondono agli *item* n. 2 – 3 – 14 – 17 – 21 – 40.

b. INTERESSI LETTERARI (L): possono portare a professioni quali il giornalista, lo scrittore, il traduttore, lo sceneggiatore di cinema, teatro o TV...
Corrispondono agli *item* n. 7 – 9 – 12 – 26 – 36 – 37.

c. INTERESSI ARTISTICI O ARTIGIANALI (AR): mettono in evidenza creatività e manualità (possono portare a professioni quali il grafico, il fotografo, lo stilista, il creatore di oggetti...).
Corrispondono agli *item* n. 6 – 8 – 18 – 24 – 30 – 31 – 33 – 34.

d. INTERESSI SCIENTIFICI (S): sono legati alla curiosità per la sperimentazione e alla ricerca di soluzioni per diversi tipi di problemi (possono portare a professioni quali l'ingegnere, il biologo, il fisico...).
Corrispondono agli *item* n. 1 – 10 – 16 – 19 – 23 – 39 – 41.

e. INTERESSI TECNICO-OPERATIVI (T): sono legati alla conoscenza e all'uso di macchinari e strumenti operativi (possono portare a professioni quali il tecnico in vari settori, il meccanico, il geometra...).
Corrispondono agli *item* n. 4 – 5 – 11 – 15 – 22 – 27 – 32 – 35.

f. INTERESSI SOCIALI (SO): valorizzano la capacità di entrare in rapporto con le persone (possono portare a professioni quali l'infermiere, lo psicologo, l'assistente sociale, l'insegnante...).
Corrispondono agli *item* n. 13 – 20 – 25 – 28 – 29 – 38.

Conta quanti *item* hai indicato per ciascun interesse, poi, con l'aiuto dell'insegnante di matematica, riporta i risultati sul grafico cartesiano.

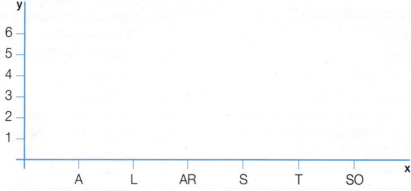

Potrai subito verificare in quale campo i tuoi interessi sono prevalenti (sarà il vertice del tuo grafico) e in quale sono molto scarsi. Potrebbe anche verificarsi il caso che il risultato del questionario non faccia emergere interessi prevalenti su altri: sarà evidente allora che non hai ancora individuato un settore di attività preferito rispetto ad altri. Non preoccuparti, avrai tempo per mettere a fuoco ciò che ti piace fare di più. Verifica con l'aiuto degli insegnanti delle diverse discipline se le tue attitudini e i livelli di competenza che hai sono in relazione agli interessi manifestati (per esempio se i tuoi interessi prevalenti sono risultati quelli in ambito scientifico, dovresti avere raggiunto un buon livello di conoscenza e competenze in matematica e scienze; se hai invece evidenziato interessi prevalentemente artistici, dovresti aver raggiunto un buon livello di competenza in materie come educazione artistica, educazione musicale, e manifestare una certa creatività anche nell'approccio alle altre materie...).

Storie di progetti realizzati

Una scelta

La neurobiologa Rita Levi Montalcini, premio Nobel nel 1986 per le sue ricerche sul fattore di accrescimento delle cellule nervose, racconta come nacque in lei la passione per la medicina.

Terminate le classi elementari, si poneva la scelta di quelle medie che determinava quella successiva: universitaria, artistica, tecnica, oppure l'insegnamento. Era una decisione importante per i ragazzi, ma non per le ragazze, poiché era scontato che la carriera che le aspettava fosse quella di casalinga, di buona moglie e madre. Nostro padre decise che avremmo seguito le scuole medie e dopo queste il liceo femminile, che allora non dava accesso all'università.

La decisione di nostro padre derivava anche dall'esperienza fatta da due delle sue sorelle, laureate in lettere e in matematica – cosa del tutto eccezionale a quei tempi – che avevano poi avuto gravi difficoltà a proseguire gli studi e a conciliarli con gli obblighi della loro vita coniugale.

Bisogna riconoscere che quasi un secolo dopo permangono le stesse difficoltà e il problema è ben lontano dall'essere risolto. Nel caso di mia sorella Nina, la decisione di papà, che lei adorava come Paola[1], non creò gravi problemi; aveva infatti una netta predilezione[2] per le lettere ed era decisa a diventare una scrittrice, carriera che non richiedeva una laurea. Anche se Paola avrebbe come me preferito di gran lunga il liceo maschile, il suo eccezionale talento artistico le rese meno difficile accettare la decisione paterna. Da quegli anni giovanili a oggi si è dedicata con tenacia ed entusiasmo a proseguire la sua strada così come avrei fatto io, diversi anni più tardi.

Delle tre sorelle, infatti, quella che si trovava in maggiori difficoltà ero io. Alla mancanza di doti artistiche si aggiungeva la convinzione di non avere affatto la stoffa della scrittrice. Mi mancava l'attitudine per la matematica di mio padre e ignoravo l'esistenza delle scienze biologiche[3], che allora non erano nel programma del nostro liceo. Il pipistrello per me non differiva dagli uccelli, dato che l'uno e gli altri volavano, né avevo le idee molto chiare sulle differenze che intercorrevano tra i vari abitanti degli oceani e delle acque dolci, dai crostacei, ai pesci e alle balene. Ritenevo, con qualche fondato dubbio, di essere portata per la filosofia e mi sarei certamente iscritta a quella facoltà se il liceo femminile avesse consentito l'accesso a questi studi.

Terminato a diciassette anni con Paola il liceo, lei si dedicò a tempo pieno alla pittura. Io navigavo nel buio.

Fu un tragico evento a fornirmi il filo di Arianna[4]. Le tre figure femminili che dalla prima infanzia, in modo diverso, avevo visto come i miei angeli tutelari[5] e amato con immenso affetto erano la mamma, la zia Anna e Giovanna. Giovanna, di due o tre anni più giovane di mia madre, era entrata a servizio da noi prima della nascita mia e di Paola. Veniva da un piccolo paese del Piemonte dove aveva trascorso un'infanzia di privazioni

1. **Paola**: sorella gemella di Rita, pittrice, morta nel 2000.
2. **predilezione**: preferenza.
3. **scienze biologiche**: scienze che studiano gli organismi viventi.
4. **filo di Arianna**: modo di dire: trovare la soluzione di un problema.
5. **angeli tutelari**: angeli protettori.

PER INCOMINCIARE

UNITÀ 1 — DOPO L'ESTATE: PROGETTI PER IL FUTURO

6. sintomi: segni.
7. infausta: sfavorevole, in questo caso mortale.
8. diagnosi: determinazione di una malattia.
9. stagliata: nitidamente delineata.

e sofferenze, terza di cinque sorelle. Il padre, un contadino duro e manesco, alle quattro di mattina, estate e inverno, le buttava giù dal letto perché andassero a custodire quei pochissimi animali che avevano e soprattutto imparassero a guadagnarsi il pane. La madre era morta poco dopo l'ultima gravidanza. Era venuta da noi come governante e immediatamente si affezionò alla mamma e provò un senso di venerazione per nostro padre che le dimostrava una viva simpatia e la trattava con grande gentilezza. Noi eravamo un po' come i suoi figli. Nei mesi in cui ero assillata dai dubbi, avevo notato, senza tuttavia preoccuparmi, tanto ero assorta nei miei problemi, il pallore di Giovanna. Non mi sembrava, infatti, sostanzialmente diverso da quello che le era usuale. Mia madre invece si allarmò e la pregò di consultare il nostro medico di famiglia. Ricordo la breve nota che lui le diede in una lettera chiusa da consegnare alla mamma e che leggemmo insieme. «Giovanna Bruatto», scriveva, «da me visitata presenta tutti i sintomi[6] di una grave malattia. Temo si tratti di cancro allo stomaco. È urgente il suo ricovero in ospedale.»

Vi entrò il giorno dopo e fu confermata l'infausta[7] diagnosi[8].

Venne operata d'urgenza, mentre noi aspettavamo dietro la porta, in uno stato di crescente angoscia, di sapere l'esito, finché il chirurgo ci comunicò la tanto temuta notizia: non c'era più niente fare. [...] Ritornata a casa da noi, senza conoscere la gravità del suo male, Giovanna trovava conforto nella nostra tenerezza e nelle cure per risparmiarle ogni fatica. Rivedo la sua esile figura seduta su una seggiola, stagliata[9] contro il cielo grigio di quell'autunno; lei lo contemplava con le mani incrociate nel grembo. Fu in quelle giornate che maturò in me la decisione. Avrei ripreso gli studi, sicura di poter convincere papà a darmi la sua autorizzazione e avrei studiato medicina.

(R. Levi Montalcini, *Elogio dell'imperfezione*, Garzanti)

Attività

Storie di progetti realizzati

CHE COSA DICE IL TESTO
`COMPETENZE DI LETTURA`

Una decisione maturata dalla sofferenza

1. Dopo una prima lettura, rispondi alle domande.
   > In quale momento della vita scolastica si imponeva una scelta determinante per il futuro, ai tempi in cui l'autrice era ragazzina?
   > Perché per le ragazze la scelta della scuola superiore non era importante a quei tempi?
   > L'autrice del brano era, fra le tre sorelle, quella più in difficoltà. Perché?
   > Quali sono le figure femminili più importanti dell'infanzia della scrittrice?
   > Descrivi l'infanzia di Giovanna.
   > Quale evento diventa determinante per la scelta degli studi dell'autrice?

CHE COSA NASCONDE IL TESTO TRA LE RIGHE?
`CONSAPEVOLEZZA ED ESPRESSIONE CULTURALE`

Le condizioni per una scelta

2. Indica, tra le caratteristiche e le condizioni dell'autrice, quelle che, a tuo avviso, le sono servite di più per raggiungere il traguardo che si era prefissata.
   - ☐ La condizione sociale e culturale della famiglia.
   - ☐ La costanza negli studi.
   - ☐ Il desiderio di non fare la casalinga.
   - ☐ L'entusiasmo. ☐ La tenacia.
   - ☐ La presenza di spiccate doti.
   - ☐ La capacità persuasiva.

3. Rifletti.
   > Qualcuna di queste caratteristiche appartiene anche a te?
   > Quali tra gli aspetti della tua personalità potrebbero essere fondamentali, a tuo avviso, nella tua vita futura?
   > Quali tra le condizioni di partenza (familiari, sociali, economiche) potranno aiutarti? Quali potranno essere di ostacolo?
   > A che cosa sei disposto a rinunciare?

OLTRE IL TESTO: ALLARGARE L'ORIZZONTE
`COMPETENZE DIGITALI`

Lavoro o famiglia?

4. Parlando dell'esperienza delle zie paterne, laureate ma in difficoltà nel conciliare i loro studi con la vita coniugale, l'autrice scrive che «bisogna riconoscere che quasi un secolo dopo permangono le stesse difficoltà e il problema è ben lontano dall'essere risolto». Credi sia ancora così? Fate un'inchiesta in classe e tra le persone adulte che conoscete.
   > Quanti uomini e quante donne lavorano?
   > Quante donne? Con quali orari?
   > Quali sono gli aiuti che ricevono per meglio organizzare la vita familiare?
   > Qualcuno ha dovuto rinunciare o cambiare lavoro perché non riusciva a conciliare la vita della famiglia con quella lavorativa?
   > Qualcuno non ha trovato o ha perso il lavoro? Si tratta soprattutto di uomini o di donne?

   Raccogliete ed elaborate in grafici i dati della vostra indagine, poi discutetene in classe.

OLTRE IL TESTO

Dopo aver letto, oltre ai brani dell'unità, l'intervista a Rita Levi Montalcini proposta nell'approfondimento digitale, rifletti: quali, tra le esperienze narrate, trovi più vicine al tuo modo di affrontare la realtà e il futuro? Per quali motivi?

Il mio futuro: percorso di orientamento
`SENSO D'INIZIATIVA E IMPRENDITORIALITÀ`

Scoprire lo stile cognitivo prevalente

5. Per scegliere il percorso scolastico più adatto è importante valutare il nostro interesse per le diverse materie scolastiche e i risultati che otteniamo in ciascuna; ancora di più ci può aiutare il fatto di conoscere il nostro modo di imparare, il nostro stile cognitivo.

   Ti offriamo due strumenti:
   a. un modello di scheda che potrai utilizzare per fare un bilancio ragionato del tuo rapporto con le materie scolastiche;
   b. un elenco di caratteristiche tra le quali dovresti indicare quelle che ti riconosci.

PER INCOMINCIARE

UNITÀ 7 — DOPO L'ESTATE: PROGETTI PER IL FUTURO

a. Le materie scolastiche

Materia o laboratorio	Facile	Difficile	Perché	Risultati ottenuti (media dei tre anni)

b. Come imparo

1. ☐ Mi capita spesso di riconoscere una persona che ho visto in fotografia o in un filmato.
2. ☐ Riconosco un edificio ricordandone la forma.
3. ☐ Mi trovo spesso a canticchiare una musica ascoltata una sola volta.
4. ☐ Se ho eseguito un esperimento, ricordo facilmente il procedimento e i risultati.
5. ☐ Mi ricordo molti fatti che ho vissuto, senza aver però memorizzato i dettagli.
6. ☐ Ricordo e so riferire i racconti che ho ascoltato.
7. ☐ Mi piace molto conversare.
8. ☐ Mi piace studiare leggendo i testi, sottolineando e facendo annotazioni a margine, osservando gli esempi scritti e le illustrazioni.
9. ☐ Riesco a studiare meglio se ripeto ad alta voce.
10. ☐ Mi piacciono i testi che hanno una trama molto articolata, con molte azioni e personaggi.
11. ☐ Saprei raccontare molto bene ciò che ho visto e sentito durante l'ultimo viaggio di istruzione.
12. ☐ Ricordo meglio i contenuti se studio e ripeto passo dopo passo.
13. ☐ Ricordo meglio i contenuti se prima di iniziare a studiare e ripetere leggo tutto e comprendo gli aspetti fondamentali.
14. ☐ Ho sempre letto con facilità, senza gravi errori, e scritto senza particolari difficoltà ortografiche.
15. ☐ Preferisco le interrogazioni orali alle verifiche scritte, perché trovo più facile parlare che scrivere.
16. ☐ Imparo bene soprattutto ciò che mi appassiona e mi emoziona.
17. ☐ Memorizzo più facilmente il contenuto dei racconti con molte descrizioni.
18. ☐ Preferisco e ricordo più facilmente i racconti che sono articolati secondo sequenze temporali.
19. ☐ Tra tutte le attività scolastiche, mi sembrano più utili quelle di laboratorio.

Per leggere i risultati

Se hai indicato almeno quattro tra le affermazioni n. 1, 2, 8, 13, 14, 17 hai una spiccata sensibilità "visiva", tendi cioè a ricordare meglio ciò che hai visto; se hai segnato le affermazioni n. 3, 6, 7, 9, 12, 15, 18 hai invece una spiccata sensibilità "uditiva", impari più facilmente ascoltando; se hai scelto almeno quattro tra le affermazioni 4, 5, 10, 11, 16, 19 hai invece una sensibilità prettamente "cinestetica", cioè impari più facilmente quando fai esperienza diretta e sei coinvolto nelle attività; se hai indicato una serie di affermazioni distribuite tra i tre gruppi indicati, significa che hai caratteristiche di apprendimento "bilanciate".

Naturalmente il nostro modo di imparare varia a seconda delle esperienze scolastiche ed extrascolastiche, della nostra maturità, dello sforzo che facciamo per potenziare i nostri punti di forza e sviluppare i nostri punti di debolezza. È proprio il lavoro che hai fatto e farai con i tuoi insegnanti e compagni nei prossimi anni a scuola!

LABORATORIO DELLE COMPETENZE

COMPETENZE DI SCRITTURA | **CONSAPEVOLEZZA ED ESPRESSIONE CULTURALE**
SENSO DI INIZIATIVA E IMPRENDITORIALITÀ

Attività di scrittura

Una scelta consapevole

Ci auguriamo che le letture, le esperienze e le attività svolte in questa unità ti abbiano aiutato a compiere in modo meditato e consapevole la scelta importante che devi fare alla fine della scuola secondaria di primo grado. Tiriamo le fila del lavoro svolto invitandoti a verificare i criteri che hanno orientato le tue scelte e le tappe del tuo percorso.

A. ▶ I criteri per scegliere bene

1. Dopo aver completato il percorso che ti abbiamo proposto, prima di confermare la scelta degli studi superiori, verifica quali sono i criteri che ti hanno guidato, scegliendo tra le indicazioni proposte.

a. Ho sempre saputo a quale scuola mi sarei iscritto, perciò non ho preso in esame altre possibilità.

b. Ho scelto insieme ai miei genitori, tenendo conto anche del consiglio orientativo dei miei insegnanti.

c. Ho lasciato decidere ai miei genitori, perché alla mia età non mi sento in grado di fare una scelta così impegnativa.

d. Ho scelto da solo, senza tenere conto delle indicazioni di genitori e insegnanti, perché devo decidere da solo della mia vita.

e. Ho scelto la scuola che mi è parsa più facile, perché vorrei cominciare a lavorare il più presto possibile.

f. Ho preso in esame più scuole, confrontando le materie e le ore di lezione, prima di scegliere.

g. Ho scelto la scuola che frequenteranno alcuni miei amici, per non correre il rischio di trovarmi da solo.

h. Ho visitato l'istituto prima di scegliere definitivamente.

i. Ho scelto la scuola anche valutando la mia disponibilità a proseguire gli studi fino all'università.

j. Ho scelto la scuola che ha l'orario settimanale più breve, perché sarà certamente la più facile.

k. Mi sono informato presso qualche alunno delle scuole verso le quali ero orientato per ricevere informazioni ulteriori.

l. Ho chiesto una copia del POF e del regolamento di istituto.

m. Ho scelto la scuola più vicina a casa, perché in questo modo non perderò tempo e mi stancherò meno.

n. Mi sono informato sulle prospettive professionali che offrono le diverse scuole.

o. Ho cercato di capire come funziona e che cosa offre in prospettiva il mercato del lavoro nella zona in cui abito.

p. Mi sono informato sulle opportunità lavorative in Italia e all'estero, perché non escludo la possibilità di trasferirmi in futuro a vivere anche lontano da casa.

q. Ho scelto la scuola con i ragazzi e le ragazze più carini... non si sa mai.

r. Ho scelto la scuola che è ospitata nell'edificio più nuovo: credo che sarà più bello studiare in un ambiente moderno.

s. Ho tenuto conto della possibilità che la scuola offre di fare esperienze di studio o di lavoro, anche all'estero.

Abbiamo diviso le scelte in due gruppi.
1. Lettere b. f. h. i. k. l. n. o. p. s.
2. Lettere a. c. d. e. g. j. m. q. r.

Se la maggioranza delle tue scelte appartiene al primo gruppo, il tuo atteggiamento è stato corretto; se appartiene al secondo gruppo è meglio che verifichi le tue motivazioni.

PER INCOMINCIARE

LABORATORIO DELLE COMPETENZE

UNITÀ 1

B. ▶ Il mio percorso di orientamento

2. Prova ora a sintetizzare il tuo percorso di orientamento in una mappa che successivamente trasformerai in un testo. Puoi completare il modello che ti forniamo, oppure riportarla sul tuo quaderno.

 Nell'eBook puoi trovare informazioni sui **percorsi scolastici e formativi** disponibili nel nostro Paese e **indicazioni su come scegliere una scuola**.

Unità 1 • DOPO L'ESTATE: PROGETTI PER IL FUTURO

CIELO D'OTTOBRE

La passione per il cielo e per le stelle, la scia luminosa di un satellite che diventa la via da seguire per costruire il proprio futuro.

Il film si ispira a una storia vera, raccolta in un libro di memorie dall'ingegnere della NASA Homer H. Hickam jr. È il 1957, e il cielo di Coalwood, una cittadina mineraria americana in cui il destino dei giovani sembra essere già deciso – tutti finiscono per lavorare nella miniera – è solcato dalla scia luminosa del satellite sovietico Sputnik, in orbita attorno alla Terra. Tra coloro che lo osservano c'è Homer, un diciassettenne che decide, proprio in quel momento, che la sua vita sarà dedicata alla costruzione di razzi. Il ragazzo viene inizialmente scoraggiato dal padre, che lo convince a entrare in miniera, ma non rinuncerà alla sua passione e, con l'aiuto della sua insegnante di Chimica e Fisica, si iscriverà a un concorso scientifico: vincerà il primo premio, anche grazie all'aiuto del padre, che darà inizio alla sua carriere di ingegnere spaziale.

REGIA	Joe Johnston
ANNO	1999
CAST	Jake Gyllenhaal, Laura Dern

Un film per te

L'amica delle stelle

Il racconto di una vita, un'emozionante viaggio nell'universo, una difesa, tenace e appassionata, del metodo scientifico contro ogni forma di superstizione e irrazionalismo.

CHI L'HA SCRITTO Margherita Hack, famosa astrofisica italiana vissuta dal 1922 al 2013, è stata la prima donna a dirigere l'Osservatorio Astronomico di Trieste; è stata membro di diversi enti e associazioni di ricerca internazionali.

DI CHE COSA PARLA Il libro, che è un'autobiografia della scienziata, inizia così: *Continuamente mi sento chiedere: «Come le è venuta la passione dell'astronomia? L'ha avuta fin da piccola?». A sentir parlare di passione arriccio subito il naso. Infatti le passioni di solito durano poco e, del resto, se sono diventata astrofisica è stato un po' per caso*. Si tratta di un racconto della vita della scienziata in cui emergono soprattutto la passione per la scienza e l'impegno per la partecipazione civile alla storia della società italiana.

AUTORE	Margherita Hack
ANNO	1998
EDITORE	Rizzoli

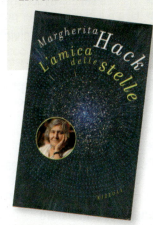

Un libro per te

SCUOLA DI SCRITTURA
Nella lezione 2 puoi trovare indicazioni per scrivere schede-film, schede-libro e recensioni.

Una pagina di assaggio

PER INCOMINCIARE

PROGETTO COMPETENZE

In visita a una città d'arte italiana

La maggior parte delle città e dei paesi italiani custodisce un patrimonio artistico unico, dal valore inestimabile: dai monumenti più antichi di epoca greca, etrusca e romana che testimoniano le radici della nostra civiltà a chiese, palazzi e castelli, capolavori architettonici che spesso conservano anche dipinti, mosaici, sculture, tesori che stupiscono e incantano.

In questo progetto vedremo, anche attraverso riferimenti a un esempio "virtuale", come si può visitare una città d'arte in modo attivo e intelligente, "gustandola" pienamente e scoprendo monumenti storici e artistici noti e apprezzati in tutto il mondo.

Il progetto si articola in tre momenti:
- la programmazione della visita, con la raccolta delle informazioni necessarie, la presa dei contatti e la preparazione della scheda di presentazione del monumento;
- lo svolgimento della visita, con la partecipazione della classe e il contributo di ciascun alunno;
- l'elaborazione dei dati raccolti, la stesura della relazione e la comunicazione dell'esperienza all'esterno.

Competenze applicate nel progetto

Comunicazione nella madre lingua
> Esprimersi in modo chiaro e preciso sul piano linguistico nella produzione dei materiali necessari per lo svolgimento del progetto.
> Comunicare all'esterno i risultati del proprio lavoro attraverso la modalità comunicativa scelta.

Competenza digitale
> Visitare siti utili a raccogliere dati e informazioni sul viaggio (municipi, ferrovie, ecc.) e interagire con essi.
> Usare il computer per produrre e presentare testi multimediali.

Competenze sociali e civiche
> Partecipare in modo costruttivo a un lavoro di gruppo sia nella fase di progettazione sia in quella di realizzazione.

Senso di iniziativa e imprenditorialità
> Pianificare le operazioni necessarie per realizzare fasi e aspetti di un progetto, in armonia con i suoi obiettivi generali.
> Avere senso critico e disponibilità a mettere in discussione e a rivedere quanto fatto, se necessario.
> Reperire e stabilire contatti con persone e istituzioni che si ritengono utili allo svolgimento del progetto.

Consapevolezza ed espressione culturale
> Esprimere e condividere le proprie idee.
> Esprimersi in modo chiaro e originale con mezzi di comunicazione diversi (linguistici, visivi, multimediali ecc.).

Imparare a imparare
> Cercare gli strumenti adeguati a raggiungere i propri scopi.
> Avere consapevolezza del percorso di lavoro svolto.

▸ Prima della visita

• Un approccio virtuale alla nostra meta

Per poter raggiungere la finalità della visita, cioè guardare con piacere quello che si vede ed emozionarsi, occorre conoscere almeno le informazioni fondamentali sulla meta che dobbiamo raggiungere e sui monumenti che visiteremo.

Dove andremo? Che cosa vedremo?

Sarebbe molto positivo se la scelta della meta fosse condivisa da insegnanti e alunni, ma non sempre è possibile per motivi organizzativi.

È invece importante ragionare sui motivi della scelta e discutere del tipo di percorso da compiere in relazione al tempo a disposizione: un giorno, più giorni, una settimana. Anche se possiamo fermarci diversi giorni nella città da visitare, è impossibile scoprire e conoscere a fondo tutto quello che la città offre dal punto di vista storico o artistico. Si rende quindi necessario fare una scelta dei monumenti da visitare, selezionando un percorso secondo criteri definiti, per esempio:

> per epoca storica: città comunale, rinascimentale, ottocentesca;
> per artista: le opere di Michelangelo architetto, pittore, scultore;
> per forma d'arte: la struttura urbanistica, le architetture più significative, gli affreschi, i mosaici;
> per tema: gli edifici civili, gli edifici religiosi, le fontane, le piazze.

A volte è proprio il criterio che si vuole seguire a guidare nella scelta della città: per esempio, se si vogliono capire alcune caratteristiche fondamentali delle città e delle corti rinascimentali, Mantova può essere una meta adeguata.

In ogni modo, qualunque sia il criterio che si sceglie per organizzare la visita della città, è sempre opportuno riservarsi un po' di tempo per passeggiare liberamente per vie e piazze, scoprendo così le caratteristiche più tipiche della città, la sua atmosfera, qualche aspetto dello stile di vita degli abitanti.

Dove si trova la città d'arte che visiteremo? Come raggiungerla?

Una volta deciso quale città si vuole visitare, occorre localizzarla su una cartina dell'Italia, individuare la distanza dal luogo di residenza, il tragitto da compiere per raggiungerla, i mezzi con cui arrivarci.

Sulla base della lettura della carta fisica, possiamo ipotizzare il paesaggio in cui è inserita: c'è il mare, un fiume, un lago, le colline, le montagne, la pianura...?

Stabiliamo le tappe della nostra visita

A questo punto organizziamo il giro che faremo in città. Divisi in gruppo si dovrà:

> recuperare una pianta della città, su cui osservare la struttura urbanistica e individuare il centro storico;

PER INCOMINCIARE

PROGETTO COMPETENZE

> consultare guide turistiche o altro materiale per individuare gli elementi di maggior interesse;
> stabilire le tappe sulla base degli elementi di maggiore interesse e in relazione ai criteri stabiliti;
> evidenziare sulla cartina della città il tragitto e i monumenti da visitare.

Davanti alla classe e con la guida dell'insegnante ogni gruppo dovrà presentare il percorso definito, spiegandone le ragioni. La classe quindi valuterà le proposte e definirà il percorso da effettuare scegliendo uno di quelli presentati o integrando parti diverse di diversi percorsi
Per esempio, se decidiamo di andare a Mantova con un viaggio di una sola giornata potremmo dire che il tema del nostro viaggio sarà la *Mantova dei Gonzaga* e privilegerà la visita a Palazzo Ducale e Palazzo Te, che permette l'accostamento a opere architettoniche e pittoriche di grande pregio artistico. Nel trasferimento dal palazzo Ducale a Palazzo Te si può fare una sosta nelle piazze Sordello o delle Erbe.

Informazioni e impressioni su ciò che vedremo

Perché la visita sia attenta, piacevole e si imprima nella nostra memoria, è importante avere delle aspettative, cioè sapere in precedenza qualcosa di ciò che si vedrà. Vi diamo qualche suggerimento e uno strumento importante per raccogliere informazioni e impressioni, in modo che la vostra esperienza possa essere davvero significativa.

Una volta deciso il percorso, elencatene le tappe e indicate per ciascuna tappa i monumenti che vedrete. Ogni gruppo scelga almeno un monumento e compili su di esso una scheda divisa in due parti: nella prima saranno elencati i dati fondamentali che ci aiutano a capire che cosa stiamo vedendo, nella seconda, che compilerete dopo la visita, annoterete i dati nuovi che raccoglierete e soprattutto le impressioni suscitate dalla visita. Per compilare la prima parte seguite la traccia che segue, valida per ogni tipologia di monumento storico e artistico.

NOME DEL MONUMENTO

....

Forma d'arte: (architettura, pittura...) ....

Epoca storica di riferimento: ....

Autore e/o movimento artistico di appartenenza: ....

....

Breve descrizione dell'opera: ....

....

....

Funzione e uso: ....

....

....

È utile completare la scheda con una **foto**.

Dopo la visita

Nuovi dati ....

....

....

Impressioni ....

....

◗ Durante la visita

• Per essere attivi e protagonisti

Come comportarsi

Possiamo visitare la città apprezzando i monumenti e divertendoci nello stesso tempo. È necessario però rispettare alcune regole. Abbiamo tracciato una sorta di codice di comportamento di cui prendere visione prima della visita, apportando eventualmente modifiche o integrazioni.

1. Mi accerto di avere tutto ciò che serve: cartina, occorrente per appunti, macchina fotografica...
2. Mi preoccupo che il mio abbigliamento sia adeguato.
3. Non parlo a voce alta, urlando e sovrapponendo la mia voce a quella dei compagni.
4. Seguo le spiegazioni dell'insegnante o della guida concentrandomi, senza farmi distogliere da ciò che succede intorno a me.
5. Cerco di stare nel gruppo classe, aperto e chiuso da due alunni cui è stata affidata questa responsabilità.
6. Mi comporto al meglio ricordando che chi mi vede valuta, oltre a me, anche la mia scuola nel suo insieme.

Che cosa fare

Ogni alunno o piccolo gruppo ha da "schedare" il monumento che ha scelto; inoltre l'insegnante potrà affidare agli alunni compiti come:

> porre attenzione al percorso segnato sulla cartina e proporre eventuali modifiche di tragitto;
> filmare il monumento e l'area circostante;
> fotografare il monumento assegnato con alcuni particolari significativi;
> registrare gli interventi della guida.

Tutti gli alunni osservano, ascoltano la spiegazione delle guide, pongono domande, prendono appunti e fotografano, se è permesso.

◗ Dopo la visita

• Riordinare conoscenze ed emozioni

Al rientro da una visita a una città d'arte abbiamo la mente e il cuore pieno di conoscenze e di emozioni. Perché rimangano a lungo nel nostro ricordo dovremo, sempre in gruppo, riordinare e rielaborare il materiale, fondendo quello preparato prima della partenza con quello raccolto durante la visita.

PROGETTO COMPETENZE

Una relazione collettiva

Poiché una gita d'istruzione è un'esperienza nella quale la dimensione collettiva ha grandissima importanza è interessante, utile e molto gratificante concludere l'esperienza con un bilancio della stessa e una relazione che ne raccolga gli aspetti salienti e condensi il significato che ha avuto per ciascun alunno e per la classe nel suo complesso. Per elaborarla, cominciate col fare un **bilancio** complessivo dell'uscita didattica. Considerate dati "oggettivi" e dati soggettivi, che dovrete tabulare per poter registrare la risposta della classe nel suo complesso. Vi suggeriamo di seguire la traccia che segue.

> **BILANCIO DELLA VISITA ALLA CITTÀ D'ARTE**
> - Nel programma con cui l'uscita si è svolta sono state apportate variazioni rispetto a quanto era stato deciso? Quali? Perché?
> - Qual è la fase che ha suscitato in ciascuno di voi maggior interesse e partecipazione?
> - Quale opera della città ha particolarmente interessato ciascuno di voi? Perché?
> - Avreste voluto vedere e conoscere altre opere? Quali?
> - Quali suggerimenti potete dare per migliorare la visita guidata?

A questo punto, dividendovi in gruppi e assegnando a ciascun gruppo lo svolgimento di una parte, fondete i dati raccolti prima e durante l'uscita con quelli emersi dal bilancio e stendete la relazione, che dovrà poi essere assemblata dai responsabili di ciascun gruppo.

• Far conoscere agli altri la nostra esperienza

Scegliere la modalità comunicativa adeguata

La relazione non è l'unico modo per elaborare e far conoscere agli altri la ricchezza della vostra esperienza, ma è certamente la base sulla quale costruire ogni altra forma di comunicazione. A seconda delle vostre preferenze e delle risorse a disposizione potete cioè produrre:

- un cartellone con foto e ampie didascalie;
- un fascicolo cartaceo realizzato con il computer o con penna, forbici e colla;
- una presentazione in PowerPoint con immagini e testo;
- un filmato che assembli le riprese effettuate durante la gita.

UNA TRACCIA

Qualsiasi modalità comunicativa scegliate, prima di tutto è necessario stabilire un indice da seguire. Una traccia potrebbe essere la seguente.

- Presentazione della città.
- Collocazione geografica ed elementi del paesaggio in cui è inserita.
- Brevi note storiche.
- Tipo di percorso seguito.
- Cartina con evidenziati i monumenti visitati.
- Opere osservate, ciascuna con un'immagine e una semplice "lettura" dell'opera.

Valutiamo il lavoro svolto
Scheda di autovalutazione

Ogni alunno che ha partecipato al progetto può valutare il proprio lavoro usando questa scheda di autovalutazione.

Alunno ....

	Limitato	Buono	Ottimo
Partecipazione e contributo all'organizzazione del lavoro	☐	☐	☐
Contributo alla ricerca delle informazioni fondamentali	☐	☐	☐
Contributo alla ricerca dei contatti con l'esterno	☐	☐	☐
Contributo alla stesura della relazione	☐	☐	☐
Comportamento e partecipazione durante la visita	☐	☐	☐
Contributo all'ideazione e alla realizzazione della comunicazione all'esterno	☐	☐	☐

Scheda per la valutazione dell'insegnante

L'insegnante o gli insegnanti coinvolti nel progetto utilizzeranno questa scheda per valutare le competenze espresse da ogni alunno. In questo lavoro terranno conto delle relazioni svolte dai coordinatori di ciascun gruppo.

Alunno ....

	Elementare	Intermedio	Esperto
Comunicazione nella madre lingua			
• Capacità di esprimersi in modo chiaro e preciso sul piano linguistico nella produzione dei materiali necessari per lo svolgimento del progetto	☐	☐	☐
• Capacità di comunicare all'esterno i risultati del proprio lavoro attraverso la modalità scelta	☐	☐	☐
Competenze digitali			
• Visitare siti utili a raccogliere dati e informazioni sul viaggio (municipi, ferrovie ecc.) e interagire con essi	☐	☐	☐
• Usare il computer per produrre e presentare testi multimediali	☐	☐	☐
Competenze sociali e civiche			
• Capacità di partecipare in modo costruttivo a un lavoro di gruppo sia nella fase di progettazione sia in quella di realizzazione	☐	☐	☐
Senso di iniziativa e imprenditorialità			
• Capacità di pianificare le operazioni necessarie per realizzare fasi e aspetti di un progetto, in armonia con i suoi obiettivi generali	☐	☐	☐
• Capacità di trovare soluzioni ai problemi che il lavoro presenta	☐	☐	☐
• Capacità di avere senso critico e disponibilità a mettere in discussione e a rivedere quanto fatto, se necessario	☐	☐	☐
• Capacità di reperire e stabilire contatti con persone e istituzioni che si ritengono utili allo svolgimento del progetto	☐	☐	☐
Consapevolezza ed espressione culturale			
• Capacità di esprimere e di condividere le proprie idee	☐	☐	☐

IMPARARE A STUDIARE

Studiare in modo efficace e scrivere bene: due cose che ti saranno costantemente richieste nel tuo percorso scolastico e che ti saranno utili anche quando la scuola sarà finita.

Ti proponiamo due strumenti che ti faranno da guida nell'acquisizione del tuo metodo di studio e nello sviluppo delle tue abilità di scrittura: *Il mio metodo di studio* e *La scuola di scrittura*.

IL MIO METODO DI STUDIO nell'eBook

Li trovi nell'eBook, a cui puoi accedere dagli indici che riportiamo qui sotto, e li puoi utilizzare in ogni momento dell'anno, scegliendo, secondo le tue necessità, da dove iniziare il percorso.

Saper studiare
1. Che cosa vuol dire "studiare"
2. Perché studiare? Le motivazioni allo studio
3. Concentrarsi: una condizione essenziale, irrinunciabile
4. Organizzare il proprio tempo

LABORATORIO DELLE COMPETENZE >
I miei motivi per studiare: un'indagine in classe

Leggere per studiare
1. Porsi qualche domanda prima di cominciare
2. Leggere per "avere un'idea"
3. Leggere per cercare e riconoscere le informazioni
4. Raccogliere e sintetizzare le informazioni 1
5. Elaborare le informazioni
6. Memorizzare ed esporre
7. Leggere e sottolineare
8. Raccogliere e sintetizzare le informazioni 2

LABORATORIO DELLE COMPETENZE >
Regole per studiare bene

Ascoltare una lezione
1. Che cos'è una lezione
2. Ascoltare attivamente per imparare

Memorizzare ed esporre
1. Esercitare i diversi tipi di memoria
2. Le condizioni che aiutano a ricordare
3. L'interrogazione
4. Consigli pratici per affrontare un'interrogazione

Leggere per fare
I testi non continui

Il *Metodo* è organizzato in cinque sezioni mentre *La scuola di scrittura* propone 13 lezioni: le prime 5 hanno un carattere più generale, le ultime 8, invece, propongono esperienze di "scrittura creativa".
Troverai spesso, nei volumi dell'antologia, rimandi alla *Scuola di scrittura*: ti permetteranno di accedere direttamente alla lezione che riporta le indicazioni utili a svolgere gli esercizi di scrittura proposti dalle Attività.

E IMPARARE A SCRIVERE

LA SCUOLA DI SCRITTURA nell'eBook

Questa è una Scuola di scrittura *speciale perché, ancor prima di insegnare come si scrivono le storie, te ne racconta una davvero avvincente!*

Come ogni scuola, anche questa è fatta di lezioni; ma ogni lezione si apre con una "puntata" di una storia, intitolata La buonanotte, *che potrai seguire nel suo sviluppo e vivere insieme ai suoi protagonisti.*

Dopo aver letto ciascun episodio della storia, seguendo i nostri consigli, ti eserciterai nella scrittura delle diverse tipologie testuali, partendo dagli esercizi proposti nell'antologia o dando libero sfogo alla tua fantasia.

Fra lettura e scrittura
LEZIONE 1 Il riassunto
LEZIONE 2 Dalla scheda di narrativa alla recensione

Scrivere con metodo
LEZIONE 3 Prima di scrivere: l'analisi della traccia
LEZIONE 4 Allora c'è tutto? Il progetto e la stesura
LEZIONE 5 Rivedere, rivedere, rivedere

Esperienze di scrittura
LEZIONE 6 Descrivere luoghi
LEZIONE 7 Descrivere persone
LEZIONE 8 Raccontare la realtà: esperienze personali e scrittura autobiografica

LEZIONE 9 Scrittura creativa 1:
- Scrivere partendo da altri testi
- Facciamo che io ero...: scrivere da punti di vista bizzarri
- Scrivere a partire da immagini
- Scrivere ministorie

LEZIONE 10 Raccontare storie inventate: dal sogno al racconto fantastico

LEZIONE 11 Scrittura creativa 2:
- Inventare miti e fiabe
- Entrare nelle storie e continuarle
- Giocare con finali, personaggi e generi

LEZIONE 12 Scrivere una relazione
LEZIONE 13 Scrivere un testo argomentativo

UNITÀ 2

Negli anni scorsi, con l'aiuto dell'antologia, hai potuto esercitare le abilità linguistiche di base, fondamentali per usare in modo efficace la lingua: saper ascoltare con attenzione, leggere, parlare e scrivere. Le riprendiamo ancora una volta, all'inizio del percorso di quest'anno, per scoprire quanto si sono rafforzate e quanto sono cresciute insieme a te.

STORIE PER STUPIRSI, PER CONOSCERE
e per mettere alla prova le abilità di base

STUPIRSI E... ASCOLTARE CON ATTENZIONE COGLIENDO LE CARATTERISTICHE DEL RACCONTO

STUPIRSI PER LA VICENDA NARRATA E... ASCOLTARE PRENDENDO APPUNTI

Competenze
- Ascoltare con attenzione
  - cogliendo le informazioni e le suggestioni proposte e riconoscendo il tipo di descrizione
  - riconoscendo i linguaggi specifici
- Leggere con attenzione
  - adeguando il tono di voce al contenuto
  - la poesia
- Esporre oralmente
  - per persuadere
  - per esporre le proprie opinioni organizzando una discussione in classe
- Scrivere
  - testi di carattere personale a partire dagli spunti che le letture hanno offerto
  - la presentazione di un personaggio e del suo ambiente

Stupirsi e... ascoltare con attenzione
cogliendo le caratteristiche del racconto
A. Čechov, *Lo specchio curvo*

Stupirsi per la vicenda narrata e...
ascoltare prendendo appunti
D. Buzzati, *La giacca stregata*

Stupirsi e...
leggere in modo espressivo
J. Spinelli, *Mitico e Mars*

Conoscere una bimba speciale e...
saper leggere una poesia
U. Saba, *Ritratto della mia bambina*

Conoscere una persona singolare e...
esporre un'esperienza e le proprie opinioni
M. Yunus, *Il banchiere dei poveri*

LABORATORIO DELLE COMPETENZE > Tenere una relazione in pubblico

PER FARE IL PUNTO

IL MIO PERCORSO

**STUPIRSI E...
LEGGERE IN
MODO ESPRESSIVO**

**CONOSCERE UNA PERSONA
SINGOLARE E...
ESPORRE UN'ESPERIENZA
E LE PROPRIE OPINIONI**

Brani
Approfondimenti
Attività

**CONOSCERE
UNA BIMBA
SPECIALE
E... SAPER
LEGGERE
UNA POESIA**

PER INCOMINCIARE **45**

UNITÀ 2 — STORIE PER STUPIRSI, PER CONOSCERE

Stupirsi e... ascoltare con attenzione

cogliendo le caratteristiche del racconto

Lo specchio curvo

Il protagonista e la moglie entrano nella vecchia casa di famiglia e, tra gli arredi, trovano un vecchio specchio impolverato, che si dice abbia avuto poteri magici.

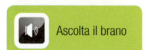

Prima di ascoltare il racconto, leggi gli esercizi; ascolta poi con attenzione, annotando le informazioni che ti sembrano utili, infine rispondi.

Attività

SO ASCOLTARE?

COMPRENSIONE ED ESPRESSIONE ORALE

Che cosa dice il testo

1. Dopo l'ascolto, segna le risposte corrette.

   a. Da quanto tempo la casa è disabitata?
   - [ ] Da qualche anno
   - [ ] Da molti anni
   - [ ] Da pochi mesi

   b. Da quali segni lo si comprende? (Più di una risposta.)
   - [ ] Dalle tende ingiallite
   - [ ] Dalla presenza di topi che hanno invaso l'appartamento
   - [ ] Dalla muffa che ricopre le pareti
   - [ ] Dalla polvere che ricopre gli oggetti
   - [ ] Dal silenzio

   c. Dove si trova lo specchio che attira il protagonista e la moglie?
   - [ ] Appoggiato al pavimento
   - [ ] Appeso sopra il letto della bisavola
   - [ ] Appeso in un angolo accanto al ritratto della bisavola

   d. Come si presenta?
   - [ ] È grande, con una cornice di bronzo scuro
   - [ ] È grande, con una cornice dorata
   - [ ] È piccolo, con una cornice nera

   e. Che cosa fa il protagonista quando vi si specchia?
   - [ ] Ride, perché il suo viso appare deformato
   - [ ] Ride, perché il suo viso appare sfuocato
   - [ ] Ride, perché non si vede nulla

> Stupirsi e... ascoltare con attenzione

f. E quando vi si specchia la moglie, che cosa accade?
- [ ] Si spaventa perché il viso appare deformato, grida, trema e cade a terra priva di sensi
- [ ] Anch'ella ride e il candeliere le cade di mano, lasciando la casa al buio, poi cade a terra priva di sensi
- [ ] Impallidisce, trema e grida, il candeliere le cade di mano e cade a terra priva di sensi

g. Che cosa accade quando si risveglia?
- [ ] Non vedendo più lo specchio, si tranquillizza e si riprende
- [ ] Non vedendo più lo specchio, cade in uno stato di profonda tristezza che dura molti giorni
- [ ] Cade in uno stato di profonda prostrazione che dura fino a che non le viene riportato lo specchio

h. Che cosa pensa la moglie quando finalmente può guardarsi allo specchio?
- [ ] Di essere stata fortunata ad avere un marito come il suo
- [ ] Di essere bellissima e degna di uomini belli e nobili
- [ ] Di aver sbagliato a sposarsi

i. Qual è la scoperta finale del protagonista?
- [ ] Che lo specchio, deformando le immagini, rende tutti più belli
- [ ] Che lo specchio, deformando le immagini, rende lui brutto e la moglie bellissima
- [ ] Che lo specchio minimizza le irregolarità del viso delle persone

j. Qual è l'effetto che lo specchio ha sulla vita della coppia?
- [ ] La moglie si sente bella e il marito la ama ancor di più
- [ ] La moglie si sente bella, degna di uomini migliori e rifiuta il marito
- [ ] La moglie si rende conto che l'immagine riflessa dallo specchio non è la sua e ne è profondamente delusa

2. Il racconto è costruito in modo da avvolgere il lettore in un'atmosfera di suspense. Indica gli elementi che contribuiscono a crearla.

3. Nella seconda parte del racconto, la tensione si scioglie e si rivela una singolare sorpresa. In quale momento questo accade?

So ascoltare?

Dopo la correzione in classe, verifica quante risposte giuste hai dato.

Esercizio 1	.... / 10
Esercizio 2	.... / 6
Esercizio 3	.... / 1
Totale	.... / 17

PER RIFLETTERE
(CONSAPEVOLEZZA ED ESPRESSIONE CULTURALE)

Realtà e illusione

4. Il bizzarro specchio del racconto di Čechov stravolge la realtà, facendola sembrare diversa da come è: un uomo normale vi appare deforme, una donna non bella vi appare bellissima. Ma l'illusione, sembra dire l'autore, aiuta a vivere meglio. Sei d'accordo con questa interpretazione del racconto? Credi anche tu che qualche volta sia meglio illudersi, piuttosto che affrontare la realtà?

SPUNTI DI SCRITTURA
(COMPETENZE DI SCRITTURA)

Specchio, specchio...

5. Lo specchio è spesso presente nella letteratura: Narciso, un personaggio della mitologia greca, si innamora della sua immagine riflessa in uno specchio d'acqua; la matrigna di Biancaneve invidia la figliastra quando lo specchio le rivela che è più bella di lei; Alice, entrando in uno specchio, visita una nuova dimensione della realtà... E tu, che cosa vorresti vedere in uno specchio? Quali sorprese vorresti trovare? Racconta.

UNITÀ 2 — STORIE PER STUPIRSI, PER CONOSCERE

Stupirsi per la vicenda narrata e... ascoltare prendendo appunti

La giacca stregata

Un uomo scopre che la giacca confezionatagli da uno strano sarto produce biglietti da 10.000 lire[1] ogni volta che infila la mano in tasca. Inizia così ad accumulare e a spendere, fino a che non nota che le cifre estratte dalla giacca stregata corrispondono ai soldi rapinati o sottratti in qualche evento tragico che legge sul giornale. Capisce che c'è un collegamento diretto con i fatti di cronaca, e sente di avere una responsabilità nelle morti causate da quegli incidenti; decide allora di liberarsi della giacca maledetta bruciandola.

1. 10.000 lire: sono l'equivalente di circa 5 euro.

Prima di ascoltare il racconto, leggi gli esercizi; ascolta poi con attenzione, annotando le informazioni che ti sembrano utili, infine rispondi.

Attività

SO ASCOLTARE?
COMPRENSIONE ED ESPRESSIONE ORALE

Ho capito lo sviluppo della vicenda?

1. Ricostruisci la vicenda, completando il testo.

Il protagonista si trova a .... in occasione di un .... Incontra un uomo particolarmente .... e gli chiede l'indirizzo .... Si reca presso il negozio e ordina .... che gli viene recapitato dopo .... Indossando l'abito, si accorge che nella tasca ....
....
Ogni volta che mette le mani nella tasca, trova ....
.... Rileva però anche una singolare coincidenza: ogni volta che .... , si accorge che la stessa cifra è stata ....
.... in tutti i casi alcune persone ....
Conduce ormai un'esistenza da ricco. Ma un giorno scopre che la sua vicina di casa si è suicidata perché .... che egli ha regolarmente trovato nella tasca della giacca.
Decide allora di .... ; si reca in un luogo di .... e la ....
Quando decide di tornare a casa, finalmente libero, scopre che ....

Ho colto nel testo indizi e segnali?

2. Il protagonista del racconto vive una vicenda surreale, che sembra inizialmente piacevole, ma si rivela tragica. Quali indizi e percezioni, dall'inizio del racconto, fanno presagire questo tipo di sviluppo? Completa le frasi.

a. L'elegante uomo incontrato alla festa ha un
....

b. L'incontro con il sarto lascia nel protagonista una sensazione ....

c. Quando l'abito arriva, il protagonista ....
....

3. Che cosa rappresenta, secondo te, il sarto?

So ascoltare?	Esercizio 1	.... / 16
Dopo la correzione in classe, verifica quante risposte giuste hai dato.	Esercizio 2	.... / 3
	Totale	.... / 19

Conoscere una bimba speciale e... saper leggere una poesia

Umberto Saba

Ritratto della mia bambina

Il poeta, un padre commosso e affettuoso, fa il ritratto della sua bambina, paragonandola a figure e immagini leggere.

La mia bambina con la palla in mano,
con gli occhi grandi colore del cielo
e dell'estiva vesticciola: «Babbo
– mi disse – voglio uscire oggi con te».
5 Ed io pensavo: Di tante parvenze[1]
che s'ammirano al mondo, io ben so a quali
posso la mia bambina assomigliare[2].
Certo alla schiuma, alla marina schiuma
che sull'onde biancheggia, a quella scia
10 ch'esce azzurra dai tetti e il vento sperde[3];
anche alle nubi, insensibili nubi
che si fanno e disfanno in chiaro cielo;
e ad altre cose leggere e vaganti.

(U. Saba, *Canzoniere*, Mondadori)

1. parvenze: figure, immagini.
2. assomigliare: paragonare.
3. scia... il vento sperde: il fumo che esce dai camini.

PER INCOMINCIARE

UNITÀ 2

STORIE PER STUPIRSI, PER CONOSCERE

Attività

SO LEGGERE BENE?
(COMPETENZE DI LETTURA)

Leggere in modo espressivo una poesia

1. Alla base di una lettura efficace ed espressiva c'è la comprensione del testo. Dopo aver letto la poesia, fai la parafrasi, poi rispondi.
   > Di chi parla?
   > La prima parte è narrativa, racconta brevemente un episodio. Quale? Com'è la bambina? Descrivila brevemente.
   > La seconda parte è riflessiva: il padre, osservando la bambina, pensa a una serie di elementi a cui la può paragonare. Indica tutte le similitudini riferite alla bambina.

2. Il secondo elemento utile per leggere in modo efficace una poesia è la sua interpretazione: bisogna cogliere lo sfondo emozionale del testo. Scegli il completamento corretto.

   Il modo con cui viene presentata la bambina e gli elementi a cui viene paragonata
   a. danno una sensazione di ☐ tristezza ☐ leggerezza ☐ allegria e vivacità ☐ fatica
   b. ci fanno pensare a un padre ☐ orgoglioso della sua bambina ☐ preoccupato per la sua bambina ☐ indifferente ☐ affettuoso ☐ triste ☐ sereno

3. Per l'interpretazione sono importanti le parole, ma anche l'elemento ritmico e sonoro.
   > Conta la lunghezza di ciascun verso: sono tutti uguali? Da quante sillabe sono composti?
   > Ci sono rime?   > Ci sono *enjambements*?
   > Dove ritieni di dover fare una pausa nella lettura? Segnala sul testo.
   > Quale intonazione e volume della voce ritieni opportuno utilizzare?

4. Un requisito fondamentale per leggere bene è l'esercizio: prova a leggere più volte il testo, fino ad acquisire sicurezza e fluidità.

So leggere bene? **Rifletti sul modo in cui hai letto (meglio se ascoltando una registrazione della tua lettura) e rispondi.**	☐ Non ho incontrato difficoltà e credo di essere riuscito a leggere in modo espressivo.
	☐ Ho incontrato qualche difficoltà perché ☐ non riesco a leggere con espressione i versi ☐ ho sbagliato a interpretare il contenuto ☐ ho avuto difficoltà a comprendere lo sfondo emozionale della poesia ☐ non ho saputo dare un ritmo adeguato ☐ ho inserito le pause in modo poco opportuno
	☐ Ho incontrato molte difficoltà perché ☐ leggo ancora molto lentamente ☐ non riesco a concentrarmi ☐ capisco con fatica quello che leggo ☐ faccio molti errori

SPUNTI DI SCRITTURA (COMPETENZE DI SCRITTURA)

Ritratto in prosa

5. Prova a descrivere in prosa la bambina del poeta, inserendo gli elementi che puoi ricavare dalla poesia.

   Rileggi ora la poesia e la descrizione in prosa. Quale preferisci? Quale ti sembra evidenziare maggiormente l'aspetto descrittivo? Quale i sentimenti e le riflessioni?

Conoscere una persona singolare e...
esporre un'esperienza e le proprie opinioni

1. Latifee: Enamul Hafiz Latifee, economista collega di Yunus, oggi amministratore delegato di Grameen Trust Bangladesh.

Il banchiere dei poveri

Il libro, autobiografico, racconta in che modo è maturata nell'autore l'idea del microprestito. Muhammad Yunus insegnava all'università, situata lontano dal centro urbano e vicino a un villaggio sperduto: a un certo punto decise di mettere a confronto con la vita reale le teorie economiche che insegnava e iniziò a frequentare il villaggio. Tra gli altri incontrò Sufia Begum, madre di tre figli, che, per mantenere sé e i bambini, costruiva sgabelli di bambù. Dal momento che non aveva soldi per procurarsi ciò che le occorreva per il lavoro e non poteva farseli prestare perché solo gli usurai concedevano prestiti, a tassi di interesse altissimi, era costretta a comprare la materia prima dalla persona a cui rivendeva gli sgabelli, con un margine di guadagno irrisorio. Dall'incontro con Sufia nacque la riflessione di Yunus e la decisione di fare qualcosa per cambiare la situazione.

Risalendo la collina, tornammo lentamente verso casa. Ovunque si vedevano uomini intenti al lavoro: chi arava i campi, chi batteva i metalli, chi accomodava risciò. Si lavora perpetuamente, nelle campagne del Bangladesh, e spesso mi stupisce la resistenza e l'agilità dei miei fratelli bengali. Una volta arrivati, Latifee[1] e io ci fermammo a passeggiare in giardino, mentre l'afa del giorno si andava spegnendo.

Pensavo al baratro che esiste tra la realtà del paese e le parole altisonanti del governo. Nella Dichiarazione universale dei diritti dell'uomo si afferma che:

«Ogni persona ha diritto a un livello di vita che garantisca la salute e il benessere dell'individuo e della sua famiglia, in particolare per quanto riguarda il cibo, il vestiario, la casa, l'assistenza medica e i servizi sociali necessari; essa ha diritto a essere garantita in caso di disoccupazione, malattia, inabilità, vedovanza, vecchiaia, e in mancanza di fonti di sopravvivenza per circostanze esterne alla sua volontà».

La Dichiarazione precisa inoltre che le nazioni firmatarie debbono assicurare «il riconoscimento e l'osservanza» di tali diritti.

A mio parere la povertà determina nella società una condizione che nega non solo alcuni,

UNITÀ 2
STORIE PER STUPIRSI, PER CONOSCERE

ma proprio tutti i diritti umani. Il povero non conosce diritti, e questo a prescindere dalle belle parole dei libri o da quello che i governi scrivono sulla carta.

Cercai di considerare il problema dal punto di vista di Sufia. C'era il problema del costo del bambù: come affrontare quell'ostacolo? Era meglio aggirarlo, o sormontarlo, o trovare un varco per passarci attraverso?

Non avevo una soluzione già pronta, per il momento cercavo di capire. E non sembrava complicato: la vita di Sufia era un cumulo di sofferenze perché il bambù costava cinque taka. Lei non aveva quel denaro, quindi era costretta in un circolo vizioso: farsi prestare il denaro dal commerciante e poi rivendergli il prodotto alle sue condizioni. A prima vista, il problema era semplicissimo: potevo risolvere tutto prestandole cinque taka.

Finora Sufia aveva lavorato quasi gratis. Si trattava innegabilmente di una forma di schiavitù: il mercante faceva in modo di pagarle soltanto il prezzo che copriva il costo del materiale, e quel tanto di più che bastava perché lei non morisse e continuasse ad avere bisogno del suo denaro. Mi sembrava che quello stato non potesse cambiare se Sufia non trovava i cinque taka per cominciare. [...]

Il giorno dopo feci venire Maimuna, una studentessa che raccoglieva dati per me, e le chiesi di aiutarmi a compilare un elenco di tutte le persone di Jobra[2] che, come Sufia, ricorrevano ai prestiti dei commercianti, vedendosi così espropriati dei frutti del loro lavoro.

Dopo una settimana l'elenco era pronto: conteneva 42 nomi di persone per un prestito totale di 856 taka, vale a dire meno di ventisette dollari.

«Non è possibile!» esclamai. «Quarantadue famiglie ridotte alla fame, e tutto per una cifra di ventisette dollari!» [...]

Cominciai ad arrovellarmi per capire come aiutare quelle persone, alle quali non mancava la salute né la voglia di lavorare. [...]

Decisi che avrei prestato loro quella somma, e me l'avrebbero poi restituita quando avessero potuto. [...]

Purtroppo non esisteva un istituto finanziario capace di accogliere le esigenze dei poveri in materia di credito. Nel vuoto delle istituzioni ufficiali il mercato del credito era stato accaparrato dagli usurai locali, che con molta efficienza conducevano i loro "clienti" a passi sempre più grandi verso la miseria.

I poveri non erano tali per stupidità o per pigrizia; anzi, lavoravano tutto il giorno svolgendo mansioni fisiche complesse. Erano poveri perché le strutture finanziarie del nostro paese non erano disposte ad aiutarli ad allargare la loro base economica. Non era un problema di persone, ma di strutture.

Porsi a Maimuna i ventisette dollari. «Ecco,» le dissi, «prendi questi soldi e distribuiscili tra le quarantadue famiglie della lista. Tutti potran-

2. **Jobra**: la località in cui vive Sufia.

no rimborsare i commercianti e vendere i prodotti a chi farà loro un buon prezzo».

«E quando dovranno restituirli?»

«Quando potranno. Quando avranno venduto i prodotti con un buon margine di profitto. Non prenderò nessun interesse, non è che lo faccio per mestiere.» [...]

Di solito la sera, appena tocco il cuscino, mi addormento nell'arco di pochi secondi. Quella notte, però, non riuscivo a prendere sonno, tormentato dalla vergogna di appartenere a una società che non riusciva a fornire 27 dollari a quarantadue persone per metterle in grado di autosostentarsi.

Dopo alcuni giorni di riflessione mi resi conto che quel che avevo fatto non bastava: si trattava di una soluzione personale, che obbediva a una logica puramente affettiva. Mi ero accontentato di prestare 27 dollari, mentre avrei dovuto impegnarmi per risolvere istituzionalmente il problema. Se c'era altra gente che abbisognava[3] di un capitale, doveva poterselo procurare in altro modo che non rivolgendosi al capo del dipartimento di economia; del resto i guardiani del campus non li avrebbero nemmeno fatti entrare.

Bisognava fare qualcosa. Ma che cosa?

Mi venne l'idea di sottoporre il problema al direttore della banca locale: sarebbe stato logico che fosse la banca a prestare denaro a chi non aveva un capitale. Sembrava così semplice... in apparenza.

In realtà proprio gli ostacoli posti dal sistema bancario tradizionale porteranno Yunus a fondare una nuova banca di microcredito.

E quello fu l'inizio di tutto. Non sono partito con l'intenzione di diventare un banchiere, il mio scopo era soltanto quello di risolvere un problema immediato. Ancora oggi io e i miei colleghi di Grameen lavoriamo con lo stesso obiettivo: quello di porre fine alla povertà, condizione che mortifica l'uomo nella sua essenza più profonda.

(M. Yunus, *Il banchiere dei poveri*, tradotto dal francese da E. Dornetti, Feltrinelli)

3. **abbisognava**: aveva bisogno.

- **Qualche informazione in più... per capire bene ciò di cui si parla**

Prima di iniziare a svolgere gli esercizi, ti forniamo qualche informazione essenziale sul microcredito.
Il microcredito è uno strumento di sviluppo economico che consiste nell'erogazione di piccoli prestiti (in media poco più di 300 dollari a testa) a piccoli imprenditori o a gruppi di questi che hanno forte necessità di risorse finanziarie per avviare o sviluppare progetti di auto-impiego. In questo modo si consente a persone in condizioni di povertà ed emarginazione, spesso donne, di accedere a servizi finanziari di cui le banche normalmente non permettono di usufruire; queste persone, infatti, non sono in grado di offrire le garanzie che gli istituti di credito richiedono per la concessione di un prestito.
La banca Grameen, fondata da Yunus, è stata la prima a concedere queste forme di prestiti in Bangladesh. Ora ha qualche migliaio di filiali; dalla sua fondazione, ha concesso prestiti per oltre 7 miliardi di dollari; la percentuale di prestiti restituiti è del 98,85 per cento, considerata molto alta (i dati sono del 2010).

UNITÀ 2 — STORIE PER STUPIRSI, PER CONOSCERE

Attività

SO COMPRENDERE LO SVILUPPO DI UN RAGIONAMENTO?
(COMPETENZE DI LETTURA)

Dalla riflessione all'azione

1. Rispondi alle domande.
   > Qual è la situazione che l'autore osserva, ritornando a casa?
   > Che cosa proclama la Dichiarazione universale dei diritti dell'uomo?
   > In che cosa consiste la contraddizione tra quanto dichiarato e la realtà?
   > Perché quello in cui si trova Sufia è un circolo vizioso?
   > In che modo Yunus pensa di poter spezzare la catena che lega Sufia al mercante a cui lei vende i suoi prodotti?
   > Perché questo non soddisfa Yunus?
   > Qual è l'obiettivo dichiarato dell'azione della banca Grameen? In che modo viene giustificato?

SO ELABORARE UNA POSIZIONE PERSONALE SU UN ASPETTO DEL PROBLEMA?
(CONSAPEVOLEZZA ED ESPRESSIONE CULTURALE)

Quali aiuti per uscire dalla povertà?

2. Uno dei punti centrali del modo di agire di Yunus è che si devono aiutare i poveri a provvedere a se stessi. In un'altra parte del suo libro *Il banchiere dei poveri*, egli dichiara che non concede mai l'elemosina quando un mendicante gli tende la mano, perché quello non sarebbe un aiuto, al contrario innescherebbe un circolo vizioso. **Sei d'accordo? Giustifica la tua risposta con qualche esempio.**

SO SCRIVERE UN TESTO IN CUI SI ESPONE E SI RIFLETTE SU UN'ESPERIENZA?
(COMPETENZE DI SCRITTURA)

Uscire dalla povertà

3. Scrivi ora tu un testo in cui esponi le idee e l'esperienza di Muhammad Yunus e le tue riflessioni sull'argomento. Puoi seguire la seguente scaletta.

   a. Breve presentazione del personaggio
      - Chi è • Quale professione svolge • Che cosa ha fatto • Quali riconoscimenti ha avuto
   b. Racconto dell'occasione che ha dato origine alla sua riflessione e alle sue scelte
      - L'osservazione delle condizioni di vita delle persone del villaggio del Bangladesh
      - La riflessione sulla necessità e sulla possibilità reale di cambiare la situazione
   c. Le azioni intraprese
      - Il primo prestito • La decisione di ampliare la possibilità ad altre persone
   d. L'obiettivo principale della sua azione
   e. Le tue riflessioni e la tua opinione personale

Ricordati che non stai scrivendo un testo narrativo, ma l'esposizione di un'esperienza che nasce dall'analisi di una problematica e le tue osservazioni in merito; si tratta quindi di un testo misto, espositivo nella prima parte, argomentativo nella seconda. Può esserti utile consultare gli *Strumenti del lettore* che presentano le caratteristiche del testo argomentativo (a pagina 370). Del testo espositivo abbiamo parlato nel secondo volume. Fa' attenzione a usare un registro adeguato e un linguaggio preciso.

So esporre?

Rifletti sulla tua capacità di comprendere un ragionamento e di esporre per iscritto.

> Hai avuto difficoltà nella comprensione dei passaggi del testo letto?
> Sei riuscito a ricostruire tutti i passaggi?
> Quali difficoltà hai incontrato?
> Nell'esposizione sei riuscito a trattare tutti i punti suggeriti nella scaletta?
> Hai esposto le tue riflessioni? Sei riuscito a giustificarle portando qualche esperienza personale?
> Il registro e il linguaggio usati sono adatti a un testo di esposizione e riflessione?

LABORATORIO DELLE COMPETENZE

SENSO DI INIZIATIVA E IMPRENDITORIALITÀ — **COMPRENSIONE ED ESPRESSIONE ORALE**

Attività di scrittura

Tenere una relazione in pubblico

Già lo scorso anno, nel laboratorio finale dell'unità introduttiva *Può lo studio diventare una passione?* siete stati invitati a tenere "una lezione" ai vostri compagni.
Quest'anno riprendiamo questa modalità di comunicazione facendo un salto di qualità: dovremo cioè riferire su un argomento parlando a un pubblico più vasto, in conferenza. Immaginiamo per esempio di fare una presentazione all'assemblea dei genitori del vostro viaggio di istruzione attraverso una semplice relazione o con il supporto di un PowerPoint. Le indicazioni e l'"allenamento" che vi invitiamo a fare possono essere utili non solo per l'occasione che abbiamo ipotizzato, ma anche per preparare il colloquio d'esame o per qualsiasi altra situazione in cui dobbiate fare un intervento in pubblico.

A. ▶ Un po' di allenamento

1. Prima di mettere alla prova la tua abilità di conferenziere riprendi in considerazione alcune norme da seguire per migliorare il tuo modo di parlare.

Tecniche per parlare correttamente

1. Valutare il tempo a disposizione prima di iniziare, ma anche durante l'esposizione.

2. Tenere sotto controllo il tono della voce: variarlo per evitare la monotonia, facendo attenzione a non urlare.

3. Porre attenzione ai gesti:
   a. non gesticolare continuamente ma non rimanere, tuttavia, immobile e rigido;
   b. guardare negli occhi l'interlocutore o far correre lo sguardo sul pubblico;
   c. sorridere per creare un rapporto di fiducia con chi ascolta;
   d. osservare e cercare di capire dalle espressioni, dai gesti di chi sta ascoltando il grado di approvazione, di interesse o viceversa di disapprovazione così da modificare il discorso.

4. Controllare il ritmo del discorso:
   a. non aumentare la velocità facendoti prendere dall'ansia di finire;
   b. non fare troppe pause;
   c. respirare regolarmente, senza affanno.

5. Usare un linguaggio:
   a. comprensibile: frasi brevi, complete, corrette, pertinenti, senza intercalari;
   b. adeguato alla persona o al pubblico che ascolta. Ciò che viene detto deve trovare riscontro nell'esperienza degli ascoltatori;
   c. coinvolgente, accattivante, che trattenga l'attenzione con esempi concreti, rimandi all'esperienza, inserendo eventualmente battute piacevoli e discrete.

Per verificare il vostro modo di parlare

Potete organizzarvi in piccoli gruppi, scegliere un argomento che può anche non essere scolastico, definire il tempo a disposizione: a turno tutti affrontano l'"esame" e vengono valutati sulla base dei cinque punti esposti sopra con un punteggio da 1 a 5, relativo a ciascuno degli aspetti che vi abbiamo illustrato.

PER INCOMINCIARE

LABORATORIO DELLE COMPETENZE

B. ▶ Come esporre il contenuto

L'esposizione in pubblico è l'ultimo anello di un lungo percorso di ricerca, di analisi, di rielaborazione, di studio dell'argomento da trattare. Nella lezione 12 della Scuola di scrittura troverai indicazioni su come organizzare una relazione scritta. Qui ti daremo dei suggerimenti su come esporla davanti a una platea di ascoltatori.

Perché il contenuto sia esposto chiaramente suscitando interesse è utile:

> - presentare, all'inizio, la scaletta dell'intero intervento e sottolineare, con una certa regolarità durante lo svolgimento, il punto che si sta trattando;
> - introdurre l'intervento con informazioni particolarmente interessanti per suscitare sintonia con l'ascoltatore. In una comunicazione orale, a differenza di quella scritta, i primi momenti sono determinanti per creare una disponibilità di ascolto nel pubblico;
> - esporre i contenuti in modo organico e completo sottolineando i più avvincenti e tenendo conto del tempo a disposizione;
> - ripetere più volte il tema centrale o l'idea che si sta sviluppando presentandoli da diversi punti di vista. Questo accorgimento, che non viene richiesto in uno scritto dove le ripetizioni sono da evitare, è necessario nell'esposizione orale per richiamare alla memoria di chi ascolta le idee presentate. L'alternarsi di attenzione e disattenzione, infatti, non permette di cogliere con linearità lo sviluppo logico del discorso;
> - dare esempi concreti, far riferimento a esperienze del relatore o degli ascoltatori che siano da supporto ai concetti, alle idee, ai principi che si devono affermare;
> - porre attenzione alle conclusioni, tenendo conto dell'andamento dell'intervento, utilizzando comunque parole d'effetto che lascino nel pubblico un senso di fiducia e simpatia;
> - invitare a porre domande durante e/o dopo la relazione.

C. ▶ Come parlare al pubblico

Riprendendo alcuni dei consigli anticipati al punto A, definiamo una sorta di "decalogo" che il relatore deve tener presente per suscitare e mantenere l'interesse:

1. usare:
   a. un registro adeguato al tipo di pubblico con frasi brevi, senza intercalari;
   b. un lessico semplice ma non sciatto; se si usano termini specialistici darne sempre una spiegazione;
2. controllare il tono di voce che deve variare per evitare la monotonia senza raggiungere toni troppo alti o troppo bassi;
3. controllare il ritmo del discorso evitando troppe pause, ma anche eccessiva velocità, soprattutto verso la fine, quando si è ansiosi di terminare;
4. porre attenzione alla comunicazione gestuale:
   a. non bisogna rimanere immobili ma neppure gesticolare continuamente,
   b. è bene far correre lo sguardo sul pubblico per creare maggior fiducia, ma anche per rendersi conto del livello di attenzione e interesse per eventualmente "correggere il tiro" dell'intervento.

 PER FARE IL PUNTO

ALLA SCOPERTA DEI TESTI

Il testo narrativo

Gli strumenti del lettore

- UNITÀ **1** Il romanzo di formazione
- UNITÀ **2** La narrativa fantastica e allegorica
- UNITÀ **3** Il romanzo giallo
- UNITÀ **4** La fantascienza
- UNITÀ **5** Le autobiografie e i libri di memorie
- UNITÀ **6** I nostri classici
- UNITÀ **7** La storia attraverso le storie

Gli strumenti del lettore
Il testo narrativo

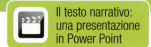
Il testo narrativo: una presentazione in Power Point

Le caratteristiche del testo narrativo

◗ La struttura della storia e il ritmo narrativo

• **Narratore e autore**

Abbiamo visto che **il narratore è la voce che racconta la storia**. Questa voce può appartenere a un personaggio che fa parte della storia stessa (**narratore interno**) o a qualcuno che ne è al di fuori (**narratore esterno**). Ma chi racconta una storia non è – tranne che in un caso – chi l'ha inventata e scritta.

> ◗ Il **narratore** è una **voce creata dall'autore**, quindi una **finzione letteraria**, l'**autore** è colui che **ha inventato e scritto** materialmente la storia ed è una **persona realmente esistente o esistita**.

Autore e narratore non vanno mai confusi: anche quando la voce narrante è un "io" che parla in prima persona, non è detto che quell'io corrisponda al nome presente sulla copertina del libro. Nei brani che seguono c'è **un "io" che narra in prima persona, ma non è l'autore**, è un narratore interno che partecipa alla vicenda e parla in prima persona. Nel primo caso si tratta di un personaggio secondario, nel secondo caso l'"io" è il protagonista della storia.
Osserva.

C'era una guerra contro i turchi. Il visconte Medardo di Terralba, **mio zio**, cavalcava per la pianura di Boemia, diretto all'accampamento dei cristiani. Lo seguiva uno scudiero, a nome Curzio. Le cicogne volavano basse, in stormi, traversando l'aria opaca e ferma.
«Perché tante cicogne?» chiese Medardo a Curzio, «dove volano?»
Mio zio era nuovo arrivato, essendosi arruolato appena allora, per compiacere certi duchi **nostri** vicini impegnati in quella guerra.

(**I. Calvino**, *Il visconte dimezzato*, Einaudi)

Come appare dalle espressioni evidenziate in rosso, il narratore è il nipote del visconte Medardo di Terralba. Egli partecipa alla vicenda che si svolge in un'epoca molto lontana da noi, come deduciamo dalla guerra dei cristiani contro i turchi, dal fatto che in guerra si andava a cavallo seguiti da uno scudiero ecc.

L'autore del testo è invece Italo Calvino, scrittore italiano contemporaneo, nato nel 1923.

Se davvero avete voglia di sentire questa storia, magari vorrete sapere prima di tutto dove **sono** nato e com'è stata la **mia** infanzia schifa e che cosa facevano i **miei** genitori e compagnia bella prima che **arrivassi io** [...], ma **a me** non **mi** va proprio di parlarne.

(**J.D. Salinger**, *Il giovane Holden*, tradotto dall'inglese da A. Motti, Einaudi)

Qui il narratore è il protagonista della storia che parla in prima persona e si chiama Holden.

L'autore invece è Salinger e il suo nome è Jerome David.

58

Gli strumenti del lettore **IL TESTO NARRATIVO**

- **Narratore e autore coincidono solo nella narrazione autobiografica**

L'unico caso in cui autore e narratore coincidono si ha con l'**autobiografia**, cioè quando un autore racconta la propria vita, una fase o un episodio di essa.

> **Ero** stato catturato dalla Milizia fascista il 13 dicembre 1943. **Avevo** ventiquattro anni [...]
>
> (**P. Levi**, *Se questo è un uomo*, Einaudi)

Nel 1943 l'autore, Primo Levi, fu arrestato e deportato in un lager nazista. Riuscì a sopravvivere e decise di raccontare la sua drammatica esperienza. La narrazione è autobiografica: il narratore e l'autore coincidono.

- **Gli interventi dell'autore**

Anche se il narratore può farsi portavoce delle idee e delle posizioni dell'autore, a volte l'**autore interviene direttamente**, **con la propria voce**, a commentare ciò che sta accadendo nella storia, oppure a introdurre spiegazioni o digressioni che illustrino il contesto (storico, geografico, economico ecc.). Questi interventi, fatti dalla voce dell'autore, sono **interventi "fuori campo"**, si pongono completamente **al di fuori della storia**.

Ecco tre brevi esempi tratti da *I promessi sposi* di Alessandro Manzoni.

> Nel primo esempio l'autore parla con la propria voce direttamente ai lettori (che, con atteggiamento autoironico, immagina non siano più di venticinque).

> Pensino ora i miei venticinque lettori che impressione dovesse fare sull'animo del poveretto quello che si è raccontato.

> Il secondo esempio è l'inizio di una digressione storica sulla guerra di successione di Mantova e del Monferrato, che si combatteva negli anni in cui si svolge la storia di Renzo e Lucia e sulla quale Manzoni sente il bisogno di fornire informazioni al lettore.

> Il lettore sa che in quell'anno si combatteva per la successione al ducato di Mantova, del quale, alla morte di Vincenzo Gonzaga, che non aveva lasciata prole legittima, era entrato in possesso il duca di Nevers, suo parente più prossimo. Luigi XIII, ossia il cardinale di Richelieu, sosteneva quel principe [...]

> Il terzo è un intervento in cui Manzoni sente il bisogno di esprimere una forte condanna morale riguardo alle prepotenze di don Rodrigo che non solo sono malvagie in se stesse, ma inducono sentimenti violenti nell'animo di chi ne è vittima (Renzo).

> I provocatori, i soperchiatori, tutti coloro che in qualunque modo fanno torto altrui sono rei non solo del male che commettono, ma del pervertimento ancora a cui portano gli animi degli offesi.
>
> (A. Manzoni, *I promessi sposi*, a cura di A. Marchese, Arnoldo Mondadori Editore)

Gli strumenti del lettore **IL TESTO NARRATIVO**

Io e le storie

AUTORE E NARRATORE

Che tipo di narratore riconosci in questi brani? Narratore e autore coincidono? Ci sono interventi dell'autore nella storia? Per rispondere, cerca informazioni sugli autori (puoi consultare anche le biografie degli autori in fondo al volume) e spiega su quali elementi hai fondato le tue risposte.

Fu il 15 di giugno del 1767 che Cosimo Piovasco di Rondò, mio fratello, sedette per l'ultima volta in mezzo a noi. Ricordo come fosse oggi. Eravamo nella sala da pranzo [...]

(I. Calvino, *Il barone rampante*, Einaudi)

Sul far della sera, la resistenza nemica si fece meno attiva. Le loro pattuglie continuavano a sparare ma, per ripiegare non attendevano di essere attaccate alla baionetta. Noi riprendemmo l'inseguimento più celermente, ed avemmo solo qualche ferito. Il generale era sceso dall'albero e marciava fra il 2° battaglione e il nostro, a piedi, seguito dal suo mulo che il conducente gli teneva per le redini. Dall'avanti una voce gridò: «Alt! Zaini a terra!».

(E. Lussu, *Un anno sull'altipiano*, Einaudi)

Mi piace molto giocare nello spiazzo fra il tunnel e il monastero. E come tutti i bambini, mi diverto a osservare i gelsi nel giardino del monastero. Le loro foglie verdi sono un'oasi nel nostro quartiere; i neri frutti sono fonte di desiderio per noi.

(N. Mahfuz, *Il nostro quartiere*, tradotto dall'arabo da V. Colombo, Feltrinelli)

⊙ Narratore e punto di vista

• Che cosa è il punto di vista

La voce che racconta una storia può "far vedere" ciò che succede in diversi modi, cioè può scegliere attraverso quali sguardi, quali occhi filtrare le vicende raccontate.

> Si chiama **"punto di vista"** l'**occhio attraverso il quale vengono presentate le vicende** raccontate.

• Si può raccontare da diversi punti di vista

Se l'autore sceglie un narratore interno, cioè un **personaggio** della storia, il **punto di vista** sarà **quello di quel personaggio**. In questo caso l'autore potrà "far vedere" solo ciò che quel personaggio conosce. A volte chi narra può essere il protagonista.

Quando **scesi** alla Penn Station, la prima cosa che **feci** fu di infilar**mi** in una cabina telefonica. **Avevo** voglia di chiamare qualcuno – **lasciai** le valigie proprio davanti alla cabina, così **potevo** tenerle d'occhio, ma appena **fui** dentro non **mi** venne in mente nessuno a cui poter telefonare.

(J.D. Salinger, *Il giovane Holden*, tradotto dall'inglese da A. Motti, Einaudi)

Qui c'è un personaggio che dice "io", che parla in prima persona: è Holden, che è quindi il narratore e anche il protagonista della storia; il punto di vista è ovviamente quello di Holden.

60

Gli strumenti del lettore **IL TESTO NARRATIVO**

A volte il **personaggio** che narra ha nella vicenda solo il ruolo di **narratore testimone**: infatti il suo contributo alla vicenda è assolutamente secondario, ma conosce molto da vicino azioni, comportamenti e pensieri del protagonista e degli altri personaggi, come accade per esempio nei tre romanzi di Calvino che compongono il ciclo *I nostri antenati* (*Il visconte dimezzato*, *Il barone rampante* e *Il cavaliere inesistente*).

> **Io** ero libero come l'aria perché non **avevo** genitori e non **appartenevo** alla categoria dei servi né a quella dei padroni. **Facevo** parte della famiglia dei Terralba solo per tardivo riconoscimento, ma non **portavo** il loro nome e nessuno era tenuto ad educar**mi**. [...]
> A **mio zio** venne l'idea degli incendi. Nella notte tutt'a un tratto, un fienile di miseri contadini bruciava, o un albero da legna o tutto un bosco [...]
> Affibbiato alla sella del suo cavallo saltatore, Medardo di Terralba saliva e scendeva di buon'ora per le balze, e si sporgeva a valle con occhio di rapace. Così vide la pastorella Pamela in mezzo a un prato insieme alle sue capre. Il visconte si disse: «Ecco che io tra i miei acuti sentimenti non ho nulla che corrisponda a quello che gli interi chiamano amore. E se per loro un sentimento così melenso ha pur tanta importanza, quello che per me potrà corrispondere ad esso sarà certo magnifico e terribile». E decise di innamorarsi di Pamela.
> (I. Calvino, *Il visconte dimezzato*, Einaudi)

Il narratore si presenta e parla di sé e del suo legame con i Terralba, la famiglia del visconte protagonista. Il punto di vista è quello del narratore narrante, che però sa moltissime cose dello zio visconte: sa che cosa fa...

... che cosa dice fra sé...

... e quali scelte fa (quindi conosce i suoi pensieri).

Se invece l'autore sceglie un **narratore esterno** alla storia il **punto di vista** può essere:

> quello di un **"osservatore" distaccato**, cioè di un occhio che vede solo ciò che può oggettivamente vedere un osservatore esterno. In questo caso **il narratore non può riferire i pensieri e i sentimenti dei personaggi**, perché non può entrare dentro la loro testa e il loro cuore, può solo farceli intuire indirettamente dai loro comportamenti e dai gesti osservabili esteriormente;

ALLA SCOPERTA DEI TESTI • Il testo narrativo

Gli strumenti del lettore IL TESTO NARRATIVO

> Erano seduti a un tavolo accanto alla parete e presso la porta del locale; guardavano il marciapiede con tutti i tavolini vuoti, meno quello dove sedeva il vecchio nell'ombra delle foglie dell'albero, che al vento si muovevano appena. Passarono una ragazza e un soldato. La luce del fanale brillò sul numero d'ottone del colletto militare. La ragazza non aveva cappello e si affrettava al fianco del soldato.
> «Lo pescherà la ronda», disse uno dei camerieri.
> «Che gliene importa, se intanto ha quello che cerca?»
>
> (E. Hemingway, *Un posto pulito, illuminato bene*, in *I quarantanove racconti*, tradotto dall'inglese da G. Trevisani, Mondadori)

*Qui lo sguardo del narratore vede ciò che succede come se fosse registrato da una videocamera: dunque **il punto di vista è totalmente esterno, distaccato** e **il narratore non può conoscere i pensieri e i sentimenti dei personaggi**.*

> quello di un **occhio che vede ogni cosa** e può entrare nella mente e nel cuore di ogni personaggio. Il **narratore onnisciente** ha una visione superiore a quella di ciascun personaggio, quindi può informare il lettore non solo di ciò che fa ogni personaggio, ma anche di ciò che pensa e sente e di ciò che avviene contemporaneamente in luoghi diversi e lontani.
> Con un narratore esterno onnisciente potremo quindi trovare parti di narrazione condotte dal punto di vista di un personaggio e altre in cui il punto di vista è quello di un altro personaggio;

> Quando Marjorie e Berenice tornarono a casa, alla mezza, si augurarono la buonanotte sul pianerottolo. Benché cugine, non erano intime amiche. A dire il vero, Marjorie non aveva alcuna amica intima... giudicava stupide le ragazze. Berenice, all'opposto, per tutta la durata di quella visita organizzata dai genitori, aveva desiderato scambiare quelle confidenze insaporite da risatine e lacrime che erano a parer suo un fattore indispensabile di ogni rapporto fra donne.
>
> (F.S. Fitzgerald, *Berenice si taglia i capelli*, tradotto dall'inglese da B. Oddera, Mondadori)

*Il **narratore esterno** è **onnisciente** e ha un **punto di vista superiore a quello di ciascun personaggio**. Infatti prima ci presenta i pensieri di Marjorie e poi quelli di Berenice, come se potesse entrare prima nella testa dell'una, poi in quella dell'altra.*

> quello di **un personaggio**. Pur narrando dall'esterno, quindi in terza persona, **il narratore sceglie di raccontare la vicenda**, o larga parte di essa, **come l'ha vissuta quel personaggio**, dal suo punto di vista, quindi di "**mettersi nei suoi panni**"; per questo possiamo trovare riflessioni o ricordi riportati in terza persona, che chiaramente sono attribuiti al personaggio, anche se ciò non viene detto esplicitamente.

> Per Leila sarebbe stato difficile dire quando esattamente il ballo era cominciato. Forse il suo primo vero cavaliere era stata la carrozza. Non importava che ci fossero anche le ragazze Sheridan e il loro fratello, lei se ne stava nel suo angolino e il bracciolo sul quale appoggiava la mano le pareva la manica di un giovanotto sconosciuto, e i lampioni, le case, i cancelli e gli alberi le sfrecciavano davanti a tempo di valzer [...] mio Dio com'era difficile sembrare indifferente come le altre! Cercava di non sorridere troppo; cercava di pensare ad altro. Ma era tutto così nuovo, emozionante...
>
> (K. Mansfield, *Il suo primo ballo*, tradotto dall'inglese da C. Campo, in *Tutti i racconti*, Adelphi)

*Qui il **narratore, esterno, assume il punto di vista del personaggio protagonista**, Leila, e ci presenta le sue emozioni e i suoi pensieri.*

A volte, nel corso della narrazione il punto di vista cambia e il narratore assume quello di un altro personaggio.

• Il punto di vista limitato o illimitato...

Da ciò che abbiamo visto ricaviamo che il punto di vista da cui si racconta può essere **limitato** o **illimitato**.

Il **punto di vista è limitato** quando è:

> **esterno**, ed è quello di un **osservatore** che vede solo ciò che si può oggettivamente vedere;
> **interno**, e coincide con quello di un **personaggio**.

Il **punto di vista è illimitato** quando il **narratore esterno** è "**onnisciente**", cioè "sa tutto", vede tutto e può entrare nei pensieri e nei sentimenti di ogni personaggio.

• ... e i suoi effetti sulla narrazione

L'adozione di ciascuno di questi punti di vista permette di ottenere effetti diversi. Nel caso dell'assunzione di un punto di vista limitato vengono stabiliti confini precisi entro i quali dare le informazioni al lettore. Se il punto di vista è quello di un personaggio che ha un ruolo significativo nella storia, il lettore saprà e vivrà solo ciò che quel personaggio vive e dunque sarà favorita l'identificazione con il personaggio; se il narratore esterno è solo un osservatore, gli eventi imprevisti che capitano ai personaggi saranno una sorpresa anche per lui.
Il punto di vista è dunque un elemento fondamentale, insieme alla suspense, ai colpi di scena e alla scelta dei diversi tipi di sequenza già analizzati lo scorso anno (vedi, nel volume 2, *Gli strumenti del lettore – Il testo narrativo*) **per costruire la tensione narrativa**: questa infatti si determina quando nel lettore cresce il desiderio di sapere che cosa succederà, come "andrà a finire", desiderio che può essere alimentato dalla scelta di un punto di vista limitato.

IL PUNTO DI VISTA

Nei seguenti brani riconosci il tipo di narratore e il punto di vista scelto per la narrazione della vicenda.

Robert Ashton aveva percorso un paio di miglia, a quanto poteva giudicarne, quando la sua lampada si spense. Restò un momento immobile, come incapace di credere a tanta sfortuna. Poi scagliò via con rabbia l'oggetto diventato inutile [...]. Questo, pensò Ashton, era il colmo della sfortuna: niente poteva accadergli di peggio, ormai.

(A. Clarke, *Strada buia*, tradotto dall'inglese da F. Lucentini, Mondadori)

Partito ad esplorare il regno di mio padre, di giorno in giorno vado allontanandomi dalla città e le notizie che mi giungono si fanno sempre più rade.

(D. Buzzati, *I sette messaggeri*, in *Sessanta racconti*, Mondadori)

Sentirsi chiamar "signore", e seriamente, da una signora così ben vestita, superava tutte le previsioni di Giuliano: nei castelli in aria della sua giovinezza s'era detto che nessuna vera signora si sarebbe degnata di parlargli prima ch'egli avesse potuto indossare una bella uniforme. La signora di Rênal, da parte sua, era gradevolmente sorpresa dalla bellezza della carnagione, dai grandi occhi

Gli strumenti del lettore IL TESTO NARRATIVO

neri di Giuliano e dai suoi bei capelli, ricciuti più del solito, perché poco prima egli aveva tuffato la testa nella vasca della fontana pubblica. Con sua grande gioia ella trovava che quel fatale precettore, di cui aveva tanto temuto per i suoi bambini la durezza e l'aria arcigna, aveva l'aspetto timido di una giovinetta.

(Stendhal, *Il rosso e il nero*, tradotto dal francese da D. Valeri, Einaudi)

La porta della trattoria "Enrico" si aprì ed entrarono due uomini. Si sedettero al banco.
«Cosa desiderate?», chiese George.
«Non saprei», uno dei due disse. «Cosa vuoi da mangiare, Al?»
«Per me è lo stesso,» disse Al, «non lo so proprio cos'è che voglio.»
Fuori stava facendosi buio. La luce di un lampione brillò attraverso la finestra. I due uomini si misero a leggere il menu mentre all'altra estremità del banco Nick Adams li stava a guardare.

(E. Hemingway, *Gli uccisori*, in *I quarantanove racconti*, tradotto dall'inglese da G. Trevisani, Mondadori)

▶ I personaggi

• Tipi o individui

Negli anni scorsi abbiamo imparato a conoscere e ad analizzare i personaggi, a riconoscerne i tratti, a osservare come vengono presentati o messi in scena. Se ripensiamo a quelli che abbiamo finora incontrato, ci accorgiamo che alcuni di loro hanno personalità variegate, una vita interiore ricca e profonda e che nel corso della vicenda si trasformano, proprio come le persone reali; altri invece sono caratterizzati da un unico tratto, da un'unica qualità, alla quale restano legati per tutta l'opera.

Possiamo dunque distinguere i personaggi in due grandi categorie:

> **personaggi a tutto tondo** o **individui** che l'autore costruisce dando loro una **personalità ricca e complessa**, dalle molte sfaccettature, e che **si trasformano** in conseguenza delle vicende che accadono;

> **personaggi piatti** o **tipi** sono quei personaggi che hanno **un unico tratto dominante**, buono o cattivo, e che nella vicenda **restano sempre uguali a se stessi**. Ne sono un esempio le maschere della tradizione teatrale italiana. (vedi, nell'eBook del volume 2, l'unità *Il teatro e la sua storia*)

Gli strumenti del lettore **IL TESTO NARRATIVO**

I personaggi-individui sono senza dubbio più veri e coinvolgono maggiormente il lettore che, proprio per la loro "umanità", è portato a identificarsi con loro e può amarli o detestarli, anche se questo non significa che solo i personaggi-individui siano artisticamente validi. Nella nostra tradizione letteraria ci sono molti personaggi-tipi che sono divenuti immortali proprio per il modo in cui l'autore li ha costruiti per rappresentare il loro tratto dominante.

• Come parlano e pensano i personaggi

Se un autore vuole costruire un personaggio complesso dovrà creare momenti e occasioni per far sì che egli esprima pensieri, sentimenti e i tratti del suo carattere. Oltre alle azioni e ai comportamenti, le **parole** e i **pensieri** del personaggio sono i **mezzi più efficaci per esprimere la sua personalità**.

Un autore può dar voce alle parole e ai pensieri dei suoi personaggi attraverso:
> il discorso diretto;
> il discorso indiretto;
> il discorso diretto e indiretto libero;
> il monologo interiore e il flusso di coscienza.

Il discorso diretto

Con il discorso diretto **il narratore cede la parola al personaggio**, riportando esattamente quello che in quel momento della storia dice o pensa: il lettore vede e sente quindi direttamente i personaggi, senza il filtro del narratore.
Nel discorso diretto le parole o i pensieri del personaggio sono introdotti da verbi dichiarativi, appartenenti alla famiglia del *dire* (*chiedere, ribattere, mormorare, rispondere*) o del pensare e sono riportati fra virgolette o precedute da una lineetta.

Harry **si rivolse** alla donna: «Mi scusi».
«Salve, ragazzo», gli **disse** lei. «È la prima volta che vai a Hogwarts? Anche Ron è nuovo.»
«Sì», **disse** Harry. «Il fatto è... il fatto è che non so come...»
«Come raggiungere il binario?», **chiese** la donna gentilmente, e Harry annuì.

(J.K. Rowling, *Harry Potter e la pietra filosofale*, tradotto dall'inglese da M. Astrologo, Salani)

Le parole dei personaggi sono introdotte dai verbi
• si rivolse;
• disse;
• disse;
• chiese.
Le battute di ciascun personaggio sono racchiuse fra virgolette.

Il discorso indiretto

Nel discorso indiretto **il narratore riferisce con la propria voce, le parole o i pensieri** dei personaggi facendoli precedere da **verbi dichiarativi** e da **congiunzioni subordinanti**. In genere il discorso indiretto riassume e sintetizza il discorso che riferisce.

Insomma, per farla breve, **Zangarini mi spiegò che** stavano appunto cercando una faccia da mascalzone per una particina di contorno, che la mia faccia faceva proprio al caso loro; che così, se volevo, potevo passare quel giorno stesso per il provino.

(A. Moravia, *Faccia da mascalzone*, in *Racconti romani*, Bompiani)

Ciò che dice Zangarini è annunciato dal verbo dichiarativo *spiegare* e sintetizzato nei concetti essenziali.

ALLA SCOPERTA DEI TESTI • Il testo narrativo

Gli strumenti del lettore IL TESTO NARRATIVO

Il discorso indiretto libero

Il discorso indiretto libero si ha quando **il narratore riferisce le parole o i pensieri** dei personaggi **senza introdurli con verbi dichiarativi** e quindi **senza i legami sintattici** (congiunzioni, preposizioni) che questi determinano, ma riprendendo le parole e lo stile espressivo dei personaggi stessi; nel discorso indiretto libero narratore e personaggio sembrano fondersi, la voce dell'uno si trasforma in quella dell'altro.

> Di una cosa sola gli doleva, che cominciasse a farsi vecchio e la terra doveva lasciarla lì dov'era. Questa è un'ingiustizia di Dio, che dopo essersi logorata la vita ad acquistare tutta quella roba, quando arrivate ad averla, che ne vorreste ancora, dovete lasciarla.
>
> (G. Verga, *La roba*, in *Novelle rusticane*, Mondadori)

I pensieri del ricchissimo Mazzarò, arrivato alla fine della propria vita, iniziano con un indiretto normale introdotto da *gli doleva, che* e poi continuano con *Questa è un'ingiustizia* senza più interventi del narratore esterno, come se a formularli fosse direttamente Mazzarò.

> Eppure, prima di ritirarsi, prima di richiudere la vetrata, ella gli bisbigliò: «Buona sera!».
> Che avevano fantasticato di lui le due donne che lo ospitavano da suscitare e accendere così la curiosità di quella donna? Che strana potente attrazione aveva operato su di lei il mistero di quella sua vita chiusa, se fin dalla prima volta, lasciando di là i suoi piccini, era venuta a lui, quasi a tenergli un po' di compagnia?
>
> (L. Pirandello, *Il lume dell'altra casa*, in *Novelle per un anno*, Mondadori)

Anche in questo secondo esempio, dopo la frase rivolta al protagonista in discorso diretto, i suoi pensieri vengono presentati dal narratore senza elementi introduttori e come se a formularli fosse il protagonista stesso.

Il discorso diretto libero

Nello stesso modo può essere libero anche un discorso diretto, **quando le parole di un personaggio sono inserite tra virgolette nel racconto** senza essere annunciate dai verbi dichiarativi.

Gli strumenti del lettore IL TESTO NARRATIVO

> Sapeva benissimo quello che stavano pensando di lei «la Meady è furibonda». Be', che lo pensino pure.
>
> (K. Mansfield, *Il suo primo ballo*, tradotto dall'inglese da C. Campo, in *Tutti i racconti*, Adelphi)

Si tratta di un frammento di discorso diretto, riportato tra virgolette e inserito, in questo caso, in un indiretto libero.

Il monologo interiore

Il monologo interiore è **uno degli strumenti con cui gli scrittori cercano di rappresentare il pensiero** dei personaggi. Nella realtà, il nostro pensiero è fatto di immagini, di sentimenti e di emozioni, solo in parte si articola in parole, in frasi compiute, sintatticamente coerenti, e raramente segue un percorso lineare: spesso è confuso e procede in modo disordinato.

Attraverso la tecnica del monologo interiore molti scrittori hanno cercato di rendere in modo sempre più vicino alla realtà, ossia più plausibile, il procedere disordinato e confuso del pensiero. Osserva questo esempio tratto da *I promessi sposi* di Alessandro Manzoni.

> Lo spavento di que' visacci e di quelle parolacce, la minaccia d'un signore noto per non minacciare invano, un sistema di quieto vivere, ch'era costato tanti anni di studio e di pazienza, sconcertato in un punto, e un passo dal quale non si poteva veder come uscirne: tutti questi pensieri ronzavano tumultuariamente nel capo basso di don Abbondio. Se Renzo si potesse mandare in pace con un bel no, via; **ma** vorrà delle ragioni; e cosa ho da rispondergli, **per amor del cielo**? E, e, e, anche costui **è una testa**: un agnello se nessun lo tocca, ma se uno vuole contraddirgli**... ih! E poi, e poi**, perduto dietro a quella Lucia, innamorato **come... Ragazzacci**, che, per non saper che fare, s'innamorano, voglion maritarsi, e non pensano ad altro [...].
>
> (A. Manzoni, *I promessi sposi*, a cura di A. Marchese, Arnoldo Mondadori Editore)

Il narratore presenta in sintesi i pensieri del personaggio. Quindi inizia, in forma diretta, il monologo interiore di don Abbondio: un susseguirsi di dubbi e lamentele, con forme tipiche del parlato (riportate in rosso nel testo) che gli conferiscono una notevole efficacia.

Il flusso di coscienza

Nel Novecento, anche grazie all'influenza delle teorie freudiane sul ruolo dell'inconscio, si è affermata la tecnica del flusso di coscienza, introdotta da uno scrittore inglese, James Joyce. Il flusso di coscienza consiste nel tentativo di **registrare direttamente sulla pagina i pensieri dei personaggi così come si affacciano alla mente**, senza dare loro ordine logico né sintattico, e spesso anche **senza segni di interpunzione**, come vediamo in questo esempio tratto dall'*Ulisse* di Joyce.

> Sì perché prima non ha mai fatto una cosa del genere chiedere la colazione a letto con due uova da quando eravamo al City Arms hotel quando faceva finta di star male con la sua voce da sofferente e faceva il pascià per rendersi interessante con Mrs. Riordan vecchia befana e lui credeva d'essere nelle sue grazie e lei non ci lasciò un baiocco tutte messe per sé e per l'anima sua spilorcia maledetta [...]
>
> (J. Joyce, *Ulisse*, tradotto dall'inglese da G. De Angelis, Mondadori)

Di notte, a letto, Molly Bloom, la moglie del protagonista, si abbandona alle proprie fantasticherie, suscitate dagli avvenimenti della giornata, che vengono riportate senza punteggiatura e con una logica che è quella delle libere associazioni, non della ragione.

ALLA SCOPERTA DEI TESTI • Il testo narrativo

Gli strumenti del lettore IL TESTO NARRATIVO

Io e le storie

COME PARLANO E PENSANO I PERSONAGGI

Riconosci, nei brani che seguono, la tecnica con la quale vengono presentati le parole e i pensieri dei personaggi (discorso diretto, indiretto, indiretto libero, monologo interiore, flusso di coscienza) e indica quali elementi ti hanno permesso di identificarla.

Io fare il diavolo! Io ammazzare tutti quei signori! Un fascio di lettere, io! I miei compagni che mi stavano a far la guardia! Pagherei qualche cosa per trovarmi a viso a viso con quel mercante, di là dall'Adda (ah quando l'avrò passata quest'Adda benedetta) e fermarlo e domandargli con comodo dov'abbia pescate tutte quelle belle notizie.

(A. Manzoni, *I promessi sposi*, a cura di A. Marchesi, Arnoldo Mondadori Editore)

«Mi chiamo Jennifer Cavilleri – disse – sono italo-americana.»
Come se non lo avessi capito!
«Studio musica» aggiunse.
«Io mi chiamo Oliver», dissi.
«Nome o cognome?»
«Nome», risposi confessando successivamente che il mio nome per esteso era Oliver Barret. (Voglio dire, quasi per esteso).
«Oh!» esclamò, «Barret come la poetessa?»
«Sì,» risposi, «ma non siamo parenti».

(E. Segal, *Love story*, tradotto dall'inglese da M. Gallone, Garzanti)

La notte scendeva, ricoprendo di ombra il passato e il soldato si mise a pensare. Cosa avrebbe fatto? Cosa gli sarebbe successo? Doveva raggiungere il suo esercito? [...] Ma come? E per dove? E avrebbe dovuto riprendere l'orribile vita di angosce, di spaventi, di fatiche e di sofferenze che conduceva dall'inizio della guerra! No!

(G. de Maupassant, *Racconti*, tradotto dal francese da F. Merone e P.E. Francesconi, Fratelli Treves)

[...] Dio ci scampi e liberi se tutte le donne fossero come lei a sputar fuoco contro i costumi da bagno e le scollature che nessuno avrebbe voluto vedere addosso a lei si capisce dico che era pia perché nessun uomo si è mai voltato a guardarla spero di non diventare come lei.

(J. Joyce, *Ulisse*, tradotto dall'inglese da G. De Angelis, Mondadori)

Appena Ludovico ebbe potuto raccogliere i suoi pensieri, chiamato un confessore, lo pregò che cercasse della vedova di Cristoforo, le chiedesse in suo nome perdono d'essere stato lui la cagione, quantunque ben certo involontaria, di quella desolazione, e, nello stesso tempo, l'assicurasse che egli prendeva la famiglia sopra di sé.

(A. Manzoni, *I promessi sposi*, a cura di A. Marchesi, Arnoldo Mondadori Editore)

Gli strumenti del lettore **IL TESTO NARRATIVO**

▷ Le scelte linguistiche e lessicali

• Stile e scelte linguistiche

Nella tua esperienza personale e scolastica di lettore, certamente avrai osservato che i testi narrativi si differenziano in modo significativo per il linguaggio e lo stile con il quale sono scritti.
Ogni scrittore infatti **usa la lingua in un modo particolare**, ha una maniera personale di utilizzare le parole cioè ha un proprio **stile**.
Le caratteristiche stilistiche di uno scrittore derivano dall'epoca in cui egli vive, dalle correnti letterarie a cui si ispira, dal genere letterario a cui appartiene il testo che scrive.
Le scelte linguistiche si realizzano principalmente su due piani: quello della **sintassi** e quello del **lessico**.
Premettiamo che, nelle sue scelte linguistiche, uno scrittore può operare diversamente a seconda della "voce" a cui attribuisce le parole che scrive: spesso ci sono differenze fra **la lingua del narratore e la lingua dei personaggi**. Quindi sarà necessario considerare con attenzione questo aspetto.

• Le scelte linguistiche: la sintassi

La sintassi, che riguarda la combinazione delle parole nelle frasi e delle frasi nei periodi, permette allo scrittore di **dare** alla narrazione **un ritmo**, che può essere uniforme o mosso, lento o incalzante.
A seconda dei suoi scopi o delle sue preferenze personali lo scrittore può scegliere:

> una **sintassi complessa**: i periodi sono lunghi e articolati, ricchi di subordinate e di incisi;

> E così, perso ormai del tutto il cervello, gli venne il pensiero più stravagante che sia mai venuto a un pazzo; cioè gli parve opportuno e necessario, sia per accrescere il proprio onore, sia per servire il proprio paese, di farsi cavaliere errante, e d'andar per il mondo con le sue armi e il suo cavallo a cercare avventure e a cimentarsi in tutte le imprese in cui aveva letto che si cimentavano i cavalieri erranti, combattendo ogni sorta di soprusi ed esponendosi a prove pericolose, da cui potesse, dopo averle condotte a termine, acquistarsi fama immortale.
>
> (M. de Cervantes, *Don Chisciotte*, tradotto dallo spagnolo da F. Callesi, Arnoldo Mondadori Editore)

> una **sintassi semplice**, fatta di periodi brevi, con poche subordinate, e una preferenza per la coordinazione; le frasi sono composte di pochi elementi, disposti in ordine lineare e consueto;

> Sua madre era stata abbattuta dal cacciatore. Nelle sue narici di cucciolo si conficcò l'odore dell'uomo e della polvere da sparo.
> Orfano insieme alla sorella, senza un branco vicino, imparò da solo. Crebbe di una taglia in più rispetto ai maschi della sua specie. Sua sorella fu presa dall'aquila un giorno d'inverno e di nuvole. Lei si accorse che stava sospesa su di loro, isolati su un pascolo a sud, dove resisteva un po' di erba ingiallita. La sorella si accorgeva dell'aquila pure senza la sua ombra in terra, a cielo chiuso.
> Per uno di loro due non c'era scampo. Sua sorella si lanciò di corsa a favore dell'aquila, e fu presa. Rimasto solo, crebbe senza freno e compagnia. Quando fu pronto andò all'incontro con il primo branco, sfidò il maschio dominante e vinse. Divenne re in un giorno e in duello.
>
> (E. De Luca, *Il peso della farfalla*, Feltrinelli)

Gli strumenti del lettore IL TESTO NARRATIVO

> una **sintassi frammentata**, che si trova soprattutto nella narrativa contemporanea, che rispecchia un modo di pensare e di esprimersi scandito pensiero per pensiero.

> Ora, finalmente, era giunto all'ultimo e più difficile esame della sua lunga carriera universitaria. Lo scoglio finale. Quello più duro. Dopo, solo la tesi e la sospirata laurea.
> L'esame di zoologia.
> Una terribile barriera che si frapponeva fra lui e la fine. Un ostacolo insormontabile, gigantesco.
>
> (N. Ammaniti, *Lo zoologo*, in *Fango*, Mondadori)

La sintassi usata non influenza la qualità della scrittura, infatti un testo scorrevole e incisivo, o armonioso ed elegante, si può ottenere in svariati modi.
Alcuni scrittori risultano molto efficaci mantenendo una sintassi piuttosto semplice in tutta la narrazione. Altri alternano costrutti più semplici (per esempio nelle scene d'azione) e strutture più complesse (per esempio nelle analisi psicologiche o nei quadri storici).

• Le scelte linguistiche: il lessico

Le scelte lessicali sono forse quelle che maggiormente caratterizzano lo stile di uno scrittore. Esse risentono certamente dell'**epoca** in cui i testi vengono scritti, ma anche degli **scopi** che uno scrittore vuole raggiungere e dei suoi orientamenti culturali e letterari.

In generale nella narrativa possiamo distinguere un **lessico medio**, in cui prevalgono parole semplici, comuni, e un **lessico alto**, ricco di termini precisi e a volte rari, preziosi.

Se approfondiamo l'analisi, potremo scoprire che il lessico di alcuni scrittori privilegia **termini concreti e precisi** che rappresentano la realtà in modo vivo e definito. Per rappresentare con più verità ambienti e personaggi possono essere utilizzate **parole o espressioni tratte dal parlato**, **dai dialetti** o **dai gerghi**.
Consideriamo per esempio gli scrittori naturalisti e veristi (nel volume di *Letteratura*, unità 5), che si propongono di rappresentare nel modo più vero ed efficace la realtà e in particolare le condizioni di vita degli strati più umili della popolazione: essi usano la lingua in modo da imitare le espressioni e le caratteristiche del parlato e riflettere, attraverso queste espressioni, la mentalità popolare.

Gli strumenti del lettore IL TESTO NARRATIVO

> Dapprima Turiddu come lo seppe, santo diavolone! Voleva trargli fuori le budella dalla pancia, voleva trargli, a quel di Licodia [...]
>
> (G. Verga, *Cavalleria rusticana*, Mondadori)

Osserva le espressioni tipiche del parlato popolare (santo diavolone!) l'uso di termini quotidiani e concreti (budella) e i costrutti sintattici (la ripetizione di voleva trargli).

Nella narrativa contemporanea spesso si utilizzano **termini espliciti**, **diretti**, **crudi**, a volte "volgari".
In altri casi il lessico può essere **preciso e distaccato**, **quasi scientifico e specialistico**, per realizzare particolari effetti di obiettività, di distanza o di "straniamento".

> Alle due meno dieci eravamo al posto di Grosset. Io avevo paura di questo inizio, soprattutto paura che la fabbrica potesse assomigliare all'esercito. «Questa è una fresatrice-pialla a ciclo automatico,» disse indicando proprio la macchina guasta, «viene costruita dalla nostra officina meccanica e si chiama FP3. Serve a lavorare una serie di pezzi di dimensioni medie. Pensate a una pialla comune che un falegname adopera su una tavola e poi pensate allo scalpello che lo stesso falegname debba adoperare per fare qualche taglio o incavo nella stessa tavola. Questa fresatrice-pialla fa le stesse cose sul ferro e sulla ghisa.»
>
> (P. Volponi, *Memoriale*, Garzanti)

Osserva la precisione con cui la macchina viene descritta alla squadra dei nuovi operai a cui appartiene Albino Saluggia, il protagonista, un contadino che ha abbandonato la terra per cercare lavoro in fabbrica.

Infine, quando uno scrittore vuole cogliere tutte **le sfumature degli stati d'animo e dei sentimenti** usa un **lessico più sfumato**, **ricco di termini vaghi e suggestivi**.

◯ Capire simboli e allegorie

• Perché i simboli

Ci sono aspetti nella vita di ogni essere umano di cui è difficilissimo parlare, perché sembra che le parole non riescano a rappresentarne la profondità e la complessità. Per questo, spesso, non solo nel linguaggio letterario, ma anche in quello comune, si ricorre ai simboli e si nasconde, dentro un discorso che ha un suo significato letterale, un significato altro e diverso, che è quello più importante. Gli scrittori affidano spesso a simboli e ad allegorie il compito di comunicare il loro messaggio. Ma che cosa è un simbolo? E un'allegoria?

> ◯ **Il simbolo è qualcosa che rinvia a qualcos'altro**; si tratta cioè di un oggetto, una situazione, un elemento, che attraverso qualche suo tratto richiama, per analogia, un altro elemento, che è quello di cui si vuole parlare.

> ◯ **L'allegoria è un discorso**, un racconto **che ha un significato letterale compiuto, ma che nasconde** dietro ogni suo aspetto **un altro significato**, più profondo, che viene suggerito da qualche analogia o somiglianza.

Gli strumenti del lettore **IL TESTO NARRATIVO**

Come abbiamo già visto (volume 2, *Gli strumenti del lettore – Il testo poetico*) **allegoria e simbolo sono due modi per esprimere significati profondi**, a cui una scrittura normale non sembra poter dar voce.

• Allegorie, simboli e inconscio

I simboli sono nati ancor prima della scrittura e anche l'allegoria ha **origini molto antiche**. La *Divina Commedia*, per esempio, è un poema allegorico dove ogni elemento della storia, oltre al significato letterale, ne ha altri, più profondi.

Ma è dall'Ottocento, e soprattutto **dall'inizio del Novecento**, che **la dimensione simbolica è entrata fortemente nella letteratura**, grazie alla **scoperta dell'inconscio**, fatta dal medico austriaco Sigmund Freud. L'inconscio è quella parte segreta della nostra psiche, di cui noi stessi non siamo consapevoli, costituita dalle pulsioni e dagli istinti più elementari e primitivi, da esperienze infantili, traumi, ricordi, sensi di colpa. Nell'inconscio giacciono i materiali più profondi che costituiscono la nostra personalità, dall'inconscio nascono le paure, i sogni, le fantasie. Proprio perché sfugge alla nostra consapevolezza e al controllo razionale, l'inconscio ha un'influenza notevole sui nostri comportamenti e sulle nostre scelte: essi infatti non sono frutto solamente di una volontà razionale ma anche delle forze non razionali che sono dentro di noi.

La scoperta dell'inconscio fu per gli scrittori, gli artisti e gli intellettuali di questo periodo come la scoperta di un nuovo continente, affascinante e inesplorato: tutta la cultura ne fu influenzata. Così, se un significato simbolico è nascosto in molti testi e opere d'arte, lo è, in particolare, nei testi di questo periodo; e questo accade perché in ogni gesto, in ogni parola, e dunque in ogni racconto si possono leggere significati più profondi di quelli espliciti, razionali, immediatamente percepibili. **I significati simbolici compaiono con maggiore frequenza nei testi fantastici**, che non essendo soggetti alle ferree regole della ragione e della realtà possono più liberamente dar voce al nostro inconscio.

Interpretare simboli e allegorie

Ricordiamo che per interpretare correttamente il valore dei simboli è fondamentale **considerare** attentamente **tutte le caratteristiche dell'elemento simbolico**, le analogie che esso richiama e le sue relazioni con altri elementi della narrazione; se quest'analisi sarà attenta potremo formulare un'interpretazione adeguata del testo.

Ma attenzione, per loro natura le interpretazioni, che devono essere **rigorosamente fondate sul testo**, non possono essere considerate esaustive e definitive come un teorema di geometria: il **simbolo** è tale perché **è aperto**, e ciascuna persona, in ogni momento, può cogliere, nell'interpretazione generale, sfumature nuove, ogni volta un po' diverse.

Gli strumenti del lettore IL TESTO NARRATIVO

L'imperatore – così si racconta – ha inviato a te, a un singolo, a un misero suddito, minima ombra sperduta nella più lontana delle lontananze dal sole imperiale, proprio a te l'imperatore ha inviato un messaggio dal suo letto di morte. Ha fatto inginocchiare il messaggero al letto, sussurrandogli il messaggio all'orecchio; e gli premeva tanto che se l'è fatto ripetere all'orecchio. Con un cenno del capo ha confermato l'esattezza di quel che gli veniva detto. E dinanzi a tutti coloro che assistevano alla sua morte (tutte le pareti che lo impediscono vengono abbattute e sugli scaloni che si levano alti e ampi son disposti in cerchio i grandi del regno) dinanzi a tutti loro ha congedato il messaggero. Questi s'è messo subito in moto; è un uomo robusto, instancabile; manovrando or con l'uno or con l'altro braccio si fa strada nella folla; se lo si ostacola, accenna al petto su cui è segnato il sole, e procede così più facilmente di chiunque altro. Ma la folla è così enorme; e le sue dimore non hanno fine. Se avesse via libera, all'aperto, come volerebbe! E presto ascolteresti i magnifici colpi della sua mano alla tua porta. Ma invece come si stanca inutilmente! Ancora cerca di farsi strada nelle stanze del palazzo più interno; non riuscirà mai a superarle; e anche se gli riuscisse non si sarebbe a nulla; dovrebbe aprirsi un varco scendendo tutte le scale; e anche se gli riuscisse, non si sarebbe a nulla: c'è ancora da attraversare tutti i cortili; e dietro a loro il secondo palazzo e così via per millenni; e anche se riuscisse a precipitarsi fuori dell'ultima porta – ma questo mai e poi mai potrà avvenire – c'è tutta la città imperiale davanti a lui, il centro del mondo, ripieno di tutti i suoi rifiuti. Nessuno riesce a passare di lì e tanto meno col messaggio di un morto. Ma tu stai alla finestra e ne sogni, quando giunge la sera.

(F. Kafka, *Un messaggio dell'imperatore*, in *Racconti*, tradotto dal tedesco da R. Paoli, Mondadori)

L'imperatore, detentore del potere più alto, sceglie un umile suddito per inviargli un messaggio dal suo letto di morte. Perché proprio lui? Questo messaggio non riesce ad arrivare a destinazione: come è possibile?

Il racconto di Kafka esprime in forma allegorica una delle sue angosce più profonde: quella della debolezza dell'individuo di fronte all'autorità, che è insieme temuta e ricercata e con la quale sembra non esistere comunicazione alcuna (il messaggero non riesce ad arrivare). Questa angoscia, legata all'educazione oppressiva che Kafka denuncia anche in una lettera al padre, viene espressa non in modo diretto, ma attraverso il procedimento simbolico.

▶ I generi narrativi

• Che cosa sono i generi

Quando entriamo in una libreria, troviamo dei cartelli che indicano il tipo di libri presenti in ogni area. Se vogliamo comprare un testo letterario, non ci avvicineremo all'area della saggistica perché lì troveremmo libri di storia, di attualità politica, di economia, di costume. Anche i testi letterari però hanno al loro interno molte suddivisioni e allora dovremo scegliere se dirigerci verso gli scaffali della poesia o verso quelli della prosa; e qui troveremo ancora altre distinzioni e le etichette poste sugli scaffali ci informeranno dove sono i romanzi e i racconti d'avventura o d'amore, i fantasy, i gialli, i polizieschi, gli horror, i comici e così via. In ogni libreria, i libri sono distinti per "genere".

> Un **genere** è un **insieme di opere** che hanno **caratteristiche comuni** sia di **forma** sia di **contenuto**.

Gli strumenti del lettore IL TESTO NARRATIVO

• A che cosa serve la distinzione in generi?

Certamente conoscere il ventaglio dei generi letterari serve a **dirigere con sicurezza le nostre scelte** verso le letture che ci piacciono di più. Inoltre il concetto di genere è anche utilissimo per **predisporsi alla lettura e al "patto narrativo"** che ogni esperienza di lettura richiede; per esempio, se stiamo leggendo un racconto di genere fantastico, accetteremo di considerare come possibili vicende inverosimili.

Inoltre, conoscere le caratteristiche di un genere crea nel lettore delle **precise aspettative**: chi legge un romanzo d'avventura si aspetta che l'eroe si salvi anche nelle imprese più difficili, chi legge un romanzo poliziesco si attende che il caso sia risolto. A volte, però, gli scrittori giocano proprio su queste aspettative per sorprendere il lettore, sovvertendo completamente le "regole".

• I generi ieri e oggi

La distinzione in generi era già presente nell'antichità: il filosofo Aristotele ne aveva codificato i caratteri fondamentali. In alcune epoche questa classificazione divenne molto rigida e anche se oggi questa rigidità si è molto attenuata, il rispetto di alcune caratteristiche fondamentali continua a essere indispensabile per l'appartenenza di un'opera a un genere.

Le opere letterarie prodotte negli ultimi secoli si raccolgono in **tre grandi blocchi**:

> la **narrativa**;
> la **poesia**;
> il **teatro**.

Per quanto riguarda la **narrativa**, se consideriamo la **forma**, riconosciamo **due generi fondamentali**:

> il **romanzo**: forma di narrazione **lunga**, con **molti personaggi e vicenda complessa**;
> il **racconto**: forma di narrazione **breve**, in genere **un solo episodio**, con un **numero minore di personaggi**.

• Generi e sottogeneri

Per stabilire a quale genere appartenga un'opera narrativa dobbiamo considerare i **contenuti** trattati, il **modo di rappresentarli**, lo **stile**. Dobbiamo però ricordare che la distinzione in generi non è immutabile, ma varia nel tempo: con le trasformazioni della società e della cultura, nuovi generi nascono e altri vengono marginalizzati.

Una prima grande distinzione è quella fra **opere realistiche** e **opere fantastiche**.
Sono opere di tipo **fantastico**: **fiabe**, **favole**, **racconti** e **romanzi fantastici**, **fantastico-allegorici**, **fantasy**, di **fantascienza**.
Sono di tipo **realistico**: il **romanzo storico**, di **formazione**, d'**avventura**, **giallo** (o poliziesco), **romanzi e racconti realistico-sociali**, di **costume**, **psicologici**.
In base al modo di presentare le vicende raccontate distinguiamo le **opere serie** da quelle **umoristiche**. Dobbiamo poi tener conto che in base al **grado di "verità"** delle vicende raccontate, distingueremo la **narrativa d'invenzione** (sia realistica sia fantastica) dalla **narrativa autobiografica**: questa ha forme varie, come il **diario**, la **testimonianza**, l'**autobiografia**, il **racconto di esperienze personali**; tali forme sono a volte usate anche dalla narrativa d'invenzione, ma nella narrazione autobiografica esse sono autentiche.

Gli strumenti del lettore **IL TESTO NARRATIVO**

Elenchiamo rapidamente alcuni dei principali generi e sottogeneri.
Tra i **generi narrativi maggiori**, ve ne sono alcuni nati **tra il Settecento e l'Ottocento** e ancor oggi molto diffusi. Fra questi:

> il **romanzo storico**, che ambienta in un lontano passato, ricostruito scrupolosamente, vicende di personaggi inventati ma plausibili, sul modello di *Ivanhoe* (1819) dell'inglese Walter Scott, considerato padre del genere;

> il **romanzo di formazione**, che mette al centro della vicenda la giovinezza, vista come periodo di apprendistato alla vita e di conflitti con le regole della società degli adulti, con i più vari sviluppi, dall'integrazione alla ribellione, dal successo alla frustrazione;

> il **romanzo d'avventura**, in cui prevalgono le azioni, le peripezie degli "eroi" della storia. Questo genere ha avuto grandissima diffusione ed è all'origine di altri generi più particolari e sottogeneri oggi meno praticati, come i romanzi di cappa e spada (per esempio *I tre moschettieri*; vedi volume 2, *Il romanzo d'avventura*) o le avventure di corsari, pirati e altri eroi, ambientate in scenari esotici in gran parte immaginari;

> i **romanzi o racconti psicologici**, in cui l'attenzione è centrata sull'interiorità dei personaggi;

> i **romanzi e racconti realistico-sociali**, che affrontano i problemi legati alle condizioni materiali di vita di alcuni ceti sociali e in particolare delle classi subalterne;

> i **romanzi di costume**, in cui si ritraggono usi e costumi, ossia comportamenti tipici di determinati ambienti sociali.

Nella **narrativa contemporanea** abbiamo poi **molti altri sottogeneri**. I principali sono:

> il **poliziesco**, che in Italia è comunemente chiamato "**giallo**" (dal colore della copertina della collana *Il Giallo Mondadori*, pubblicata a partire dal 1929): tradizionalmente è distinto in **giallo d'investigazione**, in cui un brillante investigatore risolve casi apparentemente insolubili, e **giallo d'azione** o **thriller**, che sostituisce o affianca alle indagini la lotta, carica di suspense, tra un "eroe" e criminali senza scrupoli;

> il **genere fantascientifico**, nelle sue numerose varianti (tecnologico, sociologico, avventuroso ecc.), che a volte proietta nel futuro una visione molto pessimistica della civiltà del presente;

> il **genere fantasy**, basato sulla rivisitazione di miti e leggende o sull'invenzione di mondi immaginari di sapore barbarico o medievale, ricco di avventure straordinarie che spesso assumono un tono epico, come *Il signore degli anelli* di John Ronald Reuel Tolkien;

> il **genere horror**, con intrecci avventurosi finalizzati a far gustare il fascino prepotente della paura, attraverso l'irruzione nella normalità di pazzi incontrollabili o di vampiri, zombie e altri mostri terrificanti;

> il **genere rosa**, che propone storie d'amore a lieto fine, in genere con schemi narrativi molto stereotipati e ripetitivi; ne esistono collane specializzate in vendita nelle edicole.

Io e le storie

GENERI E SOTTOGENERI DELLA NARRATIVA

Fra i brani antologici, i racconti e i romanzi che hai letto in questi anni, sai trovare un esempio per ciascuno dei generi e sottogeneri che abbiamo illustrato?
Compila sul quaderno una tabella in cui a fianco di ogni genere e sottogenere compaia il titolo di un racconto o romanzo di cui hai letto almeno un brano.

Gli strumenti del lettore **IL TESTO NARRATIVO**

◉ Testo e contesto

In questo nostro percorso triennale abbiamo imparato a ragionare sui testi letterari, a riconoscerne la struttura e le componenti e ad analizzare le scelte che gli autori compiono quando li costruiscono: **il nostro scopo non era quello di fare analisi fini a se stesse, ma di cogliere il senso complessivo dell'opera per fare esperienze di lettura più significative e piacevoli.**
Perché ciò avvenga pienamente però non basta un'analisi svolta solamente all'interno del testo: le opere letterarie infatti non nascono dalla testa degli scrittori, come Minerva dalla testa di Giove.

> ◉ Un'**opera letteraria** è espressione di un **intreccio di relazioni** al cui centro c'è lo **scrittore**.

Lo scrittore infatti è una persona concreta, con le sue peculiari caratteristiche umane, che vive in un determinato luogo e in un certo momento storico, parla una lingua ed è immerso in una cultura, ha avuto una particolare formazione ed è influenzato dalle idee diffuse in quel momento.
Inoltre uno scrittore conosce e ha studiato molte delle opere che costituiscono la tradizione letteraria e spesso è in relazione con la produzione dei suoi contemporanei. Ciascuna delle sue opere, poi, rappresenta un momento della sua storia creativa e dunque è in relazione con le opere precedenti e prepara quelle successive.

> ◉ Possiamo definire **contesto** tutto **quello che sta intorno al testo** e di cui esso è espressione: **l'autore** e la **sua esperienza**, l'**ambiente storico**, **culturale**, **letterario** in cui l'opera è nata.

Non è necessario, al nostro livello di studi, avere a disposizione tutte queste conoscenze, ma due cose sono indispensabili: essere curiosi e consapevoli della loro importanza e imparare a raccogliere almeno le informazioni principali sul contesto. Lo si può fare attraverso la lettura delle biografie degli autori, della presentazione di qualche loro opera e delle parti dei volumi di letteratura e di storia relative al periodo in cui l'opera è stata scritta. In questo modo l'opera letteraria può acquistare tutto il suo senso e svelarci le sue ricchezze.

Gli strumenti del lettore **IL TESTO NARRATIVO**

Interpretare il testo narrativo

• Il nostro percorso si conclude

Il percorso triennale che abbiamo intrapreso per diventare buoni lettori è giunto a compimento. **Ripercorriamone le tappe**, che dovrebbero essere ormai diventate un **metodo di lavoro abituale** da adottare, naturalmente, di fronte a ogni testo.
Prima tappa: comprensione letterale del testo, che nasce dalla comprensione dei suoi elementi basilari di significato e di struttura e si realizza nella capacità di fare un buon riassunto.
Seconda tappa: analisi del testo per rilevare gli aspetti caratteristici della struttura, dei personaggi, del tempo e dello spazio, e i temi, il linguaggio, il rapporto con il contesto.
Terza tappa: interpretazione e valutazione del testo, cioè selezione e rielaborazione autonoma degli elementi elencati sopra, sulla base dei quali si formulano osservazioni, interpretazioni e giudizi sul testo.

◗ Che cosa significa interpretare un testo

L'interpretazione di un testo è un'operazione di valutazione critica; consiste nell'esporre osservazioni e giudizi fondati su argomentazioni, a loro volta frutto di analisi. In genere l'interpretazione viene espressa in un testo di tipo argomentativo: un saggio o, a livello scolastico, **un commento**.

• Impariamo a fare il commento di un testo narrativo

Fare il commento prevede tre momenti:

> la **presentazione dell'opera**, che comprende le notizie di base sull'opera stessa (da dove è tratta, quando è stata composta, sintesi del contenuto) e sul contesto (relativo all'autore, alla sua produzione, alle caratteristiche storico-culturali dell'epoca in cui l'opera è stata prodotta);

> l'**esposizione dei risultati dell'analisi** fatta attraverso l'uso dei vari strumenti che abbiamo appreso, selezionando gli elementi che risultano più rilevanti anche tenendo presenti le influenze del contesto sulla produzione letteraria;

> la **presentazione di una o più tesi interpretative**, elaborata selezionando e mettendo in relazione tra loro le conclusioni dell'analisi stessa.

Quindi il percorso metodologico da compiere potrebbe essere sintetizzato così:

INTERPRETARE UN TESTO
comprendere e analizzare

TESTO	CONTESTO
Genere • Significato letterale • Struttura • Tempo • Luoghi • Personaggi • Punto di vista • Temi • Linguaggio	Autore • Biografia • Momento storico • Cultura/esperienze • Altre opere

selezionare e mettere in relazione

elementi rilevanti dell'analisi e del contesto
e darne una spiegazione, un'interpretazione
COMMENTO

ALLA SCOPERTA DEI TESTI • Il testo narrativo

Gli strumenti del lettore IL TESTO NARRATIVO

• Leggiamo e analizziamo una novella

Il testo

Luigi Pirandello, *Ciàula scopre la luna*

I picconieri[1], quella sera, volevano smettere di lavorare senza aver finito d'estrarre le tante casse di zolfo che bisognavano il giorno appresso a caricar la calcara[2]. Cacciagallina, il soprastante[3], s'affierò contr'essi[4], con la rivoltella in pugno, davanti la buca della Cace[5], per impedire che ne uscissero.

«Corpo di... sangue di... indietro tutti, giù tutti di nuovo alle cave, a buttar sangue fino all'alba, o faccio fuoco!»

«Bum!», fece uno dal fondo della buca. «Bum!», echeggiarono parecchi altri; e con risa e bestemmie e urli di scherno fecero impeto, e chi dando una gomitata, chi una spallata, passarono tutti, meno uno. Chi? Zi'[6] Scarda, si sa, quel povero cieco d'un occhio, sul quale Cacciagallina poteva far bene il gradasso. Gesù, che spavento! Gli si scagliò addosso, che neanche un leone; lo agguantò per il petto e, quasi avesse in pugno anche gli altri, gli urlò in faccia, scrollandolo furiosamente: «Indietro tutti, vi dico, canaglia! Giù tutti alle cave, o faccio un macello!».

Zi' Scarda si lasciò scrollare pacificamente. Doveva pur prendersi uno sfogo, quel povero galantuomo, ed era naturale se lo prendesse su lui che, vecchio com'era, poteva offrirglielo senza ribellarsi. Del resto, aveva anche lui, a sua volta, sotto di sé qualcuno più debole, sul quale rifarsi più tardi: Ciàula, il suo caruso[7].

Quegli altri... eccoli là, s'allontanavano giù per la stradetta che conduceva a Comitini[8]; ridevano e gridavano: «Ecco, sì! tieni forte codesto, Cacciagallì! Te lo riempirà lui il calcherone[9] per domani!».

«Gioventù!», sospirò con uno squallido sorriso d'indulgenza zi' Scarda a Cacciagallina.

E, ancora agguantato per il petto, piegò la testa da un lato, stiracchiò verso il lato opposto il labbro inferiore, e rimase così per un pezzo, come in attesa.

---

1. **picconieri**: i minatori delle zolfare che lavorano con il piccone.
2. **calcara**: la fornace dove si fonde il minerale per ottenere lo zolfo puro. È uno dei termini tecnici del linguaggio delle zolfare.
3. **soprastante**: sorvegliante, dirigente del lavoro.
4. **s'affierò contr'essi**: si infuriò contro di loro.
5. **Cace**: così si chiama la cava di zolfo.
6. **Zi'**: letteralmente zio; nel meridione si usa chiamare così le persone anziane.
7. **caruso**: manovale, garzone.
8. **Comitini**: paese nei pressi di Agrigento.
9. **calcherone**: da calcara (vedi nota 2).

Comprensione e analisi

La novella, ambientata in una miniera di zolfo, è articolata in quattro segmenti.
Questo primo segmento si apre con l'insubordinazione dei minatori, che, a sera, si rifiutano di rimanere per completare l'estrazione del minerale, necessario per far funzionare la fornace.
Cacciagallina, il sorvegliante, mentre i minatori si allontanano, se la prende con il più anziano e il più debole di loro, zi' Scarda, cieco da un occhio, che subisce remissivo la sua sfuriata.
Il narratore è esterno e non assume il punto di vista di nessun personaggio, ma propone valutazioni e ragionamenti tipici della mentalità dominante in quell'ambiente.
Nel linguaggio sono presenti termini ed espressioni dialettali e tecnici.

Gli strumenti del lettore **IL TESTO NARRATIVO**

Era una smorfia a Cacciagallina? o si burlava della gioventù di quei compagni là? [...]
Ma no: zi' Scarda, fisso in quel suo strano atteggiamento, non si burlava di loro, né faceva una smorfia a Cacciagallina. Quello era il versaccio solito, con cui, non senza stento, si deduceva[10] pian piano in bocca la grossa lagrima, che di tratto in tratto gli colava dall'altro occhio, da quello buono.
Aveva preso gusto a quel saporino di sale, e non se ne lasciava scappar via neppure una.
Poco: una goccia di tanto in tanto; ma buttato dalla mattina alla sera laggiù, duecento e più metri sotterra, col piccone in mano, che a ogni colpo gli strappava come un ruglio[11] di rabbia dal petto, zi' Scarda aveva sempre la bocca arsa: e quella lagrima, per la sua bocca, era quel che per il naso sarebbe stato un pizzico di rapè[12].
Un gusto e un riposo. [...]
Gli altri, chi il vizio del fumo, chi quello del vino; lui aveva il vizio della sua lagrima.
Era del sacco lacrimale malato e non di pianto, quella lagrima; ma si era bevute anche quelle del pianto, zi' Scarda, quando, quattr'anni addietro gli era morto l'unico figliuolo, per lo scoppio d'una mina, lasciandogli sette orfanelli e la nuora da mantenere. Tuttora gliene veniva giù qualcuna più salata delle altre; ed egli la riconosceva subito: scoteva il capo, allora, e mormorava un nome: «Calicchio[13]...»
In considerazione di Calicchio morto, e anche dell'occhio perduto per lo scoppio della stessa mina lo tenevano ancora lì a lavorare. Lavorava più e meglio di un giovane; ma ogni sabato sera, la paga gli era data, e per dir la verità lui stesso se la prendeva, come una carità che gli facessero: tanto che, intascandola, diceva sottovoce, quasi con vergogna: «Dio gliene renda merito».
Perché, di regola, doveva presumersi che uno della sua età non poteva più lavorar bene.

> Il **secondo segmento** è dedicato alla presentazione di zi' Scarda. L'elemento caratterizzante del personaggio è la smorfia che egli fa per raccogliere con il labbro una lacrima che periodicamente gli scende dall'occhio buono: è il suo conforto quando lavora nella profondità della miniera.
> Qui il narratore assume a tratti il punto di vista di zi' Scarda.

> Un *flashback* interrompe la narrazione cronologica per spiegare l'origine di quella lacrima: una tremenda esplosione nella miniera che uccise il figlio di zi' Scarda, Calicchio, e rese lui cieco da un occhio. Così ora l'anziano minatore deve mantenere i sette nipotini rimasti orfani e la nuora.

10. si deduceva: si faceva calare.
11. ruglio: ruggito di rabbia.
12. rapè: tipo di tabacco da fiuto.
13. Calicchio: diminutivo di Calogero, il figlio di zi' Scarda.

Gli strumenti del lettore **IL TESTO NARRATIVO**

Quando Cacciagallina alla fine lo lasciò per correre dietro agli altri e indurre con le buone maniere qualcuno a far nottata, zi' Scarda lo pregò di mandare almeno a casa uno di quelli che ritornavano al paese, ad avvertire che egli rimaneva alla zolfara e che perciò non lo aspettassero e non stessero in pensiero per lui; poi si volse attorno a chiamare il suo caruso, che aveva più di trent'anni (e poteva averne anche sette o settanta, scemo com'era); e lo chiamò col verso con cui si chiamano le cornacchie ammaestrate: «Te', pa'! te', pa'!».

Ciàula stava a rivestirsi per ritornare al paese.

Rivestirsi per Ciàula significava togliersi prima di tutto la camicia, o quella che un tempo era stata forse una camicia: l'unico indumento che, per modo di dire, lo coprisse durante il lavoro. Toltasi la camicia, indossava sul torace nudo, in cui si potevano contare a una a una tutte le costole, un panciotto bello largo e lungo, avuto in elemosina, che doveva essere stato un tempo elegantissimo e sopraffino (ora il luridume vi aveva fatto una tal roccia, che a posarlo per terra stava ritto). Con somma cura Ciàula ne affibbiava i sei bottoni, tre dei quali ciondolavano, e poi se lo mirava addosso, passandoci sopra le mani, perché veramente ancora lo stimava superiore a' suoi meriti: una galanteria[14]. Le gambe nude, misere e sbilenche, durante quell'ammirazione, gli si accapponavano, illividite dal freddo. Se qualcuno dei compagni gli dava uno spintone e gli allungava un calcio, gridandogli: «Quanto sei bello!» egli apriva fino alle orecchie ad ansa[15] la bocca sdentata a un riso di soddisfazione, poi infilava i calzoni, che avevano più d'una finestra aperta sulle natiche e sui ginocchi; s'avvolgeva in un cappottello d'albagio[16] tutto rappezzato, e, scalzo, imitando meravigliosamente a ogni passo il verso della cornacchia – *cràh! cràh!* – (per cui lo avevano soprannominato Ciàula), s'avviava al paese.

«Cràh! Cràh», rispose anche quella sera al richiamo del suo padrone; e gli si presentò tutto nudo, con la sola galanteria di quel panciotto debitamente abbottonato.

«Va', va' a rispogliarti,» gli disse zi' Scarda. «Rimettiti il sacco[17] e la camicia. Oggi per noi il Signore non fa notte.»

Ciàula non fiatò; restò un pezzo a guardarlo a bocca aperta, con occhi da ebete; poi si poggiò le mani su le reni e, raggrinzando in su il naso, per lo spasimo, si stirò e disse: «Gna bonu!» (Va bene).

E andò a levarsi il panciotto.

Se non fosse stato per la stanchezza e per il bisogno del sonno, lavorare anche di notte non sarebbe stato niente, perché, laggiù, tanto, era sempre notte lo stesso. Ma questo per zi' Scarda. Per Ciàula, no. Ciàula, con la lumierina a olio nella rimboccatura del sacco su la fronte, e schiacciata la nuca sotto il carico, andava su e giù per la

14. galanteria: raffinatezza.
15. ad ansa: a sventola.
16. albagio: panno di modesta qualità.

17. il sacco: quello che si metteva in testa e sulle spalle per appoggiarvi il recipiente da trasporto.

Nel **terzo segmento** viene **presentato il "caruso"** cioè il garzone di zi' Scarda, Ciàula. Il suo ritratto parte dal nome, che in siciliano significa "cornacchia"; i tratti con cui viene presentato sono esasperati e grotteschi (trent'anni anagrafici ma aspetto dall'età indefinibile, scemo, occhi da ebete, orecchie a sventola, bocca sdentata, indumenti laceri e sporchi, atteggiamenti bizzarri): ne risulta un **ritratto caricaturale** che si conclude con la nota sul verso che egli fa e che ricorda quello delle cornacchie (da qui il suo soprannome).

Ciàula accetta senza protestare la prospettiva di lavorare fino a notte fonda: lo preoccupa solo l'idea di trovare, all'uscita dalla galleria, il buio della notte aperta, perché questo gli fa paura, al contrario del buio chiuso della miniera.

lubrica[18] scala sotterranea, erta[19], a scalini rotti, e su, su, affievolendo a mano a mano, col fiato mòzzo, quel suo crocchiare[20] a ogni scalino, quasi in un gemito di strozzato, rivedeva a ogni salita la luce del sole. Dapprima ne rimaneva abbagliato; poi col respiro che traeva nel liberarsi dal carico, gli aspetti noti delle cose circostanti gli balzavano davanti; restava, ancora ansimante, a guardarli un poco e, senza che n'avesse chiara coscienza, se ne sentiva confortare.
Cosa strana; della tenebra fangosa delle profonde caverne, ove dietro ogni svolto stava in agguato la morte, Ciàula non aveva paura; né paura delle ombre mostruose, che qualche lanterna suscitava a sbalzi lungo le gallerie, né del sùbito[21] guizzare di qualche riflesso rossastro qua e là in una pozza, in uno stagno d'acqua sulfurea: sapeva sempre dov'era; toccava con la mano in cerca di sostegno le viscere della montagna: e ci stava cieco e sicuro come dentro il suo alvo materno[22].
Aveva paura, invece, del buio vano[23] della notte.
Conosceva quello del giorno, laggiù, intramezzato da sospiri di luce[24], di là dall'imbuto della scala, per cui saliva tante volte al giorno, con quel suo specioso arrangolìo[25] di cornacchia strozzata. Ma il buio della notte non lo conosceva.
Ogni sera, terminato il lavoro, ritornava al paese con zi' Scarda; e là appena finito d'ingozzare i resti della minestra, si buttava a dormire sul saccone di paglia per terra, come un cane; e invano i ragazzi, quei sette nipoti orfani del suo padrone, lo pestavano per tenerlo desto e ridere della sua sciocchezza; cadeva subito in un sonno di piombo, dal quale, ogni mattina, alla punta dell'alba, soleva riscuoterlo un noto piede.
La paura che egli aveva del buio della notte gli proveniva da quella volta che il figlio di zi' Scarda, già suo padrone, aveva avuto il ventre e il petto squarciati dallo scoppio della mina, e zi' Scarda stesso era stato preso in un occhio.
Giù, nei varii posti a zolfo, si stava per levar mano[26], essendo già sera, quando s'era sentito il rimbombo tremendo di quella mina scoppiata. Tutti i picconieri e i carusi erano accorsi sul luogo dello scoppio; egli solo, Ciàula, atterrito, era scappato a ripararsi in un antro noto soltanto a lui. Nella furia di cacciarsi là, gli s'era infranta contro la roccia la lumierina di terracotta, e quando alla fine, dopo un tempo che non aveva

---

Egli infatti conosce solo la luce del giorno, che lo accoglie e lo abbaglia a ogni risalita, e il buio denso della miniera, in cui trascorre le sue giornate: dentro la miniera sta "cieco e sicuro" come dentro il ventre materno.

Ciàula non conosce il buio della notte perché esce dalla miniera all'imbrunire, poi a casa di zi' Scarda si addormenta subito, sul pagliericcio, fino al mattino successivo.

Un altro *flashback* sull'incidente, visto qui dal punto di vista di Ciàula, spiega l'origine della sua paura del buio.

---

18. lubrica: scivolosa.
19. erta: ripida.
20. crocchiare: il verso delle cornacchie, il crocidare.
21. sùbito: improvviso, è aggettivo.
22. alvo materno: il ventre materno.
23. buio vano: buio vuoto della notte, in contrapposizione a quello pieno, tangibile delle viscere della miniera.
24. sospiri di luce: sprazzi di luce.
25. specioso arrangolìo: suono soffocato emesso apposta (specioso) nello sforzo della salita.
26. levar mano: smettere il lavoro, finire; è il contrario di "metter mano".

potuto calcolare, era uscito dall'antro nel silenzio delle caverne tenebrose e deserte, aveva stentato a trovare a tentoni la galleria che lo conducesse alla scala; ma pure non aveva avuto paura. La paura lo aveva assalito, invece, nell'uscir dalla buca nella notte nera, vana[27]. S'era messo a tremare, sperduto, con un brivido per ogni vago alito indistinto nel silenzio arcano che riempiva la sterminata vacuità[28], ove un brulichìo infinito di stelle fitte, piccolissime, non riusciva a diffondere alcuna luce.

Il bujo, ove doveva esser lume, la solitudine delle cose che restavan lì con un loro aspetto cangiato[29] e quasi irriconoscibile, quando più nessuno le vedeva, gli avevano messo in tale subbuglio l'anima smarrita, che Ciàula s'era all'improvviso lanciato in una corsa pazza, come se qualcuno lo avesse inseguito.

Ora, ritornato giù nella buca con zi' Scarda, mentre stava ad aspettare che il carico fosse pronto, egli sentiva a mano a mano crescersi lo sgomento per quel bujo che avrebbe trovato, sbucando dalla zolfara.

E più per quello, che per questo delle gallerie e della scala, rigovernava attentamente la lumierina di terracotta. [...]

Alla fine il carico fu pronto, e zi' Scarda ajutò Ciàula a disporlo e rammontarlo[30] sul sacco attorto dietro la nuca.

> Nella descrizione della notte, fatta dal punto di vista di Ciàula, il narratore spiega le ragioni della sua paura.
>
> La descrizione della paura di Ciàula innesca una situazione di tensione, che cresce, in un climax, sino allo scioglimento finale.

A mano a mano che zi' Scarda caricava, Ciàula sentiva piegarsi, sotto, le gambe. Una, a un certo punto, prese a tremargli convulsamente così forte che, temendo di non più reggere al peso, con quel tremitìo, Ciàula gridò: «Basta! Basta!».

«Che basta, carogna!», gli rispose zi' Scarda.

E seguitò a caricare.

Per un momento la paura del bujo della notte fu vinta dalla costernazione che, così caricato, e con la stanchezza che si sentiva addosso,

> In quest'ultimo segmento il narratore assume definitivamente il punto di vista di Ciàula, oppresso dall'enorme carico di minerale: le sue sensazioni sono espresse attraverso il discorso indiretto e l'indiretto libero.

27. vana: vano ha sempre in questo testo il significato di vuoto.

28. sterminata vacuità: il vuoto immenso e sconfinato della notte.

29. cangiato: cambiato.

30. rammontarlo: sistemarlo.

forse non avrebbe potuto arrampicarsi fin lassù. Aveva lavorato senza pietà per tutto il giorno. Non aveva mai pensato Ciàula che si potesse aver pietà del suo corpo, e non ci pensava neppur ora; ma sentiva che, proprio, non ne poteva più.
Si mosse sotto il carico enorme, che richiedeva anche uno sforzo d'equilibrio.
Sì, ecco, sì, poteva muoversi, almeno finché andava in piano.
Ma come sollevar quel peso, quando sarebbe cominciata la salita?
Per fortuna, quando la salita cominciò, Ciàula fu ripreso dalla paura del bujo della notte, a cui tra poco si sarebbe affacciato. [...]
La scala era così erta, che Ciàula, con la testa protesa e schiacciata sotto il carico, pervenuto all'ultima svoltata, per quanto spingesse gli occhi a guardare in su, non poteva veder la buca che vaneggiava[31] in alto. Curvo, quasi toccando con la fronte lo scalino che gli stava sopra, e su la cui lubricità la lumierina vacillante rifletteva appena un fioco lume sanguigno, egli veniva su, su, su, dal ventre della montagna, senza piacere, anzi pauroso della prossima liberazione. E non vedeva ancora la buca, che lassù lassù si apriva come un occhio chiaro, d'una deliziosa chiarità d'argento.
Se ne accorse solo quando fu agli ultimi scalini. Dapprima, quantunque gli paresse strano, pensò che fossero gli estremi barlumi del giorno. Ma la chiarìa[32] cresceva, cresceva sempre più, come se il sole, che egli aveva pur visto tramontare, fosse rispuntato.
Possibile?
Restò – appena sbucato all'aperto – sbalordito. Il carico gli cadde dalle spalle. Sollevò un poco le braccia; aprì le mani nere in quella chiarità d'argento.
Grande, placida, come in un fresco, luminoso oceano di silenzio, gli stava di faccia la Luna.
Sì, egli sapeva, sapeva che cos'era; ma come tante cose si sanno, a cui non si è data mai importanza. E che poteva importare a Ciàula, che in cielo ci fosse la Luna?
Ora, ora soltanto, così sbucato, di notte, dal ventre della terra, egli la scopriva.
Estatico, cadde a sedere sul suo carico, davanti alla buca. Eccola, eccola, eccola là, la Luna... C'era la Luna! La Luna!
E Ciàula si mise a piangere, senza saperlo, senza volerlo, dal gran conforto, dalla grande dolcezza che sentiva, nell'averla scoperta, là, mentr'ella saliva pel cielo, la Luna, col suo ampio velo di luce, ignara dei monti, dei piani, delle valli che rischiarava, ignara di lui, che pure per lei non aveva più paura, né si sentiva più stanco, nella notte ora piena del suo stupore.

(ridotto da L. Pirandello, *Novelle per un anno*, Mondadori)

31. vaneggiava: il cunicolo si apriva sul vuoto.
32. chiarìa: chiarore, luminosità.

Più ancora della fatica è la paura del buio che opprime Ciàula...

... e gli rende faticosissima e difficile la risalita lungo la scala scivolosa, alla luce tremolante del lanternino. Così non si accorge che, alla fine della galleria, non il buio, ma una «deliziosa chiarità d'argento» lo attende.

Per lo stupore, Ciàula lascia cadere il carico e tende le braccia a quel cielo, inondato dal chiarore di una grande, luminosa, meravigliosa luna. Anche qui l'indiretto libero esprime i pensieri di Ciàula, che sapeva che cosa era la luna, ma solo ora la scopre: la sua luce lo inonda di consolazione e la sua paura si scioglie in un mare di stupefatta dolcezza.

Gli strumenti del lettore IL TESTO NARRATIVO

• Raccogliamo i dati sull'opera e sul contesto

L'autore e l'opera

Prima di tutto sarà indispensabile leggere la biografia di Pirandello, nato a Girgenti (Agrigento) nel 1867. Qui ricordiamo solo che ebbe **esperienza diretta** dell'ambiente delle miniere di zolfo, perché il padre, Stefano Pirandello, ne gestiva alcune da cui ricavava abbastanza denaro da vivere agiatamente. Il giovane Luigi, concluso il liceo, affiancò per tre mesi il padre nella gestione delle zolfare, quindi ebbe modo di conoscere direttamente l'ambiente, le condizioni di vita e le persone che lavoravano nelle zolfare: perciò questi luoghi tornano frequentemente nelle sue novelle. Dalle zolfare venne anche, nel 1903, la rovina economica della famiglia: un allagamento distrusse la miniera in cui il padre aveva impegnato tutti i capitali, compresa la dote della moglie di Luigi che, dopo quel colpo, perse la ragione. La novella che abbiamo letto fu pubblicata per la prima volta sul «Corriere della Sera», il 29 dicembre 1912.

Il contesto storico-culturale

La **seconda metà dell'Ottocento** fu il momento in cui nei Paesi europei più avanzati si sviluppò la seconda rivoluzione industriale e si diffuse una grande fiducia nel progresso e nella possibilità di risolvere attraverso la tecnica e la scienza tutti i problemi che affliggevano la società. L'Italia, da poco unificata, era in ritardo su questo processo, che cominciava appena ad avviarsi nelle regioni del Nord. La formazione di Pirandello avvenne dapprima in una famiglia che aveva partecipato alle lotte per l'unità d'Italia, quindi nel contesto socioculturale di una Sicilia caratterizzata da arretratezza e miseria, denunciate in quegli anni anche da numerose inchieste parlamentari. Quando Pirandello frequentava l'università, era ancora dominante in Italia il movimento letterario e culturale del **verismo**, versione italiana del naturalismo francese (nel volume di *Letteratura*, unità 5). Il suo maggior rappresentante, **Giovanni Verga**, siciliano anche lui, pubblicava novelle e romanzi che, con uno stile tendenzialmente oggettivo e impersonale, parlavano delle condizioni di vita di contadini, pescatori e minatori siciliani.
In questa novella l'influenza del verismo è chiaramente percepibile nel realismo con cui sono descritti l'ambiente della miniera, le condizioni di sfruttamento e la miseria dei minatori e nelle scelte linguistiche che caratterizzano la prima parte del testo.
Ma il naturalismo e il verismo andavano esaurendosi e all'**inizio del Novecento** l'**interesse degli intellettuali si spostava dalla realtà sociale ai problemi individuali**. Le scoperte di Freud confermarono che nell'agire umano non tutto è riconducibile alla ragione e autorizzarono a considerare con attenzione la dimensione irrazionale e onirica della psiche umana, di cui spesso è possibile parlare solo attraverso simboli e allegorie.

• Facciamo il commento

La novella, ambientata nella Sicilia di fine Ottocento, in una miniera di zolfo, narra una vicenda molto semplice, che si svolge nello scenario della zolfara, descritto con precisione e ricchezza di particolari. Si tratta di una vicenda soprattutto interiore, annunciata dal titolo, che ne costituisce quasi una sintesi: *Ciàula scopre la luna*. È infatti la storia di una scoperta che porta con sé una trasformazione profonda del protagonista che la compie, una vera metamorfosi.
Dei **quattro segmenti** in cui la novella è scandita, la vicenda occupa soprattutto il primo e l'ultimo. Nel **primo**, di ispirazione verista, il narratore esterno e oggettivo cala il lettore nell'ambiente della zolfara in un momento di conflitto fra il dirigente e i minatori; nel **secondo** e nel **terzo** segmento vengono presentate le figure dei due personaggi principali anche attraverso un *flashback* sull'e-

pisodio dello scoppio della mina, che trasforma entrambi. I due ritratti sono esasperati, grotteschi; soprattutto quello di Ciàula: i suoi tratti, quasi animaleschi, vengono estremizzati anche perché risalti, per contrasto, la sua trasformazione, alla quale è dedicato l'**ultimo segmento**. Qui si svolge la maggior parte della vicenda: il punto di vista è quello di Ciàula, il tono è completamente diverso, il linguaggio diventa suggestivo, quasi poetico e le immagini suscitano analogie che suggeriscono interpretazioni simboliche.

La vicenda si svolge in un **tempo molto breve** (dalla sera alla notte) e in **spazi** che hanno **connotazioni antitetiche**: il primo segmento si svolge tutto verso sera, nello spazio aperto intorno alla zolfara; nell'ultimo segmento invece si risale dal buio chiuso della miniera alla aperta «chiarità d'argento» della notte di luna. Si definiscono così **due mondi** paralleli e contrapposti: uno chiuso, sotterraneo, buio; l'altro aperto, ampio, luminoso. I caratteri di questi due mondi suggeriscono molte analogie, anche contrapposte fra loro: il mondo sotterraneo per esempio, chiuso, caldo, scarsamente illuminato, richiama l'inferno, ma anche, come espressamente si dice nel testo, il ventre materno in cui l'essere umano vive prima della nascita. Ciàula, che si rivela come protagonista solo verso la metà della novella, vive bene nella profondità della terra; i suoi tratti di essere deforme, limitato, quasi subumano, lo portano a sentirsi sicuro solo nei cunicoli stretti della miniera, dove è il tatto, più che la vista, a permettergli di muoversi. Nel momento in cui gli viene imposto di lavorare di notte, non è la fatica, pure disumana, a spaventarlo, ma la prospettiva di trovarsi, alla fine della salita, nel buio aperto e sterminato della notte, in cui tutte le cose appaiono diverse e minacciose. Con il suo carico enorme, egli affronta, rassegnato, la fatica e soprattutto la paura, e risale lo stretto cunicolo che lo conduce, alla fine, nella «chiarità d'argento» della luna.

Il pianto liberatore di Ciàula che scopre la luce della luna e, grazie a lei, sconfigge la paura, è il segno del suo **cambiamento**, della sua metamorfosi: egli così non è più la subumana creatura delle viscere della terra, inconsapevole di sé, ma ha acquistato una consapevolezza nuova, è rinato. Simbolicamente dunque la vicenda di Ciàula rappresenta il percorso dall'inferno al cielo, dalla vita intrauterina alla nascita. Quando esce all'aperto, Ciàula scopre un mondo in cui la luce della luna diffonde armonia, bellezza, dolcezza e in quella luce Ciàula, con commozione stupefatta, si sente accolto e rinasce.

UNITÀ 1

Il romanzo di formazione racconta il cammino che dall'infanzia porta all'età adulta. È un cammino segnato da entusiasmi e delusioni, da decisioni impulsive o da scelte prudenti ed equilibrate. Le tappe di questo percorso costruiscono via via la personalità di ognuno di noi. Nel percorso che ti proponiamo leggerai testi che raccontano di dolore, amicizia, coraggio: aspetti e momenti di vita che influiscono sulla crescita umana di ciascuno di noi.

IL ROMANZO DI FORMAZIONE

LEGAMI PER CRESCERE: AMORE, AMICIZIA, PARENTELA

Conoscenze
- Conoscere le caratteristiche del genere:
  - il tema: l'individuo e il suo rapporto con la società
  - la tipologia dei personaggi: adolescenti e giovani che vivono esperienze di crescita
  - il valore simbolico dei luoghi
  - il ruolo e il punto di vista del narratore
- Conoscere le linee storiche, gli autori e le opere più conosciute

Competenze
- Individuare nel testo le caratteristiche del genere
- Essere consapevoli delle scelte narrative dell'autore e degli effetti che esse producono
- Scrivere
  - per riflettere sul tema o sul personaggio con riferimenti alla propria esperienza
  - per valutare giudizi e considerazioni espresse dai personaggi

IL MIO PERCORSO

SOLO PER IL PIACERE DI LEGGERE...
N. Ammaniti, *Mio papà ti ci ha messo qua*

LE CARATTERISTICHE DEL ROMANZO DI FORMAZIONE

COME È FATTO UN ROMANZO DI FORMAZIONE
E. Morante, *L'isola come la reggia di re Mida*

Legami per crescere: parentela, amicizia, amore
M. Kinnan Rawlings, *Una decisione difficile da accettare* +facile
J.D. Salinger, *Phoebe*
D. de Vigan, *Un'amicizia coraggiosa*

Momenti di crescita: il rischio, la scelta, la sconfitta
P. Brisson, *L'ultimo sguardo al cielo*
P. Giordano, *La tesi di laurea* +difficile
R. Wright, *Un lavoro per Richard*
Per approfondire > La segregazione razziale negli Stati Uniti
J. Joyce, *Eveline*

LABORATORIO DELLE COMPETENZE >
Storie di formazione

Un film per te > *David Copperfield*

Un libro per te > *Qualcuno con cui correre*

PER FARE IL PUNTO

Brani
Approfondimenti
Attività

MOMENTI DI CRESCITA: IL RISCHIO, LA SCELTA, LA SCONFITTA

ALLA SCOPERTA DEI TESTI • Il testo narrativo

UNITÀ 1 — IL ROMANZO DI FORMAZIONE

SOLO PER IL PIACERE DI LEGGERE...

La storia terribile e commovente del coraggio di un ragazzo che scopre che il male può essere dentro la sua casa.

Niccolò Ammaniti

Ascolta il brano

Mio papà ti ci ha messo qua

L'opera. Michele Amitrano, il protagonista di *Io non ho paura*, vive ad Acque Traverse, un paese di poche case della campagna meridionale. Durante una scorribanda nei campi di grano assolati, mentre fa la penitenza assegnatagli dai compagni di gioco, scopre che un ragazzo suo coetaneo è tenuto nascosto in una buca: è in condizioni pessime, tanto che Michele lo scambia per un cadavere. Il ragazzo non rivela a nessuno la sua tragica scoperta e torna a rivedere il piccolo prigioniero. Una sera, ascoltando le conversazioni di alcuni uomini del paese riuniti a casa sua, scopre che Filippo Carducci, il ragazzo nella buca, è stato rapito e sequestrato da loro, e che anche il padre è coinvolto nell'orrendo crimine. Questa rivelazione lo sbalza dal mondo dei giochi e della fantasia alla cruda e violenta realtà che sta attorno a lui. Michele terrà fede alla promessa fatta a Filippo e tornerà da lui per portarlo in salvo.

Il testo. Dopo aver saputo del rapimento e ascoltato alla televisione l'appello della madre di Filippo ai sequestratori affinché lo liberino, Michele torna al nascondiglio. Comunica al ragazzo che la madre è viva e che lo cerca; con grande pazienza riesce ad avviare un dialogo con Filippo, che è molto spaventato ma che, a poco a poco, si tranquillizza e accetta la sua vicinanza.

Filippo teneva la testa avvolta nella coperta. Non si era neanche accorto che ero sceso nel buco.

La caviglia mi sembrava peggiorata, era più gonfia e viola. Le mosche ci si avventavano sopra.

Mi sono avvicinato. «Ehi?» Non dava segno di avermi sentito. «Ehi? Mi senti?» Mi sono avvicinato di più. «Mi senti?»

Ha sospirato. «Sì.»

Allora papà non gli aveva tagliato le orecchie.

«Ti chiami Filippo, vero?»

«Sì.»

Me l'ero preparata durante la strada. «Sono venuto a dirti una cosa molto importante. Allora... Tua madre dice che ti vuole bene. E dice che le manchi. Lo ha detto ieri alla televisione. Al telegiornale. Ha detto che non ti devi preoccupare... E che non vuole solo le tue orecchie, ma ti vuole tutto.»

Niente.

«Mi hai sentito?»

Niente.

Ho ripetuto. «Allora... Tua madre dice che ti vuole bene. E dice che le manchi. Lo ha detto ieri alla televisione. Ha detto che non ti devi preoccupare... E che non vuole solo le tue orecchie.»

«La mia mamma è morta.»

«Come è morta?»

Da sotto la coperta ha risposto. «La mia mamma è morta.»

«Ma che dici? È viva. L'ho vista io, alla televisione...»

«No, è morta.»

Mi sono messo una mano sul cuore. «Te lo giuro sulla testa di mia sorella Maria che è viva. L'ho vista ieri notte, era in televisione. Stava bene. È bionda. È magra. È un po' vecchia... È bella, però. Era seduta su una poltrona alta, marrone. Grande. Come quella dei re. E dietro c'era un quadro con una nave. È vero o no?»

«Sì. Il quadro con la nave...» Parlava piano, le parole erano soffocate dalla stoffa.

«E hai un trenino elettrico. Con la locomotiva con il fumaiolo. L'ho visto.»

«Non ce l'ho più. Si è rotto. La tata l'ha buttato via.»

«La tata? Chi è la tata?»

«Liliana. È morta anche lei. Anche Peppino è morto. E papà è morto. E nonna Arianna è morta. E mio fratello è morto. Sono tutti morti. Sono tutti morti e vivono in buchi come questo. E in uno ci sono io. Tutti quanti. Il mondo è un posto pieno di buchi dove dentro ci sono i morti. E anche la luna è una palla tutta piena di buchi e dentro ci sono altri morti.»

«Non è vero.» Gli ho poggiato una mano sulla schiena. «Non si vede niente. La luna è normale. E tua madre non è morta. L'ho vista io. Mi devi stare a sentire.»

È rimasto un po' zitto, poi mi ha chiesto: «Allora perché non viene qui?».

Ho scosso la testa. «Non lo so.»

«Perché non viene a prendermi?»

«Non lo so.»

«E perché io sto qui?»

«Non lo so.» Poi ho detto, così piano che non poteva sentirmi: «Mio papà ti ci ha messo qua».

Mi ha dato un calcio. «Tu non sai niente. Lasciami in pace. Tu non sei l'angelo custode. Tu sei cattivo. Vattene.» E si è messo a piangere.

Non sapevo che fare. «Io non sono cattivo. Io non c'entro niente. Non piangere, per favore.»

Ha continuato a scalciare. «Vattene. Vattene via.»

«Ascoltami...»

«Vai via!»

Sono scattato in piedi. «Io sono venuto fino a qua per te, ho fatto tutta la strada, due volte, e tu mi cacci via. Va bene, io me ne vado, ma se me ne vado non torno più. Mai più. Rimarrai qui, da solo, per sempre e ti taglieranno tutte e due le orecchie.» Ho afferrato la corda e ho cominciato a risalire. Lo sentivo piangere. Sembrava che stesse soffocando.

UNITÀ 1 — IL ROMANZO DI FORMAZIONE

Sono uscito dal buco e gli ho detto: «E non sono il tuo angelo custode!».
«Aspetta...»
«Che vuoi?»
«Rimani...»
«No. Hai detto che me ne devo andare e ora me ne vado.»
«Ti prego. Rimani.»
«No!»
«Ti prego. Solo per cinque minuti.»
«Va bene. Cinque minuti. Ma se fai il pazzo me ne vado.»
«Non lo faccio.»

Sono sceso giù. Mi ha toccato un piede.
«Perché non esci da quella coperta?», gli ho domandato e mi sono rannicchiato vicino a lui.
«Non posso, sono cieco...»
«Come sei cieco?»
«Gli occhi non si aprono. Voglio aprirli ma rimangono chiusi. Al buio ci vedo. Al buio non sono cieco.» Ha avuto un'esitazione. «Lo sai, me lo avevano detto che tornavi.»
«Chi?»
«Gli orsetti lavatori.»
«Basta con questi orsetti lavatori! Papà mi ha detto che non esistono. Hai sete?»
«Sì.»
Ho aperto la cartella e ho tirato fuori la bottiglia. «Ecco.»
«Vieni.» Ha sollevato la coperta.
Ho fatto una smorfia. «Lì sotto?» Mi faceva un po' schifo. Ma così potevo vedere se aveva ancora le orecchie al loro posto.
Ha cominciato a toccarmi. «Quanti anni hai?» Mi passava le dita sul naso, sulla bocca, sugli occhi. Ero paralizzato. «Nove. E tu?»
«Nove.»
«Quando sei nato?»
«Il dodici settembre. E tu?»
«Il venti novembre.»
«Come ti chiami?»
«Michele. Michele Amitrano. Tu che classe fai?»
«La quarta. E tu?»
«La quarta.»
«Uguale.»

Solo per il piacere di leggere...

«Uguale.»

«Ho sete.»

Gli ho dato la bottiglia.

Ha bevuto. «Buona. Vuoi?»

Ho bevuto pure io. «Posso alzare un po' la coperta?» Stavo crepando di caldo e di puzza.

«Poco.»

L'ho tirata via quel tanto che bastava a prendere aria e a guardargli la faccia.

Era nera. Sudicia. I capelli biondi e sottili si erano impastati con la terra formando un groviglio duro e secco. Il sangue rappreso gli aveva sigillato le palpebre. Le labbra erano nere e spaccate. Le narici otturate dal moccio e dalle croste.

«Posso lavarti la faccia?», gli ho domandato.

Ha allungato il collo, ha sollevato la testa e un sorriso si è aperto sulle labbra martoriate. Gli erano diventati tutti i denti neri.

Mi sono tolto la maglietta e l'ho bagnata con l'acqua e ho cominciato a pulirgli il viso.

Dove passavo rimaneva la pelle bianca, così bianca che sembrava trasparente, come la carne di un pesce bollito. Prima sulla fronte, poi sulle guance.

Quando gli ho bagnato gli occhi ha detto: «Piano, fa male».

«Faccio piano.»

Non riuscivo a sciogliere le croste. Erano dure e spesse. Ma sapevo che erano come le croste dei cani. Quando gliele stacchi i cani riprendono a vedere. Ho continuato a bagnargliele, ad ammorbidirle fino a quando una palpebra si è sollevata e subito si è richiusa. Un istante solo, sufficiente perché un raggio di luce gli ferisse l'occhio.

«Aaahhhaa!», ha urlato e ha infilato la testa nella coperta come uno struzzo.

L'ho sbatacchiato. «Lo vedi? Lo vedi? Non sei cieco! Non sei cieco per niente!»

«Non posso tenerli aperti.»

«È perché stai sempre al buio. Però ci vedi, vero?»

«Sì! Sei piccolo.»

«Non sono piccolo. Ho nove anni.»

«Hai i capelli neri.»

«Sì.»

Era molto tardi. Dovevo tornare a casa. «Ora però devo andare. Domani torno.»

Con la testa sotto la coperta ha detto: «Promesso?».

«Promesso.»

(N. Ammaniti, *Io non ho paura*, Einaudi)

Attività

IO E... MICHELE E FILIPPO

COMPETENZE DI LETTURA

> Chi è Michele? E chi è Filippo?
> Dove si trovano i due ragazzi?
> Quali rivelazioni fa Michele a Filippo riguardo:
>   • a suo padre?
>   • ai familiari di Filippo?
> Quale ti sembra il momento più commovente?
> Attribuisci alla scena che più ti ha coinvolto un titolo.

Le caratteristiche del ROMANZO DI FORMAZIONE

Il termine "formazione" fa pensare a un percorso attraverso il quale una persona cresce, definendo progressivamente i tratti della sua personalità, evolvendo dall'adolescenza verso l'età adulta. I racconti e i romanzi di formazione narrano questo cammino di maturazione di un adolescente o di un giovane che ha il ruolo di protagonista della storia.

▶ Gli elementi propri del genere

Questo genere letterario può assumere talora le caratteristiche di altri romanzi, come quello psicologico, oppure può essere narrato in forma di autobiografia o anche di romanzo storico, se è ambientato in epoche passate.
Si possono comunque evidenziare alcuni elementi propri di questa forma di narrazione.

> i **personaggi:** sono adolescenti o giovani che riflettono sul significato della loro esistenza e si pongono domande sul loro futuro. Essi incontrano delle difficoltà di adattamento alla società che li circonda, affrontano prove che creano sofferenza e che non sempre riescono a superare.
> Nel ritrarre questi personaggi l'autore sottolinea l'evoluzione del loro carattere, dei loro sentimenti, del loro modo di pensare e di relazionarsi. Il protagonista nel racconto cresce, si trasforma: l'adolescente, il giovane diventa un adulto.

> i **luoghi:** non vi sono luoghi propri di questo genere: la vicenda può essere ambientata indifferentemente in grandi città, in piccole città di provincia, oppure in campagna. In qualche caso i luoghi assumono un **valore simbolico**, riflettendo lo stato d'animo o la tappa evolutiva del personaggio.

> il **narratore** e l'**autore:** in alcuni romanzi di formazione il narratore è esterno, in altri la narrazione è affidata a un personaggio. Quasi sempre il punto di vista è quello del protagonista, di cui si racconta la vicenda di formazione. Non sono pochi i romanzi di formazione autobiografici, in cui autore e narratore coincidono: l'autore narra i momenti più significativi del suo cammino verso l'età adulta.

> i **temi:** nel romanzo di formazione il tema dominante è la **vita individuale**, nelle sue esperienze concrete – il distacco dai genitori e il raggiungimento dell'autonomia, l'amore, l'amicizia – e nelle sue manifestazioni interiori, osservate in una dimensione "storica" che va dall'infanzia, all'adolescenza, alla giovinezza. In stretto legame con il tema della conquista dell'autonomia vi è quello del **rapporto individuo-gruppo, individuo-società**, che non sempre è vissuto in modo lineare e armonico dai protagonisti. Essi spesso si ribellano alle regole sociali del gruppo in cui sono inseriti, lo rifiutano e ricercano una personale concezione dell'esistenza. Talora rientrano nel gruppo di origine, altre volte se ne allontanano definitivamente.

Le caratteristiche del ROMANZO DI FORMAZIONE

◉ Il romanzo di formazione: un po' di storia

Il romanzo di formazione come genere letterario nasce in Germania alla fine del Settecento, quando viene pubblicato *Gli anni dell'apprendistato di Wilhelm Meister* di Johann Wolfgang Goethe. A quest'opera, considerata un modello, ne seguono altre classificabili nel genere "di formazione". I protagonisti di questi primi romanzi superano i conflitti interiori della giovinezza e diventano adulti inserendosi armonicamente nella loro società di provenienza.

Nell'Ottocento questo genere viene "adottato" anche da scrittori di altre nazioni europee: in Italia, in Francia, in Inghilterra. Nelle loro opere la tematica è quella tipica del romanzo di formazione tedesco, ma il cammino verso l'età adulta non termina sempre con l'integrazione armonica nella società; spesso le aspirazioni individuali, i conflitti interiori, anche sentimentali, si scontrano con la realtà, creando contraddizioni dolorose che segnano per sempre la vita del protagonista.

Nel Novecento, il contrasto tra il proprio io e le regole della società, tipico di ogni cammino di crescita, diventa ancora più drammatico, si carica di tensione e di ribellione.

Gli autori e le opere più note

Autore	Opere più note	Anno di pubblicazione
Johann Wolfgang Goethe	*Gli anni dell'apprendistato di Wilhelm Meister*	1796
Stendhal	*Il rosso e il nero*	1830
	La certosa di Parma	1839
Charles Dickens	*David Copperfield*	1850
Ippolito Nievo	*Le confessioni di un italiano*	1867
Gustave Flaubert	*L'educazione sentimentale*	1869
Thomas Mann	*Tonio Kröger*	1903
	La montagna incantata	1924
James Joyce	*Dedalus*	1917
Jerome David Salinger	*Il giovane Holden*	1951
Alberto Moravia	*Agostino*	1944
Elsa Morante	*L'isola di Arturo*	1957
Andrea De Carlo	*Treno di panna*	1981

Quelle che abbiamo citato sono solo alcune delle opere divenute dei classici della letteratura di formazione. Ve ne sono molte altre, per adulti ma anche per ragazzi, che narrano le vicende, i sentimenti, i dubbi, le sconfitte e le vittorie di giovani che cercano il loro posto nel mondo.

UNITÀ 1 — IL ROMANZO DI FORMAZIONE

COME È FATTO UN ROMANZO DI FORMAZIONE

ANALISI GUIDATA

Elsa Morante

Crescita e comportamento degli adolescenti

L'isola come la reggia di re Mida

L'opera. *L'isola di Arturo* racconta l'evoluzione affettiva di un adolescente, Arturo, che diviene adulto attraverso esperienze complesse e dolorose. Il romanzo è ambientato nei primi anni Trenta del secolo scorso, nell'isola di Procida, vicino a Napoli, dove Arturo Gerace cresce in una solitudine selvaggia, senza la madre, che è morta nel darlo alla luce. Egli adora il padre italo-tedesco, Wilhelm, che però è sempre assente, impegnato in viaggi misteriosi. La sua esistenza scorre in una natura d'incanto, tra il mare e le strette vie del paese, alleggerita dai romanzi d'avventura che legge sognando di imitarne i protagonisti. Quando il padre porta sull'isola la sua nuova sposa, per Arturo inizia un processo di trasformazione: prima ne è geloso, poi se ne innamora e infine, respinto dalla giovane, vive una profonda crisi. La sua sofferenza è acuita dalla scoperta della vera personalità del padre, che nulla ha di eroico. Ormai sedicenne, Arturo deciderà di lasciare l'isola.

Il testo. Il brano che segue narra il disagio interiore che Arturo vive: si sente brutto, sgraziato anche nella voce, non sa controllare la collera che lo prende improvvisamente, ma avverte anche una grande «voglia di giocare: con chiunque, magari anche con l'aria!».

Prima microsequenza introduttiva: PRESENTAZIONE DELL'OGGETTO DELLE RIFLESSIONI - IL CONFLITTO TRA ARTURO E CIÒ CHE LO CIRCONDA

L'ho detto, che quella fu una bizzarra stagione per me. Il contrasto fra me e la matrigna non era che uno degli aspetti della grande guerra che, rapidamente, col rifiorire della primavera, sembrava essersi scatenata fra Arturo Gerace e tutto il creato restante.

Il fatto era che il ritorno della bella stagione in quell'anno per me si accompagnò, credo, col passaggio di quella età, che vien detta, dalle buone famiglie, età ingrata.

Seconda microsequenza: LE TRASFORMAZIONI DEL CORPO

Non m'era mai accaduto, prima, di sentirmi così brutto: nella mia persona, e in tutto quello che facevo, avvertivo una strana sgraziataggine, che incominciava dalla voce. M'era venuta una voce antipatica, che non era né più da soprano (come la mia di prima) né, ancora, da tenore (come la mia di dopo): pareva quella di uno strumento scordato[1]. E tutto il resto, era come la voce. La mia faccia era ancora di un disegno piuttosto rotondo, liscia; e il corpo, invece, no. Il vestito di prima non

---

1. strumento scordato: un paragone preso dal linguaggio musicale; la voce di Arturo da acuta (da soprano), tipica dei ragazzi giovani, diverrà più intensa e robusta (da tenore) come negli uomini adulti. Ma il cambiamento è ancora in atto e si creano delle disarmonie.

- Il testo è costituito da un'unica **sequenza riflessiva** articolata in **cinque microsequenze**.

- La **voce narrante** è **interna** alla storia: è quella del **protagonista**. La storia è narrata da un **punto di vista interno**, quello di Arturo, in un intenso **monologo**. L'intero brano è una scena in cui il **tempo della storia** coincide con il **tempo della narrazione**.

Come è fatto un romanzo di formazione

- Accanto al protagonista, che domina il racconto, troviamo il **personaggio** solo **accennato** della **matrigna**, una delle cause del turbamento di Arturo.

- Il personaggio si presenta da sé nel momento del suo cambiamento. Ecco un esempio di **trasformazione fisica** del personaggio.

m'entrava più, così che N.[2], benché nemica, dovette occuparsi ad aggiustare per la misura mia certi pantaloni da marinaio che una sua amica bottegaia le dette a credito.

E intanto io avevo l'impressione di crescere senza grazia, in una maniera sproporzionata. Le mie gambe, per esempio, in poche settimane erano diventate così lunghe da impacciarmi; e le mani mi s'erano fatte troppo grandi in confronto al corpo, rimasto magro e snello. Quando le chiudevo, mi pareva di portare i pugni di un brigante adulto, che non ero io. E non sapevo che fare, con quei pugni da assassino: avevo sempre voglia di menarli dovunque fosse, tanto che, se non me lo avesse impedito la superbia, mi sarebbe piaciuto di litigare col primo incontrato, magari con un capraro, con un bracciante, con chiunque. Invece, non attaccavo discorso né lite con nessuno; e anzi, più ancora di prima, se possibile, mi tenevo distante da tutti. In verità, mi sentivo un personaggio così stonato e maledetto che quasi avrei voluto andare a rinchiudermi in qualche tana, dove mi si lasciasse crescere in pace fino al giorno che, come già ero stato un ragazzino abbastanza bello, non fossi diventato un giovane abbastanza bello.

Terza microsequenza: I FREQUENTI MUTAMENTI DI UMORE

- Il **ritmo della narrazione** è **lento**, perché si riferiscono emozioni e pensieri.

Ma: andare a rinchiudermi! Sì! una parola! come avrei sopportato di stare rinchiuso, quando mi sembrava d'avere addosso uno spirito infernale, che mi trasformava in una specie di animale selvatico, tutto il giorno alla caccia di non sapevo quale preda! La benignità della stagione inaspriva il mio umore: nell'inverno, nella tempesta sarei stato più contento.

- Ecco un esempio di **trasformazione psicologica** del personaggio.

Le grazie primaverili dell'isola, che gli altri anni mi piacevano tanto, m'ispiravano quasi una rabbiosa ironia, mentre m'arrampicavo e ridiscendevo per quelle rocce e quei prati con le mie lunghe gambe, simile ad un camoscio o a un lupo, in una turbolenza continua che non trovava sfogo. In qualche momento, l'allegrezza trionfale della natura mi vinceva, trascinandomi a esaltazioni straordinarie. I fiori fantastici dei vulcani, che invadevano ogni pezzo di terreno incolto, sembravano spiegarmi per la prima volta certi motivi deliziosi della loro forma e dei loro colori, invitandomi a una festa gioiosa, cangiante... Ma subito mi riprendeva la solita collera sconsolata, resa più acre dalla vergogna di quel mio vano trasporto. Non ero una capra, o una pecorella, per saziarmi d'erbe e di fiori! E per vendicarmi, devastavo il prato, strappando i fiori, pestandoli ferocemente sotto i piedi.

- Il **paesaggio primaverile** dell'isola con i suoi elementi (il mare, i fiori...) ha una **funzione simbolica** perché **in esso si riflette l'animo** inquieto del **protagonista**.

- L'uso di **similitudini** e **metafore** è frequente e accompagna il racconto del tormento interiore del protagonista, rendendolo più esplicito.

La mia disperazione somigliava alla fame e alla sete, pur essendo cosa diversa. E dopo aver tanto sospirato di arrivare a una maggiore età, quasi rimpiangevo le mie età di prima: che cosa mi mancava, allora? niente. Avevo voglia di mangiare: e mangiavo. Avevo voglia di bere: e

2. N.: sta per Nunziata – Nunziatella, la matrigna. Arturo non riesce ancora a pronunciare per intero il nome della giovane donna.

ALLA SCOPERTA DEI TESTI • Il testo narrativo

IL ROMANZO DI FORMAZIONE

bevevo. Desideravo divertirmi: e me ne andavo sulla *Torpediniera delle Antille*[3]. E l'isola, per me, che cos'era stata, finora? un paese d'avventure, un giardino beato! ora, invece, essa mi appariva una magione[4] stregata e voluttuosa[5], nella quale non trovavo da saziarmi, come lo sciagurato re Mida.

Quarta microsequenza: COMPORTAMENTI INUSUALI E CONTRADDITTORI

● *Esempio di trasformazione del comportamento del personaggio.*

Mi prendevano voglie di distruzione. Avrei voluto poter esercitare un mestiere brutale, per esempio, lo spaccapietre, per occupare il mio corpo, dal mattino alla sera, in una qualche azione futile e violenta, che mi distraesse, in qualche modo. Tutti i piaceri della bella stagione, che una volta mi bastavano, mi apparivano insufficienti, irrisori[6]; e non c'era nessuna cosa ch'io facessi senza una volontà d'aggressione e di ferocia. Mi tuffavo nel mare con atti bellicosi, alla maniera d'un selvaggio che si butti sull'avversario stringendo un coltello fra i denti; e, nuotando, avrei voluto rompere, devastare il mare! Poi saltavo sulla mia barca, remando all'impazzata verso il largo; e là, nell'alto mare, mi davo a cantare disperatamente con la mia voce scordata, come se urlassi delle parolacce.

● *Esempio di funzione simbolica della natura.*

Al ritorno, mi stendevo sulla rena[7] assolata, che somigliava a un bel corpo di seta, nel suo tepore carnale. Mi abbandonavo, quasi cullato, alla leggera stanchezza del mezzogiorno; e avrei voluto abbracciarmi con la spiaggia intera. A volte, dicevo tenerezze alle cose, come fossero persone. Incominciavo a dire, per esempio: «Ah, bella rena mia! spiaggia mia! luce mia», e altre tenerezze più complicate, addirittura da pazzo. Ma era impossibile abbracciare il grande corpo della spiaggia, con la sua innumerevole sabbia vetrina[8], che sfuggiva fra le dita. Là presso, un mucchio d'alghe, macerate dal salino primaverile, mandava un odo-

3. Torpediniera delle Antille: è il nome dell'imbarcazione che Arturo usa per le scorribande in mare.

4. magione: dimora, casa.

5. voluttuosa: che provoca piacere.

6. irrisori: irrilevanti, senza alcuna importanza.

7. rena: sabbia.

8. vetrina: simile al vetro frantumato in piccolissimi granelli.

Come è fatto un romanzo di formazione

9. vanità: inutilità, inefficacia.
10. mi esacerbava: mi irritava.

re dolce e fermentante, come di muffa sull'uva; e io, quasi fossi diventato una gatta, mi divertivo a mordicchiare, a sparpagliare furiosamente quelle alghe. Troppa era la mia voglia di giocare: con chiunque, magari anche con l'aria! E occhieggiavo al cielo, aprendo e richiudendo forte le palpebre. Il puro azzurro disteso su di me sembrava avvicinarsi, trapungendosi come un firmamento, poi incendiarsi in un gran fuoco unico, poi farsi nero d'inferno... Mi rivoltavo sulla rena ridendo: la vanità[9] di questi giochi mi esacerbava[10].

I temi sono individuali:
- il disagio, le difficoltà della crescita adolescenziale,
- il rapporto consolatorio con la natura,
- la solitudine.

Quinta microsequenza: LA CONSAPEVOLEZZA DELLA SOLITUDINE

Allora, ero preso da una compassione quasi fraterna di me stesso. Tracciavo sulla rena il nome: ARTURO GERACE aggiungendo SOLO; e ancora, di seguito, SEMPRE SOLO.

(E. Morante, *L'isola di Arturo*, Mondadori – De Agostini)

Attività

È TUTTO CHIARO? COMPETENZE DI LETTURA

Le caratteristiche del genere

1. Completa il testo per riassumere le caratteristiche del genere illustrate nell'analisi guidata.

Il brano ha come protagonista .... che è anche la .... L'autrice ha scelto di narrare la storia con il punto di vista .... , quello del protagonista; essendo poi l'unico, prende il nome di punto di vista ....

Arturo, il protagonista, si presenta .... raccontando il suo tormento interiore, la sua trasformazione .... psicologica e ....

Il racconto si sviluppa in .... sequenza di tipo prevalentemente riflessivo articolata in .... microsequenze.

Il ritmo della narrazione è lento, poiché l'intero brano è un .... , e siccome il tempo del racconto coincide con il tempo della storia siamo di fronte a una ....

I luoghi in cui la scena si svolge hanno un valore .... perché in essi si riflettono gli stati d'animo del protagonista.

Nel linguaggio è frequente l'uso di similitudini e .... che rendono più esplicito e comprensibile lo stato d'animo del protagonista.

I temi sono .... poiché riguardano la vita personale in una fase particolare dell'esistenza. Sono: .... della crescita nell'età dell'adolescenza, il ruolo .... della natura e la ....

2. Scegli le risposte corrette.

Il testo appartiene al romanzo di formazione per
- ☐ il tema trattato
- ☐ l'ambientazione
- ☐ il ritmo lento
- ☐ i temi
- ☐ l'età del protagonista
- ☐ il protagonista-voce narrante

PER RIFLETTERE
CONSAPEVOLEZZA ED ESPRESSIONE CULTURALE

Le inquietudini di Arturo e le mie

3. L'autrice del brano comunica al lettore, in modo realistico e molto curato, ricco di particolari, il disagio profondo che Arturo vive.

> Hai riconosciuto nelle difficoltà, nelle emozioni di Arturo alcuni tuoi stati d'animo particolari? Quali?

> Pensando ai suoi comportamenti, ne puoi riconoscere qualcuno che è anche tuo?

> I paragoni, anche quelli molto semplici come «la mia disperazione somigliava alla fame e alla sete», ti hanno aiutato a capire, a prendere coscienza dei tuoi umori contradditori, delle tue inquietudini?

UNITÀ 1 — IL ROMANZO DI FORMAZIONE

Legami per crescere: amore, amicizia, parentela

+ facile

Ascolta il brano

Una decisione difficile da accettare

L'opera. Jody vive con la famiglia nella campagna della Florida, negli Stati Uniti. La sua vita si svolge lontano dalla città, a stretto contatto con la natura, e il suo compagno di giochi è Flag, un cucciolo di cerbiatto trovato nella foresta. Ma Flag devasta il terreno coltivato e rovina il raccolto, unica fonte di sostentamento della famiglia. I genitori, allora, prendono una decisione drastica ma inevitabile: uccidere il cucciolo di cervo. Uno dei temi del libro è il rapporto tra Jody e il padre: egli lo stima, lo ama, ma, quando dovrà separarsi per sempre da Flag, si scontrerà con lui e deciderà di andarsene da casa. Vi farà ritorno solo in seguito, consapevole delle proprie responsabilità.

Il testo. Quando il cerbiatto distrugge per la seconda volta il raccolto, il padre ordina a Jody di portare il compagno di giochi nel bosco e di ucciderlo. Jody va nei boschi con il cerbiatto e comincia a immaginare soluzioni che possano evitare la morte dell'animale.

Due nuovi acquazzoni sollecitarono il granone[1]. Era già più alto di due centimetri. Il decimo giorno, prima di arrivare con Cesare[2] sul campo vecchio a cercarvi altre traverse, Jody si arrampicò sulla nuova staccionata per dare un'occhiata al campo. La prima cosa che colpì la sua retina fu Flag, nell'atto di pascolare tranquillamente. Saltò giù e corse a chiamare la mamma. «Mamma, vieni ad aiutarmi a caricare altre traverse? Bisogna fare presto. Flag è riuscito a entrare; dal lato nord.»

La mamma si affrettò fuori con lui, e con il suo aiuto si issò sulla staccionata finché fu in grado di sbirciare oltre il ciglio. «Lato nord un corno», dichiarò. «Ha volato la staccionata proprio qui, e nel punto più alto.» Jody guardò a terra, dove lei indicava. Le inequivocabili orme arrivavano fin sotto la staccionata, e riapparivano dall'altra parte all'interno del campo.

«E si è mangiato anche questo secondo raccolto», concluse la mamma, in un tono di lugubre conclusione.

Jody restò di sasso; ma si riscosse, reagì calorosamente. «Il danno non è grave, mamma, questa volta. Non è andato lontano, mamma,

---

1. **sollecitarono il granone**: fecero crescere il granturco (granone).
2. **Cesare**: il cavallo.

98

Legami per crescere: amore, amicizia, parentela

3. ignominia: vergogna derivante da azioni che possono essere considerate disonorevoli.

guarda. Guarda laggiù: è ancora tutto verde. Stavolta ha brucato pochino.»

«Pochino, sicuro. E cosa gli impedisce di finire?» Si lasciò scivolare pesantemente a terra e camminò risoluta verso casa. «Adesso basta, adesso basta», ripeteva. «Sono stata una stupida, a cedere la prima volta.»

Jody restò appiccicato alla staccionata. Era intontito. Non poteva né pensare né sentire. Flag lo fiutò da lontano, alzò la testa, e lo raggiunse a salti. Jody, non volendo nemmeno vederlo, scese all'esterno. Con la leggerezza di un uccello, Flag volò la staccionata, l'alta staccionata che Jody aveva tanto faticato a erigere. Jody gli voltò la schiena e rientrò. Andò nel suo stanzino, si gettò sul letto e nascose la faccia nel cuscino.

Era preparato a sentirsi chiamare dal babbo. Questa volta la discussione tra i genitori non durò a lungo. Era preparato a cose di una gravità eccezionale. Era preparato a soffrire nell'ignominia[3]. Ma non era preparato all'impossibile.

Il babbo disse: «Jody. Si è provato di tutto. Mi spiace. Non so dire quanto. Ma non possiamo lasciarci distruggere i raccolti. Non possiamo lasciarci morire di fame. Portati il cervo nei boschi. Ma subito. E sparagli».

Jody andò errando sconsolato senza meta in compagnia di Flag. Aveva preso il fucile. Il cuore gli batteva forte, e improvvisamente smetteva di battere, per poi ricominciare più forte di prima. A bassa voce ripeteva senza posa. «No. Io non gli sparo. No. Rifiuto. Rifiuto e basta.» A un dato punto si fermò, alzò la voce e disse: «Forzarmi non può nessuno».

Flag lo guardò con occhi dilatati, poi abbassò la testa e si mise a brucare. Jody riprese il cammino a passi lenti, continuando a mormorare: «No. Io non gli sparo. Rifiuto e basta. Mi picchino pure, mi ammazzino se vogliono, ma io non gli sparo».

UNITÀ 1 — IL ROMANZO DI FORMAZIONE

4. dava di piglio: prendeva in modo deciso.

5. calamità: eventi imprevisti e negativi.

6. coccole: bacche.

7. Oliver Hutto: figlio di nonna Hutto, la signora presso la quale Jody e la mamma erano stati ospitati durante la guerra quando il padre non c'era.

8. Forrester: vicini di casa dei Baxter, genitori di Jody; avevano venduto la proprietà al padre. I Forrester avevano sei figli, tra cui Buck e Icaro.

9. Icaro: amico di Jody e fratello di Buck. Debole e zoppo, era morto lasciando nello sconforto i rudi e selvaggi fratelli.

Prese a discutere tra sé con i genitori: immaginò botte e risposte del dialogo immaginario; ideò nei minimi particolari le tragiche scene. A tutti e due dichiarava senza veli che li detestava. La mamma montava su tutte le furie; il babbo non reagiva. La mamma dava di piglio[4] alla verga dei panni e lo fustigava; lui rivoltandosi le mordeva la mano e lei picchiava più forte; lui le sferrava un calcio in uno stinco e lei con un manrovescio lo mandava gambe all'aria in un angolo; ma lui, con la faccia per terra, le gridava: «Forzarmi non puoi. Rifiuto e basta».

Combatté, con l'immaginazione, contro entrambi fino a che si sentì estenuato. Era arrivato sul campo vecchio. Si lasciò cadere sull'erba sotto un gelso e ruppe in singhiozzi incontenibili. Flag venne ad annusarlo. Jody gli gettò le braccia al collo, gridandogli, affranto: «Non ti sparo, non ti sparo. Forzarmi non può nessuno. Rifiuto e basta».

Alzandosi ebbe il capogiro e dovette appoggiarsi al tronco. Si vergognò di avere pianto. Non era il momento di piangere. Ma di pensare, di studiare una soluzione, come faceva il babbo di fronte alle calamità[5]. L'unica era di rinchiudere Flag in un recinto dal quale non potesse saltare fuori, con una palizzata di magari tre metri d'altezza, e portargli tutti i giorni da mangiare: rami con le foglie, coccole[6], ghiande... Ma questo genere d'incetta viveri rischiava di rubargli tutta la giornata, e, con il babbo a letto, chi si occupava dei lavori? Pensò a Oliver Hutto[7]. Se non fosse partito per Boston, Oliver sarebbe certamente venuto a sostituirlo nei campi fino alla guarigione del babbo. Ma adesso era inutile pensare a lui. Pensò ai Forrester[8]. Rimpianse amaramente che i loro rapporti con il babbo si fossero guastati. Ma anche così, forse Buck era disposto ad aiutarlo, e Buck poteva fare qualche cosa. Ma che cosa poteva fare Buck?

Un lucido pensiero gli sfolgorò nella mente. Sentì che l'unica condizione, alla quale avrebbe potuto accettare e forse tollerare la separazione da Flag, era di saperlo vivo e felice in qualche parco zoologico. Bisognava che andasse da Buck: doveva raccomandarsi alla sua pietà, rimettersi totalmente a lui, parlargli di Icaro[9] per commuoverlo fino alle lacrime, e poi supplicarlo di portarsi Flag nel carro, come gli orsetti, a Jacksonville. Là poteva consegnarlo al direttore del parco. Lì Flag sarebbe stato trattato bene, in libertà; gli avrebbero dato una compagna; insomma avrebbe fatto vita da signore. Jody intanto poteva seminare per proprio conto qualche prodotto da vendere per contanti, e una volta all'anno sarebbe andato a visitare Flag. Quando

Legami per crescere: amore, amicizia, parentela

poi fosse riuscito a fare abbastanza denaro per comprarsi una proprietà, poteva riscattare Flag e vivere con lui sino alla fine.

Rinvigorito dall'eccitamento che lo travolse, partì di corsa nella direzione dei Forrester. Aveva la gola arida, e gli occhi gonfi gli bruciavano, ma a poco a poco la speranza calmò le sue ansie, così che poté camminare al passo, e quando imboccò il sentiero dei Forrester gli parve lecita la fiducia che riponeva nel suo piano.

(M.K. Rawlings, *Il cucciolo*, tradotto dall'inglese da C. Coardi, Bompiani)

CHE COSA DICE IL TESTO
COMPETENZE DI LETTURA

Un affetto profondo ma impossibile

1. Il brano è organizzato in due ampie sequenze segnalate anche da uno spazio grafico. Dà loro un titolo. Ricostruisci poi l'ordine degli eventi, che indichiamo alla rinfusa, attribuendoli alle due sequenze (scrivi la lettera corrispondente).

Prima sequenza
Titolo: ....
Eventi: ....

Seconda sequenza
Titolo: ....
Eventi: ....

UNITÀ 1 — IL ROMANZO DI FORMAZIONE

a. Jody immagina una violenta e tragica discussione fra lui e i genitori
b. Jody rifiuta di uccidere il cerbiatto
c. Jody si avvia verso la casa dei Forrester
d. Jody scopre Flag nel campo di granone
e. Jody cerca possibili soluzioni per la sopravvivenza di Flag
f. Jody si rende conto che nessuna staccionata può impedire a Flag di distruggere il raccolto
g. I genitori decidono che è necessario uccidere il cerbiatto
h. Jody piange

Qual è l'antefatto che scatena gli eventi raccontati?

COME È FATTO IL ROMANZO DI FORMAZIONE
CONSAPEVOLEZZA ED ESPRESSIONE CULTURALE

Pensieri e stati d'animo di Jody

2. Il romanzo di formazione narra momenti di crescita importanti e l'analisi di stati d'animo, pensieri ed emozioni è molto utile per comprenderli meglio. Stabilisci la corrispondenza tra l'evento e gli stati d'animo di Jody.

a. Dopo la scoperta che nessuno può fermare Flag
b. Jody errava sconsolato senza meta in compagnia di Flag
c. Dopo aver immaginato tragiche scene con i genitori
d. Flag venne ad annusarlo, Jody gli gettò le braccia al collo
e. Rinvigorito dall'eccitamento che lo travolse, partì di corsa nella direzione dei Forrester.

☐ Aveva la gola arida, e gli occhi gonfi gli bruciavano, ma a poco a poco la speranza calmò le sue ansie
☐ Il cuore gli batteva forte, e improvvisamente smetteva di battere, per poi ricominciare più forte di prima
☐ Era intontito, non poteva né pensare né sentire
☐ Gridò affranto: «Non ti sparo, non ti sparo. Forzarmi non può nessuno. Rifiuto e basta»
☐ Si sentì estenuato. Si lasciò cadere sull'erba e ruppe in singhiozzi incontenibili

Come salvare Flag

3. Dopo aver preso in esame più soluzioni, che cosa sceglie Jody per il suo piccolo amico?
☐ Ucciderlo
☐ Rinchiuderlo in un recinto di tre metri d'altezza
☐ Trasferirlo in un parco zoologico
☐ Nasconderlo in una vecchia stalla

Il ritmo del racconto

4. In quale sequenza il ritmo della narrazione si fa più lento?
☐ Prima sequenza   ☐ Seconda sequenza

Perché?
☐ Non vengono narrati eventi
☐ Sono presenti dettagliate descrizioni
☐ Prevalgono le riflessioni del protagonista
☐ È un unico dialogo tra Jody e Flag

I temi

5. Nel romanzo di formazione prevalgono i temi individuali. Quali sono quelli presenti in questo brano?
☐ La ricerca del lavoro
☐ La durezza della vita quotidiana
☐ L'affetto per gli animali
☐ L'affetto per una ragazza
☐ La ribellione contro decisioni imposte
☐ Il tradimento degli amici

RIFLETTERE E SCRIVERE
COMPETENZE DI SCRITTURA

Crescere con gli animali

6. Il rapporto con un animale può essere fondamentale per crescere, a condizione che se ne riconoscano i bisogni e si impari a rispettarli, anche se questo comporta qualche sacrificio. Oggi tale consapevolezza sembra essere poco diffusa: molte persone considerano l'animale domestico come un peluche animato. Tu che cosa ne pensi? Esprimi le tue riflessioni in un breve testo scritto.

Legami per crescere: amore, amicizia, parentela

Phoebe

L'opera. *Holden è un ragazzo sedicenne che viene espulso, per scarso profitto, dal college di Pencey, in Pennsylvania, negli Stati Uniti. Prima della chiusura della scuola fugge a New York, la città dove è nato e dove vivono i genitori. Non vuole tornare dalla famiglia, quindi trova alloggio in un piccolo albergo. Incontra vecchi amici, tra cui una ragazza che aveva corteggiato, ma si sente sempre più a disagio e confuso. Progetta di andarsene all'Ovest a cercare un lavoro, ma prima di partire, di nascosto dai suoi genitori, torna a casa per incontrare la sorellina Phoebe, che capisce l'intenzione del fratello. I due si danno appuntamento allo zoo della città per un ultimo saluto, e Phoebe si presenta con la valigia, decisa a partire con lui. L'affetto della sorella commuove Holden che decide di tornare a casa, dai genitori. Forse riprenderà anche a studiare.*

Il testo. *Durante i giorni passati nell'albergo a New York, Holden prova nostalgia di casa, soprattutto di Phoebe, la sorellina. Nella descrizione della bambina traspare tutto l'affetto che il protagonista prova per lei. Holden ricorda anche gli altri fratelli: Allie, di qualche anno più giovane di lui, che è morto di leucemia e D.B., ormai adulto, che fa lo scrittore.*

Era ancora abbastanza presto. Non so con precisione che ora fosse, ma non era tanto tardi. L'unica cosa che odio è di andare a letto quando non sono nemmeno stanco. Sicché aprii le valige e tirai fuori una camicia pulita, poi andai nel bagno, mi lavai e mi cambiai la camicia. Quello che pensavo di

UNITÀ 1 — IL ROMANZO DI FORMAZIONE

fare era di scendere a vedere che cosa diavolo succedeva nella Sala Lilla. C'era un night club, nell'albergo, la Sala Lilla.

Mentre mi cambiavo la camicia, però, per un pelo non telefonai alla mia sorellina Phoebe. Avevo una gran voglia di parlare al telefono con lei. Una persona piena di buonsenso e via discorrendo. Ma non potevo arrischiarmi di chiamarla, perché era soltanto una ragazzina e senza dubbio non era in piedi né tanto meno vicino al telefono. Pensai che magari potevo riattaccare se rispondevano i miei genitori, ma non avrebbe funzionato nemmeno questo. Avrebbero capito che ero io. Mia madre sa sempre che sono io. È ultrasensibile. Ma francamente non mi sarebbe dispiaciuto di far quattro chiacchiere con la vecchia Phoebe.

Dovreste vederla. Garantito che in tutta la vostra vita non avete mai visto una ragazzetta tanto carina e sveglia. È veramente sveglia. Voglio dire, da quando va a scuola ha sempre preso tutti dieci. In realtà, io sono l'unico deficiente della famiglia. Mio fratello D.B. è uno scrittore e via discorrendo, e mio fratello Allie, quello che è morto e di cui vi ho parlato, era un fenomeno. Io sono proprio l'unico deficiente. Ma dovreste vedere la vecchia Phoebe. Ha quel certo tipo di capelli rossi, un po' come quelli di Allie, che d'estate sono cortissimi. D'estate se li tira dietro le orecchie. Ha due orecchie molto carine, piuttosto piccole. D'inverno però li porta molto lunghi. A volte mia madre le fa le trecce e a volte no. Sono proprio belli, sapete. Ha soltanto dieci anni, Phoebe. È magra magra, come me, però magra carina. Magra come un pàttino. Una volta la guardavo dalla finestra mentre attraversava la Quinta Avenue per andare al parco, ed è proprio così, magra come un pàttino. Vi piacerebbe. Voglio dire che se raccontate qualcosa alla vecchia Phoebe, lei sa perfettamente di che diavolo state parlando. Potete perfino portarvela dietro dovunque, voglio dire. Se la portate a un film stupido, per esempio, lei sa che è un film stupido. Se la portate a un film decente, lei capisce che è un film decente. D.B. e io l'abbiamo portata a quel film francese con Raimu, *La moglie del fornaio*. Non stava più nella pelle. La sua passione però è *Il club dei trentanove*, con Robert Donat. Lo sa a memoria dal principio alla fine, quel dannato film, perché ce l'ho portata almeno dieci volte. Quando il vecchio Donat arriva alla fattoria dello scozzese, per esempio, mentre sta scappando dagli sbirri e compagnia bella, ecco che Phoebe in pieno cinema dice

Legami per crescere: amore, amicizia, parentela

forte – proprio nello stesso momento in cui lo dice nel film quel tizio scozzese – «Può mangiare l'aringa?». Sa tutto il dialogo a memoria. E quando nel film il professore, che in realtà è una spia tedesca, alza il dito mignolo per farlo vedere a Robert Donat, e gli manca un pezzo della seconda falange, la vecchia Phoebe lo batte in velocità: là al buio, mi mette il suo mignolo proprio sotto il naso. È in gamba. Vi piacerebbe. L'unico guaio è che certe volte è troppo affettuosa. È molto emotiva, per essere una bambina. Davvero. Un'altra cosa che fa è scrivere libri a tutto spiano.

Solo che non li finisce. Parlano tutti di una ragazzina che si chiama Hazel Weatherfield, solo che la vecchia Phoebe scrive «Hazle». La vecchia Hazle Weatherfield è una investigatrice.

Risulterebbe orfana, ma c'è sempre un padre che salta fuori. Ed è sempre «un gentiluomo alto e attraente di una ventina d'anni». Questo mi lascia secco. La vecchia Phoebe. Giuro su Dio che vi piacerebbe. Era sveglia anche quand'era proprio piccolissima. Quand'era proprio piccolissima, io e Allie la portavamo con noi al parco, soprattutto la domenica. Allie aveva quella barca a vela con la quale la domenica si divertiva a giocare, e portavamo con noi la vecchia Phoebe. Lei si metteva i guanti bianchi e camminava tra noi due, proprio come una dama e via dicendo. E quando Allie e io facevamo qualche discorso così in generale, la vecchia Phoebe stava a sentire. Certe volte ti dimenticavi addirittura che ci fosse, tanto era piccola, ma lei te lo ricordava subito. Ci dava uno strattone o che so io, a me o ad Allie, e diceva: «Chi? Chi l'ha detto? Bobby o la signora?». Allora noi le spiegavamo chi l'aveva detto, e lei faceva «Oh», e si rimetteva a sentire e così via. Anche Allie la trovava fantastica. Piaceva anche a lui, voglio dire. Adesso ha dieci anni, e non è più tanto piccola, ma la trovano ancora fantastica tutti quanti, tutti quelli che hanno buonsenso, almeno.

A ogni modo, era una persona con la quale era sempre piacevole parlare al telefono. Ma avevo troppa paura che rispondessero i miei genitori, e allora avrebbero scoperto che ero a New York e che mi avevano sbattuto fuori da Pencey e tutto quanto. Sicché finii di mettermi la camicia. Poi mi preparai e con l'ascensore andai giù nell'atrio per vedere cosa succedeva.

(J.D. Salinger, *Il giovane Holden*, tradotto dall'inglese da A. Motti, Einaudi)

Parole, parole...

Essere in gamba

Essere in gamba è un'espressione figurata: il suo significato non corrisponde al significato letterale delle parole che la compongono. Si dice che è *in gamba* una persona con buone qualità fisiche, di intelligenza e di cuore. Ma perché si usa proprio questa espressione? Qual è la sua origine? La gamba è considerata il sostegno del corpo, quasi una colonna portante dell'uomo, è quindi una delle parti migliori. Questo significato di "forza di appoggio" è divenuto "abilità, capacità, bravura".

- Con l'aiuto del dizionario indica altre espressioni del linguaggio figurato che contengono la parola *gamba*. Per ciascuna specifica il significato.
- Quali sono le forme alterate del termine *gamba*?
- Esistono altre espressioni figurate che rimandano alle parti del corpo: per esempio "avere l'acqua alla gola", "avere fegato". Ne conosci qualche altra?

ALLA SCOPERTA DEI TESTI • Il testo narrativo

UNITÀ 1

IL ROMANZO DI FORMAZIONE

Attività

CHE COSA DICE IL TESTO
COMPETENZE DI LETTURA

Nostalgia di casa

1. Dopo aver letto introduzioni e brano rispondi.
   > Qual è il nome di chi racconta?
   > Dove si trova? Perché?
   > Come vuol passare la serata?
   > Mentre si veste, quale gesto è tentato di compiere?
   > Che cosa lo trattiene?
   > A quali familiari fa riferimento?
   > Su chi si dilunga in particolare?
   > Che cosa fa dopo essersi vestito?

COME È FATTO IL ROMANZO DI FORMAZIONE
CONSAPEVOLEZZA ED ESPRESSIONE CULTURALE

Chi narra la storia

2. In questo brano la voce narrante è interna al racconto, e coincide con il protagonista. Rifletti ora sul punto di vista, cioè pensa da quale "occhio", da quale "angolo di visuale" viene raccontata la storia. Quali delle seguenti affermazioni sono corrette?

   ☐ Il narratore è onnisciente: sa più di quanto sanno i personaggi ed esprime considerazioni su di loro

   ☐ Il narratore sa solo quanto sa il personaggio

   ☐ Tutto è narrato dal punto di vista del personaggio

I PERSONAGGI

Holden, il protagonista

3. Holden vive un momento di profonda crisi: vediamone le ragioni.
   > Ha avuto un grave insuccesso scolastico.
   > Ha una scarsa considerazione di se stesso.

   Sottolinea nel testo le frasi in cui Holden manifesta la scarsa stima che ha di sé.

Phoebe

4. Coprotagonista indiscussa del brano è la sorella minore di Holden. Ricostruisci il ritratto che ne fa il fratello utilizzando questa traccia.

Phoebe
Età: ....
Aspetto fisico: ....
Qualità intellettuali: ....
Capacità di critica, di giudizio: ....
....
Capacità di relazionarsi: ....
....
Interessi: ....

I familiari

5. Come definiresti il rapporto che Holden ha con i suoi familiari? Quali sono i sentimenti che nutre nei loro confronti?

   ☐ Affetto   ☐ Recriminazione
   ☐ Nostalgia   ☐ Indifferenza
   ☐ Odio   ☐ Timore
   ☐ Vergogna

OLTRE IL TESTO

Nel video che ti abbiamo presentato lo scrittore Alessandro Baricco cerca di farci capire qual è il modo di vedere il mondo di Holden. Prende in considerazione quattro situazioni: il regalo dei pattini, l'idea di buttarsi dalla finestra, le anatre di Central Park, la visita al Museo di storia naturale. Per ognuno di questi episodi, Baricco spiega quello che è ritenuto il modo consueto di vivere queste situazioni e lo contrappone al "modo" di Holden, che «guarda il mondo dalla quarta fila». Credi che questo "modo" di vedere il mondo si ritrovi anche nella descrizione che Holden fa della sorellina Phoebe? Quali, tra le cose che dice di lei, ce lo dimostrano?

Momenti di crescita: la perdita, la scelta, la sconfitta

 Pat Brisson

L'ultimo sguardo al cielo

L'opera. *Emily, una bambina di undici anni, osserva con sua madre albe, tramonti, cieli stellati o grigi di nuvole. Insieme, chiudendo gli occhi, stringendosi la mano, ritagliano una parte di cielo e la fissano nella loro memoria. La mamma è malata di cancro ed Emily vive l'aggravarsi della sua malattia che la porterà alla morte. È un libro commovente che narra un rapporto d'amore intenso tra madre e figlia, che va incontro a una tragica separazione.*

Il testo. *Emily, nelle ultime ore della notte viene chiamata dalla zia Vicki presso il letto della madre. Insieme "fotografano" il cielo per l'ultima volta ma al momento della stretta di mano per il clic, la mamma non risponde. È morta. Emily vive un dolore tanto intenso che niente e nessuno può lenire. Ma la presenza amica della zia le darà consolazione.*

Il giorno di giugno in cui mia madre morì, zia Vicki mi svegliò prima dell'alba.

«Emily,» disse scuotendomi gentilmente «vieni a vedere tua madre.»

Ero ancora assonnata, ma dal suo tono di voce capii che aveva pianto. Mi scostò i capelli dalla fronte e mi diede un bacio. «È molto debole» disse.

Entrai in punta di piedi nella stanza di mia madre e mi chinai sul suo letto per baciarla.

Lei fece un pallidissimo sorriso e mi sfiorò una guancia.

«Oh, la mia Emily,» mormorò «ti voglio tanto bene.»

«Anch'io, mami» risposi, e mio malgrado cominciai a piangere.

«Tienimi la mano» disse mia madre e, senza bisogno di altre parole, entrambe volgemmo lo sguardo fuori dalla finestra.

Era ancora buio, e una luna crescente sottile e appuntita brillava nel cielo.

«Guarda,» dissi, socchiudendo gli occhi per vederci meglio «c'è una stella proprio a metà tra le due punte della luna. Sembra che la stella stia per cadere e che la luna sia pronta a raccoglierla.»

Mi asciugai gli occhi, feci un profondo respiro e strinsi leggermente la mano di mia madre.

«*Clic!*» dissi. Ma mia madre era morta.

L'estate che seguì la morte di mia madre piansi tanto che credetti di non avere più lacrime e mi domandavo se sarei mai riuscita a essere di nuovo felice. Zia Vicki mi parlava molto della mamma e di quanto mi aveva voluto bene. Zia Vicki mi diceva che anche lei mi voleva bene e che, dal momento che mia madre non poteva più prendersi cura di me, ci avrebbe pensato lei. Mi diceva che, anche se in quel momento mi sembrava impossibile, tra qualche tempo il dolore sarebbe stato più sopportabile.

Certi giorni mi sembrava di non riuscire ad alzarmi dal letto. Quando mi svegliavo ero talmente stanca che era come se il mio corpo fosse trattenuto al materasso da una forza invincibile. Allora zia Vicki mi portava su un vassoio del succo d'arancia e un toast. Restava seduta vicino a me mentre mangiavo e mi ravviava i capelli. Mi raccontava storie di quando lei e mia madre erano bambine: storielle stupide che di solito mi facevano ridere ma che potevano anche farmi piangere, perché la mamma mi mancava ancora moltissimo. Se piangevo, certe volte piangeva anche zia Vicki e allora ci abbracciavamo come se il mio letto fosse stato una zattera e noi avessimo paura di rovesciarci.

Un giorno zia Vicki mi chiese se volevo trasferirmi nella stanza della mamma, o se avevo qualcosa in contrario che vi si trasferisse lei. Disse che era assurdo che ci pigiassimo tutte e due nella mia camera quando quella di mia madre era vuota. Mi rendevo conto che aveva ragione, ma detestavo comunque l'idea che una di noi due si appropriasse dello spazio della mamma. Una parte di me continuava a pensare che in qualche modo lei potesse tornare da noi, ma solo a condizione che la sua camera fosse rimasta lì ad aspettarla. Era una follia, lo so, ma era quello che pensavo.

Tuttavia, non riuscivo a trovare le parole per spiegarlo a zia Vicki. Continuavo a ripetere: «No, non farlo!» e: «Non posso! Proprio non posso!».

«Oh, Emily» diceva zia Vicki stringendomi in un abbraccio. «So che è difficile. Non dobbiamo cambiare le cose immediatamente, però pensaci, d'accordo?»

Ci pensai. Entrai in camera della mamma e poi me ne stetti sdraiata sul suo letto, imprimendomi nella memoria ogni crepa del soffitto. C'erano ancora delle boccette di pillole sul comodino. Le allineai accuratamente in una fila perfetta lungo il bordo. Con un colpetto buttai per terra la prima. Cadde sul pavimento con un rumore secco che mi era familiare. Ne spinsi un'altra con più forza, mandandola a rotolare più lontano. La terza la lanciai giù spedendola in mezzo alla stanza. Le ulti-

Momenti di crescita: la perdita, la scelta, la sconfitta

me tre le presi e le scagliai contro la parete opposta. I contenitori di plastica andarono in frantumi e le pillole volarono per tutta la camera. Scoppiai in lacrime.

Tipper cominciò ad abbaiare e si precipitò nella stanza ringhiando. Zia Vicki lo seguiva a ruota. «Emily, che succede?» chiese entrando di corsa. Ma non le risposi. Con la testa china, raccoglievo manciate di pillole e le lanciavo contro il muro.

«Le odio! Le odio!» gridavo, scalciando contro le pillole sparse per tutto il pavimento.

«Le odio, queste stupide medicine! Non hanno fatto guarire la mamma! Non hanno impedito che morisse! A cosa sono servite? Stupide, stupide medicine!»

Cercai di piegarmi per raccoglierne un'altra manciata da tirare, ma zia Vicki mi bloccò e mi strinse saldamente tra le braccia. «Lo so, Em» mi sussurrò tra i capelli. «Lo so che è un periodo difficile per te, ma ne verremo fuori. Te lo prometto.»

Mi fece sedere sul bordo del letto e si mise vicino a me, cullandomi dolcemente.

(P. Brisson, *Ritagli di cielo*, tradotto dall'inglese da G. Salvia, Feltrinelli)

UNITÀ 1 — IL ROMANZO DI FORMAZIONE

Attività

CHE COSA DICE IL TESTO
COMPETENZE DI LETTURA

Un dolore immenso

1. Completa la scheda.

> Personaggi: ....
> Evento tragico:
> • qual è: ....
> • quando avviene, stagione, mese e momento della giornata: ....
> Ultimo gesto compiuto insieme da Emily e dalla madre: ....

Gli eventi

2. Il brano è organizzato, anche graficamente, in tre sequenze. Attribuisci un titolo adeguato ad ogni nucleo narrativo.

   I sequenza: ....

   II sequenza: ....

   III sequenza: ....

3. La terza sequenza può essere ulteriormente suddivisa in due microsequenze. Dà loro un titolo. Quale criterio hai individuato per stabilire questa suddivisione?

   ☐ Entrata di un personaggio
   ☐ Cambio di tempo
   ☐ Cambio di luogo
   ☐ Passaggio dalla narrazione alla descrizione

COME È FATTO IL ROMANZO DI FORMAZIONE

Il dolore di Emily

4. Emily manifesta il suo dolore con le lacrime ma la sua sofferenza ha tante "facce", tante espressioni. Abbiamo elencato queste manifestazioni del dolore di Emily; individua le parti del testo nelle quali si riscontrano.

Il dolore appare senza fine	
Il dolore deprime, è spossante, impedisce di agire	
Il dolore impedisce di vedere la realtà tragica della separazione	
Il dolore induce a cercare un responsabile della sua origine	

Una presenza amica

5. Riordina gli "interventi" della zia per stare vicina alla nipote e aiutarla.

   ☐ La zia invita alla ragionevolezza e a riprendere la vita senza la madre
   ☐ La zia con dolcezza riporta l'equilibrio e la calma nell'animo della nipote
   ☐ La zia piange con Emily, l'abbraccia e fa sentire il suo sostegno condividendone i sentimenti
   ☐ La zia dichiara affetto e amore e promette le stesse cure della madre
   ☐ La zia interviene per bloccare la crisi di nervi

SCRIVERE PER RIFLETTERE SUI PROPRI SENTIMENTI
COMPETENZE DI SCRITTURA

Una separazione dolorosa

6. Ripensa a una tua esperienza di dolore per la morte o la separazione da una persona cara. Rifletti su ciò che hai provato e racconta. Puoi seguire questa traccia.

   • Breve introduzione che risponda alle domande: Chi? Quando? Perché? • La tua reazione: accettazione, ribellione... • Gli stati d'animo • I pensieri, i ricordi • Il comportamento nei tuoi confronti delle persone vicine.

 SCUOLA DI SCRITTURA
Nella lezione 8 puoi trovare le indicazioni per raccontare un'esperienza personale.

Momenti di crescita: la perdita, la scelta, la sconfitta

Paolo Giordano

+ difficile

La tesi di laurea

L'opera. *La solitudine dei numeri primi narra la storia di Alice e Mattia, segnati entrambi da un drammatico evento che influenzerà tutta la loro vita: i due si incontrano a scuola e diventeranno amici, ma non saranno mai del tutto uniti, come due numeri primi, che sono sempre separati da un numero pari. Viaggiano su strade parallele, si vedono ma non si possono toccare. Quella di Alice e Mattia è la storia di un'incapacità di stabilire rapporti profondi e veri con gli altri, la storia di una solitudine.*

Il testo. *Il brano racconta l'incontro con il professore al quale Mattia propone l'argomento per la tesi di laurea: è un argomento molto difficile e il professore sembra deriderlo. Ma dovrà ricredersi.*

A Mattia piaceva contare, partire da 1 e proseguire secondo progressioni complicate, che spesso inventava sul momento. Si lasciava condurre dai numeri e gli sembrava di conoscerli, uno per uno. Per questo, quando fu il momento di scegliere la tesi di laurea, si recò senza alcun dubbio nell'ufficio del professor Niccoli, ordinario di calcolo discreto[1], con il quale non aveva dato nemmeno un esame e del quale non conosceva che il nome.

Lo studio di Francesco Niccoli stava al terzo piano dell'edificio ottocentesco che ospitava il dipartimento di Matematica. Era una stanza piccola, ordinata e inodore, dominata dal colore bianco delle pareti, degli scaffali, della scrivania di plastica e del computer ingombrante poggiatovi sopra. Mattia tamburellò piano sulla porta e dall'interno Niccoli non fu sicuro se stessero bussando a lui o all'ufficio accanto. Disse avanti, sperando di non fare una figuraccia.

Mattia aprì e mosse un passo dentro l'ufficio.

«Buongiorno», disse.

«Buongiorno», gli rispose Niccoli.

Lo sguardo di Mattia venne catturato da una fotografia appesa dietro al professore, che lo ritraeva, molto più giovane e senza barba, con in mano una targhetta d'argento, mentre stringeva la mano a uno sconosciuto dall'aria importante. Mattia strizzò gli occhi, ma non riuscì a leggere la scritta sulla targhetta.

«Vorrei fare una tesi sugli zeri della zeta di Riemann[2]», disse Mattia, puntando lo sguardo sulla spalla destra del professore, dove una spolverata di forfora sembrava un piccolo cielo stellato.

Niccoli fece una smorfia, simile a un sorriso ironico.

«Mi scusi, ma lei chi è?», chiese senza nascondere l'ironia e portandosi le mani dietro la testa, come se volesse godersi un attimo di divertimento.

«Mi chiamo Mattia Balossino. Ho finito gli esami e vorrei laurearmi entro l'anno.»

«Ha con sé il libretto?»

---

1. **calcolo discreto**: altro ramo della matematica.
2. **zeri della zeta di Riemann**: in matematica l'ipotesi di Riemann è una congettura sulla distribuzione degli zeri nella funzione zeta di Riemann. Essa fu formulata la prima volta dal matematico Bernhard Riemann nel 1859. È considerata il più importante problema aperto della matematica e la sua importanza deriva dalle conseguenze che una sua dimostrazione avrebbe sulla teoria dei numeri primi.

UNITÀ 1 — IL ROMANZO DI FORMAZIONE

Mattia fece sì con la testa. Lasciò cadere lo zaino dalle spalle, si accovacciò per terra e vi frugò dentro. Niccoli allungò la mano per prendere il libretto, ma Mattia preferì posarlo sul bordo della scrivania.

Da alcuni mesi il professore era obbligato ad allontanare gli oggetti per metterli bene a fuoco. Scorse velocemente la sfilza di trenta e trenta e lode. Non una sbavatura, non un'esitazione o una prova andata storta, magari per una storia d'amore finita male.

Richiuse il libretto e guardò più attentamente Mattia. Era vestito in modo anonimo e aveva la postura di chi non sa occupare lo spazio del proprio corpo. Il professore pensò che era un altro di quelli che nello studio riescono bene perché nella vita sono dei fessi. Quelli così, non appena finiscono fuori dal solco ben tracciato dell'università, si rivelano sempre dei buoni a nulla, commentò fra sé.

«Non pensa che dovrei essere io a proporle un argomento?», domandò, parlando lentamente.

Mattia scrollò le spalle. I suoi occhi neri si muovevano a destra e a sinistra, seguendo lo spigolo della scrivania.

«A me interessano i numeri primi. Voglio lavorare sulla zeta di Riemann», ribadì.

Niccoli sospirò. Poi si alzò e si avvicinò all'armadio bianco. Mentre scorreva con l'indice i titoli dei libri sbuffava ritmicamente. Prese alcuni fogli stampati a macchina e pinzati in un angolo.

«Bene bene», disse passandoli a Mattia. «Può tornare quando ha rifatto i conti di questo articolo. Tutti.»

Mattia prese il plico e, senza leggerne il titolo, lo infilò nello zaino che se ne stava addossato alla sua gamba, aperto e floscio. Biascicò un grazie e uscì dall'ufficio tirandosi dietro la porta.

Niccoli tornò a sedersi al suo posto e pensò a come a cena si sarebbe lamentato con sua moglie per questa nuova e inattesa seccatura.

Mattia si presentò nell'ufficio di Niccoli una settimana dopo il loro primo incontro. Il professore lo riconobbe dal modo di bussare e questo fatto lo turbò in maniera singolare. Vedendo entrare Mattia, respirò profondamente, pronto a sfuriare non appena il ragazzo gli avesse detto qualche frase del tipo ci sono delle cose che non capisco o volevo chiederle se può spiegarmi alcuni passaggi. Se sono abbastanza incisivo, pensò Niccoli, capace ancora che riesco a levarmelo dai piedi.

Mattia chiese permesso e, senza guardare in faccia il professore, poggiò sul bordo del tavolo l'articolo che lui gli aveva lasciato

Momenti di crescita: la perdita, la scelta, la sconfitta

da studiare. Niccoli lo sollevò e dalle mani gli sfuggì un mazzetto di fogli numerati e scritti in bella grafia, allegati a quelli pinzati. Li rimise insieme e vi trovò i conti dell'articolo svolti per bene, ognuno con il proprio riferimento al testo. Li sfogliò in fretta e non ebbe bisogno di esaminarli a fondo per capire che erano corretti: l'ordine delle pagine era sufficiente a rivelarne l'esattezza.

Rimase un po' deluso, perché sentiva la sfuriata già pronta bloccata a metà della gola, come uno starnuto che si rifiuta di arrivare. Annuì a lungo, mentre osservava assorto il lavoro di Mattia. Invano cercò di reprimere una sferzata di invidia per quell'individuo, che sembrava così inadatto all'esistenza ma senza dubbio era dotato per quella materia, come lui stesso non si era mai davvero sentito.

«Molto bene», disse infine, ma tra sé e sé, senza l'intenzione di fare un vero complimento. Poi, enfatizzando la noia nella propria voce: «C'è un problema che viene sollevato negli ultimi paragrafi. Riguarda i momenti della zeta per...».

«L'ho fatto», lo interruppe Mattia. «Credo di averlo risolto.»

Niccoli lo guardò con diffidenza e poi con deliberato disprezzo.

«Ah sì?»

«Nell'ultima pagina dei miei appunti.»

Il professore s'inumidì l'indice con la lingua e sfogliò le pagine fino al fondo. Con la fronte aggrottata lesse velocemente la dimostrazione di Mattia, senza capirci molto, ma neppure trovando qualcosa da obiettare. Poi la riprese da capo, più lentamente, e questa volta il ragionamento gli apparve chiaro, addirittura rigoroso, benché macchiato qua e là di qualche pedanteria da dilettante. Mentre seguiva i passaggi la sua fronte si distese e lui prese ad accarezzarsi il labbro inferiore, inconsapevolmente. Si dimenticò di Mattia, che era rimasto inchiodato nella stessa posizione dall'inizio, a guardarsi i piedi e a ripetersi nella testa fa' che sia giusto, fa' che sia giusto, come se dal verdetto del professore dipendesse il resto della sua vita. Mentre se lo diceva non immaginava, tuttavia, che sarebbe stato davvero così.

Niccoli appoggiò nuovamente i fogli sul tavolo, con cautela, e si lasciò andare sullo schienale della sedia, di nuovo con le mani incrociate dietro la testa, nella sua posizione preferita.

«Be', direi che lei è a posto», disse.

La laurea venne fissata per la fine di maggio.

(P. Giordano, *La solitudine dei numeri primi*, Mondadori)

CHE COSA DICE IL TESTO
(COMPRENSIONE ED ESPRESSIONE ORALE)

Mattia sceglie l'argomento di laurea

1. Il racconto può essere organizzato in due sequenze.

   I. La richiesta dell'argomento della tesi
   II. L'esame del lavoro e l'approvazione

   Individuane i confini sul testo e per ognuna di esse indica le microsequenze. Utilizza la traccia per un'esposizione orale del brano.

UNITÀ 1 — IL ROMANZO DI FORMAZIONE

COME È FATTO IL ROMANZO DI FORMAZIONE

COMPETENZE DI LETTURA

Il protagonista: passione intellettuale e inquietudine interiore

2. In questo racconto il protagonista vive un momento importante della sua crescita: la scelta dell'argomento di laurea, che determinerà le sue future scelte di vita. Nel testo emergono due aspetti della sua personalità:

> la passione per la matematica

> un'inquietudine interiore

Poniamo l'attenzione su questo secondo, complesso aspetto della sua personalità. Individua nel testo le frasi che esplicitano:

a. l'uso dello studio come rifugio contro la tristezza e i pensieri cupi

b. le difficoltà a relazionarsi con gli altri

Il narratore

3. La narrazione è in .... persona, dunque il narratore è .... Rileggi il capoverso che inizia con «Lo studio di Francesco Niccoli stava al terzo piano dell'edificio ottocentesco» fino a «commentò fra sé» e sottolinea con colori diversi il differente punto di vista del narratore.

PENSIAMOCI SU

CONSAPEVOLEZZA ED ESPRESSIONE CULTURALE

Il coraggio di rischiare

4. Il racconto coglie il protagonista in un momento fondamentale della crescita formativa. Tenendo conto di ciò che sai della personalità di Mattia, scegli la risposta corretta.

1. Perché possiamo dire che il suo gesto costituisce un rischio?
   - ☐ È già stato bocciato dallo stesso professore
   - ☐ Non conosce bene il professore
   - ☐ L'argomento è troppo difficile per lui
   - ☐ Non ha il consenso dei genitori

2. Perché la determinazione con cui agisce è un segno di coraggio?
   - ☐ È molto intelligente
   - ☐ Non ama molto la matematica
   - ☐ È timido e ha problemi a relazionarsi
   - ☐ Ha una corporatura esile

3. Che cosa lo sostiene nel rischio?
   - ☐ Il desiderio di solitudine
   - ☐ L'intelligenza
   - ☐ La grande passione per i numeri
   - ☐ L'incoraggiamento del professore

Il professor Niccoli

5. Rileggi i due colloqui tra Mattia e il professore e completa.

Il professor Niccoli è:

> ironico perché ....

> seccato perché ....

> invidioso perché ....

> diffidente e sprezzante perché ....

RIFLETTERE E SCRIVERE

COMPETENZE DI SCRITTURA

La scuola e la vita

6. Il professore vede Mattia e pensa tra sé: «un altro di quelli che nello studio riescono bene perché nella vita sono dei fessi. Quelli così, non appena finiscono fuori dal solco ben tracciato dell'università, si rivelano sempre dei buoni a nulla».

Riscrivi con parole tue questo commento e poi esprimi una tua valutazione: concordi con il professore? Che cosa pensi di questo giudizio? Argomenta la tua risposta.

LABORATORIO DELLE COMPETENZE
COMPETENZE DI SCRITTURA

Storie di formazione

Come abbiamo visto, crescere è un'avventura che presenta momenti a volte drammatici: sono gli incontri e le occasioni della vita che, anche quando sembra scorrere pigra e lenta, ci segna, ci trasforma, ci fa diventare... noi stessi.

A. ▸ La fatica di diventare adulti

Nei romanzi di formazione si raccontano momenti di crescita, di inserimento nel mondo degli adulti, di passaggio da una fase della vita all'altra. Facciamo una panoramica dei personaggi che hai conosciuto nelle letture dedicate a questo genere letterario.

Personaggio	Brano	Momenti di crescita
Michele Amitrano	*Mio papà ti ci ha messo qua*	La tragica scoperta del sequestro e della segregazione di Filippo sbalza Michele dal mondo dei giochi dell'infanzia alla realtà tragica e violenta del mondo adulto intorno a lui.
Arturo	*L'isola come la reggia di re Mida*	La crisi adolescenziale di Arturo è acuita dalla solitudine, dalla povertà di affetti in cui vive. Il suo disagio interiore si esprime in un rifiuto del suo corpo, che giudica sgraziato, in una collera incontrollabile, placata da una grande «voglia di giocare: con chiunque, magari anche con l'aria!».
Jody	*Una decisione difficile da accettare*	Jody di fronte alla durezza della vita, che lo costringe a rinunciare alla sua amicizia con un cerbiatto, suo compagno di giochi, fugge da casa, si dispera, cerca soluzioni per evitare la morte dell'amico. Ma poi tornerà dai genitori pronto ad assumersi le proprie responsabilità di adulto.
Lou	*Un'amicizia coraggiosa*	L'incontro e l'amicizia con una ragazza che vive in strada accresce in Lou un senso di solidarietà che la spinge a un gesto generoso: ospitare No a casa sua. Questo nuovo incontro responsabilizza Lou e mette fine anche al clima di profonda amarezza in cui vive la sua famiglia.
Holden	*Phoebe*	Dopo un altro insuccesso scolastico, Holden si sente un incapace, inadeguato alle aspettative dei familiari, fugge dal collegio e decide di andarsene lontano dalla famiglia. L'affetto per la sorellina Phoebe lo aiuterà nel suo percorso di ricerca di una propria via verso l'età adulta.
Emily	*Mia madre era morta*	La morte della mamma è per Emily un'esperienza dolorosissima. Nonostante l'affetto della zia sembra che la sofferenza prosciughi tutte le sue energie e la sua voglia di vivere. Affrontare una separazione è uno dei momenti più ardui e più importanti di ogni percorso di formazione.
Mattia	*La tesi di laurea*	La passione per la matematica aiuta Mattia a superare l'inquietudine interiore e gli dà la carica per affrontare una situazione, la scelta dell'argomento della tesi, che presenta non pochi rischi di insuccesso.

LABORATORIO DELLE COMPETENZE

B. ▶ Raccontare un'esperienza di crescita

Anche tu stai affrontando il tuo percorso di formazione e forse avrai ritrovato qualcosa di te nelle storie dei personaggi che ti abbiamo presentato. Sicuramente avrai osservato e conosciuto esperienze di questo tipo in persone che conosci, compagni e soprattutto amici.

Racconta un momento cruciale o significativo della trasformazione di una persona da bambino in adolescente: puoi parlare di te in modo autobiografico, oppure inventare un personaggio su cui proiettare qualche aspetto di te. Ecco qualche consiglio prima di avviare la scrittura.

Il contenuto

- Non devi scrivere un romanzo e quindi l'intero processo di formazione, ma solo un momento del cammino di crescita.
- Individua il tema attorno a cui vuoi far ruotare la tua vicenda. Puoi ispirarti ai "momenti di crescita" della sintesi precedente: l'amore, l'amicizia, la solitudine, lo scontro con gli adulti, con la durezza della vita, il rischio e il coraggio di scegliere... Ricordati che i temi del romanzo sono innanzitutto individuali, personali; i problemi sociali, in genere, fanno da sfondo alla crescita della persona.
- Scegli il personaggio protagonista. Lavorando sulle letture dell'unità hai compreso come sia fondamentale, nel romanzo di formazione, il protagonista: è di lui che si parla, delle sue esperienze, dei suoi sentimenti, delle sue emozioni, delle sue idee.
- È importante che tu sappia cogliere un momento di cambiamento, di trasformazione della personalità del personaggio.
- L'ambientazione è libera; tieni conto che alcuni luoghi nella vita del personaggio possono avere anche un valore simbolico: per esempio l'isola di Arturo può rimandare anche al suo isolamento affettivo...

Le strategie narrative

- Valuta se scegliere un narratore esterno oppure far narrare la storia al protagonista in prima persona (attenzione al punto di vista!).
- Insieme alle sequenze narrative e descrittive, devono essere presenti le sequenze riflessive, indispensabili per comunicare gli stati d'animo, i pensieri...
- Se riesci, usa l'indiretto libero per riferire parole e pensieri del personaggio protagonista.

La condivisione della storia

Dopo aver scritto individualmente le vostre storie, potete scambiarvele, leggerle e, in una sorta di concorso, votare per quella più interessante. Dovete prima scegliere i criteri per valutarle: tenete conto delle caratteristiche del genere letterario e considerate, soprattutto, l'abilità nel ritrarre la personalità del personaggio colto nel suo momento di crisi, di trasformazione.

PER FARE IL PUNTO

Unità 1 • IL ROMANZO DI FORMAZIONE

DAVID COPPERFIELD

La storia di un ragazzo che, contando solo sulle proprie forze e sulla fiducia in se stesso, trova il suo posto nella società e raggiunge la felicità.

Il film è liberamente tratto dal romanzo omonimo di Charles Dickens in cui si narra la storia di David Copperfield, un ragazzo che, rimasto orfano di padre, vive un'infanzia infelice a causa della crudeltà del suo patrigno, il malvagio Murdstone. David viene mandato prima in collegio e poi in fabbrica, dove sperimenta la durezza delle condizioni di lavoro nell'Inghilterra ottocentesca. Il ragazzo fugge, prima a Londra e poi a Dover, e con l'aiuto di una zia riesce a proseguire i suoi studi, trovando alloggio nella casa dell'avvocato Wickfield, con la cui figlia Agnes stringe una forte amicizia. Completati gli studi, trova occupazione come assistente legale presso il signor Spenlow, di cui sposa la figlia, Dora; ma la donna muore poco tempo dopo. Rimasto solo, affranto dal dolore per la morte della moglie, David riscopre l'amicizia di Agnes, che vive momenti drammatici perché il padre, l'avvocato Wickfield, è tiranneggiato dal suo assistente Uriah Heep, un individuo losco e viscido che vuole impadronirsi della ricchezza del suo padrone. David aiuta Agnes e il padre a liberarsi da Uriah e, una volta divenuto famoso come scrittore di romanzi, sposa Agnes.

REGIA	Ambrogio Lo Giudice
ANNO	2009
CAST	Giorgio Pasotti
	Maya Sansa

Un film per te

Qualcuno con cui correre

La storia di Assaf e Tamar, due adolescenti che corrono insieme, in un'avventura di grande generosità

Un libro per te

CHI L'HA SCRITTO David Grossman, nato a Gerusalemme nel 1954, è ritenuto uno dei più grandi scrittori contemporanei. Israeliano, è impegnato da sempre per una soluzione pacifica della questione palestinese. I suoi romanzi di maggior successo sono *Qualcuno con cui correre* e *Ci sono bambini a zig zag*.

DI CHE COSA PARLA Al sedicenne Assaf, di servizio presso il municipio di una delle zone in cui è suddivisa la città di Gerusalemme, viene affidato un compito: ritrovare il padrone di un cane abbandonato nelle vie della città. Dopo aver seguito l'animale in una pazza corsa, Assaf arriva a una pizzeria dove scopre che la cagna Dinka appartiene a Tamar, una ragazza sua coetanea. Cerca quindi di rintracciare Tamar e scopre che un mese prima è fuggita di casa per andare in aiuto del fratello, tossicodipendente, che si trova in balia di una associazione illegale. Insieme con lei "correrà" superando difficoltà e sconfitte.

AUTORE	David Grossman
ANNO	2002
EDITORE	Mondadori

 SCUOLA DI SCRITTURA
Nella lezione 2 puoi trovare indicazioni per scrivere schede-film, schede-libro e recensioni.

 Una pagina di assaggio

UNITÀ 2

Hai già letto, negli anni precedenti, molti racconti e testi che fanno parte della narrativa fantastica: le fiabe e la narrativa fantasy il primo anno, l'horror il secondo anno. Quest'anno ti proponiamo un altro tipo di testi basati su elementi di fantasia: anche in questi casi l'invenzione è spesso il pretesto per parlare della realtà.

LA NARRATIVA FANTASTICA E ALLEGORICA

Conoscenze
- Conoscere le caratteristiche del genere fantastico e allegorico
- Conoscere alcuni autori della letteratura fantastica e allegorica

Competenze
- Individuare in un testo le tematiche, le caratteristiche e le tecniche narrative del genere fantastico e allegorico
- Riflettere su di noi, sui nostri sogni e desideri spesso inespressi
- Applicare alcune tecniche narrative del genere fantastico e allegorico
- Costruire un racconto fantastico

SOLO PER IL PIACERE DI LEGGERE...
I. Calvino, *Una questione complicata per il re*

LE CARATTERISTICHE DELLA NARRATIVA FANTASTICA E ALLEGORICA

COME È FATTO UN RACCONTO FANTASTICO
D. Buzzati, *Il colombre*

I diversi volti del fantastico
N.V. Gogol', *Il naso* `+ facile`
F. Kafka, *Un enorme insetto immondo*
Per approfondire > Le metamorfosi
J. Feiffer, *Ospiti inattesi*
L. Pirandello, *Una giornata* `+ difficile`
J. Swift, *Gulliver tra i lillipuziani*

LABORATORIO DELLE COMPETENZE >
Inventare una storia fantastica
Un film per te > *Il segreto del bosco vecchio*
Un libro per te > *Il visconte dimezzato*

PER FARE IL PUNTO

Brani
Approfondimenti
Attività

IL MIO PERCORSO

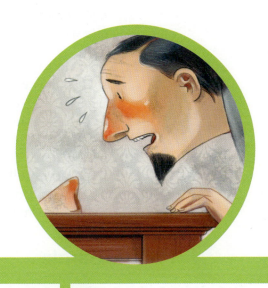

I DIVERSI VOLTI DEL FANTASTICO

UNITÀ 2 — LA NARRATIVA FANTASTICA E ALLEGORICA

SOLO PER IL PIACERE DI LEGGERE...

La storia di Agilulfo, paladino di Carlo Magno, valoroso ed elegante nella sua armatura, tutta bianca e... completamente vuota!

Italo Calvino

Ascolta il brano

Una questione complicata per il re

L'opera. Il testo è tratto dall'opera *Il cavaliere inesistente,* che fa parte della trilogia *I nostri antenati.* Il protagonista è Agilulfo, paladino dell'imperatore Carlo Magno, (Calvino, nel romanzo, lo chiama Carlomagno), un cavaliere inesistente fatto di un'armatura bianca, completamente vuota, che sta in piedi solo grazie alla forza di volontà. Cercando di difendersi da un'accusa infamante, Agilulfo passa attraverso una serie di peripezie, fino a quando decide di sparire, lasciando la sua armatura al giovane Rambaldo.

Il testo. Il brano che ti presentiamo è l'inizio della storia: un Carlomagno anziano e un po' buffo passa solennemente in rassegna le sue truppe, prima di ritirarsi a riposare nella tenda reale. Tra i soldati, laceri dopo la giornata di combattimento, se ne trova uno con una splendida armatura bianca, ben tenuta, che però non mostra il viso all'imperatore: interpellato sul motivo di tale stranezza, egli dichiara di non esistere e, per dimostrarlo, solleva la celata svelando che l'elmo è vuoto.

Sotto le rosse mura di Parigi era schierato l'esercito di Francia. Carlomagno doveva passare in rivista i paladini. Già da più di tre ore erano lì; faceva caldo; era un pomeriggio di prima estate, un po' coperto, nuvoloso; nelle armature si bolliva come in pentole tenute a fuoco lento.

Non è detto che qualcuno in quell'immobile fila di cavalieri già non avesse perso i sensi o non si fosse assopito, ma l'armatura li reggeva impettiti in sella tutti a un modo.

D'un tratto, tre squilli di tromba: le piume dei cimieri sussultarono nell'aria ferma come a uno sbuffo di vento, e tacque subito quella specie di mugghio marino che s'era sentito fin qui, ed era, si vede, un russare di guerrieri incupito dalle gole metalliche degli elmi. Finalmente ecco, lo scorsero che avanzava laggiù in fondo, Carlomagno, su un cavallo che pareva più grande del naturale, con la barba sul petto, le mani sul pomo della sella. Regna e guerreggia, guerreggia e regna, dài e dài, pareva un po' invecchiato, dall'ultima volta che l'avevano visto quei guerrieri. Fermava il cavallo a ogni ufficiale e si voltava a guardarlo dal su in giù. «E chi siete voi, paladino di Francia?»

Parole, parole...

Elmi, cimieri e altre armature

Il *cimiero* è un elemento ornamentale dell'elmo.

- Qual è il sinonimo di *cimiero*?
- Quali altre parti delle armature medievali conosci?

Alcune sono citate nel testo: cercale ed elencale scrivendo accanto la definizione.

....

....

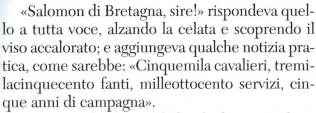

Solo per il piacere di leggere...

«Salomon di Bretagna, sire!» rispondeva quello a tutta voce, alzando la celata e scoprendo il viso accalorato; e aggiungeva qualche notizia pratica, come sarebbe: «Cinquemila cavalieri, tremilacinquecento fanti, milleottocento servizi, cinque anni di campagna».

«Sotto coi brètoni, paladino!» diceva Carlo, e *toc-toc, toc-toc*, se ne arrivava a un altro capo di squadrone.

«Ecchisietevòi, paladino di Francia?» riattaccava.

«Ulivieri di Vienna, sire!» scandivano le labbra appena la griglia dell'elmo s'era sollevata. E lì: «Tremila cavalieri scelti, settemila la truppa, venti macchine da assedio. Vincitore del pagano Fierabraccia, per grazia di Dio e gloria di Carlo re dei Franchi!».

«Ben fatto, bravo il viennese», diceva Carlomagno, e agli ufficiali del seguito: «Magrolini quei cavalli, aumentategli la biada». E andava avanti: «Ecchisietevòi, paladino di Francia?» ripeteva, sempre con la stessa cadenza: «Tàtta-tatatài-tàta-tàta-tatàta...».

«Bernardo di Mompolier, sire! Vincitore di Brunamonte e Galiferno.»

«Bella città Mompolier! Città delle belle donne!» e al seguito: «Vedi se lo passiamo di grado». Tutte cose che dette dal re fanno piacere, ma erano sempre le stesse battute, da tanti anni.

«Ecchisietevòi, con quello stemma che conosco?» Conosceva tutti dall'arma che portavano sullo scudo, senza bisogno che dicessero niente, ma così era l'usanza che fossero loro a palesare il nome e il viso. Forse perché altrimenti qualcuno, avendo di meglio da fare che prender parte alla rivista, avrebbe potuto mandargli la sua armatura con un altro dentro.

«Alardo di Dordona, del duca Arnone...»

«In gamba Alardo, cosa dice il papà,» e così via.

«Tàtta-tatatài-tàta-tàta-tatàta...»

«Gualfré di Mongioja! Cavalieri ottomila tranne i morti!»

Ondeggiavano i cimieri. «Uggeri Danese! Namo di Baviera! Palmerino d'Inghilterra!»

Veniva sera. I visi, di tra la ventaglia e la bavaglia, non si distinguevano neanche più tanto bene. Ogni parola, ogni gesto era prevedibile ormai, e così tutto in quella guerra durata da tanti anni, ogni scontro, ogni duello, condotto sempre secondo quelle regole, cosicché si sapeva già oggi per domani chi avrebbe vinto, chi perso, chi sarebbe stato eroe, chi vigliacco, a chi toccava di restare sbudellato e chi se la sarebbe cavata con un disarcionamento e una culata in terra. Sulle corazze, la sera al lume delle torce, i fabbri martellavano sempre le stesse ammaccature.

«E voi?» Il re era giunto di fronte a un cavaliere dall'armatura tutta bianca; solo una righina nera correva torno torno ai bordi; per il resto era candida, ben tenuta, senza un graffio, ben rifinita in ogni giunto, sormon-

UNITÀ 2 — LA NARRATIVA FANTASTICA E ALLEGORICA

tata sull'elmo da un pennacchio di chissà che razza orientale di gallo, cangiante d'ogni colore dell'iride. Sullo scudo c'era disegnato uno stemma tra due lembi d'un ampio manto drappeggiato, e dentro lo stemma s'aprivano altri due lembi di manto con in mezzo uno stemma più piccolo, che conteneva un altro stemma ammantato più piccolo ancora. Con disegno sempre più sottile era raffigurato un seguito di manti che si schiudevano uno dentro l'altro, e in mezzo ci doveva essere chissà che cosa, ma non si riusciva a scorgere, tanto il disegno diventava minuto.

«E voi lì, messo su così in pulito...» disse Carlomagno che, più la guerra durava, meno rispetto della pulizia nei paladini gli capitava di vedere.

«Io sono,» la voce giungeva metallica da dentro l'elmo chiuso, come fosse non una gola ma la stessa lamiera dell'armatura a vibrare, e con un lieve rimbombo d'eco, «Agilulfo Emo Bertrandino dei Guildiverni e degli Altri di Corbentraz e Sura, cavaliere di Selimpia Citeriore e Fez!»

«Aaah...» fece Carlomagno e dal labbro di sotto, sporto avanti, gli uscì anche un piccolo strombettio, come a dire: «Dovessi ricordarmi il nome di tutti, starei fresco!». Ma subito aggrottò le ciglia. «E perché non alzate la celata e non mostrate il vostro viso?»

Il cavaliere non fece nessun gesto; la sua destra inguantata d'una ferrea e ben connessa manopola si serrò più forte all'arcione, mentre l'altro braccio, che reggeva lo scudo, parve scosso come da un brivido.

«Dico a voi, ehi, paladino!» insisté Carlomagno. «Com'è che non mostrate la faccia al vostro re?»

La voce uscì netta dal barbazzale. «Perché io non esisto, sire.»

«O questa poi!» esclamò l'imperatore. «Adesso ci abbiamo in forza anche un cavaliere che non esiste! Fate un po' vedere.»

Agilulfo parve ancora esitare un momento, poi con mano ferma ma lenta sollevò la celata. L'elmo era vuoto. Nell'armatura bianca dall'iridescente cimiero non c'era dentro nessuno.

«Mah, mah! Quante se ne vedono!» fece Carlomagno.

«E com'è che fate a prestar servizio, se non ci siete?»

«Con la forza di volontà,» disse Agilulfo, «e la fede nella nostra santa causa!»

«E già, e già, ben detto, è così che si fa il proprio dovere. Be', per essere uno che non esiste, siete in gamba!»

Agilulfo era il serrafila. L'imperatore ormai aveva passato la rivista a tutti; voltò il cavallo e s'allontanò verso le tende reali. Era vecchio, e tendeva ad allontanare dalla mente le questioni complicate.

(I. Calvino, *Il cavaliere inesistente*, Mondadori)

Attività

IO E... LA NARRATIVA FANTASTICA
COMPETENZE DI LETTURA

Fantasia o realtà?

> Che cosa pensi di Agilulfo: esiste o non esiste?
> Che cosa avrà voluto dire Calvino, creando questo strano personaggio? Prima di rispondere, leggi ciò che lui stesso scrive:

Quando sarebbe stato possibile dar vita ad Agilulfo, il cavaliere inesistente, se non oggi, nel cuore della civiltà di massa, in cui la persona tanto spesso appare cancellata dietro lo schermo delle funzioni, delle attribuzioni, dei comportamenti prestabiliti? Chi più simile a un guerriero chiuso e invisibile nella sua armatura delle migliaia di uomini chiusi e invisibili nelle proprie automobili che ci sfilano continuamente sotto gli occhi?

Le caratteristiche della narrativa
FANTASTICA E ALLEGORICA

⚫ Che cosa è la narrativa fantastica e allegorica

I testi narrativi si possono ricondurre a due grandi generi: il **realistico** e il **fantastico**. Appartengono al **genere realistico** le storie che rappresentano situazioni reali o verosimili (che potrebbero essere reali); fanno parte del **genere fantastico**, invece, tutte le storie che ci portano nel regno della fantasia, dell'impossibile, del soprannaturale. Queste storie vengono subito riconosciute come "strane" dal lettore e appaiono estranee alle esperienze della vita quotidiana. Sono personaggi fantastici i protagonisti delle fiabe, gli animali parlanti delle favole, i fantasmi, i vampiri e le creature mostruose che si aggirano nei racconti horror, gli eroi della narrativa fantasy, i protagonisti dei racconti di fantascienza che incontrerai nelle prossime pagine di questo volume.

La narrativa fantastica, però, non è sempre sinonimo di evasione, di fuga dal mondo reale: spesso **ci parla della realtà attraverso simboli**, allegorie, immagini oniriche (cioè appartenenti al mondo dei sogni) e racconta il nostro mondo interiore, le nostre angosce, i nostri sogni e desideri. Spesso, attraverso l'invenzione fantastica e la descrizione di situazioni paradossali, cioè assurde e illogiche, gli **autori parlano di sé**, delle proprie paure, oppure **espongono la propria posizione critica** nei confronti della società in cui vivono: i racconti e i romanzi, in questo caso, si possono definire simbolici o "allegorici" perché, oltre al significato letterale, hanno un significato nascosto, allusivo, più profondo, che il lettore è invitato a scoprire.

⚫ Quando nasce e chi sono i maggiori autori

Da sempre gli scrittori si sono serviti della fantasia e dei simboli per parlare della realtà. La letteratura allegorica, come genere a sé, si diffuse in particolare nel Medioevo, quando vennero composti testi come la *Divina Commedia* di Dante Alighieri. La dimensione fantastica è presente in molte opere dei secoli successivi: nell'*Orlando Furioso* di Ludovico Ariosto, per esempio, un paladino in sella a un ippogrifo vola sulla Luna a cercare il senno di Orlando.

Ma è con il Settecento che la narrativa di ispirazione fantastica diventa un genere davvero importante: il francese Voltaire pubblicò quattro *Contes Philosophiques* (Racconti filosofici) che avevano come protagonisti personaggi ai limiti della realtà (compreso un extraterrestre) attraverso i quali l'autore proponeva le proprie riflessioni sulla condizione dell'uomo e della società. Nello stesso periodo in Inghilterra Jonathan Swift pubblicò *I viaggi di Gulliver*, in cui il protagonista vive una serie di avventure in mondi immaginari; anche qui, narrando le vicende del suo personaggio, l'autore arrivava a criticare la società del tempo.

Le caratteristiche della narrativa FANTASTICA E ALLEGORICA

Nell'**Ottocento** il fantastico si afferma in Germania con i racconti di Ernst Theodor Amadeus Hoffmann e di Adalbert von Chamisso, in cui viene presentato un tema ricorrente della letteratura di questo secolo, il patto con il diavolo; in Francia con Guy de Maupassant (*Racconti fantastici*). Molto realistico, ma con una forte dimensione allegorica, è invece *Moby Dick* di Herman Melville: il protagonista, che lotta contro un'enorme balena bianca, diventa il simbolo della lotta tra il bene e il male.

Nel **Novecento**, questo tipo di narrativa conosce un grande sviluppo grazie alla nascita della psicanalisi: dopo la pubblicazione delle opere di Sigmund Freud, che studia il ruolo dell'inconscio, lo strato più profondo della nostra psiche, la narrativa fantastica e allegorica si arricchisce di simboli e di tematiche che vengono dal mondo del sogno e dalla profondità della nostra mente, governata da leggi non razionali. L'autore che più di ogni altro ha espresso attraverso la forma allegorica i tormenti inspiegabili dell'inconscio e l'oscuro senso di colpa che opprime l'uomo è lo scrittore ceco Franz Kafka.

In Italia si sono dedicati a questo genere narrativo scrittori come Luigi Pirandello e, più tardi, Italo Calvino e Dino Buzzati. Il primo, nella trilogia *I nostri antenati* mette in scena personaggi che diventano il simbolo della condizione dell'uomo contemporaneo; il secondo parla in forma allegorica, attraverso la presentazione di situazioni irreali, dell'uomo, della sua ricerca del senso della vita, delle sue angosce.

◗ I diversi volti del fantastico

La caratteristica principale dei racconti e dei romanzi fantastici e allegorici è la **presenza di un elemento** (un personaggio, un oggetto, un aspetto di un luogo, una situazione) "**strano**", fuori del comune.

A volte l'intera storia si svolge in un **mondo "meraviglioso"**, che riconosciamo subito avere leggi diverse da quello in cui viviamo: in alcuni casi i fatti avvengono in un mondo normale, in cui tuttavia si insinua un elemento fantastico che non si riesce a spiegare: potrebbe trattarsi di un sogno, di una suggestione, o di qualcosa di davvero soprannaturale. Questa ambiguità, cioè questa possibilità di interpretare in modi diversi ciò che accade, crea la suspense, che è l'elemento che affascina il lettore. In altri casi il lettore si trova da subito immerso in una situazione assurda, impossibile, ma ciò che accade in seguito, nel corso dello svolgimento della storia, è del tutto logico, segue le regole del nostro mondo e del nostro modo di ragionare.

Spesso gli eventi si verificano in un **tempo** e in uno **spazio non riconoscibili** e fortemente simbolici: in particolare gli spazi e le loro caratterizzazioni (chiusi o aperti, affollati o vuoti, confortevoli o desolati) rimandano alle condizioni dell'uomo.

◗ Simboli e allegorie

Gli elementi fantastici, le situazioni strane o assurde che caratterizzano questo genere narrativo hanno quasi sempre un significato "altro" rispetto a quello denotativo. Le loro caratteristiche richiamano quelle di altre realtà, di situazioni lontane: riflettendo su queste analogie possiamo intuire il loro valore simbolico o allegorico (vedi *Gli strumenti del lettore* a pagina 71).

La letteratura fantastica presenta testi ricchi di immagini, incanti, invenzioni. Lo stile, invece, è generalmente sobrio, quasi freddo e distaccato, proprio per far emergere il contenuto e le suggestioni del racconto.

COME È FATTO UN RACCONTO FANTASTICO

ANALISI GUIDATA

 **Dino Buzzati**

Il colombre

L'opera. Il colombre è il racconto che dà il titolo a una raccolta uscita per la prima volta nel 1966, in cui vengono riproposte le tematiche più care a Buzzati: la rappresentazione del tempo che fugge, l'angoscia dell'attesa, l'assurdità dell'esistenza, il senso della sconfitta.

Il testo. Il testo narra la vita di Stefano Roi dall'adolescenza alla vecchiaia: una vita condizionata dall'incontro con il colombre, un mostro marino che, secondo le credenze popolari, individua le sue prede e le segue, instancabilmente, fino a che non riesce a ucciderle. Attratto irresistibilmente dal colombre, Stefano trascorre la vita a sfidarlo, sfuggendogli ogni volta; solo alla fine, quando si avvicina la morte, decide di incontrare il suo nemico e scopre che in realtà il colombre lo inseguiva per fargli un regalo bellissimo.

- Il **titolo** già porta con sé l'idea di **qualcosa di misterioso**: che cosa è il colombre? Nel nome c'è il gioco di parole *colore+ombre*.

Prima sequenza

Quando Stefano Roi compì i dodici anni, chiese in regalo a suo padre, capitano di mare e padrone di un bel veliero, che lo portasse con sé a bordo.

«Quando sarò grande» disse «voglio andar per mare come te. E comanderò delle navi ancora più belle e grandi della tua.»

«Che Dio ti benedica, figliolo» rispose il padre. E siccome proprio quel giorno il suo bastimento doveva partire, portò il ragazzo con sé.

- Il **narratore è esterno**. La storia è raccontata dal **punto di vista di Stefano**.

Era una giornata splendida di sole; e il mare tranquillo. Stefano, che non era mai stato sulla nave, girava felice in coperta, ammirando le complicate manovre delle vele. E chiedeva di questo e di quello ai marinai che, sorridendo, gli davano tutte le spiegazioni.

Come fu giunto a poppa, il ragazzo si fermò, incuriosito, a osservare una cosa che spuntava a intermittenza in superficie, a distanza di due-trecento metri, in corrispondenza della scia della nave.

- L'apparizione di un elemento "strano" determina la **rottura dell'equilibrio** iniziale.

Benché il bastimento già volasse, portato da un magnifico vento al giardinetto, quella cosa manteneva sempre la distanza. E, sebbene egli non ne comprendesse la natura, aveva qualcosa di indefinibile, che lo attraeva intensamente.

- L'**elemento strano** si presenta come **qualcosa di molto attraente**, un richiamo cui non si può resistere.

Seconda sequenza

Il padre, non vedendo Stefano più in giro, dopo averlo chiamato a gran voce invano, scese dalla plancia e andò a cercarlo.

«Stefano, che cosa fai lì impalato?» gli chiese scorgendolo infine a poppa, in piedi, che fissava le onde.

- In questa sequenza emerge, attraverso il dialogo, la gravità della situazione: **si dà inizio alla creazione della suspense**.

UNITÀ 2 — LA NARRATIVA FANTASTICA E ALLEGORICA

«Papà, vieni qui a vedere.»

Il padre venne e guardò anche lui, nella direzione indicata dal ragazzo, ma non riuscì a vedere niente.

«C'è una cosa scura che spunta ogni tanto dalla scia» disse «e che ci viene dietro.»

«Nonostante i miei quarant'anni» disse il padre «credo di avere ancora una vista buona. Ma non vedo assolutamente niente.»

Poiché il figlio insisteva, andò a prendere il cannocchiale e scrutò la superficie del mare, in corrispondenza della scia. Stefano lo vide impallidire.

«Cos'è? Perché fai quella faccia?»

«Oh, non ti avessi ascoltato» esclamò il capitano. «Io adesso temo per te. Quella cosa che tu vedi spuntare dalle acque e che ci segue, non è una cosa. Quello è un colombre. È il pesce che i marinai sopra tutti temono, in ogni mare del mondo. È uno squalo tremendo e misterioso, più astuto dell'uomo. Per motivi che forse nessuno saprà mai, sceglie la sua vittima, e quando l'ha scelta la insegue per anni e anni, per una intera vita, finché è riuscito a divorarla. E lo strano è questo: che nessuno riesce a scorgerlo se non la vittima stessa e le persone del suo stesso sangue.»

«Non è una favola?»

«No. Io non l'avevo mai visto. Ma dalle descrizioni che ho sentito fare tante volte, l'ho subito riconosciuto. Quel muso da bisonte, quella bocca che continuamente si apre e chiude, quei denti terribili. Stefano, non c'è dubbio, purtroppo, il colombre ha scelto te e finché tu andrai per mare non ti darà pace. Ascoltami: ora noi torniamo subito a terra, tu sbarcherai e non ti staccherai mai più dalla riva, per nessuna ragione al mondo. Me lo devi promettere. Il mestiere del mare non è per te, figliolo. Devi rassegnarti. Del resto, anche a terra potrai fare fortuna.» Ciò detto, fece immediatamente invertire la rotta, rientrò in porto e, col pretesto di un improvviso malessere, sbarcò il figliolo.

Quindi ripartì senza di lui.

Profondamente turbato, il ragazzo restò sulla riva finché l'ultimo picco dell'alberatura sprofondò dietro l'orizzonte. Di là dal molo che chiudeva il porto, il mare restò completamente deserto. Ma, aguzzando gli sguardi, Stefano riuscì a scorgere un puntino nero che affiorava a intermittenza dalle acque: il "suo" colombre, che incrociava lentamente su e giù, ostinato ad aspettarlo.

- L'**elemento strano** si rivela ora come **inquietante**, **pericoloso**.

- Le caratteristiche del colombre hanno anche un **significato simbolico**.

- La **descrizione** dell'essere "mostruoso" fa crescere l'**angoscia**.

- Il padre di Stefano trova subito una **soluzione "razionale"**.

- La soluzione non lascia tranquillo Stefano: l'**angoscia** si è ormai insinuata nella sua vita.

- Il **punto di vista** è sempre quello **di Stefano**.

Come è fatto un racconto fantastico

Terza sequenza

Da allora il ragazzo con ogni espediente fu distolto dal desiderio del mare. Il padre lo mandò a studiare in una città dell'interno, lontana centinaia di chilometri. E per qualche tempo, distratto dal nuovo ambiente, Stefano non pensò più al mostro marino. Tuttavia, per le vacanze estive, tornò a casa e per prima cosa, appena ebbe un minuto libero, si affrettò a raggiungere l'estremità del molo, per una specie di controllo, benché in fondo lo ritenesse superfluo. Dopo tanto tempo, il colombre, ammesso anche che tutta la storia narratagli dal padre fosse vera, aveva certo rinunciato all'assedio.

Ma Stefano rimase là, attonito, col cuore che gli batteva. A distanza di due-trecento metri dal molo, nell'aperto mare, il sinistro pesce andava su e giù, lentamente, ogni tanto sollevando il muso dall'acqua e volgendolo a terra, quasi con ansia guardasse se Stefano Roi finalmente veniva.

Così, l'idea di quella creatura nemica che lo aspettava giorno e notte divenne per Stefano una segreta ossessione. E anche nella lontana città gli capitava di svegliarsi in piena notte con inquietudine. Egli era al sicuro, sì, centinaia di chilometri lo separavano dal colombre. Eppure egli sapeva che, di là dalle montagne, di là dai boschi, di là dalle pianure, lo squalo era ad aspettarlo. E, si fosse egli trasferito pure nel più remoto continente, ancora il colombre si sarebbe appostato nello specchio di mare più vicino, con l'inesorabile ostinazione che hanno gli strumenti del fato.

Quarta sequenza

Stefano, ch'era un ragazzo serio e volonteroso, continuò con profitto gli studi e, appena fu uomo, trovò un impiego dignitoso e rimunerativo in un emporio di quella città. Intanto il padre venne a morire per malattia, il suo magnifico veliero fu dalla vedova venduto e il figlio si trovò ad essere erede di una discreta fortuna. Il lavoro, le amicizie, gli svaghi, i primi amori: Stefano si era ormai fatto la sua vita, ciononostante il pensiero del colombre lo assillava come un funesto e insieme affascinante miraggio; e, passando i giorni, anziché svanire, sembrava farsi più insistente.

Grandi sono le soddisfazioni di una vita laboriosa, agiata e tranquilla, ma ancora più grande è l'attrazione dell'abisso.

Quinta sequenza

Aveva appena ventidue anni Stefano, quando, salutati gli amici della città e licenziatosi dall'impiego, tornò alla città natale e comunicò alla mamma la ferma intenzione di seguire il mestiere paterno. La donna, a cui Stefano non aveva mai fatto parola del misterioso squalo, accolse con gioia la sua decisione.

L'avere il figlio abbandonato il mare per la città le era sempre sembrato, in cuor suo, un tradimento alle tradizioni di famiglia.

E Stefano cominciò a navigare, dando prova di qualità marinare, di

---

- Si torna a una **situazione di "equilibrio"**.

- L'**equilibrio** viene **di nuovo spezzato** dal ritorno dell'elemento che aveva provocato la prima rottura. La **paura** diventa un'**ossessione**.

- La **parte riflessiva rallenta la narrazione** e fa ulteriormente **crescere la tensione**.

- L'autore inserisce un **sommario** per narrare rapidamente una serie di eventi.

- L'**ossessione** continua.

- L'**autore** si inserisce nel racconto con una **riflessione**.

- La **terraferma** è simbolo dell'**esistenza tranquilla**, il **mare** dell'**ignoto**, degli spazi infiniti, dell'abisso che affascina.

ALLA SCOPERTA DEI TESTI • Il testo narrativo

UNITÀ 2 — LA NARRATIVA FANTASTICA E ALLEGORICA

> Solo Stefano vede il **mostro**: dunque esso rappresenta per lui il **destino** che egli deve seguire.

> Il **dialogo sottolinea** l'importanza dell'**elemento strano da cui si genera il fantastico**.

resistenza alle fatiche, di animo intrepido. Navigava, navigava, e sulla scia del suo bastimento, di giorno e di notte, con la bonaccia e con la tempesta, arrancava il colombre. Egli sapeva che quella era la sua maledizione e la sua condanna, ma proprio per questo, forse, non trovava la forza di staccarsene. E nessuno a bordo scorgeva il mostro, tranne lui.

«Non vedete niente da quella parte?» chiedeva di quando in quando ai compagni, indicando la scia. «No, noi non vediamo proprio niente. Perché?» «Non so. Mi pareva...»

« Non avrai mica visto per caso un colombre...» facevano quelli, ridendo e toccando ferro.

«Perché ridete? Perché toccate ferro?»

«Perché il colombre è una bestia che non perdona. E se si mettesse a seguire questa nave, vorrebbe dire che uno di noi è perduto.»

Ma Stefano non mollava. La ininterrotta minaccia che lo incalzava pareva anzi moltiplicare la sua volontà, la sua passione per il mare, il suo ardimento nelle ore di lotta e di pericolo.

Con la piccola sostanza lasciatagli dal padre, come egli si sentì padrone del mestiere, acquistò con un socio un piccolo piroscafo da carico, quindi ne divenne il solo proprietario e, grazie a una serie di fortunate spedizioni, poté in seguito acquistare un mercantile sul serio, avviandosi a traguardi sempre più ambiziosi. Ma i successi, e i milioni, non servivano a togliergli dall'animo quel continuo assillo; né mai, d'altra parte, egli fu tentato di vendere la nave e di ritirarsi a terra per intraprendere diverse imprese.

> Stefano teme il colombre ma **non riesce a stare lontano dal mare** anche se sa che lo aspetta la rovina.

Navigare, navigare, era il suo unico pensiero. Non appena, dopo lunghi tragitti, metteva piede a terra in qualche porto, subito lo pungeva l'impazienza di ripartire. Sapeva che fuori c'era il colombre ad aspettarlo, e che il colombre era sinonimo di rovina. Niente.

Un indomabile impulso lo traeva senza requie, da un oceano all'altro.

Sesta sequenza

> Questa indicazione temporale sottolinea il **lungo tempo trascorso**.

> Navigando Stefano ottiene la **ricchezza** ma **non la felicità**.

Finché, all'improvviso, Stefano un giorno si accorse di essere diventato vecchio, vecchissimo; e nessuno intorno a lui sapeva spiegarsi perché, ricco com'era, non lasciasse finalmente la dannata vita del mare. Vecchio, e amaramente infelice, perché l'intera esistenza sua era stata spesa in quella specie di pazzesca fuga attraverso i mari, per sfuggire al nemico. Ma più grande che le gioie di una vita agiata e tranquilla era stata per lui sempre la tentazione dell'abisso.

E una sera, mentre la sua magnifica nave era ancorata al largo del porto dove era nato, si sentì prossimo a morire. Allora chiamò il secondo ufficiale, di cui aveva grande fiducia, e gli ingiunse di non opporsi a ciò che egli stava per fare. L'altro, sull'onore, promise.

Avuta questa assicurazione, Stefano, al secondo ufficiale che lo ascoltava sgomento, rivelò la storia del colombre, che aveva continuato a inseguirlo per quasi cinquant'anni, inutilmente.

Come è fatto un racconto fantastico

- C'è un **colpo di scena**: Stefano decide di **affrontare il colombre** e di lottare con lui. Il **punto di vista cambia** all'improvviso e la **suspense aumenta**.

«Mi ha scortato da un capo all'altro del mondo» disse «con una fedeltà che neppure il più nobile amico avrebbe potuto dimostrare. Adesso io sto per morire. Anche lui, ormai, sarà terribilmente vecchio e stanco. Non posso tradirlo.»

Ciò detto, prese commiato, fece calare in mare un barchino e vi salì, dopo essersi fatto dare un arpione. «Ora gli vado incontro» annunciò. «È giusto che non lo deluda. Ma lotterò, con le mie ultime forze.» A stanchi colpi di remi, si allontanò da bordo. Ufficiali e marinai lo videro scomparire laggiù, sul placido mare, avvolto dalle ombre della notte.

- Il bagliore fioco della **falce di luna** ha un **significato simbolico**.

C'era in cielo una falce di luna.

Settima sequenza

Non dovette faticare molto. All'improvviso il muso orribile del colombre emerse di fianco alla barca.

- Il **dialogo** porta al punto di **massima tensione** costituita da un **altro colpo di scena**.

«Eccomi a te, finalmente» disse Stefano. «Adesso, a noi due!» E, raccogliendo le superstiti energie, alzò l'arpione per colpire.

«Uh» mugolò con voce supplichevole il colombre «che lunga strada per trovarti. Anch'io sono distrutto dalla fatica. Quanto mi hai fatto nuotare. E tu fuggivi, fuggivi. E non hai mai capito niente.»

«Perché?» fece Stefano, punto sul vivo.

«Perché non ti ho inseguito attraverso il mondo per divorarti, come pensavi. Dal re del mare avevo avuto soltanto l'incarico di consegnarti questo.» E lo squalo trasse fuori la lingua, porgendo al vecchio capitano una piccola sfera fosforescente.

- L'**oggetto** che il colombre porge a Stefano è **simbolico**.

Stefano la prese fra le dita e guardò. Era una perla di grandezza spropositata. E lui riconobbe la famosa Perla del Mare che dà, a chi la possiede, fortuna, potenza, amore, e pace dell'animo. Ma era ormai troppo tardi.

- Il **punto di vista** torna a essere quello di **Stefano**. Lo **scioglimento** è espresso attraverso un dialogo.

«Ahimè!» disse scuotendo tristemente il capo. «Come è tutto sbagliato. Io sono riuscito a dannare la mia esistenza: e ho rovinato la tua.»

«Addio, pover'uomo» rispose il colombre. E sprofondò nelle acque nere per sempre.

Ottava sequenza

- Quando la vicenda sembra terminata, l'**ellissi** porta a **un nuovo colpo di scena**.

Due mesi dopo, spinto dalla risacca, un barchino approdò a una dirupata scogliera. Fu avvistato da alcuni pescatori che, incuriositi, si avvicinarono. Sul barchino, ancora seduto, stava un bianco scheletro: e fra le ossicine delle dita stringeva un piccolo sasso rotondo.

Il colombre è un pesce di grandi dimensioni, spaventoso a vedersi, estremamente raro.

- Lo **scioglimento non risolve l'enigma**; la spiegazione dell'autore, lascia aperte **diverse interpretazioni**.

A seconda dei mari, e delle genti che ne abitano le rive, viene anche chiamato kolomber, kahloubrha, kalonga, kalu-balu, chalung-gra. I naturalisti stranamente lo ignorano. Qualcuno perfino sostiene che non esiste.

(D. Buzzati, *Il colombre*, Mondadori)

UNITÀ 2 — LA NARRATIVA FANTASTICA E ALLEGORICA

Attività

È TUTTO CHIARO? (COMPETENZE DI LETTURA)

Le caratteristiche del genere

1. **Completa scegliendo le risposte corrette (sono più di una).**

   1. Il racconto appartiene al genere fantastico perché
      - ☐ è un'invenzione dell'autore
      - ☐ racconta una storia estranea alla esperienza di vita comune
      - ☐ ci sono elementi e personaggi inesistenti
      - ☐ non c'è nessuna logica nel racconto
      - ☐ si svolge in un mondo irreale, meraviglioso
      - ☐ in una realtà normale si insinua un elemento inspiegabile

   2. Il colombre
      - ☐ è un essere magico
      - ☐ è un animale raro studiato dagli scienziati
      - ☐ è un animale immaginario
      - ☐ ha un valore simbolico

   3. La spiegazione del racconto
      - ☐ è una sola, chiara e inequivocabile
      - ☐ è aperta a diverse interpretazioni
      - ☐ viene fornita dall'autore alla fine

   4. Lo stile narrativo è
      - ☐ lineare, semplice e senza fronzoli
      - ☐ complesso, ricco di *flashback* e colpi di scena
      - ☐ complesso, con l'uso di una sintassi elaborata e di un linguaggio colto

   5. Tempo e luoghi
      - ☐ sono indicati con chiarezza dall'autore
      - ☐ non sono indicati esplicitamente, ma sono facilmente individuabili dal lettore
      - ☐ non sono individuabili

L'interpretazione dei simboli

2. **Molti elementi del racconto possono essere interpretati in chiave simbolica. Indica che cosa potrebbero rappresentare quelli indicati e su quali elementi fondi la tua interpretazione.**

Elementi	Valore simbolico	Su che cosa si basa l'interpretazione
Il colombre		
La Perla del Mare		
L'attrazione dell'abisso		

3. **Sulla base dell'esercizio precedente, spiega qual è, secondo la tua interpretazione, il messaggio della storia.**

PER RIFLETTERE
(CONSAPEVOLEZZA ED ESPRESSIONE CULTURALE)

Io e... l'ignoto

4. **Stefano Roi è attratto dal colombre, ma solo alla fine della vita decide di incontrarlo e di sfidarlo. Tu quale atteggiamento hai nei confronti di ciò che non conosci? Lo consideri un pericolo? Fai degli esempi. Poi confronta la tua risposta con quella dei compagni.**

TUTTI SCRITTORI
(COMPETENZE DI SCRITTURA)

Ti racconto del colombre

5. **Prova a immaginare che Stefano, ormai vecchio, dopo l'incontro con il colombre non muoia ma ritorni sulla terraferma e narri la storia della sua vita. Quale potrebbe essere il suo racconto?**

   Se vuoi, puoi cominciare così:

   > *Per lunghissimi anni ho cercato di sfuggire al colombre. Lo conoscete? Ve lo descrivo e vi racconto in che modo l'ho incontrato...*

I diversi volti del fantastico

+ facile

Il naso

L'opera. Il racconto fu pubblicato per la prima volta sulla rivista «Sovremennik» (Il Contemporaneo) nel 1836 e poi fu incluso nella raccolta Racconti di Pietroburgo del 1842. In realtà Gogol' aveva iniziato a scrivere il racconto molto prima della sua pubblicazione, intorno al 1830, negli anni in cui in tutta Europa andava di moda scrivere dei divertissement (dei racconti divertenti), che avessero come oggetto il naso.

Il testo. Il naso narra le vicende dell'assessore collegiale Kovalév, che una mattina si sveglia senza naso; crede che sia stato il diavolo in persona a rubarglielo ed è disperato perché così conciato non può frequentare l'alta società. Uscito tutto infagottato per non mostrare l'improvvisa anomalia, incontra per strada proprio il suo naso che, vestito in alta uniforme da Consigliere di Stato, si allontana tracotante.

1. **barbitonsore**: barbiere.

Il 25 di marzo, a Pietroburgo, accadde un fatto d'insolita stranezza. Il barbitonsore[1] Ivàn Jàkovlevič, che abitava sul Voznesenskij Prospèkt (il cognome è andato perduto, e persino sull'insegna – dov'è raffigurato un signore con le guance insaponate e la scritta: «Si fanno anche salassi» – esso più non compare), il barbitonsore Ivàn Jàkovlevič si svegliò piuttosto presto e sentì il profumo del pane caldo. Sollevatosi un poco sul letto, vide che la consorte, una signora piuttosto rispettabile, che amava molto bere caffè, stava giustappunto tirando fuori dal forno dei panini appena cotti.

«Quest'oggi, Praskov'ja Òsipovna, non berrò caffè», disse Ivàn Jàkovlevič: «mentre invece avrei voglia di mangiarmi un panino caldo con la cipolla». (Ossia, Ivàn Jàkovlevič avrebbe voluto e l'una cosa e l'altra, ma sapeva che era davvero impossibile pretendere due cose insieme: poiché Praskov'ja Òsipovna non gradiva affatto simili fantasie.)

«Che questo scemo si mangi pure il pane; per me va davvero meglio così»,

Parole, parole...

Salassi e altre cure

- Il *salasso* è una terapia antica che consiste nell'estrarre sangue tramite un'incisione, un ago o l'applicazione di sanguisughe sulla pelle con lo scopo di prevenire o curare delle malattie. Oggi si tratta di una pratica in disuso, ma il termine *salasso* si usa ancora per indicare una spesa particolarmente onerosa. Sai spiegare perché?
- Consulta i sinonimi di *salasso* indicati sul dizionario. Ce n'è uno che ti può aiutare nella tua spiegazione perché può essere riferito sia alla terapia medica sia all'esborso di denaro. Qual è questa parola?
- Inventa una frase per ciascuno dei due significati di *salasso*.
- Ci sono altri termini presenti nel testo che non conosci? Cercali sul dizionario e riportane sul quaderno il significato.

UNITÀ 2 — LA NARRATIVA FANTASTICA E ALLEGORICA

pensò tra sé e sé la consorte: «Mi resterà un'intera porzione di caffè in più». E gettò un panino sul tavolo.

Iвàn Jàkovlevič per decenza indossò la marsina[2] sopra alla camicia da notte e, sedutosi a tavola, versò il sale, preparò due bulbi di cipolla, prese in mano il coltello e, con espressione ispirata s'apprestò a tagliare il pane. Tagliato il pane in due, ci guardò dentro e, con suo stupore, vide qualcosa di biancheggiante. Iвàn Jàkovlevič frugò con cautela col coltello, e palpeggiò col dito: «Qualcosa di consistente», disse tra sé e sé: «cosa potrà mai essere?».

Vi infilò le dita, e ne tirò fuori – un naso! ... Iвàn Jàkovlevič si sentì persino cadere le braccia; cominciò a sfregarsi gli occhi, e a tastarlo: un naso! Era davvero un naso. E, per di più, gli parve persino di conoscerlo. Il terrore si dipinse sul volto di Iвàn Jàkovlevič, ma questo terrore fu nulla a confronto dello sdegno che si impossessò della sua consorte.

«Dove hai tagliato quel naso, belva?» si mise a urlare, irata. «Truffatore! Ubriacone! Sarò io stessa a denunciarti alla polizia. Razza di brigante! Me l'avevan già detto in tre che, quando radi, stiracchi i nasi in modo tale che è un miracolo se restano attaccati.»

Ma Iвàn Jàkovlevič era più morto che vivo. Sapeva che quel naso d'altri non era che dell'assessore di collegio Kovalév, che egli radeva ogni mercoledì e la domenica.

«Ferma, Praskov'ja Òsipovna! Lo metterò in un angolo, avvolto in uno straccio: che se ne resti lì un pochettino; e poi lo porterò via.»

«Non voglio nemmeno sentirne parlare! Che io consenta che un naso mozzato se ne resti qui, nella mia stanza?... Biscotto abbrustolito! Sei solo capace di passare il rasoio sulla cinghia, e tra poco non sarai assolutamente più in grado di compiere il tuo dovere, cialtrone incanaglito! Che io debba rispondere di te alla polizia?... Ah, sudicione, testa di legno! Fuori di qui! Fuori! Portalo dove vuoi! Che io non ne senta nemmeno l'odore!»

Iвàn Jàkovlevič era completamente annientato. Pensava, pensava, e non sapeva davvero che cosa pensare. «Lo sa il diavolo com'è successo», disse alla fine, dopo essersi grattato dietro un orecchio. «Non saprei certo dire se ieri sono tornato a casa ubriaco oppure no. Ma a giudicare da tutti gli indizi quest'avvenimento è davvero qualcosa di inaudito: poiché il pane è una cosa da forno, mentre un naso non lo è assolutamente. Non ci capisco niente!...» Iвàn Jàkovlevič tacque. Il pensiero che i poliziotti avrebbero potuto cercare il naso in casa sua e incriminarlo lo ridusse in un autentico stato di smarrimento. Già gli

2. marsina: abito con le falde della giacca a coda di rondine.

I diversi volti del fantastico

balenava dinanzi agli occhi un colletto scarlatto[3] con l'elegante ricamo in argento, una spada... e tutto il suo corpo era scosso da un tremito. Alla fine prese il vestito e gli stivali, si ammucchiò addosso tutta quella schifezza e, accompagnato dalle pesanti esortazioni di Praskov'ja Òsipovna, avvoltolò il naso in uno straccio e uscì per strada.

Voleva ficcarlo da qualche parte: o accanto a un paracarro, in un portone, o lasciarlo cadere così, come per caso, per poi svoltare rapido in un vicolo. Ma disgrazia volle che continuasse a incappare in qualche conoscente, il quale esordiva subito con la domanda: «Dove stai andando?» o «Chi è che t'appresti a radere così di buon'ora?» di modo che Ivàn Jàkovlevič non riusciva in alcun modo a cogliere il momento propizio. Una volta l'aveva già lasciato cadere, ma da lontano un gendarme glielo indicò con l'alabarda, accompagnando il gesto con le parole: «Raccogli! T'è caduto qualcosa!». E Ivàn Jàkovlevič dovette raccogliere il naso e ficcarselo in tasca. La disperazione si impadronì di lui, tanto più che la gente s'infittiva sempre più per la strada via via che negozi e botteghe aprivano i battenti.

Prese la decisione di recarsi al ponte Isàkievskij: chissà che, in un modo o nell'altro, non gli riuscisse di scagliarlo nella Neva[4]... Ma io sono davvero imperdonabile, in quanto fino a ora non ho ancora detto nulla di Ivàn Jàkovlevič, uomo degno sotto molti aspetti.

Ivàn Jàkovlevič, come qualsiasi artigiano russo che si rispetti, era un tremendo ubriacone. E sebbene ogni giorno radesse i menti altrui, il suo era perennemente intonso[5]. La marsina di Ivàn Jàkovlevič

3. scarlatto: rosso. Il colletto scarlatto e gli altri elementi ricordano la divisa di una guardia.
4. Neva: il fiume che bagna la città russa di San Pietroburgo.
5. intonso: non tosato, trascurato.

UNITÀ 2 — LA NARRATIVA FANTASTICA E ALLEGORICA

(Ivàn Jàkovlevič non andava mai da nessuna parte in finanziera) era pezzata, ovvero era nera, ma tutta pomellata di marrone giallastro, e di grigio; il colletto era lucido; e al posto dei tre bottoni pendevano soltanto i tre fili. Ivàn Jàkovlevič era un gran cinico[6], e quando l'assessore di collegio Kovalév era solito dirgli, durante la rasatura: «A te, Ivàn Jàkovlevič, puzzano eternamente le mani!» Ivàn Jàkovlevič rispondeva con la domanda: «E perché mai mi dovrebbero puzzare?». «Non lo so, fratello, so solo che puzzano», diceva l'assessore di collegio, e Ivàn Jàkovlevič, dopo aver annusato del tabacco, per vendicarsi l'insaponava sulle guance e sotto al naso, dietro alle orecchie e sotto al mento, in una parola, là dove più gli garbava.

Questo degno cittadino si trovava ormai sul ponte Isàkievskij. Innanzi tutto si guardò attorno; quindi si chinò sul parapetto, come per vedere se sotto al ponte ci fossero molti pesci, e di soppiatto scagliò lo straccio col naso. Fu come se d'un colpo si fosse scaricato di dosso dieci pud[7]: a Ivàn Jàkovlevič venne persino da ridacchiare. Invece di andare a radere menti impiegatizi, si diresse verso una rivendita con la scritta: «Cibarie e tè» per ordinare un bicchiere di punch, quando improvvisamente notò, all'altro capo del ponte, il sorvegliante di quartiere, con la sua aria nobile, larghe fedine[8], il cappello a tricorno in testa, la spada. Ivàn Jàkovlevič raggelò, e intanto il sorvegliante di quartiere gli stava facendo cenno col dito e diceva: «Vieni un po' qua, carino!».

Ivàn Jàkovlevič, che sapeva il fatto suo in materia d'educazione, fin da lontano si cavò il berretto e, accostandosi spedito, disse: «Auguro ogni bene a vostr'Eccellenza!».

«No, no, caro mio, qui non c'è nessuna Eccellenza: ma dimmi un po', cos'è che stavi facendo sul ponte?» «Com'è vero Iddio, signor mio, stavo andando a fare una barba, e mi son fermato soltanto per vedere se il fiume correva veloce.»

«Menti, menti! Con questa non te la cavi. Fammi la cortesia di rispondere!»

---

6. cinico: una persona insensibile.
7. pud: un pud equivale a kg 16,375; evidentemente qui si esagera per significare il sollievo del protagonista.
8. fedine: strisce di barba che scendono oltre le basette e incorniciano il viso.

I diversi volti del fantastico

«Io sono pronto a radere vostra grazia due, o persino tre volte alla settimana», rispose Ivàn Jàkovlevič, «No, carissimo, queste son tutte sciocchezze! Mi radono già tre barbitonsori, e lo considerano pure un grande onore. Ma adesso fammi la cortesia di dirmi cosa stavi combinando lassù.»

Ivàn Jàkovlevič impallidì... Ma qui l'accaduto si perde completamente nella nebbia, e di quel che in seguito avvenne s'ignora decisamente ogni cosa.

L'assessore di collegio Kovalév si svegliò piuttosto presto e con le labbra fece: «Brr...», cosa che faceva sempre quando si destava, sebbene egli stesso non fosse in grado di spiegarne il motivo. Kovalév si stirò, chiese che gli venisse portato il piccolo specchio che teneva sul tavolo.

Voleva dare un'occhiata a una pustoletta che la sera precedente gli era saltata fuori sul naso; ma con suo sommo stupore vide che, al posto del naso, aveva uno spazio completamente liscio! Spaventato, Kovalév si fece portare dell'acqua e si lavò gli occhi con una salvietta: il naso non c'era proprio! Cominciò a tastare con la mano per cercare di sapere se, per caso, non stesse dormendo. A quanto pareva era ben sveglio. L'assessore di collegio Kovalév saltò su dal letto, sconvolto: niente naso!... Ordinò subito che gli venissero portati i vestiti e volò dritto dal commissario di polizia.

(N.V. Gogol', *Opere*, tradotto dal russo da S. Prina, Mondadori)

Attività

CHE COSA DICE IL TESTO
COMPETENZE DI LETTURA

Un naso che appare e scompare

1. Ricostruisci la storia, riordinando le informazioni.
   - ☐ Ivàn incontra il sorvegliante di quartiere.
   - ☐ Dopo un litigio con la moglie, Ivàn esce di casa con l'intento di liberarsi del naso.
   - ☐ Ivàn si avvicina al ponte sulla Neva e getta il naso nel fiume.
   - ☐ Ivàn trova nel panino che sta per mangiare un naso.
   - ☐ Ivàn cerca inutilmente di abbandonare il naso da qualche parte.
   - ☐ Ivàn si sveglia e si accinge a fare colazione.
   - ☐ L'assessore di collegio Kovalév si sveglia e scopre di non avere più il naso.

2. Ivàn Jàkovlevič sa di chi è il naso che ha trovato? Sottolinea il passo che giustifica la tua risposta.

3. Scegli la risposta corretta tra le alternative proposte.

   1. Qual è la preoccupazione principale di Ivàn Jàkovlevič dopo che ha trovato il naso?
      - ☐ Capire come sia potuto accadere
      - ☐ Preoccuparsi di renderlo al proprietario
      - ☐ Sbarazzarsi del naso

UNITÀ 2 — LA NARRATIVA FANTASTICA E ALLEGORICA

2. Che cosa gli impedisce di fare quello che ha deciso?
- ☐ La paura di far male al proprietario del naso
- ☐ Il giudizio degli altri e il controllo dei gendarmi
- ☐ Il desiderio di trovare una spiegazione alla situazione

3. Come reagisce quando il gendarme lo ferma e lo interroga?
- ☐ Non gli risponde
- ☐ Gli spiega ciò che è accaduto
- ☐ Mente e cerca di corromperlo

Una società repressiva e fondata sull'apparenza

4. La vicenda è ambientata a San Pietroburgo, una grande città della Russia, alla fine dell'Ottocento. La città sembra popolata soprattutto da gendarmi, poliziotti e sorveglianti: quante volte compaiono o vengono evocati nel brano?
- ☐ Tre   ☐ Cinque   ☐ Otto

5. I personaggi vengono sempre presentati sottolineando il loro ruolo sociale o con affermazioni che ne definiscono la posizione (più o meno prestigiosa) all'interno della società. Scrivi, per ciascun personaggio, il suo titolo o il suo livello sociale e qualche particolare del suo aspetto esteriore che lo confermi.

Iván • La moglie • Kovalév

COME È FATTO IL RACCONTO FANTASTICO
CONSAPEVOLEZZA ED ESPRESSIONE CULTURALE

Fantastico e assurdo

6. Quali caratteristiche del racconto fantastico trovi nel testo?
- ☐ La presenza del soprannaturale
- ☐ La presenza di qualcosa di inspiegabile e assurdo
- ☐ La sensazione di angoscia che contagia anche il lettore
- ☐ Il colpo di scena
- ☐ L'irrompere dell'irrazionale in una situazione di normalità quotidiana

7. Il testo narra un fatto tragico sia per colui che è vittima della sparizione (l'assessore Kovalév) sia per colui che trova il naso in un panino. L'intonazione del racconto ti sembra drammatica o comica? Quali sono gli elementi del testo che giustificano la tua risposta?

La Russia dell'Ottocento e noi

8. Leggi alcune interpretazioni del brano. Quale ti sembra adeguata?
- ☐ Il testo costituisce la spiegazione della situazione sociale della Russia nell'Ottocento: una realtà in cui le classi sociali sono definite e il passaggio dall'una all'altra risulta impossibile. Vi si può leggere anche lo specchio della società attuale.
- ☐ Il testo presenta la realtà russa ottocentesca, con un governo autoritario che vorrebbe avere il controllo di tutta la popolazione ma non ci riesce. Vi si parla anche dei governi europei dell'Ottocento.
- ☐ Il testo costituisce un'amara e nello stesso tempo divertente satira della società russa, fondata su rigide gerarchie, burocratica e repressiva, popolata da personaggi timorosi di perdere il loro prestigio sociale.

TUTTI SCRITTORI
COMPETENZE DI SCRITTURA

Se improvvisamente trovassi...

9. Il protagonista della prima parte del racconto trova inaspettatamente, in un luogo improbabile, un naso. E a te, che cosa piacerebbe trovare? Prova a costruire un racconto a partire da una situazione altrettanto assurda. Se vuoi, puoi iniziare così:

> *Finalmente finita la giornata a scuola! Non ho voglia di tornare subito a casa e gioco seguendo il percorso dei sassi che faccio rotolare con i miei piedi. Uhhh, questo non è un sasso, è qualcosa di...*

SCUOLA DI SCRITTURA
Nella lezione 10 trovi indicazioni per scrivere storie di genere fantastico.

I diversi volti del fantastico

Franz Kafka

Un enorme insetto immondo

L'opera. La metamorfosi, *da cui è tratto il testo*, è un racconto pubblicato nel 1912. Narra la storia di Gregor Samsa, un rappresentante di commercio che un mattino si sveglia trasformato in un insetto mostruoso. Da quel momento la sua vita e quella della sua famiglia cambieranno: a poco a poco tutti lo abbandoneranno, la famiglia vivrà nella povertà, la sua camera verrà trasformata in un ripostiglio. Quando Gregor muore, una domestica lo spazza via e per la sua famiglia rinasce la speranza di poter avere una vita normale.

Il testo. Il brano racconta il risveglio di Gregor e la sua progressiva consapevolezza di essersi trasformato in un insetto, la fatica ad accettare la nuova condizione, il tentativo di riprendere la vita normale.

Gregorio[1] Samsa, svegliandosi una mattina da sogni agitati, si trovò trasformato, nel suo letto, in un enorme insetto immondo[2]. Riposava sulla schiena, dura come una corazza, e sollevando un poco il capo vedeva il suo ventre arcuato, bruno e diviso in tanti segmenti ricurvi, in cima a cui la coperta da letto, vicina a scivolar giù tutta, si manteneva a fatica. Le gambe, numerose e sottili da far pietà, rispetto alla sua corporatura normale, tremolavano senza tregua in un confuso luccichio dinanzi ai suoi occhi.

Cosa m'è avvenuto? pensò. Non era un sogno. La sua camera, una stanzetta di giuste proporzioni, soltanto un po' piccola, se ne stava tranquilla fra le quattro ben note pareti. Sulla tavola, un campionario disfatto di tessuti – Samsa era commesso viaggiatore – e sopra, appeso alla parete, un ritratto, ritagliato da lui – non era molto – da una rivista illustrata e messo dentro una bella cornice dorata: raffigurava una donna seduta, ma ben dritta sul busto, con un berretto e un boa[3] di pelliccia; essa levava incontro a chi guardava un pesante manicotto, in cui scompariva tutto l'avambraccio.

Lo sguardo di Gregorio si rivolse allora verso la finestra, e il cielo fosco (si sentivano battere le gocce di pioggia sullo zinco della finestra) lo immalinconì completamente. Che avverrebbe se io dormissi ancora un poco e dimenticassi ogni pazzia? pensò; ma ciò era assolutamente impossibile, perché Gregorio era abituato a dormire sulla destra, ma non poteva, nelle sue attuali condizioni, mettersi in quella posizione. Per quanto si gettasse con tutta la sua forza da quella parte, tornava sempre oscillando sul dorso: provò per cento volte, chiuse gli occhi per non veder le sue zampine dimenanti, e rinunciò soltanto quando cominciò a sentire nel fianco un dolore sottile e sordo, ancora non mai provato.

O Dio, pensava, che professione faticosa ho scelto!

Ogni giorno su e giù in treno. L'affanno per gli affari è molto più intenso che in un vero e proprio ufficio, e v'è per giunta questa piaga del viaggiare, le preoccupazioni per le coincidenze dei treni, la nutrizione irregolare e cattiva; le relazioni cogli uomini poi cambiano a ogni momento e non possono mai diventare durature né cordiali. Al diavolo ogni cosa! Sentendo un leggero prurito nella parte più alta del ventre, si spinse len-

---

1. Gregorio: La traduzione che abbiamo scelto è del 1970 e in quegli anni si usava tradurre in italiano anche i nomi propri. Oggi però si utilizza il nome originale, quindi noi ti parleremo di "Gregor Samsa".

2. immondo: repellente, sudicio.

3. boa: lunga sciarpa di pelliccia o piume di struzzo.

UNITÀ 2 — LA NARRATIVA FANTASTICA E ALLEGORICA

tamente sulla schiena verso una colonnetta del letto per poter alzar meglio il capo: il punto che pizzicava era tutto coperto di puntini bianchi, di cui non sapeva che pensare; si provò a toccarlo con una gamba, ma subito la ritrasse perché al primo contatto lo aveva percorso un brivido.

Così sdrucciolò di nuovo nella posizione di prima: queste levatacce, pensava, istupidiscono completamente. L'uomo deve avere il suo sonno. Altri commessi viaggiatori vivono come donne di un harem. Quando io, per esempio, durante la mattinata vado alla trattoria per trascrivere le commissioni avute, quei signori stanno appena facendo colazione. Dovrei provare a farlo io, col mio principale! Volerei via in un baleno. Chi sa, del resto, potrebbe essere un vantaggio per me! Se non mi trattenessi per i miei genitori, mi sarei licenziato da un pezzo: me ne sarei andato dal principale e gli avrei detto il mio parere dal profondo del cuore. Sarebbe sceso allora dalla sua cattedra! Anche quella è una bella invenzione, mettersi in cattedra a parlare dall'alto in basso coll'impiegato, il quale poi gli si deve avvicinare sempre più a causa della sua sordità. Be', ogni speranza non è perduta: una volta che io abbia raccapezzato del denaro per pagargli il debito dei genitori – ancora cinque o sei anni – questo lo farò senz'altro. Allora avverrà il gran distacco. Intanto bisogna che io mi alzi in ogni modo perché il treno parte alle cinque. E dette un'occhiata alla sveglia, che ticchettava sul cassettone. Dio del Cielo! pensò. Erano le sei e mezzo e le lancette proseguivano tranquillamente il loro cammino, anzi la mezza era quasi passata e si avvicinavano già i tre quarti. La sveglia non aveva dunque funzionato? Si vedeva dal letto una lancetta regolarmente fissata sulle quattro e senza dubbio la sveglia doveva aver suonato. Ma era stato dunque possibile rimanere sordi nel sonno a quel suono che scuoteva i mobili? Certo, non aveva avuto un sonno tranquillo ma, forse perciò, tanto più pesante. Ed ora che cosa doveva fare? Il prossimo treno partiva alle sette; per riuscire ad acchiapparlo, bisognava che egli si affrettasse in maniera inverosimile; il campionario inoltre non era ancora pronto e del resto egli stesso non si sentiva molto fresco e svelto. Ma anche se fosse riuscito a prendere quel treno, un rimprovero del principale non c'era da evitarlo, perché il fattorino della ditta lo aveva atteso al treno delle cinque, e certamente aveva già riferito la sua trascuratezza. Era una creatura del principale, senza volontà né comprendonio. E se si desse malato? Ma ciò sarebbe stato molto penoso e sospetto, perché Gregorio non era stato malato neppure una volta nel suo quinquennio di impiego. Certamente sarebbe venuto il principale col medico della cassa malattie, avrebbe fatto delle rimostranze ai genitori per il figlio pigro, e avrebbe troncato tutte le obiezioni richiamandosi al dottore, per cui del resto non esistono che uomini completamente sani ma poltroni. E avrebbe avuto in questo caso tutti i torti? Gregorio si sentiva proprio bene, all'infuori di una sonnolenza veramente inspiegabile dopo un riposo così lungo, e aveva perfino ottimo appetito.

Mentre faceva tutte queste considerazioni in gran furia, senza potersi decidere a lasciare il letto – l'orologio suonò appunto le sei e tre quarti – sentì picchiare con prudenza alla porta a capo del letto. «Gregorio» chiamava una voce (era la mamma) «è già un quarto alle sette. Non volevi partire?» Oh, la dolce voce! Gregorio si spaventò quando sentì la propria risposta: era indiscutibilmente la sua voce di prima, ma vi si mischiava, quasi salisse dal basso, un pigolìo incontenibile, doloroso, che lasciava comprendere le parole soltanto in un primo momento, ma le confondeva poi talmente nell'eco da far dubitare di averle intese. Gregorio voleva rispondere distesamente e spiegare tutto ma, in queste condizioni, si limitò soltanto a dire: «Sì, sì, grazie mamma, sto già levandomi». La porta di legno impediva certamente che si notasse il cambiamento della sua voce; la madre infatti si tranquillizzò a questa risposta e se ne andò ciabattando. Ma da quel breve colloquio anche gli altri membri della famiglia erano stati avvisati che Gregorio, contro ogni aspettativa, era ancora in casa e già il padre bussava debolmente, ma con il pugno.

«Gregorio, Gregorio» chiamava «che c'è?» e dopo un piccolo intervallo ripeteva ancora a voce più bassa: «Gregorio, Gregorio!».

Dall'altra porta laterale la sorella gemeva piano: «Gregorio? Non ti senti bene? Hai bisogno di qualcosa?».

In tutt'e due le direzioni Gregorio rispose: «Sono già pronto» e si affannò a togliere alla sua voce ogni anormalità, con la più accurata dizione e con l'intercalare lunghe pause fra le singole parole. Il padre tornò alla sua colazione, ma la sorella sussurrò: «Gregorio, apri, te ne scongiuro».

Ma Gregorio non ci pensava neanche ad aprire, anzi lodava in cuor suo la precauzione, acquistata col viaggiare, di chiudere a chiave anche a casa tutte le porte durante la notte.

Ora intanto voleva alzarsi tranquillo e indisturbato, vestirsi e soprattutto far colazione; solo allora avrebbe pensato al resto, poiché – se n'era ormai accorto – rimanendo a letto non sarebbe arrivato con le sue riflessioni a una conclusione ragionevole.

Si ricordava di aver provato già più volte a letto un doloretto, forse provocato da una incomoda posizione, che poi, appena alzato, si era dimostrato soltanto pura immaginazione: era curioso di vedere come le sue fantasie sarebbero sfumate lentamente quel giorno.

Egli non dubitava menomamente[4] che il cambiamento della sua voce fosse soltanto l'annuncio di un forte raffreddore, un malanno professionale dei commessi viaggiatori. Buttar via la coperta era una cosa molto semplice: bastò ch'egli si gonfiasse un poco per farla cadere da sé. Ma

---

4. **menomamente**: per nulla.

UNITÀ 2 — LA NARRATIVA FANTASTICA E ALLEGORICA

dopo cominciarono le difficoltà, specialmente perché egli era inverosimilmente largo. Avrebbe avuto bisogno di braccia e di mani per levarsi, e invece aveva soltanto tutte quelle zampine, che senza interruzioni si agitavano in ogni senso e che inoltre egli non sapeva comandare. Se provava a piegarne una, subito egli s'irrigidiva, e quando gli riusciva finalmente di far con quella zampina quel che voleva, tutte le altre si muovevano intanto come sfrenate a una altissima e dolorosa intensità. «Basta non trattenersi più così inutilmente a letto!» si diceva Gregorio. Dapprima voleva scendere dal letto con la parte inferiore del corpo, ma era troppo difficile smuoverla e poi egli non l'aveva ancora veduta e non sapeva neanche farsene un'idea esatta: era così lento a muoversi!

Quando finalmente, quasi pazzo dalla rabbia e raccogliendo tutte le sue forze si slanciò senza riguardo in avanti, sbagliò direzione, batté violentemente contro la colonnetta in fondo al letto, e il dolore cocente che provò allora gli insegnò che proprio la parte inferiore del suo corpo era forse momentaneamente la più sensibile.

(F. Kafka, *Racconti*, traduzione dal tedesco di R. Paoli, Mondadori)

Attività

CHE COSA DICE IL TESTO
COMPETENZE DI LETTURA

Un insetto immondo

1. Dopo la lettura, rispondi alle domande.

> Chi è Gregor Samsa? Quali informazioni ci dà l'autore sul personaggio?
> Chi sono i familiari che vivono con lui?
> Che cosa accade al protagonista?
> Quali sono le trasformazioni del suo corpo?
> Che cosa dovrebbe fare la mattina dopo il risveglio? Qual è la sua prima preoccupazione?
> Quali reazioni teme da parte del suo principale?
> Gregor non ama il suo lavoro: perché non si licenzia?
> Che cosa gli succede quando decide finalmente di alzarsi dal letto?

COME È FATTO IL RACCONTO FANTASTICO
CONSAPEVOLEZZA ED ESPRESSIONE CULTURALE

La metamorfosi

2. Analizza le caratteristiche del brano letto.

a. Il narratore è esterno, ma assume il punto di vista di Gregor: trova nel testo qualche esempio.

b. Quando il racconto inizia, il fatto strano si è già verificato. Il protagonista ha il corpo di un insetto, ma conserva la facoltà di pensiero umana: da quali elementi lo comprendi?

c. Il protagonista non sembra sorpreso di trovarsi trasformato in un insetto mostruoso: osserva il proprio nuovo corpo nei minimi particolari e sembra più preoccupato di come riuscire a muoversi che angosciato per la sua situazione. Questa tecnica, detta di "straniamento", spinge il lettore a identificarsi con il protagonista o a rimanere distaccato rispetto alla vicenda?

d. Gregor cerca di evitare di confrontarsi con la realtà e continua a pensare alla sua vita come se fosse normale:

- che giustificazioni cerca di dare a ciò che percepisce nel suo corpo?
- a cosa pensa sia dovuta la trasformazione della sua voce?
- quali soluzioni immediate trova nel tentativo di sentirsi normale?

e. Nel racconto fantastico i luoghi hanno un significato simbolico. Di che cosa può essere simbolo la stanza nella quale Gregor si è chiuso e dalla quale ora non può uscire?

I diversi volti del fantastico

PER RIFLETTERE

Perché un insetto?

3. Il racconto di Kafka è simbolico, allegorico. Molti critici hanno sostenuto che Gregor si trasforma in un insetto perché si considera un essere inferiore, indegno di stare insieme alle persone. Nella parte del racconto che hai letto ci sono elementi che confermino questa interpretazione? Quali?

4. Ti sei mai sentito a disagio in un ambiente o con un gruppo di persone? Come hai reagito?

TUTTI SCRITTORI

COMPETENZE DI SCRITTURA

La mia metamorfosi

5. Se anche tu fossi oggetto di una metamorfosi, in che cosa potresti trasformarti? Prova a pensare che cosa potresti essere se fossi:

   a. un animale   b. un edificio   c. un oggetto

SCUOLA DI SCRITTURA
Nella lezione 10 trovi indicazioni per scrivere testi di genere fantastico.

LE METAMORFOSI

Per approfondire

Il termine "metamorfosi" (dal greco *metà*, "trasformazione" e *morphè*, "forma") indica una trasformazione profonda. In ambito zoologico la metamorfosi è la serie di mutamenti di forma e struttura alla quale sono soggetti molti animali prima di giungere allo sviluppo completo.

In letteratura la metamorfosi è la trasformazione di un essere in un altro di natura diversa; si tratta di uno stratagemma letterario che ha affascinato autori e lettori fin dall'antichità.

Nella letteratura greca compaiono numerose metamorfosi di creature divine o umane: una delle più antiche si può leggere nell'*Odissea*: durante il viaggio Ulisse e i suoi compagni approdano sull'isola di Eea; qui la maga Circe invita i compagni di Ulisse a un banchetto per poi trasformarli in animali. Nel I secolo dopo Cristo l'autore latino Apuleio scrisse *Le Metamorfosi*, o *L'asino d'oro*, in cui narra le vicende del giovane Lucio. Egli approda in Tessaglia, terra di maghi: nel tentativo di imitare la sua ospite che, grazie a un unguento prende le sembianze di un gufo per poi ritornare umana, per un errore si trasforma in asino. Solo dopo una serie di peripezie ritroverà la forma umana. Nell'opera di Ovidio, uno dei maggiori scrittori latini, vengono riproposti i più importanti racconti mitologici dell'antica Grecia, molti dei quali fanno riferimento a metamorfosi: la ninfa Dafne si trasforma in alloro per non cadere nelle mani di Apollo che si è invaghito di lei; Siringa viene trasformata in canna per sfuggire a Pan che userà poi il suo tronco per farne un flauto; la ninfa Callisto viene mutata in orsa da Era, moglie di Zeus, gelosa delle attenzioni del marito per la bella creatura...

Le fiabe, che fanno parte della tradizione orale popolare, presentano spesso delle trasformazioni che a volte sono una punizione per una cattiveria, un azzardo, un difetto; altre volte costituiscono una forma di difesa: ci si trasforma per sfuggire a un agguato, per nascondersi di fronte a un pericolo; altre volte ancora sono una punizione o un premio.

Attività

> Quali "metamorfosi" hai incontrato nel corso delle tue letture?

> Quali rappresentano una punizione? Quali sono, invece, un mezzo per salvarsi da un pericolo? Quali un premio?

UNITÀ 2 — LA NARRATIVA FANTASTICA E ALLEGORICA

 Jules Feiffer

Ospiti inattesi

Henry, scrittore e illustratore di libri per bambini, ha trascorso la vita a costruire personaggi immaginari e a inventare storie fantastiche, attento a evitare che nei suoi racconti ci fosse un messaggio, un consiglio, un incoraggiamento. Improvvisamente nel suo studio appaiono, "ospiti inattesi", alcuni protagonisti delle sue storie.

Henry trasalì, ma non fu del tutto sorpreso quando vide apparire il topo canterino nello studio. Dopotutto era un autore e illustratore di libri per bambini. Scriveva e disegnava storie che parlavano di orsi, maiali, paperi, cani, gatti, muli, asini, elefanti, volpi, squali, balene, aquile, gufi e topi parlanti e canterini, oltre che di tavoli e sedie e fiori chiacchierini e, una volta, di un'intera strada di villini signorili che di star fermi non volevano saperne.

Fu in un villino come quelli, il suo, che il topo canterino si presentò a Henry. L'evento accadde un po' di tempo dopo che sua moglie si era portata i loro due figli in vacanza – una vacanza che durava adesso da più di un anno – con la scusa che non tollerava più di vivere in quell'abitazione ancora ingombra di gingilli da bambini quando ormai i ragazzi avevano raggiunto l'adolescenza, stracolma di cianfrusaglie che da ricerche per i suoi albi illustrati finivano per diventare arredamento nel soggiorno, relitti in camera da letto, confusione nel bagno. Mattoncini delle costruzioni di ogni colore che si stagliavano fino al soffitto, auto giocattolo di svariate marche e dimensioni, tre trenini completi che facevano avanti e indietro fra tutte le stanze al piano di sopra (camere da letto, bagni e lo studio di Henry). Animali impagliati, fra i quali un ippopotamo, un cammello, una zebra, un elefante a grandezza naturale. E ricostruzioni di pezza di personaggi di animali antropomorfi che Henry aveva creato tanti anni prima, così tanti che non ricordava i nomi. Ma la cosa che più irritava sua moglie, Wilma, l'oggetto che l'aveva spinta ad andar via di casa per non farvi più ritorno fino a quando Henry non si fosse deciso a sbarazzarsene (cosa che lui si sarebbe sempre rifiutato di fare), era il boa *constrictor*[1] lungo cinquanta metri, così realistico nell'aspetto da terrorizzare la moglie e turbare il sonno ai suoi figli adolescenti. Il serpente, dieci centimetri di diametro e dipinto di colori iridescenti, partiva dallo studio di Henry al piano di sopra, arrivava giù in soggiorno, passava per la cucina e scendeva nello scantinato, dove la testa riposava appoggiata a una minuscola porticina di quercia, nel muro di pietra, che Henry aveva tentato di aprire senza mai riuscirci. Da dietro quella porta Henry aveva sentito provenire un odore di brodo di pollo.

L'ultimo atto della moglie, prima di andar via con i figli, era stato quello di prendere l'accetta che Henry usava per tagliare la legna del camino e maciullare in mille pezzi tutti i cinquanta metri del boa *constrictor*, dalla testa nello scantinato fino alla coda nello studio di Henry.

1. **boa *constrictor***: serpente di grandi dimensioni che uccide le prede soffocandole tra le sue spire.

I diversi volti del fantastico

Poi aveva fatto salire i figli nella station wagon ed era partita per la vacanza permanente. Henry era dispiaciuto per la loro partenza, ma non tanto quanto per la dipartita del suo boa preferito, che, adesso, quindici mesi dopo il suo smembramento, era tornato intero, in forma perfetta, comodamente attorcigliato attorno al topo parlante, ed entrambi cantavano una versione stonata ma esuberante di *Basta un poco di zucchero*.

Henry reagì all'apparizione senza perdere la testa. Era da così tanto tempo che conduceva una vita tutta interiore da essere perfettamente a suo agio con il ridicolo e del tutto in confidenza con l'assurdo. L'irragionevolezza era la condizione quotidiana della sua mente, condizione che di fatto aveva scombussolato la sua famiglia ma che a Henry sembrava perfettamente corretta.

Henry amava le cose che non combaciavano, quelle che non avevano senso, che non erano efficienti, o strutturate, o ordinate. Diffidava dell'ordine. La sua mente era un guazzabuglio, i suoi capelli grigi lunghi e spettinati una zazzera confusa che copriva una mente ancor più confusa. Il suo cervello incoerente godette alla visione improbabile che i suoi occhi e le sue orecchie colsero nel suo studio: quelle due creature, una coppia perfetta per l'immaginario di un autore e illustratore di libri per bambini, che armonizzavano alcuni fra i brani preferiti della sua infanzia, da *Nella vecchia fattoria* a *Zip-a-dee-doo-dah* fino a *Basta un poco di zucchero*.

«Chi siete?» domandò Henry, ma subito si corresse. «Lo so benissimo chi siete: Monte, il Topolino del mio primo libro, *Il topolino che mangiava caviale*, e Bobo il boa, di *Il signor Serpente va in città*, uno dei miei libri peggiori, forse uno dei peggiori libri illustrati mai concepiti. Perché siete venuti a cantare per me? Cos'è che state cercando di comunicare cantando le mie canzoncine d'infanzia? Non avrete in mente di cantare *Hey ho, hey ho, andiamo a lavorar*? Vi prego, non fatelo! C'è un qualche significato recondito nella vostra apparizione strana e misteriosa? Un *messaggio*, magari? Vi prego, ditemi che non siete venuti con un messaggio! Io detesto i messaggi! Non ho mai scritto un libro che contenesse un messaggio. Ho votato la mia intera vita a costruirmi un immaginario privo di messaggi, privo di consigli sensati, senza spinte a migliorare la mia mente, senza cercare e, anzi, rifuggen-

UNITÀ 2 — LA NARRATIVA FANTASTICA E ALLEGORICA

do, ciò che fosse giusto per me o che potesse cambiarmi in meglio, che mi potesse convertire, ispirare. Non ho altri desideri che quello di essere lasciato da solo con i miei personaggi, due dei quali siete voi, benché non certo quelli di maggior successo. Cosa significa? No, aspettate, ritiro la domanda! Non voglio sapere cosa significa un bel niente! A me interessano solo l'idiozia, l'insulsaggine, la farsa[2], e l'infanzia fino ai sette anni e mezzo.

E sento puzza di fumo! Perché sento puzza di fumo? Si tratta di un'altra illusione?»

E invece no! Purtroppo no. Henry distolse lo sguardo dal boa e dal topo canterino e vide che il suo studio aveva preso fuoco. La candela che accendeva ogni mattina alle sette in punto quando entrava nello studio prima di mettersi al lavoro, la candela che gli riportava l'umore ai giorni beati dell'infanzia felice – ai ricordi dei giochi e dei passatempi e delle corse in cerchio – quella candela era chissà come entrata in contatto con degli schizzi che Henry aveva gettato via quel giorno. Doveva averli gettati proprio sulla candela accesa, e così la carta da schizzi aveva preso fuoco dando inizio all'incendio. Henry avrebbe potuto accorgersi delle fiamme in tempo per porre rimedio, se non fosse stato distratto dai due animali canterini, il boa *constrictor* e il topo, che adesso lo conducevano fuori dallo studio pieno di fumo e scendevano al piano di sotto cantando e danzando *Nella vecchia fattoria*.

Henry non vedeva più granché – il fumo era fitto, e l'odore nauseabondo – e non riusciva a pensare (be', anche normalmente non riusciva a pensare).

Non provò a chiamare aiuto né a contenere le fiamme; non lo riteneva un comportamento appropriato. Quel che giudicava appropriato era seguire le creature di sua invenzione che cantavano e danzavano, ovunque queste lo conducessero.

Perché no? Aveva trascorso metà della sua vita a dirigere le creature che s'era inventato verso situazioni assurde e sventurate. Perché non avrebbero dovuto capovolgere la situazione? E quale momento migliore di quello? Era vecchio, e invecchiava di più a ogni minuto, ed era stato abbandonato dalla sua famiglia. (O era stato lui ad abbandonare loro? Ma non era quello il momento per risolvere l'inghippo.)

Perché adesso l'universo di Henry era in fiamme! Come nel libro illustrato che aveva dato alle stampe quindici anni prima, *Incendio alla caserma dei pompieri*, in cui dei vigili del fuoco pasticcioni (cani e gatti) si impicciavano a vicenda nel tentativo di spegnere le fiamme che avrebbero raso al suolo la loro caserma se un provvidenziale diluvio non avesse allagato il palazzo. La caserma aveva preso il largo in un formicaio galleggiante di animalpompieri disperati e confusi.

Ma non c'era alcun diluvio in arrivo per salvare la casa di Henry. Sarebbe stata rasa al suolo dalle fiamme con lui dentro, a meno che quel topo e quel boa *constrictor* non avessero un piano. Henry non aveva piani, né un singolo pensiero in mente, se non quello di seguire gli ani-

---

2. farsa: breve componimento di genere comico.

I diversi volti del fantastico

mali canterini ai quali aveva dato vita, e ai quali adesso affidava la sua salvezza.

Mentre il topo saltellava e il boa serpeggiava giù verso il pianterreno, i due animali si proponevano in un ritornello trascinante di *Come on, baby, light my fire*[3].

Henry non sentiva, non ascoltava. Nulla di tutto questo era di suo gradimento. S'era trasferito in quella casa appositamente per evitare ogni intrusione della vita vera nella fantasia. Nel corso degli anni aveva sopportato ben più decisioni forzate e indesiderate di quante non avesse ritenuto necessario, e queste si erano sommate ad altre decisioni indesiderate, che avevano portato ad altre decisioni ancor più indesiderate e ancor meno intenzionali. Da tempo aveva chiuso con le decisioni. Se non quelle su quale storia raccontare, su quale animale soffermarsi, quale fra gli improvvisi abusati finali a sorpresa preferiti dai lettori dispensare loro. E poi, su quale colore applicare con quale pennello su quale tipo di carta. Il suo lavoro – quello, e solo quello – era diventato la sua vita.

Non era nella giusta disposizione d'animo per affrontare una casa che gli bruciava intorno. Se c'erano delle decisioni da prendere, Henry confidava che le prendessero il topo e il boa.

Ma dov'erano diretti adesso? Mentre il fumo s'infittiva e cominciava a tallonare Henry, il topo, e il boa al piano inferiore, la porta dello scantinato si aprì e Henry discese nelle sue profondità oscure e rinfrancanti. Il fumo lì non era ancora arrivato. Anzi, era tutto fresco, fresco e sereno,

2. ***Come on, baby, light my fire***: canzone rock incisa dai Doors nel 1966.

UNITÀ 2 — LA NARRATIVA FANTASTICA E ALLEGORICA

come a sfidare tutte le fiamme che ardevano ai piani superiori. La porta dello scantinato si chiuse alle spalle sue e delle sue creature, lasciandoli nell'oscurità. Una singola lama di luce serviva ad alleviare ben poco la diffidenza di Henry verso le sagome scure e imponenti e le bieche ombre che si stagliavano ovunque tutt'intorno a lui. Nel muro di fronte, illuminata dal chiarore diffuso dalla finestra, Henry fu in grado di distinguere la porticina che non era mai stato in grado di aprire. Fu verso quella porta che vide dirigersi il topo e il boa. E poi i due giunsero alla porta... e sparirono. Attraverso, sotto, sopra la porta?

«Aspettate!» gridò Henry. «Cosa faccio adesso?»

Una voce dietro l'uscio gridò: «Sei tu, Henry?». La riconobbe immediatamente. Era la voce di Lena la Leonessa, come l'aveva immaginata nella sua testa quando aveva scritto e disegnato il suo più grande successo, *Leonessa in estate*.

«Be', devo dire che ce ne hai messo di tempo!» fece una seconda voce, anche questa familiare per i mesi che aveva impiegato a inventarsi mentalmente i dialoghi. Era Wesley il Verme, protagonista del suo famoso libro illustrato *Il verme ritorna*.

Tutte quelle voci, decine adesso, ciarlavano, miste a versi di animali: grugniti, schiamazzi, latrati, miagolii, cinguettii, muggiti... un intero serraglio che gridava fra muggiti e ragli e miagolii: «Henry!» «È Henry!» «Era ora, Henry!».

Henry tossì. Il fumo cominciava a filtrare dal piano di sopra. Saliva a spirale da sotto la porta dello scantinato. Ma era l'altra porta, la piccola porta misteriosa, a catturare tutta la sua attenzione. Con l'avanzare del fumo sembrava brillare sempre più. «Santo cielo!» disse Henry a gran voce. «C'è un messaggio in questo!» Batté le mani per la gioia di quella rivelazione.

«Ciò che ho cercato di evitare nel mio lavoro per tutta la vita... e guardate che ho combinato!»

Discese di un altro passo, cauto, lungo le scale. «Mi sono costruito una trappola su misura, e mi ci sto cacciando dentro!» Batté le mani due volte adesso, come ad applaudire per la conclusione a cui stava giungendo. «Ho creato tutto questo per nascondere l'evidenza: che sto per morire. Ho costruito una storiella ingegnosa, adornandola con tutta la mia fantasia e i miei sotterfugi, per guidare me stesso fino a questa porta e consegnare il messaggio che non avrei saputo accettare in altre forme. Ho trasformato la mia morte in un racconto per bambini. Oh, sono uno scrittore molto migliore di quanto non avrei mai potuto immaginare!»

Con un'eccitazione in corpo che non aveva più provato da quando era bambino, Henry discese l'ultimo scalino, avanzando inquieto verso il suo porto d'entrata. Il cuore gli martellava in petto. Era certo di aver visto la maniglia girare.

(J. Feiffer, da *Le cronache di Harius Burdick*, tradotto dall'inglese da G. Iacobaci, Il castoro)

Attività

CHE COSA DICE IL TESTO
COMPETENZE DI LETTURA

Animali e messaggi

1. **Rispondi alle domande.**
   > In quali condizioni si trova il protagonista all'inizio della storia? (dove è, con chi, perché si trova in quella situazione?) ....
   ....
   > Chi appare, improvvisamente? ....
   ....
   > Come reagisce il protagonista? ....
   ....
   > Che cosa accade, improvvisamente, nella casa? ....
   ....
   > Come reagisce il protagonista? ....
   ....
   > Che cosa avviene nello scantinato? ....
   ....
   > Che cosa fa, infine, il protagonista? ....
   ....

2. Prova a delineare la concezione della vita del protagonista; puoi aiutarti sottolineando nel testo le parole e le frasi che ti permettono di comprenderla.
   ....
   ....

COME È FATTO IL RACCONTO FANTASTICO
CONSAPEVOLEZZA ED ESPRESSIONE CULTURALE

Realtà e fantasia

3. Indica quali caratteristiche del racconto fantastico e allegorico ritrovi nel testo.
   - [ ] Idea di mistero già presente nel titolo
   - [ ] Ambientazione in un mondo fantastico, meraviglioso
   - [ ] Ambientazione in un mondo normale, nel quale irrompe un elemento fantastico
   - [ ] Apparizione di elementi "strani"
   - [ ] Creazione di suspense
   - [ ] Presenza di personaggi, situazioni e luoghi con significato simbolico
   - [ ] Presenza di dialoghi e monologhi che sottolineano la stranezza della situazione
   - [ ] Finale "aperto", che risolve l'enigma ma lascia la possibilità di diverse interpretazioni

Simboli e allegorie

4. Anche questo racconto è ricco di simboli e allegorie. Indica a che cosa corrispondono, secondo te:

   il boa *constrictor* • la porticina nello scantinato • gli animali dietro l'uscio della porticina

PENSIAMOCI SU

La trappola

5. «Mi sono costruito una trappola su misura, e mi ci sto cacciando dentro! [...] Ho creato tutto questo per nascondere l'evidenza: che sto per morire. Ho costruito una storiella ingegnosa, adornandola con tutta la mia fantasia e i miei sotterfugi, per guidare me stesso fino a questa porta e consegnare il messaggio che non avrei saputo accettare in altre forme. [...]»
   > Qual è, secondo te, la trappola che Henry si è costruito? ....
   > Quale messaggio non sarebbe riuscito ad accettare in altre forme? ....

TUTTI SCRITTORI
COMPETENZE DI SCRITTURA

Il mio amico Henry

6. Henry è una persona particolare, uno scrittore e illustratore ricco di fantasia e immaginazione. Prova a immaginarlo e a descriverlo come fosse un tuo amico, mettendone in evidenza le caratteristiche di creatività e bizzarria.

SCUOLA DI SCRITTURA
Nella lezione 9 puoi trovare indicazioni per scrivere storie partendo da punti di vista bizzarri e fantasiosi.

UNITÀ 2 — LA NARRATIVA FANTASTICA E ALLEGORICA

+ difficile

Il surrealismo

Una giornata

L'opera. Il testo è tratto dalla raccolta *Novelle per un anno*, che Pirandello pianificò nel 1922 per raccogliere la vastissima produzione di racconti che aveva composto negli anni.

Il testo. Il protagonista del testo si ritrova, dopo essere sceso da un treno sul quale non si era reso conto di essere salito, in una città a lui sconosciuta, nella quale però egli è conosciuto da tutti. Nella tasca del suo abito trova la foto di una bellissima donna, che ritrova nella casa in cui lo conducono (evidentemente la sua casa, che egli non sa di avere). Ma il mattino seguente tutto è scomparso e il protagonista si ritrova improvvisamente vecchio, con figli e nipoti.

Strappato dal sonno, forse per sbaglio, e buttato fuori dal treno in una stazione di passaggio. Di notte; senza nulla con me.

Non riesco a riavermi dallo sbalordimento. Ma ciò che più mi impressiona è che non mi trovo addosso alcun segno della violenza patita; non solo, ma che non ne ho neppure un'immagine, neppur l'ombra confusa d'un ricordo.

Mi trovo a terra, solo, nella tenebra d'una stazione deserta; e non so a chi rivolgermi per sapere che m'è accaduto, dove sono.

Ho solo intravisto un lanternino cieco[1], accorso per richiudere lo sportello del treno da cui sono stato espulso. Il treno è subito ripartito. È subito scomparso nell'interno della stazione quel lanternino, col riverbero vagellante[2] del suo lume vano. Nello stordimento, non m'è nemmeno passato per il capo di corrergli dietro per domandare spiegazioni e far reclamo.

Ma reclamo di che?

Con infinito sgomento m'accorgo di non aver più idea d'essermi messo in viaggio su un treno. Non ricordo più affatto di dove sia partito, dove diretto; e se veramente, partendo, avessi con me qualche cosa. Mi pare nulla.

Nel vuoto di questa orribile incertezza, subitamente mi prende il terrore di quello spettrale lanternino cieco che s'è subito ritirato, senza fare alcun caso della mia espulsione dal treno. È dunque forse la cosa più normale che a questa stazione si scenda così?

Nel buio, non riesco a discernerne il nome. La città mi è però certamente ignota. Sotto i primi squallidi barlumi dell'alba, sembra deserta. Nella vasta piazza livida davanti alla stazione c'è un fanale ancora acceso. Mi ci appresso; mi fermo e, non osando alzar gli occhi, atterrito come sono dall'eco che hanno fatto i miei passi nel silenzio, mi guardo le mani, me le osservo per un verso e per l'altro, le chiudo, le riapro, mi tasto con esse, mi cerco addosso, anche per sentire come son fatto, perché non posso più esser certo nemmeno di questo: ch'io realmente esista e che tutto questo sia vero.

Poco dopo, inoltrandomi fin nel centro della città, vedo cose che a ogni passo mi farebbero restare dallo stupore, se uno stupore più forte non mi vincesse nel vedere che tutti gli altri, pur simili a me, ci si muovono in mezzo senza punto badarci, come se per loro siano le cose più naturali e più solite. Mi sento come trascinare, ma anche qui senz'avvertire che mi

---

1. **lanternino cieco**: persona che tiene una lanterna schermata.
2. **vagellante**: vacillante, tremulo.

I diversi volti del fantastico

si faccia violenza. Solo che io, dentro di me, ignaro di tutto, sono quasi da ogni parte ritenuto. Ma considero che, se non so neppur come, né di dove, né perché ci sia venuto, debbo aver torto io certamente e ragione tutti gli altri che, non solo pare lo sappiano, ma sappiano anche tutto quello che fanno sicuri di non sbagliare, senza la minima incertezza, così naturalmente persuasi a fare come fanno, che m'attirerei certo la maraviglia, la riprensione, fors'anche l'indignazione se, o per il loro aspetto o per qualche loro atto o espressione, mi mettessi a ridere o mi mostrassi stupito. Nel desiderio acutissimo di scoprire qualche cosa, senza farmene accorgere, debbo di continuo cancellarmi dagli occhi quella certa permalosità che di sfuggita tante volte nei loro occhi hanno i cani. Il torto è mio, il torto è mio, se non capisco nulla, se non riesco ancora a raccapezzarmi. Bisogna che mi sforzi a far le viste d'esserne anch'io persuaso e che m'ingegni di far come gli altri, per quanto mi manchi ogni criterio e ogni pratica nozione, anche di quelle cose che pajono più comuni e più facili.

Non so da che parte rifarmi, che via prendere, che cosa mettermi a fare. Possibile però ch'io sia già tanto cresciuto, rimanendo sempre come un bambino e senz'aver fatto mai nulla? Avrò forse lavorato in sogno, non so come. Ma lavorato ho certo; lavorato sempre, e molto, molto. Pare che tutti lo sappiano, del resto, perché tanti si voltano a guardarmi e più d'uno anche mi saluta, senza ch'io lo conosca. Resto dapprima perplesso, se veramente il saluto sia rivolto a me; mi guardo accanto; mi guardo dietro. Mi avranno salutato per sbaglio? Ma no, salutano proprio me. Combatto, imbarazzato, con una certa vanità che vorrebbe e pur non riesce a illudersi, e vado innanzi come sospeso, senza potermi liberare da uno strano impaccio per una cosa – lo riconosco – veramente meschina: non sono sicuro dell'abito che ho addosso; mi sembra strano che sia mio; e ora mi nasce il dubbio che salutino quest'abito e non me. E io intanto con me, oltre a questo, non ho più altro!

Torno a cercarmi addosso. Una sorpresa. Nascosta nella tasca in petto della giacca tasto come una bustina di cuoio. La cavo fuori, quasi certo che non appartenga a me ma a quest'abito non mio. È davvero una vecchia bustina di cuoio, gialla scolorita slavata, quasi caduta nell'acqua di un ruscello o d'un pozzo e ripescata. La apro, o, piuttosto, ne stacco la parte appiccicata, e vi guardo dentro. Tra poche carte ripiegate, illeggibili per le macchie che l'acqua v'ha fatte diluendo l'inchiostro, trovo una piccola immagine sacra, ingiallita, di quelle che nelle chiese si regalano ai bambini e, attaccata ad essa quasi dello stesso formato e anch'essa sbiadita, una fotografia. La spiccico, la osservo. Oh! È la fotografia di una bellissima giovine, in costume da bagno, quasi nuda, con tanto vento nei capelli e le braccia levate vivacemente nell'atto di salutare. Ammirandola, pur con una certa pena, non so, quasi lontana, sento che mi viene da essa l'impressione, se non proprio la certezza, che il saluto di queste braccia, così vivacemente levate nel vento, sia rivolto a me. Ma per quanto mi sforzi, non arrivo a

UNITÀ 2 — LA NARRATIVA FANTASTICA E ALLEGORICA

riconoscerla. È mai possibile che una donna così bella mi sia potuta sparire dalla memoria, portata via da tutto quel vento che le scompiglia la testa? Certo, in questa bustina di cuoio caduta un tempo nell'acqua, quest'immagine, accanto all'immagine sacra, ha il posto che si dà a una fidanzata.

Torno a cercare nella bustina e, più sconcertato che con piacere, nel dubbio che non m'appartenga, trovo in un ripostiglio segreto un grosso biglietto di banca, chi sa da quanto tempo lì riposto e dimenticato, ripiegato in quattro, tutto logoro e qua e là bucherellato sul dorso delle ripiegature già lise.

Sprovvisto come sono di tutto, potrò darmi ajuto con esso? Non so con qual forza di convinzione, l'immagine ritratta in quella piccola fotografia m'assicura che il biglietto è mio. Ma c'è da fidarsi d'una testolina così scompigliata dal vento? Mezzogiorno è già passato; casco dal languore: bisogna che prenda qualcosa, ed entro in una trattoria.

Con maraviglia, anche qui mi vedo accolto come un ospite di riguardo, molto gradito. Mi si indica una tavola apparecchiata e si scosta una seggiola per invitarmi a prender posto. Ma io son trattenuto da uno scrupolo. Fo cenno al padrone e, tirandolo con me in disparte, gli mostro il grosso biglietto logorato. Stupito, lui lo mira; pietosamente per lo stato in cui è ridotto, lo esamina; poi mi dice che senza dubbio è di gran valore ma ormai da molto tempo fuori di corso. Però non tema: presentato alla banca da uno come me, sarà certo accettato e cambiato in altra più spicciola moneta corrente.

Così dicendo il padrone della trattoria esce con me fuori dell'uscio di strada e m'indica l'edificio della banca lì presso.

Ci vado, e tutti anche in quella banca si mostrano lieti di farmi questo favore. Quel mio biglietto – mi dicono – è uno dei pochissimi non rientrati ancora alla banca, la quale da qualche tempo a questa parte non dà più corso se non a biglietti di piccolissimo taglio. Me ne danno tanti e poi tanti, che ne resto imbarazzato e quasi oppresso. Ho con me solo quella naufraga bustina di cuoio.

Ma mi esortano a non confondermi. C'è rimedio a tutto. Posso lasciare quel mio danaro in deposito alla banca, in conto corrente. Fingo d'aver compreso; mi metto in tasca qualcuno di quei biglietti e un libretto che mi dànno in sostituzione di tutti gli altri che lascio, e ritorno alla trattoria. Non vi trovo cibi per il mio gusto; temo di non poterli digerire. Ma già si dev'esser sparsa la voce ch'io, se non proprio ricco, non sono certo più povero; e infatti, uscendo dalla trattoria, trovo una automobile che m'aspetta e un autista che si leva con una mano il berretto e apre con l'altra lo sportello per farmi entrare. Io non so dove mi porti. Ma com'ho un'automobile, si vede che, senza saperlo, avrò anche una casa. Ma sì, una bellissima casa, antica, dove certo tanti prima di me hanno abitato e tanti dopo di me abiteranno. Sono proprio miei tutti questi mobili? Mi ci sento estraneo, come un intruso. Come questa mattina all'alba la città, ora anche questa casa mi sembra deserta; ho di nuovo paura dell'eco che i miei passi faranno, movendomi in tanto silenzio. D'inverno, fa sera prestissimo; ho freddo e mi sento stanco. Mi faccio coraggio; mi muovo;

I diversi volti del fantastico

apro a caso uno degli usci; resto stupito di trovar la camera illuminata, la camera da letto, e, sul letto, lei, quella giovine del ritratto, viva, ancora con le due braccia nude vivacemente levate, ma questa volta per invitarmi ad accorrere a lei e per accogliermi tra esse, festante.

È un sogno?

Certo, come in un sogno, lei su quel letto, dopo la notte, la mattina all'alba, non c'è più. Nessuna traccia di lei. E il letto, che fu così caldo nella notte, è ora, a toccarlo, gelato, come una tomba. E c'è in tutta la casa quell'odore che cova nei luoghi che hanno preso la polvere, dove la vita è appassita da tempo, e quel senso d'uggiosa stanchezza che per sostenersi ha bisogno di ben regolate e utili abitudini. Io ne ho avuto sempre orrore. Voglio fuggire. Non è possibile che questa sia la mia casa. Questo è un incubo. Certo ho sognato uno dei sogni più assurdi. Quasi per averne la prova, vado a guardarmi a uno specchio appeso alla parete dirimpetto, e subito ho l'impressione d'annegare, atterrito, in uno smarrimento senza fine. Da quale remota lontananza i miei occhi, quelli che mi par d'avere avuti da bambino, guardano ora, sbarrati dal terrore, senza potersene persuadere, questo viso di vecchio? Io, già vecchio? Così subito? E com'è possibile?

Sento picchiare all'uscio. Ho un sussulto. M'annunziano che sono arrivati i miei figli.

I miei figli?

Mi pare spaventoso che da me siano potuti nascere figli. Ma quando? Li avrò avuti jeri. Jeri ero ancora giovane. È giusto che ora, da vecchio, li conosca.

Entrano, reggendo per mano bambini, nati da loro. Subito accorrono a sorreggermi; amorosamente mi rimproverano d'essermi levato di letto; premurosamente mi mettono a sedere, perché l'affanno mi cessi. Io, l'affanno? Ma sì, loro lo sanno bene che non posso più stare in piedi e che sto molto molto male.

Seduto, li guardo, li ascolto; e mi sembra che mi stiano facendo in sogno uno scherzo.

Già finita la mia vita?

E mentre sto a osservarli, così tutti curvi attorno a me, maliziosamente, quasi non dovessi accorgermene, vedo spuntare nelle loro teste, proprio sotto i miei occhi, e crescere, crescere non pochi, non pochi capelli bianchi.

«Vedete, se non è uno scherzo? Già anche voi, i capelli bianchi.»

E guardate, guardate quelli che or ora sono entrati da quell'uscio bambini: ecco, è bastato che si siano appressati alla mia poltrona: si son fatti grandi; e una, quella, è già una giovinetta che si vuol far largo per essere ammirata. Se il padre non la trattiene, mi si butta a sedere sulle ginocchia e mi cinge il collo con un braccio, posandomi sul petto la testina.

Mi vien l'impeto di balzare in piedi. Ma debbo riconoscere che veramente non posso più farlo. E con gli stessi occhi che avevano poc'anzi quei bambini, ora già così cresciuti, rimango a guardare finché posso, con tanta tanta compassione, ormai dietro a questi nuovi, i miei vecchi figliuoli.

(L. Pirandello, *Novelle per un anno*, Mondadori)

UNITÀ

LA NARRATIVA FANTASTICA E ALLEGORICA

Attività

CHE COSA DICE IL TESTO
(COMPETENZE DI LETTURA)

Un luogo sconosciuto

1. Ricostruisci il testo, attraverso il riassunto delle sequenze.

    a. Situazione iniziale: il protagonista si trova...
    b. Si inoltra nel centro della città: si rende conto che... c. Fruga nella tasca della giacca: trova...
    d. Si reca in trattoria e in banca: viene accolto...
    e. Viene portato in una casa e scopre... f. Il mattino seguente...

2. Rispondi alle domande.
    > Che cosa ricorda il protagonista in riferimento alla sua vita precedente?
    > Quali considerazioni fa sulla nuova situazione? Trovale nel testo e riportale sul quaderno.
    > In quale situazione si trova il protagonista alla fine del racconto? Da quali indizi se ne rende conto?

COME È FATTO IL RACCONTO FANTASTICO
(CONSAPEVOLEZZA ED ESPRESSIONE CULTURALE)

Sogno e realtà

3. Analizza il testo, individua le caratteristiche della narrativa fantastica e rispondi.
    > Il luogo: dove si verifica la scena? È un luogo conosciuto? Da quali elementi lo puoi comprendere?
    > Il tempo è un elemento fondamentale in questa novella. In quanto tempo si svolge la vicenda? Quanto tempo trascorre invece nella vita del protagonista?
    > L'elemento fantastico: quali elementi fantastici puoi trovare nel testo? Quali situazioni assurde? In quale momento della vicenda si inserisce l'elemento fantastico?
    > Il narratore: è interno o esterno?

Simboli e allegorie

4. L'uomo solo che si ritrova in un'ignota stazione nel cuore della notte rappresenta un destino comune a tutti gli esseri umani. Tutti veniamo sbalzati nella vita senza averlo chiesto, in un luogo e in un momento casuali. Dunque di che cosa è simbolo il ritrovarsi spaesati e confusi in una stazione sconosciuta?

5. Il personaggio della novella si addentra nella città con immenso stupore e nota che molti lo riconoscono: anche questo aspetto ha un significato simbolico: tu come lo interpreti?

PER RIFLETTERE

Tutto in una giornata

6. Il titolo svela il suo significato solo a lettura avanzata: la giornata attraverso la quale si snoda il testo è l'allegoria della vita. Nel testo se ne possono riconoscere le fasi: nascita, infanzia, giovinezza, maturità, vecchiaia. Sai identificarne i confini nel testo?

7. Ti proponiamo un'interpretazione della concezione della vita in Pirandello suggerita da un critico.
    «Ciascuno di noi ha una "maschera" che lo rende visibile agli altri ma anche inconsistente. La presa di coscienza di questa inconsistenza dell'io suscita nei personaggi un sentimento di smarrimento e dolore. In primo luogo provano angoscia e orrore, seguiti dalla solitudine, quando si accorgono di non essere nessuno; in secondo luogo soffrono per essere fissati dagli altri in forme in cui non si possono conoscere.»
    Ti sembra che nel testo letto si possano riconoscere queste idee? In quali parti?

TUTTI SCRITTORI (COMPETENZE DI SCRITTURA)

I messaggi dei sogni

8. In questa novella il sogno porta a livello cosciente angosce nascoste nelle profondità dell'inconscio: Chi sono? Perché sono qui? Dove sto andando? È capitato anche a te di fare sogni bizzarri e difficili da spiegare? Racconta.

OLTRE IL TESTO

Leggi l'approfondimento *Il surrealismo* e osserva i dipinti che lo illustrano. Quali elementi ti sembrano accomunare i quadri presentati con i racconti che hai letto?

LABORATORIO DELLE COMPETENZE

COMPETENZE DI SCRITTURA

Attività di scrittura

Inventare una storia fantastica

Nel corso dell'unità hai conosciuto alcuni dei modi attraverso cui gli autori creano storie fantastiche. Proviamo ora a cimentarci nell'invenzione di una storia. Ti suggeriamo di scrivere un racconto in cui l'elemento fantastico si insinua in un mondo e in una situazione normale (come accade ne *Il colombre* di Dino Buzzati).

A. ▶ Individua lo spazio e il tempo

Ricorda che entrambi hanno un ruolo simbolico fondamentale: in particolare gli spazi (aperti o chiusi) possono essere metafora delle condizioni della vita del protagonista (come la stanza in cui vive Gregor Samsa, il mare e la terraferma per Stefano Roi...). Ti indichiamo una serie di luoghi tra cui puoi scegliere quelli in cui far svolgere la tua storia.

a. l'antico centro storico di una città

e. una grande villa immersa in un parco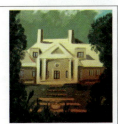

i. la cima di una montagna

b. una periferia con fabbriche abbandonate

f. una strada asfaltata che si perde all'orizzonte

l. l'interno di una stanza vuota

c. un edificio in disuso, diroccato

g. un oceano

m. l'interno di una stanza con molti oggetti e cimeli

d. un edificio in costruzione

h. un bosco fitto

n. una soffitta polverosa

ALLA SCOPERTA DEI TESTI • Il testo narrativo

LABORATORIO DELLE COMPETENZE

B. ▶ Scegli le condizioni atmosferiche e climatiche della tua storia

In una storia fantastica anche elementi di questo tipo hanno importanza per sottolineare l'intonazione del racconto e contribuire a creare la suspense:

a. un paesaggio immerso nella nebbia, nel buio, nel freddo

b. un luogo torrido, afoso e soffocante

c. un temporale violento

d. una pioggia sottile

e. un vento impetuoso

C. ▶ Trova il protagonista

La scelta del protagonista e degli altri personaggi è importante: tratteggiane un breve ritratto che ti servirà per farli agire nel corso del racconto, facendone emergere le caratteristiche principali.

D. ▶ Individua l'elemento inaspettato

L'elemento inaspettato, presentandosi all'improvviso, darà vita alle riflessioni e alle azioni del personaggio. Te ne suggeriamo alcuni, ma siamo certi che ne saprai trovare altri interessanti:

    a. un enorme portone chiuso;
    b. una rete metallica divelta;
    c. delle macchie o delle impronte strane sul muro, sul pavimento, sull'asfalto;
    d. una porta che cigola o sbatte;
    e. una musica che proviene da un luogo non identificato;
    f. l'eco di una voce o di passi lontani;
    g. un mantello trovato per terra;
    h. una luce colorata.

E. ▶ Scegli l'intonazione

È importante decidere, da subito, se dare al racconto un tono comico, oppure drammatico.

F. ▶ Scegli un incipit

Parti da uno di questi incipit, o da un altro a tua scelta, e sviluppa la storia.

> Il signor Giovanni uscì di casa alle sei del mattino. La giornata si annunciava serena. Per raggiungere il suo posto di lavoro prendeva il tram n. 33, poi, sceso alla quinta fermata, accanto all'edicola di corso Magenta, seguiva un percorso di vie strette, su cui si affacciavano eleganti case che, a quell'ora, avevano ancora le persiane chiuse.
>
> ---
>
> La stanza da letto di Francesca era caratterizzata dal disordine tipico delle camere delle ragazzine ricche di interessi e innamorate. La sera, prima di addormentarsi, Francesca cercava di mettere un po' di ordine, ma poi si perdeva nei suoi pensieri fino a che non veniva l'ora di dormire e rimandava il tutto all'indomani.
>
> ---
>
> Il mio primo ricordo del paese di campagna in cui, a causa del nuovo lavoro del babbo, andai ad abitare a vent'anni insieme alla mia famiglia, è una giornata tetra e noiosa, simile a tante altre. Ancora non conoscevo tutte le vie e gli angoli del paese e girovagavo senza meta e, per dire il vero, senza molta curiosità.

 PER FARE IL PUNTO

Unità 2 • LA NARRATIVA FANTASTICA E ALLEGORICA

Un film per te

IL SEGRETO DEL BOSCO VECCHIO

Una fiaba sul rispetto della natura e degli uomini, l'avidità e la possibile redenzione.

Il film è tratto dall'omonimo racconto fantastico di Dino Buzzati: l'anziano colonnello Sebastiano vuole diventare l'unico proprietario delle terre che comprendono il bosco vecchio, da lui amministrate per conto del nipote Benvenuto. Sebastiano cerca di eliminare il nipote, che è ingenuo e si fida di lui, per appropriarsi delle sue terre; i geni che abitano il bosco, che hanno la facoltà di trasformarsi in animali o uomini, insieme al Vento Matteo, cercano di dissuaderlo.
Il colonnello si renderà conto dei suoi errori, e di quanto vuole bene al nipote, solo quando scoprirà che il ragazzo sta molto male; si perderà sulle montagne, alla ricerca del ragazzo, sentendosi riconciliato con il mondo e con la sua anima perché ha finalmente compiuto un gesto generoso.

REGIA	Ermanno Olmi
ANNO	1993
CAST	Paolo Villaggio

Un libro per te

Il visconte dimezzato

In una guerra grottesca, una cannonata separa a metà il corpo e l'anima di un visconte

CHI L'HA SCRITTO Italo Calvino è un autore che hai incontrato in questa unità. Il libro fa parte della trilogia *I nostri antenati*, una delle sue opere più famose.

DI CHE COSA PARLA Il romanzo racconta le avventure di Medardo, visconte di Terralba, dimezzato da una cannonata nel corso della guerra contro i Turchi. Di lui sembra essere rimasta solo una metà del corpo, quella cattiva, che, tornata a casa, compie una serie di nefandezze che portano gli abitanti di Terralba a soprannominarlo *il gramo*.
Ma la metà buona del visconte non è scomparsa: tornerà in paese, e comincerà a compiere azioni di una tale bontà da arrivare a nuocere a chi ne è oggetto.
Al di là del significato letterale *Il visconte dimezzato*, che è un romanzo semplice come una fiaba, nasconde un messaggio più profondo e molto importante.

AUTORE	Italo Calvino
ANNO	1952
EDITORE	Mondadori

SCUOLA DI SCRITTURA
Nella lezione 2 puoi trovare indicazioni per scrivere schede-film, schede-libro e recensioni.

Una pagina di assaggio

UNITÀ 3

Chi non ama il giallo? Chi non viene stregato da un racconto poliziesco? Se la storia è ben costruita viene letta tutta d'un fiato e ognuno di noi diventa un po' investigatore. Gli scrittori di gialli ci guidano attraverso un labirinto di indizi, ci portano su piste sbagliate e, quasi sempre, ci sorprendono nel finale.

IL ROMANZO GIALLO

INVESTIGATORI E COMMISSARI DI IERI E DI OGGI

Conoscenze
- Conoscere le caratteristiche del genere: le fasi ricorrenti e tipiche della storia, il ruolo dei personaggi, l'intreccio, il ritmo narrativo caratterizzato da suspense, *climax*, *Spannung*
- Conoscere le origini e l'evoluzione del genere
- Conoscere le tipologie di racconti o romanzi gialli

Competenze
- Individuare nel testo le caratteristiche del genere
- Essere consapevoli delle scelte narrative dell'autore e degli effetti che esse producono
- Scrivere per immaginare soluzioni a interrogativi posti dall'indagine e stratagemmi per nascondersi in sicurezza, per confrontare i metodi differenti degli investigatori, per parafrasare le fasi di ragionamento che portano alla soluzione dell'enigma.

IL MIO PERCORSO

SOLO PER IL PIACERE DI LEGGERE...
C. Lucarelli, *Il delitto di Natale*

LE CARATTERISTICHE DEL ROMANZO GIALLO

COME È FATTO UN RACCONTO GIALLO
T. Sclavi, *Testimone oculare*

Per approfondire > L'Indagatore dell'incubo: Dylan Dog

Investigatori e commissari di ieri e di oggi
A. C. Doyle, *Sherlock Holmes: il personaggio e il suo metodo d'indagine* +facile
G. Simenon, *Il commissario Maigret: un delitto in periferia*
R. Chandler, *Philip Marlowe: appostamenti e corse in auto sotto la pioggia*
A. Camilleri, *Guardie e ladri*

Enigmi da svelare
E. A. Poe, *La lettera rubata*
A. Christie, *La dama velata* +difficile

Per approfondire > Agatha Christie, la regina del delitto
E. Queen, *Lo zio d'Australia*

LABORATORIO DELLE COMPETENZE > Scriviamo un racconto giallo
Un film per te > *Sherlock Holmes*
Un libro per te > *Il fiammifero svedese e il segreto dell'amore*
PER FARE IL PUNTO

Brani Approfondimenti Attività

ENIGMI DA SVELARE

ALLA SCOPERTA DEI TESTI • Il testo narrativo **157**

UNITÀ 3 — IL ROMANZO GIALLO

SOLO PER IL PIACERE DI LEGGERE...

Ti proponiamo un giallo... più rosso che giallo, ma sorprendente e divertente, con un finale davvero inaspettato!

Il delitto di Natale

L'opera. Il racconto che ti proponiamo è stato scritto da un autore che, soprattutto nei racconti brevi, sa proporre brillanti invenzioni, alternando inquietudine e paura a comicità e ironia. Questo testo, in particolare, viola le regole del giallo classico introducendo un elemento che va oltre la logica e la verosimiglianza.

Il testo. Un delitto è avvenuto davanti al Palazzo di giustizia dove, sotto scorta della polizia, uno spacciatore veniva trasferito per l'udienza. L'assassino, travestito da Babbo Natale, fugge e le sue orme si fermano in un cortiletto a cielo aperto senza porte e senza finestre...

«È stato un attimo, commissario, un attimo... e c'eravamo tutti quanti! Appena è arrivata la macchina ci siamo andati incontro, tutti fuori davanti al Palazzo di giustizia, come da disposizioni... Mulas è sceso dalla macchina, in manette e col giubbotto antiproiettile, e un tizio vestito da Babbo Natale è uscito da chissà dove e gli ha sparato quattro colpi nella faccia!»

Flaminio si strinse il cappotto sulle spalle. Faceva freddo e la neve della notte si era indurita sotto una crosticina scricchiolante. «E cosa ci faceva un tizio vestito da Babbo Natale da quelle parti?»

Il sovrintendente Cassarà allargò le braccia, guardando in alto, al cielo grigio. «Niente ci faceva, commissa'. Tutta la zona era bloccata, c'eravamo solo noi, e le pattuglie dicono che non è passato nessuno. Tanto che io, quando l'ho visto arrivare, credevo che il Babbo Natale fosse uno dei nostri travestito. Ho pensato: "Questo è Matrone che fa lo scemo", invece poi si è messo a sparare e allora l'ho capito che era un killer.»

Flaminio annuì, serio. E, di certo, sul fatto che gli avessero ammazzato un grosso spacciatore, un insospettabile imprenditore che nascondeva la droga nei giocattoli prodotti dalla sua fabbrica, che glielo avessero ammazzato proprio davanti al Palazzo di giustizia e dopo che lui stesso aveva preparato il trasferimento per l'udienza, non c'era proprio nulla da ridere.

«Ci aspettavamo che potesse scappare, commissa', non che lo facessero fuori», disse Cassarà, come per giustificarsi. Poi sospirò, imbarazzato. «Ma questo non è tutto... c'è qualcosa di più strano.»

«Ancora più strano?» disse Flaminio, e seguì il sovrintendente sotto i portici, fino a una stradina laterale, coperta di neve spessa, bucata dalle impronte lunghe e profonde di passi in corsa.

«Dopo che ha sparato, il Babbo Natale è scappato di qua e noi dietro. Ha voltato in questa stradina, come si vede anche dalle orme, e si è infilato in quel portone. Io gli stavo dietro e l'ho visto entrare...» Seguirono le orme fino al portone e si affacciarono su un cortiletto quadrato, piccolissimo, a cielo aperto. Cassarà non disse più nulla e Flaminio si guardò attorno, corrugando la fronte. Non c'erano porte né finestre sul cortile, solo quattro pareti senza più intonaco. Le impronte si perdevano sulla neve calpestata e improvvisamente scomparivano, sotto il muro di fronte.

«Come ha fatto a scappare?» disse Cassarà. «Indietro non è tornato, perché ci stavo io... e qui non ci sono uscite. A meno che non sia saltato oltre il muro...» Ma erano più di tre metri e Flaminio scosse la testa. Entrò nel cortile, attento a non calpestare la neve martoriata del centro.

«L'ho notata anch'io», disse Cassarà vedendo che Flaminio si chinava su un buco, quadrato e netto, appena staccato dalle altre impronte confuse. «Pare lo zoccolo di una scala di legno. Magari l'ha usata per scavalcare il muro...»

«Non avevate controllato questo cortile prima del trasferimento? E non c'era una volante nella strada dietro il muro?»

«Certo che c'era, commissa'... che diamine.»

Flaminio sospirò e uscì dal cortile, con le mani strette nelle tasche del cappotto. Un killer che si volatilizza al centro di un cortile chiuso. Una scala di legno, lunga almeno tre metri, che salta fuori all'improvviso. Un bel regalo, proprio alla vigilia delle vacanze di Natale, con Stefania che insisteva perché le portasse in settimana bianca, lei e Martina, «la bimba ha bisogno di sole, la bimba ha bisogno di sole...».

«Poi,» disse Cassarà, come se gli leggesse nel pensiero, cosa che accadeva spesso, «chi lo voleva ammazzare, a Mulas? Era d'accordo con la mafia, non si era pentito, stava per prendersi l'ergastolo per quella bam-

UNITÀ 3 — IL ROMANZO GIALLO

bina che si è mangiata per sbaglio l'eroina che stava in una bambola e ancora non aveva inguaiato nessuno... chi lo voleva ammazzare, a quello?»

«Forse uno che amava i bambini...» disse Flaminio, con l'immagine di Martina davanti agli occhi, «magari il padre di quella bimba. Metti la Scientifica su quell'impronta...» e salì in macchina, appena in tempo per evitare il primo giornalista.

«Non crederà che io sia una curiosona, commissario, io non mi impiccio dei fatti degli altri, per carità... però quando ho sentito quelle botte mi sono affacciata alla porta... sa, abito lì vicino, proprio dietro il cortile... No, non ho visto nessuno, è vero che dovrei portare gli occhiali, ma non lo faccio... Lei trova che starei meglio con gli occhiali? Oh, sì, qualcosa ho sentito... ho sentito come un sonaglino, come quelli che hanno i bambini... Lei non è sposato, commissario? Ah, è sposato e ha una figlia? Vabbe', come non detto... comunque sono a disposizione, davvero... disponga di me come vuole...»

Cassarà fermò Flaminio proprio sulla porta della Scientifica, con la mano sulla maniglia.

«Ho parlato con quelli della volante», disse. «Nessuno ha visto allontanarsi una carrozzina con un bambino. Peccato, perché questo spiegava quei campanellini e la scomparsa dei vestiti da Babbo Natale... sa, un complice che lo aspettava con una carrozzina ed ecco il nostro killer trasformato in una famiglia felice. A proposito di famiglie... anche quella della bambina è pulita.»

«E come fai a dirlo?»

«Perché non c'è più. La madre è morta di crepacuore e il padre è in manicomio.»

Flaminio aprì la porta e fece cenno a Cassarà di entrare con lui. Nel laboratorio c'era soltanto Melloni, in camice bianco, che li aspettava.

«Hai detto che era urgente», disse Flaminio, con una punta di ansia nella voce. «Hai scoperto qualcosa?»

Melloni sorrise e annuì, deciso. Aveva una busta in mano, con dentro delle fotografie ingrandite che sparse sul tavolo davanti a lui. Flaminio le guardò ma sembravano solo macchie e strisce senza senso.

«Io sono uno che non è mai riuscito a vedere il Carro con l'Orsa maggiore,» mormorò «per me sono solo un mucchio di stelle come le altre. Cosa vuoi che ci veda in questa roba qua? Cosa sono, le macchie di Rorschach?[1]».

«Allora senti,» sospirò Melloni, «qualcosa di nuovo c'è, ma non credo che ti aiuti a chiarire. Si tratta dell'impronta quadrata... pensa che io stavo lì a fissarla senza capirci niente quando è passato Morivi, che viene dalla campagna, le ha dato un'occhiata e ha detto: "Ma questa è una mucca!" È proprio vero, a vivere in città certe cose si perdono...»

«Una mucca? È l'impronta di una mucca?» Flaminio aveva un'espressione disperata.

---

1. macchie di Rorschach: vengono utilizzate in un test, detto appunto di Rorschach, per l'indagine della personalità.

Solo per il piacere di leggere...

«Ma no... cioè, non esattamente. Ho fatto una piccola ricerca e ho scoperto che si tratta di un *rangifer tarandus*.»

«Sarebbe a dire?»

«Sarebbe a dire una renna», e mise le mani aperte attorno alla testa, dritte, con le dita spalancate. «Una renna... come quelle di Babbo Natale.»

Il commissario Flaminio e il sovrintendente Cassarà stavano immobili davanti a due caffè, come ogni volta che risolvevano un caso. Guardavano fissi nello specchio di fronte, pensando in silenzio alle stesse cose... i campanellini, le renne, l'uomo vestito da Babbo Natale che scompariva in cielo, tra le nuvole, come su una slitta tirata da...

Flaminio guardò il caffè ormai freddo e alzò la testa verso Cassarà, che lo stava fissando, con la stessa domanda negli occhi. «E adesso come glielo diciamo al magistrato?»

(C. Lucarelli, *Il lato sinistro del cuore*, Einaudi)

Attività

IO E... IL GIALLO — COMPETENZE DI LETTURA

Un Babbo Natale assassino

> Hai capito chi è l'assassino?
> Con quale mezzo è fuggito?
> Quali indizi portano a scoprirlo?
> Qual è l'elemento del racconto che ti ha più sorpreso?

Le caratteristiche del ROMANZO GIALLO

▶ Che cosa sono i racconti e i romanzi gialli

In Italia appartengono al genere narrativo definito **giallo** le opere che hanno questi elementi comuni:
> un **crimine** come nucleo;
> un'**indagine**, ovvero la ricerca degli elementi utili a chiarire il mistero;
> una **soluzione**, cioè la spiegazione dei fatti e l'identificazione del colpevole.

Il termine "giallo" ha origine dal colore della copertina di una collana di polizieschi che la Mondadori pubblicò a partire dal 1929. Questa serie ebbe un grande successo e fece conoscere il genere al grande pubblico.
Il giallo si definisce anche **poliziesco** perché le indagini per arrivare alla scoperta dei colpevoli sono condotte dalla polizia, ma spesso anche da investigatori privati.
I due principali tipi di giallo o poliziesco sono:
> il **giallo d'enigma**: al centro della narrazione c'è l'indagine sul crimine commesso nel corso della quale l'investigatore ricerca indizi e testimonianze per individuare il colpevole. In questo tipo di narrazione l'interesse è puntato sui processi logici che portano il detective a risolvere il caso. Si crea una sorta di **sfida** al lettore che è coinvolto in una propria personale indagine, in **gara** con l'investigatore per scoprire il colpevole;
> il **giallo d'azione o thriller**, nato negli Stati Uniti. In questo caso il delitto si svolge sotto gli occhi del lettore e il colpevole è noto. Ne viene descritta la preparazione, l'esecuzione e il tentativo della polizia di bloccarlo: l'emozione del lettore rimane tesa verso la riuscita o il fallimento del piano delittuoso. Il detective, in questo contesto, più che alla deduzione logica, si affida al coraggio, alla forza, all'azione. In questo tipo di giallo prevalgono gli inseguimenti, gli scontri violenti con sparatorie.

Gli elementi della narrativa gialla, che riscuote grande interesse nel pubblico, non si trovano solo in letteratura ma anche in altre forme di comunicazione come il fumetto, la televisione, il cinema.

▶ I personaggi

I ruoli fondamentali dei personaggi sono: l'investigatore, la vittima, il colpevole e spesso il testimone.
L'**investigatore** assume la parte del protagonista. Non sempre il detective appartiene alle forze dell'ordine, spesso è un investigatore privato o un semplice cittadino coinvolto nella vicenda che, grazie all'intuito e alla deduzione, giunge alla soluzione del crimine. Già nei primi romanzi polizieschi l'investigatore è accompagnato da un **assistente** che

I "MAESTRI" DEL GIALLO E I LORO DETECTIVE	
Scrittore	Detective
Edgar Allan Poe	Auguste Dupin
Arthur Conan Doyle	Sherlock Holmes
Agatha Christie	Hercule Poirot
	Miss Marple
	Tommy e Tuppence
Gilbert Keith Chesterton	Padre Brown

Le caratteristiche del ROMANZO GIALLO

può essere anche un amico, un conoscente; costui interviene nelle indagini facendo supposizioni solitamente errate, per mettere in risalto l'abilità investigativa del detective.
La **vittima** è presente nell'indagine con il suo passato, di cui vengono scandagliati i legami affettivi e professionali, alla ricerca di indizi che portino alla soluzione dell'indagine.
Il **colpevole** è un personaggio conosciuto dal lettore fin dall'inizio del racconto, insospettabile.
Spesso nel racconto dell'indagine assume un ruolo chiave anche il **testimone**, che può essere determinante per lo svolgimento dell'indagine.

◉ La struttura della storia

Lo schema narrativo del racconto o romanzo poliziesco si articola in fasi ricorrenti e tipiche, che possono essere diversamente intrecciate.

Il preludio	• Presenta la situazione di partenza, l'avvio della storia. • Si accenna al luogo in cui si svolge questo avvio della storia. • Si viene a conoscenza del crimine. • Si delineano i ruoli e alcune caratteristiche principali dei personaggi. • Si approfondisce la conoscenza dei luoghi dove è avvenuto il crimine, o comunque dove è ambientata l'intera vicenda.
L'enigma	• È il problema da risolvere. Spesso si tratta di un assassinio, di un omicidio camuffato da suicidio, di un rapimento oppure di un furto misterioso.

L'inchiesta	• È il percorso che porta alla soluzione dell'enigma, all'identificazione del colpevole.
	• I momenti fondamentali sono: la scoperta del crimine, la definizione dell'arma del delitto, il suo ritrovamento, la definizione del movente, le ipotesi di colpevolezza in relazione ai personaggi coinvolti, i colpi di scena.
	• Devono emergere:
	  – le qualità umane messe in atto da chi indaga: osservazione, deduzione, intuito;
	  – il ruolo delle coincidenze, del caso;
	  – le tecniche: identikit, esame delle impronte, appostamenti, inseguimenti, sparatorie...

La soluzione	• È il momento finale, la risoluzione dell'enigma, che fa seguito all'indagine. • Spesso intervengono elementi nuovi oppure gli indizi vengono interpretati da un punto di vista diverso. • Vengono azzerate le ipotesi costruite nel corso dell'indagine. • Viene rovesciata l'ipotesi da cui partiva l'inchiesta e gli indizi vengono interpretati in un'ottica diversa.

ALLA SCOPERTA DEI TESTI • Il testo narrativo

Le caratteristiche del ROMANZO GIALLO

◉ I tempi: *fabula* e intreccio

In un giallo gli eventi non vengono narrati rispettando l'ordine cronologico, naturale degli eventi: non si segue quindi la *fabula*, ma un intreccio caratterizzato prevalentemente da *flashback*, cioè dal racconto di fatti avvenuti in precedenza. Partendo dal delitto si va a ritroso per ricostruirne gli antefatti e lo svolgimento. Questa tecnica narrativa è indispensabile per coinvolgere il lettore.
Si instaura una sorta di sfida tra l'autore e il lettore: chi scrive, abilmente, svela indizi su molti personaggi, anche sul vero colpevole, ma depista l'attenzione del lettore che solo nella "scena finale" scopre la soluzione inaspettata dell'intrigo.

◉ Il ritmo narrativo: suspense, *climax* e *Spannung*

All'inizio del racconto, l'evento che rompe l'equilibrio iniziale e mette in moto la vicenda è un **crimine**. Quasi sempre è un delitto, perché la drammaticità dell'omicidio coinvolge maggiormente il lettore, ma può trattarsi anche di un altro tipo di crimine (rapimento, rapina, attentato) che deve comunque essere molto grave. Ci si trova subito davanti a un mistero, un enigma: chi è il colpevole? Perché ha agito in questo modo? Da qui ha origine la suspense che si protrarrà per tutta la narrazione. Questo stato di coinvolgimento iniziale crescerà gradualmente (**climax**) fino al culmine (la **Spannung** vedi volume 2, *Gli Strumenti del lettore – Il testo narrativo*). La tensione poi calerà fino a che il detective scioglierà il mistero svelando il nome del colpevole.
Spesso nell'intreccio si giunge al culmine della suspense (alla *Spannung*), pensando di aver individuato il colpevole, ma poi la supposizione si rivela errata e la suspense cala, per ricominciare in seguito a salire progressivamente.
Per non rallentare il ritmo, nel racconto giallo prevalgono le sequenze narrative e dialogiche, mentre quelle descrittive vengono introdotte solo in funzione dell'indagine.

◉ Le origini e l'evoluzione del poliziesco

Il genere poliziesco nasce verso la metà dell'Ottocento quando le città, in seguito alla Rivoluzione industriale, crescono in modo disordinato e diventano, soprattutto nei quartieri più miseri, teatro di frequenti ed efferati crimini. La polizia cerca di trovare la soluzione di questi delitti con metodi più sistematici e "scientifici" della solita retata. Parallelamente, tra i lettori dei giornali aumenta l'interesse per la cronaca nera: alcuni editori, intuendo il coinvolgimento del pubblico, arrivano a pubblicare storie immaginarie di crimini.
Contribuisce alla diffusione dell'interesse per questo genere di racconti la pubblicazione, nel 1828-1829, dei *Mémoires* di Eugène François Vidocq, un personaggio della malavita, terrore dei quartieri parigini. Egli fu un criminale astuto, violento, temibile. Nel 1811 venne catturato e per evitare la ghigliottina si offrì di collaborare con la polizia. Diventò in pochi anni il terrore di quella malavita che conosceva bene perché ne aveva fatto parte. Egli percorreva quartieri malfamati sorvegliando, prevedendo le mosse dei criminali e indagando con gli agenti a lui affidati. Quando si ritirò scrisse le sue memorie: i suoi appunti, rielaborati e un po' coloriti, furono infine pubblicati e divennero subito un libro di grande successo, tradotto e conosciuto anche in altre nazioni.

COME È FATTO UN RACCONTO GIALLO

ANALISI GUIDATA

Tiziano Sclavi

Testimone oculare

L'opera. Jacques Mystère è il giovane investigatore privato francese protagonista dei tredici racconti raccolti nel volume *I misteri di Mystère*. Astuzia, logica, grande intuito lo aiutano a risolvere i più intricati rompicapo.

Il testo. Un senzatetto è testimone di un delitto e lo racconta all'investigatore privato Jacques Mystère che, insieme con l'ispettore Cousin, si mette al lavoro sul caso: sarà il suo intuito a portare a una svolta risolutiva nella ricerca dell'assassino.

Prima sequenza: IL RACCONTO DEL DELITTO

- La **prima sequenza** presenta l'**enigma**. La narrazione **non segue l'ordine cronologico** ma inizia con un **flashback**.

Stavo dormendo in un cespuglio, a pochi passi dai binari. Io ho il sonno molto leggero, altrimenti... Be', sento queste voci e allora mi alzo. «Chi è che fa fracasso?» dico, e poi ti vedo questi due che fanno la lotta greco-romana, dall'altra parte della ferrovia, in riva al fiume. C'era un sacco di buio e non li ho visti in faccia, prima, perché poi... Comunque mi metto lì a guardare, solo guardare, perché il mio motto è "impicciati degli affari tuoi", e mi è parso che quello a sinistra avesse in mano un bastone, non so... erano tanto allacciati nella lotta che non si capiva bene. Poi è arrivato il treno, e la luce dei fari si è piantata proprio in faccia a quello col bastone, sissignore, e in quell'attimo me la sono stampata bene nella mente quella faccia, proprio... Era un merci, e per un po' non ho potuto vedere più niente, ma quando è passato ho visto quel maledetto assassino buttare il corpo dell'altro nel fiume, proprio, l'ha ammazzato e l'ha gettato nel fiume... io mi sono nascosto tra i cespugli, perché se mi vedeva ammazzava anche me, ci puoi giurare, ma lui non mi ha visto, ha seguito le rotaie per un po', le ha attraversate e ha raggiunto la strada. Poi ho sentito il rumore di una macchina che si allontanava e basta, ecco, la storia è tutta qui...

- I **luoghi della vicenda**: il delitto avviene nei pressi della **ferrovia**, lungo un fiume.

- Il **testimone** ha un **ruolo importante**: assiste all'assassinio e la sua testimonianza può dare una svolta all'indagine.

- Il **crimine descritto dal testimone**.

Seconda sequenza: L'INVESTIGATORE DECIDE DI PORTARE IL TESTIMONE ALLA POLIZIA

- Dalla **seconda all'ottava sequenza** si sviluppano i **momenti fondamentali dell'indagine**.

Jacques aveva ascoltato in silenzio, fumando una sigaretta dopo l'altra.
«Perché sei venuto da me?» chiese. «Perché non sei andato alla polizia?»
Auguste Comte fece una smorfia.
«E chi avrebbe creduto a un povero clochard[1] come me? Ma è vero, sai? Tutto vero, te lo posso giurare su una bottiglia del miglior gin.»
Jacques schiacciò la Blonde nel portacenere.
«Bien» disse. «Ora ci andiamo insieme.»
Auguste spalancò gli occhi, pieni di alcool, di sogni e di paura.

---

1. **clochard**: in francese significa "barbone", senzatetto.

UNITÀ 3 — IL ROMANZO GIALLO

- Gli **strumenti d'indagine**: l'**identikit**.

Terza sequenza: L'IDENTIKIT

Auguste ce la stava mettendo tutta per ricordare.

«No... ecco... gli occhi un po' più distanziati, e le sopracciglia più folte, così...»

Sullo schermo luminoso si andava formando il volto di un uomo.

«... Il naso leggermente aquilino...»

Si meravigliò molto di tutte le inclinazioni che poteva avere un semplice naso.

«La bocca più sottile» continuò. «Quasi senza labbra...»

L'agente che manovrava la macchina di proiezione fece sfilare decine di bocche sullo schermo, e con ognuna il volto cambiava espressione. Finalmente Auguste diede la sua approvazione... potevano passare alla forma del mento.

Quarta sequenza: I DUBBI SULL'EFFICACIA DELL'IDENTIKIT

Cousin e Jacques uscirono dalla sala buia e andarono a prendere il caffè al distributore automatico.

«Ci credi tu?» disse Cousin, sospirando. Jacques alzò le spalle.

«E perché no? Auguste è un buon diavolo. Beve molto, d'accordo, ma non da *delirium tremens*[2]... E poi non so, sento che è vero, ecco.»

Accese una sigaretta. Cousin stritolò il bicchierino di plastica con la mano.

«Mah...» disse. «Lo sapremo presto. I miei uomini stanno già dragando[3] il fiume. Speriamo... Ci sono molte correnti in quel punto.»

Con il mozzicone della sigaretta, Jacques se ne accese un'altra.

Quando ritornarono nella saletta dell'identikit, la ricostruzione era finita. Auguste, soddisfatto, guardava prima uno e poi l'altro.

«Mmm...» disse Jacques. «Non è una faccia nuova.»

«Forse è solo un'impressione» disse Cousin, senza entusiasmo. «L'identikit fa di questi scherzi: sembra sempre di riconoscere tutti, ma quelli che poi si beccano davvero sono pochi... perché con questo metodo non si ricostruisce una faccia vera e propria, ma solo un "tipo", capisci? Scommetto che centinaia di persone assomigliano a quel tizio lì...»

«Oh, non so» lo interruppe Jacques. «Non è un viso molto comune.»

Cousin fece un gesto annoiato.

«Te lo dico io come andrà a finire: dovremo pubblicarlo sui giornali e saremo sommersi dalle denunce. Tutti troveranno che assomiglia al loro vicino di casa.»

Jacques sorrise.

«Perché non cominciamo dai pregiudicati, intanto?» disse.

Cousin annuì, stancamente.

Quinta sequenza: LA RICERCA NEGLI SCHEDARI DI UN VISO SOMIGLIANTE ALL'IDENTIKIT

Passarono alcune ore a consultare gli schedari, e trovarono almeno

---

2. ***delirium tremens***: il delirio che colpisce chi abusa dell'alcol tanto da intossicarsi.

3. dragando: scavando con una draga, cioè un escavatore subacqueo.

- L'**investigatore**: la preziosa dote dell'**intuizione**.

- **Strumenti d'indagine**: le **macchine**.

- Il **metodo d'indagine**: i limiti di alcuni sistemi.

- **Strumenti d'indagine**: gli **schedari fotografici**.

Come è fatto un racconto giallo

- **L'investigatore:** il **ragionamento**, la **logica**.

dieci individui che assomigliavano più o meno all'identikit: sette di loro erano in prigione, uno era morto.

«Degli altri due» disse Cousin, «uno si potrebbe escludere: Alfred de Vigny è un poveraccio, un ladro di galline, comunque. Le Roy invece è stato dentro due volte per rapina. Un duro, anche se... Boh, li faccio fermare tutti e due».

Diede gli ordini agli agenti.

«Ancora niente dal fiume?»

«No, capo.»

Jacques si lasciò cadere su una poltrona. Distrattamente afferrò una copia di «Paris Match» che era sul tavolino accanto e cominciò a sfogliarla.

Cousin beveva l'ennesimo caffè, guardando con occhi stanchi il viavai dei corridoi. Poi guardò Jacques.

- **L'investigatore:** i tratti della sua **personalità**.

«A volte proprio non ti capisco» disse a un tratto. «Come investigatore privato per questa indagine non prendi un soldo. Sembra che tu ti diverta, sembra...»

Sesta sequenza: L'INDIVIDUAZIONE DELL'UOMO DELL'IDENTIKIT; PRESUNTO ASSASSINO

Jacques non lo sentì. Era intento a fissare qualcosa sul giornale.

«Ma lui...» mormorò.

«Chi?» disse Cousin, avvicinandosi.

«Lui, guarda.»

Gli porse il giornale, mostrandogli una fotografia. Cousin sorrise.

«Sei matto» disse.

«È lui ti dico. È preciso.»

Si alzò e andò velocemente nella sala accanto, dove Auguste stava ancora aspettando. Gli mostrò la foto.

«Per tutte le bottiglie!...» esclamò il barbone, spalancando gli occhi. Jacques non attese altro. Ritornò da Cousin.

- **L'investigatore:** l'**intuizione**.

«È lui» disse. «Non ho più dubbi.»

«Non è possibile...» mormorò l'ispettore.

«E perché no?» disse Jacques.

- **Il colpo di scena:** una **foto sul giornale** porta all'**individuazione dei personaggi coinvolti** nel delitto.

La foto, scattata in occasione di una festa di beneficenza, ritraeva François Guizot, comproprietario insieme a Adolphe Thiers delle acciaierie "Guizot Thiers". In definitiva, uno degli uomini più ricchi e più in vista di Francia.

«Potrebbe aver ucciso il socio» continuò Jacques. «Capita nelle migliori aziende.»

Cousin guardò Jacques, e poi la foto, e poi la copia dell'identikit che gli avevano preparato. «Mah...» disse infine. «Proviamo.»

Telefonò a casa Guizot. La cameriera gli rispose che il signor François non si vedeva da qualche giorno.

«Be'...» disse Cousin riattaccando. «Un punto a tuo favore. Ma questo non significa che sia un assassino.»

«Chissà... E se chiamassi la probabile vittima?»

ALLA SCOPERTA DEI TESTI • Il testo narrativo **167**

UNITÀ 3 — IL ROMANZO GIALLO

Cousin, ancora riluttante, cercò sulla guida il numero di Adolphe Thiers e lo formò. Nessuno rispose.

«Ah» esclamò l'ispettore, «è assurdo! Si sarebbe saputo. È gente importante quella lì!»

«Il fatto è successo solo ieri sera...»

Ma Cousin già non ascoltava più. Si era messo il cappello e stava scendendo le scale. Jacques lo seguì.

Stavano correndo a sirena spiegata quando arrivò un messaggio per radio.

«Capo, abbiamo trovato il corpo.»

«Allora?»

«È difficile dire qualcosa... È irriconoscibile, completamente sfigurato... Comunque sembra che Auguste abbia visto giusto: l'arma del delitto è senz'altro un bastone, o qualcosa del genere.»

Cousin riappese il microfono.

«Ho paura» disse «che il signor Thiers non sia in casa.»

> ● L'indagine: un **momento determinante** per l'inchiesta.

Settima sequenza: IL COLLOQUIO CON THIERS, LA PRESUNTA VITTIMA.

Si sbagliava: Adolphe Thiers era in casa, ben vivo, allegro e in procinto di partire per una vacanza in Sud America.

«Avevo staccato il telefono» disse sorpreso. «Non volevo che qualcuno mi chiamasse dall'ufficio proprio ora che... Ma, scusate, a che cosa devo?...»

Cousin guardò Jacques sconsolato. Poi raccolse il suo coraggio e raccontò tutta la storia. La reazione fu una sonora risata.

«È pazzesco!» esclamò Adolphe Thiers.

«François, il mio assassino! Ma io sono vivo e vegeto, come potete vedere! Vi assicuro che quando il mio socio tornerà dalle sue brevi ferie si farà matte risate, come me!» Si accese una sigaretta, con la mano sinistra. Ora aveva assunto un sorriso vagamente sprezzante. «Francamente, ispettore, credo che lei abbia agito in modo un po' avventato, prestando fede alle chiacchiere di un ubriacone. E ora, se volete scusarmi... Il mio aereo parte tra quindici minuti.»

Ottava sequenza: UNA CORSA NEL TRAFFICO PER INSEGUIRE L'ASSASSINO

Tornando, guidò Jacques. Cousin giaceva, desolato, sul sedile laterale.

«Io lo spacco tutto» gemette. «Un barbone pieno di gin che vede assassini come se niente fosse... Forse sono troppo vecchio per fare ancora questo mestiere.»

Jacques fumava, pensieroso.

«Assassini?» chiese a un tratto.

«Sì, ma...» mormorò Cousin.

«E se invece...»

Spense la sigaretta nel portacenere del cruscotto e contemporaneamente schiacciò il pedale del freno con tutta la sua forza, girando il volante. La macchina, gemendo e urlando, fece un testacoda nella via piena di

> ● **Un altro colpo di scena**: un'**intuizione dell'investigatore** porta verso la soluzione del caso. Il *climax* sale e ci si avvia al momento di maggiore tensione e coinvolgimento (*Spannung*).

Come è fatto un racconto giallo

traffico, evitando per miracolo una Ford, tre Peugeot e due Renault. Infine prese letteralmente il volo con un balzo in avanti, le ruote che fischiavano e fumavano per l'attrito con l'asfalto.

Cousin era caduto dal sedile, finendo sotto il cruscotto.

«Cosa diavolo...?» disse quando finalmente riuscì a rialzarsi. Poi le parole gli morirono in gola: aveva visto le case sfrecciargli a destra e a sinistra a velocità pazzesca.

«Ma sei diventato matto?» urlò. «Ferma! Rallenta! Ti ordino di rallentare!»

● L'investigatore: l'intuizione.

«Sto barando come un marsigliese» disse Jacques. «Ma se per caso ho ragione...» Guardò Cousin che si attaccava da tutte le parti. «Ricordi quello che ha detto Auguste? L'uomo che stava a sinistra, cioè Guizot, aveva in mano un bastone, ma col buio che c'era può darsi che Auguste non abbia capito...»

Con un colpo di sterzo evitò un autobus che incrociava.

«Metti la sirena!» urlò Cousin.

«...può darsi» continuò Jacques senza badargli «che il bastone l'avesse l'altro, nella mano sinistra, e che Guizot, con la mano destra, tentasse solo di fermare il colpo.»

«Vuoi dire...»

«Voglio dire che forse siamo partiti con il piede sbagliato. Il nostro identikit è quello della vittima, non dell'assassino!»

«E allora...»

● L'indagine: l'ipotesi iniziale viene rovesciata, la presunta vittima è invece l'assassino.

«E allora, quello che pensavamo fosse la vittima è necessariamente l'assassino: Adolphe Thiers, mancino e in procinto di scappare in Sud America!»

Di fronte, due automobili affiancate ostruivano completamente la strada. Fu allora che Cousin si accorse che andavano contromano, in un senso unico. Jacques sterzò, fece salire la macchina sul marciapiede, con grande disapprovazione degli ammortizzatori, e aggirò l'ostacolo, riprendendo la corsa. Cousin si fece il segno della croce.

«Ma» disse, «ti rendi conto che non abbiamo uno straccio di prova?»

«Certo, ma se quello riesce a fuggire non ci servirà a molto trovarle dopo, le prove.»

Ci fu un colpo fortissimo e la macchina sbandò. Aveva urtato un'altra vettura in parcheggio, perdendo il paraurti posteriore e un pezzo di fiancata. Un frammento di lamiera venne trascinato nella corsa, battendo contro il selciato e producendo un frastuono assordante. Un vecchietto alzò la testa, sentendolo, e vide il bolide sfrecciargli davanti.

«Viva gli sposi!» esclamò sorridendo.

Nona sequenza: L'ARRESTO CON SPARATORIA

● La nona sequenza racconta la soluzione dell'indagine.

Quella che finalmente si fermò all'aeroporto non aveva più l'aspetto di una macchina. Jacques balzò fuori e oltrepassò la grande porta di cristallo.

UNITÀ 3 — IL ROMANZO GIALLO

«I passeggeri del volo 41 per Montevideo sono pregati di presentarsi al cancello 12. 1 passeggeri del volo 41 per Montevideo sono pregati...»

Jacques si faceva strada a gomitate in mezzo alla folla, tra lo scenario irreale dei vetri e dell'acciaio. Ogni suono veniva restituito amplificato, come in una caverna dell'eco.

«I passeggeri del volo 41 per Montevideo sono pregati di presentarsi al cancello...»

Senza sapere come, si ritrovò in un corridoio stretto e lunghissimo. C'era qualcuno in fondo, ma non riusciva a distinguere bene. Poi si fermò.

«Non vi aspettavo così presto» disse Adolphe Thiers, alzando il cane della pistola.

Lo sparo rimbombò tra le pareti di metallo. Jacques vide la pistola di Thiers volar via e l'industriale stringersi la mano, con una smorfia di dolore. Jacques si voltò. Cousin era dall'altra parte del corridoio, con la faccia stravolta e la rivoltella fumante in mano.

«Ho la milza che mi scoppia» disse.

(T. Sclavi, *I misteri di Mystère*, Mondadori)

● La **soluzione dell'indagine**: l'**assassino** viene **fermato** mentre cerca di sparare all'investigatore.

Attività

È TUTTO CHIARO?
COMPETENZE DI LETTURA

Le caratteristiche del genere

● **1.** Completa il testo, per riassumere le caratteristiche del genere che sono state messe in luce dall'analisi guidata. Il racconto si sviluppa secondo lo schema classico:

   a. un crimine cioè .... ;
   b. l'indagine cioè .... ;
   c. la soluzione, cioè ....

I personaggi principali sono:

   a. ....
      nel ruolo di ....
   b. ....
      nel ruolo di ....
   c. ....
      nel ruolo di ....
   d. ....
      nel ruolo di ....

Dunque gli investigatori sono ....
....

La narrazione inizia con un .... ,
dunque *fabula* e intreccio ....
....

I luoghi in cui la vicenda si svolge sono ....
....

Nello sviluppo dell'indagine si verificano colpi di scena e rovesciamenti di ruoli, infatti ....
....
....

La *Spannung* si ha quando ....
....

RIFLETTERE
CONSAPEVOLEZZA ED ESPRESSIONE CULTURALE

Che tipo di giallo?

● **2.** Nella descrizione del genere (pagine 162-164) abbiamo detto che i tipi fondamentali di giallo sono due: questo ti sembra un giallo d'azione o un giallo d'enigma? Motiva la tua risposta con precisi riferimenti al testo.

Come è fatto un racconto giallo

L'INDAGATORE DELL'INCUBO: DYLAN DOG

Tiziano Sclavi, l'autore del racconto precedente, ha creato anche un fumetto di grande successo di cui è protagonista Dylan Dog.

Dylan Dog è un investigatore privato, un ex poliziotto di Scotland Yard[1] con un passato misterioso; ha trent'anni, un animo molto sensibile che lo porta a innamorarsi delle belle ragazze. Veste con una camicia rossa, una giacca nera, jeans e scarpe Clark's. Abita a Londra, si sposta su un maggiolone Volkswagen cabriolet bianco.
Ha un insolito rapporto con i soldi: spesso non si fa pagare, chiede parcelle alte solo a clienti ricchi. Le storie di cui è protagonista, ambientate quasi sempre a Londra, sono un intreccio di vari generi: fantastico, horror, giallo noir (cioè un tipo di giallo con storie violente in una società corrotta e con un finale amaro).

> Chi si rivolge a lui non è il marito tradito che vuol far pedinare la moglie, o comunque il normale cliente di un investigatore privato, ma una persona che è stata colpita o anche solo sfiorata dall'ala nera del soprannaturale: una donna che ha visto un morto risorgere dalla tomba e diventare uno zombie, un uomo ossessionato dagli spettri, una ragazza il cui fidanzato è stato ucciso da un mostro tentacolare... Una persona a cui la polizia non crede, che tutti ritengono pazza, e che spesso rischierebbe davvero di scivolare nella follia se non trovasse qualcuno disposto ad ascoltarla e ad aiutarla. Questo qualcuno è Dylan Dog, l'unico "Indagatore dell'Incubo" del mondo. [...] È la paura ad affascinarlo, la paura irrazionale e inspiegabile dell'ignoto. E lui stesso ha paura: non è certo un eroe invincibile, e anzi a volte non riesce proprio a risolvere il caso, a uccidere il mostro, a scacciare l'incubo. O più spesso ci riesce solo in parte, e quando tutto sembra finito, l'orrore ricompare... Un anti-eroe, dunque? Neanche: soltanto un uomo. Un uomo che, a differenza di tanti, non rifiuta l'ignoto ma tenta anzi di penetrarlo e comprenderlo, specialmente quando il mistero e l'orrore si celano nel profondo dell'inconscio.
>
> (www.sergiobonellieditore.it/dylan/servizi/il_mio_nome.html)

Con lui indagano i suoi amici, in particolare Groucho e l'ispettore Bloch.

> Groucho, oltre a essere il miglior amico di Dylan, è ufficialmente il suo assistente, ma non ha un gran che da fare e, se potesse, farebbe anche meno. Praticamente, il suo unico compito è di lanciare al suo capo, quando è il momento, la vecchia pistola che lui tiene in consegna, ma perfino in questo spesso sbaglia: dimentica di caricarla, oppure non riesce più a trovarla («Forse l'ho mandata in lavanderia») o magari la tira troppo forte e centra Dylan in piena faccia. Di età indefinibile, ex attore (ma, per quanto ne sappiamo, ha forse partecipato a un unico film, in cui impersonava Groucho Marx, del quale ha conservato la "maschera"), Groucho non prende mai niente sul serio, interviene a sproposito, fa irritare e a volte mette in fuga i probabili clienti, "spaventati" più dalle sue folli freddure che dai mostri o dagli spettri.
>
> (www.sergiobonellieditore.it/dylan/servizi/il_mio_nome.html)

1. **Scotland Yard**: sede del servizio di polizia nella regione della Grande Londra, nel Regno Unito.

UNITÀ 3

IL ROMANZO GIALLO

Per approfondire

> L'ispettore Bloch, di Scotland Yard, è stato il "maestro" di Dylan ai tempi in cui questi era un poliziotto novellino, gli si è affezionato e l'ha un po' "adottato" come figlioccio. La sua è, dunque, un'amicizia paterna, anche se mascherata dall'aria burbera e apparentemente indifferente a tutto, tranne che all'agognata pensione. Ha sofferto per la scelta di Dylan di abbandonare la polizia, così come disapprova la sua cosiddetta professione di "Indagatore dell'Incubo", contraria al suo spirito logico e razionale, ma questo non vuol dire che non gli sia rimasto amico. Anzi, pur non credendo affatto nell'occulto, cerca sempre di aiutare il suo vecchio pupillo in tutti i modi.
>
> (www.sergiobonellieditore.it/dylan/servizi/il_mio_nome.html)

Altri personaggi che aiutano Dylan Dog sono un impacciato ispettore Jenkins, un lord inglese, una veggente e persino un cane.
I suoi antagonisti fissi sono la Morte, Xabaras (anagramma del nome di un diavolo, Abraxas), che si dedica all'alchimia e ricerca il siero dell'immortalità.
Tra i personaggi compaiono mostri come vampiri e zombie che sono talora vittime, talora "cattivi" da combattere. Gli alieni, invece, sono solitamente esseri positivi.
Dyaln Dog combatte contro tutti i mali della nostra società: ingiustizia sociale, emarginazione, ricerca ossessiva del potere, razzismo, droga.

Attività

> Conosci già questo personaggio dei fumetti?
> Hai letto qualcosa o ne hai solamente sentito parlare?

Investigatori e commissari di ieri e di oggi

Sherlock Holmes: il personaggio e il suo metodo d'indagine

L'opera. Uno studio in rosso *è il primo romanzo di Arthur Conan Doyle, accolto con grande favore dal pubblico. Nel volume appaiono per la prima volta Sherlock Holmes, il più noto dei detective, modello per tutti gli altri, e il dottor Watson, un medico militare che farà da spalla all'investigatore. L'avvincente caccia a un misterioso assassino coinvolgerà i due futuri inseparabili amici.*

Il testo. Watson e Holmes si incontrano ed entrano in contatto grazie a una conoscenza in comune: entrambi cercano un alloggio e hanno qualche problema finanziario; abitando nella stessa casa potranno risparmiare sull'affitto. Watson ritrae il suo nuovo coinquilino e si pone domande sulle cause della sua perspicacia.

Nella stanza[1] c'era un unico studente, chino su un tavolo lontano, assorto nel suo lavoro. Al suono dei nostri passi si guardò intorno e saltò in piedi con un grido di gioia. «L'ho trovato! L'ho trovato!» urlò al mio amico, precipitandosi verso di noi con una provetta in mano. «Ho trovato un reagente[2] che precipita esclusivamente con l'emoglobina[3].» Se avesse scoperto una miniera d'oro non avrebbe potuto apparire più felice e radioso.

«Il dottor Watson, il signor Sherlock Holmes», ci presentò Stamford.

«Molto lieto», disse cordialmente, stringendomi la mano con una forza di cui non gli avrei dato credito. «Vedo che è stato in Afghanistan.»

«Come diamine fa a saperlo?» gli chiesi sbalordito.

«Non importa», rispose ridacchiando fra sé e sé. «Il problema adesso è l'emoglobina. Comprenderà senza dubbio l'importanza della mia scoperta?» [...]

Holmes non era certo un coinquilino difficile. Molto tranquillo, di abitudini regolari. Raramente rimaneva alzato dopo le dieci di sera e invariabilmente la mattina aveva già fatto colazione ed era uscito prima del mio risveglio. A volte passava la giornata nel laboratorio di chimica, a volte nella sala anatomica, altre volte facendo lunghe passeggiate che, a quanto pareva, lo conducevano nei quar-

---

1. nella stanza: la stanza del laboratorio di chimica dell'ospedale dove Watson si reca per conoscere Holmes. Con lui vi è Stamford, il tramite tra i due.

2. reagente: sostanza che prende parte a una reazione chimica.

3. emoglobina: parte dei globuli rossi che consente il trasporto dell'ossigeno dai polmoni ai tessuti.

UNITÀ 3 — IL ROMANZO GIALLO

4. vacua: vuota, priva di pensieri.

5. torpore: momento in cui ci si abbandona alla pigrizia sia fisica sia mentale.

6. acidi: Holmes, per le sue indagini, usava sostanze chimiche ed era un profondo conoscitore di questa scienza.

7. della sua filosofia: un metodo scientifico molto rigoroso e procedure di ragionamento logico e deduttivo. Il capitolo da cui è tratto questo brano si intitola infatti *La scienza della deduzione*.

tieri più poveri ed emarginati della città. Quando era in preda alla sua frenesia di lavoro si dimostrava infaticabile; ma ogni tanto subentrava la reazione, e allora rimaneva per giorni e giorni sdraiato sul divano del soggiorno, senza dire una parola né muovere un muscolo dalla mattina alla sera. In queste occasioni, notavo che i suoi occhi assumevano un'espressione talmente sognante e vacua[4] che avrei potuto sospettare che facesse uso di droghe se la sua vita ==morigerata e cristallina== non avesse smentito quel dubbio.

Col passare delle settimane, poco a poco il mio interesse nei suoi confronti e la mia curiosità circa i suoi scopi nella vita si acuirono sempre più. Perfino la sua persona e il suo aspetto erano tali da colpire l'attenzione alla prima occhiata. Era alto quasi un metro e novanta ma la sua straordinaria magrezza lo faceva sembrare ancora più alto. Eccezion fatta per quegli intervalli di torpore[5] cui ho accennato, il suo sguardo era acuto e penetrante; e il naso sottile aquilino conferiva alla sua espressione un'aria vigile e decisa. Il mento era prominente e squadrato, tipico dell'uomo d'azione. Le mani, invariabilmente macchiate d'inchiostro e di scoloriture provocate dagli acidi[6], possedevano un tocco straordinariamente delicato, come ebbi spesso occasione di notare quando lo osservavo maneggiare i fragili strumenti della sua filosofia[7]. [...]

Qualche pagina dopo troviamo una conversazione tra Watson e Holmes in cui quest'ultimo spiega ciò che rende il suo metodo di indagine pressoché infallibile.

 Parole, parole...

Morigerato e cristallino

La vita di Holmes viene definita da Watson *morigerata* e *cristallina*. Analizziamo questi due termini. L'aggettivo *morigerato* contiene nella sua radice il termine latino *mos, moris*, che significa «regola, costume, uso, abitudine, tradizione»; questo termine si attribuisce a chi vive rispettando le regole e le tradizioni. *Morigerato* si dice anche di chi vive con sobrietà, moderatezza e frugalità. Il contrario di morigerato è *sregolato, intemperante, immorale*.

- Dal termine *morigerato* deriva anche un avverbio. Quale? Qual è il suo significato?

L'aggettivo *cristallino* significa letteralmente "di cristallo" cioè lucente, limpido, trasparente come il cristallo. Con questa accezione l'aggettivo definisce anche una persona nel suo modo di essere e di comportarsi: onesto, integro, sincero, schietto. Il contrario di cristallino è *ipocrita, subdolo, doppio*.

- In relazione all'ambito di utilizzo, il termine *cristallino* assume accezioni di significato differenti. Consulta il dizionario e poi rispondi.

  Se sto parlando di roccia cristallina a che ambito mi riferisco? In questo caso cosa significa? In ambito anatomico invece, cos'è il cristallino?

- Scrivi una frase per ognuno dei due aggettivi (*morigerato* e *cristallino*) nella quale sia contenuto anche il suo contrario.

Investigatori e commissari di ieri e di oggi

«Insomma, lei intende dire che, senza uscire dalla sua stanza, lei è in grado di sbrogliare una matassa che per gli altri è un groviglio incomprensibile, pur se ne hanno sott'occhio tutti i fili?»

«Esattamente. Ho una sorta di sesto senso. Ogni tanto, si presenta qualche caso più complicato degli altri. E allora devo darmi da fare e vedere le cose con i miei propri occhi. Vede, possiedo una gran quantità di nozioni particolari che applico al problema e che mi facilitano straordinariamente il compito. Le regole di deduzione che ho citato in quell'articolo e che hanno suscitato il suo disprezzo, mi sono preziose nell'aspetto pratico del mio lavoro. L'osservazione è per me una seconda natura. Al nostro primo incontro, lei è apparso sorpreso quando le dissi che proveniva dall'Afghanistan.»

«Senza dubbio qualcuno glielo aveva detto.»

«Assolutamente no. *Sapevo* che lei veniva dall'Afghanistan. Per forza d'abitudine, il filo dei miei pensieri si era sdipanato così rapidamente nel mio cervello che ero arrivato alla conclusione senza rendermi conto delle tappe intermedie. Ma queste tappe c'erano state. Il filo del ragionamento è stato questo: ecco un signore che ha il tipo del medico ma l'aria di un militare. Quindi, un medico militare, appena arrivato dai Tropici poiché è abbronzato, e quello non è il colore naturale della sua pelle; infatti, i polsi sono chiari. Ha attraversato un periodo di stenti e di malattia, come rivela chiaramente il viso teso e stanco. Ha una ferita al braccio sinistro. Lo tiene in modo rigido e innaturale. In quale zona dei Tropici un medico militare inglese può aver passato tante traversie e riportato una ferita al braccio? Ovviamente in Afghanistan. Questa sequenza di pensieri è durata meno di un secondo. Le dissi allora che lei proveniva dall'Afghanistan, e ne restò sbalordito.»

«Come lo spiega lei, sembra molto semplice», risposi sorridendo. «Mi ricorda il Dupin di Edgar Allan Poe. Non immaginavo che personaggi del genere esistessero fuori dai racconti.» Sherlock Holmes si alzò e accese la pipa. «Senza dubbio ritiene di farmi un complimento paragonandomi a Dupin», osservò.

(A. Conan Doyle, *Uno studio in rosso*, tradotto dall'inglese da N. Rosati Bizzotto, Newton Compton Editori)

UNITÀ 3 — IL ROMANZO GIALLO

Attività

COME SONO FATTI I RACCONTI GIALLI
COMPETENZE DI LETTURA

La voce narrante

1. Di chi è la voce narrante? Specifica se è interna o esterna.

Chi è Sherlock Holmes?

2. Rifletti sulla prima parte del brano: individua ciò che si dice di Sherlock Holmes e scegli la risposta corretta.

   Aspetto fisico:
   - ☐ normale, che non colpisce le persone
   - ☐ singolare, che colpisce al primo sguardo

   Espressione:
   - ☐ sguardo acuto e penetrante, talvolta sognante e vacuo
   - ☐ distratto e svagato, spesso lontano

   Ritmo di vita:
   - ☐ regolare e tranquillo
   - ☐ frenetico

   Modo di lavorare:
   - ☐ alternanza di grande fatica a inattività assoluta
   - ☐ costante operosità e impegno

3. Rileggi ora la seconda parte del testo, rifletti e completa. Il metodo d'indagine di Sherlock Holmes viene utilizzato dalla maggior parte dei detective. Analizzalo, segnando con una crocetta gli aspetti che riconosci.
   - ☐ Osservazione
   - ☐ Possesso di una grande quantità di nozioni particolari
   - ☐ Conoscenze storiche
   - ☐ Intuizione
   - ☐ Logica e ragionamento
   - ☐ Imitazione dei grandi investigatori

PENSIAMOCI SU

Sei anche tu come Sherlock Holmes?

4. Nel romanzo da cui è tratto il brano, qualche pagina dopo quelle che abbiamo letto, Watson, guardando dalla finestra, vede un individuo e lo descrive così:

   Un tipo di mezz'età, vigoroso, dal portamento sicuro e fiero, piuttosto malvestito, con un'àncora blu tatuata sul dorso della mano e due grossi basettoni; camminava a testa alta, facendo dondolare il bastone con aria di importanza e di comando.

   Sherlock Holmes intuisce subito chi può essere quell'uomo. Di chi si tratta secondo te?
   - ☐ Un ex ferroviere in pensione
   - ☐ Un mozzo appena sbarcato dalla nave
   - ☐ Un ex sottufficiale di marina in pensione
   - ☐ Un ladro travestito

5. Confronta i ragionamenti che hai fatto per arrivare alla soluzione con quelli di Sherlock Holmes.

SOLUZIONE ESERCIZIO 5

Ecco il ragionamento di Sherlock Holmes per capire chi sia l'individuo visto da Watson.

... distinguevo una grossa àncora blu tatuata sul dorso della mano di quell'uomo. Quello sapeva di mare. Aveva però il portamento di un militare, e i basettoni regolamentari. E qui entrava in ballo la Marina. Era un uomo che si dava una certa importanza, e una certa aria di comando. Lei avrà sicuramente notato come teneva la testa e come dondolava il bastone. Un uomo, inoltre, posato e rispettabile, di mezz'età – a giudicare dal suo aspetto – tutti elementi che mi hanno indotto a ritenere che fosse stato un sottufficiale.

176

Investigatori e commissari di ieri e di oggi

Georges Simenon

Il commissario Maigret: un delitto in periferia

L'opera. Il brano è tratto da una delle opere migliori di George Simenon, che ha come titolo *Un'ombra su Maigret* e come protagonista il commissario di polizia Jules Maigret. Egli non è, come Sherlock Holmes, un "mostro" della deduzione logica; è invece un uomo impulsivo, che segue il suo intuito, guidato da intelligenza e spirito di osservazione. Nel corso delle sue indagini arriva a una conoscenza approfondita delle abitudini, della mentalità, dell'ambiente in cui vivono sia le vittime sia gli assassini e così riesce a risolvere storie anche intricate e complesse. In quella raccontata in questo romanzo, Maigret si trova di fronte all'omicidio di un'anziana e ricca signora, trovata strangolata, e alla sparizione della nipote Cécile, che aveva denunciato alla polizia strani spostamenti di oggetti nell'appartamento in cui vive con la zia.

Il testo. Già nei giorni precedenti la morte della zia, la nipote Cécile aveva denunciato quanto stava accadendo nell'appartamento della zia. Anche quella mattina la ragazza era stata in commissariato, al Quai des Orfèvres, dove lavora Maigret, ma il commissario era impegnato e aveva dovuto farla attendere. Cécile se ne era andata.

Lentamente, con la fronte pensosa, il commissario aveva risalito i cinque piani senza rendersi conto che tutti gli inquilini erano sui pianerottoli. Stava pensando a Cécile, a quella ragazza sgraziata della quale avevano tanto riso e che certuni alla Polizia Giudiziaria chiamavano il capriccetto[1] di Maigret.

Era vissuta qui in questa banale casa di periferia; aveva salito e disceso ogni giorno questa scala buia e aveva ancora impregnati i vestiti di quest'atmosfera quando andava a sedersi, spaventata e paziente, nell'anticamera del Quai des Orfèvres[2].

1. capriccetto: pensavano che Maigret si fosse un po' troppo affezionato alla ragazza.

2. Quai des Orfèvres: il nome indica il palazzo della Polizia Giudiziaria di Parigi situato appunto in Quai des Orfèvres (il lungo Senna degli orefici).

IL ROMANZO GIALLO

E quando si degnava di riceverla, Maigret non le chiedeva forse con una serietà che mal nascondeva l'ironia: «Allora, gli oggetti si sono di nuovo spostati, questa notte? Il calamaio ha raggiunto l'altra estremità del tavolo? Il tagliacarte è uscito dal suo cassetto?».

Al quinto piano, diede ordine all'agente di polizia di non lasciar entrare nessuno nell'appartamento e sospinse l'uscio, poi si pentì, esaminò il campanello. Non c'era un bottone elettrico, ma un grosso cordone rosso e giallo che pendeva di fianco alla porta. Lo tirò. Una scampanellata da convento tintinnò nel piccolo salotto. «Lei, agente, stia attento che nessuno tocchi questa porta.»

Per via delle eventuali impronte digitali, ma non ci credeva molto. Era seccato. Continuava a perseguitarlo l'immagine di Cécile seduta nell'acquario, così infatti chiamavano, al Quai, la sala d'aspetto che aveva una intera parete di vetro.

Senza essere medico, non aveva avuto difficoltà a constatare che la morte della vecchia signora risaliva a parecchie ore, a molto prima dell'arrivo di sua nipote al Quai des Orfèvres.

Cécile aveva assistito al delitto? In tal caso, non aveva avvertito nessuno, non aveva gridato. Era rimasta nell'appartamento fino al mattino, insieme al cadavere, e aveva fatto toeletta come al solito. L'aveva, infatti, guardata abbastanza, arrivando alla Polizia Giudiziaria, per notare che era vestita normalmente.

Del resto, controllò subito questo particolare, al quale annetteva una certa importanza. Cercò la camera di lei. Al primo momento non la trovò. Sul davanti c'erano tre stanze; il salotto, la sala da pranzo e la camera da letto della zia.

A destra del corridoio, una cucina e un lavatoio. Solo spingendo una porta sul lato opposto della cucina, scoprì lo stanzino, scarsamente illuminato da una finestra, nel quale vi erano un letto di ferro, un lavandino e un armadio, che serviva da camera a Cécile.

Il letto era disfatto. C'era un po' d'acqua insaponata nel catino, alcuni capelli scuri tra i denti del pettine. Una vestaglia di flanella color salmone era gettata su una sedia.

Investigatori e commissari di ieri e di oggi

Nel momento in cui si vestiva, Cécile già sapeva? Faceva appena giorno quando era uscita in istrada o meglio sulla nazionale che passava davanti alla casa, e aveva aspettato il tram alla fermata a meno di cento metri di distanza. La nebbia era fitta.

Alla Polizia Giudiziaria aveva riempito il biglietto[3], si era seduta davanti alla cornice nera che, in anticamera, conteneva le fotografie degli agenti caduti sul campo dell'onore

Maigret era apparso infine sulla scala. Lei si era alzata di scatto. L'avrebbe ricevuta. Avrebbe potuto parlare...

Ed ecco che la facevano aspettare più di un'ora. I corridoi si animavano. Gli agenti si interpellavano. Le porte si aprivano e si richiudevano. Altre persone si sedevano nell'acquario e l'usciere veniva a chiamarle, una dopo l'altra. Lei restava sola... Soltanto lei continuava ad aspettare...

Che cosa l'aveva decisa ad andarsene?

Maigret aveva caricato macchinalmente la pipa. Udiva voci sul pianerottolo: gli inquilini che commentavano l'accaduto e l'agente che li invitava fiaccamente a rientrare in casa.

Che ne era stato di Cécile?

Durante un'ora trascorsa da solo nell'appartamento quel pensiero non lo lasciò un istante facendogli assumere quell'aspetto pesante, quasi assonnato, che i suoi collaboratori conoscevano bene.

Eppure lavorò, a modo suo. Era già impregnato dell'atmosfera della casa. A cominciare dall'anticamera, o meglio dal lungo oscuro corridoio che faceva le veci di anticamera, tutto sapeva di vecchio, di mediocre. C'erano in quel piccolo appartamento tanti mobili da poter arredare un doppio numero di stanze, vecchi mobili di tutte le epoche, di tutti gli stili, ma nessun pezzo di valore. Faceva pensare alle vendite in provincia, quando, in seguito a un decesso o a un fallimento, il pubblico viene improvvisamente ammesso nel segreto di austere case borghesi.

Viceversa, non c'era il minimo disordine. Regnava una meticolosa pulizia, ogni più piccola superficie era lucidata e i ninnoli, anche i più minuti, erano al loro preciso posto.

L'appartamento avrebbe potuto essere indifferentemente illuminato con candele, a petrolio, a gas, come a elettricità poiché non apparteneva a un'epoca ben definita. D'altronde le lampadine elettriche erano rette da vecchi lampadari a petrolio.

Il salotto non era un salotto, ma un ciarpame[4] con le pareti coperte di ritratti di famiglia, d'acquerelli, di stampe senza valore, in cornici nere e dorate di falso legno scolpito. Vicino alla finestra troneggiava un enorme *secrétaire*[5] di mogano a pannello mobile, come se ne vedono ancora in casa degli amministratori di castelli. Con la mano avvolta in un fazzoletto, Maigret aprì, uno dopo l'altro, i cassetti. Alcuni contenevano chiavi, mozziconi di ceralacca, scatole di pillole, la montatura di un occhialino, agende vecchie di vent'anni, fatture ingiallite. Il *secrétaire* non era stato forzato. Quattro cassetti erano vuoti.

---

3. **biglietto**: modulo da compilare per la denuncia al commissariato.

4. **ciarpame**: il termine deriva da "ciarpa", che è una cosa vecchia ormai inutile e senza alcun valore. L'insieme di ciarpe viene detto ciarpame.

5. **secrétaire**: mobile a cassetti con un piano ribaltabile su cui scrivere.

UNITÀ 3 — IL ROMANZO GIALLO

Poltrone dalla tappezzeria logora, uno stipetto[6], un tavolino da lavoro, due pendole Luigi XIV. Nella sala da pranzo, Maigret trovò un altro orologio a pendolo. Ce n'era uno anche in anticamera e, con sorpresa quasi divertita, constatò che due esemplari simili si trovavano anche nella camera della morta.

Una mania, evidentemente! La cosa più buffa era che tutti quegli orologi funzionavano. Maigret se ne accorse a mezzogiorno quando, uno dopo l'altro, cominciarono a suonare.

Troppi mobili anche nella sala da pranzo, dove si poteva a stento circolare. Là, come dappertutto, pesanti tende alle finestre, come se gli abitanti avessero paura della luce.

Perché la vecchia, in piena notte, quando era stata colta dalla morte, aveva addosso una calza? Maigret cercò l'altra, e la trovò sullo scendiletto. Calze di grossa lana nera. Le gambe erano gonfie, bluastre, e Maigret pensò che la zia di Cécile doveva essere idropica[7]. Un bastone, raccolto da terra, gli dimostrò che la vecchia, non completamente paralitica, poteva circolare nell'appartamento.

Infine, appeso sopra il letto, un cordone simile a quello del pianerottolo. Lo tirò, ascoltò, udì la porta d'entrata aprirsi, e andò a richiuderla, imprecando contro gli inquilini ancora riuniti sul pianerottolo.

Perché Cécile aveva lasciato improvvisamente il Quai des Orfèvres? Che cosa poteva averla spinta a prendere quella decisione mentre aveva da comunicare al commissario notizie tanto gravi?

Soltanto lei lo sapeva. Soltanto lei poteva dirlo, e Maigret, man mano che il tempo passava, era sempre più in ansia.

Che cosa facevano quelle due donne tutto il santo giorno? Involontariamente ci si poneva tale domanda vedendo tutti quei mobili sovraccarichi di ninnoli fragili. Erano soprammobili di vetro filato, di sottile maiolica, uno più brutto dell'altro, bocce di vetro nelle quali si vedeva la grotta di Lourdes o il golfo di Napoli, ritratti in equilibrio instabile nelle cornici di fil di rame, una tazza giapponese quasi trasparente dal manico incollato, fiori artificiali in bicchieri da champagne scompagnati.

Maigret entrò ancora una volta nella camera da letto della zia, sempre distesa sul suo letto di mogano, con quella inspiegabile calza a una gamba.

All'una circa, ci fu un trambusto sul marciapiede, poi sulle scale e sul pianerottolo. In quel momento, il commissario era sprofondato in una poltrona del salotto, in cappotto, col cappello in testa, e aveva fumato tanto da rendere l'aria di colore azzurro. Trasalì come svegliato durante un sogno. Gli giunsero alcune voci.

«Allora, mio caro commissario?...»

Il sostituto Bideau gli porgeva, sorridendo, la mano, seguito dal minuscolo giudice istruttore[8] Mabille, dal medico legale[9], da un cancelliere[10] che stava già cercando un tavolo su cui posare le carte.

«Un caso interessante? Dica un po'! Non è allegro, qui...»

Un istante dopo, la camionetta dell'Ufficio Segnaletico si fermava lun-

---

6. stipetto: mobile di legno in cui si conservano oggetti e documenti.

7. idropica: sofferente di idropisia, malattia per la quale il corpo trattiene i liquidi e si gonfia.

8. giudice istruttore: magistrato che "istruisce il processo", cioè raccoglie gli elementi da portare in tribunale.

9. medico legale: medico che su ordine dell'autorità giudiziaria constata la morte, ne stabilisce la causa e l'ora.

10. cancelliere: funzionario del tribunale che registra gli atti preparati dal giudice istruttore.

go il marciapiede e i fotografi invadevano la casa con i loro voluminosi apparecchi. Intimidito, il commissario di polizia di Bourg-la-Reine s'intrufolava fra tutta quella gente, desolato che nessuno si occupasse di lui.

«Rientrate in casa, signori e signore...» ripeteva l'agente di guardia sulla soglia. «Non c'è niente da vedere... Tra poco, verrete interrogati uno per uno... Ma, per l'amor di Dio, sgombrate... Sgombrate!... Insomma, sgombrate!...»

(G. Simenon, *Un'ombra su Maigret*, tradotto dal francese da B.J. Lazzari, Mondadori)

Attività

COME SONO FATTI I RACCONTI GIALLI
COMPETENZE DI LETTURA

I personaggi

1. Per avviare l'analisi del racconto è fondamentale raccogliere le informazioni relative alla vittima e a Cécile. Puoi fare riferimento ai seguenti elementi:
   a. età;
   b. aspetto;
   c. abbigliamento.

I luoghi

2. La descrizione dei luoghi, ricca di particolari, è funzionale al metodo d'indagine del commissario Maigret che consiste nel penetrare, immergersi nell'atmosfera in cui vivono le persone con cui ha a che fare: in questo caso la vecchia zia, morta, e Cécile, la nipote. Una frase, nel brano, rivela esplicitamente questo "stile" di indagine di Maigret. Individuala.

3. Dell'ambiente in cui vivono le due donne si afferma che «tutto sapeva di vecchio, di mediocre». Individua gli aspetti che confermano questa valutazione.

L'ordine della narrazione

4. I fatti sono narrati
   ☐ rispettando la successione cronologica, cioè l'ordine naturale con cui essi sono accaduti
   ☐ interrompendo l'ordine naturale per raccontare fatti accaduti in precedenza (*flashback*)
   ☐ anticipando fatti che accadranno dopo, ricorrendo quindi alle anticipazioni (o prolessi)

Il metodo d'indagine

5. In queste pagine il metodo d'indagine di Maigret ruota intorno all'osservazione e alle riflessioni e agli interrogativi che ne derivano. Sottolinea con colori diversi i passi in cui Maigret
   a. osserva l'ambiente
   b. ricorda, si pone domande, fa supposizioni

   Poni attenzione in particolare alle domande che si fa il commissario.
   Una frase fa pensare alla scarsa fiducia di Maigret nelle rilevazioni scientifiche al fine di risolvere il caso. Quale?

IMMAGINARE E SCRIVERE
COMPETENZE DI SCRITTURA

Chi è Cécile?

6. Se leggerai tutto il romanzo, potrai scoprire perché Cécile si è allontanata dal commissariato e che fine ha fatto. Ma già dalla lettura di questo brano ci accorgiamo che molti interrogativi circondano la ragazza; molti se li pone anche Maigret, che infatti, è sempre più in ansia. Prova a elencare gli interrogativi presenti nel testo e ad aggiungere quelli che vengono in mente a te; poi ipotizzando delle risposte, prova a costruire un ritratto di Cécile e una storia che spieghi anche la sua sparizione.

SCUOLA DI SCRITTURA
Nella lezione 7 troverai indicazioni per tracciare il ritratto e la descrizione di una persona.

UNITÀ 3 — IL ROMANZO GIALLO

Raymond Chandler

Philip Marlowe: appostamenti e corse in auto sotto la pioggia

L'opera. *Il grande sonno* è il titolo del romanzo da cui è tratto il brano. È la prima opera, pubblicata dallo scrittore nel 1939, che ha come protagonista Philip Marlowe, un investigatore privato, che è un uomo brusco, duro, un po' rozzo, ma onesto. Marlowe si fa coinvolgere dal destino umano dei suoi personaggi, che vivono storie squallide in ambienti corrotti e violenti, e spesso rischia la vita per portare a termine il compito che si è assunto. A Los Angeles egli è stato reclutato dal generale Sternwood, che viene ricattato per alcuni debiti di gioco della figlia minore. Marlowe indaga sul ricattatore, Arthur Gwynn Geiger, che gestisce una libreria. Un altro mistero coinvolge la famiglia del generale: la scomparsa del marito della figlia maggiore, Rusty Regan. Marlowe saprà risolvere il caso.

Il testo. Marlowe è appostato in automobile presso la libreria di Geiger, che sospetta essere il responsabile del ricatto nei confronti del generale Sternwood. Vuole sorvegliarne i movimenti e scoprire qualcosa di più sulle losche attività che ritiene si celino dietro il commercio di libri.

La pioggia traboccava dai tombini e si riversava sui marciapiedi all'altezza delle ginocchia. Grossi poliziotti in impermeabili che brillavano come canne di armi da fuoco se la spassavano nei passaggi più pericolosi a portare in salvo ragazze con la ridarella. La pioggia picchiava forte sulla cappotta della mia macchina e la tela cominciò a gocciolare. Un mare d'acqua si formò sul fondo in modo da permettermi un buon pediluvio. L'autunno era ancora troppo giovane per quel finimondo. Mi dibattei affannosamente per infilarmi l'impermeabile, rotolai fuori sino al drugstore[1] più vicino per comprarmi una bottiglia di whisky. Tornato in macchina ne assorbii quanto bastava per riscaldarmi il corpo e l'anima. Avevo ormai superato da un pezzo il tempo massimo di parcheggio, ma i poliziotti erano troppo occupati a trasportar ragazze e a soffiare nei loro fischietti per badare a inezie simili. Nonostante la pioggia, o forse proprio a causa sua, nell'antro di Geiger prosperavano gli affari. Gingilli[2] di lusso si fermavano davanti all'ingresso e gente dall'aria signorile andava e veniva con pacchetti. Non tutti erano uomini.

Lui in persona si fece vedere verso le quattro. Un coupé[3] color crema si fermò davanti alla libreria e intravidi la sua faccia carnosa e i suoi baffi alla Charlie Chan[4], quando si slanciò in corsa dalla macchina verso l'ingresso del negozio. Era senza cappello e indossava un impermeabile di pelle verde stretto alla cintura. Alla distanza in cui mi ritrovavo non riuscii a vedergli l'occhio di vetro. Un ragazzo molto alto e molto bello che indossava un giaccone di cuoio uscì dall'antro, portò la macchina oltre l'angolo e rientrò a piedi, con la pioggia che gli incollava al cranio uno per uno i capelli luccicanti.

---

1. **drugstore**: negozio in cui si vendono alimentari e altro.
2. **Gingilli**: gingillo è sinonimo di balocco, trastullo, comunque qualcosa di piccolo; il termine è usato in tono ironico riferito alle grandi macchine di lusso.
3. **coupé**: automobile chiusa di tipo sportivo.
4. **Charlie Chan**: detective cinese, protagonista dei gialli dell'americano Earl Derr Biggers.

Investigatori e commissari di ieri e di oggi

Se ne andò un'altra ora. Ci si vedeva sempre meno e le luci dei negozi circondati da un alone di pioggia cominciavano ad annegare nel buio della strada. I campanelli del tram squillavano alla disperata. Verso le cinque e un quarto il ragazzo in giaccone uscì dalla libreria di Geiger armato d'ombrello e andò a cercare la macchina color crema. Quando l'ebbe riportata davanti al negozio, Geiger venne fuori e il ragazzo gli resse l'ombrello sopra la testa scoperta. Poi lo chiuse, lo scrollò e lo cacciò dentro la macchina. Ricomparve nel negozio. Misi in moto il motore.

Il coupé partì in direzione ovest, il che mi obbligò a compiere un'infrazione, girando a sinistra e creandomi un sacco di nemici in più, compreso un conducente di tram che sporse la testa nella pioggia per gridarmi di scendere. Avevo un due isolati di ritardo quando potei mettermi a fare sul serio. Speravo che Geiger tornasse a casa. Lo intravidi due o tre volte e alla fine lo raggiunsi mentre svoltava nel Laurel Canyon Drive. A metà salita girò a sinistra e imboccò la striscia di asfalto fradicio che veniva chiamata Laverne Terrace. Era una strada stretta che aveva su un lato un alto argine e un gregge di piccoli villini a un piano sparpagliati sul ripido pendio dell'altro lato, con i tetti che arrivavano a malapena al livello stradale. Le finestre delle facciate erano nascoste da siepi e cespugli vari. Dovunque i rami degli alberi ruscellavano acqua.

Geiger aveva acceso i fari, io no. Accelerai e lo superai in curva, ficcandomi bene in testa il numero di quella casa mentre passavo davanti; alla fine dell'isolato, mi fermai e girai la macchina. Lui era già in porto, ora i suoi fari illuminavano il garage di un villino circondato da una siepe squadrata di bosso che ne nascondeva l'ingresso. Vidi Geiger uscire dalla rimessa con quell'ombrello e passare attraverso quella specie di labirinto della siepe. Non si comportava come uno che sa di essere seguito. Si accesero le luci della casa. Avviai la macchina sino allo chalet

 **Parole, parole...**

Espressioni figurate

Lo scrittore utilizza molte espressioni figurate, cioè usa le parole con un significato diverso da quello reale. Ne riportiamo alcune, seguite dalla spiegazione.

«*L'autunno era ancora troppo giovane per quel finimondo*»: la stagione autunnale era solo all'inizio e la pioggia così intensa era insolita. Viene utilizzata la tecnica della personificazione; alla stagione autunnale viene attribuito l'aggettivo *giovane*, proprio di una persona.

«*Antro di Geiger*»: la libreria di Geiger viene paragonata a un antro, una caverna tetra e buia, luogo di ritrovo di briganti. Si tratta di una metafora. Geiger è un poco di buono, un disonesto ricattatore e la sua libreria diventa un luogo dove nascondersi a tramare delitti.

«*Un gregge di piccoli villini*»: l'insieme di villini posti uno accanto all'altro appare come un gregge di pecore accostate l'una all'altra. Anche questa figura è una metafora. Ciò che permette il paragone e il trasferimento di significato è l'accostamento a branco (raggruppamento) da un lato delle case, dall'altro degli animali.

«*I rami degli alberi ruscellavano acqua*»: dai rami scende l'acqua a scrosci continui tanto da sembrare un ruscello. Anche questa è una metafora: come l'acqua del ruscello scorre con continuità e intensità così succede alla pioggia che scende dai rami degli alberi durante il forte temporale.

- Nel brano sono presenti altre figure: individuale e prova a spiegarne il significato con l'aiuto del dizionario.

UNITÀ 3   IL ROMANZO GIALLO

che precedeva il suo; pareva vuoto ma non ostentava cartelli di affittasi. Parcheggiai, aerai la decappottabile, mi scolai un altro poco di bottiglia e aspettai. Non sapevo cosa aspettassi esattamente, ma qualcosa mi diceva di aspettare. Un altro esercito di minuti infingardi prese a sfilare lentamente. Due macchine salirono la collina e sparirono oltre la cresta. La strada aveva un'aria tranquilla. Poco dopo le sei, altri abbaglianti balenarono nella pioggia. Buio fitto, ormai. La macchina si fermò lentamente davanti alla casa di Geiger. I filamenti dei suoi fari luccicarono fievolmente, poi si spensero. La portiera si aprì e venne fuori una donna. Una piccola donna sottile che portava un vecchio feltro[5] e un impermeabile trasparente. Superò il labirinto della siepe. Un campanello tintinnò fievolmente attraverso la pioggia, una porta venne chiusa, poi silenzio.

Estrassi una torcia elettrica dalla tasca laterale della mia bagnarola[6], scesi la china ed esaminai la macchina ultima arrivata. Era una Packard convertibile, marrone o grigio scuro. Il vetro di sinistra era abbassato. Cercai la licenza del proprietario e ci puntai sopra la torcia. Il nome era: Carmen Sternwood[7], 3765, Alta Brea Crescent, West Hollywood. Tornai alla mia macchina, mi rimisi a sedere e ad aspettare. Goccioloni mi si spiaccicavano sulle ginocchia e il whisky mi fiammeggiava nello stomaco. Nessuna macchina saliva la collina. Nessuna luce brillava nella casa davanti alla quale ero parcheggiato. Tutto sommato, era proprio un posto ideale per avere delle brutte abitudini.

Alle sette e venti una sola ondata di dura luce bianca esplose nella casa di Geiger come un lampo di calore estivo. Mentre l'ombra le si chiudeva intorno per inghiottirla, eruppe un esile grido che si perse tra gli alberi ruscellanti. Mi precipitai fuori dalla macchina prima che ne smorisse l'eco. Non era un grido di terrore. Risuonava di un'emozione quasi gradita, un accento di sbornia, un sottinteso di pura idiozia. Un rumore rivoltante. Mi fece pensare a uomini in camice bianco, finestre con le inferriate, letti

5. feltro: un cappello di un panno di lana che si chiama feltro. È un esempio di metonimia, in cui l'oggetto si definisce con la materia di cui è costituito.

6. bagnarola: letteralmente è la tinozza per il bagno, in senso scherzoso indica un mezzo di trasporto in cattive condizioni.

7. Carmen Sternwood: la figlia del generale per cui sta lavorando Marlowe.

Investigatori e commissari di ieri e di oggi

stretti e duri per stringere polsi e caviglie. La tana di Geiger era di nuovo perfettamente silenziosa quando arrivai al varco della siepe e deviai di corsa per il gomito di bosso che nascondeva la porta d'ingresso. Un anello di ferro in bocca a un leone serviva da battente. Tesi la mano, lo afferrai. In quello stesso attimo, come se qualcuno avesse aspettato il mio segnale, tre colpi esplosero dentro la casa. Seguì un suono che avrebbe potuto essere un lungo e rauco sospiro. Poi un gorgoglio molle e raccapricciante. Infine rapidi passi che si allontanavano. La porta dava su uno stretto passaggio, simile a una passerella sovrastante un fossato, che univa la facciata all'angolo della scarpata. Ai lati non c'era porticato né terraferma per girare intorno alla casa. Alla porta posteriore si accedeva dalla strada, anzi dal vicolo sottostante per mezzo di una scaletta di legno. Lo capii sentendo il martellare di quei piedi che scendevano. Poi sentii l'accendersi improvviso del motore di un'automobile che partiva. Diminuì rapidamente via via che si allontanava. Ebbi l'impressione che facesse eco un'altra macchina, ma non ne ero sicuro. La casa davanti a me era più tranquilla di un sepolcro. Nessun movimento percepibile. Non provavo fretta di entrare. Quel che c'era c'era.

Scavalcai la siepe che costeggiava la passerella, mi chinai verso la finestra che aveva le tende ma non le persiane e tentai di guardar dentro attraverso le fessure tra i tendaggi. Alla luce dei lampi intravidi una parete e l'estremità di uno scaffale. Tornai alla passerella, concentrai le mie forze e mi catapultai contro la porta d'ingresso. L'idiozia più assoluta. Il solo elemento d'una casa californiana che non si possa aprire con un calcio è proprio la porta d'ingresso. Ottenni unicamente un gran dolore alla spalla e una furibonda incazzatura in conseguenza. Superai la siepe una seconda volta, detti una pedata al vetro della finestra e, servendomi del cappello come di un guanto, spazzai il maggior numero di schegge e frammenti dalla parte inferiore. Ora potevo infilar la mano dentro e raggiungere il gancio che bloccava la finestra in basso. Il resto fu facile. Non c'era gancio in alto. La finestra cedette. Scavalcai il davanzale e mi scostai le tende dalla faccia. Nessuna delle due persone che si trovavano nella stanza fece attenzione al mio bizzarro modo di entrare in una casa.

Eppure una sola era morta.

(R. Chandler, *Il grande sonno*, tradotto dall'inglese da O. Del Buono, Feltrinelli)

COME SONO FATTI I RACCONTI GIALLI (COMPETENZE DI LETTURA)

I personaggi

1. Dopo una prima lettura, individua i personaggi e raccogli le informazioni date sul loro conto.

I momenti dell'indagine

2. Nel brano abbiamo visto Marlowe in azione. Per ognuna delle tecniche di indagine utilizzate indica nella tabella a pagina seguente gli eventi più importanti. L'esercizio è avviato.

UNITÀ 3 — IL ROMANZO GIALLO

Tecnica di indagine	Eventi
Appostamento davanti alla libreria	• Marlowe scende dalla macchina per andare al negozio. • Uomini e donne entrano nella libreria di Geiger. • .... • ....
Inseguimento	• Marlowe compie infrazioni per non perdere Geiger. • .... • ....
Appostamento davanti al villino di Geiger	• Arriva una donna ed entra nel villino. • .... • .... • ....
Avvicinamento al villino	Sente • tre spari • .... • .... • ....
Irruzione nella casa	• Scavalca la siepe. • Guarda tra i tendaggi. • .... • .... • ....

CONSAPEVOLEZZA ED ESPRESSIONE CULTURALE

Il ritmo narrativo

3. Utilizzando i momenti di indagine riportati nell'esercizio precedente, indica
   a. quando si avvia la suspense;
   b. quando cresce gradualmente (*climax*);
   c. quando si può riconoscere la *Spannung*.

4. Ci sono fatti che possono essere definiti colpi di scena. Quali?

L'ordine della narrazione

5. I fatti sono narrati
   ☐ rispettando la successione cronologica, cioè l'ordine naturale con cui essi sono accaduti
   ☐ interrompendo l'ordine naturale per raccontare fatti accaduti in precedenza (*flashback*)
   ☐ anticipando fatti che accadranno dopo, ricorrendo quindi alle anticipazioni (o prolessi)

Il tipo di giallo

6. Il giallo da cui è tratto il brano è un giallo d'enigma o un giallo d'azione? Perché?

CONFRONTARE E SCRIVERE
COMPETENZE DI SCRITTURA

Metodi di indagare a confronto

7. Nei brani di questa unità hai incontrato tre detective: Marlowe, Maigret e Sherlock Holmes. Confronta in un breve testo i loro metodi di indagine.

Enigmi da svelare

Edgar Allan Poe

La lettera rubata

L'opera. *La lettera rubata è uno dei quattro racconti che Edgar Allan Poe scrisse dal 1841 al 1845. Gli altri sono:* I delitti della Rue Morgue, Il mistero di Marie Rogét *e* Lo scarabeo d'oro. *In essi si giunge alla soluzione dell'enigma attraverso una ricostruzione logica fondata su un'analisi meticolosa degli indizi. Questi racconti sono considerati i primi "polizieschi", ai quali, in seguito, si ispirarono gli altri scrittori alle prese con questo genere narrativo.*

Il testo. *Auguste Dupin e un amico ricevono la visita del prefetto di Parigi che deve risolvere «un affare della massima riservatezza»: negli appartamenti reali è stata rubata a una dama una lettera compromettente, che la esporrebbe a pesanti ricatti. Le minuziose perquisizioni della polizia non hanno portato al ritrovamento della lettera...*

Prima sequenza

Parigi. Era una sera d'autunno dell'anno 18... Io e il mio amico Auguste Dupin eravamo, come al solito, immersi nel denso fumo delle nostre pipe di schiuma[1]. Sprofondati nelle poltrone della piccola e appartata biblioteca di casa nostra, passavamo il tempo in lunghe discussioni e profonde meditazioni.

Quella sera eravamo rimasti in completo silenzio per più di un'ora, ognuno assorto nei propri pensieri, e io non avevo fatto altro che rimuginare intorno ai misteri, ormai svelati, degli omicidi della Rue Morgue e di Marie Rogét[2]. Non mi sembrò affatto strano, perciò, che la porta si aprisse all'improvviso per lasciar entrare un nostro vecchio amico, il prefetto di Parigi.

Lo salutammo cordialmente, perché, nonostante tutto, quell'uomo ci era simpatico. Erano ormai parecchi anni che non lo vedevamo.

Fino a quel momento eravamo rimasti seduti al buio. Dopo l'arrivo del prefetto, Dupin si alzò, con l'intenzione di accendere una lampada; ma subito tornò a sedersi, non appena il nostro ospite ci comunicò che intendeva chiederci un parere su una questione che lo aveva messo in gravi difficoltà.

«Se è qualcosa che richiede riflessione, è meglio restare in penombra» osservò tra sé e sé il mio amico.

«Un'altra delle solite stranezze!» esclamò il prefetto, per il quale tutto ciò che non capiva era "strano".

Dupin non fece caso alle sue parole e indicò all'ospite una comoda sedia.

«Ci parli di questa misteriosa faccenda» intervenni, incuriosito. «Spero solo che non sia un altro delitto!»

«Oh, no, niente di simile! È una faccenda abbastanza semplice, e

---

1. pipe di schiuma: pipe il cui fornello è ottenuto da un minerale biancastro detto comunemente "schiuma".

2. Rue... Rogét: omicidi oggetto delle indagini narrate nei due precedenti racconti di Poe, con protagonista Auguste Dupin.

credo che parlandone insieme riusciremo facilmente a spiegarla. Anche se alcuni particolari la rendono piuttosto strana.»

«Semplice e strana» disse Dupin, con un sottile sorriso.

«Esattamente! Il fatto è che, nonostante la sua semplicità, non siamo riusciti a venirne a capo.»

«Forse è proprio questa semplicità a trarre in inganno» disse il mio amico.

«Sciocchezze!» replicò il prefetto, con una sonora risata. «Lei è davvero un tipo divertente, Dupin!»

«E allora, di che si tratta?» domandai, sempre più impaziente.

«Ecco, ve lo dirò in poche parole» e si accomodò sulla sedia. «Ma, prima di cominciare, debbo avvertirvi che questo è un affare della massima riservatezza. Rischierei il mio posto, se anche una sola parola uscisse da questa stanza.»

Seconda sequenza

«Avanti!» lo incalzai.

«Se vuole parlare, parli, se no...» osservò il mio amico, con sufficienza.

«Ma certo!» esclamò il prefetto. «Una persona di alto rango mi ha confidato che dagli appartamenti reali è stato rubato un documento compromettente. Sappiamo benissimo chi è il responsabile, perché è stato visto mentre commetteva il furto. Si ha la certezza, inoltre, che il documento è ancora nelle sue mani.»

«Come fa a dirlo?» chiese Dupin.

«In base a una semplice deduzione» rispose il prefetto. «Il ladro sa che, se il documento venisse mostrato a una terza persona, l'onore e la pace dell'importante personaggio che si è rivolto a me sarebbero irrimediabilmente compromessi. E questo mette nelle sue mani un grande potere, del quale intende approfittare.»

«Dunque il ladro sa che il derubato lo conosce?» chiesi al prefetto.

«Il ladro» disse il nostro ospite con un profondo sospiro «è il ministro D., noto a tutti noi per la sua spregiudicatezza. Il documento in questione, invece, è una lettera che il personaggio derubato, una gran dama, stava leggendo nel suo salottino. Era sola nella stanza, ma l'ingresso di una importantissima personalità la costrinse a lasciare la lettera aperta sul tavolo: se avesse cercato di nasconderla, infatti, avrebbe senz'altro attirato l'attenzione su di essa, mentre desiderava, al contrario, tenerne segreta l'esistenza. Proprio in quel momento, però, entrò anche il ministro D., che subito si accorse della lettera, riconobbe la calligrafia e notò l'imbarazzo della signora. Chiacchierando amabilmente, il ministro tirò fuori un'altra lettera, simile alla prima, e la posò sullo stesso tavolino. Poi, prima di andarsene, prese la lettera della dama con estrema naturalezza, lasciando lì la sua. La legittima proprietaria notò lo scambio dei fogli e capì che era del tutto volontario, ma non disse nulla per non mettere sull'avviso l'altra persona presente.»

«Tutto il potere del ladro sta dunque nel fatto di essere noto al derubato» disse Dupin.

«E questo potere viene esercitato già da alcuni mesi per scopi politici molto pericolosi. La persona derubata non sa come reclamare la sua lettera, senza compromettersi. Così ha deciso di rivolgersi a me.»

«La scelta migliore» disse Dupin, avvolto da una nube di fumo.

«Non esageri» si schermì il prefetto.

«Ma è chiaro» intervenni io «che se il ministro usasse la lettera, non avrebbe più la possibilità di ricattare la derubata.»

Terza sequenza

«È proprio in base a questa convinzione che ho mosso i miei primi passi» riprese il prefetto. «Per cominciare ho perquisito accuratamente il palazzo del ministro, facendo in modo che lui non lo sospettasse neppure.»

«Le perquisizioni sono la specialità della polizia di Parigi» affermai io, con convinzione.

«È vero» rispose il prefetto, con un certo orgoglio. «Bisogna dire che le abitudini del ministro ci hanno reso la cosa più facile: viaggia molto ed è spesso assente per parecchi giorni di seguito. I suoi servitori non sono numerosi, dormono lontano dalle stanze del padrone e per di più hanno il brutto vizio di bere. Come sapete, io ho un mazzo di chiavi che aprono qualsiasi serratura, e da tre mesi non faccio altro che frugare personalmente la casa. Ne va di mezzo il mio onore, e la ricompensa è enorme. Ma dopo aver esaminato ogni più piccolo angolo e anfratto di quel luogo, sono arrivato alla conclusione che il ladro è molto più astuto di me.»

«Forse ha semplicemente nascosto la lettera in un altro posto» suggerii.

«Impossibile» intervenne Dupin. «La situazione, a corte, è talmente delicata che il ministro D. vorrà avere sempre sottomano un documento così importante, per poterlo usare al momento giusto.»

«Non potrebbe portarla sempre con sé?» chiesi.

UNITÀ 3 — IL ROMANZO GIALLO

«Impossibile anche questo» disse il prefetto. «Per due volte gli abbiamo teso un agguato e i finti rapinatori lo hanno perquisito meticolosamente.»

«Avrebbe potuto risparmiarsi il disturbo» osservò Dupin. «Forse D. aveva previsto questa mossa, e si è premunito. Non è certo uno stupido...»

«No, ma ci manca poco» disse il prefetto, con disprezzo. «È un poeta, e quindi appena uno scalino più su di uno stupido.»

«Mi racconti i dettagli della sua perquisizione» chiesi io.

«Ho esaminato l'intero edificio, stanza per stanza. Ho frugato in tutti i mobili, e voi sapete che per la polizia non esistono cassetti segreti. Poi abbiamo controllato le sedie, sondando le imbottiture con lunghi aghi, e abbiamo rimosso il piano dei tavoli.»

«E perché?»

«Per ottenere un buon nascondiglio basta rimuovere il piano di un tavolo, scavare l'interno di una gamba e mettervi l'oggetto che si vuole mettere al sicuro. Dopo di che si rimonta il tutto.»

«Ma non potete aver smontato ogni mobile della casa!» esclamai.

«No, ma abbiamo fatto di meglio. Abbiamo esaminato tutte le connessure di tutti i mobili, con l'aiuto di un potente microscopio. Se fossero stati manomessi di recente, ce ne saremmo accorti da un graffio, o da una traccia di colla.»

«E i muri della casa?»

«Abbiamo diviso la superficie di ogni parete in vari comparti e li abbiamo numerati, per poi esaminarli minuziosamente. E non abbiamo trascurato neanche le case adiacenti!»

«Una bella fatica!» esclamai.

«È vero, ma la ricompensa è enorme!»

«Immagino non abbiate trascurato neppure i terreni circostanti» disse Dupin.

«Ovviamente no» rispose il prefetto. «Ma per fortuna sono tutti lastricati, perciò ci siamo limitati a osservare il muschio che cresce negli interstizi, e lo abbiamo trovato intatto.»

«Avete guardato anche fra le carte di D. e fra i suoi libri?» chiese Dupin.

«Certamente, volume per volume, pagina per pagina. Abbiamo addirittura esaminato tutte le rilegature con l'occhio indiscreto del microscopio, per essere perfettamente sicuri che non ci fosse qualche copertina insolitamente spessa.»

«I pavimenti e i tappeti?»

«Certo! Tutto è stato sottoposto al vaglio del microscopio.»

«E la tappezzeria delle pareti?»

«Sì.»

«E le cantine?»

«Anche quelle.»

«Allora» dissi io «deve aver fatto male i suoi calcoli, la lettera non può essere in quella casa.»

«Temo che sia proprio così» sospirò il prefetto. «Ma lei, Dupin, che cosa ne pensa?»

«Bisogna perquisire nuovamente la casa, da cima a fondo.»

«Ma non ce n'è bisogno» replicò il prefetto. «Sono certissimo che la lettera non è più là.»

«Mi dispiace, ma per ora questo è l'unico consiglio che posso darle» disse Dupin. «Potrebbe fornirmi una descrizione dettagliata della lettera, nel frattempo?»

«Ma certo!» Il prefetto prese un taccuino pieno di appunti e ci elencò minuziosamente le caratteristiche del documento rubato. Poi, depresso come non lo avevo mai veduto, il brav'uomo ci salutò e se ne andò.

Quarta sequenza

Circa un mese dopo quella conversazione, il prefetto ci fece un'altra visita e ci trovò occupati a fumare e a meditare, esattamente come la prima volta. Prese una sedia e si accomodò vicino a noi.

«Ebbene, signor prefetto, che ne è della lettera rubata?» gli chiesi, incuriosito.

«Che il diavolo se la porti... Ho perquisito nuovamente il palazzo, come mi aveva suggerito Dupin, ma è stata tutta fatica sprecata.»

«A quanto ammonta la ricompensa?» domandò bruscamente il mio amico.

«È molto, molto generosa... Anche senza precisare la cifra, vi dirò che sono disposto a pagare cinquantamila franchi di tasca mia a chiunque mi metta in grado di ritrovare quella dannata lettera. La faccenda sta diventando sempre più grave. La ricompensa è stata raddoppiata, ma io non posso fare più di quel che ho già fatto.»

«Mi dispiace contraddirla» disse Dupin in tono pacato, tirando vigorose boccate dalla sua pipa di schiuma «ma temo che non sia così: lei avrebbe potuto fare di più.»

«E in che modo?»

«Be'... per esempio, avrebbe potuto chiedere qualche consiglio... Si ricorda la storia di Abernethy, il celebre medico?»

«No!»

«Una volta, un ricco avaro escogitò il modo di scroccare ad Abernethy un parere professionale. Durante una conversazione in casa di amici, fece cadere il discorso sul suo caso, descrivendolo in maniera puramente ipotetica. "Supponiamo" aveva detto l'avaro "che un tale mostri dei sintomi così e così. Lei, dottore, che cosa gli prescriverebbe?" "Di farsi consigliare dal suo medico" disse Abernethy.»

«Ma» disse il prefetto un po' disorientato «io sono dispostissimo a farmi consigliare, e anche a pagare.»

«In questo caso» rispose Dupin, tirando fuori un libretto di assegni «può riempirmi un assegno per la somma di cinquantamila franchi. Appena avrà firmato, le consegnerò la lettera.»

UNITÀ 3 — IL ROMANZO GIALLO

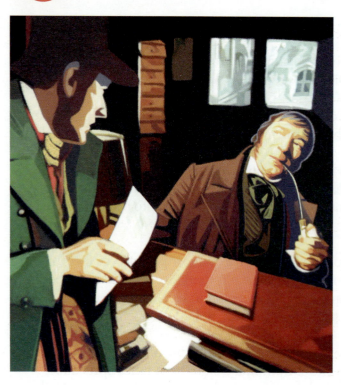

Io ero stupefatto. E anche il prefetto sulle prime rimase di sasso. Per alcuni secondi fissò il mio amico, incredulo; poi si scosse, afferrò una penna e riempì prontamente l'assegno.

Dupin lo prese, lo esaminò con attenzione, quindi lo ripose nel suo portafogli.

Quindi aprì lo scrittoio e ne trasse una lettera che consegnò al prefetto.

Costui la rigirò più volte con mani che tremavano, la osservò per dritto e per rovescio, e infine si precipitò fuori, senza nemmeno salutarci.

Quando fummo di nuovo soli, chiesi al mio amico che si degnasse di fornirmi qualche spiegazione.

«Tutti sanno che la polizia parigina conduce le sue perquisizioni con grande abilità, così non ho mai dubitato che il prefetto avesse fatto un ottimo lavoro. Ma sapevo anche che il nostro amico compie sempre lo stesso errore: le sue indagini sono troppo superficiali, o troppo profonde. Un bambino ragionerebbe meglio di lui. Ne conoscevo uno, di circa otto anni, che vinceva sempre al gioco del "pari o dispari". Il suo metodo consisteva nel valutare l'astuzia dell'avversario e nell'adeguare a essa le sue risposte. Quindi rispondeva in modo diverso, a seconda che avesse di fronte uno sciocco o una persona intelligente. Tutti attribuivano il suo successo alla fortuna, ma non era così. Quando gli chiesi come facesse, mi rispose: "Quando voglio sapere che cosa ha in mente l'avversario, non devo far altro che imitare l'espressione del suo viso, e poi aspettare che nell'interno della mia testa si formino i pensieri e i sentimenti che corrispondono all'esterno". Questa è una constatazione davvero profonda.»

«Dunque, secondo te bisogna identificarsi con il proprio avversario e capire come funziona la sua mente. E per far questo» notai «bisogna osservarlo con la massima precisione.»

«Praticamente sì» rispose Dupin «e il prefetto e i suoi uomini sbagliano proprio perché non tengono in nessun conto la personalità di coloro con cui hanno a che fare. Si limitano a ragionare solo con la loro testa, e quando il malfattore segue una logica diversa, sono perduti. In un caso come questo, in cui viene offerta una ricompensa molto alta, hanno investigato in maniera ancor più minuziosa del solito, ma senza discostarsi dai loro soliti metodi. Tutto quel trapanare, bucare, sondare, scrutare minuziosamente con il microscopio... Il prefetto dà per scontato che tutti gli uomini nasconderebbero una lettera allo stesso modo, e se il ladro avesse ragionato come lui, le ricerche avrebbero avuto immediato successo. L'errore sta nel supporre che il ministro sia uno sciocco, perché si è fatto la fama di poeta. "Tutti gli sciocchi sono poeti" egli pensa, ma non è detto che tutti i poeti siano sciocchi.»

«Ti sbagli» osservai io «il ministro ha scritto alcuni saggi sul calcolo differenziale[3], quindi è un matematico, non un poeta.»

«È un matematico e anche un poeta, lo conosco bene. Se fosse solo un matematico non sarebbe stato in grado di ragionare con tanta astuzia.»

«Hai forse intenzione» dissi io «di contraddire un'opinione consolidata, per cui quello matematico è considerato il "ragionamento" per eccellenza?»

«Sono stati i matematici a diffondere questo errore.»

«Vedo che oggi sei polemico» dissi io.

«Non metto in dubbio la validità del ragionamento matematico, ma la sua applicazione in altri campi. Non esiste un'unica verità: ce ne sono molte. Con questo, voglio dire che se il ministro fosse solo un matematico, il prefetto non sarebbe stato costretto a darmi questo assegno.»

Risi di cuore a questa uscita.

«Ma il ministro è un matematico e un poeta e, inoltre, un cortigiano astuto e intrigante. Aveva previsto tutte le mosse del prefetto: credo che le sue lunghe assenze da casa siano state premeditate, per permettere le perquisizioni della polizia. E sono sicuro che aveva previsto anche gli agguati. Non poteva essere tanto sciocco da non sapere che ogni angolo della sua casa sarebbe stato perquisito con la massima attenzione, così si convinse che la strada più giusta era quella più semplice. Ti ricordi quanto rise il prefetto, quando gli dissi che questo mistero gli dava tanto filo da torcere proprio a causa della sua semplicità?»

«Sì» dissi io.

«C'è un gioco» riprese il mio amico «che si fa sulla carta geografica. Uno dei giocatori deve individuare un nome qualsiasi scritto sulla mappa, e l'altro deve trovarlo. Un principiante mira quasi sempre a confondere il suo avversario cercando nomi scritti con caratteri molto piccoli, ma chi è esperto del gioco cerca le parole a grandi caratteri, che si estendono da un capo all'altro della carta. Queste, infatti, sfuggono più facilmente all'osservazione. Ma tutto ciò è inconcepibile, per il prefetto. Il nostro amico, infatti, non avrebbe mai creduto possibile che il ministro avesse lasciato la lettera in bella mostra, sicuro che solo così la polizia non l'avrebbe mai vista. Insomma, per nascondere la famosa lettera D. era ricorso al semplice e astuto espediente di non nasconderla affatto.

Con questa idea in testa» proseguì Dupin «una bella mattina misi un paio di occhiali scuri e andai al palazzo del ministro D. Lo trovai che gironzolava ozioso per il suo studio, e, per giustificare il fatto che continuavo a tenere sul naso gli occhiali, mi lamentai di un disturbo agli occhi. Nascosto dietro quelle lenti potei esaminare la stanza con tutta tranquillità, mentre conversavo amabilmente. Alla fine il mio sguardo cadde su un vecchio portacarte di tela damascata, che pendeva da un pomo di ottone del caminetto. Al suo interno c'erano alcuni biglietti da visita e una lettera molto

3. calcolo differenziale: parte dell'analisi matematica.

UNITÀ 3 — IL ROMANZO GIALLO

sgualcita, che aveva un gran sigillo nero ed era indirizzata al ministro. Appena ebbi posato lo sguardo su quella lettera, conclusi che si trattava proprio del documento che cercavo. Ovviamente non corrispondeva alla descrizione che ne aveva fatto il prefetto. Qui il sigillo era grande e nero, con la sigla di D. Là era piccolo e rosso, con lo stemma ducale della famiglia S. Solo le dimensioni corrispondevano. Ma un'altra cosa attrasse la mia attenzione: la carta strappata e macchiata della lettera era incompatibile con le abitudini di D., notoriamente ordinato. Evidentemente si voleva far credere che quel documento, così sudicio e spiegazzato, nonché esposto alla vista di tutti, fosse di nessuna importanza. Cercai di prolungare la mia visita, coinvolgendo il ministro in una discussione su un argomento che gli stava a cuore. Nel frattempo osservavo la lettera con estrema attenzione, cercando di fissarmi nella memoria sia la sua posizione nel portacarte, sia il suo aspetto. Notai, in particolare, che i bordi del foglio apparivano un po' troppo consunti, quasi che la lettera fosse stata rivoltata come un guanto e richiusa seguendo le vecchie piegature. A quel punto non mi restava che congedarmi, e così feci, fingendo di scordarmi sul tavolo una tabacchiera d'oro.

La mattina dopo mi recai di nuovo al palazzo del ministro per riprendere la mia tabacchiera, e feci in modo di riaccendere la conversazione del giorno precedente. A un tratto si udì un forte colpo di pistola sotto le finestre del palazzo, seguito dalle urla della gente. D. si precipitò alla finestra per guardare fuori, e in quel momento mi avvicinai al portacarte e sostituii la lettera con una copia identica che avevo preparato in precedenza. Come puoi immaginare, ero stato io a ingaggiare l'uomo che aveva sparato (a salve, naturalmente!) in mezzo alla folla.»

«Ma che bisogno avevi di sostituirla? Perché non ti sei limitato a mettertela in tasca durante la tua prima visita?»

«Non volevo correre rischi inutili. D. è un uomo coraggiosissimo, capace di tutto, e i suoi domestici sono fedeli al padrone. Avrei anche potuto non uscire vivo dal palazzo. Ma non si tratta solo di questo: provo un sottile piacere all'idea che la vittima della perfidia del ministro possa finalmente vendicarsi. Lui, non immaginando che la lettera è sparita, continuerà a ricattare la dama come se niente fosse, e finirà per rovinarsi da solo. Quell'uomo è geniale, ma privo di scrupoli. Comunque, confesso che mi piacerebbe moltissimo sapere come reagirà quando, sfidato dalla sua stessa vittima, aprirà la lettera che ho lasciato nel suo portacarte.»

«Cosa ci hai scritto?» gli chiesi, divertito.

«Non mi sembrava giusto lasciare il foglio in bianco. Sarebbe stato da maleducati, non trovi? E avevo anche una mia piccola vendetta personale da compiere. Anni fa, a Vienna, D. mi giocò un brutto tiro, e io gli dissi che me l'avrebbe pagata. Quindi, sapendo che sarebbe stato curioso di conoscere l'identità di chi lo ha giocato, gli ho lasciato un messaggio. È una specie di indovinello, e credo gli ci vorrà un po' di tempo per decifrarlo...»

(E.A. Poe, *Gli assassinii della Rue Morgue*, traduzione e adattamento di Chiara Belliti, Mondadori)

Attività

CHE COSA DICE IL TESTO
(COMPETENZE DI LETTURA)

Un affare riservato

1. Abbiamo evidenziato nel testo la suddivisione del racconto in quattro sequenze. Attribuisci a ciascuna di esse uno dei titoli proposti.
   > Il metodo di indagine della polizia: (quale?)
   > I personaggi: (chi sono?)
   > La soluzione dell'enigma: (a opera di chi?)
   > Le circostanze in cui avviene il reato: (in che cosa consiste?)

COME SONO FATTI I RACCONTI GIALLI
(CONSAPEVOLEZZA ED ESPRESSIONE CULTURALE)

La voce narrante

2. La voce narrante in questo racconto è interna. Quale dei personaggi svolge questa funzione?

   ....

Il ruolo dei personaggi

3. Nel genere poliziesco i personaggi principali hanno dei ruoli prestabiliti. In questo racconto chi interpreta questi ruoli?
   > La vittima: ....
   > Il colpevole: ....
   > L'investigatore "ufficiale", appartenente alle forze dell'ordine, che non riesce a risolvere l'enigma: ....
   > L'investigatore che risolve l'enigma: ....
   > La "spalla" dell'investigatore: ....

4. Qual è la funzione della "spalla" di Dupin?
   - [ ] Collabora attivamente con Dupin all'indagine
   - [ ] Viene ingannato dal colpevole
   - [ ] Offre l'opportunità a Dupin di spiegare l'enigma
   - [ ] Mette in contatto il prefetto con l'amico Dupin

Come vengono narrati gli eventi

5. Nella narrazione viene introdotta la tecnica del *flashback*: il racconto di eventi passati. Evidenzia le righe di testo in cui viene messa in atto questa tecnica.

Un confronto tra i metodi d'indagine

6. Dupin e la polizia indagano in modo diverso. Questa differenza è spiegata nel testo. In quale passo?

7. Per la ricerca della lettera vengono messe in atto delle strategie concrete diverse. Indica quali appartengono alla polizia (P) e quali a Dupin (D).
   - [ ] Visita al ministro
   - [ ] Stratagemma per distrarre il ministro
   - [ ] Perquisizioni accurate con strumentazioni tecnologiche
   - [ ] Prolungamento ad arte della discussione
   - [ ] Osservazione minuziosa della stanza attraverso occhiali neri
   - [ ] Conoscenza delle abitudini del ministro e dei suoi servitori
   - [ ] Ipotesi su eventuali nascondigli
   - [ ] Conoscenza degli spostamenti del ministro
   - [ ] "Furto" e sostituzione della lettera
   - [ ] Forzatura della serratura dell'abitazione del ministro

RIFLETTERE E SCRIVERE
(COMPETENZE DI SCRITTURA)

Scrivere per... trovare nascondigli

8. Ciò che ha permesso a Dupin di ritrovare la lettera è la convinzione che «*la tecnica migliore per nascondere una cosa è proprio quella di metterla bene in evidenza in mezzo ad altre simili*». Perché questa tecnica funziona? Su quale atteggiamento di chi osserva si basa? Davvero funziona sempre?

   Scrivi un breve testo in cui descrivi le modalità con cui nasconderesti, seguendo la tecnica di Dupin, un oggetto personale che nessuno, proprio nessuno, in famiglia deve vedere.

UNITÀ 3 — IL ROMANZO GIALLO

La dama velata

L'opera. *Nella maggior parte delle sue opere Agatha Christie segue, in modo abbastanza rigido, lo schema narrativo del poliziesco classico: il delitto, l'indagine, la soluzione del caso; ciò che conta è l'intreccio, l'evolversi degli eventi verso la fine dell'inchiesta e la soluzione dell'enigma.*

Il testo. *Nel racconto vediamo Hercule Poirot, il detective più famoso tra i personaggi creati dalla scrittrice, che con acume sorprendentemente brillante affronta e risolve un caso di truffa, smantellando un imbroglio ben congegnato. Poirot sta discutendo con l'amico Hastings sul fatto che da un po' di tempo non lavoravano a casi interessanti.*

Avevo osservato che da qualche tempo Poirot stava diventando sempre più irrequieto e sempre più insoddisfatto. Ultimamente non avevamo avuto casi interessanti, nulla in cui il mio amico potesse esercitare il suo acuto ingegno e le sue notevoli capacità deduttive. Quel mattino scaraventò a terra il giornale con un «Uff!» spazientito. Era la sua esclamazione favorita, che sembrava esattamente lo starnuto di un gatto.

«Mi temono, Hastings. I delinquenti della vostra Inghilterra mi temono! Quando c'è il gatto i piccoli topi non si avvicinano più al formaggio.»

«Penso che la maggioranza di quella gente ignori la vostra esistenza!» risposi ridendo.

Poirot mi fissò con espressione di rimprovero. Immagina sempre che tutto il mondo pensi e parli di Hercule Poirot. A Londra certo si era fatto un nome, ma stentavo molto a credere che la sua presenza avesse seminato il terrore nel mondo della malavita londinese.

«Che ne pensate di quella rapina in pieno giorno alla gioielleria di Bond Street l'altro ieri?» chiesi.

«Un bel colpo» rispose Poirot in tono di approvazione, «anche se non è il mio ramo. *Pas de finesse, seulement de l'audace!*[1] Un tizio spacca con un bastone impiombato la vetrina di una gioielleria e afferra un po' di pietre preziose. Alcuni meritevoli cittadini lo prendono immediatamente; arriva un agente di polizia. Gli trovano i gioielli addosso. Viene condotto alla sede di polizia e lì si scopre che le pietre sono false. Aveva passato quelle vere a un complice, uno dei suddetti meritevoli cittadini. L'uomo andrà in prigione, certo; ma quando ne uscirà lo aspetterà un discreto gruzzolo. Sì, non è stato ideato male! Ma io potrei far meglio di tanto. A volte, Hastings, mi spiace di avere un'indole così morale. Lavorare contro la legge una volta tanto sarebbe piacevole.»

«Rallegratevi, Poirot; sapete di essere l'unico nel vostro campo.»

«Ma che cosa offre il mio campo attualmente?»

Raccolsi il giornale da terra.

«C'è un inglese che è stato misteriosamente ucciso in Olanda» dissi.

---

1. Pas de finesse, seulement de l'audace!: niente raffinatezza intellettuale, solo sfacciataggine, impertinenza, arroganza. Questa espressione in lingua francese come le altre, in corsivo nel testo, indicano l'origine belga di Poirot.

Enigmi da svelare

2. *Tiens!*: guarda un po', espressione di sorpresa.

3. omettete: tralasciate.

4. pari: membro della camera alta del Parlamento.

«Dicono sempre così, poi scoprono che aveva mangiato pesce in scatola e che la morte è stata perfettamente naturale.»

«Be', siete proprio deciso a brontolare!»

«*Tiens!*[2]» disse Poirot che si era avvicinato con passo pigro alla finestra. «Qui sotto, per la strada, c'è quella che nei romanzi chiamano "una dama pesantemente velata". Sta salendo i gradini, suona il campanello... viene a consultarci. Ecco forse finalmente qualcosa di interessante. Quando una donna, giovane e graziosa come quella, si copre il volto in quel modo, c'è di mezzo una storia importante.»

Un minuto dopo la nostra visitatrice fu fatta passare. Come aveva detto Poirot, era coperta da un fitto velo sul volto. Non riuscimmo a distinguere i lineamenti finché non sollevò la veletta di nero pizzo spagnolo. E allora mi resi conto che l'intuizione di Poirot era stata esatta: la giovane era graziosa, con capelli biondi e grandi occhi azzurri. A giudicare dalla costosa semplicità del suo abbigliamento, dedussi subito che apparteneva ai livelli più elevati della società.

«Monsieur Poirot» disse la giovane donna con voce dolce e melodiosa, «sono in un guaio molto serio. Stento a credere che voi siate in grado di aiutarmi, ma ho sentito parlare di voi in modo così lusinghiero che sono venuta qui proprio come ci si rivolge all'ultima speranza per pregarvi di fare l'impossibile».

«L'impossibile mi è sempre piaciuto» rispose Poirot. «Vi prego, continuate, mademoiselle.»

La nostra bella visitatrice esitò.

«Ma dovete essere sincera» soggiunse Poirot. «Non omettete[3] alcun particolare.»

«Mi fiderò di voi» disse bruscamente la giovane. «Avete mai sentito parlare di Lady Millicent Castle Vaughan?»

Alzai gli occhi, vivamente interessato. Pochi giorni prima era comparso sui giornali l'annuncio del fidanzamento di Lady Millicent con il giovane duca di Southshire. Sapevo che era la quinta figlia di un pari[4] irlandese squattrinato e il duca di Southshire era uno dei migliori partiti d'Inghilterra.

«Lady Millicent sono io» disse la ragazza. «Avrete forse letto la notizia del mio fidanzamento. Dovrei essere una delle ragazze più felici sulla terra. Invece, oh, monsieur Poirot, sono in un guaio spaventoso! C'è un uomo, un uomo orrendo, si chiama Lavington e lui... non so nemmeno come dirlo. C'è una lettera che io scrissi... allora avevo soltanto sedici anni. E lui... lui...»

«Una lettera che voi avete scritto a questo signor Lavington?»

«Oh, no... non a lui! A un giovane soldato... ne ero molto innamorata... morì in guerra.»

«Capisco» disse Poirot con gentilezza.

ALLA SCOPERTA DEI TESTI • Il testo narrativo

UNITÀ 3 — IL ROMANZO GIALLO

5. eh, bien!: Be'! Diamine!

6. Oh, là là!: ahimè, disgraziatamente, espressione di dispiacere o preoccupazione.

«Era una lettera stupida, una lettera indiscreta ma, in realtà, monsieur Poirot, non più di tanto. Ma contiene frasi... che potrebbero assumere un significato diverso.»

«Capisco» disse Poirot. «E questa lettera è venuta in possesso del signor Lavington?»

«Sì. Lui minaccia di mandarla al duca se non gli pagherò una somma enorme, una somma che io non ho assolutamente la possibilità di raccogliere.»

«Quello sporco verme!» esclamai. «Vi domando scusa, Lady Millicent. Non sarebbe più saggio confessare tutto al vostro futuro marito?»

«Non oso, monsieur Poirot. Il duca ha un carattere piuttosto particolare, è geloso e sospettoso e portato a credere sempre al peggio.»

«Santo Cielo!» mormorò Poirot con una smorfia espressiva. «E che cosa dovrei fare io, milady?»

«Pensavo che forse io potrei chiedere al signor Lavington di parlare con voi. Gli direi che vi ho autorizzato a discutere della faccenda. Forse voi riuscirete a ridurre la richiesta.»

«Che cifra ha chiesto?»

«Ventimila sterline... impossibile. Dubito di riuscire anche solo a trovarne mille.»

«Potreste farvi prestare il denaro sulla base del vostro prossimo matrimonio... ma dubito che riuscirete a ottenere anche solo la metà della cifra. Inoltre... *eh, bien!*[5] mi ripugna che voi paghiate! No, l'ingegno di Hercule Poirot sconfiggerà i vostri nemici. Mandatemi questo signor Lavington. È probabile che porti con sé la lettera?»

La giovane scosse il capo in cenno di diniego.

«Non credo. È molto prudente.»

«Suppongo che non ci sia da dubitare che egli abbia veramente la lettera.»

«Me l'ha mostrata quando sono stata a casa sua.»

«Siete stata a casa sua? Un gesto molto imprudente, milady!»

«Davvero? Ma ero così disperata! Speravo che le mie suppliche lo commuovessero.»

«*Oh, là là!*[6] I Lavington che esistono al mondo non si commuovono per le suppliche delle belle giovani! È probabile invece che gli abbiano dimostrato quanta importanza date a quel documento. Dove abita questo gentiluomo?»

«Buona Vista, a Wimbledon. Ci sono andata dopo il crepuscolo...» Poirot gemette. «Alla fine gli ho detto che avrei

informato la polizia ma lui si è limitato a ridere in modo orrendo, pieno di scherno. "Mia cara Lady Millicent, fate pure, se volete!"» mi ha detto.

«Sì, non è certo faccenda per la polizia, questa» mormorò Poirot.

«"Ma io credo che sarete più furba di tanto!" ha continuato lui. "Vedete, la lettera è qui, in questa scatoletta cinese!" E l'ha sollevata in modo che potessi vederla. Ho cercato di prendergliela dalle mani ma lui è stato troppo veloce per me. Con un orribile sorriso ha ripiegato la lettera e l'ha rimessa nella scatoletta di legno. "Qui sarà al sicuro, potete starne certa" mi ha detto. "E poi la scatola stessa sta in un nascondiglio così ingegnoso che non la troverete mai e poi mai". I miei occhi si sono posati sulla piccola cassaforte a muro e lui ha scosso la testa ridendo. "Ho una cassaforte più sicura di quella" ha detto. Oh, che essere odioso! Monsieur Poirot, credete di potermi aiutare?»

«Abbiate fiducia in papà Poirot. Troverò un modo.»

Le rassicurazioni erano una gran bella cosa certo, pensai mentre Poirot accompagnava galantemente la sua bella cliente giù per le scale, ma a me sembrava che avremmo avuto un osso duro da maneggiare. Lo dissi chiaro e tondo a Poirot quando tornò. Lui annuì miseramente.

«Sì... la soluzione non balza all'occhio. Quel signor Lavington ha il coltello per il manico. Per il momento non vedo come riusciremo a raggirarlo.»

Il signor Lavington si presentò regolarmente quel pomeriggio. Lady Millicent aveva rispettato la verità quando lo aveva descritto come un essere odioso. Tale era il mio desiderio di cacciarlo a pedate giù dalle scale che provai un vero e proprio prurito alla punta dello stivale. Era pieno d'arie e di boria[7], rise con scherno quando Poirot gli fece qualche delicato accenno alla faccenda e in genere si dimostrò del tutto padrone della situazione. Non potei fare a meno di pensare che Poirot non era certo al meglio della sua fama. Sembrava scoraggiato e mortificato.

«Bene, signore» disse Lavington prendendo il cappello, «a quanto pare, non sembra che facciamo molti progressi. Le cose stanno così: lascerò che Lady Millicent se la cavi a buon mercato[8]... dato che è una giovane tanto affascinante». Ebbe un sorriso orrendo. «Facciamo diciottomila. Io parto per Parigi oggi... un affaruccio da sistemare laggiù... tornerò martedì. Se il denaro non sarà pagato entro martedì sera, la lettera arriverà al duca. Non ditemi che Lady Millicent non può trovare quel denaro. Ci sono alcuni dei suoi amici gentiluomini che sarebbero più che disposti a fare un piacere a una donna tanto carina offrendole un prestito... se lei saprà scegliere la strada giusta.»

Arrossii violentemente e feci un passo avanti, ma Lavington nel finire la frase era già uscito in fretta dalla stanza.

«Dio mio!» esclamai. «Bisogna far qualcosa. Mi sembra che la prendiate un po' alla leggera, Poirot.»

«Avete un gran cuore, amico mio, ma le vostre cellule grigie[9] sono in pessime condizioni. Non desidero colpire il signor Lavington per le mie capacità. Più mi considera pusillanime, meglio è.»

---

7. **boria**: presunzione, superbia, arroganza.
8. **a buon mercato**: con poca spesa.
9. **cellule grigie**: espressione tipica e famosa di Poirot per indicare la capacità di ragionamento; qualche riga dopo si parla di processi mentali.

UNITÀ 3 — IL ROMANZO GIALLO

«Perché?»

«È curioso» disse in un bisbiglio Poirot come se stesse ricordando qualcosa, «come io abbia espresso il desiderio di lavorare contro la legge proprio prima che arrivasse Lady Millicent!»

«Entrerete in casa di quell'uomo mentre lui è assente?» chiesi con un sussulto.

«A volte, Hastings, i vostri processi mentali funzionano sorprendentemente in fretta.»

«E se si portasse via la lettera?»

Poirot scosse il capo.

«È alquanto improbabile. Evidentemente ha un nascondiglio in casa sua che ritiene piuttosto inespugnabile.»

«Quando faremo... la cosa?»

«Domani sera. Partiremo da qui verso le undici.»

All'ora prestabilita ero pronto per avviarmi. Avevo indossato un vestito scuro e un cappello di feltro nero. Poirot mi sorrise con gentilezza.

«Vedo che siete vestito per la parte» notò. «Andiamo a prendere la sotterranea per Wimbledon.»

«Non ci portiamo nulla appresso? Utensili per penetrare nella casa?»

«Mio caro Hastings, Hercule Poirot non adotta metodi tanto rozzi.»

Tacqui, mortificato, ma la mia curiosità era all'erta.

Fu proprio a mezzanotte che entrammo nel piccolo giardino periferico di Buona Vista. La casa era buia e silenziosa. Poirot si diresse subito verso una finestra sul retro, sollevò senza far rumore il telaio scorrevole e mi ordinò di entrare.

«Come sapevate che questa finestra sarebbe stata aperta?» bisbigliai perché mi sembrava davvero fantastico.

«Perché stamane ho provveduto a segare il paletto.»

«Cosa?»

«Ma sì, è stato semplicissimo. Mi sono presentato qui, con un biglietto da visita fasullo e con uno ufficiale dell'ispettore Japp ho detto di essere stato mandato, su raccomandazione di Scotland Yard, per applicare certi congegni antifurto che il signor Lavington desiderava fossero sistemati in sua assenza. La governante mi ha accolto con entusiasmo. Sembra che qui ultimamente vi siano stati due tentativi di furto: evidentemente la nostra ideuzza è venuta in mente anche ad altri clienti del signor Lavington... anche se non è stato portato via nulla di valore. Ho esaminato tutte le finestre, ho fatto le mie piccole sistemazioni, ho proibito alla servitù di toccare le finestre fino al giorno dopo, dato che erano collegate elettricamente, e mi sono congedato con buona grazia.»

«Davvero, Poirot, siete meraviglioso!»

«*Mon ami*[10], è stato semplicissimo. E ora, al lavoro! La servitù dorme al piano più alto della casa, cosicché non corriamo il rischio di svegliarla.»

«Presumo che la cassaforte sia infissa nella parete da qualche parte, vero?»

---

10. *Mon ami*: amico mio.

«Cassaforte! Sciocchezze! Non c'è nessuna cassaforte. Il signor Lavington è un uomo intelligente. Vedrete, avrà senz'altro scovato un nascondiglio molto più intelligente della cassaforte. La cassaforte è il primo posto dove si va a cercare.»

Dopo di che iniziammo una ispezione metodica di tutta la casa. Ma dopo aver frugato e cercato per varie ore, non avevamo trovato nulla. Vidi addensarsi sul volto di Poirot i sintomi della collera.

«*Ah, sapristi!*[11] Hercule Poirot sconfitto. Mai! Stiamo calmi. Ragioniamo. Riflettiamo. *Enfin!*[12] Mettiamo in funzione le piccole cellule grigie.»

Tacque per un po', corrugando la fronte nella concentrazione, poi nei suoi occhi intravidi la luce verde che conoscevo tanto bene.

«Sono stato un idiota! In cucina!»

«In cucina!» esclamai. «Ma è impossibile. La servitù!»

«Esatto. Proprio quello che direbbero novantanove persone su cento. E proprio per questa ragione la cucina è il luogo ideale da scegliere. È piena di oggetti casalinghi di ogni genere. *En avant*[13], in cucina.»

Lo seguii, molto scettico, e lo osservai mentre si tuffava nei cestini del pane, nelle casseruole col coperchio e ficcava la testa nel forno. Alla fine, stanco di osservarlo, tornai nello studio. Ero persuaso che lì e soltanto lì, avremmo trovato il nascondiglio. Feci un'altra ricerca di un minuto e notai che erano le quattro e un quarto e che di lì a poco sarebbe spuntata l'alba, quindi tornai in cucina. Con mio grande stupore vidi che ora Poirot era in piedi dentro il cesto del carbone, del tutto incurante del suo bel vestito chiaro che si era sporcato di nero. Fece una smorfia.

«Ma sì, amico mio, è contrario a tutti i miei istinti rovinare così il mio aspetto esteriore, ma voi che fareste?»

«Ma Lavington non può aver nascosto la lettera sotto il carbone.»

«Se adoperaste gli occhi vedreste che non sto esaminando il carbone.»

Allora vidi che sul ripiano dietro il deposito del carbone erano ammucchiati alcuni ceppi di legna. Poirot li stava togliendo a uno a uno con agilità. D'un tratto ebbe un'esclamazione roca: «Il coltello, Hastings!»

Glielo porsi. Mi parve di vedere che lo conficcava nel legno e di colpo il ceppo si aprì in due parti. Era stato accuratamente segato in due e all'interno, nel centro, c'era una cavità. Fu da quella cavità che Poirot prese una scatoletta di legno cinese.

«Ben fatto!» esclamai fuori di me per l'entusiasmo.

«Piano, Hastings! Non alzate tanto la voce. Su, andiamocene prima che l'alba ci sorprenda ancora qui.»

Facendosi scivolare in tasca la scatola balzò con agilità fuori del cesto di carbone, si spazzolò come meglio gli riuscì quindi, lasciando la casa allo stesso modo in cui eravamo entrati, ci dirigemmo rapidamente verso Londra.

«Ma che nascondiglio pazzesco!» esclamai. «Chiunque avrebbe potuto usare quel ceppo!»

«In luglio? Hastings? Ed era il ceppo in fondo al mucchio... un na-

---

11. *Ah, sapristi!*: ah santo cielo! È un'espressione di sorpresa e di rabbia.
12. *Enfin!*: dunque, allora.
13. *En avant*: avanti! Forza!

UNITÀ 3 — IL ROMANZO GIALLO

scondiglio molto ingegnoso. Ah, ecco un tassì! E adesso a casa, per una lavata e una dormita rilassante.»

Dopo l'eccitazione della notte dormii fino a tardi nella mattinata. Quando finalmente scesi nel soggiorno prima dell'una mi stupii nel vedere Poirot, seduto comodamente in poltrona, la scatola cinese aperta al suo fianco, intento a leggere con calma la lettera che ne aveva tolta.

Mi sorrise calorosamente e batté sul foglio di carta che aveva in mano.

«Aveva ragione, quella Lady Millicent. Il duca non avrebbe mai perdonato questa lettera. Contiene alcune espressioni affettuose tra le più stravaganti che mi sia mai capitato di trovare.»

«Davvero, Poirot!» dissi piuttosto disgustato, «non penso che avreste dovuto leggere la lettera. È il genere di cose che non si fanno».

«Hercule Poirot le fa» rispose imperturbabile il mio amico.

«E un'altra cosa» soggiunsi, «non credo che l'aver usato il biglietto da visita ufficiale di Japp sia stata una buona mossa.»

«Ma io non stavo facendo una partita a scacchi, Hastings! Mi stavo occupando di un caso.»

Scrollai le spalle. Non si può discutere sui punti di vista.

«Un passo sulle scale, deve essere Lady Millicent» disse Poirot.

La nostra bella cliente entrò con espressione ansiosa sul volto, espressione che si tramutò in gioia alla vista della lettera e della scatola che Poirot le mostrò.

«Oh, monsieur Poirot! È meraviglioso! Come avete fatto?»

«Ho usato metodi piuttosto biasimevoli, milady. Ma il signor Lavington non ci farà causa. Questa è la vostra lettera, vero?» Lei la scorse.

«Sì. Oh, come potrò mai ringraziarvi? Siete un uomo meraviglioso! Meraviglioso! Dov'era nascosta?»

Poirot glielo disse.

Enigmi da svelare

«Che abilità!» Prese la scatoletta dalla tavola. «Questa la terrò come ricordo...»

«Avevo sperato, milady, che mi avreste permesso di tenerla... sempre come ricordo.»

«Spero di mandarvi un ricordo migliore... il giorno del mio matrimonio. Vedrete che non mi giudicherete un'ingrata, monsieur Poirot.»

«Il piacere di avervi reso un servizio sarà per me più di un assegno... quindi consentitemi di conservare la scatola.»

«Oh, no, monsieur Poirot, devo assolutamente tenerla io» protestò lei ridendo.

Tese la mano ma Poirot fu più svelto di lei. Strinse la propria mano sulla scatola.

«Non credo.» Il tono era cambiato.

«Che cosa volete dire?» La voce di lei sembrava diventata più stridula.

«In ogni caso, consentitemi di prendere il resto di ciò che vi è contenuto. Noterete che la cavità originale è stata ridotta della metà. Nella parte alta la lettera compromettente, in quella bassa...»

Fece un gesto agile, poi tese la mano. Sul palmo vi erano quattro grosse pietre luccicanti e due perle altrettanto grosse di un biancore perlaceo.

«I gioielli rubati in Bond Street giorni fa, penso» mormorò Poirot. «Ce lo confermerà Japp.»

Con mio enorme stupore Japp in persona uscì dalla stanza da letto di Poirot e si fece avanti.

«Un vostro vecchio amico, credo» disse Poirot compitamente a Lady Millicent.

«Sono in trappola!» esclamò Lady Millicent, con un totale cambiamento di modi. «Vecchio demonio!» Guardò Poirot con un'espressione di timore reverenziale quasi affettuoso.

«Bene, Gertie, mia cara!» disse Japp. «Il gioco è fatto stavolta, mi pare. Che buffo rivederti così presto! Abbiamo preso anche il tuo amico, il signore che è venuto qui l'altro giorno facendosi passare per Lavington. Quanto a Lavington stesso, alias Croker, alias Reed, mi chiedo chi della banda gli abbia cacciato un coltello nella schiena in Olanda qualche giorno fa... Pensavate che avesse con sé la refurtiva, eh! E invece no! Vi ha ingannati alla perfezione... l'aveva nascosta in casa. Avevate già fatto cercare da due dei vostri uomini e poi avevi incaricato della ricerca il nostro Poirot che, per un colpo di fortuna spettacolare, l'ha trovata!»

«Vi piace parlare, eh?» disse l'ex Lady Millicent. «Calmatevi, su. Vengo via senza far storie. Non potrete mai dire che non mi comporto da perfetta nobildonna, e tutto il resto... vero?»

«Le scarpe non erano giuste» disse Poirot in tono sognante, mentre io me ne stavo lì troppo stupefatto per riuscire a dire qualcosa. «Ho fatto le mie piccole osservazioni sulla vostra nazione britannica: una signora, una vera signora sta sempre molto attenta alle scarpe. Avrà abiti sdruciti, ma calzerà scarpe di classe. Ora la nostra Lady Millicent indossava abiti co-

UNITÀ 3 — IL ROMANZO GIALLO

14. ***Eh, par exemple***: per amor di Dio! Santo cielo! È un intercalare.
15. ***Ma foi***: basta, stop.

stosi e di lusso e calzava scarpe a buon mercato. Non era molto probabile che io o voi avessimo mai avuto modo di vedere la vera Lady Millicent, che è stata molto poco a Londra, e questa ragazza aveva una somiglianza superficiale che poteva andar bene. Come dico, sono state le scarpe che hanno destato i miei sospetti e poi il suo racconto e il velo... tutto un po' troppo melodrammatico, non è così? La scatola cinese con una finta lettera compromettente doveva essere nota a tutta la banda, ma il ceppo di legno è stata un'idea del defunto signor Lavington. Eh, *par exemple*[14], Hastings, spero che non ferirete più il mio orgoglio come avete fatto l'altro ieri affermando che la categoria dei delinquenti non mi conosce. *Ma foi*[15], arrivano persino al punto di usarmi dove essi stessi falliscono!»

(A. Christie, *La dama velata e altre storie*, tradotto dall'inglese da G. Griffini e L. Lax, Mondadori)

Attività

CHE COSA DICE IL TESTO
COMPETENZE DI LETTURA

Cellule grigie e un po' di audacia

1. Organizza il testo in sequenze attribuendo a ciascuna un titolo. Indica il criterio utilizzato per l'individuazione nei nuclei narrativi.

COME SONO FATTI I RACCONTI GIALLI
CONSAPEVOLEZZA ED ESPRESSIONE CULTURALE

L'investigatore

2. Raccogli tutte le informazioni su Poirot contenute nel testo.
   a. Paese di provenienza   b. Carattere
   c. Qualità/risorse   d. Caratteristiche particolari

Il colonnello Hastings

3. Hastings fa da spalla a Poirot, è il suo collaboratore. Poirot spesso non è tenero con lui: lo tratta con ironia e pensa che si faccia prendere più dal "cuore", dai sentimenti invece che ragionare. Individua nel brano alcune parti a supporto di queste affermazioni.

4. Quale grave errore di valutazione di un personaggio compie Hastings?

Gli altri personaggi

5. Elenca gli altri personaggi e indica il loro ruolo nella storia.

> Ci sono variazioni nel ruolo dei personaggi?
> Quale, in particolare, è il più interessante?

Il finale a sorpresa

6. Il lettore che si è fatto prendere dalle vicende di Lady Millicent e immagina una soluzione al suo problema della lettera vede ribaltate tutte le sue congetture o aspettative. Perché?

RISCRIVERE PER CAPIRE MEGLIO
COMPETENZE DI SCRITTURA

Il metodo d'indagine

7. L'ultima parte del brano contiene le tappe del ragionamento che ha portato Poirot a trovare la soluzione dell'enigma. Trascrivila con parole tue, come se la raccontassi a un amico.

OLTRE IL TESTO

Nell'approfondimento che ti abbiamo proposto l'autrice insiste molto sulle caratteristiche della narrativa poliziesca che, a suo parere, nei romanzi di Agatha Christie sono presenti in una forma pressoché perfetta. Quali sono queste caratteristiche? Sono presenti anche in questo racconto?

Hercule Poirot è il protagonista del racconto che hai letto. Leggi nel blog la breve descrizione di Poirot e osserva le copertine dei libri che ti proponiamo nell'approfondimento. Quale elemento del suo aspetto fisico compare in tutte le copertine?

LABORATORIO DELLE COMPETENZE
COMPETENZE DI SCRITTURA

Attività di scrittura

Scriviamo un racconto giallo

Dopo tante letture "gialle", dopo tante storie di misteri risolti e non, di assassini e ladri catturati, prova a cimentarti nella scrittura di un racconto giallo. Ti guidiamo nell'impresa con alcuni suggerimenti metodologici.

A. ▶ Il tipo e la struttura del giallo

Innanzitutto scegli il tipo di giallo che vuoi scrivere: sarà un **giallo d'enigma** nel quale racconterai un'indagine per scoprire movente e colpevole di un delitto o pensi invece di creare un **giallo d'azione**, un **thriller**, in cui racconterai il crimine?

In base alle scelta che avrai fatto, organizza l'impalcatura del tuo racconto, cioè la successione degli eventi da narrare. Rivedi la descrizione di pagina 162 e tienine conto nella creazione della tua struttura.

B. ▶ I personaggi

Per la scelta dei personaggi ricorda che **non possono mancare alcuni ruoli** (la **vittima**, il **colpevole**, l'**investigatore**, l'**aiuto investigatore**), ma naturalmente avranno **importanza diversa** a seconda del tipo di giallo che hai scelto.

> Per la loro caratterizzazione puoi prendere spunto da quelli che hai conosciuto nelle letture precedenti oppure dalle tue letture personali. Anche le serie poliziesche che vengono trasmesse in televisione ti possono essere d'aiuto.

> Il tuo personaggio però deve essere **originale**; può avere, magari, qualche tratto "preso in prestito" da altri, ma non deve essere la copia di uno già esistente.

> Il personaggio può essere presentato al lettore con **brevi descrizioni**, come nei testi di Agatha Christie, oppure il suo carattere si deve intuire dai **fatti**, dalle **azioni**, come accade per l'investigatore Mystère di Tiziano Sclavi.

> Non dimenticare che a pagina 65 degli *Strumenti del lettore* trovi indicazioni sul modo di far parlare e pensare i tuoi personaggi.

LABORATORIO DELLE COMPETENZE

C. ▶ L'ambientazione

I luoghi e gli ambienti in cui la tua storia si svolge influenzeranno in modo significativo le caratteristiche dei personaggi e il corso degli eventi. Se la vicenda si svolge a New York negli anni Trenta dovrai dare ai fatti, ai personaggi e al detective che sceglierai tratti coerenti con il contesto: non sarebbe plausibile collocarvi per esempio il trafugamento di una mummia da una piramide!

D. ▶ Le strategie narrative

In un racconto giallo saper **creare suspense** è fondamentale. Nella sezione *Gli strumenti del lettore* del primo e secondo volume hai potuto constatare come l'inserimento di **descrizioni o digressioni**, rallentando il racconto, faccia aumentare l'attesa del lettore e dunque la suspense. A pagina 63 di questo volume puoi trovare inoltre indicazioni su come sia possibile creare tensione narrativa giocando con il punto di vista che, se limitato, è uno strumento efficace per far crescere nel lettore il desiderio di sapere che cosa accadrà.

Non dimenticare infine che devi porre attenzione all'**ordine con cui vengono esposti i fatti.** Puoi scegliere tra:

> la successione cronologica naturale;
> l'inserimento di *flashback* o anticipazioni.

Nei racconti gialli è importante che la suspense si crei già all'inizio e si mantenga (anzi, cresca) fino alla fine del racconto, quando un colpo di scena ribalterà le aspettative del lettore.

E. ▶ La forma di comunicazione

Ti piace il racconto che sta nascendo? Non dimenticare di verificare diverse volte lo sviluppo della vicenda e la sua coerenza, la caratterizzazione dei personaggi, la suspense, con l'alternanza di narrazione e descrizioni, e infine la forma della scrittura.
Se sei bravo a disegnare, o se puoi chiedere la collaborazione di alcuni compagni particolarmente abili nel disegno, potreste insieme **trasformare la storia in un fumetto**.
Prendete a modello un fumetto che conoscete e che vi piace, per esempio *Nick Raider* oppure *Julia, le avventure di una criminologa*.
Per la **realizzazione tecnica**, cominciate dividendo la storia in **brevi segmenti**; a ciascuno di essi fate corrispondere una vignetta che lo illustri. Su questa base costruite lo ***storyboard***, cioè disegnate tanti riquadri quante sono le vignette che avete individuato e scrivete sinteticamente in ciascun riquadro che cosa deve contenere ogni vignetta (disegno, baloons, bacchetta...). Realizzate poi concretamente le vignette, dopo aver adeguatamente predisposto un sufficiente numero di fogli. Puoi trovare indicazioni più precise nel Progetto competenze *Scrivere una storia e... trasformarla in un fumetto* (Volume 1, pagina 222).

PER FARE IL PUNTO

Unità 3 • IL ROMANZO GIALLO

SHERLOCK HOLMES

Un film ricco d'azione e di effetti speciali, una rilettura moderna delle storie del famoso detective inglese.

Un film per te

Il personaggio di Sherlock Holmes è stato reinventato dallo scrittore di fumetti Lionel Wigram, che ha voluto creare una versione moderna del celebre personaggio di Arthur Conan Doyle.
Holmes e Watson impediscono il sacrificio di una giovane durante un rito di occultismo, di cui viene ritenuto responsabile Lord Blackwood, che viene condannato all'impiccagione. Prima dell'esecuzione egli chiama Holmes e gli annuncia che ritornerà in vita.
La condanna viene eseguita, e il dottor Watson certifica l'avvenuto decesso di Blackwood. Dopo poco tempo, però, si verificano misteriosi omicidi e Holmes comincia a indagare...

REGIA	Guy Ritchie
ANNO	2009
CAST	Robert Downey Jr.
	Jude Law

Il fiammifero svedese e il segreto dell'amore

Un'esilarante storia di furti, indagini, scommesse e passioni disperate

Un libro per te

CHI L'HA SCRITTO Philip Pullman è uno scrittore britannico nato nel 1946. È famoso soprattutto per la trilogia *Queste oscure materie* che comprende le opere: *La bussola d'oro* (1995), *La lama sottile* (1997), *Il cannocchiale d'ambra* (2000). Il libro che ti proponiamo fa parte della serie *The New-Cut Gang* insieme a *Il falsario e il manichino di cera*.

DI CHE COSA PARLA C'era una gran penuria di crimini nel quartiere londinese di Lambeth nell'estate del 1894 e quel giorno la banda di New Cut se ne stava lamentando a gran voce.
Così prende avvio questa storia. Ma Benny Kaminsky, 11 anni, il capo della banda, Sventola, timido e forte, le gemelle Peretti, dal viso angelico ma che sanno essere crudeli, saranno subito accontentati.
Nella sede della Venerabile Società dei Gasisti – un'associazione caritatevole – avviene il furto di un'importante quantità di oggetti d'argento. La banda avvia le sue indagini mentre segue con interesse la storia d'amore di Daisy e di Dick, due dei componenti della banda.

AUTORE	Philip Pullman
ANNO	1995
EDITORE	Salani editore

SCUOLA DI SCRITTURA
Nella lezione 2 puoi trovare indicazioni per scrivere schede-film, schede-libro e recensioni.

Una pagina di assaggio

ALLA SCOPERTA DEI TESTI • Il testo narrativo

UNITÀ 4

Il progresso tecnologico, apparentemente inarrestabile, pone prospettive e interrogativi su come sarà il mondo nel futuro.
Gli autori dei testi di fantascienza, presentati in questa unità, hanno provato a disegnare alcuni scenari, non probabili ma neppure lontani da una possibilità logica, che ci invitano a riflettere sulle conseguenze future delle scelte dell'uomo.

LA FANTASCIENZA

RAGAZZI DEL FUTURO

Conoscenze
- Conoscere le caratteristiche del genere fantascientifico
- Conoscere alcune pagine di autori di fantascienza

Competenze
- Individuare in un testo gli elementi tipici del genere fantascientifico
- Riflettere sulle tematiche e sui contenuti presentati
- Produrre testi scritti, continuando storie di cui si suggerisce l'incipit o scrivendo riflessioni su argomenti proposti

IL MIO PERCORSO

SOLO PER IL PIACERE DI LEGGERE...
F. Brown, *Sentinella*

LE CARATTERISTICHE DEL RACCONTO DI FANTASCIENZA

COME È FATTO UN RACCONTO DI FANTASCIENZA
R. Bradbury, *L'amabile sorriso*

Ragazzi del futuro
A.C. Clarke, *La base Clavius* `+ facile`
F. Brown, *Vietato l'accesso*
M. St. Clair, *Prott*
P.K. Dick, *La pecora sul terrazzo* `+ difficile`
- I. Asimov, *A scuola nel 2155*
- J. Sierra I Fabra, *Zuk-1, l'uomo-macchina*
- **Per approfondire >** Scienza e fantascienza

Per sorridere del mondo del futuro
S. Benni, *Parigi: una incredibile avventura che comincia dal freddo*
- **Per approfondire >** Robot, robotica e fantascienza

LABORATORIO DELLE COMPETENZE >
Inventare una storia fantastica

Un film per te > *A.I. Intelligenza artificiale*
Un libro per te > *Sfera*
- **PER FARE IL PUNTO**

PER SORRIDERE DEL MONDO DEL FUTURO

Brani
Approfondimenti
Attività

ALLA SCOPERTA DEI TESTI • Il testo narrativo

UNITÀ 4 — LA FANTASCIENZA

SOLO PER IL PIACERE DI LEGGERE...

... e di scoprire che non sempre gli alieni sono gli altri.

Fredric Brown

Ascolta il brano

Sentinella

Questo breve racconto ha un finale fulmineo che, con un inaspettato colpo di scena, ribalta il nostro concetto di diversità.

Era bagnato fradicio e coperto di fango e aveva fame e freddo ed era lontano cinquantamila anni-luce da casa. Un sole straniero dava una gelida luce azzurra e la gravità, doppia di quella cui era abituato, faceva d'ogni movimento un'agonia di fatica.

Ma dopo decine di migliaia d'anni quest'angolo di guerra non era cambiato. Era comodo per quelli dell'aviazione, con le loro astronavi tirate a lucido e le loro superarmi; ma quando si arrivava al dunque, toccava ancora al soldato di terra, alla fanteria, prendere la posizione e tenerla, col sangue, palmo a palmo. Come questo dannato pianeta di una stella mai sentita nominare finché non ce lo avevano sbarcato. E adesso era suolo sacro perché c'era arrivato anche il nemico. Il nemico, l'unica altra razza intelligente della Galassia[1]... crudeli, schifosi, ripugnanti mostri.

Il primo contatto era avvenuto vicino al centro della Galassia, dopo la lenta e difficile colonizzazione di qualche migliaio di pianeti; ed era stata la guerra, subito; quelli avevano cominciato a sparare senza nemmeno tentare un accordo, una soluzione pacifica.

E adesso, pianeta per pianeta, bisognava combattere, coi denti e con le unghie.

Era bagnato fradicio e coperto di fango e aveva fame e freddo, e il giorno era livido e spazzato da un vento violento che gli faceva male agli occhi. Ma i nemici tentavano d'infiltrarsi e ogni avamposto era vitale.

Stava all'erta, il fucile pronto. Lontano cinquantamila anni-luce dalla patria, a combattere su un mondo straniero e a chiedersi se ce l'avrebbe mai fatta a riportare a casa la pelle.

E allora vide uno di loro strisciare verso di lui. Prese la mira e fece fuoco. Il nemico emise quel verso strano, agghiacciante, che tutti loro facevano, poi non si mosse più.

Il verso e la vista del cadavere lo fecero rabbrividire. Molti, col passare del tempo, s'erano abituati, non ci facevano più caso; ma lui no. Erano creature troppo schifose, con solo due braccia e due gambe, quella pelle d'un bianco nauseante, e senza squame.

(F. Brown, *Le meraviglie del possibile, Antologia della fantascienza*, a cura di S. Solmi e C. Fruttero, tradotto dall'inglese da C. Fruttero, Einaudi)

---

1. Galassia: la Via Lattea e il sistema costituito da miriadi di stelle e materiale interstellare. Il termine deriva dal greco *galaxías* che significa "latte", perché, secondo il mito, la galassia ebbe origine dal latte della dea Giunone.

Attività

FANTASIA O REALTÀ?

COMPETENZE DI LETTURA

> Hai capito chi sono le creature schifose?
> Ti è mai capitato di metterti nei panni di qualcuno che consideri "diverso" e di chiederti che cosa pensa lui di te?

Le caratteristiche del racconto di
FANTASCIENZA

▶ Che cosa è la fantascienza

La fantascienza è un genere letterario che, traendo spunto dalle conquiste tecnologiche e scientifiche, le interpreta in modo fantastico e costruisce intorno a esse mondi e storie immaginando realtà, culture e forme di vita diverse da quelle attualmente conosciute.
I testi fantascientifici sono testi narrativi in cui l'immaginazione dell'autore non fa ricorso alla magia o a elementi e interventi soprannaturali, ma si basa sul pensiero logico, raccontando storie non reali, ma nemmeno logicamente impossibili.

▶ Quando e dove nasce

La prima apparizione ufficiale del genere fantascientifico è del **1926**, l'anno in cui negli Stati Uniti venne pubblicata, a cura di Hugo Gernsback, un inventore di origine lussemburghese, **la prima rivista di fantascienza**, dal titolo «Amazing Stories, The Magazine of Scientifiction»; lo slogan sulla copertina della rivista riportava queste parole: «Oggi narrativa esagerata... domani gelida realtà».
Anche se il termine "fantascienza" risale agli anni Venti del Novecento, le radici del genere fantascientifico, inteso come immaginazione di nuovi mondi, sono molto più remote. Alcuni considerano l'opera *Una storia vera*, scritta da Luciano di Samosata nel II secolo d.C., il primo testo appartenente a questo genere, poiché l'autore immagina un viaggio sulla Luna dove è imminente la guerra tra le forze del nostro satellite e quelle del Sole. In seguito altri autori immaginarono viaggi in luoghi diversi dalla Terra: Ludovico Ariosto, nel Cinquecento, narrò il viaggio di Astolfo sempre sulla Luna; Jules Verne, alla fine dell'Ottocento, parlò nei suoi romanzi di viaggi fantastici: *Dalla Terra alla Luna* e *Al centro della Terra*; Emilio Sàlgari, agli inizi del Novecento, nel romanzo *Le meraviglie del 2000*, ambientò una storia nell'anno 2003, immaginando una terra che «sfrutta nel modo più ampio l'elettricità, con navi elettriche, anticipazioni del radar, una guerra mondiale, isole prigione per i criminali, e libertà dal lavoro grazie alle macchine. Gli uomini hanno la testa più grande della nostra perché il loro cervello è più grande e sono in contatto con i marziani, creature simili a piccole foche; tutt'e due le razze conoscono il volo interplanetario».
Nei **primi decenni del Novecento** la diffusione della narrativa di fantascienza fu favorita soprattutto dalla **fiducia nei progressi della scienza**; negli scritti di quest'epoca si proponeva una visione molto ottimistica del futuro. Successivamente, in seguito alle due guerre mondiali e alla consapevolezza del deterioramento dell'ambiente naturale, gli scrittori iniziarono a immaginare un nuovo futuro, decisamente più inquietante, e a considerare con timore l'inarrestabile avanzare della scienza e della tecnologia.

▶ I temi

I temi della letteratura fantascientifica sono molti, ma hanno tutti in comune l'uso dell'immaginazione per creare nuovi mondi, nuove forme di vita e l'attenzione all'evolversi della scienza e della tecnologia, le cui scoperte costituiscono la base per immaginare gli scenari futuri.
Spesso i testi di fantascienza si propongono anche di far riflettere sui problemi della società in cui nascono: il rapporto con la natura, la scienza e la tecnologia, la responsabilità degli uomini nella conservazione dei valori del passato e nella costruzione del futuro, l'atteggiamento nei confronti dell'"altro", del diverso da sé.

Le caratteristiche del racconto di FANTASCIENZA

I temi più ricorrenti sono:
- i viaggi in un tempo e in uno spazio sempre più immensi e lontani;
- la scoperta dell'esistenza di altre forme di vita diverse da quelle presenti sulla Terra;
- l'incontro tra i terrestri ed esseri alieni;
- la nascita di una futura società ideale in cui le macchine si pongono come supporto e aiuto per l'uomo;
- il rischio di una società disumanizzata in cui le macchine invadono l'esistenza dell'uomo e determinano il venir meno di autentici rapporti interpersonali;
- la distruzione della Terra e di gran parte dei suoi abitanti;
- l'emigrazione degli abitanti della Terra in seguito alla distruzione o alle minacce che incombono sul pianeta;
- le conseguenze incontrollabili delle manipolazioni genetiche.

▶ Personaggi, luoghi e tempo

Il testo fantascientifico è un testo narrativo; vi si riconoscono tutti gli elementi che hai imparato a distinguere nella narrazione:
- presenta una trama con uno sviluppo logico;
- si articola in sequenze, costruite ciascuna intorno al proprio nucleo narrativo;
- vi agiscono personaggi, con particolari caratteristiche, che sono in relazione tra loro;
- si svolge in uno spazio definito e caratterizzato;
- si snoda in un tempo determinato.

Personaggi, spazi e tempi del testo fantascientifico presentano tuttavia caratteristiche particolari. Ecco le principali.

- **I personaggi**
  - possono essere **terrestri** (persone comuni che vivono situazioni straordinarie, scienziati e inventori, eroi o avventurieri, sopravvissuti a catastrofi...) oppure **extraterrestri**, alieni provenienti da altri pianeti, da luoghi remoti dell'universo;
  - spesso **interagiscono** con robot, computer, cyborg, androidi, cioè macchine al servizio dell'uomo dotate di un'intelligenza anche superiore, umanoidi, mutanti e replicanti.

- **Gli spazi:** la vicenda si può svolgere
  - **sulla Terra** (in un ambiente simile a quello quotidiano attuale, in un ambiente irriconoscibile perché trasformato a causa di interventi esterni o catastrofici, in un ambiente reso migliore rispetto a quello attuale, grazie ai progressi della scienza e della tecnologia);
  - **negli spazi interplanetari**, generalmente su un'astronave che viaggia verso altri mondi;
  - **su altri pianeti** (con caratteristiche simili a quelle della Terra, oppure completamente diversi).

- **I tempi** in cui i fatti sono collocati possono essere:
  - il **presente** in cui agiscono esseri umani e altri tipi di personaggi;
  - il **futuro** (con aspetti simili al presente, ma esasperati, oppure molto diverso dal presente perché migliore o peggiore, a volte regredito a causa di catastrofi naturali o atomiche);
  - la dimensione temporale del **passato** o del **futuro**, raggiunta grazie a "macchine del tempo".

Le caratteristiche del racconto di FANTASCIENZA

▶ Il lessico e le tecniche narrative

Gli autori del genere fantascientifico utilizzano spesso il lessico dei linguaggi settoriali delle diverse scienze e della tecnologia (astronomia, fisica, medicina, robotica...) e, per indicare realtà inesistenti che fanno parte del loro mondo immaginario, usano **neologismi**, ossia termini inventati per indicare nuovi oggetti. Gli scrittori di fantascienza privilegiano quelle tecniche narrative che riescono ad avvincere il lettore e a creare suspense (volume 2, *Gli strumenti del lettore – Il testo narrativo*) come:

- l'anticipazione di fatti futuri (*flashforward*, termine inglese che significa "lampo avanti");
- il ricordo di eventi passati (*flashback*: "lampo indietro");
- l'effetto-sorpresa, ottenuto attraverso il ribaltamento delle aspettative;
- il *climax*.

▶ Gli autori

Sono molti gli autori che si sono cimentati in questo genere narrativo. Ecco i principali.

- John Campbell, editore e direttore, negli anni Trenta, della rivista "Astounding Science Fiction", che per primo spostò l'attenzione della fantascienza dalla natura all'uomo;
- George Orwell, che con i romanzi *La fattoria degli animali* e *1984* introdusse il romanzo di fantastoria e fantapolitica;
- Arthur Clarke, il cui romanzo *2001: Odissea nello spazio* venne scritto insieme alla sceneggiatura del film omonimo del regista Stanley Kubrick;
- Isaac Asimov, autore di moltissimi racconti, tra i quali *Notturno*, che viene considerato un esempio di fantascienza sociologica, cioè di quel filone del genere fantascientifico che immagina scenari e invita alla riflessione sul futuro dell'umanità;
- Fredric Brown, che scrisse soprattutto racconti brevi, autore anche di romanzi gialli;
- Ray Bradbury, autore di una famosa antologia di *Cronache marziane*, conosciuto dal grande pubblico soprattutto attraverso il romanzo *Fahrenheit 451*, divenuto un film di successo grazie al regista François Truffaut;
- Philip K. Dick, che, dopo aver pubblicato numerosi racconti, a partire dagli anni Sessanta del Novecento si dedicò alla prefigurazione di possibili scenari politici, con *La svastica sul sole* e *Noi marziani*;
- James G. Ballard, autore di *Foresta di cristallo* e *L'isola di cemento*, opere nelle quali indaga le reazioni degli esseri umani di fronte all'ambiente;
- Michael Crichton, autore di *Jurassic Park*, ma anche regista e sceneggiatore.

In Italia scrissero romanzi di fantascienza Primo Levi (nelle *Storie naturali*) e Lino Aldani; Giampaolo Proni ha pubblicato solo su Internet il romanzo *Il caso del computer ASIA*.

UNITÀ 4 — LA FANTASCIENZA

COME È FATTO UN RACCONTO DI FANTASCIENZA

ANALISI GUIDATA

L'amabile sorriso

Alla fine del secondo millennio una catastrofe atomica distrugge la civiltà umana: fra disagi, fame e violenza, la specie sopravvive in un mondo degradato e squallido, coltivando un odio profondo contro i progenitori, colpevoli di aver annientato la possibilità di vivere nel benessere. Nei confronti degli oggetti simbolo di quella civiltà perduta i sopravvissuti esprimono un disprezzo che culmina, spesso, nella distruzione totale di questi oggetti. Ma un bambino si lascia affascinare dalla bellezza di un dipinto che sta per essere distrutto e, prima di essere travolto dalla furia della folla scatenata, riesce a portare con sé un amabile sorriso.

Prima sequenza: IL BAMBINO TOM SI TROVA IN FILA CON ALCUNI UOMINI, NELLA PIAZZA DELLA CITTÀ, IN UN GIORNO DI FESTA.

Nella piazza della città la coda si era formata alle cinque del mattino, quando i galli cantavano lontano, nella campagna coperta di brina e non c'erano fuochi. Tutto intorno, fra gli **edifici in rovina**, dapprima erano rimasti impigliati brandelli di brina, ma ora, con la nuova luce delle sette del mattino, cominciavano a disperdersi. Lungo la strada, a gruppi di due e di tre, si stava raccogliendo altra gente per il giorno di mercato, il giorno di festa.

Il **bambino** stava subito dopo **due uomini** che parlavano a voce alta nell'aria chiara, e tutti i suoni che essi emettevano sembravano due volte più forti, a causa del freddo. Il bambino pestava i piedi e si soffiava sulle mani rosse e screpolate e guardava gli **abiti sporchi, di tela da sacco**, che quegli uomini indossavano, e guardava la lunga fila di uomini e di donne davanti a lui.

- Edifici in rovina, abiti di tela da sacco sporchi: questi elementi ci parlano di un **ambiente in disfacimento**, in cui è accaduto qualcosa di brutto.

- I personaggi sono **terrestri**, uomini comuni che si trovano a vivere in una situazione particolare.

Come è fatto un racconto di fantascienza

«Ehi, bambino, cosa stai facendo qui, a quest'ora?», disse l'uomo dietro di lui.

«Ho preso il mio posto nella fila, ho preso», disse il bambino.

«Perché non te ne vai e non cedi il tuo posto a qualcuno che lo gradirebbe?»

«Lascia in pace il bambino», disse l'uomo che stava davanti, voltandosi di scatto.

«Stavo scherzando.» L'uomo che stava dietro posò la mano sulla testa del bambino. Il bambino la scrollò via, freddamente. «Pensavo solo che è strano, un bambino alzato così presto.» «Questo bambino è un appassionato delle arti, ti dirò», fece il difensore del bambino, un uomo che si chiamava Grigsby. «Come ti chiami, ragazzo?»

«Tom.»

«Tom, qui, vuole sputare forte e diritto, vero, Tom?»

«Sicuro!»

Una risata passò lungo la fila.

Seconda sequenza: TOM E GRIGSBY DISCUTONO SULLA NECESSITÀ DI ODIARE IL PASSATO E LA CIVILTÀ CHE LO RAPPRESENTA.

Davanti, un uomo vendeva tazze screpolate di caffè caldo. Tom guardò e vide il piccolo fuoco caldo e la brodaglia che ribolliva in una pentola arrugginita. Non era veramente caffè. Era fatto con qualche bacca che cresceva nei pascoli oltre la città, e veniva venduto a un soldo la tazza per scaldare lo stomaco, ma non erano molti a comprarlo, non molti erano così ricchi.

Tom fissò davanti a sé, verso il punto in cui terminava la fila, dietro un muro di pietra sfasciato dalle bombe.

«Dicono che sorride», disse il bambino.

«Già, sorride», disse Grigsby.

«Dicono che è fatto di olio e di tela.»

«È vero. E questo mi fa pensare che non sia proprio l'originale. L'originale, così ho sentito, fu dipinto su legno, tanto tempo fa.»

«Dicono che ha quattro secoli.»

«Forse di più. Nessuno sa con certezza che anno è questo.»

«È il 2061!»

«È quello che dicono, bambino, sì. Bugiardi. Potrebbe essere il 3000 o il 5000, per quel che ne sappiamo. Vi fu una spaventosa confusione, per un certo tempo. Tutto ciò che abbiamo, ora, è a pezzi e a frammenti.»

Avanzarono, strascicando i piedi, sulle fredde pietre della strada.

«Fra quanto la vedremo?», chiese Tom, a disagio.

«Fra pochi minuti. L'hanno sistemata con attorno quattro pali d'ottone e una corda di velluto, una bellezza, per tenere indietro la gente. E senti bene, Tom, niente sassi. Non permettono di tirarle contro i sassi.»

«Sì, signore.»

Il sole si levò più alto nei cieli, portando un calore che indusse gli uomini a togliersi le giacche sporche e i cappelli unti.

● Altri segnali di un **ambiente in disfacimento**.

● Si introduce un altro elemento, che sarà importante nel racconto: **un quadro con una persona che "sorride"**.

● Il racconto è ambientato nel **futuro**, ma non se ne conosce la data certa.

UNITÀ 4 — LA FANTASCIENZA

- Il sentimento che muove i personaggi è l'**odio per una società che ha permesso la distruzione atomica**.

- Il sentimento di **odio** è rivolto a **tutta la civiltà passata**.

- Questo è un *flashback*.

- Le manifestazioni di odio portano a **distruggere i simboli** rimasti **della civiltà passata**.

- Nel bambino si manifesta la **prima incertezza**.

«Perché siamo tutti qui in fila?» chiese alla fine Tom. «Perché siamo tutti qui per sputare?»

Grigsby non lo guardò, ma fissò il sole con aria critica.

«Ecco, Tom, c'è un mucchio di ragioni.»

Levò distrattamente la mano verso una tasca che non c'era da molto tempo, cercando una sigaretta che non c'era.

Tom aveva visto quel gesto un milione di volte. «Tom, ha a che fare con l'odio. Odio per ogni cosa del passato. Ti domando, Tom, come ci siamo ridotti in questo stato, città tutte macerie, strade crivellate dalle bombe, e metà dei campi di grano che la notte risplendono di radioattività? Non è una situazione schifosa, ti domando?»

«Sì, signore. Mi pare di sì.»

«È così, Tom. Tu odi tutto ciò che ti ha annientato e rovinato. È nella natura umana. Irragionevole, forse, ma comunque natura umana.»

«Non c'è quasi niente o nessuno che noi non odiamo», disse Tom.

«Giusto! Tutta la fiorente genìa della gente del passato, che dominava il mondo. Così eccoci qui, un giovedì mattina, con le budella appiccicate alla spina dorsale, infreddoliti, abituati a vivere nelle grotte e così via, niente fumare, niente bere, niente di niente tranne le nostre feste. Tom, le nostre feste.»

E Tom pensò alle feste degli ultimi anni. L'anno in cui strapparono tutti i libri sulla piazza e li bruciarono, e tutti erano ubriachi e ridenti. E la festa della scienza, un mese prima, quando avevano trascinato fuori l'ultima automobile ed avevano tirato a sorte e tutti i fortunati che vincevano avevano diritto di sferrare un colpo alla macchina con una mazza da fabbro.

«Se ricordo questo, Tom? Se lo ricordo? Perché io ho potuto fracassare la finestra anteriore, la finestra, hai sentito? Mio Dio, fece un suono così piacevole! *Crasc*!»

A Tom sembrava di udire il vetro cadere in mucchietti scintillanti.

«E Bill Henderson, a lui toccò fracassare il motore. Oh, fece un lavoro magnifico, con grande efficienza. *Bum*!»

«Ma la cosa migliore,» ricordò Grigsby, «fu quando sfasciarono una fabbrica che cercava ancora di produrre aeroplani.»

«Signore, che piacere ci fece farla saltare in aria!», disse Grigsby.

«E poi trovammo quello stabilimento tipografico e il deposito di munizioni e li facemmo esplodere insieme. Capisci, Tom?»

Tom rifletté, perplesso.

Credo.

Terza sequenza: UN ALTRO UOMO PARTECIPA ALLA DISCUSSIONE, AFFERMANDO LA POSSIBILITÀ DI ACCETTARE UNA FORMA DI CIVILTÀ LIMITATA.

Era mezzogiorno. Ormai gli odori della città in rovina appestavano l'aria calda e qualcosa strisciava fra gli edifici crollati.

«Non ritornerà mai, signore?»

Come è fatto un racconto di fantascienza

«Cosa, la civiltà? Nessuno la vuole. Io no!»
«Io potrei accettare un po'», disse l'uomo che stava dietro un altro uomo. «C'era anche qualcosa di bello.»
«Non si preoccupi», gridò Grigsby. «Non c'è più posto per la civiltà, ormai!»
«Ah», fece l'uomo che stava dietro l'uomo. «Un giorno o l'altro verrà qualcuno con un po' di immaginazione e la rattopperà. Si segni le mie parole. Qualcuno che abbia un cuore.»
«No», disse Grigsby.
«Io dico di sì. Qualcuno che abbia un'anima per le cose belle. Potrebbe restituirci una specie di civiltà limitata, in cui potessimo vivere in pace.»
«Lei sa che per prima cosa la civiltà porta la guerra! Ma la prossima volta potrebbe essere diverso.»

Quarta sequenza: TOM NON RIESCE A SPUTARE SUL DIPINTO, IN SEGNO DI DISPREZZO, PERCHÉ È BELLO.

Finalmente si trovarono nella grande piazza. Un uomo a cavallo stava entrando in città, da lontano. Aveva un pezzo di carta in mano. Nel centro della piazza c'era l'area delimitata dalla corda. Tom, Grigsby e gli altri stavano raccogliendo la saliva e avanzavano... avanzavano preparati e pronti, con gli occhi spalancati. Tom sentiva il proprio cuore battere forte, eccitato, e la terra era calda sotto i suoi piedi nudi.
«Andiamo, Tom, in fretta!»
Quattro poliziotti erano ritti agli angoli del recinto, quattro uomini con pezzi di spago giallo ai polsi, per indicare la loro autorità sugli altri uomini. Erano lì per impedire che scagliassero pietre.
«In questo modo,» disse Grigsby all'ultimo momento, «ognuno ha l'impressione di avere la possibilità di raggiungerla, capisci, Tom? Avanti, ora!»
Tom si fermò davanti al quadro e lo guardò a lungo. «Tom, sputa!»
La sua bocca era arida.
«Avanti, Tom, muoviti!»
«Ma,» disse Tom, lentamente, «è bella!»
«Ecco, sputerò io per te!» Grigsby sputò e la saliva volò nella luce del sole. La donna nel dipinto sorrideva serenamente, segretamente, a Tom, ed egli la guardava, mentre il cuore gli batteva e c'era una specie di musica nelle sue orecchie.
«È bella», disse.
«Adesso muoviti, prima che la polizia...»
«Attenzione!»
Sulla fila cadde il silenzio. Un attimo prima stavano rimproverando Tom perché non si muoveva, adesso si stavano voltando verso l'uomo a cavallo.
«Come la chiamano, signore?» chiese Tom, quietamente.
«Il quadro? Monna Lisa, Tom, mi pare. Sì, Monna Lisa.»

● La **rinascita della civiltà** non passa dalla scienza, ma dall'**immaginazione** e dal **sentimento**.

● Si evidenzia il **contrasto tra l'odio degli uomini** e **la bellezza della civiltà** che si esprime attraverso l'arte.

ALLA SCOPERTA DEI TESTI • Il testo narrativo

UNITÀ 4 — LA FANTASCIENZA

> Questa sequenza presenta un crescendo di tensione che porta al *climax* del racconto.

Quinta sequenza: IL DIPINTO VIENE LASCIATO ALLA FOLLA, CHE LO DISTRUGGE, DIVIDENDONE I PEZZI.

«Ho un annuncio», disse l'uomo a cavallo. «Le autorità hanno decretato che oggi a mezzogiorno il ritratto sulla piazza venga consegnato nelle mani della popolazione, in modo che tutti possano partecipare alla distruzione di...»

Tom non ebbe neppure il tempo di gridare prima che la folla lo trascinasse, urlando e spingendo tutto intorno, precipitandosi verso il ritratto. Vi fu un acuto suono lacerante. I poliziotti fuggirono per mettersi in salvo. La folla era un pieno grido, le mani, come altrettanti uccelli famelici, si avventavano sul ritratto. Tom si sentì spinto quasi attraverso quella cosa spezzata. Tendendo le mani in una cieca imitazione degli altri, afferrò un pezzo della tela oleosa, tirò, sentì la tela cedere, poi cadde, fu preso a calci, mandato a rotolare fino all'orlo esterno di quella folla. Sanguinante, con gli abiti strappati, guardò le vecchie donne masticare pezzi di tela, gli uomini spezzare la cornice, prendere a calci la tela stracciata e lacerarla in minuscoli brandelli.

Solo Tom rimase in disparte, silenzioso, nella piazza sconvolta. Abbassò lo sguardo sulla propria mano. Stringeva il pezzo di tela contro il petto, nascosto.

«Ehi, là, Tom!», gridò Grigsby.

Sesta sequenza: TOM TORNA A CASA CON IL PEZZO DI TELA.

> I **segni del degrado** continuano a manifestarsi.

Senza una parola, singhiozzando, Tom corse via. Corse fuori dalla piazza, lungo la strada piena dei crateri delle bombe, in un campo, attraverso un fiumiciattolo poco profondo, senza guardare indietro, la mano stretta, tuffata sotto la giacca.

Al tramonto raggiunse il piccolo villaggio e lo attraversò. Alle nove giunse alla fattoria in rovina. Attorno alla fattoria, nel mezzo silo[1], nella parte che ancora rimaneva in piedi, coperta da tende, udì i suoni del sonno, la sua famiglia... sua madre, suo padre e suo fratello. Scivolò svelto, senza far rumore, oltre la porticina e si distese, ansimando.

1. silo: costruzione cilindrica in lamiera usata per la conservazione e il deposito di materiali, in particolare cereali.

«Tom?», chiamò sua madre nell'oscurità.

«Sì.»

«Dove sei stato?» scattò suo padre. «Domattina ti picchierò.»

> Il **clima di odio** si manifesta **anche in casa**.

Qualcuno gli diede un calcio. Suo fratello, che era rimasto solo a lavorare il loro piccolo pezzo di terra.

«Dormi», gridò sua madre, debolmente. Un altro calcio.

Tom rimase disteso, trattenendo il fiato. Tutto era tranquillo. La sua mano era contro il petto, stretta, stretta. Rimase disteso per mezz'ora in quel modo, a occhi chiusi.

> In questa sequenza avviene lo **scioglimento**.

Settima sequenza: TOM, ALLA LUCE DELLA LUNA, OSSERVA IL SORRISO DELLA DONNA DEL RITRATTO E SI ADDORMENTA SERENO.

Poi sentì qualcosa, ed era una fredda luce bianca. La luna si levò altissima e il piccolo quadrato di luce si mosse nel silo e strisciò lentamente

218

Come è fatto un racconto di fantascienza

sul corpo di Tom. Allora, e soltanto allora, allentò la mano. Lentamente, cautamente, ascoltando coloro che dormivano attorno a lui, Tom si mosse. Esitò, trattenne il respiro e poi, in attesa, aprì la mano e distese il minuscolo frammento di tela dipinta. Tutto il mondo era addormentato nella luce della luna. E lì, nella sua mano, c'era il Sorriso.

Lo guardò nella luce bianca del cielo di mezzanotte. E pensò, fra sé e sé, quietamente, il Sorriso, l'amabile Sorriso.

Un'ora più tardi poteva ancora vederlo, anche dopo averlo ripiegato con cura ed averlo nascosto. Chiuse gli occhi e il Sorriso era lì nell'oscurità. Ed era ancora lì, caldo e dolce, quando si addormentò e il mondo era silenzioso e la luna veleggiava dapprima in alto, poi in basso, nel freddo cielo verso il mattino.

(R. Bradbury, *La fine del principio*, in *34 racconti*, tradotto dall'inglese da R. Rambelli, Mondadori)

• L'amabile sorriso ha un **significato simbolico**. La **cultura** permette il **superamento del clima di odio**.

Attività

È TUTTO CHIARO?
COMPETENZE DI LETTURA

Le caratteristiche del genere

1. Segnala le caratteristiche del genere che sono presenti nel racconto.
   - [ ] Presenza di personaggi terrestri ed extraterrestri
   - [ ] Ambientazione sulla Terra
   - [ ] Ambientazione in uno spazio interplanetario
   - [ ] Ambientazione in un tempo presente
   - [ ] Ambientazione in un tempo futuro
   - [ ] Utilizzo della macchina del tempo
   - [ ] Lessico appartenente all'ambito della scienza
   - [ ] Presenza di colpi di scena
   - [ ] Presenza di *flashback*
   - [ ] Utilizzo della tecnica del crescendo

2. Secondo te, la tematica affrontata dal racconto è:
   - [ ] I viaggi in un tempo e in uno spazio sempre più immensi e lontani
   - [ ] La scoperta dell'esistenza di altre forme di vita diverse da quelle presenti sulla Terra
   - [ ] L'incontro tra terrestri ed esseri alieni
   - [ ] La critica verso una civiltà che ha prodotto grandi cose ma sottovaluta i rischi a cui può andare incontro
   - [ ] Le conseguenze incontrollabili delle manipolazioni genetiche

   Giustifica la tua risposta.

PER RIFLETTERE
CONSAPEVOLEZZA ED ESPRESSIONE CULTURALE

Il progresso

3. Il testo fa riferimento, immaginandone catastrofiche conseguenze, alla corsa al progresso. Qual è il tuo punto di vista rispetto al progresso? Ritieni che sia un processo incontrollabile e che possa avere conseguenze negative oppure non lo ritieni, necessariamente, causa di eventi catastrofici?

4. Quali significati simbolici attribuisci all'«amabile Sorriso» che Tom custodisce gelosamente?

TUTTI SCRITTORI
COMPETENZE DI SCRITTURA

Un pezzo di opera d'arte tutto per te

5. Tom si è portato a casa un pezzo di tela con il sorriso della *Gioconda*. Se tu ne avessi la possibilità, quale parte di un'opera d'arte porteresti con te? Per quale motivo?

UNITÀ 4 — LA FANTASCIENZA

Ragazzi del futuro

Arthur C. Clarke

+ facile

Ascolta il brano

La base Clavius

L'opera. Il testo è tratto dal romanzo *2001: Odissea nello spazio* che l'autore scrisse contemporaneamente alla sceneggiatura del film omonimo, girato dal regista Stanley Kubrick. Il romanzo si apre con un tuffo nel passato lontanissimo: tra un gruppo di ominidi compare un monolite. A partire dal secondo capitolo, invece, la storia è ambientata nel futuro: un gruppo di uomini, a bordo dell'astronave *Discovery*, viene inviato in missione sulla Luna. Ad assisterli c'è un computer, Hal 9000, un calcolatore programmato in modo da rispecchiare la mente umana: capace di provare senso di colpa, invidia e persino di uccidere.

Il testo. La parte che leggerai è ambientata agli inizi del terzo millennio, quando un gruppo di scienziati scopre, sepolto in un cratere lunare, un misterioso monolite, fatto di una materia sconosciuta. I controlli cui viene sottoposto rivelano che è stato costruito tre milioni di anni prima: è la prova inconfutabile dell'esistenza di intelligenze extraterrestri. Fatto ancora più sorprendente, non appena la luce dell'alba lunare lo sfiora, l'oggetto emette un segnale radio di incredibile potenza che attraversa gli spazi profondi e viene registrato da sonde lontane milioni di chilometri. Le registrazioni rivelano che il segnale è diretto verso Giapeto, un satellite di Saturno. Ha così inizio la più fantastica avventura spaziale mai tentata dall'uomo: l'astronave *Discovery*, con a bordo cinque uomini – tre dei quali ibernati – e Hal 9000 intraprende un incredibile viaggio di 1540 milioni di chilometri verso Saturno e verso il mistero.

Clavius, con un diametro di duecentoquaranta chilometri, è il secondo cratere in ordine di grandezza sulla faccia visibile della Luna, e si trova al centro degli altipiani meridionali. È antichissimo; ere di fenomeni vulcanici e di bombardamenti dagli spazi ne hanno coperto di cicatrici le pareti, butterandone[1] il fondo. Ma dopo l'ultima èra di formazione dei crateri, quando i frammenti della fascia di asteroidi ancora stavano percuotendo i pianeti interni, aveva conosciuto la pace per circa mezzo miliardo di anni.

Ora vi erano nuovi e strani movimenti sulla sua superficie e sotto di essa, poiché lì l'Uomo stava organizzando la sua prima testa di ponte permanente sulla Luna. La Base Clavius sarebbe potuta essere, in una situazione di emergenza, completamente autonoma. Tutto ciò che era necessario alla vita veniva estratto dalle rocce locali, dopo ch'erano state stritolate, riscaldate e lavorate chimica-

1. **butterandone**: coprendolo di piccole cicatrici.

mente. L'idrogeno, l'ossigeno, il carbonio, l'azoto, il fosforo... tutti questi elementi, e quasi tutti gli altri, esistevano sulla Luna, se si sapeva dove cercarli.

La Base era un sistema chiuso, come un minuscolo modello funzionante della terra stessa, in cui si ristabiliva il ciclo di ogni elemento chimico della vita. L'atmosfera veniva purificata in una vasta "serra" [...] un grande ambiente circolare scavato subito sotto la superficie lunare. Illuminati da lampade accecanti durante la notte, e dalla luce solare filtrata durante il giorno, si stendevano ettari di tozze piante verdi, che crescevano in un'atmosfera calda e umida. Si trattava di mutazioni speciali create allo specifico scopo di saturare l'aria di ossigeno, e di fornire verdure come sottoprodotto.

Altri viveri erano prodotti mediante sistemi di lavorazione chimica e coltura delle alghe. Anche se la schiuma verde che circolava attraverso metri e metri di tubi di plastica trasparenti non avrebbe certo allettato un buongustaio, i biochimici riuscivano a trasformarla in braciole e costolette che soltanto un esperto sarebbe riuscito a distinguere da quelle autentiche.

I millecento uomini e le seicento donne che formavano il personale della Base erano, dal primo all'ultimo, scienziati o tecnici specializzati, selezionati con cura prima della loro partenza dalla Terra. Sebbene la vita sulla Luna fosse ormai virtualmente esente dagli stenti, dagli svantaggi e dagli occasionali pericoli dei primi tempi, continuava a essere psicologicamente difficile e non certo raccomandabile per chiunque soffrisse di claustrofobia.

Poiché era costoso e richiedeva troppo tempo scavare una vasta base sotterranea nella solida roccia o nella lava compatta, il "modulo di vita" standard per una singola persona consisteva in una stanza larga soltanto un metro e ottanta circa, lunga sei metri e alta due metri e quaranta.

Ogni stanza era simpaticamente arredata e ricordava molto da vicino la camera di un buon motel, con divano-letto, televisore, piccola radio e alta fedeltà e videotelefono. Per di più, mediante un trucco semplice di decorazione interna, la sola parete senza aperture poteva essere tra-

Parole, parole...

Che paura!

La *claustrofobia* è la paura patologica dei luoghi chiusi: il termine deriva dal latino *claustrum* (chiuso) e *fobia* (paura).

- Sapendo che in greco *agorà* significa "piazza, ampio spazio aperto", sapresti dire come si chiama la paura opposta, quella che induce a evitare gli spazi aperti?

....

- Quali altre fobie conosci?

....

- Sono molte le parole che si possono utilizzare per parlare di paura. Con l'aiuto del dizionario scrivi almeno cinque sinonimi di questo termine. Rifletti sulle differenti accezioni che ciascuno assume e prova a scriverli in ordine di intensità crescente.

UNITÀ 4 — LA FANTASCIENZA

sformata, facendo scattare un interruttore, in un convincente paesaggio terrestre.

Si poteva scegliere tra otto panorami. Questo tocco di lusso era tipico della Base, sebbene riuscisse difficile a volte spiegarne la necessità alla gente sulla Terra. Ogni uomo e ogni donna di Clavius erano costati centomila dollari per l'addestramento, il trasporto e l'alloggio; valeva la pena di spendere qualcosa in più pur di mantenere la serenità di spirito. Non si trattava di arte per l'arte, ma di arte nell'interesse della salute psichica.

Una delle attrattive della vita nella Base, e sulla Luna in genere, consisteva indubbiamente nella bassa gravità[2] che determinava una sensazione di benessere generale. Tuttavia, essa presentava i suoi pericoli, e occorrevano parecchie settimane prima che l'emigrante dalla Terra riuscisse a adattarvisi. Sulla Luna, il corpo umano doveva distinguere tra la massa e il peso.

Un uomo che pesava ottantun chilogrammi sulla Terra, poteva rimanere deliziato constatando di pesarne appena tredici e mezzo sulla Luna. Finché procedeva in linea retta e a andatura uniforme, provava una sensazione meravigliosa di leggerezza. Ma non appena tentava di cambiare direzione, di voltare gli angoli o di fermarsi all'improvviso... allora si accorgeva che tutti i suoi ottantun chilogrammi di massa, o di inerzia, erano ancora presenti. La massa, infatti, rimane fissa e inalterabile... è sempre uguale, sulla Terra, sulla Luna, sul Sole o nello spazio vuoto. Prima che ci si potesse opportunamente adattare alla vita lunare, pertanto, era essenziale rendersi conto che tutti gli oggetti avevano adesso un'inerzia sei volte maggiore di quanto potesse far credere il loro peso. La lezione veniva imparata di solito a furia di urti e di scontri dolorosi e gli esperti si tenevano a rispettosa distanza dai nuovi arrivati finché questi non erano riusciti ad assuefarsi. Con il suo complesso di officine, uffici, magazzini, centro calcolatore, generatori, rimessa, cucine, laboratori e impianto per la lavorazione di generi alimentari, la Base Clavius era un mondo in miniatura. E, ironico a dirsi, molte delle tecniche impiegate per costruire questo impero sotterraneo erano state perfezionate nel mezzo secolo di guerra fredda[3].

Chiunque avesse lavorato in una postazione protetta di missili, si sarebbe sentito a suo agio a Clavius. Lì sulla Luna si ricorreva alle stesse arti di vita sotterranea e di protezione da un ambiente ostile;

2. gravità: forza con cui la Terra attrae i corpi verso il proprio centro.

3. guerra fredda: periodo di tensione senza combattimenti, durato circa mezzo secolo, che vide contrapposti, a partire dalla fine della Seconda guerra mondiale, due blocchi: il blocco "occidentale", legato politicamente agli USA, e quello socialista, legato all'URSS.

ma nella Base Clavius queste arti erano state dedicate a scopi pacifici. Dopo diecimila anni, l'Uomo aveva finalmente trovato qualcosa che lo entusiasmava quanto la guerra. Purtroppo, non tutte le nazioni se ne erano ancora rese conto.

(A.C. Clarke, *2001: Odissea nello spazio*, tradotto dall'inglese da B. Oddera, Longanesi)

Attività

CHE COSA DICE IL TESTO
COMPETENZE DI LETTURA

La Base lunare

1. Il testo descrive la Base Clavius. Dopo la lettura, segna le affermazioni corrette.

   a. Clavius è
   - [ ] un cratere su un pianeta sconosciuto
   - [ ] un cratere sulla Luna
   - [ ] un meteorite

   b. I viveri potevano essere prodotti
   - [ ] grazie a una coltivazione e a un allevamento intensivi
   - [ ] grazie a lavorazioni chimiche e mutazioni
   - [ ] grazie alla produzione di luce e aria

   c. Il "modulo di vita" per gli scienziati era costituito da
   - [ ] una base scavata nella roccia del cratere
   - [ ] una base sull'astronave "parcheggiata" sulla superficie del cratere
   - [ ] una base costituita da una stanza arredata

   d. Sulla Luna l'uomo
   - [ ] manteneva la stessa massa e lo stesso peso che aveva sulla Terra
   - [ ] manteneva lo stesso peso che aveva sulla Terra, ma non la stessa massa
   - [ ] manteneva la stessa massa che aveva sulla Terra, ma non lo stesso peso

2. Dal punto di vista psicologico i problemi legati alla necessità di risiedere sulla Base Clavius erano costituiti da
   - [ ] la possibile claustrofobia
   - [ ] la solitudine
   - [ ] la nostalgia della Terra
   - [ ] la paura di un attacco missilistico
   - [ ] la difficoltà di assuefazione alla bassa gravità

COME È FATTO IL RACCONTO DI FANTASCIENZA
CONSAPEVOLEZZA ED ESPRESSIONE CULTURALE

Un mondo lontano

3. Indica con una crocetta quali tra le principali caratteristiche della narrativa fantascientifica sono presenti nel brano.
   - [ ] Presenza di personaggi terrestri ed extraterrestri
   - [ ] Ambientazione sulla Terra
   - [ ] Ambientazione in uno spazio interplanetario
   - [ ] Ambientazione in un tempo futuro
   - [ ] Utilizzo della macchina del tempo
   - [ ] Lessico appartenente all'ambito della scienza
   - [ ] Presenza del *flashback*

PER RIFLETTERE

Pace e guerra

4. Rileggi l'ultima frase del brano: secondo te questa riflessione è ancora attuale? A che cosa si riferisce l'autore?

TUTTI SCRITTORI
COMPETENZE DI SCRITTURA

Vita sulla Base Clavius

5. Immagina un momento di vita degli scienziati sulla Base Clavius.

   a. Scegli quale momento presentare
   b. Descrivi l'ambiente in cui si trovano
   c. Ipotizza un dialogo tra alcuni di loro

UNITÀ 4 — LA FANTASCIENZA

Fredric Brown

Vietato l'accesso

Un gruppo di ragazzi, frutto di un esperimento genetico compiuto da scienziati terrestri, è in grado di vivere senza problemi su Marte, un pianeta su cui la vita dell'uomo risulta impossibile. I "marziani" arriveranno a decidere di eliminare coloro che li hanno guidati alla conquista del pianeta: se le funzioni e la forma del corpo dell'uomo possono cambiare, può cambiare anche il suo modo di pensare...

Il segreto di tutto è la Dattina (o Adattina, come la chiamavano all'inizio: poi il nome è stato abbreviato), ossia la sostanza che ci ha permesso di adattarci.

Solo dopo aver compiuto dieci anni abbiamo saputo come stavano le cose; prima, probabilmente, ci consideravano troppo piccoli per capire, anche se non eravamo completamente all'oscuro. Appena siamo arrivati su Marte, ci hanno spiegato tutto. «Bambini finalmente siete a casa», ci annunciò il Direttore, quando entrammo nella cupola di vetroresina costruita apposta per noi. E poi aggiunse che più tardi ci sarebbe stata una riunione speciale, importantissima, e che nessuno doveva mancare.

E quella sera ci raccontò ogni cosa e ci spiegò la faccenda per filo e per segno. Era in piedi davanti a noi, e indossava un casco e una tuta spaziale riscaldata, naturalmente, perché la temperatura, all'interno della cupola, era confortevole per noi ma terribilmente fredda per lui, e inoltre non avrebbe potuto respirare un'aria così rarefatta. La sua voce ci giungeva dall'interno del casco.

«Ragazzi», ci disse, «siete a casa! Siamo su Marte, il pianeta dove passerete il resto della vostra vita. Siete Marziani: i primi Marziani. Avete trascorso cinque anni sulla Terra e altri cinque nello spazio, e ora vivrete per dieci anni sotto questa cupola. Poi sarete adulti, e comincerete a uscire all'esterno per periodi sempre più lunghi. Infine ve ne andrete, costruirete le vostre case, vivrete la vostra vita, da veri Marziani. Vi sposerete tra voi e i vostri figli vi assomiglieranno. E anche loro saranno Marziani. È ora, ormai, che sappiate tutto sul prodigioso esperimento di cui siete parte.»

E cominciò a raccontare.

L'uomo, ci spiegò, aveva raggiunto Marte nel 1985. Il pianeta era risultato inabitabile e privo di vita intelligente, nonostante la presenza di una flora alquanto sviluppata e di alcune specie di insetti. L'uomo poteva viverci solo se protetto dalle cupole di vetroresina: per uscirne doveva indossare tute spaziali. Il clima era decisamente troppo freddo per gli esseri umani, tranne che di giorno, e solo durante le stagioni più calde. Era impossibile, inoltre, respirare un'aria tanto rarefatta, e la prolungata esposizione al sole (i cui raggi erano particolarmente dannosi, perché non filtrati dall'atmosfera, come sulla Terra) poteva risultare fatale. I vegetali, per via della composizione chimica del tutto aliena, non erano

Ragazzi del futuro

1 idroponiche: che vengono effettuate collocando direttamente nell'acqua, o in materiali imbevuti, le radici delle piante.

2. biochimico: chi studia attività riguardanti la costituzione e i processi biologici degli esseri viventi.

commestibili, e quindi bisognava ricorrere alle coltivazioni idroponiche[1], oppure importare il cibo dalla Terra.

I tentativi di colonizzare Marte durarono cinquant'anni, ma ogni sforzo risultò inutile. Oltre alla nostra cupola, c'era soltanto un'altra base, assai più piccola, a meno di un miglio di distanza.

Pareva che la razza umana non potesse vivere su nessuno dei pianeti del sistema solare, a parte la Terra. Marte, infatti, era il meno inospitale fra essi, e se l'uomo non riusciva a colonizzarlo, sarebbe stato inutile tentare altrove...

E poi una trentina d'anni prima, nel 2034, un geniale biochimico[2] di nome Waymoth aveva scoperto la *Dattina*, un farmaco miracoloso che non agiva sugli animali o sugli uomini cui veniva iniettato ma sui loro figli, se concepiti entro un breve intervallo di tempo dalla somministrazione.

I bambini sarebbero stati capaci di adattarsi praticamente a qualsiasi condizione di vita, purché il cambiamento fosse graduale.

Il dottor Waymoth aveva iniettato il farmaco a due porcellini d'India, che poi si erano accoppiati e avevano avuto cinque piccoli. Facendo vivere ciascuno di essi in condizioni diverse, e sottoponendoli a cambiamenti graduali, si erano ottenuti risultati straordinari. Quando le cavie furono adulte, una sopportava tranquillamente una temperatura di quaranta gradi sotto zero, mentre un'altra era perfettamente a suo agio a centocinquanta gradi sopra zero. La terza cresceva robusta con una dieta che sarebbe stata mortalmente velenosa per un normale porcellino d'India, e la quarta viveva felice sotto un bombardamento di raggi X capace di uccidere in pochi minuti entrambi i suoi genitori.

Esperimenti successivi, compiuti su numerose cucciolate, dimostrarono che gli animali "adattati" si riproducevano regolarmente, e che i loro discendenti ereditavano il condizionamento.

«Dieci anni dopo, cioè dieci anni fa,» disse il Direttore, «siete nati voi, figli di genitori accuratamente selezionati fra quanti si offrirono volontari per l'esperimento. E da quel momento siete cresciuti in condizioni accuratamente controllate e sottoposti a cambiamenti graduali.

A partire dalla vostra nascita, avete respirato aria sempre più rarefatta, con una percentuale d'ossigeno sempre più ridotta. I vostri polmoni hanno reagito dilatandosi e aumentando la propria capacità, ed è per questo che avete il torace tanto più ampio di quello dei vostri insegnanti e tutori; quando diverrete pienamente adulti e respirerete aria simile a quella di Marte, la differenza sarà ancora più evidente.

Il vostro corpo si sta coprendo di peli, che vi permetteranno di sopportare un freddo sempre più rigido. Già ora siete in grado di tollerare senza problemi temperature che

UNITÀ 4 — LA FANTASCIENZA

ucciderebbero in un attimo le persone normali. Da quando avevate quattro anni le vostre governanti e i vostri insegnanti sono stati costretti a indossare speciali abiti protettivi per poter sopravvivere nelle condizioni che per voi sono normali.

Tra una decina d'anni vi sarete completamente adattati al clima di Marte. Respirerete la sua aria, mangerete i vegetali marziani. Troverete piacevoli le temperature medie del pianeta e resisterete facilmente alle più basse. Sin d'ora, grazie ai cinque anni che abbiamo trascorso nello spazio, l'attrazione gravitazionale marziana vi sembra normale.

Vivrete qui, popolerete un pianeta che ormai è il vostro. Anche se siete figli della Terra, sarete i primi Marziani.»

Molte di queste cose le sapevamo già.

L'ultimo anno è stato il migliore. L'aria all'interno della cupola era quasi identica a quella esterna (tranne nei locali pressurizzati in cui alloggiavano gli insegnanti) e ci hanno lasciato uscire per periodi sempre più lunghi. È bello stare all'aperto.

Durante gli ultimi mesi le regole che prevedono vita separata per i due sessi sono state meno rigide, in modo da incoraggiarci a scegliere un compagno, anche se ci hanno informato che non si potranno celebrare matrimoni prima di aver superato gli ultimi controlli. Scegliere, per me, non è stato difficile: ci pensavo già da molto tempo ed ero convinto che anche lei condividesse i miei sentimenti. E non mi sbagliavo.

Domani è il giorno della nostra liberazione. Domani saremo Marziani, i primi Marziani, e prenderemo il controllo del pianeta.

Alcuni di noi sono impazienti, e da un pezzo, ma la prudenza ha prevalso e abbiamo deciso di aspettare. Sono vent'anni che aspettiamo, e sapremo attendere sino all'ultimo giorno.

Cioè sino a domani.

Ragazzi del futuro

Allora, a un segnale convenuto, uccideremo i nostri insegnanti e gli altri. Sarà facile, perché non sospettano nulla.

Sono anni, ormai, che nascondiamo i nostri sentimenti: loro non sanno quanto li odiamo, e fino a che punto ci disgustano quei corpi deformi, con le spalle strette e il torace striminzito, e quelle sibilanti vocine, che hanno bisogno di essere amplificate per essere udite nella nostra aria marziana. Ma soprattutto ci sembra orrenda la loro pelle bianca, così pallida e priva di peli.

Li uccideremo e poi distruggeremo l'altra cupola, così anche i terrestri che vi abitano moriranno. Se dalla Terra dovessero giungere altri uomini, con l'intenzione di punirci, ci nasconderemo sulle colline: là non ci troveranno mai. E se tenteranno di costruire altre cupole le ridurremo in briciole. Non vogliamo avere più niente a che fare con la Terra.

Questo è il nostro pianeta: alieni, alla larga! Vietato l'accesso!

(F. Brown, in *Storie di giovani mostri*, a cura di I. Asimov, tradotto dall'inglese da F. Lazzarato, Mondadori)

Attività

CHE COSA DICE IL TESTO

COMPRENSIONE ED ESPRESSIONE ORALE

Dalla Terra a Marte

1. Dopo aver letto il testo, rispondi oralmente.
> Quali personaggi agiscono nel racconto?
> In quale luogo si svolge la vicenda?
> Da dove provengono i personaggi?
> Per quale motivo si trovano lì?
> Quale sostanza permette loro di vivere in quel luogo?
> Che cosa accade alla fine della fase di adattamento?

COMPETENZE DI LETTURA

2. Su Marte giungono alcuni adulti (il Direttore e gli insegnanti) e un gruppo di bambini. Questi ultimi sono il risultato di un esperimento che li trasforma gradualmente, attraverso una sostanza che permette loro di adattarsi alle condizioni del pianeta. Riordina le fasi di trasformazione previste dall'esperimento.

- [ ] Iniezione della dattina a esseri adulti.
- [ ] Completo adattamento al pianeta e trasformazione degli uomini in marziani.
- [ ] Respirazione di aria sempre più rarefatta e ampliamento della cassa toracica.
- [ ] Crescita di una copertura di peli sul corpo.
- [ ] Nascita di bambini su cui agiscono gli effetti del farmaco.
- [ ] Capacità di sopravvivere in un ambiente chiuso (la cupola) a basse temperature.

3. Indica le risposte corrette.

I bambini adattati alla vita su Marte sono
- [ ] tristi e insoddisfatti perché non possono vivere sulla Terra
- [ ] contenti di vivere su Marte e di essere finalmente diventati dei marziani
- [ ] desiderosi di continuare a vivere in quel luogo, formando una famiglia
- [ ] disgustati degli abitanti della Terra che si trovano con loro e decisi a eliminarli
- [ ] grati agli abitanti delle Terra che hanno permesso loro di colonizzare un nuovo pianeta
- [ ] orgogliosi di essere i primi terrestri che riescono a colonizzare un nuovo pianeta

4. Rispondi alle domande.
> Perché gli uomini devono vivere nella cupola?
> Quali precauzioni devono prendere, anche all'interno della cupola, gli adulti che non si stanno "adattando"?

ALLA SCOPERTA DEI TESTI • Il testo narrativo

UNITÀ 4 — LA FANTASCIENZA

COME È FATTO IL RACCONTO DI FANTASCIENZA
`CONSAPEVOLEZZA ED ESPRESSIONE CULTURALE`

Tempo e spazio, lessico, tecniche narrative

5. La vicenda si svolge su Marte, in ambienti aperti e chiusi. Completa la scheda relativa alle caratteristiche dei due ambienti.

	Marte
forme di vita vegetale e animale	
forme di vita umana	
clima	
caratteristiche dell'aria	

	cupola
materiale	
temperatura interna	

6. Rispondi alle domande.
> In quale anno l'uomo, secondo il testo, avrebbe raggiunto Marte?
> In quale anno sarebbe stata scoperta l'Adattina?
> In quale periodo è ambientato il racconto (cerca di essere il più possibile preciso nel ricavare questa informazione dal testo)?

7. Sottolinea sul testo tutti i termini che ti sembrano propri del linguaggio fantascientifico.

8. Nel testo compaiono due delle tecniche narrative maggiormente usate dagli scrittori di fantascienza: il ricorso al *flashback* e il ribaltamento delle aspettative. Individua e sottolinea con colori diversi i passi in cui vengono usate queste tecniche.

9. Quali altre tecniche del racconto di fantascienza hai riconosciuto?

PER RIFLETTERE
Corpo e pensiero

10. Ti sembra che lo scenario descritto nel testo sia
- [ ] del tutto fantasioso e privo di ogni logica
- [ ] assai diverso dall'ambiente in cui viviamo noi, ma non del tutto impossibile
- [ ] con caratteristiche simili a quello in cui viviamo noi, ma esasperate

11. Nell'introduzione abbiamo detto che se le funzioni e la forma del corpo dell'uomo possono cambiare, può cambiare anche il suo modo di pensare. Secondo te, questa indicazione e il contenuto del racconto possono far riflettere su
- [ ] il rapporto tra l'uomo e le macchine
- [ ] i pericoli dell'inquinamento ambientale
- [ ] i pericoli dell'evoluzione incontrollata dell'ingegneria genetica
- [ ] le possibili conseguenze di una catastrofe nucleare
- [ ] la possibilità di un'invasione della Terra da parte di alieni

`COMPETENZE SOCIALI E CIVICHE`

L'ingegneria genetica

12. Il testo mette in luce un pericolo dell'applicazione delle scoperte dell'ingegneria genetica. Chiedete all'insegnante di scienze di aiutarvi ad approfondire le vostre conoscenze su questo settore sempre più importante della scienza, individuando anche le sue applicazioni (attuali o future) per il progresso dell'umanità.

TUTTI SCRITTORI
`COMPETENZE DI SCRITTURA`

Adulti e bambini

13. Alla fine del testo, i bambini cresciuti su Marte considerano i terrestri degli "alieni" da combattere e decidono di eliminare gli adulti che li hanno accompagnati durante l'esperimento. Prova a immaginare che gli adulti riescano a intuire che è in atto un piano contro di loro e racconta:

a. come se ne accorgono; b. che cosa decidono di fare; c. che cosa avviene in seguito; d. come termina la vicenda.

228

Margareth St. Clair

Prott

Un razzo di segnalazione deposita sulla terra il diario di uno scienziato lanciato nello spazio per trovare e studiare i prott, forme di vita non protoplasmatica, cioè non cellulare. Li incontrerà, stabilirà con loro dei contatti e non riuscirà più a liberarsene.

«Leggilo» disse il pilota spaziale. «T'interesserà... date le circostanze. Non è lungo. Una pattuglia di soccorso l'ha trovato attaccato a un razzo di segnalazione appena fuori dalla Fascia Asteroidale. Doveva esser lì da un pezzo.

Pensavo di darlo a qualcuno, a uno storico, a qualcuno dell'Università, insomma, ma non credo che avrebbero voglia di leggerlo. Non hanno molto tempo libero neanche loro.»

Porse a Fox, attraverso la tavola, un cilindro di metallo e ordinò da bere per tutti e due. Fax sorseggiò dal suo bicchiere prima di aprire il cilindro.

«Ma vuoi proprio che lo legga adesso?» disse. «Non mi sembra il modo migliore di trascorrere la licenza...»

«Tanto è lo stesso, no? Leggilo adesso, ti dico.»

Fox si decise a srotolare i fogli di emtex[1] e cominciò a leggere.

Martedì, 21 aprile. Questo martedì mi trovo benissimo, di ottimo umore, comodo e tranquillo a bordo dell'*Ellis*. L'*Ellis* è un modello di comodità e di praticità; un uomo che non riuscisse a star comodo qui dentro non potrebbe star comodo in nessun posto. Quanto alla mia posizione nello spazio, potrei ricavarne gli estremi esatti dalle calcolatrici, ma dato lo scopo diciamo personale di questo resoconto, basterà dire che mi trovo pressappoco ai margini della zona in cui si dice che vivano i prott. E la mia velocità è quasi esattamente quella alla quale dovrebbero apparire.

1. **emtex**: materiale tessile.

UNITÀ 4 — LA FANTASCIENZA

Ho detto che mi sento bene e di ottimo umore. È vero. Ma sotto il velo di questa euforia sono cosciente di una profonda solitudine. È la reazione normale di chi si trovi nello spazio interstellare, immagino. E poi sono sorretto dal pensiero che mi trovo sulla soglia di straordinarie scoperte scientifiche.

[...]

Sabato, 30 aprile. I prott non si sono ancora visti. Ma mi sento meglio. Mi sono riletta tutta la documentazione che ho raccolto sul loro conto e continuo a pensare che ci sia una sola conclusione possibile: essi esistono. Per tutto un enorme settore dello spazio e durante molti anni sono stati avvistati. Per mia tranquillità, voglio ora elencare ciò che si sa al riguardo.

Anzitutto, essi sono una forma di vita non protoplasmatica. (E come potrebbe essere altrimenti nell'abisso senza luce e senza calore?) In secondo luogo, la loro organizzazione corporea è probabilmente elettrica. Simmons, che era addetto all'impianto elettrico sul *Thor*, notò che le sue batterie tendevano a scaricarsi quando c'erano dei prott nelle vicinanze. Terzo: essi si mostrano soltanto alle astronavi che si muovono entro dati margini di velocità (se sia il movimento a una certa velocità ad attirarli, o se essi siano visibili soltanto a certe frequenze, ancora non sappiamo). Quarto: ignoriamo se siano esseri intelligenti o no, ma, secondo quanto risulta dai rapporti degli osservatori, devono avere certe doti telepatiche. Il che, naturalmente, costituisce la mia sola speranza di poter comunicare con loro. E infine, l'aspetto dei prott è stato paragonato, con una immagine poco scientifica ma molto espressiva, a quello delle uova in camicia.

In base a questi fatti mi son messo in testa di diventare il Cristoforo Colombo – o più esattamente il dottor Kinsey – dei prott. Bene, mi consola sapere che, solo e piuttosto preoccupato come sono, riesco ancora a ridere dei miei stessi scherzi.

3 maggio. Ho visto il mio primo prott. Dirò di più in seguito. Per ora mi basta questo: ho visto il mio primo prott.

4 maggio. La *Ellis* è dotata di schermi periscopici che permettono una visibilità di 360 gradi. Avevo innestato un allarme automatico, e ieri ha suonato. Col cuore che quasi mi scoppiava dall'eccitazione, mi sono precipitato a guardare.

E là l'ho veduto, una chiazza biancastra e nebulosa, che giudicai lunga un cinque metri. Nel mezzo c'era come l'ombra di un grosso nucleo e aveva esattamente l'aspetto di un enorme uovo in camicia!

Ho capito subito perché tutti, vedendoli, li hanno giudicati delle forme viventi, e non per esempio delle piccole astronavi, robot o macchine di qualche tipo. Il prott ha la simmetria irregolare, illogica, della vita.

Rimasi a guardarlo con un riso di trionfo. Non faceva nessuna paura, nonostante la sua mole. Dopo un istante si allontanò dalla nave con l'agilità ondulante di un pesce.

Aspettai pieno di speranza, ma non tornò.

4 maggio. Niente prott. Domanda: dato che nello spazio c'è così poca luce, come mai sono riuscito a vederlo? Non era luminoso. Vorrei essere un po' più esperto in fatto di elettronica e nelle tecniche collaterali. Ma la Fondazione ritenne che fosse più utile mandare uno specialista delle tecniche d'osservazione.

5 maggio. Niente prott. [...]

12 giugno. Da un pezzo non ho scritto nulla nel diario. Nel frattempo ho avuto 36 interviste con i prott.

Che cosa risulta da questi colloqui, che per me sono tanto dolorosi e frustranti, e tanto graditi ai prott?

Anzitutto, comunicare con loro è diventato molto più facile. È diventato addirittura troppo facile. Mi trovo di continuo assillato dai loro pensieri anche quando ne farei a meno: mentre mangio, quando scrivo i miei appunti o cerco di addormentarmi. Ma la tensione della comunicazione è molto diminuita e questo, mi pare, costituisce un bel progresso.

In secondo luogo, dal cumulo di materiale offertomi, sono finalmente riuscito a estrarre un concetto abbastanza chiaro. E cioè che l'argomento principale delle comunicazioni dei prott è un processo che si potrebbe rappresentare verbalmente con: "... are in..." Preciso subito che i punti di sospensione non rappresentano necessariamente delle oscenità. E confesso che non ho la minima idea di che cosa rappresentino.

(Le frasi che a questo proposito mi vengono in mente sono "andare in pezzi" e "crepare in pace". Può essere non privo di significato il fatto che entrambe queste frasi si riferiscano alla distruzione, alla morte. Le

UNITÀ 4 — LA FANTASCIENZA

comunicazioni con i prott sono così confuse che non si può trascurare il minimo indizio capace di chiarificarle. Può darsi che "... are in..." sia qualcosa di potenzialmente pericoloso per i prott, ma si tratta di una semplice congettura. Forse, anzi, probabilmente, le cose stanno in tutt'altro modo).

In ogni caso, la mia futura condotta è ormai chiara. D'ora innanzi tenterò, con tutti i mezzi mentali di cui dispongo, di costringere i prott a specificare che cosa sia questo "... are in..." Ormai non c'è più pericolo di perdere la loro collaborazione. In questo preciso momento, mentre sto dettando queste parole al registratore, continuano a trasmettermi materiale circa il "... are in..."

[...]

3 luglio. Mi riesce molto difficile usare il registratore, i prott trasmettono di continuo. Oramai è raro trovare un attimo di quiete frammezzo alle loro comunicazioni, che riguardano tutte lo stesso maledetto argomento. Ma ho preso una decisione: torno a casa.

Sì, a casa. Può darsi che non sia riuscito a portare a termine il mio progetto per colpa delle mie debolezze personali. Può darsi che nessuno avrebbe potuto far di più. Non so. Ma sono preso dalla smania di piantare in asso loro e le loro menti insulse e ciarliere.

Se solo ci fosse un modo di chiuderli fuori, di tenerli temporaneamente lontani dalle mie orecchie mentali, credo che potrei resistere. Ma così no.

Torno a casa. Ho cominciato a mettere nelle calcolatrici i dati della rotta.

4 luglio. Dicono che verranno con me. A quanto pare, mi amano tanto che non vogliono stare senza di me.

Dovrò prendere una decisione.

12 luglio. È terribilmente difficile pensare, trasmettono senza soste.

Non sono altruista al punto che, se potessi evitarlo, mi condannerei ad ascoltare per tutta la vita i prott. Ma supponiamo che io ignori gli avvertimenti dell'istinto, i dettami della coscienza, e ritorni ugualmente sulla Terra: quale sarà il risultato?

I prott verranno con me. Non riuscirò affatto a liberarmene. E per giunta avrò scatenato sulla Terra un'ondata di prott.

Ormai è chiaro: l'unica cosa che li interessa, che li appassiona, è parlare del "… are in…" Hanno scoperto che i terrestri sono estremamente ricettivi. E questo è successo per colpa mia. Se gli mostro la strada verso la Terra…

Certo, è possibile che esista il modo di distruggere i prott, e che le risorse dell'intelligenza umana permettano a lungo andare di scoprirlo. Oppure, in mancanza di ciò, potremmo trovare un *modus vivendi* con i prott. Ma il pericolo è troppo grande; non posso chiedere al mio pianeta di affrontarlo. Resterò qui.

L'*Ellis* è una nave robusta e comoda. Secondo i miei calcoli, le scorte di aria, acqua e cibo dovrebbero bastarmi per il resto della vita. Di energia – dato che non ritorno – ne ho in abbondanza.

Dovrei poter tirare avanti benissimo.

Se non fosse per i prott. Quando penso a loro, il mio cuore ha spasmi di disperazione e disgusto. E tuttavia – uno scienziato dev'essere sincero fino in fondo – non è tutta disperazione. Mi fanno un po' compassione, e il bisogno che hanno di me mi lusinga. E confesso che neppure adesso ho perduto ogni speranza. Forse *un giorno* o *l'altro* – un giorno o l'altro – riuscirò a capire i prott.

Ora metterò questo diario in un cilindro di permalloy[2] e lo lancerò verso la Terra mediante un razzo di segnalazione. Posso aumentare la carica del razzo prendendo l'energia necessaria dai serbatoi di riserva dell'astronave. Ho fatto la prova con le calcolatrici, e credo che il razzo ce la farà ad arrivare almeno fino ai margini del campo gravitazionale del Sistema Solare.

Addio Terra. Lo faccio per te. Ricordami.

Fox posò sul tavolo l'ultimo foglio del manoscritto.

«Povero idiota» *disse.* «Sì, povero idiota. Seduto lassù nello spazio, un anno dopo l'altro, a farsi venire il mal di pancia ascoltando quei cosi, convinto di essere il salvatore dell'umanità.»

«Non mi fa molta compassione, devo dire. Avranno seguito il razzo di segnalazione fin qui, immagino…»

«Già. E poi si sono moltiplicati. Oh, è stato in gamba davvero.»

I due uomini tacquero depressi. Poi Fox disse: «Me ne devo andare. Sta diventando impaziente».

«Anche il mio.»

Si salutarono sul marciapiedi. Fox rimase fermo in attesa, con un ultimo resto di speranza. Ma dopo un istante l'odiosa voce tornò a farsi sentire nella sua testa: «Voglio parlarti ancora del "… are in…"».

(M. St. Clair, *I nove miliardi di nomi di Dio di Arthur Clarke e altri racconti*, tradotto dall'inglese da Carlo Fruttero, Gallucci)

---

2. permalloy: lega metallica magnetica a base di ferro e nichel.

UNITÀ 4 — LA FANTASCIENZA

Attività

CHE COSA DICE IL TESTO
COMPRENSIONE ED ESPRESSIONE ORALE

I prott

1. Lo scienziato autore del "diario" scrive dallo spazio. Rispondi oralmente alle domande:
   > Con che mezzo viaggia?
   > Con chi?
   > Che cosa sta cercando?
   > Riesce a trovare quello che cerca?
   > Perché a un certo punto decide di tornare sulla Terra?
   > Perché alla fine decide di rimanere?
   > Il suo sacrificio gli permette di raggiungere lo scopo?

COMPETENZE DI LETTURA

2. Indica quali sono le caratteristiche dei prott che lo scienziato conosce prima di incontrarli, grazie alla documentazione letta:
   > tipo di forma di vita: ....
   ....
   > tipo di organizzazione corporea: ....
   ....
   > a chi si mostrano: ....
   ....
   > modo di comunicare: ....
   ....
   > aspetto esteriore: ....
   ....

COME È FATTO IL RACCONTO DI FANTASCIENZA
CONSAPEVOLEZZA ED ESPRESSIONE CULTURALE

Forme di vita nello spazio

3. Indica quali sono le caratteristiche del testo di fantascienza presenti nel brano che hai letto.
   - [ ] Presenza di personaggi terrestri ed extraterrestri
   - [ ] Presenza di macchine
   - [ ] Presenza di robot
   - [ ] Ambientazione sulla terra
   - [ ] Ambientazione in uno spazio interplanetario
   - [ ] Ambientazione in un tempo futuro
   - [ ] Utilizzo della macchina del tempo
   - [ ] Lessico appartenente all'ambito della scienza
   - [ ] Presenza di colpi di scena
   - [ ] Presenza del *flashback*
   - [ ] Presenza del *flashforward*

4. Qual è il colpo di scena che il lettore non si aspetta, secondo te?

   ....
   ....
   ....

PER RIFLETTERE

Uomini e altre realtà viventi

5. Secondo te, questo testo può far riflettere su:
   - [ ] il rapporto e la comunicazione tra esseri viventi di pianeti diversi
   - [ ] la possibilità di esistenza di altre forme di vita diverse da quelle che conosciamo
   - [ ] il rapporto tra l'uomo e le macchine
   - [ ] la possibilità di ripensare a strutturazioni diverse dell'ambiente
   - [ ] i pericoli della ricerca scientifica

   Secondo te, che cosa pensa, in proposito, l'autore? E tu?

TUTTI SCRITTORI
COMPETENZE DI SCRITTURA

Diario dallo spazio

6. Lo scienziato autore del diario il 12 luglio decide di spedirlo sulla Terra. Se l'avesse continuato, cosa avrebbe potuto scrivere? Prova a immaginare la vita dello scienziato nello spazio e a scrivere qualche pagina del suo diario.

Ragazzi del futuro

 **Philip K. Dick**

 + difficile

La pecora sul terrazzo

Blade Runner, *o* Il cacciatore di androidi, *uscito in Italia nel 1971 anche con il titolo* Ma gli androidi sognano pecore elettriche?, *è diventato famoso soprattutto grazie al film, ispirato al romanzo, diretto nel 1982 da Ridley Scott. È ambientato nel 1992, dopo che una guerra mondiale ha ucciso milioni di persone e ha costretto l'umanità ad andare a vivere nello spazio. Uomini e animali sono stati replicati e i replicanti spesso si confondono con gli uomini veri. Un cacciatore di androidi, Rick Deckard, viene incaricato di individuare e ritirare gli androidi che violano le leggi. Sfuggito alla polvere atomica durante l'Ultima Guerra Mondiale, non vuole emigrare come suggerisce il governo, a causa del suo lavoro: continua a vivere con la moglie e la sua pecora elettrica, sognando di possedere un animale vero, che gli dia il senso della "normalità".*

Una gioviale[1] scossetta elettrica, trasmessa dalla sveglia automatica incorporata nel modulatore d'umore che si trovava vicino al letto, destò Rick Deckard. Sorpreso – lo sorprendeva sempre il trovarsi sveglio senza alcun preavviso – si alzò dal letto con indosso il pigiama multicolore e si stiracchiò. Ora, nell'altro letto, anche Iran, sua moglie, schiuse gli occhi grigi, tutt'altro che gioviali, sbatté le palpebre, quindi gemette e li richiuse.

«Hai programmato il tuo Penfield a volume troppo basso», le disse. «Te lo alzo e ti sveglierai come si deve e...»

«Giù le mani dai miei programmi.» La voce della donna aveva un tono di tagliente amarezza. «Non voglio svegliarmi.» Le si sedette accanto, si chinò su di lei, e le spiegò con dolcezza.

«Se regoli la scossa su un livello abbastanza alto, sarai contenta di svegliarti, capito? Al livello C supera la soglia che blocca lo stato di coscienza; con me, perlomeno, funziona.» Con premura e delicatezza, perché si sentiva ben disposto verso il mondo – lui aveva scelto il livello D – la toccò sulla spalla nuda, pallida.

«Toglimi di dosso quelle manacce da sbirro!», esclamò Iran.

«Non sono uno sbirro.» Si sentì irritato, ora, senza che avesse digitato il codice corrispondente.

«Sei peggio di uno sbirro», disse la moglie, gli occhi ancora chiusi. «Sei un assassino al soldo degli sbirri.»

«In vita mia non ho mai ucciso un essere umano.» L'irritazione si era intensificata, adesso; si era mutata in aperta ostilità.

Iran precisò: «Solo quei poveri droidi[2]».

«Però mi pare tu non abbia mai in alcun modo esitato a spendere il denaro delle taglie che porto a casa per una qualsiasi cosa che per un attimo riesce ad attrarre la tua attenzione.» Si alzò e si portò al quadro di comando del suo modulatore d'umore. «Invece di risparmiare», disse, «così da permetterci di comprare una pecora vera, per rimpiazzare quel-

1. **gioviale**: allegra e cordiale.
2. **droidi**: nel lessico della fantascienza, le macchine in genere.

UNITÀ 4 — LA FANTASCIENZA

3. **ebbro**: esaltato, eccitato.
4. **surrogati**: sostituti.
5. **virulenza**: capacità di provocare danni all'organismo.

la finta, quella elettrica, su di sopra. Ci possiamo permettere solo un animale elettrico. E pensare la fatica che ho fatto in tutti questi anni per farmi una posizione». Alla tastiera si trovò indeciso tra il codice di un inibitore talamico (che avrebbe bloccato lo stato d'animo arrabbiato) o di uno stimolante talamico (che l'avrebbe reso sufficientemente stizzoso da prevalere nel battibecco).

«Se digiti il codice», disse Iran, occhi aperti e vigili, «per ottenere un astio maggiore, guarda che lo faccio anch'io. Chiederò il massimo e allora vedrai un litigio che farà impallidire qualsiasi discussione che abbiamo mai avuto finora. Fai quel numero e vedrai; mettimi alla prova.» Si alzò anche lei, lesta, si portò al quadro di controllo del proprio modulatore d'umore e gli rivolse uno sguardo di sfida. Aspettava. Lui sospirò, sconfitto dalla minaccia. «Digito il codice di quello che c'è sulla mia agenda per oggi.»

[...]

Dopo una colazione veloce – la discussione con la moglie gli aveva fatto perder tempo – Rick, già vestito per avventurarsi fuori di casa, protetto anche dalla Braghetta in Piombo Montibank, modello Aiace, salì in terrazzo, al pascolo pensile dove la sua pecora elettrica "brucava". Dove quel complesso marchingegno automatico ruminava ebbro[3] di soddisfazione simulata, riuscendo a infinocchiare gli altri inquilini del palazzo.

Certo, anche alcuni dei loro animali erano surrogati[4] animati da circuiti elettronici, ma naturalmente lui non aveva mai ficcato il naso in quelle faccende, non più di quanto i suoi vicini avessero indagato sui veri meccanismi che animavano la sua pecora. Niente sarebbe potuto essere più indiscreto. Chiedere: «Ma la tua pecora è autentica?» sarebbe stata un'offesa al galateo, peggio che chiedere a un qualsiasi cittadino se i suoi denti, capelli o organi interni sarebbero risultati genuini a una verifica.

L'aria mattutina, traboccante di granelli di polvere radioattivi, tanto grigi da oscurare il sole, era come se gli ruttasse tutt'attorno, tormentandogli il naso con il suo cattivo odore; senza volerlo inspirò il fetore della morte. *Insomma, forse esagero un po' a definirlo così*, si disse nel dirigersi verso l'appezzamento erboso che, insieme al fin troppo grande appartamento di sotto, costituiva la sua proprietà. L'eredità che l'Ultima Guerra Mondiale si era lasciata dietro aveva perso forza; coloro che non erano riusciti a sopravvivere alla polvere erano scivolati nell'oblio anni prima, e la polvere, ormai attenuata la sua virulenza[5], trovandosi ad affrontare i più robusti sopravvissuti, si limitava a sconvolgerne le menti e le caratteristiche genetiche. Nonostante lo schermo protettivo di piombo, la polvere – senza alcun dubbio – gli filtrava

Parole, parole...

C'è talamo e talamo

Il *talamo* in questo brano è la parte del cervello che svolge importanti funzioni di raccordo e integrazione fra gli emisferi cerebrali e le zone inferiori del sistema nervoso centrale. Ma il termine *talamo* indica anche altro.

Con l'aiuto del dizionario indica gli altri significati del termine *talamo* per ciascuno degli ambiti indicati:

1. ambito letterario
2. ambito botanico

6. degenerate: degenerare significa alterare il proprio stato e mutare in peggio.

7. avenotropico: stimolato dall'avena, uno dei cereali di cui gli ovini si alimentano.

8. fraudolento: ottenuto con l'inganno del prossimo.

addosso e addirittura dentro, gli portava ogni giorno, fino a quando non avrebbe trovato il coraggio di emigrare, un piccolo carico di sozzura contaminante. Fino a quel punto, i controlli medici mensili lo avevano confermato come regolare: un maschio in grado di riprodursi entro i limiti di tolleranza stabiliti dalla legge. Però, da un mese all'altro, le analisi dei medici del Dipartimento di Polizia di San Francisco avrebbero potuto fornire risultanze diverse. Ogni giorno c'erano persone riclassificate come speciali: regolari ormai trasformati dall'onnipresente polvere. Lo slogan che a quel tempo i manifesti, gli annunci TV e i dépliant postali del governo sbandieravano recitava: «Emigrate o degenerate[6]! A voi la scelta!». Verissimo, pensava Rick aprendo il cancello che immetteva nel piccolo pascolo e avvicinandosi alla pecora elettrica. *Ma io non posso emigrare*, disse tra sé. *Per via del mio lavoro.*

Il proprietario dell'appezzamento adiacente, Bill Barbour, che era anche il suo vicino d'appartamento, lo salutò; come Rick, era in abiti da lavoro e anche lui si era fermato a salutare il proprio animale.

«La mia cavalla», dichiarò Barbour raggiante, «è incinta.» Indicò la grossa percheron, ritta a fissare lo spazio vuoto con guardo assente. «Allora, che ne dici?»

«Dico che tra non molto avrai due cavalli», rispose Rick. Aveva raggiunto la pecora, adesso; se ne stava distesa a ruminare, gli occhi guardinghi fissi su di lui per capire se le avesse portato dei fiocchi d'avena. La finta pecora era dotata di un circuito avenotropico[7]; alla vista dei cereali si sarebbe alzata un po' a fatica e si sarebbe avvicinata trotterellando in modo abbastanza convincente. [...]

«Hai mai pensato di venderla?», chiese Rick. Pregava il cielo che gli concedesse un cavallo, anzi un animale qualsiasi, purché vero. Il possederne e il mantenerne uno fraudolento[8] riusciva pian piano, non si sa come, a demoralizzare chiunque. Eppure, da un punto di vista "sociale" era una scelta obbligata, se mancava l'animale vero. Dunque non aveva altra scelta se non continuare.

(P.K. Dick, *Blade Runner*, tradotto dall'inglese da R. Duranti, Fanucci Editore)

UNITÀ 4 — LA FANTASCIENZA

Attività

CHE COSA DICE IL TESTO
COMPRENSIONE ED ESPRESSIONE ORALE

Dopo l'ultima guerra

1. Dopo aver letto il testo, rispondi oralmente.
   > In che modo vengono svegliati Rick e la moglie?
   > Di quali atti Rick viene accusato dalla moglie?
   > Perché Rick indossa braghette di piombo quando esce?
   > Che cosa alleva sul terrazzo di casa?

COME È FATTO IL RACCONTO DI FANTASCIENZA
COMPETENZE DI LETTURA

Struttura, personaggi, tecniche narrative, lessico

2. Il testo si può dividere in due sequenze.
   > Segnane i confini a margine.
   > Quale criterio hai utilizzato per individuare il passaggio da un nucleo all'altro?

3. Rispondi.
   > Chi è il protagonista del testo?
   > Quale professione esercita?
   > Come definiresti i suoi rapporti:
     a. con la moglie:
        ☐ affettuosi
        ☐ tesi
        ☐ formali
     b. con il vicino di casa:
        ☐ tesi
        ☐ cordiali
        ☐ molto amichevoli
   > Da quale situazione pericolosa sono riusciti a salvarsi i personaggi del racconto?
   > Quale pericolo corrono continuando a vivere in quel luogo?

Spazio, lessico, tecniche narrative

4. L'episodio narrato si svolge
   ☐ sul nostro pianeta
   ☐ in un pianeta diverso dalla Terra
   ☐ in uno spazio interplanetario

5. L'episodio si svolge in ambienti interni ed esterni. Completa la tabella cercando le informazioni nel testo.

	Ambiente interno: appartamento	Ambiente esterno: ....
elementi simili a quelli dell'ambiente attuale		
elementi diversi da quelli esistenti nell'ambiente attuale		

6. Nel testo compare una delle tecniche narrative maggiormente usate dagli scrittori di fantascienza: il ricorso al *flashback*. Cerca e sottolinea il passo in cui compare il riferimento al passato.

7. Il lessico usato presenta dei termini propri del linguaggio fantascientifico. Sottolineali.

PER RIFLETTERE
CONSAPEVOLEZZA ED ESPRESSIONE CULTURALE

Uno scenario impossibile?

8. Ti sembra che lo scenario descritto nel testo sia
   ☐ del tutto fantasioso e privo di ogni logica
   ☐ assai diverso dall'ambiente in cui viviamo noi, ma non del tutto impossibile
   ☐ con caratteristiche simili a quello in cui viviamo noi, ma esasperate
   Giustifica la tua risposta.

TUTTI SCRITTORI
COMPETENZE DI SCRITTURA

Moduliamo il nostro umore

9. Rick e la moglie vengono svegliati dalla sveglia automatica incorporata nel modulatore d'umore. Useresti anche tu il modulatore di umore? In che modo programmeresti il tuo personale "modulatore d'umore"?

Per sorridere del mondo del futuro

Parigi: una incredibile avventura che comincia dal freddo

Il brano è tratto dal libro Terra!, *ambientato nell'anno 2157. Il nostro pianeta, in seguito a una serie di conflitti nucleari, è sprofondato in una nuova era glaciale. In questo clima drammatico, un'astronave del blocco sineuropeo (cioè cinese ed europeo) individua nello spazio profondo un pianeta che pare avere caratteristiche simili alla Terra: da una Parigi sotterranea parte un'incredibile corsa spaziale verso una nuova terra più vivibile. Il testo sorride delle prospettive di un mondo ipertecnologico e presenta uno scenario in cui la robotica prevale, ma rimangono gli inconvenienti della vita di oggi: guasti, macchine che non funzionano...*

Il giorno 29 luglio dell'anno 2157 la temperatura esterna a Parigi era di meno undici gradi. Nevicava esattamente da un mese e sei giorni, e quasi tutti gli edifici della città vecchia erano sepolti. La vita proseguiva però regolarmente sottoterra nelle metropolitane, nelle vie-condotto, nei giardini botanici e nei forum a temperatura costante di otto gradi. Dall'ultimo piano dell'immensa piramide incastonata nel ghiaccio un uomo infreddolito guardava la distesa gelata e spoglia stendersi per chilometri e chilometri, interrotta solo dalla luce di qualche slitta. Nella cinta cittadina poche costruzioni sfidavano i trenta metri di neve. Il grande cilindro dello spazioporto Mitterrand, con i suoi corridoi

UNITÀ 4 LA FANTASCIENZA

di volo a luce laser disegnava un intricato videogame colorato nel cielo grigio. Dalle alture di Fort Montmartre, sede della polizia, la torre di controllo esterno muoveva come una piovra nell'aria i fili delle telecamere volanti. Più in là, la Tour Eiffel incapsulata in una calotta trasparente, come un vecchio souvenir. E sopra di lei, il prisma del Centro Spettacoli, con le pareti a schermo che mandavano in continuazione pubblicità, vecchi documentari della Costa Azzurra e omicidi in diretta dal metrò.

L'uomo s'era tolto la pelliccia, un vecchio giaccone di topo, e stava cercando di rattoppare una manica. Tentò di infilare il filo nell'ago, ma un brivido di freddo glielo impedì. In quel momento, sui nastri d'ingresso della piramide, centocinquanta piani più in basso, vide avanzare quattro puntini rossi. Non c'era dubbio; era il colore delle tute di volo astronautico.

Posò ago e filo e premette il tasto del videocitofono. Apparve il volto di una segretaria occhialuta, con un ciuffo solitario di capelli rossi sul cranio.

«Oh, signorina Minnie,» disse l'uomo, «complimenti per la sua nuova pettinatura. Bella sfoltita! Chi è il suo parrucchiere?»

«Il mio nuovo parrucchiere sono le radiazioni,» sibilò la ragazza, «desidera qualcosa?»

«Sì. Anzitutto un ago più grosso. E poi vorrei sapere se i bipedi all'ingresso sono quelli che sto aspettando.»

«Sì, signor Primo Ministro,» rispose la ragazza, «è la sua missione segreta».

I quattro bipedi camminavano a testa in su guardando l'enorme costruzione che li sovrastava, irta di pinnacoli di ghiaccio. Cinquecentododici metri, a forma di tripla piramide, la sede della Federazione sineuropea era il più alto edificio del mondo dopo i quasi ottocento metri della torre Atari, dell'impero militare giapponese, e i milletrenta della Montagna dell'Ordine, sede dei sette sceicchi aramerorussi.

Questi altissimi edifici erano stati costruiti subito dopo la sesta guerra mondiale, quando era apparso drammaticamente chiaro che la Grande Nube che aveva tolto il sole alla terra non se ne sarebbe andata per un bel po' di anni. Migliaia di gigaton[1] di polvere, gas e scorie radioattive sollevati dalle esplosioni belliche avevano avviato la terra a una glaciazione irreversibile, e provocato una crisi energetica mondiale. Per maggior felicità di tutti, i mari erano ghiacciati e tossici, la radioattività esterna era altissima, e ogni giorno sulla terra cadevano gli "hobos", frammenti di qualcuno dei tremila satelliti e missili lanciati nello spazio durante le guerre, ormai privi di controllo. Alcuni, come i razzi a sensore, erano ancora programmati per colpire città ormai distrutte, e vagavano intorno al mondo cercando ancora un nemico che non esisteva più.

L'entrata della Federazione era sorvegliata da due corazzieri immobili più per congelamento che per disciplina. Ai loro piedi sonnecchiavano due ictaluri, pesci gatto di un quintale, dai baffi truci. Usciti dai fiumi ghiacciati, cinquanta anni prima, si erano adattati a vivere sulla terra. Erano molto goffi, nella loro camminata a colpi di coda, ma il loro morso era tremendo.

---

1. **gigaton**: l'autore ha creato un termine che indicasse una quantità enorme, infatti il prefisso "giga", posto davanti a qualsiasi unità di misura, sta a indicare che tale unità deve essere moltiplicata per un miliardo di volte.

Per sorridere del mondo del futuro

I bipedi passarono davanti ai pescioni guardiani con un certo rispetto, e percorsero l'ampio corridoio di entrata. In fondo brillava una lastra di marmo interamente coperta di cartoline colorate: il monumento alle città scomparse. I bipedi sfilarono davanti al lungo elenco di nomi che iniziava con la scritta: «Amsterdam benché ferita a una diga e accerchiata da soverchianti forze nemiche eroicamente resisteva fino a essere rasa al suolo il 24 luglio 2130...».

In fondo al corridoio dietro un cristallo azzurro, li attendeva una coppia di Guardie Frizzanti. Erano due massicci distributori di bibite a gettone, con piedini a rotelle. (Nella penultima guerra, quasi tutte le macchine erano state militarizzate e robotizzate.) La prima guardia, un distributore di bevande calde munito di occhio fotoelettrico e cannoncino spara tappi, sbarrò cigolando il passaggio e intimò: «Fermi o sparo!».

«Grazie,» disse uno dei bipedi, «per me una fucilata di caffè con molto zucchero.»

La macchina avanzò di un passo.

«Niente spirito, signori. Passate uno alla volta e dite qualcosa per il controllo delle generalità e delle impronte vocali.»

Si fece avanti il bipede che aveva parlato, un negro massiccio, con la faccia decorata da cicatrici. Portava sulla tuta il tigrotto alato, distintivo dei piloti spaziali.

«Mi chiamo Boa Cu Chulain,» disse, «sono nato nella stazione spaziale di New Africa, mia madre era africana. Per mio padre le posso dare un elenco di trecento candidati...»

«Può bastare,» tagliò corto la guardia, «avanti un altro».

Davanti all'occhio fotoelettrico si fermò un uomo magro e barbuto.

«Il mio nome è Leonardus Cristoforus Kook, ho quarant'anni, sono uno scienziato e lavoro su una capsula intorno al sole, qua fa un freddo cane e vorrei sapere perché tenete in piedi questo mausoleo se non avete l'energia per riscaldarlo.»

«Ragioni di decoro politico, dottor Kook», rispose pronta la guardia. «Avanti il prossimo, prego.»

Si presentò uno strano bipede che portava ancora il casco di volo. Era rotondo, e non più alto di un metro.

«Mi chiamo Leporello Tenzo E-Atari, e non posso dirle dove sono nato, perché...»

«Lo vedo benissimo,» lo interruppe la guardia, «avanti l'ultimo».

UNITÀ 4 — LA FANTASCIENZA

L'ultimo bipede, un vecchio cinese, si inchinò e disse: «Il mio nome è Fang, sono nato in un paese di montagna dove il sole fa brillare i tetti delle case, come...». Uno strepito di ferraglia lo interruppe. Una guardia aveva starnutito perdendo due o tre lattine di bibite.

«Scusatela,» disse l'altra macchina, «ogni tanto i suoi circuiti si bloccano per il freddo e ha... dei ritorni alle vecchie mansioni.»

«Salute, allora», disse il cinese. «Oggi nevica, ma io sono sicuro che il signor Kook troverà il modo di catturare di nuovo il sole, da quel posto così lontano, e di portarci il suo calore sulla terra.»

«Magari fosse, signor Fang,» disse la guardia, «passate pure. Gli ascensori sono in fondo al corridoio quattro. Vi consiglio di rimboccarvi i calzoni. Il tappeto verde che incontrerete non è moquette, bensì muffa».

«Alla faccia del decoro», brontolò Chulain incamminandosi, mentre alcuni topi bene in carne gli saettavano tra le gambe.

«La Federazione fa del suo meglio,» sospirò Kook, «non si può pretendere di più, di questi tempi». Giunsero davanti agli ascensori, e un robot di un modello un po' antiquato, tutto decorato con formule trigonometriche[2], si fece loro incontro inchinandosi con grazia.

«Vedete,» disse Kook, «tutto è un po' usato, ma perfettamente funzionante, come questo cortese robotlift[3]».

«Anche troppo cortese,» fece presente Chulain, «è ancora lì piegato in due.»

«Vogliate scusarmi,» disse il robot con voce flebile, «ma temo che mi si sia inceppata l'articolazione della schiena. Vorreste essere così gentili da riportarmi nella posizione eretta?»

I quattro aiutarono a raddrizzarsi il robot, la cui giuntura dorsale emise un crepitio metallico preoccupante. Kook e il negro si lanciarono un'occhiata perplessa.

«Se ora volete seguirmi, signori,» disse il robot, «ecco l'ascensore: è azionato da un vecchio motore fuoribordo a due cavalli, e la salita richiederà circa quattro minuti. Intanto io potrò fornirvi una serie di utili informazioni sulla città. Per cominciare, là per esempio, dove vi indico...»

«Là, dove?», chiese Kook.

«Chiedo scusa,» disse il robot, «non mi ero reso conto che mi manca il pezzo di braccio destro con cui sono solito indicare. Una semplice riparazione... ehm, ecco, se gentilmente volete voltarvi là a destra, vedete sporgere dalla neve le rovine della Defense. Salendo ancora vediamo il pallone dirigibile delle Folies Bergère, e il rifugio Montparnasse. Si entra da quello che una volta era l'ultimo piano del grattacielo. Da lì, attraverso rampe interne, si può arrivare con gli sci fino al centro di Parigi nuova. Qualche domanda?»

«Sì,» disse il negro, «quando si arriva? C'è un freddo maledetto qua dentro!»

«Siamo solo a sessanta piani dall'obiettivo, signore,» disse un po' seccato il robot, «e la temperatura è nei limiti di sopportabilità».

2. trigonometriche: riguardanti quella parte della matematica che permette di individuare gli elementi dei triangoli e le relazioni tra essi.

3. robotlift: composto da robot e *lift*, in inglese: ascensore.

Per sorridere del mondo del futuro

«Ah!» disse il negro, «certo per voi è sopportabile. Voi robot non soffrite il freddo».

«Ti sbagli, Chulain,» intervenne il bipede nano, «un blocco termico al circuito dei siliconi con congelamento dei neuroterminali, o uno spiffero nelle porte logiche, sono sensazioni assai spiacevoli, che io paragonerei senz'altro a quella che voi chiamate broncopolmonite».

«Il signore si occupa di robotica?», chiese il robotlift.

«Sì,» disse il piccolo bipede levandosi il casco e mostrando una testona metallica con becco a pappagallo, «amo i miei simili».

«Oh!» disse il robot, «scusami fratello!» (I due si diedero un pugno ferrato in testa nel saluto di amicizia robotica.) «Comunque, signori, i problemi energetici non sono solo nostri. Gli aramerorussi e i giapponesi hanno ridotto della metà i viaggi interplanetari.»

«Lo so bene,» sospirò Kook, «non si può davvero più viaggiare nello spazio! Pensate, cinque giorni fa mi arriva l'ordine di presentarmi qua, entro oggi. Ero a migliaia di leghe sul mio laboratorio in orbita intorno al sole. Il tempo di mettermi la tuta e mi son venuti a prendere con un cargo minerario. Sedici ore di viaggio per prendere la coincidenza con l'astrotraghetto da Giove: altri tre giorni di volo e poi scopri che per uno sciopero non arrivava fino alla terra, ma solo all'astroporto di Clavius, sulla luna. Qua, naturalmente, una fila di due chilometri per un taxi Shuttle. Alla fine trovo un pazzo, un abusivo che si infila nel corridoio delle grandi astronavi e comincia a sorpassare a tremila all'ora cantando: "Nella vita siam meteore". Io mi attacco al seggiolino e non so se soffro più per la sua guida o per le barzellette che mi racconta: un campionario dei fossili umoristici del sistema solare. Il pazzo mi fotte milleduecento lingotti e mi pianta allo spazioporto di New Yorkgrad, alle cinque di mattina. Prendo al pelo l'unico volo, un dirigibile Air Albania. Un disastro: come pranzo alghe vecchie, come cena timballo di alghe, come film *Il figlio di E.T. n. 3*, spifferi dappertutto, e come hostess dei vecchi robot Univac mezzi guasti che prendevano a schiaffi i passeggeri che rifiutavano il caffè. Dopo non so quante ore di volo e settanta caffè, arrivo al Parigi Mitterrand e mi dicono che i gatti delle nevi sono bloccati, ci sono solo questi gattoni un po' più grossi, e il rollio degli orsi riesce a farmi fare quello che non erano riuscite a fare le astronavi, e cioè una bella vomitata. Con tutto questo, eccomi qua, miracolosamente puntuale dopo cinque giorni di viaggio quasi senza dormire. Voglio proprio vedere che cosa può succedermi ancora!»

La luce dell'ascensore si spense di colpo. Dal dondolio Kook si accorse che erano fermi.

«Cosa succede?», chiese.

«Temo, signore,» disse il robot, «che sia il solito black-out. Non si preoccupi: non durerà più di una decina di ore. Peccato. Mancavano solo due piani».

(S. Benni, *Terra!*, Feltrinelli)

UNITÀ LA FANTASCIENZA

Attività

CHE COSA DICE IL TESTO
(COMPRENSIONE ED ESPRESSIONE ORALE)

Bipedi e robot

1. Dopo aver letto il testo, rispondi oralmente.
   > Dove è ambientata la narrazione?
   > In quale periodo si svolge la storia?
   > Chi sono i personaggi?
   > Che cosa devono fare i quattro "bipedi" che giungono nell'edificio della "Federazione"?

COME È FATTO IL RACCONTO DI FANTASCIENZA
(COMPETENZE DI LETTURA)

I personaggi

2. Nel racconto compare un personaggio che presenta caratteristiche sia degli esseri umani sia dei robot.
   > Di chi si tratta?
   > Quali caratteristiche umane presenta?
   > Quali elementi lo identificano come un robot?

Tempo, spazio, lessico, tecniche narrative

3. Il racconto è ambientato a Parigi, dove, come in altri luoghi della terra, la temperatura esterna è estremamente bassa. Rispondi.
   > Come appare il paesaggio esterno?
   > Dove si svolge dunque la vita della città?
   > Per quale motivo sulla Terra le temperature sono così basse?
   > In seguito a quale evento ciò è accaduto?

4. Nel racconto appaiono alcuni luoghi ed elementi reali, anche se proiettati in un tempo futuro, altri invece del tutto inventati. Cerca nel testo e indica almeno cinque luoghi che esistono nella realtà e altri inventati dall'autore.

5. Il testo presenta elementi tipici del testo umoristico. Sottolinea tutte le espressioni e le situazioni che fanno sorridere. Confronta poi il tuo lavoro con quello dei compagni.

PER RIFLETTERE
(CONSAPEVOLEZZA ED ESPRESSIONE CULTURALE)

La tecnologia

6. Ti sembra che lo scenario descritto nel testo sia
   ☐ del tutto fantasioso e privo di ogni logica
   ☐ assai diverso dall'ambiente in cui viviamo noi, ma non del tutto impossibile
   ☐ con caratteristiche simili a quello in cui viviamo noi, ma esasperate

7. Raccontando un futuro ad alta tecnologia, che tuttavia presenta ancora alcuni degli "inconvenienti" e dei disguidi di oggi, a tuo parere il testo può farci riflettere
   ☐ sui pericoli della tecnologia
   ☐ sul rapporto tra l'uomo e la macchina
   ☐ sull'impossibilità dell'uomo di controllare totalmente i prodotti della tecnologia

TUTTI SCRITTORI (COMPETENZE DI SCRITTURA)

Una missione speciale

8. I personaggi che agiscono nel testo sono chiamati a compiere una missione scientifica: riportare il calore del Sole sulla Terra. Cercando di mantenere il contrasto, presentato nel testo letto, tra un'apparente alta tecnologia e la presenza di numerosi banali inconvenienti prova a raccontare
   a. che cosa propongono al Primo Ministro
   b. quali risorse vengono loro affidate per la missione
   c. quali inconvenienti incontreranno

OLTRE IL TESTO

Leggi l'articolo proposto come ampliamento di questo brano e gli approfondimenti *Scienza e Fantascienza* e *Robot, robotica, fantascienza*, presenti nell'eBook, per approfondire le informazioni sullo sviluppo della scienza, della robotica e sui problemi che esso comporta.
> Qual è, secondo gli autori dei testi che hai letto, il ruolo positivo della scienza e dei suoi possibili sviluppi? Quali sono, invece, i limiti?
> In che modo robot e uomini possono interagire?
> Quali sono vantaggi e limiti degli uni e degli altri?

LABORATORIO DELLE COMPETENZE

COMPETENZE DI SCRITTURA

Attività di scrittura

Inventare una storia di fantascienza

Non è facile scrivere un racconto di fantascienza: il rischio che si corre è quello di lasciarsi guidare da una sfrenata fantasia e di scrivere testi dalla trama troppo complessa o poco chiara. Se ci si vuole cimentare in questo genere letterario, bisogna perciò avere le idee ben chiare e procedere in modo rigoroso. Puoi provare seguendo le indicazioni che ti forniamo.

A. ▸ Le regole per scrivere un racconto di fantascienza

Ti suggeriamo di procedere in questo modo.

a. Innanzitutto decidi l'argomento del tuo testo. Vorrai parlare di:	alieni paurosi e pericolosi	mutanti
viaggi interplanetari ✗	prospettive future di catastrofi	....
b. Scegli il luogo in cui ambientare la tua storia:	altri pianeti	un'astronave
la Terra	spazi interplanetari ✗	....
c. Decidi in quale tempo si verificano gli eventi:	un lontano passato	un futuro ad alta tecnologia
il presente	la doppia dimensione temporale del passato e del futuro ✗	....

ALLA SCOPERTA DEI TESTI • Il testo narrativo

LABORATORIO DELLE COMPETENZE

UNITÀ 4

Ricorda che gli autori di fantascienza utilizzano spesso il linguaggio settoriale della scienza e della tecnologia e le tecniche narrative che aumentano l'attesa, quali:
- l'anticipazione di fatti futuri (*flashforward*) • il ricordo di eventi passati (*flashback*)
- l'effetto-sorpresa, ottenuto attraverso il ribaltamento delle aspettative • il crescendo

B. ▶ Un modo per cominciare...

Ti suggeriamo un incipit tratto da un testo di fantascienza. Se vuoi, puoi partire da qui e continuare la tua storia costruendo una trama coerente con questo inizio.

Il sole si alzava sopra la cresta del **Monte Baldo** gettando i suoi raggi attraverso le pareti traslucide della **Grande Cupola**. Le acque del Garda si animarono sotto la luce, come se ricordassero *i tempi in cui il vento ne scompigliava la superficie*.

Il treno a levitazione magnetica passò con un potente soffio attraverso la valvola e dalla galleria sotterranea a vuoto scivolò alla luce. Si fermò in silenzio nella stazione di Riva del Garda e restò immobile per un attimo, mentre i superconduttori si spegnevano e le ruote d'appoggio uscivano dagli alloggiamenti; poi i portelli slittarono di lato e i passeggeri uscirono come partoriti da un serpente lucente. Un giovanotto un po' affannato avvicinò un signore con la barba che portava uno zainetto di pelle: «Mi scusi, lei è il Consigliere del Lago di Lucerna?».

«Precisamente,» rispose il signore con la barba con un forte accento tedesco «sono Benedict van Zusten».

«Io, io mi chiamo Tonino», rispose il giovane, «e sono incaricato di condurla alla sala dell'Assemblea».

«Bene,» rispose van Zusten, «andiamo. Siamo in ritardo?»

«No, ma questo era l'ultimo treno. Gli altri sono già arrivati.»

«Allora non perdiamo tempo.»

Si avviarono in fretta tra la folla che gremiva le strade, seguendo la sponda del lago. *Un tempo vi era mercato* solo nei giorni stabiliti, ma *ora il gran numero di profughi* aveva resa necessaria la presenza quotidiana delle bancarelle, così come aveva moltiplicato *le case galleggianti* ormeggiate in doppia e tripla fila di fronte alla spiaggia.

«Oggi scatterà anche da noi la chiusura assoluta della frontiera» disse van Zusten accelerando il passo «*La Cupola di Luzern non può nutrire altri rifugiati*.»

(M. Bonfantini, G. Proni, *La Repubblica dei Laghi*, Edizioni Scientifiche Italiane)

Il testo inizia con la presentazione di **un elemento conosciuto** *(il monte Baldo esiste e si trova sul lago di Garda) e di* **un elemento "strano"** *(la Grande Cupola: nota l'uso della lettera maiuscola).*

Evidentemente il vento non soffia più sul lago: è il **primo indizio** *del fatto che è accaduto qualcosa.*

La presenza dei profughi è **un altro indizio** *del fatto che è accaduto qualcosa di insolito e tragico.*

PER FARE IL PUNTO

Unità 4 • LA FANTASCIENZA

A.I. INTELLIGENZA ARTIFICIALE

La storia di un robot bambino che lotta per essere amato come un figlio

In un futuro in cui le risorse naturali sono limitate e i progressi della tecnologia velocissimi, gli esseri umani dispongono di robot programmati per soddisfare qualsiasi loro bisogno. C'è un robot per ogni necessità, tranne che per l'amore. Tutto cambia il giorno in cui la Cybertronic Manifacturing crea David, un robot bambino, il primo programmato per amare. David viene affidato a Henry, un impiegato della stessa ditta, e a sua moglie Monica: il loro vero figlio, molto malato, è stato ibernato in attesa che la scienza trovi una cura per guarirlo. Il ritorno a casa del bambino porterà all'abbandono di David, che, animato dal desiderio di riabbracciare la madre adottiva, si metterà alla ricerca della Fata Turchina, l'unica creatura – come insegnano le favole – in grado di trasformarlo in un bambino vero...

REGIA	Steven Spielberg
ANNO	2001
CAST	Haley Joel Osment
	Jude Law

Un film per te

Sfera

Un'astronave, giunta dal futuro attraverso un buco nero, giace minacciosa sul fondo dell'Oceano Pacifico...

Un libro per te

CHI L'HA SCRITTO Michael Crichton, nato a Chicago nel 1942 e morto a Los Angeles nel 2008, ha lavorato come ricercatore medico in una università della California, prima di divenire un affermato scrittore di romanzi di successo internazionale. Il suo romamzo più famoso è *Jurassic Park*, da cui è stato tratto un film diretto da Steven Spielberg. Crichton è stato anche un regista cinematografico.

DI CHE COSA PARLA Il romanzo inizia con il ritrovamento in fondo all'Oceano Pacifico, a trecento metri di profondità, di un'enorme macchina. Subito vengono convocati i più famosi scienziati per capire di cosa si tratta: è una nave spaziale di enormi dimensioni. Durante lo svolgimento delle ricerche, accadono fatti illogici: il fondo marino si popola di animali mai prima incontrati, sugli schermi dei computer vengono visualizzati messaggi minacciosi...

AUTORE	Michael Crichton
ANNO	1987
EDITORE	Garzanti

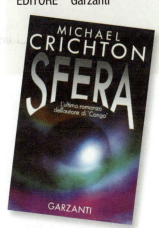

 SCUOLA DI SCRITTURA
Nella lezione 2 puoi trovare indicazioni per scrivere schede-film, schede-libro e recensioni.

 Una pagina di assaggio

ALLA SCOPERTA DEI TESTI • Il testo narrativo   **247**

UNITÀ 5

Quando un autore scrive di sé rivive momenti del suo passato che in molte situazioni si intrecciano con la storia delle nazioni o con eventi culturali o sociali di interesse collettivo. Incontri, esperienze, emozioni e pensieri sono sempre filtrati dalla memoria dello scrittore-narratore e vengono narrati dal suo punto di vista.

LE AUTOBIOGRAFIE E I LIBRI DI MEMORIE

LA MEMORIA DELL'INFANZIA: LE PERSONE E I LUOGHI

Conoscenze
- Conoscere i caratteri propri del raccontare di sé:
  – identificazione di autore e narratore
  – punto di vista soggettivo
  – struttura della storia in cui si intrecciano narrazione, descrizione, riflessione
  – valore simbolico dei luoghi

Competenze
- Individuare il contenuto del testo
- Riconoscere nel racconto i caratteri propri del genere
- Scrivere esperienze di gioco, commenti agli eventi narrati, ritratti di personaggi
- Essere consapevole del ruolo della scrittura per un autore

IL MIO PERCORSO

SOLO PER IL PIACERE DI LEGGERE...
M. Lodi, *Il mio primo giorno di scuola... da maestro*

LE CARATTERISTICHE DELLE AUTOBIOGRAFIE

COME È FATTA UN'AUTOBIOGRAFIA
N. Ginzburg, *Il signor Paolo Ferrari*

La memoria dell'infanzia: le persone e i luoghi
G. Quarenghi, *La valle come compagna di giochi* `+ facile`

S. Casati Modignani, *Sant'Antonio e le crocchette di patate*

E. Canetti, *Il venerdì degli zingari*

O. Equiano, *Il rapimento*

Per approfondire > Chi erano i mercanti di schiavi

Annunci di futuro
E. Olmi, *L'unica cosa che avevo in mente era il teatro*

C. Verdone, *Principi, streghe e diavoli in corridoio*

I. Allende, *Perché ricordare* `+ difficile`

LABORATORIO DELLE COMPETENZE > Scrivere di sé

Un film per te > *Shine*

Un libro per te > *Il nazista e la bambina*

PER FARE IL PUNTO

Brani
Approfondimenti
Attività

ANNUNCI DI FUTURO

UNITÀ 5 — LE AUTOBIOGRAFIE E I LIBRI DI MEMORIE

SOLO PER IL PIACERE DI LEGGERE...

... il racconto del primo giorno di scuola di un maestro "speciale".

 Mario Lodi

 Ascolta il brano

Il mio primo giorno di scuola... da maestro

Mario Lodi, scrittore, maestro conosciuto e affermato nella sua professione, ricorda un momento importante e significativo della sua carriera: il primo giorno a scuola da insegnante. Sono i primi anni della Seconda guerra mondiale e in Italia domina il regime fascista. Le innovative teorie pedagogiche che ha studiato non trovano spazio tra i ragazzi della sua classe, abituati a una scuola fondata sul «libro unico per tutti».

Mi diplomai il 10 giugno del 1940. Uscii dal portone "maestro diplomato". Il bidello mi salutò usando il "lei". Il pomeriggio dello stesso giorno, in un discorso alla radio, Mussolini dichiarava la guerra alla Francia e all'Inghilterra.

Con la guerra venne il richiamo alle armi di molti maestri e noi, reclute[1] della scuola, freschi di studio ma privi di esperienza, fummo chiamati a sostituirli. Io fui mandato a Villanova di Casalmaggiore, in una piccola scuola dal pavimento di legno, riscaldata da una stufa di cotto che bruciava legna, i cui pezzi allineati e accatastati nel corridoietto mandavano un buon profumo.

Era gennaio, la neve alta, e subito quella piccola scuola mi richiamò una lettura dell'antologia scolastica che i professori avevano ignorato ma che io avevo letto più volte, con curiosità: era un brano di Tolstoj[2], che raccontava come a Jasnaja Poljana, sua residenza di campagna, aveva ospitato i figli dei contadini poveri e insieme a loro aveva osservato la natura, il lavoro degli uomini, e aveva poi scritto storie vere e immaginarie. Quella strana scuola dove i bambini andavano quando volevano, si portavano il loro pezzo di legna per riscaldarla e scrivevano libri insieme al maestro, mi sembrava una straordinaria esperienza.

Nella piccola scuola di Villanova, quando il primo giorno entrarono quei bambini con gli zoccoli che scalpitavano sul pavimento come cavalli vivi, svelti, sinceri, pensai a Jasnaja Poljana. Gli dissi chi ero, da dove venivo, com'era stata la mia vita da bambino, cosa facevano i miei genitori. Gli dissi che era il mio primo giorno di scuola e che forse non ero bravo a far scuola come il loro maestro. Mi risposero che il loro maestro era bravo, e mi raccontarono un po' di quel che facevano, loro e i loro genitori, in quel paese di poche case in mezzo alla ricca terra padana. [...]

Gli dissi che c'era la guerra e che se fosse stata lunga sarei rimasto molto tempo con loro, forse tutto l'anno, e poi ci sarei andato anch'io. Mi risposero che il loro maestro aveva detto che la guerra finiva presto e sarebbe tornato. [...]

1. **reclute**: il termine, nel linguaggio militare, indica un soldato da poco sotto le armi; in questo contesto sta a indicare i giovani maestri che sono da poco nella scuola.
2. **Tolstoj**: scrittore russo dell'Ottocento.

Solo per il piacere di leggere...

C'era in un angolo un tavolo di falegnameria e appesi alle pareti gli strumenti del traforo: gli dissi che anch'io da piccolo amavo lavorare il legno e volevo fare il falegname, ma che invece poi avevo fatto il maestro. Qualcuno andò a un armadietto e levò dai cassetti dei lavoretti iniziati.

«Bene,» dissi aggrappandomi a quell'occasione insperata per inserirmi nel loro lavoro, «possiamo continuare questi lavoretti.»

«Ma oggi non è sabato!», mi risposero. E mi spiegarono che il lavoro di traforo lo facevano solo in quel giorno. Gli chiesi che progetti avevano e cominciarono a presentarmeli: portachiavi, scatolette, mensoline e altri oggetti i cui disegni erano stampati su fogli che compravano dal cartolaio. In quel momento, mentre osservavo quei lavori, un bambino disse forte: «Non si fa scuola, stamattina?». E levò dalla cartella il libro. Disse: «Oggi c'è aritmetica. Correggiamo i compiti?».

Anche gli altri abbandonarono i lavoretti e fecero altrettanto, e all'improvviso me li trovai davanti, ognuno al suo posto, col libro davanti e il quaderno aperto. Io dovevo passare, controllare, mettere firma e voto. Oppure la nota. Dopo la correzione i bambini mi spiegarono che cosa si faceva ogni giorno della settimana. Sui libri c'erano le pagine studiate e gli esercizi fatti e da fare. Poi c'erano i giorni dei temi scritti, dei problemi dati dal maestro, delle interrogazioni, del disegno. Tutto il resto era tempo perso, per quei ragazzi. Il sogno di Jasnaja Poljana andò in pezzi, distrutto da quella logica concreta del fare programmato, dello studio sul libro unico per tutti.

Che cosa potevo fare io, maestro abilitato che non aveva mai visto prima di quel giorno un bambino a scuola? [...] Che fare?

L'unico bambino che conoscevo bene ero io, negli anni della triste esperienza scolastica con quella maestra severa e la mia segreta vita extrascolastica ricca di giochi, di amicizie e di fantasia. A scuola non pensavo né parlavo: eseguivo. Ma fuori era tutto un progetto, un fare, un parlare.

Questi bambini che ora avevo davanti erano come ero io o erano diversi? Perché rifiutavano la mia offerta di un modo diverso di essere scolari, che io, da bambino, avrei accolto volentieri? Come mai avevano accettato il modello di una scuola fondata sulla lezione, il manuale, i voti, così riduttiva e povera e noiosa, che non trovavo in nessuno dei grandi pedagogisti[3] studiati a scuola?

(R. Bertoni, *La mia professione*, a cura di C. Stajano, Laterza)

3. pedagogisti: studiosi che si occupano di pedagogia, la scienza relativa alle problematiche dell'insegnamento.

Attività

IO E... L'AUTOBIOGRAFIA
COMPETENZE DI LETTURA
Un maestro speciale

> Tu come avresti accolto le proposte del giovane maestro? Le avresti considerate "tempo perso" oppure un modo diverso, più interessante di imparare?

> Leggi la biografia di Mario Lodi (in fondo al volume o sull'eBook) e cerca qualche altra notizia su questo insegnante "speciale".

Le caratteristiche delle AUTOBIOGRAFIE

▶ Che cosa sono i racconti e i romanzi autobiografici

Hai già letto e conosciuto, lo scorso anno, un tipo di testo autobiografico: il diario, un testo in cui l'autore scrive di sé, dei suoi sentimenti, degli eventi della sua esistenza con una cadenza giornaliera o comunque regolare.

Lo stesso contenuto di stati d'animo e di esperienze personali caratterizza la narrazione autobiografica, che può dunque essere definita il racconto della propria vita scritto da se stessi: l'autore narra la propria vita o momenti importanti di essa, rielaborati dalla sua memoria.

▶ Gli elementi propri del genere

> **L'autore e il narratore:** La prima e fondamentale caratteristica del testo autobiografico è che autore e narratore coincidono. Nel testo autobiografico, infatti, chi narra è sempre l'autore del testo, che è anche un personaggio, solitamente il protagonista, delle vicende narrate. La narrazione avviene quindi in prima persona.

> **Il narratore e il personaggio:** Il narratore-autore ricorda eventi della sua vita passata e quindi ha un'esperienza diversa e maggiore del personaggio: il narratore sa più cose del protagonista. Per esempio, se il narratore racconta una brutta esperienza della sua infanzia, ha una consapevolezza di questo evento più completa nel momento in cui racconta rispetto a quando l'evento avveniva. Il fatto raccontato è vissuto dal protagonista nell'infanzia, ma chi lo racconta lo vede nella sua interezza in età adulta, dopo tanti anni di esperienza.

L'autobiografia può essere considerata il racconto di un'avventura umana, spesso prevalentemente interiore. Per definizione, quindi, il protagonista di un'autobiografia è un personaggio che cambia, che si trasforma e che racconta l'itinerario di questa trasformazione.

> **Il punto di vista:** Il punto di vista da cui la narrazione avviene è strettamente soggettivo: l'autore riflette e comunica i suoi pensieri, le sue emozioni su ciò che nella vita ha vissuto (eventi significativi, relazioni con altre persone ecc.).

> **Gli altri personaggi:** Quasi sempre l'autore-narratore è il protagonista indiscusso della storia, ma anche gli altri personaggi hanno un ruolo importante e vengono descritti più o meno dettagliatamente a seconda dell'intensità con cui interagiscono con l'autore stesso.

> **I tempi:** In questo tipo di narrativa vi è una distanza temporale tra il momento in cui viene scritto il testo e il tempo in cui avvengono i fatti raccontati. Questo intervallo, insieme ai cambiamenti che esso ha apportato nell'autore-narratore, costituisce il filtro attraverso cui avviene la narrazione.

A seconda dell'importanza che vuole dare ai diversi momenti dell'esperienza raccontata, lo scrittore può scegliere di raccontare dettagliatamente, istante per istante (scena), può riassumere in poche righe eventi di mesi e anni (sommario), oppure può tacere del tutto alcuni eventi o fasi della sua vita (ellissi).

> **I luoghi:** I luoghi sono particolarmente importanti perché sono lo scenario in cui si svolgono esperienze che l'autore-narratore ritiene degne di essere raccontate. Rivisti attraverso il filtro della memoria, assumono spesso significati simbolici.

> **La struttura della storia:** Nella narrazione autobiografica si intrecciano tre elementi: la narrazione vera e propria, la descrizione e la riflessione.

Le caratteristiche delle AUTOBIOGRAFIE

La narrazione vera e propria
I fatti narrati sono reali e accadono in un'epoca ben riconoscibile e in luoghi chiaramente individuabili. Gli eventi narrati sono "selezionati" dalla memoria dell'autore in base all'importanza che egli stesso attribuisce loro. Vengono esclusi i momenti noiosi, ripetitivi, mentre si raccontano eventi significativi, non necessariamente straordinari. Ciò che viene narrato dell'esistenza concorre a mettere in rilievo l'unicità del personaggio-autore.
La narrazione può avvenire secondo **diversi criteri**:
– può seguire lo scorrere lineare delle età della vita (l'infanzia, l'adolescenza, la giovinezza, l'età adulta) oppure concentrarsi su una fase particolare e delimitata, un periodo cruciale della vita, come l'esperienza della guerra, la morte di persone care, la solitudine.
– può seguire lo sviluppo di un aspetto della propria esperienza umana (la professione, un interesse, una passione) oppure del proprio carattere, della propria personalità.
– può ripercorrere la vita o fasi di essa attraverso la storia di una relazione (un amore, un'amicizia ecc.).

La descrizione
Essendo filtrate dalla memoria personale, le descrizioni di luoghi, persone e situazioni hanno carattere soggettivo. La modalità di descrizione dipende innanzitutto dallo stile dello scrittore-autore, ma anche dal ruolo che personaggi, luoghi, situazioni ed esperienze hanno nella vita del narratore protagonista. Vi possono essere descrizioni brevi, con tratti essenziali oppure lunghe e dettagliate.

La riflessione
Le riflessioni dell'autore costituiscono la parte più significativa della narrativa autobiografica; esprimono sensazioni, sentimenti ma anche opinioni, valutazioni, idee. Alcune riflessioni sono contemporanee all'epoca in cui è vissuta l'esperienza narrata, altre manifestano il pensiero dell'autore al momento della stesura del testo e sono volte a cogliere il senso delle esperienze raccontate nella vita dell'autore: è soprattutto attraverso le riflessioni, infatti, che si sottolinea il percorso esistenziale di chi scrive.

UNITÀ 5 — LE AUTOBIOGRAFIE E I LIBRI DI MEMORIE

COME È FATTA UN'AUTOBIOGRAFIA

ANALISI GUIDATA

Il signor Paolo Ferrari

L'opera. In *Lessico famigliare* l'autrice ripercorre la storia della sua famiglia nel periodo che va dagli anni Trenta agli anni Cinquanta del Novecento. È una famiglia ebrea, antifascista che vive a Torino. Natalia, ultima di cinque figli, ricorda le liti tra i fratelli, delinea ritratti di amici e conoscenti, parla dei genitori, soprattutto del padre, che spicca, con i suoi attacchi d'ira ma anche di allegria, sullo sfondo della vita quotidiana della famiglia. L'autrice ritrova nel gergo proprio della famiglia un elemento di identificazione e di unità per tutti i componenti. Una volta adulti, risentendo parole ed espressioni di quel gergo sentiranno la loro appartenenza a quel nucleo di origine.

Il testo. Nella famiglia della scrittrice viene ospitato per alcuni giorni un caro amico: Filippo Turati, fondatore del Partito socialista e deputato al Parlamento prima dell'instaurazione della dittatura fascista. Perseguitato dal regime a causa delle sue idee politiche, era costretto a nascondersi mentre si preparava all'espatrio. L'autrice ricorda gli eventi di quei giorni, le precauzioni, le tensioni e le paure, unite alla gioia di aiutare un amico di cui i genitori condividevano gli ideali.

- Il testo può essere organizzato in **tre sequenze miste**: prevale la narrazione, con brevi descrizioni e riflessioni.

- Chi narra la storia è l'autrice stessa: come in ogni autobiografia, **narratore e autore coincidono** e viene utilizzata la **prima persona singolare**.

Prima sequenza: I GIORNI DELL'OSPITALITÀ

Sentii una sera mia madre parlare con qualcuno in anticamera; e sentii che apriva l'armadio delle lenzuola. Sulla porta a vetri passavano ombre.
Di notte sentii tossire, nella stanza accanto a me. Era la stanza di Mario[1], quando veniva il sabato; ma non poteva essere Mario, non era sabato; e sembrava una tosse di uomo vecchio, grasso.
Mia madre, venendo da me al mattino, mi disse che aveva dormito là un certo signor Paolo Ferrari; e che era stanco, vecchio, malato, aveva la tosse, e non bisognava fargli tante domande.
Il signor Paolo Ferrari era in sala da pranzo che beveva il tè. Nel vederlo io riconobbi Turati[2], che era venuto in via Pastrengo una volta. Ma siccome m'avevan detto che si chiamava Paolo Ferrari, credetti, per ubbidienza, che fosse insieme Turati e Ferrari, e di nuovo verità e menzogna si mescolarono in me.

- L'autrice esprime, oggi, una **considerazione sul suo stato d'animo di allora**.

---

1. Mario: uno dei fratelli maggiori dell'autrice.
2. Turati: Filippo Turati (1857-1932), fin da giovanissimo aderì al movimento operaio e fu tra i fondatori del Partito socialista italiano, dal quale uscì nel 1922 per dar vita al Partito socialista unitario. Con l'avvento della dittatura fascista, molti capi dell'opposizione, tra cui appunto Turati, furono costretti a fuggire in Francia.

Come è fatta un'autobiografia

- La **descrizione** di Ferrari è quasi un'istantanea: fatta con pochi tratti efficaci. Due **paragoni** sottolineano la **soggettività della descrizione**.

Ferrari era vecchio, grande come un orso, e con la barba grigia, tagliata in tondo. Aveva il collo della camicia molto largo, e la cravatta legata come una corda. Aveva mani piccole e bianche; e sfogliava una raccolta delle poesie di Carducci, rilegata in rosso.

Poi fece una cosa strana. Prese il libro in memoria della Kuliscioff[3], e vi scrisse una lunga dedica a mia madre. Firmò così: «Anna e Filippo».

- L'autrice ci comunica la sua confusione: questa è una **riflessione fatta in quel momento lontano**.

Io avevo le idee sempre più confuse; non capivo come potesse lui essere Anna, e come potesse essere anche Filippo, se era invece, come dicevano, Paolo Ferrari.

Sembravano, mio padre e mia madre, contentissimi che lui fosse lì. Mio padre non faceva sfuriate[4], e si parlava tutti a voce bassa.

Appena suonavano il campanello, Paolo Ferrari traversava il corridoio di corsa e si rifugiava in una stanza in fondo. Era di solito o Lucio[5], o il lattaio; perché altre persone estranee non vennero, in quei giorni, da noi.

Traversava il corridoio di corsa, cercando di camminare in punta di piedi: grande ombra di orso lungo i muri del corridoio.

- In questa **metafora** torna l'immagine dell'orso.

La Paola[6] mi disse: «Non si chiama Ferrari. È Turati. Deve scappare dall'Italia. È nascosto. Non lo dire a nessuno, neanche a Lucio».

Giurai di non dire niente a nessuno, neanche a Lucio. [...]

- Siamo in **epoca fascista**, negli anni in cui gli **oppositori politici** venivano **perseguitati**.

Paolo Ferrari rimase in casa nostra, mi sembra, otto o dieci giorni. Furono giorni stranamente tranquilli. Sentivo sempre parlare di un motoscafo. Una sera, cenammo presto, e capivo che Paolo Ferrari doveva partire; era stato, in quei giorni, sempre ilare e sereno, ma quella sera a cena sembrava ansioso e si grattava la barba.

Seconda sequenza: L'ESPATRIO

Poi vennero due o tre uomini con l'impermeabile; io, di loro, conoscevo soltanto Adriano[7]. Adriano cominciava a perdere i capelli, e aveva ora una testa quasi calva e quadrata, cinta di riccioli crespati[8] e biondi. Quella sera, la sua faccia e i suoi pochi capelli erano come frustati da un colpo di vento. Aveva occhi spaventati, risoluti e allegri; gli vidi, due o tre volte nella vita, quegli occhi. Erano gli occhi che aveva quando aiutava una persona a scappare, quando c'era un pericolo e qualcuno da portare in salvo.

- Esempio di **descrizione oggettiva** arricchita da un **paragone** sui capelli.

- Il **punto di vista** è quello dell'**autore-narratore** ed è **fisso**: rimane invariato per tutto il racconto.

Paolo Ferrari mi disse, in anticamera, mentre lo aiutavano a infilarsi il cappotto: «Non lo dire mai a nessuno che sono stato qui».

---

3. **Kuliscioff**: Anna Kuliscioff (1857-1925), compagna di Turati nella vita e nelle lotte politiche. Di origine russa, emigrò prima in Svizzera e poi in Italia, dove prese parte attiva alle vicende riguardanti il Partito socialista.
4. **sfuriate**: arrabbiature improvvise e violente.
5. **Lucio**: coetaneo e compagno di giochi della scrittrice.
6. **Paola**: sorella della scrittrice.
7. **Adriano**: Adriano Olivetti (1901-1960), amico di Gino, il fratello della scrittrice, e poi marito della sorella Paola.
8. **crespati**: fittamente arricciati.

UNITÀ 5 — LE AUTOBIOGRAFIE E I LIBRI DI MEMORIE

- I fatti vengono sintetizzati in un **sommario**: in poche righe si riassumono due anni.

9. Natalina: la domestica.
10. Lei: Natalina ha scarsa padronanza dei pronomi e dice «lei» intendendo «lui».
11. Rosselli e Parri: esponenti politici anch'essi costretti a rifugiarsi in Francia.

- Il **ritmo della narrazione** è abbastanza **dinamico**: prevale il ricordo di eventi e viene spesso utilizzato il sommario.

Uscì con Adriano e gli altri dell'impermeabile, e non lo rividi mai, perché morì a Parigi qualche anno più tardi. La Natalina[9] il giorno dopo domandò a mia madre: «Lei[10] a quest'ora sarà già arrivato in Corsica, con quella barca?».

Mio padre, sentendo quelle parole, s'infuriò con mia madre: «Sei andata a confidarti con quella demente della Natalina! È una demente! Ci manderà tutti in galera!».

«Ma no Beppino! La Natalina ha capito benissimo che deve star zitta!»

Arrivò poi dalla Corsica una cartolina, con i saluti di Paolo Ferrari.

Terza sequenza: DOPO L'ESPATRIO: POSSIBILI PERICOLOSE CONSEGUENZE

Nei mesi che seguirono, sentii dire che erano stati arrestati Rosselli e Parri[11], i quali avevano aiutato Turati a scappare. Adriano era ancora libero, ma in pericolo, dicevano; e forse sarebbe venuto a nascondersi a casa nostra.

Adriano rimase nascosto da noi per diversi mesi; e dormiva nella stanza di Mario, dove aveva dormito anche Paolo Ferrari. Paolo Ferrari era in salvo a Parigi; ma adesso in casa s'erano stufati di chiamarlo Ferrari, e lo chiamavano col nome vero. Mia madre diceva: «Com'era simpatico! come mi piaceva averlo qui!».

Adriano non venne arrestato, e partì per l'estero; e lui e mia sorella si scrivevano, essendosi fidanzati. [...]

Capimmo, dopo un po' di tempo, che non saremmo stati arrestati. Neppure Adriano, che tornò dall'estero, e si sposò con mia sorella Paola.

(adattato da N. Ginzburg, *Lessico famigliare*, Einaudi)

Attività

È TUTTO CHIARO?
COMPETENZE DI LETTURA

Le caratteristiche del genere

1. **Completa il testo per riassumere le caratteristiche del genere illustrate nell'analisi guidata.**

   Il brano letto è un brano autobiografico, perciò Natalia, la voce narrante coincide con ...., Natalia Ginzburg, che ormai adulta .... eventi della sua ....
   Il punto di vista è .... perché appartiene all'autore-protagonista degli eventi narrati. È un punto di vista fisso perché è uguale per tutta la narrazione.
   Il racconto può essere organizzato in tre sequenze, individuate tenendo conto di un evento e di un personaggio: l'ospitalità a un .... politico. L'epoca ricordata è quella del protagonista, quando chi non condivideva le idee di Mussolini era costretto .... in Italia o alla fuga all'estero.
   Le sequenze sono miste; prevale la narrazione con qualche descrizione .... che fa uso di .... Vi sono brevi riflessioni, alcune contemporanee agli eventi narrati, altre posteriori, fatte dall'autrice adulta mentre ricorda. Le sequenze prevalentemente narrative e l'uso della tecnica del sommario .... il ritmo del racconto.

PENSIAMOCI SU
COMPETENZE SOCIALI E CIVICHE

L'amicizia

2. **L'amicizia della famiglia Ginzburg per "Paolo Ferrari" è profonda e salda: rischia il carcere per aiutare l'amico. È un'amicizia resa più forte e coraggiosa da idee profondamente condivise: quali sono?**

La memoria dell'infanzia: le persone e i luoghi

La valle come compagna di giochi

L'opera. In Io sono il cielo che nevica azzurro *l'autrice rievoca gli anni della sua infanzia, quando viveva nello scenario di una valle delle Prealpi Lombarde, la val Taleggio. Persone, giochi e momenti felici e dolorosi di una vita ormai scomparsa nella società di oggi appaiono immersi nei ritmi naturali delle stagioni. L'autrice-protagonista cresce alla scuola della madre che gestisce la "Trattoria Quarenghi", ma soprattutto si immedesima con gli elementi incontaminati del paesaggio: il cielo, l'erba, l'acqua, la roccia delle montagne.*

Il testo. *L'autrice-bambina ama la valle, la considera una compagna di giochi che la richiama e la invita a uscire di casa. Gioca e si diverte con gli amici, all'aperto, ma anche fare una corsa nel torrente, gareggiando con se stessa al suono delle campane, le dona una grande felicità.*

La valle era la sola a essere sempre pronta a giocare con me. La trovavo sulla porta di casa, a braccia aperte, mi chiamava, mi invitava a scappare e io lo facevo. Perché d'altra parte giochi, nel senso dei giocattoli, delle cose fatte apposta per giocare, ne avevamo gran pochi. Ma è anche vero che eravamo in grado di giocare con ogni cosa, bastava averla tra le mani o sotto i piedi, o semplicemente vederla. [...] Per giocare sul serio bisognava uscire. Erano proprio i giochi che si facevano fuori casa e lontano dagli occhi dei grandi a piacermi di più. [...] La piazza e i muretti erano gioco certo, anche da soli, se poi c'era qualcuno, e arrivava sempre qualcuno, era fatta.

Il giocare vero era legato più al fuori che al dentro, al fare, all'essere via dagli occhi e dalle voci dei grandi, e al correre.

E poi ci volevano gli altri. Qualcuno con e qualcuno contro, qualcuno con cui vincere o perdere o qualcuno contro il quale vincere o perdere.

Ma a volte bastava la valle, e la non paura a stare da soli in compagnia della noia.

La valle aveva silenzi e voci, tanti e diverse.

Una voce costante era quella delle campane, oltre a quella del torrente che borbottava o chiacchiericchiava sul

UNITÀ 5 — LE AUTOBIOGRAFIE E I LIBRI DI MEMORIE

1. *scampanada*: termine dialettale per "scampanio".
2. indio: proprio degli indigeni del continente americano (indiani d'America).

fondo della valle ogni giorno e ogni notte, a seconda del carico d'acqua, una specie di basso continuo, un fagotto mai afono. [...]

La voce delle campane era civile, era la voce della convivenza, avvertiva, chiamava a raccolta.

Ma le campane erano cosa da maschi. Solo i maschi potevano varcare la soglia del campanile per suonare con il campanaro, quando c'era da fare la *scampanada*¹, o quando aveva bisogno di essere sostituito.

Il campanaro era Iacom 'Mericano, chiamato così perché i suoi erano emigrati in Argentina nell'Ottocento e ne erano tornati con qualche tratto indio². [...]

Una gara che facevo, regolata dalle campane, era la risalita del torrente.

Ci voleva l'estate e una giornata di sole.

Allora, nel tardo pomeriggio, gridavo: «Faccio una corsa al torrente», e avevo già girato l'angolo; l'avevo detto e se mi avessero richiamato non avrei sentito. Via, nelle sere più belle e più lustre, a piedi nudi, con i sandali in mano.

Mi portavo al ponte di legno sul torrente, dopo il mulino, tiravo su il più possibile la gonna e me l'annodavo attorno alle gambe più in alto che potevo, e aspettavo il tocco delle ore o della mezza. Finiti i tocchi, entravo in acqua e cominciavo a risalire il torrente. La gara era vedere quanto riuscivo a risalirne in mezzora, prima che le campane si facessero sentire di nuovo. Vedere se superavo una cascata in più, o un passaggio più difficile, o un tracciato nuovo, perché a volte, dopo certi tremendi temporali estivi, il torrente cambiava, si spostavano le pietre, si deviava il corso dell'acqua, i punti praticabili mutavano.

Anche lì i piedi avevano occhi e tatto, una pietra scivolosa poteva essere una trappola, e la cascata non era mai da prendere alla leggera.

Su e giù, prima in salita e poi in discesa, ancora nel torrente o, se ero in ritardo, nel bosco, che a volte era meno praticabile del torrente.

Parole, parole...

Un suono silenzioso

Nel testo il suono del torrente viene paragonato a un *fagotto mai afono*; vediamo il significato di entrambe le parole: *fagotto* e *afono*.

Fagotto: strumento musicale a fiato, della famiglia dei legni, ad ancia (imboccatura) doppia con lunga canna e beccuccio ripiegato a collo d'oca.

- Il termine *fagotto* ha anche un altro significato? Quale? Controlla sul dizionario.

....

Inventa una frase per ciascuno dei significati.

- E l'espressione "fare fagotto"? A quale dei due significati si riferisce? Che cosa significa?

Afono: che non emette suono, senza voce. Deriva dal greco *aphonia*, composto di *a* privativo e *phonia* (suono, voce).

- *Fono* è un elemento linguistico che entra nella composizione di molte altre parole italiane: con l'aiuto del dizionario elencane almeno sei.

La memoria dell'infanzia: le persone e i luoghi

3. morelle: termine dialettale che significa "coperte di lividi" (morelli).

Uscivo dall'acqua con le gambe morelle[3], scarlatte, e il sangue che rideva. Scioglievo il nodo della gonna, riprendevo i sandali in mano e tornavo a casa di corsa, allegra e stordita come una papera colorata.

Appena entrata in casa, la mamma mi guardava la gonna spiegazzata, i sandali in mano, intanto che buttava un occhio alla sveglia; sicuramente l'aveva guardata anche quando ero uscita. Ma non si arrabbiava; ricordo nel suo sguardo una sorta di affettuosa condiscendenza, come si guarda qualcuno che forse è un po' matto, ma d'una pazzia non pericolosa. E io ero contenta, contenta come una pasqua.

(adattato da G. Quarenghi, *Io sono il cielo che nevica azzurro*, Topipittori)

Attività

CHE COSA DICE IL TESTO
COMPETENZE DI LETTURA

Giocare al suono delle campane

1. Ricostruisci l'ordine delle sequenze.
   - ☐ Una gara al suono delle campane
   - ☐ I giochi
   - ☐ La voce delle campane

2. Ricostruisci ora la successione delle microsequenze in cui si articola la sequenza *Una gara al suono delle campane*.
   - ☐ I pericoli   ☐ Quando
   - ☐ Dove   ☐ Le regole del gioco
   - ☐ Le conseguenze

COME SI RACCONTA DI SÉ

I giochi d'infanzia nelle riflessioni dell'autrice

3. Rileggi la parte in cui l'autrice ricorda e riflette sui giochi della sua infanzia e completa il testo. Al termine del lavoro inventa un titolo.

   Titolo: ....
   Quando l'autrice era bambina esistevano pochi ...., nel senso di pochi ....
   La .... dei bambini e dei ragazzi però trasformava ogni cosa in ....
   Il gioco vero era quello .... ,
   Il divertimento nasceva da un senso .... dovuto alla lontananza dagli .... e al .... Quando non c'era nessuno, la grande compagna di giochi era la ....
   L'autrice avvertiva la presenza della valle quasi fosse ....

CONSAPEVOLEZZA ED ESPRESSIONE CULTURALE

Un linguaggio quasi poetico

4. A quale figura di significato corrispondono queste figure usate dall'autrice?
   > La voce delle campane ....
   > La valle mi chiamava, mi invitava ....
   > Anche i piedi avevano occhi e tatto ....
   > Il sangue che rideva ....

RIFLETTERE E SCRIVERE
COMPETENZE DI SCRITTURA

Il mio giocare

5. Ripensa a ciò che scrive l'autrice dei suoi giochi e al racconto della gara con il torrente. Come consideri questo modo di giocare? È analogo al tuo? Tu hai l'opportunità di divertirti con questo contatto diretto e vivo con la natura? In quali occasioni? Scrivi un testo organizzato in due sequenze.
   a. Considerazioni generali sul tuo modo di divertirti (da solo, in compagnia, all'aperto, in casa ecc.).
   b. Racconto di un gioco speciale: usa come traccia l'articolazione della quarta sequenza.

SCUOLA DI SCRITTURA
Nella lezione 8 trovi indicazioni su come raccontare storie personali e autobiografiche.

UNITÀ 5 — LE AUTOBIOGRAFIE E I LIBRI DI MEMORIE

Sveva Casati Modignani

Sant'Antonio e le crocchette di patate

L'opera. *Il filo conduttore del libro* Il diavolo e la rossumata *è costituito dai piatti che le donne di famiglia della scrittrice cucinavano negli anni della Seconda guerra mondiale, quando la fame non era sconosciuta, impegnando tutta la loro creatività per preparare manicaretti appetitosi e nutrienti. Nell'autobiografia l'autrice ripercorre la sua infanzia, segnata dalla guerra, vissuta tra Milano e la cascina dove abitano i nonni e gli zii, meno esposta ai bombardamenti degli alleati che distruggono la città nell'estate del 1943. In ognuno dei tredici capitoli i ricordi di eventi, persone e paesaggi dell'infanzia sono strettamente correlati con un piatto di cui si rivivono il gusto e la gioia di consumarlo insieme. Al termine del libro sono raccolte le ricette "protagoniste" dei singoli capitoli. Una di queste ricette viene citata anche nel titolo dell'opera: la rossumata. Era una crema estiva corroborante con uovo, zucchero e vino, offerta dalla nonna alla nipote come merenda.*

Il testo. *Nel brano vengono descritte le personalità degli zii proprietari della cascina e il loro atteggiamento di superiorità verso Sveva e i suoi nonni, che per sfuggire dai bombardamenti di Milano si sono rifugiati nella cascina. Alcune stanze, alcuni mobili, alcuni oggetti della casa padronale ritornano vividi dalla memoria della scrittrice. La sparizione delle oche e la loro ricomparsa sono gli eventi che animano questa pagina di ricordi strettamente connessi alle crocchette di patate servite dalla nonna per la prima volta proprio quella sera in cui sant'Antonio fece ritrovare le oche.*

La memoria dell'infanzia: le persone e i luoghi

1. famigli: inservienti, in questo caso contadini.

2. casa padronale: nella cascina, era la casa dove abitava il proprietario, il padrone, cioè le zie Oldani.

Ho trascorso la prima infanzia tra la casa di Milano e due stanze nella Cascina Mezzetta a Trezzano sul Naviglio, in un vasto complesso rurale, in mezzo alle risaie.

Non so in base a quale criterio i miei genitori, che stavano quasi sempre in città, decidessero i miei "sfollamenti", ma so che, per periodi più o meno lunghi, venivo affidata ai nonni e mi immergevo felicemente nella vita dei campi.

La Cascina Mezzetta era delle zie Oldani, parenti del nonno, che ci ospitavano in una casa dei loro famigli[1], avendo messo subito in chiaro che dovevamo pagare un affitto per l'alloggio e arrangiarci da soli per il mangiare. In nome della parentela, ci offrivano patate a volontà.

«Di queste ce n'è finché volete, le diamo anche ai maiali», disse la zia Alina che ci trattava con sufficienza e, quando aveva ospiti a cena, ci chiedeva di non entrare in casa sua.

Con quelle patate la nonna preparava piatti celestiali: patate fritte, patate arrosto, purè di patate, gnocchetti di patate, sformato di patate, passato di patate e, soprattutto, le crocchette di patate.

Da adulta ho cercato più volte di rifare le sue crocchette, chiedendole anche suggerimenti quando lei era già anziana e malata. Non sono mai venute buone come le sue.

«Dipende dalla qualità delle patate. Non ci sono più quelle bianche, farinose, morbide che c'erano una volta», mi consolava lei che, a mio avviso, era una cuoca più abile della mamma.

Le prime crocchette di cui ho memoria comparvero sul tavolo alla Cascina Mezzetta la sera in cui sant'Antonio operò il miracolo di far ritrovare le oche smarrite.

A me era permesso accedere alla casa padronale[2] a condizione che mi rendessi invisibile. Sedevo in disparte e, avida com'ero di conoscenza, osservavo e ascoltavo tutto in silenzio.

Quella casa era la centrale di comando del complesso rurale che contemplava l'allevamento di mucche da latte, maiali, tacchini, polli, oche, la scuderia dei cavalli e la coltivazione a riso delle marcite. La zia Alina, moglie dello zio Ettore, era il generale. Sua sorella Amalia era il colonnello.

La zia Alina era sulla quarantina. Profumava di Coty, la cipria con cui si impolverava il viso e si imbellettava le guance. Sembrava un clown, con i capelli radi color stoppa, raccolti sulla testa in una piccola crocchia. Vestiva abiti dai colori sgargianti e sul petto debordante portava un "brillò" che mandava bagliori.

Mi guardava con occhi ironici e taglienti, quasi a dirmi: «Guarda che se mi combini un malanno, ti caccio a pedate nel sedere». Sentivo di non piacerle, come lei sentiva di non piacere a me.

Lei e lo zio Ettore formavano una strana coppia, perché lui era alto, magro, biondo, elegante. Calzava stivali color tabacco e indossava giacche di velluto da gentiluomo di campagna. Da giovane era stato coraz-

UNITÀ 5 — LE AUTOBIOGRAFIE E I LIBRI DI MEMORIE

ziere del re e conservava la divisa d'ordinanza, con la spada e l'elmo da cui pendeva una lunga coda di cavallo, in una teca della saletta. Chiamavano così la sala da pranzo dove mangiavano solamente quando ricevevano ospiti di riguardo. Era arredata con pesanti mobili liberty[3] che mi ricordavano le lapidi di pietra dei cimiteri. Su una "servente"[4] c'era l'oggetto dei miei desideri: il Duomo di Milano in legno traforato, con una luce rossa all'interno che dava suggestione alle guglie e alle vetrate. Una volta allungai una mano, alzandomi sulla punta dei piedi, per sfiorare quella meraviglia e la zia Alina mi disse: «Guardare e non toccare è una legge da imparare».

Fin da allora desideravo accarezzare le cose che ancora oggi mi piacciono, i gingilli di bella fattura, ma anche le sete, i velluti, le sculture e, soprattutto, i libri.

Assistevo curiosa ai battibecchi tra la zia e lo zio. Lei lo rimproverava di essere un "*fanigutùn*", uno scansafatiche. Lui la accusava di avere il cervello di un'oca.

La nonna diceva di lui: «È entrato in casa Oldani e *l'ha tacàa su el capèll*[5]», volendo dire che non possedeva niente di suo.

Ogni giorno lo zio andava in calesse per i campi e controllava il lavoro dei contadini, riceveva il fattore nel suo studio e, insieme, scrivevano numeri su un grande registro. La sera guidava tutta la comunità nella recita del rosario che si teneva nel giardino della casa padronale, davanti a una statua della Madonna dal manto celeste, collocata nella cavità di una roccia artificiale che si ergeva su uno spiazzo in fondo al vialetto d'ingresso.

Quello era un momento di gioia, perché potevo giocare a nascondino tra i cespugli fioriti con tutti i bambini della corte, mentre i grandi infilavano una serie interminabile di Avemaria e Salveregina.

Di quel giardino ricordo le opulente rose scarlatte che, con le ombre della sera, emanavano un profumo soave, e la vasca dei pesci rossi in cui immergevo le barchette di carta che, regolarmente, si piegavano e affondavano.

La zia Amalia era la zitella di casa. Piccola, secca come un chiodo, le gambe sottili e arcuate, le scarpette nere con il tacco alto e grandi occhi azzurri da basedowiana[6]. Diceva di sé: «*Mi gò nient de bell*[7], ma ho due bellissimi occhi».

Come sua sorella, vestiva abiti di seta vivace che mortificava con l'eterno grembiule nero annodato in vita. Con me era di una dolcezza distratta. Di lei, più tardi, seppi che aveva avuto un fidanzato il quale aveva avanzato certe pretese, ma lei, fanciulla di buoni principi, le aveva respinte e lui era sparito nel nulla. Si sussurrava che anche la zia Alina avesse avuto una brutta storia che l'aveva resa acida e gretta e che lo zio Ettore fosse stato un marito di ripiego: poteva considerarsi fortunata, perché quel matrimonio l'aveva salvata agli occhi del mondo.

La zia Amalia trascorreva ore nella "casascia" una grande stanza adiacente alla cucina, con madie stracolme di legumi e cereali, le pareti ri-

---

3. liberty: lo stile Liberty, o stile floreale, diffuso tra la fine dell'Ottocento e i primi del Novecento, deve il suo nome a quello di Arthur Liberty, creatore di oggetti e gioielli ispirati alle forme della natura. Questo stile si manifesta nella pittura, nella scultura, nel design in senso lato, nell'architettura creando opere dai contorni curvilinei.

4. servente: mobile con alzata.

5. l'ha tacàa su el capèll: ha attaccato il cappello.

6. basedowiana: persona affetta dal morbo di Basedow, una malattia che rende gli occhi molto sporgenti.

7. Mi gò nient de bell: io non ho niente di bello.

La memoria dell'infanzia: le persone e i luoghi

coperte di pentole, padelle, setacci e utensili di ogni tipo, file di salumi penzolanti dalle travi del soffitto, mensole cariche di formaggi messi lì a stagionare, olle di terracotta in cui veniva conservato lo strutto con i ciccioli e un camino nel quale la zia cuoceva il pastone per i suoi maiali con grandi quantità di granturco, patate, mele. Si era diplomata in calligrafia ed era compito suo scrivere a parenti e amici biglietti di condoglianze per un lutto, e letterine di felicitazioni per una nascita, un matrimonio o un compleanno.

Doveva essere una sera d'autunno quando il fattore fece irruzione nella "casascia" per annunciare che si erano smarrite le oche. Senza perdere tempo, le zie si precipitarono nell'aia. Lo zio invece si diresse con tutta calma verso la saletta, dicendomi: «Vieni con me, recitiamo un rosario alla Madonna, perché interceda presso sant'Antonio. Lui ritroverà le nostre oche».

Fuori c'era un gran trambusto di gente che correva da ogni parte e io avrei tanto voluto essere con loro, ma non osai oppormi all'ordine dello zio e lo seguii. Lui cavò di tasca il rosario e, girando lentamente intorno al tavolo, prese a biascicare una serie infinita di orazioni. Di tanto in tanto, alzava il tono della sua bella voce baritonale, supplicando: «*Sant'Antoni, famm truvà i occh*[8]».

Poi si girava verso di me che lo seguivo e mi spronava: «*Dill anca ti*». Dillo anche tu.

Ubbidivo, sebbene non mi importasse niente delle oche e il pensiero rincorresse le zie, i famigli, il fattore e gli altri bambini che, beati loro, stavano vivendo una grande avventura, mentre nel cielo si addensavano le ombre della sera.

Tallonando lo zio, avevo macinato anch'io centinaia di passi intorno al tavolo della saletta. Infine dall'aia arrivarono voci concitate e festanti, sottolineate dal forsennato "qua-qua" delle oche.

La zia Alina irruppe accaldata nella saletta, rivolse al marito uno sguardo di brace e sibilò: «Grazie tante per l'aiuto! Le oche sono a casa, io ho i piedi che non me li sento più da tanta strada che ho fatto, e tu sei il solito *Michelass, te manget, te bevet e te veet a spass*[9]».

Lo zio, che aveva ancora nel pugno la corona del rosario, le regalò uno sguardo di compatimento, mentre replicava: «Sempre acida, sempre incapace d'essere felice per qualcosa. Le oche sono tornate e dovresti

8. *Sant'Antoni, famm truvà i occh*: sant'Antonio, fammi trovare le oche.
9. *Michelass, te manget, te bevet e te veet a spass*: Michelaccio, mangi, bevi e vai a spasso.

UNITÀ 5 — LE AUTOBIOGRAFIE E I LIBRI DI MEMORIE

10. *Che i occh in turnaa indré perché hu pregàa sant'Antoni*: che le oche sono tornate indietro perché ho pregato sant'Antonio.

11. *Per mangià, rivolgess a san Galdìn, ch'el te farà cumparì minestra e vin*: per mangiare, rivolgiti a san Galdino, che ti farà comparire pane e vino.

12. *T'è vist?*: Hai visto?

13. *l'è ancamò pússee brutta*: è ancora più brutta.

essere contenta. Invece no! La differenza tra te e uno specchio è che lo specchio riflette senza parlare e tu parli senza riflettere».

Infilò in tasca il rosario, andò in cucina, sedette al tavolo e proseguì: «Intanto il fornello è spento e la zuppiera è vuota».

Io non perdevo un solo respiro di quella scena che mi sembrava molto interessante.

Vidi la zia avvampare come un pomodoro maturo mentre, mettendosi le mani sui fianchi, lo sfidava: «Che cosa vorresti dire, *fanigutùn*?».

«*Che i occh in turnaa indré perché hu pregàa sant'Antoni*[10], altrimenti finivano in fanteria, e adesso dammi da mangiare», rispose lui, sfoderando il piglio del padrone.

Ero convinta che lo zio avesse ragione, che sant'Antonio avesse operato il miracolo e mi meravigliai che la zia lo sbeffeggiasse, replicando: «*Per mangià, rivolgess a san Galdìn, ch'el te farà cumparì minestra e vin*[11]».

Poi prese a salire la scala che portava alle camere da letto, dove la zia Amalia si era già rifugiata, probabilmente per farsi un pediluvio.

«*T'è vist*[12]? Mia moglie è la dimostrazione lampante che l'ignoranza è una brutta bestia e la mancanza di fede *l'è ancamò pússee brutta*[13]», mi ammonì.

Da fuori venne la voce della nonna che mi chiamava per la cena. Guardai lo zio che sedeva davanti al tavolo spoglio e dissi: «Vuoi venire a mangiare con me?».

Lui aveva tutta la mia solidarietà e io volevo dimostrargliela invitandolo a spartire il mio cibo. «Vai, vai», rispose lui.

Uscii sull'aia, salii di corsa la scala di legno, attenta a non incespicare nel buio. Sul tavolo della nostra cucina, dove aleggiava un profumo molto stuzzicante, trovai un trionfo di polpette dorate. Erano le mie prime crocchette di patate e, quando le assaggiai, mi parve di non aver mai gustato un cibo migliore.

(S. Casati Modignani, *Il diavolo e la rossumata*, Mondadori)

Attività

CHE COSA DICE IL TESTO
(COMPETENZE DI LETTURA)

Chi, dove, che cosa succede

1. Rispondi alle domande.
> Chi sono i personaggi, oltre all'autrice, che agiscono o vengono menzionati?
> Chi non ha un rapporto di parentela con l'autrice?
> Dove agiscono i personaggi?
> A quali anni risalgono le esperienze ricordate?
> Quale evento anima il ricordo?
> Un altro momento di vita coniugale viene ricordato. Quale?
> Qual è il piatto da gustare?

2. Le zie Oldani trattano Sveva e i nonni con:
☐ Cattiveria
☐ Indifferenza
☐ Altezzosità
☐ Gentilezza

3. Sottolinea le parole, le frasi con cui le zie marcano la differenza sociale tra loro e i parenti.

La memoria dell'infanzia: le persone e i luoghi

4. Anche un gesto che poteva essere di generosità verso i parenti assume un tono di disprezzo. Quale? Qual è la ragione di questo comportamento degli zii?

COME SI RACCONTA DI SÉ

I luoghi

5. In un racconto autobiografico i luoghi hanno un rilievo particolare perché fanno da sfondo a momenti di vita significativi per il narratore-autore che sceglie di raccontarli. L'autrice trascorre la sua infanzia tra la città e la campagna dove è affidata ai nonni. Che cosa sappiamo dall'autrice di questo luogo?

Denominazione: ....

Dove: ....

Attività economiche: ....

....

Edifici abitativi: ....

....

Stanze ricordate: ....

....

Tutti i sensi per ricordare

6. L'autrice narra esperienze della sua infanzia non solo descrivendo ciò che vede ma anche ascoltando, toccando, odorando, gustando. Insomma sono messi in campo tutti i sensi. Per ognuno dei sensi indicati riporta sul quaderno una o più frasi significative:

> Udito
> Olfatto
> Tatto
> Gusto

Modi di dire, anche dialettali

7. La vita nella cascina viene rivissuta anche attraverso il ricordo di modi di dire – alcuni riportati in dialetto milanese – che hanno un sapore antico. Alcuni di questi modi di dire hanno per oggetto lo zio Ettore. Completa la tabella.

Modo di dire	Spiegazione/sinonimo
fanigutùn	scansafatiche
l'ha tacàa su el capèll	
Michelass, te manget, te bevet e te veet a spass	

Il ritratto che le donne di famiglia fanno dello zio Ettore non corrisponde esattamente al vero. Di che cosa si occupa, infatti, lo zio nella gestione della fattoria?

DESCRIVERE PERSONAGGI E LUOGHI

COMPETENZE DI SCRITTURA

Alina, Ettore, Amalia e la sua stanza preferita

8. Tra i personaggi della narrazione gli zii appaiono tratteggiati con efficacia, tanto da farceli immaginare con le loro caratteristiche distintive. Evidenzia nel testo le descrizioni della zia Alina, dello zio Ettore e della zia Amalia. Riguardo a quest'ultima, evidenzia anche tutto ciò che viene detto della stanza dove passava gran parte del suo tempo.

9. Riscrivi con parole tue i ritratti dei personaggi e della stanza. Ti diamo qualche consiglio:

> non tralasciare nessun aspetto
> cambia l'ordine di esposizione
> usa il più possibile i sinonimi

SCUOLA DI SCRITTURA
Nella lezione 6 trovi indicazioni per descrivere le persone, mentre nella lezione 7 ti viene indicato come descrivere efficacemente i luoghi.

10. Puoi anche rappresentare, con un disegno, le fattezze di questi personaggi che appaiono quasi come caricature. Per esempio, puoi immortalare zia Amalia nella sua "casascia".

11. Se proprio non ti senti portato per il disegno, crea un gruppo con i tuoi compagni e organizzate una ricerca di foto, disegni, filmati in cui compaiono personaggi dell'epoca e che secondo voi incarnano i protagonisti del testo letto.

UNITÀ 5 — LE AUTOBIOGRAFIE E I LIBRI DI MEMORIE

Annunci di futuro

L'unica cosa che avevo in mente era il teatro

L'opera. Il libro L'Apocalisse è un lieto fine. Storie della mia vita e del nostro futuro è un'autobiografica ripartita in brevi capitoli in cui si rincorrono, non sempre in stretto ordine cronologico, ricordi di incontri, di momenti significativi mescolati a pensieri e considerazioni sul nostro presente proiettati nel futuro. Nel racconto emergono la vita contadina e quella di città, il mondo di ieri e il mondo di oggi, l'amore per la natura, il senso di responsabilità e l'impegno per la collettività. Sono anche questi i temi dei film che hanno fatto di Olmi uno dei registi italiani più conosciuti nel mondo.

Il testo. Abbiamo selezionato due frammenti del racconto autobiografico. Nel primo incontriamo il giovane Ermanno, che non ama la scuola e affronta il mondo del lavoro già a quindici anni. Ma nel cuore ha un sogno: fare teatro, ed è proprio nella compagnia filodrammatica del dopolavoro della Edison, l'azienda in cui lavora, che fa la sua prima esperienza di attore. Si tratta del primo passo verso quel mondo della rappresentazione scenica che lo vedrà esprimere le sue doti di grande regista. Nel secondo frammento apprendiamo che, come premio per il suo impegno all'interno della compagnia teatrale dell'azienda, la direzione gli mette a disposizione una macchina da presa. Olmi imparerà a utilizzarla da autodidatta e fonderà la Sezione Cinema della Edison per cui, tra il 1954 e il 1958, girerà i suoi primi documentari dedicati alle grandi opere dell'azienda.

O la scuola o il lavoro

Dopo la morte di mio padre, la mamma doveva provvedere alla famiglia. Venne assunta come impiegata alla Edison, che non trascurava mai di soccorrere i familiari[1] dei suoi dipendenti in difficoltà. Mi fece una certa impressione vederla firmare la sua domanda di assunzione "Maddalena Ronchi ved. Olmi".

    Quello stesso autunno del '45, io cominciai a frequentare il liceo scientifico Vittorio Veneto. In realtà, facevo solo finta. Già dopo poche settimane, non ne potevo più di andarmi a rinchiudere ogni mattina dentro una stanza dove si studiava col naso sui libri, mentre fuori si poteva godere il bello della vita piena di sorprese stupefacenti. A pensarci adesso, credo d'aver fatto bene a fare come ho fatto. Per l'età che avevo e la curiosità della scoperta, era nella strada la vera scuola. Non fu così che anche Adamo sentì prima di tutto il bisogno di dare un nome a tutte le cose? E non facevo anch'io come Adamo? Marinavo la scuola per dare un nome a tutto quello che andavo sperimentando.

    Quando mia madre, sempre indaffarata, trovò finalmente il tempo di

---

1. Non trascurava... familiari: il padre di Olmi lavorava alle officine Edison della Bovisa, un quartiere a nord di Milano. Era morto sotto un bombardamento durante la Seconda guerra mondiale.

andare al colloquio con la professoressa di Lettere, scoprì tutto: che le assenze erano più delle presenze. Tornò a casa amareggiata e, tagliando corto, mi disse: «Non vuoi studiare? Vai a lavorare». Fece bene. Per me era la scelta più sensata: a scuola mi annoiavo e basta. Ancora oggi, mi sembra che la scuola non sia per i ragazzi il massimo della soddisfazione. Per apprendere bisogna prima di tutto saper gustare la gioia della sorpresa. Non si tiene abbastanza conto delle emozioni che i ragazzi hanno bisogno di provare per poi assorbire le nozioni.

Sono i bambini non ancora "istruiti" a rivelarci con il loro incanto dove scoprire la poesia: non il contrario.

La pensavano così anche Maria Montessori, don Milani, Tolstoj. Lo stesso Tolstoj, nella sua dacia di Jasnaja Poljana, aveva adattato una stanza a piccola aula scolastica per i figli dei contadini. Per liberarli dalla soggezione e coinvolgerli, fu lui che si trasformò in scolaro e chiese loro di narrargli delle storie che gli erano capitate. I bambini amano inventare e lui trascriveva quei racconti sulla lavagna. Un gioco attraverso il quale insegnò a quei bambini figli di *mugik*[2] i rudimenti della scrittura.

Quei racconti vennero poi pubblicati con il titolo *I quattro libri di lettura*. Oggi purtroppo quasi nessun maestro li utilizza più, e molti non sanno neppure che esistono.

Tolstoj per primo era complice dei ragazzi. Appena avvertiva che perdevano interesse nella lezione, annunciava: «E adesso, tutti fuori a giocare!».

Lasciai la scuola senza rimpianti e fu una liberazione. Del resto, già da quando facevo il fornaio[3] avevo capito che lavorare era il modo migliore per imparare a provvedere a se stessi. Per il mio futuro, visti i precedenti familiari, non avevo tante possibilità di scelta: anch'io ero destinato a entrare alla Edison. D'altronde, a quell'età e in quegli anni, chi poteva scegliere un lavoro secondo la propria vocazione?

A quindici anni devi ancora capire come va il mondo e bisognava prenderlo per il suo verso. L'unica cosa che avevo sempre in mente – ma sapevo che era solo un sogno – era il teatro.

Per mia madre, fare il teatro voleva dire fare un mestiere che non era un mestiere ma un vivere da randagi. E la nonna, che aveva visto solo sagre di paese, mi ammoniva: «Ma che vita è sempre in giro sui carrozzoni?».

Io ridevo della ingenuità della nonna, ma in seguito, poiché il lavoro del cinema ci costringe a stare in giro per lungo tempo, Loredana[4], che invece non ama viaggiare, mi ricorda: «Vedi che tua nonna aveva un po' ragione?».

Così il 17 gennaio 1947, prima ancora di compiere i sedici anni, mi presentai in Foro Buonaparte 31, a Milano.

Ero emozionato ed eccitato al tempo stesso. Ricordo di aver formulato proprio questo pensiero: «Ecco, a partire da questo istante, comincia per me una nuova vita». Venni assegnato all'Ufficio Acquisti. Ero accompagnato da un fattorino che indossava un abito blu coi bottoni dorati. Percorrevo un lungo corridoio con porte di qua e di là che erano le stanze degli uffici. C'era un andare e venire di impiegati da una stanza all'altra. Non facevo in

2. **mugik**: i contadini russi.
3. **quando facevo il fornaio**: quando viveva a Treviglio, durante le vacanze estive, Olmi faceva il garzone di un fornaio.
4. **Loredana**: la moglie del regista.

UNITÀ 5 — LE AUTOBIOGRAFIE E I LIBRI DI MEMORIE

tempo a fissare un volto, la fisionomia di chi stavo incrociando, e già scompariva dietro una di quelle porte. Il fattorino coi bottoni d'oro mi fece segno di fermarmi davanti a una porta e attendere. Un istante dopo, sentii alle spalle una voce maschile che mi chiamava: «Olmi!». Mi girai e riconobbi subito un compagno della colonia, uno dei fratelli Pessina, di un anno più grande di me. «Sì,» mi disse con l'aria di chi si sente già un veterano «sono qui già da sei mesi, impiegato di primo livello, a cominciare dal basso, però...» Fece quella sua solita risatina che ricordavo benissimo, trattenuta fra i denti stretti, tipica delle persone di cui non c'è da fidarsi: «Devi solo ascoltare e tacere perché qui ci sono in giro i "trombetta"».

Gli chiesi chi erano i "trombetta". E lui: «Quelli che ascoltano e poi vanno a riferire».

Riflettevo sul fatto che avrei dovuto imparare molte cose in fretta, secondo l'avvertimento di Pessina. Ma, più di tutto, occorreva identificare questi "trombetta".

L'ingegnere capo reparto mi fece il suo sermoncino di tutt'altro tono:

 ## Parole, parole...

Scuola e teatro: prigione da cui evadere e sogno da realizzare

Analizziamo due espressioni presenti nel brano. L'una riguarda la scuola, un mondo che Olmi non sentiva proprio, che viveva come una prigione. L'altra esprime il modo, non proprio positivo, di intendere il teatro di sua madre e sua nonna.

Marinare la scuola

Ermanno non ama stare in aula, chino sui libri mentre infinite erano le scoperte, le sorprese che la vita fuori dalla scuola prometteva. Quindi di nascosto dalla madre *marina la scuola*. Il termine *marinare* ha due significati, uno legato a un ambito specifico e l'altro proprio di un'espressione di uso comune molto diffusa tra gli studenti!

- Consulta il dizionario e completa scrivendo le due definizioni:

1. In gastronomia, *marinare* significa: ....
....

Qual è il sinonimo di marinare inteso con questa accezione di significato? ....

2. L'espressione figurata "*marinare la scuola*" significa:
....

- *Disertare* è il sinonimo che il dizionario ti indica per il termine *marinare* in questa seconda accezione. Ci sono però molte altre espressioni – soprattutto legate al linguaggio gergale o dialettale – che hanno lo stesso significato. Ne conosci qualcuna? ....
....

- Qual è il collegamento tra il significato gastronomico di *marinare* e la sua accezione figurata?

Vivere da randagi

La passione del teatro di Olmi non è ben accetta dai familiari perché evoca nella loro mente una vita alternativa, fuori dagli schemi usuali, che non garantisce solidità e sicurezza. Viene stigmatizzato in particolare un aspetto di questa professione.

- Per capirlo meglio analizza l'espressione "*vivere da randagi*". Chi sono i randagi? Controlla sul dizionario e completa.

Il termine è riferito agli animali e si utilizza per indicare un animale ....

Randagio, in senso figurato, è anche chi ....
....

- Sottolinea in rosso i sinonimi di *randagio*:

    vagabondo • sedentario • girovago • solitario
    • aggressivo • ramingo • addomesticato • stabile

- Sono molte le professioni che implicano una vita "da randagi". Quali possono essere? ....
....

«Mi raccomando: qui si viene a lavorare con serietà e impegno!». Lo ascoltavo e cercavo di dimostrargli tutte le mie buone intenzioni. E mi ricordai del primo giorno di liceo, quando anche il preside fece il suo bel discorsetto ai nuovi allievi. Stavolta, però, la mia ferma intenzione era quella di diventare davvero un impiegato modello.

Dalle mansioni che mi erano state affidate, mi resi conto che il mio era un livello ancora più basso rispetto a quello di Pessina: ero il fattorino interno.

Portavo carte da un ufficio all'altro, distribuivo la corrispondenza, e il massimo del prestigio era mettere in ordine numerico le bollette di prelievo di cancelleria e materiali vari.

Ma l'incarico più gradito riguardava gli ordini d'acquisto che il capo ufficio mi dava da portare a far battere a macchina. Così feci la più bella scoperta della mia nuova vita da impiegato: la stanza delle dattilografe, alcune davvero belle da innamorarsi. [...]

Fare il teatro

Tra le molte attività del Dopolavoro della Edison c'era una compagnia filodrammatica di attori dilettanti. Gli spettacoli erano molto graditi dai dipendenti: fu proprio mia madre a farmi scoprire quell'opportunità portandomi a teatro. Il teatro! Da sempre, la mia grande passione. «Ma questi, di giorno, fanno un lavoro normale» precisò mia madre. «Non vanno in giro come zingari.»

Il giorno dopo, presi subito contatti con loro e una sera venni invitato alle prove. Erano una quindicina, tutti adulti e piuttosto anzianotti. Il capocomico – così si definiva – era prossimo alla pensione. Le signore provavano a tenersi su con la messa in piega: tutto il resto era già stato messo a dura prova dall'età. E le ragazze? Due soltanto, una appena passabile, anche se di certo non poteva competere con l'ufficio dattilografe.

Ma per il teatro, la mia grande passione, chiesi comunque di far parte della compagnia. Si metteva in scena un drammone intitolato *Terra lontana* e al terzo atto le lacrime erano garantite. L'unico ruolo disponibile per me era quello di un vecchio.

Per quel mio esordio, comunque, ricevetti una menzione sul «Notiziario» Edison: «Bravo Ermanno Olmi nella parte dell'anziano portaborse». La signora che firmava le recensioni era una collega e non dimenticava mai di fare il nome di ogni attore – anche l'ultimo arrivato com'ero io – e sottolineare il "caloroso successo" di ogni recita. Finché venne la mia grande occasione.

Era il 1948, l'anno della proclamazione della Repubblica e insieme il centenario dei moti rivoluzionari delle Cinque Giornate di Milano. Per l'anziano capocomico era una grande occasione e volle mettere in scena un testo fatto comporre appositamente da un drammaturgo improvvisato. Ma alla lettura del copione risultò che il personaggio principale del dramma era un rivoluzionario diciottenne. E io avevo giusto diciassette anni.

(E. Olmi, *L'Apocalisse è un lieto fine. Storie della mia vita e del nostro futuro*, Rizzoli)

UNITÀ 5 — LE AUTOBIOGRAFIE E I LIBRI DI MEMORIE

Attività

CHE COSA DICE IL TESTO (COMPETENZE DI LETTURA)

Scuola, lavoro, teatro

1. Il testo può essere organizzato in tre ampie sequenze, rappresentate nella tabella. Assegna gli eventi elencati alla sequenza appropriata, trascrivendo la lettera corrispondente. Cerca di rispettare la corretta successione cronologica.

   a. Partecipazione alle prove degli spettacoli teatrali **b.** Ritiro dalla scuola **c.** Assunzione all'Edison **d.** Colloquio con il capo reparto che gli assegna la mansione di fattorino interno **e.** Grande occasione: interpretare il protagonista di un dramma risorgimentale **f.** Morte del padre **g.** Incontro con un compagno della colonia **h.** Apprezzamento dell'interpretazione e segnalazione sul giornale della ditta **i.** Colloquio della madre con la professoressa di Lettere **l.** Assunzione della madre alla Edison **m.** Interpretazione del ruolo di un vecchio **n.** Interesse per le ragazze dell'ufficio dattilografe **o.** Partecipazione con la madre a uno spettacolo della compagnia teatrale aziendale **p.** Presenza irregolare al liceo scientifico

Ermanno studente poco convinto	Ermanno fattorino interno alla Edison	Ermanno attore nella compagnia teatrale dell'azienda
....	....	....
....	....	....

COME SI RACCONTA DI SÉ

Le riflessioni dell'autore

2. Olmi alterna la narrazione a riflessioni personali. Interessanti sono le sue considerazioni sulla scuola e sul lavoro:
   > L'insofferenza per la scuola-prigione
   > Le ragioni delle sue assenze
   > Qual è il giusto modo di insegnare
   > Il lavoro per provvedere a se stessi

   Individua nel testo le considerazioni su ognuno degli aspetti elencati.

   a. Quali riflessioni sono del quindicenne Olmi?
   b. Quali invece sono frutto della maturità dell'autore?

Il narratore-autore e gli altri personaggi: la passione per il teatro

3. Olmi narra il suo interesse per il teatro con considerazioni personali ma anche attraverso ciò che gli altri pensano del suo progetto. Completa le frasi.

   > Per Ermanno quindicenne il teatro è ....
   ....
   > Per la madre il teatro è ....
   ....
   > Per la nonna il teatro è ....
   ....

4. Chi approva le valutazioni della mamma e della nonna, oggi, quando Olmi, scrive di sé?

RIFLETTERE E SCRIVERE (COMPETENZE DI SCRITTURA)

Il mio sogno

5. Ripensa a ciò che l'autore dice del suo sogno di fare teatro: questa passione urge dentro di lui, ma egli è realista e sa che è solo un sogno. Anche tu hai un interesse che vorresti trasformare in un progetto di vita? Hai qualche dubbio sulla sua possibile realizzazione? Che cosa ne pensano i tuoi genitori? Hanno delle motivazioni a sostegno oppure contrarie? Scrivi dando spazio a pensieri, osservazioni, ragionamenti.

> **SCUOLA DI SCRITTURA**
> Nella lezione 8 trovi indicazioni su come scrivere di te e delle tue esperienze.

Annunci di futuro

Carlo Verdone

Raccontare di sé in pubblico

Principi, streghe e diavoli in corridoio

L'opera. *La casa dove vissero la famiglia di Carlo Verdone e prima ancora quella di sua madre, è ormai vuota. L'attore deve restituire le chiavi all'addetto del Vaticano, proprietario dell'immobile. Giunge deliberatamente in anticipo: ogni stanza evoca in lui momenti felici e drammatici, e Carlo rivive in esse il senso di protezione che lo circondava come un abbraccio. Ritornano dalla memoria gesti e parole. Accanto alle figure della madre, del padre, dei fratelli, degli zii, vengono ritratti personaggi famosi, ricevuti dal padre, critico cinematografico: Franco Zeffirelli, Federico Fellini, Vittorio De Sica, Alberto Sordi. Insieme compaiono figure di "fruttaroli", elettricisti, collaboratrici domestiche, tutti descritti con una particolarità, un aspetto curioso e caratterizzante. L'autore ricorda i suoi scherzi, spesso pesanti, ai familiari, il suo amore per la musica, i primi passi nel mondo del cinema. L'intero racconto è dominato da un intreccio di malinconia e comicità.*

Il testo. *Carlo vive la sua prima esperienza teatrale durante uno spettacolo allestito per Carnevale dalla madre nel corridoio della casa, per lui e i suoi amichetti. Pregiati burattini erano i protagonisti di storie, inventate dalla madre e da un'amica, con principi, streghe, maghi. Il suo amore per i burattini era tanto forte da imitarli nel menar bastonate. L'esperienza del burattinaio gli insegnò a modulare la voce e lo preparò ai futuri monologhi dei primi spettacoli televisivi.*

Il corridoio è un posto di passaggio, una via di accesso ai vari ambienti della casa, uno spazio dove ci si incontra frettolosamente. Invece per me è stato il luogo dove, a circa cinque anni, ho vissuto la prima esperienza teatrale della mia vita. Mia madre era amante delle tradizioni e ci teneva a rispettarle, per cui nel periodo di Carnevale, insieme all'amica Vera Spinedi, allestiva alla fine del corridoio un vero e proprio teatrino risalente all'Ottocento e appartenente a mia nonna. La porta della mia camera, incorniciata di drappi e sipario, faceva da cornice e davanti veniva sistemato il prezioso teatro. Allineate ai piedi del piccolo palcoscenico c'erano tutte le sedie dove ci saremmo seduti io, Luca e i nostri amichetti. Anche i burattini erano pregiati ed erano protagonisti di storie con principi, principesse, streghe, maghi e diavoli. Erano tutte storie, inventate da Vera e mia madre, che partivano da un abbozzo e poi andavano avanti a braccio. Da quegli spettacolini emergeva chiaramente l'attenzione che mamma rivolgeva a noi figli, ma anche l'esigenza di tramandare usanze del passato a lei care.

Da piccolo amavo tantissimo i burattini. Andavo spesso al teatrino del Gianicolo per assistere alle divertenti imprese di Pulcinella che, con quella comica voce nasale, duellava con la Morte, il Diavolo e altri nemici molto buffi. Mi eccitavano le bastonate che puntualmente si dava-

UNITÀ 5 — LE AUTOBIOGRAFIE E I LIBRI DI MEMORIE

no... Al punto che un giorno, colto da un raptus assurdo, afferrai uno spazzolone e – con la stessa movenza a scatti di Pulcinella – mollai una mazzata fortissima sulla testa della cameriera Angelica che, ignara, stava passando la cera per la casa! La ferii seriamente e fu portata al Fatebenefratelli. Quando mio padre lo seppe, si tolse la cinghia e mi lasciò i segni sulle gambe per mesi. Quell'episodio preoccupò molto la mia famiglia, che iniziava a notare in me degli impulsi pericolosi e fuori luogo. Cominciavo a essere un bambino troppo vivace in tutto. Ma emergeva anche un'oscura tristezza che mi portava a nascondermi per ore dentro un armadio, una cassapanca o sotto un letto. Al punto che il medico di famiglia, il severo dottor Villani, mi diede una compressa a base di bromuro da prendere a pranzo e cena. Quello fu l'inizio delle prime medicine per l'umore.

Verso il 1970, quando iniziai a fare le prime imitazioni, i primi spettacoli teatrali universitari e a dar prova di avere la stoffa dell'attore, i miei genitori mi fecero incontrare Maria Signorelli, la fondatrice dell'Opera dei Burattini; una Compagnia di qualità e gran classe che faceva rappresentazioni sia per bambini che per adulti. Maria Signorelli era figlia di una scrittrice russa, Olga Resnevič, amica intima di Filippo de Pisis e moglie del grande pedagogo Luigi Volpicelli. Quell'esperienza fu importantissima perché – facendo il burattinaio – ebbi l'opportunità di esercitarmi con la modulazione della tonalità vocale e la ripetizione delle voci dei miei parenti, con le quali facevo parlare i miei pupazzi. Ecco, quelli furono i primi, veri, passi verso l'identificazione di alcuni DNA

vocali che avrebbero poi caratterizzato i monologhi e gli spettacoli televisivi degli esordi.

Per un attore non c'è palestra più efficace di quella del teatro per bambini. Con i quali si deve per forza interagire, perché interrompono continuamente lo spettacolo ponendo domande e chiedendo spiegazioni.

(C. Verdone, *La casa sopra i portici*, Bompiani Overlook)

Attività

CHE COSA DICE IL TESTO
COMPETENZE DI LETTURA

Il teatro dei burattini

1. Nella pagina che hai letto Carlo Verdone ricorda l'interesse per il teatro dei burattini che caratterizzò le sue prime esperienze di attore. Il testo può essere organizzato in tre sequenze che scandiscono l'esperienza dell'autore nel teatro dei burattini. Individuale nel testo e attribuisci loro un titolo.

2. La passione per i burattini scatena una reazione inspiegabile in Carlo.
   > Che cosa fa?
   > Chi vuole imitare?
   > Con quali conseguenze?
   > Quale castigo subisce?

COME SI RACCONTA DI SÉ
CONSAPEVOLEZZA ED ESPRESSIONE CULTURALE

La descrizione dei genitori

3. L'autore nella sua autobiografia sceglie di descrivere le persone che ricorda attraverso i loro gesti. Rivedi il testo e individua ciò che viene detto del padre e della madre.

Papà	
Mamma	
Papà e mamma	

4. Dopo aver raccolto ciò che l'autore dice, come definiresti i suoi genitori? Scegli le risposte corrette e indica per ogni aggettivo se è riferibile alla madre (M), al padre (P) o a entrambi (MP)
   a. severo ( ) b. assente ( ) c. attento alle inclinazioni del figlio ( ) d. crudele ( )
   e. malato ( ) f. preoccupato ( ) g. indulgente ( ) h. fedele alle tradizioni familiari ( )

Il tempo del racconto

5. In un testo autobiografico gli eventi possono essere narrati:
   > Istante per istante (scena)
   > Riassunti in poche righe (sommario)
   > Tacendo del tutto alcuni eventi o fasi della vita del protagonista (ellissi)

   Quale è stata la scelta di Carlo Verdone in questa pagina della sua autobiografia?

PENSIAMOCI SU

Il teatro per bambini

6. «Per un attore non c'è palestra più efficace di quella del teatro per bambini. Con i quali si deve per forza interagire, perché interrompono continuamente lo spettacolo ponendo domande e chiedendo spiegazioni.»

   Nelle ultime righe del brano Carlo Verdone, attore esperto e apprezzato, afferma che il teatro per bambini è un efficace ambiente di allenamento per chi vuol fare l'attore. Perché fa questa considerazione? Che cosa offrono i bambini in più rispetto agli spettatori adulti? Come influisce il loro atteggiamento sul "mestiere" dell'attore?

OLTRE IL TESTO

Nel video di presentazione del suo libro Verdone racconta, con la sua maestria di attore, personaggi e momenti della vita nella casa sopra i portici. Parla di personaggi famosi e di personaggi comuni, degli oggetti di casa, di episodi "privati" della vita della sua famiglia e dei suoi terribili scherzi. Ti sembra che questi elementi siano presenti anche nel brano che hai letto? Sottolineali nel testo.

UNITÀ 5 — LE AUTOBIOGRAFIE E I LIBRI DI MEMORIE

+ difficile

Perché ricordare

L'opera. Con Il mio paese inventato l'autrice torna con la memoria al Paese delle sue origini, il Cile, presto abbandonato. Isabel Allende ha vissuto a lungo lontano dalla sua terra con grande nostalgia, trasformandone il ricordo in sogno e immaginazione. In quest'opera descrive paesaggi e ricorda momenti e persone della sua famiglia, intrecciandoli a comportamenti, credenze e mentalità tipiche dell'intera società cilena.

Il testo. Il brano che leggerai è tratto dal primo capitolo, Qualche parola per cominciare, nel quale la scrittrice spiega perché ha deciso di ricordare il suo paese d'origine e gli anni della sua infanzia e adolescenza.

1. **indulgo**: mi faccio prendere, mi dedico.
2. **senilità**: vecchiaia.

Non indulgo[1] spesso alla riflessione, ma nelle ultime settimane mi sono sorpresa a ripensare al passato con una frequenza che può spiegarsi solo come un segno di senilità[2] precoce.

A scatenare questo turbine di ricordi sono stati due episodi avvenuti di recente. Il primo è stato un commento casuale di mio nipote Alejandro che, mentre scrutavo la carta geografica delle mie rughe davanti allo specchio, ha esclamato compassionevole: «Non preoccuparti, nonna, ti restano almeno altri tre anni!». Allora ho deciso che era giunto il momento di rivedere la mia vita, per cercare di capire come avrei desiderato trascorrere quei tre anni che tanto generosamente mi erano stati concessi. Il secondo episodio scatenante è stato la domanda di uno sconosciuto durante una conferenza di scrittori di viaggi che mi sono trovata a inaugurare. [...]

Alla fine del mio breve discorso si è alzata una mano tra il pubblico e un giovanotto mi ha domandato che ruolo giocasse la nostalgia nei miei romanzi. Per un attimo sono rimasta in silenzio. Nostalgia... secondo il dizionario è «la tristezza di trovarsi lontano dalla propria terra, la malinconia causata dal ricordo di una gioia perduta». La domanda mi ha tolto il fiato, perché fino ad allora non mi ero resa conto che la scrittura rappresenta per me un esercizio costante della nostalgia. Sono stata forestiera per quasi tutta la vita, condizione che accetto perché non posso fare altrimen-

Annunci di futuro

3. minotauri: il minotauro è un mostro mitologico metà uomo metà toro.

ti. Diverse volte sono stata costretta a partire, sciogliendo legami e lasciandomi tutto alle spalle, per cominciare da zero in un altro posto; ho vagato per più luoghi di quanti possa ricordare. A forza di dire addio mi si sono seccate le radici e ho dovuto generarne altre che, in mancanza di un terreno in cui fissarsi, mi si sono piantate nella memoria; ma attenzione, la memoria è un labirinto dove i minotauri[3] sono in agguato. [...]

L'osservazione di mio nipote e la domanda dello sconosciuto mi hanno dato lo spunto per questo libro, che ancora non so bene quale piega prenderà; per il momento divago, come sempre divagano i ricordi, quindi vi prego di pazientare ancora un po'.

Scrivo queste pagine dal cucuzzolo di un ripido colle, sotto lo sguardo vigile di un centinaio di querce nodose, mentre osservo la Baia di San Francisco. Ma io vengo da un'altra terra e ho il vizio della nostalgia. La nostalgia è un sentimento triste e un po' kitsch, come la dolcezza; è praticamente impossibile affrontare il tema senza cadere nel sentimentalismo, ma ci proverò lo stesso. Se dovessi scivolare nel patetico, prometto di rimettermi in piedi qualche riga più avanti. Alla mia età – ormai sono vecchia come la penicillina – si ricordano cose rimaste nel dimenticatoio per mezzo secolo. Per decenni non ho mai ripensato alla mia infanzia, né alla mia adolescenza; a essere sincera mi importavano poco quegli anni passati, e quando guardavo gli album di fotografie di mia madre non riconoscevo nessuno, salvo una femmina di bulldog che rispondeva all'assurdo nome di Pelvia López-Pun, e l'unica ragione per la quale mi era rimasta impressa è che ci assomigliavamo in maniera impressionante. C'è una fotografia, dove siamo ritratte insieme quando io avevo pochi mesi, sulla quale mia madre aveva dovuto indicare con una freccia chi ero io e chi era il cucciolo. Di certo la mia pessima memoria dipende dal fatto che quei tempi non sono stati particolarmente lieti, ma credo che ciò capiti alla maggior parte dei mortali. [...]

 Parole, parole...

Evitiamo di essere patetici

Il termine *patetico* nasce dalla radice greca *pathos*, che significa *sofferenza*, *passione* ed è diventata una parola autonoma, usata nella nostra lingua per caratterizzare un sentimento forte e intenso. L'aggettivo *patetico* è legato alla comunicazione dei sentimenti e ha una connotazione

- positiva: se significa commovente, toccante, struggente;
- negativa (più frequente): se significa così sdolcinato da diventare penoso, pietoso.

- Inventa una frase per ciascuna di queste due connotazioni di significato.

Quando si parla di sentimenti, si può cedere alla tentazione di esagerare, cioè si può cadere nel *patetico* o nel *sentimentalismo*. Il *sentimentalismo* è un modo artificioso, forzato, caricato, innaturale, di parlare di sentimenti, che produce un effetto falso, sdolcinato e svenevole.

- "Non essere patetico!" In quali contesti si può utilizzare questa espressione?
- Ti è capitato di assistere a trasmissioni televisive in cui gli ospiti parlano di sé e delle loro relazioni affettive cadendo nel *sentimentalismo*?
- A te accade qualche volta di cedere al *sentimentalismo*? In quali situazioni?

UNITÀ 5 — LE AUTOBIOGRAFIE E I LIBRI DI MEMORIE

4. anticonformisti: chi si oppone alle idee e alle abitudini comuni.

5. cronici: che persistono, che non passano.

Una volta una scrittrice americana di colore disse che fin da bambina si era sentita estranea in famiglia e in mezzo alla sua gente; spiegò che questa sensazione è comune a quasi tutti gli scrittori, compresi quelli che non lasciano mai la loro città natale, e che è una condizione legata alla professione, perché, senza il disagio del sentirsi diverso, non nascerebbe la necessità di scrivere. La scrittura, in fin dei conti, rappresenta un tentativo di comprendere se stessi e mettere ordine nella confusione della propria esistenza. Tutte inquietudini che non tormentano la gente normale, ma solo gli anticonformisti[4] cronici[5], molti dei quali finiscono per fare gli scrittori dopo aver fallito in altri campi. Questa teoria mi ha tranquillizzata: non sono un mostro, esistono altre persone come me.

(I. Allende, *Il mio paese inventato*, tradotto dallo spagnolo da T. Gibilisco, Feltrinelli)

Attività

CHE COSA DICE IL TESTO
COMPETENZE DI LETTURA

Perché ricordare

1. Dopo una prima lettura rispondi alle domande.
> La scrittrice è indotta a ripensare al passato da due episodi della sua vita recente. Quali?
> In quale città/Stato si trova mentre scrive? È la sua terra d'origine?
> Qual è la definizione di nostalgia riportata dal dizionario?
> Nei decenni precedenti della sua esistenza aveva pensato all'infanzia e all'adolescenza? Perché?
> Che cosa riconosceva sull'album delle fotografie?

PERCHÉ SI RACCONTA DI SÉ
Il ricordo delle proprie origini

2. Ritrova nel testo la microsequenza riflessiva in cui la scrittrice esprime queste considerazioni:
  a. ha vissuto più volte l'esilio
  b. ha perso il senso dell'appartenenza alla terra d'origine
  c. ha dovuto ricrearsi sempre delle "origini" nuove nella memoria
  d. la memoria non riporta alla luce il passato in modo ordinato e molti eventi si dissolvono

La nostalgia

3. Sottolinea nel testo tutto ciò che la scrittrice dice della nostalgia. Secondo quanto afferma, quale rischio corre uno scrittore quando ricorda il suo passato con nostalgia?

☐ Scrivere cose di dubbio gusto
☐ Soffrire troppo
☐ Mostrare i propri sentimenti in modo sdolcinato
☐ Sbagliare i riferimenti geografici dei luoghi ricordati

PENSIAMOCI SU
CONSAPEVOLEZZA ED ESPRESSIONE CULTURALE

La scrittura

4. Rileggi l'ultima parte del testo e rispondi.
> Qual è la sensazione comune agli scrittori?
> È propria solamente di quegli scrittori che come la Allende abbandonano la propria terra d'origine oppure è una condizione interiore?

5. Prova a spiegare con le tue parole queste due affermazioni.
  a. «La scrittura rappresenta per me un esercizio costante della nostalgia.»
  b. «La scrittura, in fin dei conti, rappresenta un tentativo di comprendere se stessi e mettere ordine nella confusione della propria esistenza.»

LABORATORIO DELLE COMPETENZE

COMPETENZE DI SCRITTURA

Attività di scrittura

Scrivere di sé

Come gli autori dei brani di questa unità, anche tu, in qualche occasione, ti sarai lasciato trasportare dai ricordi e avrai ripensato a situazioni, esperienze già vissute. Dalla memoria emergono luoghi, persone e anche oggetti che ci riportano, con maggiore o minore nitidezza, al passato. Sono ricordi di gioia, di serenità, oppure di fatica, di tensione, di ansia, di dolore. Tutti noi proviamo il bisogno di ricordare e di parlare di noi stessi, di ciò che abbiamo fatto, abbiamo vissuto.

A. ▶ Cosa scrivere, come raccontare?

Spesso avvertiamo il desiderio di mettere per iscritto i nostri ricordi, le "memorie" di una fase della nostra vita o di un'esperienza importante, quasi per fissare, per fermare il nostro passato. In qualche occasione, come a scuola, ci viene chiesto di scrivere di noi stessi. Ma che cosa scrivere, come raccontare? Questo schema può esserti d'aiuto.

B. ▶ Trovare un'idea

Come per ogni altro testo, anche per quello autobiografico bisogna avere un'idea, uno spunto da cui partire.
Per raccontare il passato

a. si può iniziare dal momento della nascita e raccontare seguendo lo scorrere lineare del tempo:
   - si narrano le prime esperienze significative in famiglia, i primi contatti con le persone, l'apertura al mondo esterno nella scuola: scuola materna, scuola elementare, scuola media;

ALLA SCOPERTA DEI TESTI • Il testo narrativo   **277**

LABORATORIO DELLE COMPETENZE

UNITÀ 5

- si può scegliere un aspetto del proprio carattere: la timidezza o la spavalderia nelle relazioni con gli altri e ripensare a come si sono trasformate, evolute nel tempo;
- si può ricordare la storia di un'amicizia nelle varie età della nostra vita;
- si può fare la "storia" delle proprie curiosità, interessi e hobby partendo dalla più tenera età.

b. si può scegliere un evento dell'esistenza
- riportato alla memoria da uno stimolo attuale che muove la catena dei ricordi: l'immagine di un luogo, l'incontro con una persona che rimanda a un altro momento del passato, un evento di cronaca;
- avvenuto una sola volta o ripetuto più volte nel tempo, come per esempio le vacanze estive in un determinato luogo, le visite dei nonni, le feste di compleanno ecc.

C. ▶ Il procedimento

Nell'analisi dei brani autobiografici abbiamo visto che i loro elementi costitutivi sono: la narrazione, la descrizione e la riflessione. Ricorda che questi elementi possono essere "dosati" in proporzione diversa.

Dopo aver scelto la situazione da narrare, si può procedere organizzando il lavoro in tre fasi:

a. scrivere dapprima solo i fatti, la trama della narrazione;
b. arricchirla poi con la descrizione;
c. inserire infine le riflessioni.

Questo procedimento può essere un po' noioso ma, dopo averlo messo in pratica alcune volte, scrivere diventerà automatico e i tre elementi caratterizzanti del testo emergeranno spontaneamente.

Come in molti altri casi, il lavoro può essere agevolato dall'utilizzo di un programma di videoscrittura.

Ecco un esempio di questo modo di procedere.

a. Narrare solo i fatti, gli eventi che costituiscono la trama della narrazione.

Se per esempio vuoi raccontare una partita decisiva del torneo di calcio, inizierai raccontando i momenti che l'hanno preceduta.

> Nelle prime ore del pomeriggio mi avviai in bicicletta al Centro sportivo. Quando vi giunsi, alcuni dei miei amici erano già arrivati e discutevano gesticolando.

b. Ampliare il testo inserendo le descrizioni.

> Nelle prime ore di un assolato pomeriggio di luglio mi avviai con la mia nuova bicicletta, regalo per la promozione, al Centro sportivo "De Amicis". Il centro sorge nella via omonima, in un'area quasi periferica; è molto vasto: ci sono due campi da calcio (uno da undici giocatori e uno da sette), un campo da tennis, un campo di pallavolo, uno da basket; una piscina coperta e una palestra. Durante il giorno è frequentato soprattutto da ragazzi e giovani. Ero rilassato e tranquillo. Quando giunsi alcuni dei miei amici erano già arrivati: dal parcheggio per le bici capii che erano nervosi e discutevano gesticolando. Non avevano ancora indossato la divisa della squadra.

LABORATORIO DELLE COMPETENZE

c. Aggiungere le riflessioni fatte nel passato e alcune considerazioni attuali.

Nelle prime ore di un assolato pomeriggio di luglio mi avviai con la mia nuova bicicletta, regalo per la promozione, al Centro sportivo "De Amicis". Il centro sorge nella via omonima, in un'area quasi periferica; è molto vasto: ci sono due campi da calcio (uno da undici giocatori e uno da sette), un campo da tennis, un campo di pallavolo, uno da basket; una piscina coperta e una palestra. Durante il giorno è frequentato soprattutto da ragazzi e giovani. *Pedalavo tranquillo pregustando già le ore di gioco intenso con i miei compagni di squadra. La partita da affrontare era decisiva, ma il fatto che eravamo i primi in classifica mi dava sicurezza e allontanava una certa indefinibile inquietudine che in fondo in fondo avvertivo.* Quando giunsi alcuni dei miei amici erano già arrivati: dal parcheggio per le bici capii che erano nervosi e discutevano gesticolando. Non avevano ancora indossato la divisa della squadra. *Perché erano tanto agitati? Che cosa poteva essere successo?*

D. Il linguaggio

a. Ricordati di utilizzare la prima persona.
b. Il linguaggio deve essere il più possibile soggettivo: devi usare paragoni, metafore, qualche personificazione.

Parole ed emozioni

Parlare dei propri sentimenti non è facile. Forse chi scrive di sé riesce a comunicare meglio le emozioni, gli stati d'animo perché sono decantati nella memoria e vengono rivissuti con una sorta di distacco. Bisogna però saper trovare anche le parole adeguate.

LABORATORIO DELLE COMPETENZE

UNITÀ 5

Per aiutarti a rappresentare con efficacia e misura i sentimenti, puoi utilizzare i termini che compaiono in questa tabella. Con l'aiuto di un vocabolario di sinonimi e contrari completa la colonna dei contrari.

	Sinonimi	Contrari
ansia	affanno, agitazione, inquietudine, nervosismo, preoccupazione, angoscia, trepidazione	calma, serenità, tranquillità
paura	sgomento, terrore, panico, timore, batticuore, incertezza, indecisione	tranquillità, coraggio, audacia
commozione	emozione, turbamento, intenerimento, pietà	impassibilità, indifferenza, freddezza
sollievo	conforto, alleviamento, aiuto	sconforto, scoraggiamento, abbattimento
tenerezza	dolcezza, delicatezza, affettuosità, amorevolezza	asprezza, durezza, ruvidezza
dolore	afflizione, pena, tristezza, angoscia, cordoglio, crepacuore, patimento, sofferenza	piacere, contentezza, felicità, letizia, gioia, esultanza, consolazione, conforto

E. ▶ Il titolo

Non dimenticare il titolo!
Ricorda che è molto importante, perché è la presentazione del testo al lettore.

Il titolo è la prima cosa che si legge, ma l'ultima che si scrive. Esso infatti deve suggerire l'idea centrale, il carattere, il filo conduttore del racconto, quindi è bene idearlo quando il testo ha ormai preso una forma definitiva, e va pensato in modo da orientare la lettura e da "agganciare" i lettori, suscitando interesse. Ma attenzione: un titolo che promette e non mantiene toglie valore al testo e indispettisce chi legge.

E ora, buona scrittura!

Unità 5 • LE AUTOBIOGRAFIE E I LIBRI DI MEMORIE

Un film per te

SHINE

La storia, vera e terribile, di un giovane pianista di grande talento

David Helfgott suona con talento il pianoforte, ma è ossessionato dal padre che lo vuole sempre più bravo, al di sopra di tutti. Egli pretende che David sia sempre al primo posto, sempre vincitore, e non si accontenta se il figlio ottiene solamente i complimenti della giuria in un concorso.
Quando David riceve l'offerta di un'importantissima scuola di musica di Londra il padre arriva a picchiarlo, davanti all'intera famiglia, perché il ragazzo pensa di non accettarla. David lascia la famiglia e se ne va a Londra; nel concorso finale della scuola egli suona un pezzo che il padre aveva sempre voluto vedere eseguito: il terzo concerto per pianoforte e orchestra di Sergej Rachmaninov. Ma la tensione e la pressione psicologica sono tali che il giovane pianista impazzisce proprio durante il concerto.
David passerà diversi anni in una casa di cura per ritrovare la serenità e riprendere il controllo della propria vita.

REGIA	Scott Hicks
ANNO	1996

Un libro per te

Il nazista e la bambina

La storia di una donna nata due volte: la prima a casa di sua nonna, la seconda in un prato, salvata con un gesto d'amore del nemico.

CHI L'HA SCRITTO Liliana Manfredi è nata a Reggio Emilia ed è sopravvissuta, nel giugno del 1944, a una strage nazista in cui morirono la mamma e i nonni.

DI CHE COSA PARLA Liliana ha undici anni e la Bettola, un paese sulle colline di Reggio Emilia, è teatro degli scontri tra partigiani e tedeschi. All'osteria del paese, nel corso di una sparatoria, i partigiani uccidono due tedeschi. La rappresaglia non si fa attendere: una trentina di civili vengono trucidati. La famiglia di Liliana viene sterminata e la casa data alle fiamme. Liliana rimane solo ferita e prima che il fuoco divampi, ha la forza di fuggire. Sul greto del fiume, con tre pallottole in corpo e una gamba spezzata, incontra il soldato tedesco incaricato di finire eventuali sopravvissuti. Il soldato la guarda negli occhi, la prende in braccio e la porta sulla strada principale dove potrà essere soccorsa. Il soldato ha disobbedito agli ordini, mettendo a rischio la propria vita per salvare quella della ragazza.

AUTORE	Liliana Manfredi
ANNO	2008
EDITORE	Aliberti

 SCUOLA DI SCRITTURA
Nella lezione 2 puoi trovare indicazioni per scrivere schede-film, schede-libro e recensioni.

 Una pagina di assaggio

ALLA SCOPERTA DEI TESTI • Il testo narrativo   **281**

UNITÀ 6

In questa sezione ti presentiamo alcune opere, apprezzate da tutti e quindi "classiche", che appartengono ai generi presentati nell'unità: racconti e romanzi di formazione, polizieschi, fatascientifici, autobiografici, fantastici-allegorici. Il percorso prende avvio dall'analisi dei dati di una ricerca sulla lettura in Italia. In essa viene presa in considerazione anche la lettura on line o in formato eBook su dispositivi mobili, che trova ormai ampia diffusione nel nostro Paese.

I NOSTRI CLASSICI

LA LETTURA DEI LIBRI IN ITALIA

Conoscenze
- Conoscere alcuni classici di un particolare genere: romanzo di formazione, giallo, fantascienza, autobiografia, racconto fantastico-allegorico.

Competenze
- Immedesimarsi con i personaggi
- Ricreare la vicenda con il disegno o con foto e altre immagini ritrovate su riviste o in rete
- Riflettere sulle esperienze dei personaggi
- Scrivere immaginando fasi precenti della vita di alcuni personaggi, raccontando esperienze reali o fantastiche simili a quelle dei protagonisti dei racconti.

La lettura dei libri in Italia
Leggere in Italia: libri a stampa ed elettronici

Giocare e riflettere con i classici
C. Dickens, *In un covo di ladri*
A. Christie, *Un'inquietante filastrocca e una voce disumana*
K. Follett, *L'ufficio di zio Grigorian*
I. Calvino, *Sugli alberi sotto la pioggia*
P. Levi, *Se questo è un uomo*
F. Uhlman, *Il processo di sradicamento era iniziato*

Per approfondire > Come è fatto un libro

LABORATORIO DELLE COMPETENZE >
Per un pugno... di racconti

Un film per te > *Oliver Twist*

Un libro per te > *O sei dentro o sei fuori*

PER FARE IL PUNTO

IL MIO PERCORSO

Brani
Approfondimenti
Attività

GIOCARE E RIFLETTERE CON I CLASSICI

UNITÀ 6 – I NOSTRI CLASSICI

La lettura dei libri in Italia

Leggere in Italia: libri a stampa ed elettronici

La produzione e la lettura dei libri in Italia (ISTAT)

I dati che analizzeremo sono estratti dall'indagine Istat La produzione e la lettura di libri in Italia, *pubblicata il 16 maggio 2013 con riferimento agli anni 2011 e 2012. L'indagine riguarda la percentuale dei libri letti riferiti al genere (uomo o donna), alle fasce di età, alle risorse economiche, alle aree geografiche del nostro Paese. Si considera anche l'aspetto della lettura on line o di eBook su dispositivi mobili, che si sono evoluti tecnologicamente e hanno trovato ampia diffusione.*

Nel 2012, oltre 26 milioni di persone di 6 anni e più dichiarano di aver letto almeno un libro nei 12 mesi precedenti l'intervista, per motivi non strettamente scolastici o professionali. Rispetto al 2011, la quota di lettori di libri rimane sostanzialmente stabile (46%).

Le donne leggono più degli uomini: nel corso dell'anno ha letto almeno un libro il 51,9% della popolazione femminile rispetto al 39,7% di quella maschile. La differenza di comportamento fra i generi comincia a manifestarsi già a partire dagli 11 anni e tende a ridursi solo dopo i 75.

La fascia di età nella quale si legge in assoluto di più è quella tra gli 11 e i 14 anni (60,8%).

Avere genitori lettori incoraggia la lettura: leggono libri il 77,4% dei ragazzi tra i 6 e i 14 anni con entrambi i genitori lettori, contro il 39,7% di quelli i cui genitori non leggono.

Nel Nord e nel Centro del Paese legge oltre la metà della popolazione di 6 anni e più (52,2%). Nel Sud e nelle Isole, invece, la quota di lettori scende al 34,2%, seppur con un lieve aumento rispetto al 2011.

Mentre nei comuni centro dell'area metropolitana la quota di lettori è pari al 53,3%, in quelli con meno di 2.000 abitanti scende al 41,5%.

In Italia, anche chi legge, legge molto poco: tra i lettori il 46% ha letto al massimo tre libri in 12 mesi, mentre i "lettori forti", con 12 o più libri letti nello stesso lasso di tempo, sono soltanto il 14,5% del totale.

La produzione libraria in Italia

Una famiglia su dieci (10,2%) non possiede alcun libro in casa, il 63,6% ne ha al massimo 100.

Circa un lettore su tre (34,1%) vive in famiglie che ritengono scarse le proprie risorse economiche.

Dopo la ripresa del 2010, il 2011 segna una battuta d'arresto della produzione libraria italiana: i titoli pubblicati si riducono del 9,4% e le tirature del 5,9%.

La lettura dei libri in Italia

Secondo gli editori, i principali fattori di ostacolo alla lettura dei libri sono: la mancanza di efficaci politiche scolastiche di educazione alla lettura (46,3%), il sostegno inadeguato alla piccola editoria (31,5%) e i bassi livelli culturali della popolazione (37,2%), cui vanno aggiunti, per un editore su quattro, costi al pubblico troppo elevati.

Per accrescere la domanda e ampliare il pubblico dei lettori, gli editori puntano sulle librerie indipendenti (36,3%), sulla grande distribuzione organizzata (31,8%) e, in misura molto inferiore (11%), sui canali di vendita on line (librerie on line, siti di e-commerce ecc.).

Nel 2011, oltre il 15% delle opere pubblicate a stampa in Italia, cioè quasi 9.000 titoli, è stato reso accessibile al pubblico anche sotto forma di eBook. I grandi editori si assicurano la quota più alta di offerta elettronica, che copre l'87,8% della loro produzione a stampa.

Circa 14 milioni e 500.000 persone utilizzano Internet per leggere giornali, news o riviste on line; oltre 1 milione e 900.000 comprano on line libri, giornali, riviste o eBook.

Internet: un'opportunità per la lettura?

Oltre 700.000 le persone che leggono libri on line o eBook su dispositivi mobile.

Nel corso degli ultimi anni i dispositivi mobili si sono fortemente evoluti tecnologicamente ed è cresciuta la loro diffusione.

Nel 2012, circa 5 milioni e 500.000 persone di 16-74 anni hanno usato il web negli ultimi tre mesi e si sono connessi in luoghi diversi da casa o dal posto di lavoro, utilizzando un cellulare, smartphone o un altro dispositivo portatile diverso dal computer (per esempio palmare PDA, lettore MP3, lettore di eBook, console per videogiochi portatile) (pari al 21,9% delle persone di 16-74 anni che hanno usato Internet negli ultimi 3 mesi). Confronta il Prospetto 1 a pagina 286.

Le attuali tecnologie e le nuove funzionalità dei dispositivi mobili sembrano produrre effetti positivi anche sulla lettura: quasi la metà degli utenti d'Internet che ha navigato sul web in luoghi diversi da casa o dal posto di lavoro, mediante un telefono cellulare, smartphone o altro dispositivo portatile diverso dal PC, ha usato questi device per leggere o scaricare giornali, news, riviste (46,1% contro il 50% della media europea); è più contenuta (13,2%) la quota di chi ha utilizzato dispositivi mobili per leggere o scaricare libri on line o eBook, ma comunque pari alla media europea (13%).

UNITÀ 6 — I NOSTRI CLASSICI

Prospetto 1

Persone di 16-74 anni che negli ultimi tre mesi si sono connesse a internet in luoghi diversi da casa e dal posto di lavoro e hanno utilizzato un dispositivo portatile diverso dal computer per leggere o scaricare giornali, news, riviste e/o libri on line o eBook per classe di età.

Anno 2012, per 100 persone di 16-74 anni con le stesse caratteristiche

CLASSI DI ETÀ	Hanno usato un dispositivo portatile diverso dal computer per collegarsi a Internet*	Attività svolte**	
		Leggere o scaricare giornali, news, riviste	Leggere o scaricare libri on line o eBook
16-19	32,7	28,2	11,2
20-24	32,6	44,0	12,5
25-34	26,6	50,8	14,8
35-44	21,6	51,6	12,4
45-54	15,5	43,5	13,8
55-59	12,3	50,1	18,5
60-64	11,1	46,0	8,4
65-74	8,2	45,2	7,9
Totale	**21,9**	**46,1**	**13,2**

* Per 100 persone di 16-74 anni della stessa classe di età che si sono connesse a Internet negli ultimi 3 mesi. Per dispositivo portatile diverso dal computer si intende: telefono cellulare o smartphone, palmare PDA, lettore MP3, lettore di eBook, console per videogiochi portatile ecc.

** Per 100 persone di 16-74 anni della stessa classe di età che hanno usato un dispositivo portatile (diverso dal computer) per collegarsi a Internet negli ultimi tre mesi. Possibili più risposte.

Tra i giovani non lettori di libri uno su tre legge giornali, news o riviste on line

Le generazioni dei "nativi" digitali sono naturalmente più disponibili nei confronti delle nuove tecnologie. I livelli e le forme di fruizione del Web dei giovani sembrano però correlati con la loro maggiore o minore propensione alla lettura. La quota di persone tra i 16 e i 24 anni che dispone di un accesso a Internet da casa è pari all'87,9%, raggiunge il 92,4% tra coloro che leggono libri e aumenta al crescere del numero di libri letti (il 96,7% tra i lettori forti). Confronta il Prospetto 2 a pagina 287.

Il ricorso alla rete per acquisire informazioni si dimostra, inoltre, più frequente proprio tra i giovani che leggono di più: la quota di persone tra i 16 e i 24 anni che leggono o scaricano giornali, news, riviste passa, infatti, dal 45,6% dei lettori deboli al 68,3% dei lettori forti.

Tuttavia, anche i giovani che non leggono mai libri nel tempo libero dispongono ormai in misura rilevante di nuove tecnologie per navigare in Internet: oltre quattro su cinque di essi (82,5%), infatti, ha una con-

La lettura dei libri in Italia

nessione al web da casa e tale dotazione può rappresentare un'importante opportunità di accesso a contenuti culturali. In particolare, quasi un non lettore su tre (29,4%) ha letto o scaricato prodotti editoriali digitali dalla rete.

Prospetto 2

Persone di 16-24 anni che possiedono un accesso a Internet da casa e che negli ultimi tre mesi hanno utilizzato Internet per leggere o scaricare giornali, news o riviste, per numero di libri letti nel tempo libero nei 12 mesi precedenti l'intervista.

Anno 2012, per 100 persone di 16-24 anni che hanno letto lo stesso numero di libri negli ultimi 12 mesi

NUMERO DI LIBRI LETTI NEGLI ULTIMI 12 MESI	Possiedono accesso a Internet da casa	Hanno letto o scaricato giornali, news, riviste
Non lettori	82,5	29,4
Lettori	92,4	52,5
Da 1 a 3 libri	89,3	45,6
Da 4 a 6 libri	93,3	52,4
Da 7 a 11 libri	96,2	59,9
12 o più libri	96,7	68,3
Totale	**87,9**	**41,6**

(da www.istat.it)

Attività

CHI SONO I LETTORI IN ITALIA
COMPETENZE DI LETTURA

L'indagine

1. **Completa la scheda indicando i riferimenti oggetto d'indagine.**

   > Anno: ....
   > Numero delle persone: ....
   > Età delle persone: ....
   > Motivo di lettura: ....
   ....
   ....

Chi sono e quanti sono i lettori in Italia

Leggi attentamente la prima parte dell'indagine e rispondi.

> Qual è la percentuale italiana di lettori?
> Leggono di più gli uomini o le donne? con quali percentuali?
> A quale età si legge in assoluto di più? con quale percentuale?
> Quale condizione familiare incoraggia la lettura nei ragazzi?
> In quale area geografica d'Italia si legge di più? con quale percentuale?

Il parere degli editori

In Italia non si legge molto. I lettori forti, coloro che leggono 12 o più libri all'anno sono il 14% del totale. Gli editori hanno individuato le cause che ostacolano la lettura. Quali sono? Scrivi un tuo parere su queste considerazioni degli editori.

ALLA SCOPERTA DEI TESTI • Il testo narrativo

UNITÀ 6 — I NOSTRI CLASSICI

Libri di carta e libri elettronici

Nell'indagine si afferma che l'utilizzo delle nuove tecnologie per la lettura di libri online o su dispositivi mobili sembra migliorare le abitudini di lettura degli italiani. Prendi in esame il Prospetto 2 che si occupa dei giovani dai 16 ai 24 anni. In esso si evidenzia il raffronto tra lettori e non lettori rispetto all'accesso a Internet e al suo utilizzo per scaricare giornali riviste e news.

Quali dati emergono? Che cosa si verifica nella graduatoria dei lettori rispetto all'uso di Internet?

Anche i non lettori accedono a Internet e lo utilizzano per giornli, riviste ecc. Secondo te questo accesso favorirà anche un avvicinamento alla lettura di libri?

E tu che lettore sei?

2. Dopo tutti questi dati sui lettori italiani viene spontaneo chiedersi: «Ma io, che lettore sono»? Per rispondere con più consapevolezza ti proponiamo un questionario tratto dal sito della rivista letteraria «Prospektiva».

a. Ti piace leggere?
☐ Sì   ☐ No

b. A che età hai letto il primo libro?
☐ 11 anni   ☐ 7 anni
☐ 10 anni   ☐ 6 anni
☐ 9 anni   ☐ 5 anni
☐ 8 anni   ☐ Non ricordo

c. Quali generi preferisci?
☐ Avventura
☐ Sentimentali
☐ Gialli
☐ Horror
☐ Umoristici
☐ Fantascienza

d. I libri che leggi li
☐ acquisti
☐ trovi da amici
☐ prendi in prestito in biblioteca
☐ trovi in casa
☐ scarichi da Internet

e. Hai un libro preferito?
☐ Sì   ☐ No
Se sì, quale? ....

f. Hai mai consigliato di leggere un libro?
☐ Sì   ☐ No
Se sì, quale? ....

g. È accaduto che un programma televisivo, radiofonico o un film ti abbiano spinto a leggere un libro?
☐ Sì   ☐ No
Se sì, puoi fare un esempio? ....
....

h. Qual è per te il mass media più importante per l'avvicinamento alla lettura?
☐ TV
☐ Radio
☐ Giornali
☐ Internet

i. Qual è l'ultimo libro che hai letto?
....

3. Considera le risposte che hai dato: quale profilo di lettore ne emerge?

SENSO DI INIZIATIVA E IMPRENDITORIALITÀ

4. Raccogliete le risposte al questionario di tutti i compagni e rappresentateli con dei grafici. Ricaverete un resoconto del rapporto che la vostra classe ha con la lettura.

OLTRE IL TESTO

Nell'approfondimento digitale ti abbiamo proposto il testo integrale dell'indagine Istat 2013 su *La produzione e la lettura dei libri in Italia*. Scegli un aspetto dell'indagine che suscita il tuo interesse: prendi in esame sia i dati riportati in schemi e grafici sia le considerazioni relative a questi dati e scrivi un breve testo di commento.

Giocare e riflettere con i classici

In un covo di ladri

Oliver Twist è il protagonista del secondo romanzo di Charles Dickens. In esso viene narrata l'infanzia di un orfano, rimasto solo fin dalla nascita dopo la morte della madre, una mendicante. Fino a nove anni il piccolo Oliver vive di stenti nell'orfanatrofio dei poveri; affidato poi a un ospizio, viene vessato dai compagni e maltrattato dal direttore Bumble. A dodici anni vive presso una famiglia e lavora prima come apprendista spazzacamino e poi presso un'impresa di pompe funebri. Umiliato e maltrattato, Oliver decide di fuggire a Londra e durante il viaggio conosce alcuni ladruncoli che operano in questa città.

Siccome Jack Dawkins[1] osservò che non era conveniente entrare in Londra prima di sera, erano quasi le undici quando raggiunsero la barriera di Islington. [...]

Benché avesse abbastanza da occupare la sua attenzione nel non perder di vista il suo conduttore, Oliver non poteva non dare, passando, alcune rapide occhiate ai due lati della via. Non aveva mai visto luoghi più sudici e lerci[2]. La via era angusta e fangosa, e l'aria impregnata d'insopportabile lezzo[3]. V'erano molte bottegucce, ma sembrava che l'unica merce in vendita si componesse di mucchi di bambini, i quali, anche a quell'ora sciamavano[4] alle porte, o strillavano al di dentro. I soli luoghi

1. Jack Dawkins: soprannominato "volpone", è il ragazzo che introduce Oliver nel covo della banda.
2. lerci: molto sporchi.
3. lezzo: odore sgradevole.
4. sciamavano: si spostavano in gruppo.

UNITÀ 6 — I NOSTRI CLASSICI

5. prosperi: in buona condizione.

6. feccia: la parte peggiore, più spregevole.

7. androni: spazio che dal portone d'ingresso porta al cortile, alle scale o agli appartamenti interni.

8. sinistre: minacciose, paurose.

9. balaustra: parapetto a colonne che delimitava il vano della scala.

10. recluta: nel linguaggio militare significa un soldato nuovo, appena arruolato, in questo caso un nuovo ladruncolo.

11. Terra Vergine: questa espressione riferita a Oliver sta a indicare la sua estraneità al mondo del furto.

12. Fagin: capo della banda e addestratore dei ladruncoli.

13. fazzoletti: rubati durante i borseggi.

14. celere: veloce.

15. palandrana: veste da casa ampia e lunga per uomo usata in passato.

prosperi[5] in quella generale miseria pareva fossero le osterie; e in essi la feccia[6] degl'irlandesi litigava e s'azzuffava con molta buona volontà. Passaggi coperti e cortili che qua e là si diramavano dalla via principale, mostravano dei gruppi di case dove uomini e donne, ubriachi, sguazzavano letteralmente nel sudiciume; e da parecchi androni[7] sbucavano caute delle figuracce sinistre[8], nell'atto di muovere, a quanto c'era da credere, per non lodevoli o, certo, non innocenti imprese.

Oliver si stava appunto domandando se non avrebbe fatto meglio a darsela a gambe, quando raggiunsero il fondo della collina. Il suo conduttore, afferrandolo per il braccio, urtò, spalancandola, la porta d'una casa nei pressi di Field Lane, e la richiuse, tirandosi dietro il compagno.

«Chi è?» gridò una voce dal di sotto, in risposta a un fischio del Volpone.

«Plummy e Slam» fu la risposta.

Era senza dubbio una parola d'ordine o un segnale per avvertire che non c'era da temer nulla; perché la luce d'una candela apparve sulla parete nel fondo lontano dell'androne, e spuntò la faccia d'un uomo nel punto dove era stata rotta la balaustra[9] della vecchia scala che portava di sotto in cucina.

«Siete in due,» disse l'uomo, sollevando la candela, e con la mano facendosi schermo agli occhi. «Chi è l'altro?»

«Una nuova recluta[10],» rispose Jack Dawkins, spingendo innanzi Oliver.

«Di dove viene?»

«Terra Vergine[11]. Fagin[12] è di sopra?»

«Sì, sta ordinando i fazzoletti[13]. Avanti!» La candela fu tirata indietro, e la faccia scomparve.

Oliver, brancolando con una mano, e con l'altra tenuta solidamente dal compagno, ascese con molta difficoltà la scalinata buia e sconnessa. Ma il suo conduttore, che andava avanti agile e celere[14], dimostrava di conoscerla a menadito. Spalancò quindi la porta d'una stanza, e si trasse dietro Oliver.

Le pareti e il soffitto della stanza erano perfettamente neri di vecchiaia e di sudiciume. V'era una tavola grezza innanzi al focolare: sulla tavola una candela ficcata nel collo d'una bottiglia di birra, due o tre bicchieri di stagno, un pane, un pezzo di burro e un piatto. Sul focolare, in un tegame che pendeva a una corda legata alla cappa del camino, cuocevano dei pezzi di salsiccia. Chino sulla vivanda con un forchettone in mano, stava un ebreo decrepito, tutto raggrinzito, dal viso ignobile e ripugnante, ombreggiato da una selva di capelli rossicci. Vestiva una palandrana[15] di flanella unta, dalla quale usciva nuda la gola; e intanto pareva che dividesse la sua attenzione fra il tegame e un attaccapanni, mobile, dal quale pendevano in gran numero dei fazzoletti di seta. Parecchi giacigli composti di sacchi vecchi erano schierati l'uno accanto all'altro sul pavimento. Seduti intorno alla tavola erano quattro o cinque

Giocare e riflettere con i classici

16. gravi: seri, importanti.

17. sogghignando: ridacchiando malignamente.

18. tino: recipiente dove Oliver avrebbe potuto lavarsi.

ragazzi, all'incirca della stessa età del Volpone, che fumavano in lunghe pipe di creta e bevevano dei liquori con l'aria di uomini gravi[16].

Tutti si affollarono intorno al loro compagno, quando questi bisbigliò qualche parola all'ebreo, e poi si volsero sogghignando[17] verso Oliver, come fece anche l'ebreo col forchettone in mano.

L'ebreo sogghignò, e, facendo un profondo inchino a Oliver, lo prese per la mano, dicendogli che sperava di avere l'onore di fare con lui una conoscenza più intima.

Dopo di che, i signorini con le pipe attorniarono Oliver, e gli strinsero con forza le mani, specialmente quella in cui teneva il fagottino. Un ragazzo gli tolse con molta sollecitudine l'impaccio del berretto e andò ad appenderlo per lui, un altro fu così cortese da fargli con una mano un giro nelle tasche perché non si disturbasse, stanco com'era, di vuotarle al momento d'andare a letto. Queste cortesie sarebbero state spinte anche più oltre, se l'ebreo non avesse fatto agire un po' il forchettone sulle teste e sulle spalle dei troppo affettuosi e gentili ragazzi.

«Siamo molto contenti di vederti, Oliver, proprio davvero,» disse l'ebreo. «Volpone, servi le salsicce, e porta un tino[18] accanto al fuoco, per Oliver. Ah, tu stai guardando i fazzoletti? Eh, caro mio! Quanti, nevvero? Li abbiamo apparecchiati per il bucato. Perciò son lì, Oliver, perciò son lì. Ah, ah, ah!»

L'ultima parte di questo discorso fu salutata con un gran clamore di tutti gli speranzosi allievi dell'allegro vecchio. E così vociando si misero a cena. Oliver mangiò la sua porzione, e l'ebreo gli servì un bicchiere di gin con acqua calda, raccomandandogli di berlo subito, perché il recipiente doveva servire a un altro. Oliver obbedì. Subito dopo si sentì dolcemente sollevato e portato su un giaciglio, e quindi s'immerse in un profondo sonno.

(C. Dickens, *Le avventure di Oliver Twist*, tradotto dall'inglese da S. Spaventa-Filippi, Einaudi)

UNITÀ 6 — I NOSTRI CLASSICI

Attività

GIOCARE CON I PERSONAGGI (COMPETENZE DI LETTURA)

Desiderio di fuga

1. Oliver, dopo aver osservato la vita in un sobborgo di Londra, è disorientato, vuole fuggire. La sua esistenza, fino ad allora, non era stata certo felice ma è comunque turbato da quello spettacolo. Rileggi la descrizione del quartiere e, immedesimandoti in Oliver, rifletti su quali aspetti ti indurrebbero a fuggire.

Oliver "Terra Vergine"

2. L'estraneità di Oliver a quel mondo di ladri viene subito intuita da Fagin e dalla sua banda.
   > Perché ridacchiano con cattiveria?
   > La loro falsa cortesia come si manifesta?
   > Qual è il motivo della loro "gentile" perquisizione di Oliver?

GIOCARE CON I LUOGHI (SENSO DI INIZIATIVA E IMPRENDITORIALITÀ)

Un'atmosfera lugubre e tetra

3. La stanza dove Oliver viene introdotto alla presenza di Fagin è descritta con pochi tratti ma ben nitidi ed efficaci per far apparire ai nostri occhi il suo aspetto tetro. Fagin e i suoi ladruncoli non fanno che aumentare questo aspetto sinistro del luogo.
   > Con quali colori rappresenteresti questa stanza?
   > A quali elementi daresti spazio per far rivivere l'atmosfera non proprio rasserenante?
   > Rappresenta con un disegno l'intera scena o solo un particolare della stanza.
   > Se non sei abile con la matita, cerca su riviste, giornali, oppure in Internet qualche immagine che rimandi all'atmosfera, ai personaggi, alla stanza (o a qualche suo particolare) descritta nel brano che hai letto.

Se questo brano ti è piaciuto...

... puoi leggere l'intero libro, di cui riassumiamo una parte della trama.

Nell'introduzione al testo hai letto qualche passaggio della vita di Oliver prima di giungere a Londra.
Dopo l'incontro con Fagin e i ladruncoli da lui addestrati, Oliver viene introdotto in questa nuova esistenza notturna nei bassifondi di Londra. Durante un furto della banda, Oliver viene accusato ingiustamente di esserne l'esecutore. La vittima del borseggio, mister Brownlow, lo scagiona evitandogli la prigione.
Brownlow inoltre lo accoglie a casa sua, prendendosene cura.
Ma qualcuno vuole che Oliver torni con i ragazzi di Fagin...

Che ne sarà di Oliver? Avrà la possibilità di una vita dignitosa oppure ricadrà nelle trame delittuose dei bassifondi di Londra? Scoprilo leggendo il libro per intero!

Giocare e riflettere con i classici

 Agatha Christie

Un'inquietante filastrocca e una voce disumana

A Nigger Island, un'isola lungo le coste del Devon, in Inghilterra, si ritrovano dieci persone, invitate da un padrone di casa che nessuna di loro conosce, a trascorrere un periodo di vacanza nella sua dimora. Giunti sull'isola, i dieci personaggi si accomodano nelle loro camere, in ciascuna delle quali si trova affissa alla parete una filastrocca per bambini, dal titolo Dieci piccoli negretti, *che racconta la morte di questi negretti. Dopo cena, la conversazione degli ospiti è interrotta da una voce improvvisa, disumana...*

Vera[1] andò a sedere sulla panchetta nel vano della finestra. Provava un vago turbamento. Tutto era un po' strano... l'assenza degli Owen[2], quella signora Rogers pallida come uno spettro. E gli ospiti! Sì, anche gli ospiti erano strani. Una compagnia curiosamente assortita. «Vorrei proprio vedere questi Owen... Vorrei sapere che tipi sono», pensò.

Si alzò e passeggiò nervosamente per la stanza. Una camera da letto perfetta, modernamente arredata. Soffici tappeti bianchi sul pavimento di legno, pareti chiare, un lungo specchio. La mensola del caminetto era priva di soprammobili, a eccezione di un orso di marmo bianco: una scultura moderna nella quale era inserito un orologio. Al di sopra del caminetto, in una cornice cromata, una grande pergamena, con una poesia.

Vera la lesse. Era una di quelle vecchie filastrocche per bambini che ricordava fin dall'infanzia.

> *Dieci poveri negretti*[3]
> *se ne andarono a mangiar:*
> *uno fece indigestione,*
> *solo nove ne restar.*
> *Nove poveri negretti*
> *fino a notte alta vegliar:*
> *uno cadde addormentato,*
> *otto soli ne restar.*
> *Otto poveri negretti*
> *se ne vanno a passeggiar:*
> *uno, ahimè, è rimasto indietro,*
> *solo sette ne restar.*
> *Sette poveri negretti*
> *legna andarono a spaccar:*
> *un di lor s'infranse a mezzo,*
> *e sei soli ne restar.*
> *I sei poveri negretti*
> *giocan con un alvear:*
> *da una vespa uno fu punto,*
> *solo cinque ne restar.*

---

1. **Vera**: Vera Claytorne, una delle tre donne presenti sull'isola. Vera ed Emily Brent erano tra gli ospiti, mentre Ethel Rogers era la moglie del maggiordomo.
2. **Owen**: la coppia che aveva invitato Vera per lettera.
3. **Dieci poveri negretti**: il titolo originale di questo giallo (scritto nel 1939) era *Dieci piccoli negri* (*Ten Little Niggers*). La parola *nigger* venne ritenuta dispregiativa e il titolo fu contestato dal comitato antirazziale inglese nel 1966; l'editore quindi trasformò il titolo in *Dieci piccoli indiani*. Già nel 1940, del resto, il romanzo era uscito negli Stati Uniti con un titolo del tutto diverso: *... E poi non rimase nessuno*.

UNITÀ 6 — I NOSTRI CLASSICI

4. ammansito: reso più dolce, meno astioso.

5. signor Davis: il nome con cui si era presentato agli altri ospiti William Henry Blore.

Cinque poveri negretti
un giudizio han da sbrigar:
un lo ferma il tribunale,
quattro soli ne restar.
Quattro poveri negretti
salpan verso l'alto mar:
uno un granchio se lo prende,
e tre soli ne restar.
I tre poveri negretti
allo zoo vollero andar:
uno l'orso ne abbrancò,
e due soli ne restar.
I due poveri negretti
stanno al sole per un po':
un si fuse come cera
e uno solo ne restò.
Solo, il povero negretto
in un bosco se ne andò:
ad un pino s'impiccò,
e nessuno ne restò.
[...]

La cena stava per terminare. Cibo ottimo, vini squisiti. Rogers serviva in modo impeccabile.

Tutti erano di buon umore. Avevano cominciato a conversare con maggior disinvoltura e in tono più confidenziale. Il giudice Wargrave, ammansito⁴ dal Porto eccellente, divertiva con le sue <mark>battute caustiche</mark>, e il dottor Armstrong e Tony Marston lo ascoltavano con piacere. La signorina Brent parlava col generale Macarthur: avevano scoperto di avere amici comuni. Vera Claythorne faceva al signor Davis⁵ domande intelligenti sul Sudafrica. Il signor Davis era informatissimo sull'argomento. Lombard ascoltava quella conversazione. Un paio di volte, alzò

 ## Parole, parole...

Battute caustiche

Che tipo di battute fa il giudice Wargrave? *Caustico* deriva dalla parola latina *causticus*, che deriva a sua volta dal termine greco *kaustikòs*, "bruciante".
Si dice *caustica* una sostanza altamente corrosiva dei tessuti organici. Queste sostanze vengono utilizzate in medicina per cauterizzare, cioè applicare alte temperature su porri, verruche, ulcere, eliminandole o guarendole.
Il significato originario della parola ("corrosivo") può essere usato anche in senso figurato, simbolico. *Caustico*, in senso figurato, significa pungente, acre, mordace, sarcastico, ironico, e anche malevolo e offensivo. Wargrave non brucia, non corrode fisicamente le persone con cui parla ma aggredisce e provoca gli ospiti con le sue battute.

● Conosci qualche sostanza caustica? A che cosa serve?
....
....

● Inventa una frase utilizzando l'aggettivo *caustico* in senso figurato. Aiutati con il dizionario.

● Come si divide in sillabe *caustico*? ....

Giocare e riflettere con i classici

bruscamente lo sguardo, socchiudendo gli occhi. Di tanto in tanto si guardava intorno, studiando gli altri.

Improvvisamente, Anthony Marston disse: «Graziose quelle figurine, vero?».

In mezzo alla tavola rotonda, su un centro di cristallo, c'erano delle statuine di porcellana. «Negretti», soggiunse Anthony. «L'isola si chiama Nigger Island; immagino sia per questo.»

Vera si chinò a osservare. «Crede? Quante sono? Vediamo... Dieci? Sì, sono dieci. Ma che carini! Sono i dieci negretti della poesia. Nella mia camera è incorniciata e appesa sopra il caminetto.»

«Anche in camera mia», disse Lombard.

«E nella mia.»

«Nella mia pure.»

Tutti fecero coro.

«Un'idea originale, no?», commentò Vera.

Ma il giudice Wargrave brontolò: «Puerile». E si versò un altro bicchiere di Porto.

Emily Brent guardò Vera Claythorne. Vera guardò la signorina Brent. Le due donne si alzarono. Nel salotto, le grandi portefinestre erano aperte sulla terrazza e giungeva fino a loro il mormorio del mare contro le rocce.

Emily Brent disse: «Suono piacevole, vero?».

«Lo detesto», ribatté Vera con durezza.

La signorina Brent la guardò sorpresa.

UNITÀ 6 — I NOSTRI CLASSICI

Vera arrossì. «Non credo che quest'isola sia tanto piacevole quando c'è tempesta», disse in tono più dolce.

Emily Brent fu d'accordo. «Senza dubbio chiuderanno la casa, d'inverno. Innanzitutto dev'essere molto difficile trovare domestici che vengano qui, in quella stagione.»

«Dev'essere difficile trovare domestici che vengano qui in qualsiasi stagione», ribatté Vera.

«La signora Oliver è stata fortunata a trovare quei due», osservò Emily Brent. «La donna è una buona cuoca.»

Vera pensò: «Strano come la gente anziana sbagli sempre i nomi».

E disse: «Sì, credo che la signora Owen sia stata davvero fortunata».

Emily Brent aveva tolto dalla borsetta un piccolo ricamo. Mentre stava per infilare l'ago, s'interruppe. «Owen? Ha detto Owen?», chiese bruscamente.

«Sì.»

Emily Brent continuò, sullo stesso tono: «Non ho mai conosciuto in vita mia qualcuno che si chiamasse Owen».

Vera era sbalordita. «Ma come! Senza dubbio...»

Non finì la frase. Si aprì la porta e gli uomini le raggiunsero. Rogers li seguiva, col vassoio del caffè. Il giudice andò a sedersi accanto a Emily Brent. Armstrong si avvicinò a Vera. Tony Marston si diresse verso la finestra aperta. Blore si mise a studiare con meraviglia una statuetta d'ottone, forse domandandosi se quelle bizzarre angolosità volessero realmente rappresentare una figura femminile. Il generale Macarthur rimase in piedi con le spalle rivolte al caminetto. Si tormentava i baffi. Era stata una cena veramente ottima. Gli aveva ridato il buonumore. Lombard sfogliava il «Punch» che aveva trovato tra gli altri giornali, sul tavolo addossato alla parete.

Rogers servì il caffè bollente e carico al punto giusto.

Tutti avevano mangiato bene ed erano soddisfatti. Le lancette dell'orologio segnavano le nove e venti. Ci fu un attimo di silenzio rilassato, sereno. E in quel silenzio si udì la Voce. Improvvisa, inumana, penetrante...

Signore e signori! Prego, silenzio!

Tutti sussultarono. Si guardarono attorno, si fissarono l'un l'altro, scrutarono le pareti. Chi parlava?

La Voce continuò: una voce alta e chiara.

Siete imputati delle seguenti colpe:

Edward George Armstrong, il 14 marzo 1925 ha provocato la morte di Louisa Mary Clees.

Emily Caroline Brent, il 5 novembre 1931 è stata responsabile della morte di Beatrice Taylor.

William Henry Blore, il 10 ottobre 1928 ha causato la morte di James Stephen Landor.

Vera Elizabeth Claythorne, l'11 agosto 1935 ha ucciso Cyril Ogilvie Hamilton.

Giocare e riflettere con i classici

Philip Lombard, un giorno del febbraio 1932 si è reso colpevole della morte di ventun uomini appartenenti a una tribù dell'Africa Orientale.
John Gordon Macarthur, il 4 gennaio 1917 ha deliberatamente mandato a morte sicura l'amante di sua moglie, Arthur Richmond.
Anthony James Marston, il 14 novembre scorso si è reso colpevole dell'assassinio di John e Lucy Combes.
Thomas Rogers ed Ethel Rogers, il 6 maggio 1929 hanno provocato la morte di Jennifer Brady.
Lawrence John Wargrave, il 10 giugno 1930 è stato responsabile dell'assassinio di Edward Seton.
Imputati alla sbarra, che cosa avete da dire in vostra difesa?

La Voce tacque. Ci fu un momento di silenzio, un silenzio di tomba, e poi un improvviso fracasso. Rogers aveva lasciato cadere il vassoio del caffè. In quell'istante, fuori del salotto, si udirono un grido e un tonfo.

Lombard fu il primo a muoversi. In un balzo raggiunse la porta e la spalancò. Fuori, afflosciata sul pavimento, c'era la signora Rogers.

Lombard chiamò: «Marston!».

Anthony accorse ad aiutarlo. Sollevarono la donna e la trasportarono nel salotto.

Il dottor Armstrong si avvicinò subito. Li aiutò a adagiarla sul divano e si chinò su di lei. «Non è nulla», disse. «È svenuta. Si riavrà subito.»

«Presto, del cognac», disse Lombard a Rogers.

Rogers, bianco in viso, con le mani tremanti, mormorò: «Sì, signore». E scivolò rapido fuori del salotto.

Vera gridò: «Ma chi parlava? Dov'era? Sembrava... sembrava...».

«Che succede? Che scherzi sono questi?», farfugliò il generale Macarthur. Le mani gli tremavano. Le spalle gli si erano incurvate. Pareva invecchiato improvvisamente di dieci anni.

Blore si asciugò il viso col fazzoletto. Solo il giudice Wargrave e la signorina Brent sembravano relativamente impassibili. Emily Brent sedeva rigida come il solito, con la testa alta. Sulle guance aveva una macchia di cupo rossore. Il giudice stava nella posa abituale, la testa un po' affondata nelle spalle. Con una mano si grattava leggermente un orecchio. Solo gli occhi apparivano dinamici, in lui, e lanciavano intorno sguardi rapidi, incuriositi, vigili.

UNITÀ 6 — I NOSTRI CLASSICI

Mentre Armstrong era occupato con la donna svenuta, Lombard esclamò: «Sembrava che la voce venisse da questa stanza».

«Chi era? Chi era?», gridò Vera. «Certo, non uno di noi.»

Come il giudice, Lombard si guardò attorno. I suoi occhi indugiarono per un attimo sulla finestra aperta, ma scosse subito il capo decisamente. A un tratto, il viso gli si illuminò. Si mosse svelto in direzione del caminetto verso una porta che dava in una stanza attigua.

Con gesto deciso, afferrò la maniglia e la spalancò. Varcò la soglia e immediatamente lanciò un grido di soddisfazione. «Ah, ecco qui!»

Gli altri gli si affollarono intorno. Solo la signorina Brent restò seduta rigidamente sulla sua sedia.

Nella stanza attigua, un tavolo era stato spinto accanto alla parete divisoria. Sul tavolo, c'era un grammofono vecchio modello, con una grossa tromba. La bocca della tromba era appoggiata contro la parete, e Lombard, scostandola, mostrò due o tre piccoli fori, quasi invisibili, praticati nel muro. Rimise a posto il grammofono, avvicinò la puntina al disco e immediatamente si udì di nuovo:

Siete imputati delle seguenti colpe...

Vera gridò: «È orribile! Basta!».

Lombard obbedì.

«Penso che si tratti di uno scherzo crudele e di pessimo gusto», disse il dottor Armstrong, con un sorriso di sollievo.

Con voce sottile e chiara, il giudice Wargrave chiese: «Lei crede proprio che si tratti di uno scherzo?».

«Che altro potrebbe essere?»

Il giudice si accarezzò leggermente il labbro superiore. «Per il momento non sono in grado di esporre un'opinione in proposito», disse.

Anthony Marston intervenne. «C'è una cosa che abbiamo dimenticato. Chi ha acceso il grammofono e l'ha fatto funzionare?»

Wargrave mormorò: «Già. Credo che si debba indagare su questo». E si avviò di nuovo verso il salotto. Gli altri lo seguirono.

Rogers tornò in quel momento con un bicchiere di cognac. La signorina Brent era china sulla signora Rogers. Il maggiordomo s'insinuò tra le due donne.

«Permette, signora, voglio parlarle. Ethel... Ethel... stai tranquilla. Va tutto bene, capisci? Su, calmati.»

La signora Rogers respirava affannosamente. I suoi occhi, vitrei[6] e terrorizzati, passavano incessantemente dall'uno all'altro dei visi che la circondavano.

La voce di Rogers si fece ansiosa, quasi impaziente. «Calmati, Ethel.»

Il dottor Armstrong le parlò dolcemente. «Adesso sta bene, signora Rogers. Un capogiro, ecco tutto.»

La donna domandò: «Sono svenuta?».

6. vitrei: fissi, immobili.

(A. Christie, *Dieci piccoli indiani*, tradotto dall'inglese da L. Grimaldi, Mondadori)

Giocare e riflettere con i classici

Attività

GIOCARE CON LA TRAMA

`COMPETENZE DI SCRITTURA`

Un delitto per ogni negretto

1. La filastrocca parla di dieci piccoli negretti che, uno alla volta, muoiono in un modo diverso. Abbina a ogni "negretto" uno dei personaggi-assassini che verranno uccisi, a loro volta, uno dopo l'altro. Per esempio, quale dei dieci ospiti verrà assassinato come il primo negretto, attraverso una indigestione?
   Non devi prendere alla lettera il tipo di morte descritto nella filastrocca, ma intenderlo in senso piuttosto ampio; per esempio invece che una morte per indigestione puoi immaginare un avvelenamento, una cosa che, con l'indigestione, ha una qualche attinenza.

GIOCARE CON I PERSONAGGI

Vittime del loro crimine

2. Rileggi le accuse che vengono rivolte agli ospiti. Si saprà, in seguito, che sono tutti crimini per cui la giustizia ha già emesso una sentenza di non colpevolezza. Quindi chi li vuole assassinare sa qualcosa in più. Scegli uno o più personaggi, immagina e scrivi come si è trasformato in un assassino. Modalità e movente possono essere molteplici. Te ne suggeriamo alcuni.

   a. Un delitto può essere
      - premeditato;
      - per autodifesa;
      - involontario come un incidente;
      - conseguenza di un errato modo di comportarsi.

   b. Un delitto può essere commesso
      - per gelosia;
      - per amore;
      - per la brama di ricchezza o di potere.

 SCUOLA DI SCRITTURA
Nella lezione 11 puoi trovare indicazioni su come giocare con i personaggi e su come reinventare il finale di una storia.

Se questo brano ti è piaciuto...

... puoi leggere l'intero libro, di cui riassumiamo una parte della trama.

Che ne sarà delle dieci persone riunite sull'isola? Succederà la stessa cosa che è accaduta ai dieci piccoli negretti? Dopo le prime morti, tra gli ospiti si fa strada la consapevolezza che l'assassino non è un estraneo ma è uno di loro. Dieci assassini vengono trasformati in dieci vittime e il tutto si svolge su un'isola, senza possibilità di comunicare con la terraferma. L'ambiente chiuso rende ancora più misterioso e avvincente questo enigma...

Riusciranno gli ospiti della misteriosa casa a sopravvivere e a scoprire chi vuole la loro morte? Scoprilo leggendo il libro per intero!

I NOSTRI CLASSICI

L'ufficio di zio Grigorian

Lo zio Grigorian, che è arrivato all'improvviso, come dal nulla, ed è circondato da un'aura di mistero, accompagna i gemelli Fritz ed Helen e il loro cuginetto Jonathan, detto Barile, in una visita del suo "ufficio": il locale, che a prima vista appare come un comune ufficio, riserva sorprese difficili da comprendere. I ragazzi, che si ritrovano immersi in un paesaggio lunare, cercano una spiegazione tecnologica: un proiettore nascosto che invia immagini nella camera. Ma il proiettore non c'è: sono veramente sulla Luna?

Il locale aveva l'aspetto di un ufficio moderno. Sul pavimento c'era una moquette grigia e le pareti erano dipinte di bianco. Come arredo, una scrivania, uno schedario, una macchina per scrivere, delle sedie e delle poltroncine a braccioli.

«Be', che c'è di tanto speciale in un ufficio?», disse Barile, con i suoi soliti modi bruschi.

«Lo vedrai da te», rispose lo zio Grigorian.

Fritz si chiese perché mai lo zio mostrasse di dare tanta importanza a quel posto.

«È qui che tu lavori?»

«Possiamo anche metterla così», replicò zio Grigorian. Sembrava deciso a continuare a fare il misterioso su tutta la faccenda.

Helen stava esaminando la porta.

«Questo è davvero strano», disse.

«Che cosa?», Fritz la raggiunse.

«Guarda! Le fessure si vedono, ma dentro non ci passa neppure un'unghia, come se fosse a chiusura stagna[1]. Mi chiedo da che parte entra l'aria.»

Fritz osservò più da vicino. Toccò la porta e la saggiò con l'unghia, ma incontrò una inspiegabile resistenza. Spostò la mano fino alla cornice e poi alla parete: stesso risultato. L'intera stanza era come foderata da una lamina di materiale plastico assolutamente trasparente.

«Questa stanza è come sigillata, tutt'intorno!», esclamò.

«Esatto», confermò lo zio Grigorian. «E adesso lasciate che vi mostri a quale scopo.»

Aprì lo schedario, cioè quello che esternamente sembrava uno schedario. I suoi cassetti erano finti e, infatti, anziché aprirsi un solo cassetto, si aprì l'intero pannello frontale, scoprendo un'infinità di interruttori e di quadranti. Armeggiò per un momento, poi richiuse il pannello.

«Notate nulla?», si rivolse ai ragazzi. Helen si guardò intorno.

«Le pareti sono diventate scure», disse.

«Un minuto», l'uomo andò verso l'interruttore della luce. «Mettetevi tutti seduti, a meno che nel buio non vogliate andare a sbattere l'uno contro l'altro.»

Loro ubbidirono e lui spense la luce.

«Guardate, adesso!»

---

1. chiusura stagna: chiusura ermetica, per impedire qualsiasi infiltrazione.

Giocare e riflettere con i classici

Ciò che videro, furono le stelle: a milioni, molto più numerose e scintillanti del consueto. Ma in cielo c'era anche qualche altra cosa: un grosso pianeta di colore azzurro, ricoperto da sbaffi di nuvole. Uno dei suoi bordi era in ombra.

«Siamo sulla Luna!», urlò Barile, eccitatissimo.

«Non essere sciocco», lo ammonì Fritz. «È semplicemente una proiezione: la Terra vista dallo spazio. Ma devo riconoscere che è una proiezione incredibilmente buona.»

«È meraviglioso», sussurrò Helen. Improvvisamente Fritz notò qualcosa.

«Le pareti!», disse, con voce soffocata.

«Sono buie», osservò Barile.

«Guardate non le pareti, ma attraverso di esse.»

I tre ragazzi sgranarono gli occhi. Potevano scorgere un panorama brullo e grigiastro, un po' somigliante ai deserti lunari, con le montagne in lontananza.

«Che vi avevo detto? Siamo sulla Luna», ripeté Barile.

Lo zio Grigorian riaccese la luce e le pareti tornarono a farsi opache. Scomparvero anche le stelle, ma sul soffitto era ancora chiaramente visibile la Terra.

«Allora, che ne pensate?», chiese l'uomo, soddisfatto.

«Molto ingegnoso», commentò Fritz.

«Sì, ma non ti chiedi come ho fatto?»

«Per il soffitto e per tre delle pareti la spiegazione è semplice. Tutto ciò che occorre è un proiettore piazzato dietro al materiale plastico. Ma per la parete in cui si apre la porta... be', non riesco a spiegarmelo. Da quella parte c'è l'aia e, se ci fosse un proiettore o qualcosa del genere, lo avremmo visto.»

«La spiegazione è molto più semplice», disse zio Grigorian, tranquillamente. «Ci troviamo sulla Luna.»

Fritz trattenne a stento una risatina. Questo era esattamente il genere di scherzi che ci si sarebbe potuto aspettare da uno come Barile.

«Non ti aspetterai che ti creda», ribatté.

«Non fino a quando te ne avrò dato la prova», disse lo zio, e questa volta il suo tono era serissimo.

«È facile verificare se è così», affermò Barile. «Andiamo a fare una passeggiata di fuori.»

«Non possiamo», replicò Fritz. «Non vedi che la porta è scomparsa?»

«Per questo non ci sono problemi», disse zio Grigorian.

Riaprì lo schedario, manovrò qualche pulsante e di colpo ritornarono le pareti e la porta della costruzione di pietra affacciata sull'aia.

«Andiamo in qualche altro posto», suggerì l'uomo.

Stavolta il soffitto e i muri rimasero quelli che erano, però di fianco alla porta comparve una finestra. Fritz guardò fuori.

«Trafalgar Square!», esclamò.

Lo zio Grigorian sorrise, soddisfatto.

UNITÀ 6 — I NOSTRI CLASSICI

2. **stolida**: inebetita.

«I muri sono molto spessi», considerò Fritz. «Potrebbe esserci un proiettore incassato nella parete.»

«Però adesso ci troviamo in un posto in cui puoi anche uscire e andare a controllare», ribatté l'uomo.

Fritz lo guardò un attimo, indeciso.

«Allora vai o no?», lo sollecitò lo zio.

«D'accordo.»

Era proprio il caso di metter fine a quello stupido scherzo. Aprì la porta, la attraversò... e si trovò sul tipico selciato di Trafalgar Square, una delle più inconfondibili piazze di Londra. Rimase come paralizzato, con la bocca spalancata per lo stupore. Nel petto il cuore gli batteva come un maglio. Il ragazzo osservò con aria stolida[2] la Colonna di Nelson, che si ergeva nell'aria proprio di fronte a lui.

Un uomo in bombetta andò a sbattergli contro. Fritz gli fece le scuse e si tirò da parte per farlo passare. Si guardò intorno con maggior attenzione. Dall'altra parte della Colonna di Nelson c'era, proprio dove avrebbe dovuto essere, la facciata inconfondibile della National Gallery. Aveva negli orecchi il rumore del traffico intenso e il suo naso sentiva l'odore viziato dell'aria di Londra. Mosse un passo con grande cautela, come per accertarsi che il selciato fosse solido e concreto. Non accadde nulla, a parte il fatto che si trovò più vicino di un passo al bordo del marciapiede.

Si voltò indietro, per guardare il posto da dove era venuto. Anziché la costruzione di pietra della fattoria, vide un portoncino del tutto anonimo con una finestra scura accanto, incassati fra la vetrina di un negozio e l'ingresso di un cinema. Sulla porta non c'era alcuna insegna che dicesse dove conduceva e un qualsiasi passante non si sarebbe neppure accorto che c'era.

Nell'angolo più vicino, dalla parte della stazione di Charing Cross, c'era un uomo che vendeva i giornali della sera. Fritz lo raggiunse, gli porse il denaro e prese il giornale. Il ragazzo controllò la data. Era proprio quella di quel giorno.

Sentendosi piuttosto sconcertato, tornò indietro fino alla porta, la aprì e si ritrovò nell'ufficio. Diede il giornale a Helen e si lasciò cadere su una sedia.

«Bene», disse poi, fissando lo zio Grigorian, «se puoi trasferirti a Londra come se nulla fosse, suppongo che tu sia perfettamente in grado di andare anche sulla Luna.»

L'uomo tardò un attimo a rispondere. Sembrava che stesse ponderando attentamente l'affermazione del nipote.

«In effetti», disse poi, «è più facile andare sulla Luna che nel cuore di Londra. Sì, credo che questa potrebbe essere benissimo chiamata una nave spaziale. È composta dallo scafo di plastica», comprese in un gesto della mano l'intera stanza, «e dall'appa-

Giocare e riflettere con i classici

rato di propulsione e comando», così dicendo, batté la mano sullo schedario. «Spostarsi è facile. Non devo fare altro che premere un pulsante e sono già dove voglio. Però devo essere in grado di dire con esattezza assoluta dove voglio andare.

È questo il difficile. Non c'è nessun problema ad andare sulla Luna, dove non c'è alcun rischio di andare a sbattere accidentalmente contro qualcosa; ma per trasferirmi in un posto come questo, a Trafalgar Square, devo dare le coordinate spazio-temporali con la massima precisione.»

«Capisco», annuì Fritz. «Immagino che, per venire qui, tu abbia dovuto prima trovare questa stanza, prenderla in affitto, metterla sottochiave...»

«Esattamente. E doveva essere una stanza press'a poco della stessa grandezza della mia astronave.»

«Questo perché?», volle sapere Barile. «Sarebbe andata bene una qualsiasi stanza, purché più grande, naturalmente.»

«No, no! All'incirca della stessa misura», ribadì zio Grigorian. «Nel caso che, mentre sono qui, dovesse entrare qualcuno, capite?»

«No», ammise Helen, con semplicità.

«Se fosse più grande», spiegò lo zio, con pazienza, ma il concetto non era facile da chiarire, «fra le sue pareti e quelle dell'astronave resterebbe uno spazio vuoto, un'intercapedine... Ecco, chiunque venisse a trovarsi casualmente in quell'intercapedine, sparirebbe.»

I ragazzi rinunciarono a chiedere maggiori spiegazioni in proposito.

«Però, dato che la Terra è in continua rotazione», obiettò Fritz, «devi ricalcolare le coordinate ogni volta.

Non è questo il peggio. Dopo la prima volta, il computer, qui dentro», batté ancora la mano sullo schedario, «modifica le coordinate automaticamente.»

Fritz era affascinato.

«Insomma, tutto ciò che devi fare, se ho ben capito, è trovare una stanza press'a poco delle stesse dimensioni, tracciarne la posizione e inserire i dati nel calcolatore; dopo di che puoi andare in quel posto tutte le volte che vuoi. Ma il trasferimento avviene istantaneamente?»

«Praticamente nello stesso istante. Invece, se si viaggia nello spazio, occorre un po' più tempo, abbastanza per notarlo.»

«Oltre che nel Galles e a Londra», intervenne Helen, «hai preso delle stanze anche in altri posti?»

«Sì.» L'uomo girò una manopola. «State a vedere.»

Helen vide che adesso si trovavano molto più in alto. La finestra si era fatta molto più grande. La città in cui erano pareva una foresta di grattacieli.

«New York!», disse, ricordandosi delle fotografie che aveva visto nel libro di geografia.

«Chicago, per l'esattezza», corresse lo zio Grigorian.

Premette un altro pulsante. Videro Tokyo, Caracas, Vienna, Leningrado[3] e Hong Kong, tutto nello spazio di pochi minuti. In ogni città la

2. Leningrado: l'attuale San Pietroburgo, in Russia.

UNITÀ 6 — I NOSTRI CLASSICI

finestra prendeva una forma diversa, e l'ufficio si trovava a differente altezza rispetto al piano stradale. A volte la porta si apriva direttamente sul marciapiede, altre volte era dalla parte opposta della stanza e portava al pianerottolo dell'ascensore oppure alle scale.

Alla fine i ragazzi chiesero una pausa.

«Mi sento come se avessi fatto indigestione di gelato», commentò Helen.

«Ma come diavolo funziona?», chiese Fritz. «Voglio dire, che cosa fa muovere la nave?»

«Non ne ho idea», lo zio Grigorian si strinse nelle spalle. «Io non sono un fisico.»

«Allora...», Fritz fu attraversato da un pensiero improvviso, che lo fece trasalire. «Zio Grigorian, tu chi sei?»

(K. Follett, *Il pianeta dei bruchi*, tradotto dall'inglese da G. Padoan, Mondadori)

Attività

GIOCARE CON I PERSONAGGI
COMPETENZE DI LETTURA

Lo scettico Fritz

1. In più momenti Fritz si mostra dubbioso, piuttosto incredulo, cerca spiegazioni "razionali". Rileggi i passaggi che mostrano questo suo atteggiamento, poi rifletti e rispondi.

> Condividi l'atteggiamento di Fritz? Secondo te è giustificato?
> Tu come ti saresti comportato?
> Confronta il suo atteggiamento con quello di Helen e Barile. Quali analogie e quali differenze riscontri?

GIOCARE CON I LUOGHI
L'ufficio-astronave

2. Disegna, anche solo con uno schizzo, l'ufficio-astronave di zio Grigorian. Inserisci gli elementi presenti nel brano e poi completa con la tua fantasia.

COMPETENZE DI SCRITTURA

Io... nell'ufficio di zio Grigorian

3. E tu dove vorresti essere trasferito? In quale luogo della Terra? Scrivi il racconto della tua visita seguendo come traccia la passeggiata di Fritz a Trafalgar Square.

Se questo brano ti è piaciuto...

...puoi leggere l'intero libro, di cui riassumiamo una parte della trama.

Nella pensione "Sole e Bellavista", gestita dalla madre di Helen e Fritz, arriva inaspettato, come dal nulla, lo zio Grigorian. I due gemelli e il cuginetto Jonathan, che non ama sentirsi chiamare Barile, conosceranno meglio lo zio che si rivelerà essere un alieno, una sorta di agente segreto dell'Impero Galattico che ha il compito di sorvegliare i mondi, come la Terra, che stanno per scoprire il segreto dei viaggi spaziali. Lo zio proporrà ai ragazzi una missione nella quale dovranno fare da arbitri tra due fazioni del Settore Gamma-Iota della galassia.

Che cosa accadrà nel corso del viaggio intergalattico? Scoprilo leggendo il libro per intero!

Giocare e riflettere con i classici

Italo Calvino

Sugli alberi sotto la pioggia

Per protestare contro le imposizioni della famiglia, Cosimo Piovasco, barone di Rondò, decide di andare a vivere sugli alberi. Quando arriva la pioggia, il fratello Biagio (la voce narrante) si preoccupa per lui e chiede alla madre il permesso di portargli un ombrello: dopo un primo momento di calma, la mamma Generalessa dà libero sfogo alla sua preoccupazione di genitrice e, oltre all'ombrello, prepara molti altri oggetti che possano alleviare il disagio di Cosimo sotto la pioggia. L'indomani splende il sole e il padre di Cosimo gli organizza una lezione di letteratura latina con l'Abate, il precettore dei due fratelli...

La pioggia, da lungo tempo attesa nelle campagne, cominciò a cadere a grosse rade gocce. Di tra le catapecchie si sparse un fuggi fuggi di monelli incappucciati in sacchi, che cantavano: «*Ciéuve! Ciéuve! L'aiga va pe éuve!*[1]». Cosimo sparì abbrancandosi alle foglie già grondanti che a toccarle rovesciavano docce d'acqua in testa.

Io, appena m'accorsi che pioveva, fui in pena per lui. L'immaginavo zuppo, mentre si stringeva contro un tronco senza riuscire a scampare alle acquate oblique. E già sapevo che non sarebbe bastato un temporale a farlo ritornare. Corsi da nostra madre: «Piove! Che farà Cosimo, signora madre?».

La Generalessa scostò la tendina e guardò piovere. Era calma. «Il più grave inconveniente delle piogge è il terreno fangoso. Stando lassù ne è immune.»

«Ma basteranno le piante a ripararlo?»

«Si ritirerà nei suoi attendamenti.»

«Quali, signora madre?»

«Avrà ben pensato a prepararli in tempo.»

«Ma non credete che farei bene a cercarlo per dargli un ombrello?»

Come se la parola «ombrello» d'improvviso l'avesse strappata dal suo posto d'osservazione campale e ributtata in piena preoccupazione materna, la Generalessa prese a dire: «*Ja, ganz gewiss!*[2] E una bottiglia di

---

1. ***Ciéuve! Ciéuve! L'aiga va pe éuve!***: Piove! Piove! La gallina ha fatto l'uovo (dialetto ligure).
2. ***Ja, ganz gewiss!***: Sì, certamente! La madre di Cosimo, Konradine, soprannominata la Generalessa per via del suo carattere autoritario, era figlia di un generale tedesco.

UNITÀ 6 — I NOSTRI CLASSICI

sciroppo di mele, ben caldo, avvolta in una calza di lana! E un panno d'incerato, da stendere sul legno, che non trasudi umidità... Ma dove sarà, ora, poverino... Speriamo tu riesca a trovarlo...»

Uscii carico di pacchi nella pioggia, sotto un enorme paracqua verde, e un altro paracqua lo tenevo chiuso sotto il braccio, da dare a Cosimo.

Lanciavo il nostro fischio, ma mi rispondeva solo il croscio senza fine della pioggia sulle piante. Era buio; fuori dal giardino non sapevo dove andare, muovevo i passi a caso per pietre scivolose, prati molli, pozzanghere, e fischiavo, e per mandare in alto il fischio inclinavo indietro l'ombrello e l'acqua frustava il viso e mi lavava via il fischio dalle labbra. Volevo andare verso certi terreni del demanio[3] pieni d'alberi alti, dove all'ingrosso pensavo che potesse essersi fatto il suo rifugio, ma in quel buio mi persi, e stavo lì serrandomi tra le braccia ombrelli e pacchi, e solo la bottiglia di sciroppo avvoltolata nella calza di lana mi dava un poco di calore.

Quand'ecco, in alto nel buio vidi un chiarore tra mezzo agli alberi, che non poteva essere né di lune né di stelle. Al mio fischio mi parve d'intendere il suo, in risposta.

«Cosimooo!»

«Biagiooo!», una voce tra la pioggia, lassù in cima.

«Dove sei?»

«Qua...! Ti vengo incontro, ma fa' presto, che mi bagno!»

Ci trovammo. Lui, imbacuccato in una coperta, scese sin sulla bassa forcella[4] d'un salice per mostrarmi come si saliva, attraverso un complicato intrico di ramificazioni, fino al faggio dall'alto tronco, dal quale veniva quella luce. Gli diedi subito l'ombrello e un po' di pacchi, e provammo ad arrampicarci con gli ombrelli aperti, ma era impossibile, e ci bagnavamo lo stesso. Finalmente arrivai dove lui mi guidava; non vidi nulla, tranne un chiarore come di tra i lembi d'una tenda.

Cosimo sollevò uno di quei lembi e mi fece passare. Al chiarore d'una lanterna mi trovai in una specie di stanzetta, coperta e chiusa da ogni parte da tende e tappeti, attraversata dal tronco del faggio, con un piancito[5] d'assi, il tutto poggiato ai grossi rami. Lì per lì mi parve una reggia, ma presto dovetti accorgermi di quant'era instabile, perché già l'esserci dentro in due ne metteva in forse l'equilibrio, e Cosimo dovette subito darsi da fare a riparare falle[6] e cedimenti. Mise fuori anche i due ombrelli che avevo portato, aperti, a coprire due buchi del soffitto; ma l'acqua colava da parecchi altri punti, ed eravamo tutt'e due bagnati, e quanto a fresco era come stare fuori. Però c'era ammassata una tale quantità di coperte che ci si poteva seppellire sotto lasciando fuori solo il capo. La lanterna mandava una luce incerta, guizzante, e sul soffitto e le pareti di quella strana costruzione i rami e le foglie proiettavano ombre intricate. Cosimo beveva sciroppo di mele a grandi sorsi, facendo: «Puah! Puah!»

«È una bella casa», dissi io.

«Oh, è ancora provvisoria», s'affrettò a rispondere Cosimo. «Devo studiarla meglio.»

---

3. terreni del demanio: di proprietà dello Stato o di enti pubblici.

4. forcella: punto in cui il tronco o un ramo di un albero si biforca, si divide in due.

5. piancito: forma dialettale per indicare il pavimento.

6. falle: buchi.

7. dall'Abate Fauchelafleur: nelle case nobili del Settecento l'educazione avveniva in casa con un precettore privato, solitamente un ecclesiastico.

«L'hai costruita tutta da te?»
«E con chi, allora? È segreta.»
«Io potrò venirci?»
«No, mostreresti la strada a qualcun altro.»
«Il babbo ha detto che non ti farà più cercare.»
«Dev'essere segreta lo stesso.»
«Per via di quei ragazzi che rubano? Ma non sono tuoi amici?»
«Qualche volta sì e qualche volta no.»
«E la ragazza col cavallino?»
«Che t'importa?»
«Volevo dire se è tua amica, se ci giochi insieme.»
«Qualche volta sì e qualche volta no.»
«Perché qualche volta no?»
«Perché o non voglio io o non vuole lei.»
«E quassù, lei quassù, la faresti salire?»
Cosimo, scuro in volto, cercava di tendere una stuoia accavallata sopra un ramo. «Se ci venisse, la farei salire», disse gravemente.
«Non vuole lei?»
Cosimo si buttò coricato. «È partita.»
«Di',» feci sottovoce «siete fidanzati?»
«No», rispose mio fratello e si chiuse in un lungo silenzio.

L'indomani faceva bel tempo e fu deciso che Cosimo avrebbe ripreso le lezioni dall'Abate Fauchelafleur[7]. Non fu detto come. Semplicemente e un po' bruscamente, il Barone invitò l'Abate («Invece di star qui a guardare le mosche, *l'Abbé*...») ad andare a cercare mio fratello dove si trovava e fargli tradurre un po' del suo Virgilio. Poi temette d'aver messo l'Abate troppo in imbarazzo e cercò di facilitargli il compito; disse a me: «Va' a dire a tuo fratello che si trovi in giardino tra mezz'ora per la lezione di latino». Lo disse col tono più naturale che poteva, il tono che voleva tenere d'ora in poi: con Cosimo sugli alberi tutto doveva continuare come prima.

Così ci fu la lezione. Mio fratello seduto a cavalcioni d'un ramo d'olmo, le gambe penzoloni, e l'Abate sotto, sull'erba, seduto su uno sgabelletto, ripetendo in coro esametri. Io giocavo lì intorno e per un po' li perdetti di vista; quando tornai, anche l'Abate era sull'albero; con le sue lunghe esili gambe nelle calze nere cercava d'issarsi su una forcella, e Cosimo l'aiutava reggendolo per un gomito. Trovarono una posizione comoda per il vecchio, e insieme compitarono un

Parole, parole...

Compitare esametri

L'Abate e Cosimo ripetono in coro degli *esametri* di Virgilio. Che cosa sono gli *esametri*? L'*esametro* è un verso della poesia greca e latina composto da sei piedi. Il piede è una combinazione di due o più sillabe.

- Più avanti si dice che i due "*compitarono un difficile passo*". Qual è la definizione corretta del verbo *compitare*? Consulta il dizionario e scrivila.

  ....

  ....

- La pronuncia del verbo *compitare* può comportare qualche difficoltà. In questo caso ci viene in aiuto il dizionario che ci segnala la pronuncia esatta indicando dove cade l'accento tonico. Segna l'accento tonico del termine *compitare*.

- Qual è la prima persona presente del verbo *compitare*? Ricordati di segnare anche l'accento tonico.

UNITÀ 6 — I NOSTRI CLASSICI

8. allocchito: immobile, intontito.

9. *Au secours! Au secours!*: esclamazione in francese che significa "Aiuto! Aiuto!".

difficile passo, chini sul libro. Mio fratello pareva desse prova di gran diligenza.

Poi non so come fu, come l'allievo scappasse via, forse perché l'Abate lassù s'era distratto ed era restato allocchito[8] a guardare nel vuoto come al solito, fatto sta che rannicchiato tra i rami c'era solo il vecchio prete nero, col libro sulle ginocchia, e guardava una farfalla bianca volare e la seguiva a bocca aperta. Quando la farfalla sparì, l'Abate s'accorse d'essere là in cima, e gli prese paura. S'abbracciò al tronco, cominciò a gridare: «*Au secours! Au secours!*[9]» finché non venne gente con una scala e pian piano egli si calmò e discese.

(I. Calvino, *Il barone rampante*, Mondadori)

ttività

GIOCARE CON I LUOGHI
COMPETENZE DI LETTURA

La casa di Cosimo

1. Cosimo si è costruito un riparo, una tenda sugli alberi. Di essa si dice su quale albero era costruita, com'era illuminata, di quale materiale era il pavimento. Disegna questa casa sull'albero sotto la pioggia tenendo conto dei particolari descritti, ma anche completando con la tua immaginazione.

GIOCARE CON I PERSONAGGI
COMPETENZE DI SCRITTURA

Amicizie e simpatie sull'albero

2. Dal colloquio con il fratello scopriamo che Cosimo ha una vita sociale. Immagina e scrivi un dialogo tra lui e la ragazza con il cavallino che vorrebbe invitare nel suo rifugio segreto.

 SCUOLA DI SCRITTURA
Nella lezione 11 troverai indicazioni su come giocare con i personaggi, entrando nelle storie e modificandole.

IO COME... COSIMO

Un rifugio segreto

3. Anche tu hai o hai avuto un luogo segreto dove rifugiarti, solo o in compagnia degli amici più cari? Dove l'hai costruito? Perché hai sentito il bisogno di farlo?

Se questo brano ti è piaciuto...
... puoi leggere l'intero libro, di cui riassumiamo una parte della trama.

La vicenda narrata ha inizio il 15 gennaio 1767 a Ombrosa, un paese immaginario della riviera ligure. Cosimo, figlio del barone Arminio Piovasco di Rondò, da pochi mesi è stato ammesso alla tavola dei grandi. Quando la sorella Battista porta in tavola un piatto di lumache, Cosimo si rifiuta di mangiarle e non obbedisce alle ingiunzioni del padre. Si alza da tavola, esce di casa e sale sul leccio del giardino: trascorrerà così tutta la sua vita sugli alberi, dapprima quelli del suo giardino, poi quelli dei boschi di Ombrosa.

Ti ha divertito il personaggio di Cosimo con la sua stramba, insolita decisione di vivere sugli alberi? Vuoi saperne di più? Scopri le sue avventure leggendo il libro per intero!

Giocare e riflettere con i classici

 **Primo Levi**

Se questo è un uomo

Se questo è un uomo è il titolo del libro che Primo Levi, sopravvissuto al Lager, scrisse per far conoscere al mondo, attraverso la sua esperienza, l'orrore vissuto da milioni di internati nei campi di concentramento tedeschi. All'inizio del libro, prima dell'avvio della narrazione, si leggono i versi riportati qui sotto, che esprimono il messaggio dell'intero libro: l'orrore dello sterminio degli ebrei, l'annientamento dell'umanità di milioni di persone deve essere ricordato in ogni momento e tramandato a chi verrà dopo di noi. Una parte del quinto verso dà il titolo all'intera opera, mentre gli ultimi versi riprendono lo Shemà, la preghiera fondamentale per gli ebrei. Shemà, che è la prima parola della preghiera, significa "ascolta".

Voi che vivete sicuri
Nelle vostre tiepide case,
Voi che trovate tornando a sera
Il cibo caldo e visi amici:
    Considerate se questo è un uomo
    Che lavora nel fango
    Che non conosce pace
    Che lotta per mezzo pane
    Che muore per un sì e per un no.
    Considerate se questa è una donna,
    Senza capelli e senza nome
    Senza più forza di ricordare
    Vuoti gli occhi e freddo il grembo
    Come una rana d'inverno.
Meditate che questo è stato:
Vi comando queste parole.
Scolpitele nel vostro cuore
Stando in casa andando per via,
  coricandovi, alzandovi;
Ripetetele ai vostri figli.

Il brano che leggerai ora è tratto dalle pagine finali del libro, nelle quali Primo Levi racconta gli ultimi dieci giorni nel Lager di Auschwitz, scandendo la narrazione come in un diario. Siamo nel gennaio del 1945 e l'esercito russo sta avanzando verso la Germania; il campo di Auschwitz viene bombardato dall'artiglieria dell'Armata Rossa e le guardie tedesche fuggono, abbandonando i prigionieri superstiti al loro destino. Nella baracca del reparto infettivi, dove lo scrittore è ricoverato, qualcosa cambia nei rapporti fra i prigionieri.

18 gennaio 1945
    [...] I tedeschi non c'erano più. Le torrette erano vuote.
    Oggi io penso che, se non altro per il fatto che un Auschwitz è esistito, nessuno dovrebbe ai nostri giorni parlare di Provvidenza: ma è certo

che in quell'ora il ricordo dei salvamenti biblici nelle avversità estreme passò come un vento per tutti gli animi[1].

Non si poteva dormire; un vetro era rotto e faceva molto freddo. Pensavo che avremmo dovuto cercare una stufa da installare, e procurarci carbone, legna e viveri. Sapevo che tutto questo era necessario, ma senza l'appoggio di qualcuno non avrei mai avuto l'energia di metterlo in atto. Ne parlai coi due francesi.

19 gennaio 1945.

I francesi furono d'accordo. Ci alzammo all'alba, noi tre. Mi sentivo malato e inerme, avevo freddo e paura.

Gli altri malati ci guardarono con curiosità rispettosa: non sapevamo che ai malati non era permesso uscire dal Ka-Be[2]? E se i tedeschi non erano ancora tutti partiti? Ma non dissero nulla, erano contenti che ci fosse qualcuno per fare la prova.

I francesi non avevano alcuna idea della topografia del Lager, ma Charles era coraggioso e robusto, e Arthur era sagace e aveva un buon senso pratico di contadino. Uscimmo nel vento di una gelida giornata di nebbia, malamente avvolti in coperte.

Quello che vedemmo non assomiglia a nessuno spettacolo che io abbia mai visto né sentito descrivere.

Il Lager, appena morto, appariva già decomposto. Niente più acqua ed elettricità: finestre e porte sfondate sbattevano nel vento, stridevano le lamiere sconnesse dei tetti, e le ceneri dell'incendio volavano alto e lontano. All'opera delle bombe si aggiungeva l'opera degli uomini: cenciosi[3], cadenti, scheletrici, i malati in grado di muoversi si trascinavano per ogni dove, come una invasione di vermi, sul terreno indurito dal gelo. Avevano rovistato tutte le baracche vuote in cerca di alimenti e di legna; avevano violato con furia insensata le camere degli odiati Blockälteste[4], grottescamente adorne, precluse fino al giorno prima ai comuni Häftlinge[5]; non più padroni dei propri visceri, avevano insozzato dovunque, inquinando la preziosa neve, unica sorgente d'acqua ormai per l'intero campo.

Attorno alle rovine fumanti delle baracche bruciate, gruppi di malati stavano applicati al suolo, per succhiarne l'ultimo calore. Altri avevano trovato patate da qualche parte, e le arrostivano sulle braci dell'incendio, guardandosi intorno con occhi feroci. Pochi avevano avuto la forza di accendersi un vero fuoco, e vi facevano fondere la neve in recipienti di fortuna.

Ci dirigemmo alle cucine più in fretta che potemmo, ma le patate erano già quasi finite. Ne riempimmo due sacchi, e li lasciammo in custodia ad Arthur. Tra le macerie del Prominenzblock[6], Charles e io trovammo finalmente quanto cercavamo: una pesante stufa di ghisa, con tubi ancora utilizzabili: Charles accorse con una carriola e caricammo; poi lasciò a me l'incarico di portarla in baracca e corse ai sacchi. Là trovò Arthur svenuto per il freddo; Charles si caricò entrambi i sacchi e li portò al sicuro, poi si occupò dell'amico.

---

1. il ricordo dei salvamenti... per tutti gli animi: i prigionieri vivono la fuga dei tedeschi come frutto dell'intervento di Dio che li vuole salvi.

2. Ka-Be: abbreviazione di *Krankenbau*, infermeria.

3. cenciosi: vestiti di stracci.

4. Blockälteste: i capibaracca.

5. Häftlinge: prigionieri. All'interno del campo vi sono diverse tipologie di prigionieri, quelli "comuni" e quelli che sono riusciti a conquistare mansioni speciali nella gerarchia del campo.

6. Prominenzblock: gli edifici degli internati "prominenti", che ricoprono cariche, dal direttore ai sorveglianti, ai cuochi, agli infermieri ecc.

Giocare e riflettere con i classici

Intanto io, reggendomi a stento, cercavo di manovrare del mio meglio la pesante carriola. Si udì un fremito di motore, ed ecco, una SS in motocicletta entrò nel campo. Come sempre, quando vedevamo i loro visi duri, mi sentii sommergere di terrore e di odio. Era troppo tardi per scomparire, e non volevo abbandonare la stufa. Il regolamento del Lager prescriveva di mettersi sull'attenti e di scoprirsi il capo. Io non avevo cappello ed ero impacciato dalla coperta. Mi allontanai qualche passo dalla carriola e feci una specie di goffo inchino. Il tedesco passò oltre senza vedermi, svoltò attorno a una baracca e se ne andò. Seppi più tardi quale pericolo avevo corso.

Raggiunsi finalmente la soglia della nostra baracca, e sbarcai la stufa nelle mani di Charles. Ero senza fiato per lo sforzo, vedevo danzare grandi macchie nere.

Si trattava di metterla in opera. Avevamo tutti e tre le mani paralizzate, e il metallo gelido si incollava alla pelle delle dita, ma era urgente che la stufa funzionasse, per scaldarci e per bollire le patate. Avevamo trovato legna e carbone, e anche brace proveniente dalle baracche bruciate.

Quando fu riparata la finestra sfondata, e la stufa cominciò a diffondere calore, parve che in ognuno qualcosa si distendesse, e allora avvenne che Towarowski (un franco-polacco di ventitré anni, tifoso[7]) propose agli altri malati di offrire ciascuno una fetta di pane a noi tre che lavoravamo, e la cosa fu accettata.

Soltanto un giorno prima un simile avvenimento non sarebbe stato concepibile. La legge del Lager diceva: «mangia il tuo pane, e, se puoi, quello del tuo vicino», e non lasciava posto per la gratitudine. Voleva ben dire che il Lager era morto.

Fu quello il primo gesto umano che avvenne fra noi. Credo che si potrebbe fissare a quel momento l'inizio del processo per cui, noi che non siamo morti, da Häftlinge siamo lentamente ridiventati uomini.

Arthur si era ripreso abbastanza bene, ma da allora evitò sempre di esporsi al freddo; si assunse la manutenzione della stufa, la cottura delle patate, la pulizia della camera e l'assistenza ai malati. Charles e io ci dividemmo i vari servizi all'esterno. C'era ancora un'ora di luce: una sortita ci fruttò mezzo litro di spirito e un barattolo di lievito di birra, buttato nella neve da chissà chi; facemmo una distribuzione di patate bollite e di un cucchiaio a testa di lievito. Pensavo vagamente che potesse giovare contro l'avitaminosi[8].

Venne l'oscurità; di tutto il campo la nostra era l'unica camera munita di stufa, del che eravamo assai fieri. Molti malati di altre sezioni si accalcavano alla porta, ma la statura imponente di Charles li teneva a bada. Nessuno, né noi né loro, pensava che la promiscuità inevitabile coi nostri malati rendeva pericolosissimo il soggiorno nella nostra camera, e che ammalarsi di difterite in quelle condizioni era più sicuramente mortale che saltare da un terzo piano.

Io stesso, che ne ero conscio, non mi soffermavo troppo su questa idea: da troppo tempo mi ero abituato a pensare alla morte per malattia come a un evento possibile, e in tal caso ineluttabile, e comunque al di

7. tifoso: malato di tifo.
8. avitaminosi: carenza di vitamine.

UNITÀ 6 — I NOSTRI CLASSICI

9. Infektionsabteilung: reparto infettivi.

fuori di ogni possibile nostro intervento. E neppure mi passava per il capo che avrei potuto stabilirmi in un'altra camera, in un'altra baracca con minor pericolo di contagio; qui era la stufa, opera nostra, che diffondeva un meraviglioso tepore; e qui avevo un letto; e infine, ormai, un legame ci univa, noi, gli undici malati della Infektionsabteilung[9].

Si sentiva di rado un fragore vicino e lontano di artiglieria, e a intervalli, un crepitìo di fucili automatici. Nell'oscurità rotta solo dal rosseggiare della brace, Charles, Arthur e io sedevamo fumando sigarette di erbe aromatiche trovate in cucina, e parlando di molte cose passate e future. In mezzo alla sterminata pianura piena di gelo e di guerra, nella cameretta buia pullulante di germi, ci sentivamo in pace con noi e col mondo. Eravamo rotti di fatica, ma ci pareva, dopo tanto tempo, di avere finalmente fatto qualcosa di utile; forse come Dio dopo il primo giorno della creazione.

(P. Levi, *Se questo è un uomo*, Einaudi)

 Attività

RIFLETTERE SUI PERSONAGGI
COMPETENZE DI LETTURA

Siamo lentamente ridiventati uomini

1. La pagina descrive alcuni cambiamenti nella vita dei prigionieri della baracca dove vive anche Primo Levi. Rispondi alle domande.

   > Perché sono possibili questi cambiamenti?

   > Quali migliorie "concrete" cercano di apportare Levi, Charles e Arthur?

   > Anche il rapporto tra le persone diviene più umano. Quale gesto te lo fa capire?

IO E... I PRIGIONIERI DEL LAGER
COMPETENZE SOCIALI E CIVICHE

Saperne di più

2. Probabilmente conosci già l'orrore e la brutalità dei campi di sterminio. Ma che cosa sai realmente? Hai letto libri, hai visto film, hai visitato luoghi che documentano ancora oggi quei tragici anni? Sei interessato a saperne di più?

Se questo brano ti ha fatto riflettere...

... e se ha suscitato in te l'interesse per queste tragiche vicende della nostra storia, puoi leggere l'intero libro, su cui ti diamo alcune informazioni.

Se questo è un uomo fu scritto di getto quando Levi rientrò a Torino dopo l'internamento e venne pubblicato nel 1947 dalla piccola casa editrice De Silva, dopo che altri editori lo avevano rifiutato.
Levi non vuole solo dare una testimonianza, ricordare e raccontare ciò che gli è accaduto, ma scrive con l'intento di far riflettere sulla possibilità che «questo abisso di malvagità» si riproponga. La testimonianza di Levi ha inizio con il ricordo della cattura e dei giorni trascorsi al campo di transito di Fossoli; dove i prigionieri attendevano di essere trasferiti ad Auschwitz. Nel primo capitolo si racconta del trasferimento dei prigionieri: l'autore parla di «vagoni merci, chiusi dall'esterno, e dentro uomini donne bambini, compressi senza pietà, come merce di dozzina, in viaggio verso il nulla, in viaggio all'ingiù, verso il fondo». Ed è questo fondo, l'abisso della vita nel Lager che Primo Levi racconta e che puoi scoprire leggendo il libro per intero.

LABORATORIO DELLE COMPETENZE

SENSO DI INIZIATIVA E IMPRENDITORIALITÀ
CONSAPEVOLEZZA ED ESPRESSIONE CULTURALE

Attività di classe

Per un pugno... di racconti

Ed eccoci, come è ormai tradizione a conclusione di questa unità, alle nostre gare di lettura. Quest'anno vi proponiamo due giochi: *Chi l'ha detto, chi l'ha pensato?* e *Storie a confronto*. Sono due modi divertenti per aiutarvi a fissare nella memoria sensazioni ed emozioni che i brani letti vi hanno suscitato. Buon divertimento!

Le regole del gioco

a. Fate tante fotocopie delle due tabelle quanti sono i giocatori.
b. Scegliete alcuni compagni (due o tre al massimo) che facciano da giuria.
c. Stabilite un punteggio, per esempio:
   • Primo gioco: 3 punti per il personaggio, 1 punto per il titolo del romanzo;
   • Secondo gioco: 1 punto a risposta.
d. Stabilite il tempo per rispondere.
e. Consegnate le fotocopie in una busta.
f. Fate partire la gara.
g. Allo stop consegnate immediatamente.

A. ▶ Chi l'ha detto, chi l'ha pensato?

Frase	Titolo del libro	Personaggio
Quello che vedemmo non assomiglia a nessuno spettacolo che io abbia mai visto né sentito descrivere.		
«Mi sento come se avessi fatto indigestione di gelato.»		
«Siete in due,» disse l'uomo, sollevando la candela, e con la mano facendosi schermo agli occhi. «Chi è l'altro?»		
«Qua...! Ti vengo incontro, ma fa' presto, che mi bagno!»		
... siamo lentamente ridiventati uomini.		
«Strano come la gente anziana sbagli sempre i nomi.»		
«Però adesso ci troviamo in un posto in cui puoi anche uscire e andare a controllare.»		
Subito dopo si sentì dolcemente sollevato e portato su un giaciglio, e quindi s'immerse in un profondo sonno.		
... ammalarsi di difterite in quelle condizioni era più sicuramente mortale che saltare da un terzo piano.		
«È una bella casa.»		
«Vorrei proprio vedere questi Owen... Vorrei sapere che tipi sono.»		
«Lei crede proprio che si tratti di uno scherzo?»		

LABORATORIO DELLE COMPETENZE

UNITÀ 6

B. ▶ Storie a confronto

Titolo del romanzo		Dieci piccoli indiani	Il pianeta dei bruchi	Il barone rampante	Oliver Twist	Se questo è un uomo
Genere letterario	Fantascienza					
	Autobiografia / Memorie					
	Giallo					
	Fantastico / Allegorico					
	Romanzo di formazione					
I luoghi	Campo di sterminio					
	Bassifondi di Londra					
	Paese della riviera ligure					
	Inghilterra / Galassia					
	Isola del lago Devon / Inghilterra					
Personaggi	Adulti					
	Adulti e ragazzi					

 PER FARE IL PUNTO

Unità 6 • I NOSTRI CLASSICI

Un film per te

OLIVER TWIST

Una nuova versione cinematografica del capolavoro di Charles Dickens, una ricostruzione magistrale della Londra ottocentesca

REGIA	Roman Polański
ANNO	2004
CAST	Barney Clark
	Ben Kingsley

Il soggetto del film è tratto dall'omonimo romanzo di Charles Dickens: sfuggito all'orfanotrofio in cui è stato allevato e alla famiglia a cui, in seguito, è stato affidato, Oliver si imbatte in un ladruncolo di strada che lo condurrà dal vecchio Fagin, il capo di un'organizzazione criminale sempre pronto ad assoldare nuove reclute... La narrazione filmica è fedele al racconto letterario e ricostruisce l'ambiente della Londra ottocentesca dove loschi personaggi, sporchi e cattivi, si muovono immersi nella nebbia e nella pioggia. Nella città convivono uomini molto ricchi e uomini poverissimi che devono lottare ogni giorno, per sopravvivere, contro la miseria e la fame.

Un libro per te

O sei dentro o sei fuori

Due sedicenni in vacanza da soli, per la prima volta e di nascosto dai genitori. Timori, ansie, imprevisti ma anche prove di autonomia e libertà.

CHI L'HA SCRITTO Guido Sgardoli è laureato in veterinaria ma associa a questa professione la passione per il disegno, l'animazione e soprattutto la scrittura. I suoi libri sono destinati a bambini, ragazzi, giovani e adulti. Ha avuto numerosi riconoscimenti e vinto premi importanti.

DI CHE COSA PARLA Franz e Gabri sono due sedicenni: sono amici ma sono molto diversi tra loro. Franz è ordinato, preciso ama la matematica e il nuoto. Ha bisogno di riflettere in silenzio. Gabri è l'opposto: disordinato, vulcanico, caotico, spesso pone Franz davanti a proposte non proprio sensate. Gabri ha in mente un'idea folle per le vacanze: fingere di stare nell'appartamento al mare dei genitori di Franz, a Igea Marina, e raggiungere invece, di nascosto, un campeggio sul lago Trasimeno. Alle esitazioni di Franz di fronte alla prospettiva di questa vacanza "clandestina" Gabri oppone un ultimatum: o dentro o fuori. Franz, con qualche esitazione, sceglie di partire.

AUTORE	Guido Sgardoli
ANNO	2010
EDITORE	EL

SCUOLA DI SCRITTURA
Nella lezione 2 puoi trovare indicazioni per scrivere schede-film, schede-libro e recensioni.

Una pagina di assaggio

ALLA SCOPERTA DEI TESTI • Il testo narrativo

UNITÀ 7

I brani di questa unità hanno come protagonisti bambini che hanno vissuto, o vivono, nelle situazioni di conflitto e di violenza più drammatiche del Novecento: da qualsiasi parte stiano, i bambini sono le vittime principali di questi drammi, perché la loro vita viene segnata profondamente e a volte distrutta dalle tragedie in cui, senza che ne abbiano alcuna colpa, vengono coinvolti.
Sono bambini e ragazzi molto simili a ciascuno di noi: sarà facile, perciò, comprenderne le emozioni, i desideri, i drammi.

LA STORIA ATTRAVERSO LE STORIE

BAMBINI EBREI NEL GHETTO DI VARSAVIA

Conoscenze
- Arricchire le proprie conoscenze attraverso la narrazione storica
- Conoscere le difficili condizioni in cui vivono i bambini di Paesi lontani

Competenze
- Osservare gli eventi storici da un particolare punto di vista
- Riconoscere le tecniche narrative utilizzate
- Riassumere un racconto
- Arricchire il lessico
- Identificarsi nei protagonisti per imparare a comprendere l'altro
- Scrivere testi di riflessione e confronto fra la propria esperienza e quella dei protagonisti

SOLO PER IL PIACERE DI LEGGERE...
P. Zannoner, *La bomba*

LE CARATTERISTICHE DEL RACCONTO STORICO

COME È FATTO UN RACCONTO STORICO
R. Fasanotti, *Bambini italiani sotto la dittatura fascista*

Bambini ebrei nel ghetto di Varsavia
J. Spinelli, *I treni* `+ facile`

K. Levine, *Alla ricerca di Hana*

U. Orlev, *La rivolta*

LABORATORIO DELLE COMPETENZE >
I bambini di Theresienstadt

Bambini tedeschi nell'inferno di Berlino
H. Schneider, *Salute, Hitler!*

Conoscere i modi di vivere e i problemi di Paesi lontani
F. D'Adamo, *La battaglia*

D. Palumbo, *Io chi sono?*

D. Ellis, *Una scelta difficile* `+ difficile`

P. Zannoner, *Donne che ballano*

LABORATORIO DELLE COMPETENZE >
I diritti violati dei bambini nel mondo

Un film per te > *Il bambino con il pigiama a righe*

Un libro per te > *Il cacciatore di aquiloni*

PER FARE IL PUNTO

Brani Approfondimenti Attività

IL MIO PERCORSO

CONOSCERE I MODI DI VIVERE E I PROBLEMI DEI PAESI LONTANI

BAMBINI TEDESCHI NELL'INFERNO DI BERLINO

UNITÀ 7 — LA STORIA ATTRAVERSO LE STORIE

SOLO PER IL PIACERE DI LEGGERE...

... e di scoprire che cosa significa per un ragazzo vivere l'esperienza della guerra.

Paola Zannoner

Ascolta il brano

La bomba

Giovanni è il protagonista del terzo racconto del libro Sopra l'acqua, sotto il cielo. *Vive a Firenze negli anni terribili della Seconda guerra mondiale e, insieme alla sua famiglia, si è rifugiato in uno dei palazzi storici della città, Palazzo Pitti, che si ritiene non potrà mai essere colpito da una bomba. Ora è fuori, sdraiato in uno spiazzo verde, con un grillo sopra il ginocchio...*

Si è alzato un vento improvviso, come se stesse arrivando una tempesta. Il grillo salta via dal ginocchio e d'un tratto un rumore sconvolgente mi investe, come se il cielo si spaccasse e la terra urlasse di terrore, e in quello schianto il mio corpo balza in piedi, senza che neppure me ne renda conto. Il cuore batte all'impazzata e io grido come un folle, perché la terra sta tremando: Dio, è la fine, è il terremoto, è l'apocalisse e io sto per morire qui da solo, in questo giardino che sembra scivolarmi sotto i piedi, la terra che brontola e sussulta come un animale ferito. Allora le gambe si muovono da sole, schizzano via, mentre gli alberi si piegano e tutto intorno a me sta vibrando. Ho il terrore folle che da un momento all'altro si apra una voragine e la terra mi inghiotta come un enorme pesce ingoia un corpuscolo annaspante, un corpo tutto gambe magre e braccia ossute quale sono io. [...]
... che sia caduta una bomba, proprio qui?

(P. Zannoner, *La bomba*, in *Sopra l'acqua, sotto il cielo*, Mondadori)

ttività

IO E... IL RACCONTO STORICO (COMPETENZE SOCIALI E CIVICHE)

Aiuto!

> Il brano racconta un momento davvero drammatico, che molti tuoi coetanei hanno vissuto nel passato e che molti ragazzi come te vivono ancora oggi: immedesimati nel protagonista e prova a immaginare cosa prova realmente e cosa avresti fatto tu al suo posto.

Le caratteristiche del RACCONTO STORICO

▷ Sappiamo già che...

> Ogni narrazione storica prende spunto da una realtà, che cerca di rappresentare in modo fedele, ma aggiungendo elementi di fantasia, che hanno lo scopo di rendere più emozionante e coinvolgente il racconto.

> I racconti storici sono quindi molto utili per avvicinarsi alle vicende storiche in modo più semplice e interessante, ma devono essere letti con spirito critico, per non sovrapporre arbitrariamente alla realtà elementi di pura invenzione.

> Attraverso i racconti storici è possibile conoscere da vicino la realtà quotidiana di una certa epoca e rappresentare la vita delle persone comuni, che vi hanno vissuto e di cui non è rimasta traccia. Il lavoro di documentazione degli scrittori, unito alla loro creatività e invenzione, può dare voce a quei "personaggi minori" che non hanno generalmente diritto di parola nella storia ufficiale, ma il cui punto di vista è fondamentale per comprendere più in profondità il passato.

▷ La narrazione storica per capire il punto di vista degli altri

I racconti storici che ti presentiamo in questa unità ci permettono di aggiungere alcune considerazioni: mano a mano che ci avviciniamo nel tempo, le situazioni storiche descritte e i protagonisti delle storie diventano sempre più vicini a noi: ci possiamo immedesimare completamente in loro, ne possiamo comprendere le sensazioni, i desideri e i drammi.
La narrazione storica ci aiuta allora a "cambiare punto di vista", ad allargare il nostro orizzonte, a comprendere "l'altro", a sviluppare una educazione "sentimentale", intesa come capacità di provare emozioni, le nostre e quelle altrui.

▷ La narrazione storica per comprendere la complessità del passato e del presente

Un racconto storico amplia le nostre conoscenze sul passato, ma ci permette anche di comprendere meglio il presente; ci stimola a "prendere posizione" e svolge quindi una profonda azione educativa.
Un racconto storico ci aiuta infine a comprendere la complessità della storia, una complessità che i libri di testo difficilmente possono presentare. Solo una vicenda "reale" o "realistica" ci fa cogliere le sfumature presenti in ogni situazione, ci fa capire le diverse componenti che possono influenzare i comportamenti e le scelte dell'uomo.
Possiamo in questo modo sviluppare una sensibilità, che ci consentirà di valutare in modo più maturo sia il passato sia il presente.

UNITÀ 7 — LA STORIA ATTRAVERSO LE STORIE

COME È FATTO UN RACCONTO STORICO

ANALISI GUIDATA

Bambini italiani sotto la dittatura fascista

L'opera. Il libro da cui è tratto il brano racconta la storia di Carolina, una ragazzina italiana la cui vita viene sconvolta dall'avvento del fascismo. Il padre di Edoardo, il suo grande amico, si è arruolato fra le camicie nere ed è un convinto sostenitore dell'ideologia fascista, tanto da imporre anche al figlio di seguire la sua stessa strada. Sono anni difficili, gli anni del delitto Matteotti (un oppositore politico rapito e ucciso da squadristi fascisti nel 1924), anni di paura e di sofferenza per chi non condivide le idee del regime. Ma finalmente anche questi anni passano e, proprio durante i giorni della liberazione di Milano, Carolina rivede il suo primo amore, che ormai è solo un giovane uomo da aiutare...

Il testo. Nel brano che leggerai Edoardo vive un drammatico conflitto con il padre, che applica anche nella vita familiare e nei rapporti con il figlio i modi e la mentalità dello squadrismo fascista.

Il Signor Moro da un po' di tempo si occupava del figlio in base a un programma tutto suo: aveva deciso di formarlo secondo gli schemi rigidi in cui credeva. Per far questo rientrava a casa presto.

Un pomeriggio mise il naso nella camera di Edoardo, non nascondendo il suo solito disprezzo nel vedere la scrivania sommersa da quaderni e dizionari.

Allora diede inizio alla sua prima lezione di vita: aprì la porta di un ripostiglio nato per conservare scatole di conserve, vecchi documenti, scarpe. Dietro la tenda custodiva gelosamente delle armi che periodicamente spolverava con cura. C'erano bastoni, tirapugni, pugnali.

Scostò la tenda e chiamò il figlio: «Edoardo, vieni a vedere».

«Papà, vengo dopo! Adesso sto studiando, domani avrò il compito di latino. Lasciami stare.»

«Ti ordino di venire, devo farti vedere delle cose importanti!»

«Cosa sono?»

«Armi, ragazzo.»

«Conosco quelle "cose importanti", sono lì da anni. Non mi mancano certo gli occhi per vedere!»

Questo modo di fare lo irritava, non si sentiva più libero in casa sua, non era certo una gradevole sensazione.

«Questo bastone robusto e nodoso è il manganello, strumento utilizzato dal picchiatore. Come vedi è rivestito di cuoio. Poi ne ho un altro con la punta di piombo. Te lo farò vedere» spiegò il padre.

● **Quali atteggiamenti tipici della mentalità fascista troviamo nel brano?**
Fin dalle prime righe si possono individuare due atteggiamenti tipici, collegati fra loro: il disprezzo per la cultura e la passione per le armi. Nella parte finale del brano vengono elencati i comportamenti del buon fascista: volontà, puntualità, fede, spirito di sacrificio.

Come è fatto un racconto storico

Chi erano gli squadristi e qual era il loro segno distintivo?
Gli squadristi furono un importante strumento per l'ascesa del regime: essi avevano il compito di eliminare gli avversari con la violenza. Il segno che li distingueva era la camicia nera.

Durante il fascismo chi veniva considerato avversario?
Gli avversari erano i "nemici della patria", perché il fascismo era fortemente nazionalista.

Quale metodo utilizzavano gli squadristi per imporre la loro volontà?
Per imporre la loro volontà gli squadristi usavano le botte. Lo scopo era l'annientamento di qualsiasi opposizione. Solo chi si arrendeva e subiva poteva essere "graziato".

«Ma perché picchiare?» gli chiese Edoardo, anche se, pronunciando quella domanda, fu colto da un'ansia strana. Non aveva mai osato essere così diretto con il padre. In lui stava proprio succedendo qualcosa di nuovo, stati d'animo che nemmeno riusciva a spiegarsi.

«Perché picchiare?» il padre strabuzzò gli occhi. «Noi squadristi siamo convinti di dover eliminare gli avversari, ci muoviamo ormai da anni!»

«Chi sono gli avversari?» domandò il ragazzo ingenuamente.

«I nemici della nostra patria, gli antinazionali. Con loro ci vogliono le botte, sacrosante botte! Se però alzeranno bandiera bianca noi cederemo le armi. Cosa credi, anche noi siamo pronti alla pace!»

Queste parole sembravano studiate da tempo: Moro aveva deciso d'indottrinare il figlio.

«Presto verrai con me, ormai non manca molto» disse con tono autoritario, mentre allentava il nodo della cravatta e si sbottonava la camicia nera.

Edoardo andava a scuola volentieri pur di non rimanere a casa.

In classe si occupava di cose interessanti. La sua passione era sempre stata la letteratura, ma da un po' di tempo non riusciva a seguire le lezioni come una volta.

Un pomeriggio rimase con Alberto oltre l'orario stabilito dal padre. L'amico gli parlava della nuova bicicletta, tenendola davanti come un trofeo. Era davvero super attrezzata. Edoardo se ne innamorò subito. Proprio perché non era una bicicletta qualunque, Alberto non si fidava a lasciarla in strada. I due ragazzi cercavano insieme di trovare il modo per risolvere il problema di un parcheggio custodito.

Alberto viveva in una casa a ridosso della strada, con un giardino interno, dove era proibito far sostare qualsiasi cosa. Forse il cortile della

UNITÀ 7 — LA STORIA ATTRAVERSO LE STORIE

casa di Edoardo avrebbe offerto più sicurezza, si trattava solo di convincere il portinaio. I due ragazzi parlarono a lungo e non si accorsero che, tra una parola e l'altra, si era fatto tardi.

Edoardo suonò alla porta di casa sua con quaranta minuti di ritardo.

Il padre era immobile nell'entrata con una cinghia tra le mani. Continuava a farla ondeggiare, sbattendola poi ripetutamente contro il pavimento, come un domatore tra i leoni.

«Come ti permetti di arrivare a casa a quest'ora? Sei proprio un fannullone!» urlò con voce severa il padre mentre i colpi sul pavimento diventavano sempre più insistenti.

«Ma... Papà, mi sono solo fermato a parlare con Alberto, non sa...»

Il padre non volle ascoltare nessuna giustificazione. Il problema era uno: il ragazzo non rispettava la puntualità, e questo era un fatto gravissimo per il figlio di un uomo del suo rango.

Il pomeriggio si concluse con botte, botte insistenti che umiliarono il ragazzo, sempre più impaurito dalla prepotenza del padre.

«Al vero squadrista non è permesso arrivare in ritardo!» continuò a blaterare l'uomo.

Edoardo subiva, non poteva fare altro. In quei momenti suo padre, trascinato dall'ira, era sempre più convinto che le sue lezioni avrebbero prodotto effetti sicuri. E a voce alta spiegava: «Lo squadrista deve avere volontà, puntualità, fede, saper anche morire per un ideale. Non deve perdersi dietro a cosucce da ragazzini viziati!».

Edoardo tratteneva le lacrime, non voleva dare quella soddisfazione al padre, sarebbe stato come sentirsi vinto.

Quella sera, raggomitolato nel suo letto, si addormentò molto tardi. Anche l'ultimo libro che stava leggendo non riusciva a interessarlo più. Sognò un lungo corridoio di una casa buia. Un uomo anziano lo attraversava barcollando, forse ubriaco. Il suo volto era invisibile. Improvvisamente, nel dormiveglia, Edoardo percepì passi lontani. Due mani affettuose entrarono nella stanza, gli rimboccarono con cura le coperte del letto. Il sonno diventò finalmente tranquillo.

Le settimane trascorsero sempre nello stesso modo. Ormai il ragazzo cominciava ad abituarsi al nuovo clima familiare, fatto di sgridate e di percosse.

(R. Fasanotti, *Il fascismo dalla mia finestra*, Raffaell)

In che modo venne trasformato il modo di agire e di pensare delle persone?

L'indottrinamento fascista ebbe conseguenze anche sulla vita personale, perché la violenza divenne un modo naturale per ottenere l'obbedienza, che era l'unico obiettivo dei rapporti fra padre e figlio.

Parole, parole...

Molti modi di parlare

Nella frase «... continuò a *blaterare* l'uomo» il verbo indica un modo particolare di parlare.

- Spiegane il significato con le tue parole. Con il dizionario sott'occhio controlla la tua risposta e scrivi qui la definizione corretta.

....
....

- Si può parlare in molti altri modi. Costruisci una frase usando i seguenti verbi. Aiutati con il dizionario.

Svelare: ....
....

Confabulare: ....
....

Dissertare: ....
....

Bofonchiare: ....

Come è fatto un racconto storico

• Scheda storica — Lo squadrismo fascista

Fra il 1919 e il 1920, parallelamente alla fondazione da parte di Mussolini dei Fasci Italiani di combattimento, si formarono squadre di azione fasciste, composte inizialmente da ex militari che avevano combattuto durante la Prima guerra mondiale, e in particolare dagli Arditi, un corpo speciale dell'esercito. Dalle città del Nord lo squadrismo si estese alla pianura padana, dove venne finanziato dai proprietari terrieri, preoccupati per il rafforzarsi delle leghe di contadini e braccianti di ispirazione socialista. L'obiettivo delle squadre di azione, sempre più appoggiate dagli apparati dello Stato, era infatti di contrastare con ogni mezzo le iniziative politiche dei lavoratori, degli operai e dei contadini, e dei partiti che le sostenevano.

Dopo l'assalto al giornale «Avanti», organo del Partito socialista italiano, nell'aprile del 1919, le violenze delle squadre di azione divennero sempre più frequenti fino a quando, nel corso del 1921, si scatenò una vera e propria offensiva contro le sedi delle leghe, delle organizzazioni sindacali e dei partiti democratici.

I capi di queste squadre erano i ras, che rappresentavano l'ala più dura del fascismo. Dopo la presa del potere da parte di Mussolini, le squadre di azione furono generalmente assorbite dalla Milizia e i ras più importanti vennero messi da parte, con l'esclusione di Farinacci, che continuò a spadroneggiare nella zona di Cremona. Le "squadracce" agivano in modo "spettacolare", per intimorire e umiliare l'avversario: si avvicinavano su camion, e poi devastavano ogni cosa, bastonando i nemici e costringendoli a bere l'olio di ricino, una fortissima purga. Numerosi furono i morti in seguito a queste "spedizioni punitive".

Ogni squadra aveva come simbolo un gagliardetto nero con un motto, da difendere a ogni costo. Il teschio e la camicia nera completavano la simbologia degli squadristi, che spesso si muovevano cantando inni e canzoni patriottiche: *Giovinezza* era una delle più famose.

Dopo aver letto la scheda storica, indica se le seguenti affermazioni sono vere o false.
1. Le squadre di azione rappresentavano l'ala più moderata del fascismo. V F
2. Le squadre di azione fascista si formarono già durante la Prima guerra mondiale. V F
3. Uno dei metodi usati era la somministrazione dell'olio di ricino. V F
4. Le squadre di azione fascista operarono soprattutto nel Sud Italia. V F
5. L'obiettivo delle squadre di azione erano soprattutto le organizzazioni sindacali dei lavoratori. V F
6. I capi delle squadre di azione si chiamavano ras. V F
7. Le squadre di azione si caratterizzavano per l'uso della camicia rossa. V F

Attività

È TUTTO CHIARO?
CONSAPEVOLEZZA ED ESPRESSIONE CULTURALE

Raccontare l'azione e l'ideologia fascista

1. Per verificare di aver compreso la differenza tra gli aspetti storici e gli elementi di invenzione presenti nel brano leggi la scheda storica. Poi rileggi il testo e l'analisi guidata e sintetizza in un breve scritto gli aspetti che illustrano l'azione delle squadre fasciste e la mentalità di cui erano portatrici.

RIFLETTERE E DISCUTERE
COMPETENZE SOCIALI E CIVICHE

Padri e figli

2. In questo brano il rapporto spesso difficile fra padri e figli durante l'adolescenza è drammaticamente aggravato dal clima e dalla mentalità dell'epoca. Edoardo non ha alcuna possibilità di scelta, perché la sua strada è già tracciata e stabilita dal padre: egli deve solo obbedire. Come sono cambiati oggi i rapporti fra padri e figli? Quali sono i motivi di scontro e come vengono risolti? Racconta in un breve testo la tua esperienza.

UNITÀ 7 — LA STORIA ATTRAVERSO LE STORIE

Bambini ebrei nel ghetto di Varsavia

I treni

L'opera. *Il romanzo* Misha corre *è ambientato in Polonia, a Varsavia, durante l'occupazione nazista e racconta la storia di un bambino di otto anni, Misha. Solo al mondo, piccolo e magro, ma velocissimo, per sopravvivere ruba da mangiare insieme a un gruppo di bambini ebrei, capeggiati da un ragazzo un po' più grande e consapevole, Uri. Misha entra nel ghetto, vive per un certo periodo in una casa di bambini orfani, fa amicizia con una bambina, Janina, e la sua famiglia. Lentamente comincia a comprendere la terribile realtà che lo circonda: gli "Stivaloni" con l'aquila sulla visiera, che aveva tanto ammirato, sono in realtà dei carnefici. Misha riuscirà a sopravvivere e a ricominciare una nuova vita in America, ma non potrà mai dimenticare Uri, Janina e la sua dura esperienza nel ghetto di Varsavia.*

Il testo. *Nel brano che leggerai Janina e Misha, compagni di fughe notturne alla ricerca di cibo, assistono alla deportazione degli ebrei del ghetto di Varsavia.*

Fu Janina a sentirli per prima. Eravamo appena rientrati nel ghetto, le tasche piene di pezzi di cipolla e cavolo marcio.
«Che cos'è?» disse.
Tendemmo le orecchie.
Nel buio, in lontananza, risuonò uno sferragliare fioco, stridulo.
«Non lo so» dissi.
«I treni!» strillò lei.
E corse via. Corse come una sciocca, in mezzo alla strada, ignorando le ombre, le cipolle che le rotolavano fuori dalle tasche. La rincorsi. Lo sferragliare diventò più forte.
«Janina! Ferma!» tentai di gridare senza gridare. Il coprifuoco[1] iniziava al calar del sole e la notte era pericolosa per tutti, non solo per noi contrabbandieri[2].
La raggiunsi e l'agguantai per le braccia mentre lei tentava di prendermi a calci. Avevo voglia di schiaffeggiarla, però non osavo lasciarla andare. «Così ti farai sparare, stupida!» Sentii le sue spalle incurvarsi. Si rilassò, arresa. La lasciai andare. Di scatto si voltò, fece un salto e mi sbatté la fronte sul naso. Lanciai un grido di dolore. Mi salirono le lacrime agli occhi. Quando finalmente riuscii di nuovo a vedere, era sparita.

---

1. **coprifuoco**: proibizione di circolare in certe ore, solitamente della notte, imposta in tempo di guerra o di disordini.
2. **contrabbandieri**: Misha definisce se stesso e Janina "contrabbandieri" perché introducono di nascosto cibo nel ghetto.

Bambini ebrei nel ghetto di Varsavia

3. muro: il muro che separava il ghetto dalle altre zone della città di Varsavia.

4. varco: la piccola apertura nel muro del ghetto, da cui Misha usciva per andare a rubare il cibo.

5. Paradiso: così veniva chiamata da Misha la zona di Varsavia esterna al ghetto.

«E va bene», bisbigliai. «Stupida.» Lanciai un sasso nel buio. «Stupida!» gridai a squarciagola.

Pensai di andare a casa da solo. Pensai di restare seduto nell'ombra ad aspettare che tornasse. Alla fine non potei fare altro che incamminarmi verso lo sferragliare. Veniva dalla Stazione Stawki, che si trovava subito dall'altro lato del muro[3].

Da un pezzo avevo scoperto che il varco[4] di due mattoni non era l'unico. Ce n'era un altro vicino al cancello di via Stawki. Lo attraversai e ancora una volta uscii dal ghetto. Non c'era un solo treno, ma molti. Innumerevoli lampadine appese a una foresta di pali sprigionavano un'oleosa luce gialla. Locomotive sbuffavano, fischiavano e sputavano vapore dalle ruote. File di carri merci svanivano nel buio. Le torce degli Stivaloni guizzavano fra le ombre, i loro cani ringhiavano.

Individuai Janina seduta sui resti di una ciminiera crollata e la raggiunsi.

Guardammo un treno arrivare e mettersi in fila con gli altri.

«Dove vanno?» chiese lei, senza staccare gli occhi dai treni. «Dove ci porteranno?»

«È meglio per te non saperlo» dissi io.

«Tu lo sai?»

«Sì» mentii. «Però non te lo dico.» Volevo punirla.

Restammo un altro po' a guardare.

«Lo so dove vanno» disse alla fine.

«Dove?»

Annuì, come suo padre quando stava per dire una cosa importante. «Vanno sulla montagna di dolci.»

Il giorno dopo non avemmo bisogno di avvertire nessuno che erano arrivati i treni. Lo sapevano già tutti nel ghetto. Le parole si rincorrevano nell'aria, ronzando come mosche.

«Treni...»

«Deportazione...»

«Perché...»

«Dove...»

Due notti dopo l'arrivo dei primi treni, mentre tornavamo dalle nostre scorribande fra la spazzatura di Paradiso[5],

Parole, parole...

Il ghetto

Questo termine venne usato dal 1500 in poi per indicare la zona della città dove erano obbligati a vivere gli ebrei. Deriva dal veneziano *gheto*, che vuol dire "fonderia", cioè il luogo dove si "gettava" il metallo: era in origine il quartiere delle fonderie, infatti, il luogo in cui il Senato di Venezia, nel 1516, dispose che dovessero vivere gli ebrei.

Al termine venne dato, successivamente, il significato più ampio di "luogo di emarginazione", "luogo di esclusione" e, più in generale, oggi esso indica "un quartiere malfamato, un'area urbana misera".

- Il dizionario ti suggerisce alcuni sinonimi del termine *ghetto* inteso in questa ultima accezione. Quali sono?
- Da questa accezione sono derivate parole come *ghettizzare* o *ghettizzazione*. Prova a formulare delle frasi con queste parole derivate. Aiutati con il dizionario.

UNITÀ 7 — LA STORIA ATTRAVERSO LE STORIE

6. zio Shepsel: lo zio di Janina.

sentimmo un gran chiasso provenire dall'altra parte del muro. Spari. Fischietti. Urla. Ringhi e latrati. Sbirciammo attraverso il varco di due mattoni, le teste accostate, un occhio ciascuno. Vedemmo passare una lunga, lunghissima fila di persone, che marciava in mezzo alla strada, e ogni persona portava una valigia. Il primo stupido pensiero fu: *Una parata!* Ma poi vidi i cani slanciarsi ad azzannare l'aria vicino alle loro caviglie e gli Stivaloni spingerli con i fucili. La fila si muoveva lentamente, così lentamente! Sembrava strisciare sul marciapiede. Non avevano l'aria di chi è diretto verso una montagna di dolci. Non la finivano più di passare.

Il giorno dopo le strade erano deserte.

Le voci ronzavano per le scale, in cortile. «C'è una quota. I treni devono trasportare cinquemila ebrei ogni giorno.»

Voci: «Diecimila».

Voci: «Fino a che...»

E poi una voce disse: «Reinsediamento».

Che voleva dire? Reinsediamento? Che reinsediamento?

«Ne hanno abbastanza di tenerci qui» disse la voce. «Sono stufi di noi. Ci mandano via. A est. Nuovi insediamenti. Villaggi tutti per noi. Solo per gli ebrei!»

La parola "reinsediamento" sostituì "deportazione".

«Comunque» commentò zio Shepsel[6] «di questi tempi è meglio non essere ebreo.»

Giorno e notte gli Stivaloni arrivavano e i fischietti trillavano. Un isolato, una strada alla volta.

Via Sliska.

Via Tarda.

Ogni giorno, ogni notte, le lente file grigie strisciavano verso la Stazione Stawki.

«Reinsediamento... reinsediamento...» mormorava la gente sulle scale.

«Saremo liberi!»

«Ricominceremo a riparare scarpe!»

«Avremo da mangiare!»

Si guardavano negli occhi, annuivano e dicevano: «Sì...

Bambini ebrei nel ghetto di Varsavia

Sì...». Però non uscivano. Le strade restavano deserte. A parte il pifferaio[7]. [...]

Un giorno il signor Milgrom[8] mi disse: «Resta vicino a Janina, dovunque tu vada. Ogni istante. Giorno e notte». La sua mano mi stritolava la spalla.

Ne fui sconvolto. Non perché sapeva delle sue uscite notturne, ma perché glielo permetteva.

Però c'era una cosa che il signor Milgrom non sapeva: quanto a sua figlia piacessero i treni. Ogni notte, quando rientravamo nel ghetto, lasciava il cibo raccolto in un nascondiglio nel cortile, correva al varco che dava su via Stawki e sgusciava di nuovo fuori. E io, memore degli ordini del signor Milgrom, non potevo fare altro che seguirla.

Una notte dopo l'altra andavamo ad appollaiarci sulle macerie della ciminiera e guardavamo i treni arrivare e partire. Le file di persone salire sui carri merci. Lo stridere delle ruote. Lo scatto nervoso dei denti dei cani. Le locomotive tossivano come ebrei morenti.

Durante il giorno andavo alle rovine della macelleria, ma i ragazzi stavano sparendo a uno a uno. «Dov'è Ferdi?» chiedevo. «Dov'è Kuba?» Nessuna risposta. Avevano seguito il consiglio di Uri? Erano scappati? Erano dall'altra parte del muro? Impiccati ai lampioni con un cartello appeso al collo? Nelle fogne? Erano caduti tra le grinfie di Buffo[9]? [...]

Finché rimase soltanto Henryk il Grosso, che marciava goffamente dietro il pifferaio. Vidi gli Stivaloni che li additavano.

Nessuno veniva più a scattare foto.

Ogni giorno. Ogni notte. Parate di gente.

Un giorno sonnecchiavo nel vicolo del falso cotone quando Janina arrivò di corsa, gridando: «Misha!... Misha!». Mi prese per mano e mi trascinò per strada. Stavano passando gli orfani. Marciavano. Tenevano la testa alta e cantavano la canzone che avevo imparato anch'io. Cantai insieme a loro. Nessuno era vestito di stracci, e tutti avevano le scarpe. Il dottor Korczak[10] apriva la fila. Marciava impettito come uno Stivalone. Aveva in testa un cappello con una piccola piuma rossa. Restammo lì finché non riuscii più a vederli, non riuscii più a sentirli.

(J. Spinelli, *Misha corre*, tradotto dall'inglese da A. Ragusa, Mondadori)

7. **il pifferaio**: è un personaggio del ghetto.
8. **signor Milgrom**: è il padre di Janina.
9. **Buffo**: è il nome che Misha dà ai nazisti e a Hitler.
10. **dottor Korczak**: il direttore dell'orfanotrofio.

UNITÀ 7 — LA STORIA ATTRAVERSO LE STORIE

Scheda storica — La deportazione degli ebrei

La politica nazista nei confronti degli ebrei ebbe diverse fasi. Dopo la privazione dei diritti civili con le Leggi di Norimberga del 1935, si utilizzò l'emigrazione dai territori tedeschi e il confinamento nei ghetti delle città polacche; venne presa in considerazione anche l'emigrazione forzata in Madagascar, allora colonia della Francia occupata dai nazisti. Questa soluzione era però di difficile realizzazione, perché il trasferimento via mare era ostacolato dal predominio britannico dei mari.

Probabilmente fu nella conferenza di Wannsee che venne decisa la soluzione finale della questione ebraica. I quindici alti ufficiali nazisti che nel gennaio del 1942 parteciparono alla conferenza proposero che l'intera popolazione ebraica europea, cioè 21 milioni di persone, fosse eliminata. Inizialmente gli ebrei dovevano essere trasferiti a est, destinati a un lavoro duro ed estenuante, ma si passò ben presto alla "gassazione" di massa, già sperimentata nel corso dell'Aktion T4, cioè l'eliminazione di persone disabili.

La maggior parte dei campi di sterminio si trovava in territorio polacco. Fra questi ricordiamo: Auschwitz, Bełżec, Treblinka.

Attività

1. Numera sul testo le varie fasi della politica tedesca nei confronti degli ebrei.
2. Sottolinea il nome della conferenza in cui si pensa sia stato deciso di applicare la soluzione finale.
3. Individua e sottolinea sulla carta i campi di sterminio citati.

Attività

CHE COSA DICE IL TESTO
COMPETENZE DI LETTURA

La Shoah attraverso lo sguardo dei bambini

1. Dopo aver letto il testo, rispondi alle domande.

   a. In che momento della giornata arrivano i treni?
   ☐ Durante la notte   ☐ Di giorno
   ☐ Al tramonto del sole

   b. Dove si trovano Janina e Misha all'inizio del brano?
   ☐ Sono fuori dal ghetto
   ☐ Sono in casa
   ☐ Sono in strada, appena rientrati nel ghetto

   c. Perché Misha cerca di impedire a Janina di correre a vedere i treni?
   ☐ I genitori avevano vietato di uscire
   ☐ Durante il coprifuoco è vietato girare per strada
   ☐ Di notte ci si può perdere facilmente

   d. Perché è tanto importante per Janina vederli?
   ☐ È appassionata di mezzi di trasporto
   ☐ Vuole capire dove vanno le persone che vengono portate via con i treni
   ☐ Le piace viaggiare

> Bambini ebrei nel ghetto di Varsavia

e. Quale voce viene diffusa sulla destinazione dei treni?
- ☐ Si dice che gli ebrei saranno portati in zone di nuovi insediamenti
- ☐ Si dice che gli ebrei verranno fatti emigrare in Palestina
- ☐ Si dice che gli ebrei verranno mandati in altre città europee

f. Per quale scopo sono invece arrivati i treni?
- ☐ I treni sono arrivati per portare gli ebrei in zone non occupate dai tedeschi
- ☐ I treni sono arrivati per portare gli ebrei nel loro nuovo Stato
- ☐ I treni sono arrivati per deportare gli ebrei verso i campi di concentramento

g. Perché gli orfani marciano a testa alta e ben vestiti?
- ☐ Gli orfani vogliono mostrare che vivevano in buone condizioni
- ☐ Gli orfani vogliono mostrare ai nazisti la loro dignità
- ☐ Gli orfani sono contenti di partire

LA GRAMMATICA DELLE STORIE
`CONSAPEVOLEZZA ED ESPRESSIONE CULTURALE`

Le tecniche narrative

2. Chi è il narratore del brano? È interno o esterno?
- ☐ Il narratore è Misha, perciò è interno
- ☐ Il narratore è Janina, perciò è interno
- ☐ Il narratore è un amico di Janina e Misha, perciò è esterno

3. Quale effetto suscita nel lettore il drammatico elenco di vie rastrellate e di persone deportate?
- ☐ Suscita l'immagine della grande quantità e delle lunghe file di persone, sistematicamente deportate
- ☐ Fa comprendere la vastità del ghetto
- ☐ Fa comprendere l'efficienza con cui i tedeschi procedevano al rastrellamento

Figure e simboli

4. Il buio interrotto da brevi lampi di luce e i rumori dissonanti rendono la narrazione degli eventi particolarmente drammatica: riferisci o sottolinea qualche frase esemplificativa di queste caratteristiche dell'ambiente.

5. Quale valore simbolico è possibile attribuire a questo tipo di descrizione?
- ☐ La descrizione sottolinea l'ordine e la tranquillità con cui tutto si svolge
- ☐ La descrizione sottolinea la segretezza e la sistematicità con cui tutto si svolge
- ☐ La descrizione sottolinea la tragicità e l'orrore di quanto sta accadendo

6. Nella frase «Le locomotive tossivano come ebrei morenti», quali figure retoriche sono presenti e qual è il loro significato?
- ☐ Personificazione e similitudine: tutto viene coinvolto dalla sofferenza degli ebrei, di cui si prefigura il tragico destino
- ☐ Personificazione e similitudine: i treni sono distrutti, come una persona sofferente che sta per morire
- ☐ Anafora e similitudine: tutto è in rovina, come quando muore una persona

LA STORIA ATTRAVERSO LE STORIE

I ghetti ebraici

7. Quali informazioni storiche, fra quelle che ti elenchiamo, sono ricavabili dal brano?
- ☐ Gli ebrei sono costretti a vivere nel ghetto
- ☐ Nel ghetto gli ebrei possono continuare a svolgere liberamente le loro attività
- ☐ Nel ghetto mancano i viveri necessari a sopravvivere
- ☐ Gli ebrei vengono tutti deportati dal ghetto con la forza
- ☐ La partenza degli ebrei dal ghetto è volontaria
- ☐ I bambini non vengono deportati dal ghetto
- ☐ Vengono diffuse voci false per convincere gli ebrei a partire

UNITÀ 7 — LA STORIA ATTRAVERSO LE STORIE

Karen Levine

Alla ricerca di Hana

Il brano che leggerai è il racconto di una storia vera. Fumiko Ishioka, la direttrice di un museo di Tokyo sulla Shoah, entra in possesso di una misteriosa valigia proveniente da Auschwitz: sopra c'è il nome di una bambina, Hana, di cui Fumiko riuscirà a ricostruire la drammatica vicenda. Scoprirà che era una bambina polacca, internata prima nel campo di Theresienstadt e poi ad Auschwitz. Dopo lunghe ricerche troverà anche il fratello, George, sopravvissuto all'Olocausto, che si recherà a Tokyo per conoscere Fumiko, in un commovente incontro, e onorare la memoria della sorellina.

Tokyo, Giappone, inverno 2000
È una valigia dall'aspetto piuttosto comune, a dire il vero. Un po' consumata alle estremità, ma in buone condizioni. È grande e di colore marrone. Ci si potrebbero infilare parecchie cose: vestiti per un lungo viaggio, forse, e poi libri, giochi, tesori, balocchi. Ma non c'è niente dentro adesso.

Ogni giorno gruppi di bambini visitano un piccolo museo di Tokyo, in Giappone, per vedere quel reperto, conservato in una vetrinetta. Attraverso il vetro si legge una scritta sulla parte anteriore della valigia. Disegnato con la vernice bianca c'è un nome femminile: Hana Brady. C'è anche una data di nascita, 16 maggio 1931, e un'altra parola, *Waisenkind*. È una parola tedesca e significa "orfana".

I bambini giapponesi sanno che la valigia arriva da Auschwitz, un campo di concentramento dove milioni di persone hanno sofferto e sono state uccise durante la seconda guerra mondiale, tra il 1939 e il 1945. Ma chi era Hana Brady? Da dove veniva? Dove stava andando? Che cosa aveva messo nella valigia? Come era diventata orfana? Che tipo di ragazzina era e che cosa le è successo?

I bambini fanno tante domande. Anche la direttrice del museo, una giovane donna snella dai lunghi capelli neri di nome Fumiko Ishioka, vorrebbe saperne di più.

Fumiko e i bambini tolgono delicatamente la valigia dalla vetrinetta e la aprono. Cercano nelle tasche laterali. Forse Hana ha lasciato qualcosa che possa aiutarli a capire. Niente. Guar-

George e Fumiko mostrano la valigia di Hana.

Bambini ebrei nel ghetto di Varsavia

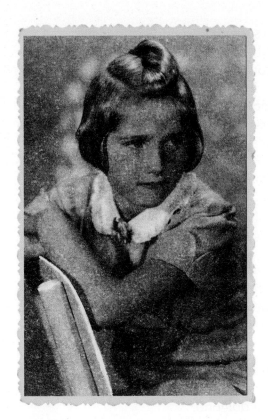

Una fotografia di Hana.

dano sotto la fodera a pois bianchi. Nessuna traccia nemmeno lì.

Fumiko promette ai bambini di fare tutto il possibile per scoprire qualcosa di più sulla proprietaria della valigia, di risolvere il mistero. E per tutto l'anno seguente si trasforma in detective e viaggia per il mondo alla ricerca di indizi sulla storia di Hana Brady.

Theresienstadt, 1942-1943

Il *Kinderheim* L410 era un grande edificio disadorno con una decina di camerate. In ogni stanza dormivano venti ragazze, in letti a castello a tre piani con materassi di iuta imbottiti di paglia. Prima della guerra la città aveva 5000 abitanti. Nello stesso spazio, i nazisti concentrarono una quantità di prigionieri dieci volte superiore.

Non c'era mai abbastanza spazio, o abbastanza cibo, né la possibilità di avere un momento per sé. C'erano troppe persone, troppi topi e insetti, e troppi nazisti che pattugliavano il campo con crudeltà, pronti ad applicare una ferrea disciplina.

All'inizio Hana, che era solo una bambina, non aveva il permesso di uscire dall'edificio. Voleva dire non poter vedere George. Il fratello viveva nel *Kinderheim* L417, l'alloggio dei ragazzi, a qualche isolato di distanza. Hana sentiva terribilmente la sua mancanza e chiedeva sempre sue notizie alle ragazze più grandi, che avevano il permesso di uscire. Le ragazze presero Hana sotto la loro protezione. Provavano pena per quella bambina sola al mondo, senza madre né padre, lontana dal fratello.

Hana fece amicizia con Ella, una ragazza più grande che dormiva nel letto accanto al suo. Ella era bassa, aveva la carnagione scura ed era molto vivace. Aveva la risata facile ed era felice di passare il tempo con una ragazzina più piccola che la prendeva come modello e che lei poteva consolare nei momenti di difficoltà.

L'uomo che consegnava i buoni pasto prese Hana in simpatia e cominciò a preoccuparsi della sua salute. Sapeva che la bambina era perennemente affamata e si offrì di darle dei buoni extra, per avere un mestolo di minestra acquosa in più o un pezzetto supplementare di pane nero. Lo stomaco di Hana brontolava e le veniva l'acquolina in bocca al pensiero di un po' di cibo in più. Ma ogni volta che le venne fatta quella proposta, rifiutò cortesemente. Ella e le altre ragazze più grandi l'avevano avvertita che se le guardie l'avessero sorpresa a infrangere una regola, avrebbe passato guai grossi.

Strappate alle loro famiglie, ammassate in uno spazio ristretto con poco cibo, le ragazze cercavano di trarre il meglio da quella situazione

UNITÀ 7 — LA STORIA ATTRAVERSO LE STORIE

così difficile. Quelle che avevano superato i quindici anni lavoravano in giardino, dove venivano coltivati frutta, verdura e fiori per i soldati nazisti. Di tanto in tanto il signor Schwartwbart, che gestiva il giardino, consentiva a Hana di uscire con il gruppo di lavoro per godersi l'aria fresca e il sole. Alla bambina piaceva lavorare in giardino con le altre ragazze. E c'era un altro vantaggio: un fagiolino o una fragola finivano sempre per farsi strada nella bocca della ragazzina affamata.

Per la maggior parte del tempo però Hana doveva rimanere con le sue coetanee o con le bambine più piccole e obbedire al supervisore responsabile della loro camerata. Tutti i giorni dovevano spolverare, pulire e scopare sotto i letti. I piatti, e il viso, venivano lavati sotto una pompa. E tutti i giorni, nella soffitta del *Kinderheim* L410, si tenevano lezioni segrete.

Alle lezioni di musica le ragazze imparavano nuove canzoni. Cantavano sottovoce per non essere udite dalle guardie. Alla fine della lezione veniva scelta una bambina che intonava uno dei canti preferiti di casa. Quando era il suo turno, Hana cantava sempre un pezzo intitolato *Stonozka*: la canzone del millepiedi.

> La sua vita non è certo uno zucchero
> immagina un po' il suo tormento
> quando cammina i piedi gli dolgono,
> una buona ragione ha il suo lamento...
> Così quando voglio cantare la malinconia
> ricordo il millepiedi, lo canto
> descrivo come sta nelle sue scarpe
> e la vita diventa un incanto.

C'erano anche dei corsi di cucito. Hana non aveva mai cucito in vita sua e non se la cavava bene con l'ago. Spesso l'insegnante doveva chiederle di smetterla di ridacchiare quando faceva qualche pasticcio stupido. Però Hana riuscì a finire una camicetta azzurra di cui andava molto fiera.

Ma le lezioni preferite di Hana erano quelle di arte. Era difficile trovare il materiale per disegnare o dipingere. Qualcuno era riuscito a portarlo nel ghetto nascondendolo nelle valigie. La carta veniva rubata, spesso correndo gravi rischi, dai magazzini dei nazisti. Quando non si riusciva a trovare nient'altro, si usava della semplice carta da pacco. In un modo o nell'altro, nei primi tempi, c'erano sempre pastelli a cera e matite colorate.

L'insegnante di arte, Friedl Dicker-Brandeis, era stata una pittrice famosa ed era rinchiusa anche lei a Theresienstadt. Friedl insegnava alle sue studentesse argomenti seri come la prospettiva e la composizione. Qualche volta le ragazze facevano dei disegni che avevano come soggetto la realtà: le mura del ghetto, le persone che facevano la fila per il cibo, i prigionieri picchiati dai soldati nazisti.

Bambini ebrei nel ghetto di Varsavia

Uno dei disegni fatti da Hana a Theresienstadt.

Più di ogni altra cosa, Friedl voleva che le sue lezioni aiutassero i bambini a dimenticare il terribile ambiente in cui vivevano, almeno per un po'. «Pensate allo spazio» diceva a Hana e alle altre ragazze. «Pensate alla libertà. Lasciate correre la vostra immaginazione. Ditemi cosa c'è nei vostri cuori. Mettetelo sulla carta.»

Per premiarle, le portava sul tetto dell'edificio in modo che potessero essere più vicine al cielo. Da lassù le ragazze potevano guardare oltre le mura del campo e vedere in lontananza le montagne che lo circondavano. Potevano sognare gli uccelli e le farfalle, i ruscelli e le altalene. E usando i pastelli e le matite potevano farli rivivere sulla carta.

Quando tutte le lezioni erano finite e le faccende erano state sbrigate, le ragazze giocavano a un gioco di società chiamato Smelina, che era stato inventato proprio nel ghetto. Assomigliava a Monopoli ed era stato creato per i bambini da un ingegnere chiamato Oswald Pock, deportato a Terezin. I giocatori si spostavano sul tabellone e arrivavano su proprietà come *Entwesung*, il luogo dove venivano disinfettati i vestiti, o la caserma delle guardie. Al posto degli hotel costruivano i *rumba*, i nascondigli sopra le camerate. Come denaro venivano usate le banconote del ghetto, chiamate *kronen*.

Ma nonostante queste distrazioni, Hana finiva sempre per sentirsi sola e affamata. George le mancava moltissimo.

(K. Levine, *La valigia di Hana. Una storia vera*, traduzione di R. Garbarini, Fabbri)

Nell'ottobre del 1944 Hana e le sue compagne di stanza verranno trasferite ad Auschwitz, dove verranno uccise il giorno stesso dell'arrivo.

UNITÀ 7 — LA STORIA ATTRAVERSO LE STORIE

Scheda storica — Terezin

Terezin è una cittadina dell'attuale repubblica Ceca trasformata interamente in ghetto nel novembre del 1941. Venne presentata come il modello nazista di insediamento degli ebrei, ma nella realtà era un campo di concentramento da cui partivano gli ebrei diretti ad Auschwitz e ad altri campi di sterminio. Nel giugno del 1944 Eichmann utilizzò a fini di propaganda questo campo, concedendo ai rappresentanti della Croce Rossa una visita, per dissipare le voci sullo sterminio degli ebrei. Per diminuire l'impressione di sovraffollamento molti ebrei furono deportati ad Auschwitz prima della visita, le camere vennero riverniciate e vennero costruiti falsi negozi e locali.

Anche se a Theresienstadt non c'erano camere a gas, si moriva ugualmente per la fame, la malattia, le epidemie, le pessime condizioni igieniche. Tuttavia la comunità ebraica fece in modo che tutti i bambini di Theresienstad potessero continuare il loro percorso educativo con lezioni ed attività sportive. In particolare l'insegnante d'arte Friedl Dicker-Brandeis creò una classe di disegno per bambini nel ghetto, che crearono più di quattromila disegni, ora conservati nel museo ebraico di Praga. Essi rappresentano un prezioso documento, attraverso cui ricostruire la vita dei bambini a Theresienstadt.

L'ingresso del campo di Terezin.

Dopo aver letto la scheda storica, indica se le seguenti affermazioni sono vere o false.
1. Terezin è un campo di concentramento vicino a Berlino. V F
2. Eichmann concesse ai rappresentanti della Croce Rossa di visitare il campo. V F
3. Da Terezin nessun ebreo fu portato ad Auschwitz. V F
4. Tutti gli ebrei di Terezin sono sopravvissuti. V F
5. A Terezin si tenevano lezioni per i bambini e attività sportive. V F
6. Molti bambini di Terezin disegnarono i loro sogni e la loro vita. V F
7. I disegni dei bambini sono conservati a Berlino. V F

Consulta il Laboratorio delle competenze *I bambini di Theresienstadt*, presente nell'eBook, dove potrai osservare alcuni disegni dei bambini di Terezin che ti faranno conoscere la loro vita e i loro sogni.

Bambini ebrei nel ghetto di Varsavia

Attività

CHE COSA DICE IL TESTO
COMPETENZE DI LETTURA

Un viaggio nel tempo per conoscere una bambina

1. Nella prima parte del brano siamo in un piccolo museo a Tokyo, nel 2000.
   > Quale oggetto suscita la curiosità dei bambini in visita al museo?
   > Quali domande si pongono?
   > Quale decisione prende la direttrice del museo, Fumiko Ishioka?

2. Nella seconda parte del brano siamo proiettati indietro nel tempo: siamo nel 1942-1943 a Theresienstadt, per conoscere Hana.
   > Dove si trova e in quali condizioni vive?
   > Quali attività obbligatorie deve svolgere?
   > Quali lezioni segrete segue?

3. Anche in un luogo tanto drammatico si stabiliscono positive relazioni. Descrivi:
   > i rapporti fra Ella e Hana
   > l'offerta dell'uomo dei buoni pasto
   > l'atteggiamento verso Hana del signor Schwartzbart
   > il rapporto fra l'insegnante di arte, Friedl, e le sue allieve

4. Perché Friedl porta le ragazze sul tetto dell'edificio?

5. Come si sente Hana e chi le manca in modo particolare?

LA GRAMMATICA DELLE STORIE

Parole che parlano del passato

6. Osserva il tempo verbale usato nella prima e nella seconda parte del brano: cosa cambia e perché?

LA STORIA ATTRAVERSO LE STORIE
CONSAPEVOLEZZA ED ESPRESSIONE CULTURALE

Una storia che racconta la realtà

7. Metti in relazione le notizie della scheda storica con il brano letto: quali corrispondenze osservi?

IMMAGINARE E SCRIVERE
COMPETENZE DI SCRITTURA

Una lettera difficile

8. Immagina di essere Fumiko e scrivi una lettera a George, il fratello di Hana, per chiedere notizie della sorella e informarlo delle tue ricerche.

ALLA SCOPERTA DEI TESTI • Il testo narrativo   335

UNITÀ 7 — LA STORIA ATTRAVERSO LE STORIE

Bambini tedeschi nell'inferno di Berlino

 **Helga Schneider**

Salute, Hitler!

L'opera. Il rogo di Berlino è un romanzo autobiografico. Helga, ormai adulta, incontra a Vienna la madre, che l'aveva abbandonata quando era molto piccola, e scopre che non ha per nulla rinnegato il suo passato di SS[1]. Helga scappa sconvolta e inizia a raccontare la sua vita di bambina tedesca durante i tragici anni del nazismo e della guerra, fino alla liberazione di Berlino a opera dei russi, che porterà altre atrocità e sofferenze.

Il testo. Nel brano che leggerai Helga racconta l'incontro, realmente avvenuto, con Hitler durante una "gita premio", organizzata dalla zia Hilde, grazie al suo lavoro nell'ufficio di Joseph Goebbels, il ministro della propaganda nazista.

«Coraggio, tutti fuori di corsa e nel bunker!» Ci elettrizzammo. Agguanto la mano di Peter, scendiamo dal bus, seguiamo Marianne e assistiamo, stupefatti, allo spettacolo di un immenso portello di ferro che si alza lentamente per poi inghiottirci. «Io là dentro non ci vengo» dichiara Peter, che ha deposto ogni coraggio da vero bambino tedesco e mi dà un calcio al piede.

Stringo più forte la sua mano ribelle e, mentre cominciamo a scendere i gradini di cemento, ci investe un'ondata di aria calda.

Ai piedi della scala si apre un corridoio dal pavimento lucido; l'illuminazione è fredda, e alcune SS stanno appoggiate contro i muri di cemento armato oppure sedute per terra con il mitra in braccio. Proseguiamo per altri corridoi.

1. **SS**: appartenenti alla formazione militarizzata del partito nazista.

Bambini tedeschi nell'inferno di Berlino

Tubature per il riscaldamento, il ronzio dei ventilatori. Voci indistinte giungono da tutte le direzioni, si sentono rumori attutiti che non riusciamo a identificare, si vedono porte d'acciaio. Mi sembra di essere in un labirinto.

Alla fine ci arrestiamo dinanzi a un posto di blocco, dove staziona un gruppo di donne SS; sono bionde e si somigliano tutte. Marianne deve firmare un registro, scambia due parole con una ragazza con la faccia da Gretel, ed entrambe fanno alcune battute in dialetto berlinese; poi proseguiamo. Mi sento frastornata.

Da più parti squillano dei telefoni; ho un lieve senso di panico, un piccolo attacco di claustrofobia[2] che però passa subito. Peter ha rinunciato a scalciare e si guarda intorno con occhi sbarrati. Giungiamo in una sorta di saletta d'attesa; Hitler ci fissa da un immenso ritratto: baffetti accuratamente tagliati, sguardo pungente, sembra che voglia ipnotizzarci. Goebbels, sull'altra parete, ha un'espressione ufficiale – è lui il responsabile delle missioni speciali di Hilde[3] –; siamo circondati da grandi croci uncinate[4].

Ci raggiunge un'altra donna SS, grida «*Heil Hitler!*», noi rispondiamo «*Heil Hitler!*». Poi chiede a Marianne: «Il tragitto si è svolto senza incidenti?». Lei risponde: «Come l'olio!». «Venite con me» ci esorta la SS.

Ci conduce in una camerata piena di letti a castello e armadietti di ferro, e ci ordina: «Sistemate le vostre cose, prego!».

Ripongo pigiama e camicia da notte in un cassetto dell'armadietto, e sistemo lo spazzolino da denti che non ho più usato dai tempi del collegio di Eden. Opa[5] ha detto che ci daranno il dentifricio. Sono curiosa di sapere che cosa ne farà Peter: lui non sa nemmeno che cosa sia; in tutta Berlino non se ne trova più un solo tubetto.

«Lavarsi le mani!». Il nuovo ordine giunge secco, militaresco, così ci spostiamo in una stanza da bagno con tanti lavandini; sembriamo un gregge di pecore stordite. Per fortuna Marianne ci è sempre accanto, rimanendo il nostro punto fermo. Appena porgo a Peter il tubetto del dentifricio, lui lo schiaccia nel mezzo e grida, sdegnato: «Preferisco le salsicce!».

Marianne reprime un sorriso divertito e dice: «Avrai anche quelle, ma ora lavati i denti!».

Dopo aver obbedito, pur con mille complicazioni, e dopo aver tentato di mangiare il dentifricio, il mio prepotente fratellino strilla «Voglio vedere il Führer!» [...]

«Lo vedrai, il Führer» lo rassicura Marianne.

«Quando?»

«Presto» [...]

Ci preparano con puntiglioso impegno all'incontro. Innanzitutto, in presenza del Führer non si deve parlare ad alta voce. Nel caso in cui egli ci chieda qualcosa, si deve rispondere «sì, *mein Führer*», oppure «no, *mein Führer*». Naturalmente è d'obbligo il saluto nazista.

---

2. claustrofobia: paura dei luoghi chiusi.
3. Hilde: la zia di Helga.
4. croci uncinate: svastiche.
5. Opa: il nonno di Helga.

UNITÀ 7 — LA STORIA ATTRAVERSO LE STORIE

Peter non sta più nella pelle. Vedere il Führer è il suo grande sogno. Per lui il Führer è un punto di riferimento, è il capo dei capi, il padre di tutti; per lui il Führer è Dio.

Io sono meno entusiasta. Ciò che ho sentito dire a Eden sul Führer non mi è piaciuto per nulla. Mi ha spaventata.

Arriva il fatidico[6] giorno.

Io e Peter siamo in prima fila, entrambi molto tesi; a una bambina è venuto il mal di pancia e l'hanno allontanata. Peter salta da una gamba all'altra, ha il viso pallidissimo.

Ci troviamo in una sala oblunga, ovunque grandi croci uncinate. Lungo il muro sono disposte alcune sedie; sulla parete in fondo un ritratto di Hitler è affiancato da due grappoli di bandiere germaniche.

Nella sala ristagna un caldo umido che infastidisce. Sono nervosa. Fino all'ultimo momento ci ripetono le stesse cose: parlare a bassa voce, non perdersi in chiacchiere dinanzi al Führer, fare il saluto nazista senza strillare. Aspettiamo immobili come soldatini di piombo. Nel silenzio si potrebbe sentire uno spillo che cade.

Ma ecco, sentiamo dei rumori e da una porta sulla sinistra entra un gruppo di giovani SS che si dispone lungo la parete di fronte a noi. Li segue una donna in uniforme che regge un cesto.

Nella sala c'è un silenzio assoluto, mentre il mio stomaco si contrae in uno spasmo nervoso. E finalmente arriva lui, Adolf Hitler, il Führer del Terzo Reich[7]!

Avverto un leggero ondeggiamento tra le file mentre il Führer avanza lentamente. Tutti scattiamo sull'attenti, alziamo la mano e gridiamo «*Heil Hitler!*».

Abbiamo urlato troppo forte, e il viso del Führer tradisce un guizzo di fastidio.

Mentre Hitler avanza verso di noi, io lo fisso senza fiatare. Quante cose ho sentito dire su di lui, dalle più entusiastiche alle più spregevoli!

Cammina piano, le spalle lievemente curve, il passo strascicato: non posso crederci! Sarebbe questo l'uomo che ha fatto delirare le folle? Io lo vedo invece un vecchio dai movimenti stentati. Noto che ha un lieve tremolio alla testa e che il braccio sinistro pende inerte lungo il suo fianco come se fosse di gesso. Sono davvero incredula!

Hitler comincia a dare la mano ai primi bambini della fila, rivolgendo loro brevi domande di circostanza[8]. Sento le loro voci, sommesse, intimorite, impacciate, che mormorano: «Sì, *mein Führer*». Infine tocca a me.

Il mio cuore perde un paio di colpi e arrossisco violentemente. Temo di svenire, di stramazzare ai piedi del Führer, anche se è l'ultima cosa che desidero accada.

Adolf Hitler mi tende la mano e mi fissa negli occhi. Ha uno sguardo penetrante che mi imbarazza. Nelle sue pupille c'è uno strano luccichio, come se un folletto ci ballasse dentro.

---

6. fatidico: il giorno "fatale" dell'incontro con Hitler.

7. Terzo Reich: il regime nazista, terzo impero dopo il Sacro Romano Impero Germanico e quello proclamato da Guglielmo II nel 1871.

8. domande di circostanza: domande formali, di semplice cortesia.

Bambini tedeschi nell'inferno di Berlino

La stretta del Führer è molle e ne sono sconcertata. Sarebbe questa la mano dell'uomo che guida il destino della Germania? La mano è calda e sudaticcia come quella di un malato febbricitante. Ne ricevo un'impressione sgradevole e sono tentata di ritirare la mia, ma mi domino. Allora imprimo sul mio viso un sorriso forzato e nello stesso tempo sbircio le SS. Mi fucilerebbero se si accorgessero del mio disagio? Dinanzi al grande Führer del Reich non ci si può sentire a disagio! È un crimine! Ma loro non badano a me, continuano a tenere lo sguardo fisso sul Führer impugnando saldamente il mitra.

Adolf Hitler mi chiede: «Come ti chiami?».

«Helga» rispondo. Mi dimentico di dire «*mein Führer*». Segue una pausa. Ho l'impressione che Hitler cerchi qualcosa da dire, qualcosa come: «Soffrite molto per questa guerra?». Oppure: «Come va la distribuzione dei viveri in città?». Invece mi chiede: «Ti piace stare nel bunker della Cancelleria, Helga?».

«Sì».

È una bugia. Non mi piace stare nel bunker perché soffro di claustrofobia. Mi fa sentire sepolta, rinchiusa in una bara. L'unica cosa che riesce a compensare il mio senso di prigionia è il cibo che arriva regolarmente, ma per il resto quasi preferisco la cantina della Lothar-Bucher-Strasse[9] benché la detesti. Lancio nuovamente uno sguardo alle SS: hanno capito che ho mentito al Führer? Sì, lo so, un «ospite speciale del Führer» ha il dovere di sentirsi bene nel bunker, ha l'obbligo della gratitudine. Ma ancora una volta loro mi ignorano, e io provo sollievo. Allora alzo gli occhi e fisso il copricapo di Hitler con l'aquila[10] e la croce uncinata, poi il mio sguardo scivola su un volto dal colorito grigiastro, che somiglia davvero poco a quello dei tanti ritratti appesi nel bunker. La faccia che ho davanti è sciupata. Intorno agli occhi si spiega un fitto ventaglio di righe e la pelle delle guance è floscia. Solo i baffetti ben tagliati mantengono un barlume di consistenza fra quei lineamenti sfatti.

Quando la mano di Hitler si ritira dalla mia provo un senso di rilassamento. Lui allunga il braccio verso il cesto, estrae una barretta di marzapane e me la porge. È finita. Il Führer passa oltre e tocca a mio fratello.

«Come ti chiami?»

«Peter!» risponde lui. Troppo forte, noto con ansia.

«Come va, Peter?»

Peter emette un interminabile sospiro, infine grida, estasiato, spontaneo, irruente: «Io sto bene, Herr Hitler! Che bella fibbia, Herr Hitler!».

Non è possibile, mi sembra di essere in un incubo! Annientata, volto lo sguardo e vedo il dito impudente di Peter sfiorare la fibbia del cinturone del Führer! Credo di morire. Che cosa succederà? Le SS gli spa-

9. la cantina della Lothar-Bucher-Strasse: la cantina dove si rifugiava Helga.
10. l'aquila: il simbolo della Germania.

UNITÀ 7 — LA STORIA ATTRAVERSO LE STORIE

11. *Deutschland, Deutschland, über alles!*: Germania, Germania sopra a tutto! Queste parole erano il ritornello dell'inno tedesco fino al 1991.

reranno un colpo nel piccolo cuore? Getto uno sguardo ansioso alle SS e noto con sollievo che una di loro maschera un sorriso divertito. Allora mi tranquillizzo. Poi sento la voce del Führer che risponde: «Quando sarai grande, giovanotto, anche tu potrai avere una fibbia come la mia». Segue il rito del marzapane, poi il Führer passa oltre. Terminata la prima fila, pronuncia qualcosa come «buona fortuna a tutti»; strilliamo di nuovo «*Heil Hitler!*», ancora una volta troppo forte, e lui esce, seguito dalle guardie del corpo. Rimane solo la donna, che continua a distribuire il marzapane. L'atmosfera si distende.

Deutschland, Deutschland, über alles![11] Questo è dunque il grande Führer del Reich, il capo delle Forze Armate tedesche, il capo di tutti noi! Questo è l'uomo dal quale dipende il nostro destino. Ci ha augurato buona fortuna.
Heil Hitler!

(H. Schneider, *Il rogo di Berlino*, Adelphi)

• Scheda storica — Adolf Hitler

Adolf Hitler nasce in Austria nel 1889. La sua infanzia è difficile a causa della morte della madre e degli insuccessi negli studi. Vive inizialmente a Vienna, dove fa l'impiegato. Qui incomincia a maturare le sue idee antisemite e il suo odio verso il comunismo e il marxismo. Nel 1913 si trasferisce a Monaco, poi partecipa alla Prima guerra mondiale, da cui torna profondamente frustrato per la sconfitta della Germania. Nel 1919 inizia la sua attività politica, fondando il Partito Nazionalsocialista dei lavoratori tedeschi. Imprigionato per la sua attività di agitatore, scrive in carcere il libro *Mein Kampf*. Scarcerato dopo nove mesi, continua la sua attività politica, trasformando il partito in una vera e propria organizzazione paramilitare. Nel clima di profondo malcontento seguito alla crisi economica del 1929, il Nazionalsocialismo vede crescere sempre più i suoi consensi fino a diventare, nel 1933, il primo partito in Germania. Dopo essere sfuggito a numerosi attentati, negli ultimi anni di guerra si rifugia in un bunker a Berlino, dove nel 1945 si suicida, dopo aver sposato la sua amante Eva Braun.

La propaganda del regime

Il regime nazista si servì della propaganda per accrescere attorno a sé il consenso, utilizzando i nuovi mezzi di comunicazione di massa, come la radio e il cinema. Inizialmente la propaganda ebbe lo scopo di affermare la grandezza della Germania e del popolo ariano, stimolando contemporaneamente l'odio verso gli ebrei, ma non cessò neppure negli ultimi anni della guerra, durante i quali esaltò il coraggio e lo spirito di sacrificio della gioventù tedesca. Capo dell'ufficio propaganda fu Joseph Goebbels, che si uccise come Adolf Hitler, insieme alla sua famiglia.

Dopo aver letto la scheda, sottolinea nel testo le risposte alle seguenti domande.
1. Dove e quando è nato Hitler?
2. Quando inizia la sua attività politica?
3. Che cosa scrive in carcere?
4. In quali circostanze crescono i consensi al suo partito?
5. Dove e quando muore?
6. Quale ruolo svolse Goebbels?
7. Quali erano gli scopi della propaganda?

Bambini tedeschi nell'inferno di Berlino

Attività

CHE COSA DICE IL TESTO
COMPETENZE DI LETTURA

Il grande Führer

1. L'aspetto esteriore del Führer colpisce Helga e diventa, per lei, lo specchio della personalità e del carattere del personaggio: quale impressione fa Hitler a Helga?

2. Che cosa prova invece Peter nei confronti del Führer?

3. Quali sensazioni prova Helga nel bunker? Accanto a ogni situazione indica le sue reazioni.

   a. Quando Helga arriva nel bunker
   ....

   b. Prima dell'incontro con Hitler
   ....

   c. Mentre Helga osserva Hitler
   ....

   d. Quando Hitler si rivolge a Helga
   ....

   e. Quando Peter si rivolge a Hitler
   ....

   f. Quando Hitler si allontana
   ....

4. Che cosa significano le osservazioni finali della protagonista?
   - [ ] Helga prova compassione per Hitler, che considera un uomo malato
   - [ ] Helga, nonostante tutto, si fida delle promesse di Hitler
   - [ ] Helga si rende conto della falsità e dell'illusorietà della propaganda nazista

Il bunker

5. Descrivi il bunker visto come lo vede Helga.

LA GRAMMATICA DELLE STORIE
CONSAPEVOLEZZA ED ESPRESSIONE CULTURALE

Il narratore, il tempo, il linguaggio

6. Chi è il narratore? È interno o esterno?

7. Non viene precisato quanto tempo i ragazzi trascorrono nel bunker, ma da una frase capiamo che sono passati alcuni giorni: evidenziala nel testo.

8. Durante l'incontro fra Hitler e i bambini a quale breve momento viene dedicato il maggior spazio nel testo?

9. Il linguaggio sottolinea con alcune similitudini e metafore l'atmosfera descritta nel brano: riferisci un esempio.

LA STORIA ATTRAVERSO LE STORIE

Germania: ultimo atto

10. Ricerca nel testo tutte le informazioni sull'aspetto esteriore di Hitler e tracciane un ritratto.

11. Quali informazioni sulla situazione della Germania nell'ultimo periodo della guerra possiamo ricavare dal brano?

DESCRIVERE ED ESPRIMERE
COMPETENZE DI SCRITTURA

La immaginavo diversa...

12. Sarà sicuramente capitato anche a te di scoprire che una persona è molto diversa da come la immaginavi: descrivi questa persona, esprimendo le sensazioni che hai provato conoscendola.

 SCUOLA DI SCRITTURA
Nella lezione 7 potrai trovare indicazioni su come descrivere le persone.

UNITÀ 7
LA STORIA ATTRAVERSO LE STORIE

Conoscere i modi di vivere e i problemi di Paesi lontani

Francesco D'Adamo

I Ragazzi Perduti del Sudan in fuga dalla guerra

La battaglia

L'opera. Ouiah è un "leopardo", cioè un bambino soldato, strappato molto piccolo alla sua famiglia, di cui conserva solo vaghi ricordi, e convinto a combattere con la somministrazione di una misteriosa "pozione", una droga che gli dà coraggio e forza. Viene seguito dalla sorella Tenerè che cerca di convincerlo a scappare e tiene vivo in lui il ricordo della famiglia lontana. Pian piano le voci della mamma e del papà fanno breccia nella sua mente: Ouiah non vuole più combattere e inizia a prendere consapevolezza della sua situazione e di quella dei bambini soldato. Alla fine Ouiah, con l'aiuto di Tenerè, riuscirà a reagire e a salvare i pochi bambini-leopardo sopravvissuti.

Il testo. Nel brano che leggerai Ouiah sta combattendo una difficile ed estenuante battaglia contro pericolosi nemici: un gruppo di bambini-bufalo. Vicino a lui c'è Kalè, un bambino-leopardo più piccolo e impaurito, di cui è diventato amico e che cerca di difendere dagli attacchi. Ma i ricordi stanno diventando sempre più nitidi e incominciano ad agire nella mente di Ouiah...

«Attento!» gridò Kalè.
Ouiah sentì un colpo terribile al fianco, cadde, rotolò tra l'erba secca della savana, cercò di rimettersi subito in piedi con un colpo di reni, come i Leopardi sanno fare, e non ci riuscì. Era circondato dai Bufali.
Si era distratto!
Durante la battaglia, anziché stare attento ai nemici si era messo a pensare a quelle vecchie, sciocche storie – non ricordava nemmeno chi gliele avesse raccontate – e si era fatto cogliere di sorpresa.
Come aveva potuto essere tanto stupido?
Nemmeno un novellino si comporta così in battaglia!
Adesso era isolato, con solo il piccolo Kalè accanto, e in balia degli avversari. E il fianco gli faceva male, molto male.
«Cosa facciamo?» chiese Kalè con voce lamentosa.
Ouiah cercò un'altra volta di rimettersi in piedi e intanto si guardò attorno: non si vedevano altri Leopardi nelle vicinanze. I Bufali che li avevano sorpresi li guardavano cupi e minacciosi, la testa bassa e le corna pronte a colpire. Erano grossi, molto grossi e scavavano nervosamente la terra con gli zoccoli.
Voleva dire che stavano per caricare.
Ouiah era stanco. Per questo gli erano tornate in mente all'improvviso quelle vecchie storie che neanche sapeva di conoscere: sembrava che anche l'esercito dei Bufali avesse uno stregone capace di fermare il

Conoscere i modi di vivere e i problemi dei Paesi lontani

sole[1] con il suo bastone durante le battaglie, perché quel giorno non terminava mai. In genere durante le battaglie il tempo volava così veloce che non ti accorgevi neanche del suo passare. Quel giorno no.

Avevano combattuto per ore e ore, fin dal mattino, quando Sheik[2] aveva dato l'ordine di attaccare, per un tempo interminabile. Ouiah aveva corso e combattuto, corso e combattuto, senza fermarsi un istante, con Kalè al suo fianco che non lo mollava un attimo. Aveva dato e ricevuto colpi, aveva ringhiato e urlato dal dolore, aveva aiutato gli altri Leopardi quand'erano in difficoltà, aveva cercato di coprire e proteggere Kalè.

Il fronte della battaglia occupava l'intera savana, fino ai piedi delle aride Colline Nere; perfino dal folto della foresta, dove in genere i combattenti non entravano, questa volta si levavano urla e gemiti. Era senz'altro la battaglia più grande che si fosse mai vista. Ouiah era stremato e non ce la faceva più.

I Bufali erano troppo numerosi, come le stelle nel cielo, e il tempo si era fermato, e lui era stanco, assetato, ferito e confuso.

Per questo si era distratto fino al punto di farsi sorprendere dai nemici. Per questo aveva dato retta a quei ricordi che all'improvviso, per la prima volta, gli erano entrati a tradimento nella testa, e chissà chi glieli aveva mandati, forse quella Fata imbrogliona[3] di cui gli aveva parlato Kalè.

Ouiah riuscì a rimettersi in piedi a fatica.

Kalè girava in tondo, digrignava i denti e soffiava contro i Bufali cercando di mantenerli a distanza, ma era difficile che il cucciolo potesse metter loro paura.

«Stammi accanto!» gli gridò Ouiah, ma anche la sua voce era incerta.

I Bufali erano sempre più vicini.

Per un attimo Ouiah ebbe un brutto pensiero: pensò che non valeva la pena di provare a salvarsi. A cosa sarebbe servito? Se anche fosse riuscito a sfuggire ai Bufali, il giorno dopo Sheik lo avrebbe costretto a combattere di nuovo e il giorno dopo ancora e quello dopo ancora.

E lui era stanco di quella vita. Non voleva più bere la Pozione, non voleva più essere un Leopardo, non voleva più combattere, non voleva più uccidere. E allora...

Poi pensò a Tenerè. E poi a quelle storie che gli erano venute in mente all'improvviso. Si era ricordato di un villaggio, di una capanna, di un ruscello. Erano i primi ricordi che aveva.

E poi si era ricordato di un uomo. Quello che gli raccontava le storie.

E nel ricordo lo aveva chiamato Papà.

Ouiah raccolse tutte le forze che gli rimanevano, snudò i denti, emise un ringhio terribile.

I Bufali si fermarono, incerti.

«Andiamo!» urlò a Kalè.

Riuscirono a passare, neanche Ouiah avrebbe saputo dire

1. uno stregone capace di fermare il sole: era una delle storie che il papà raccontava a Ouiah.

2. Sheik: l'uomo che ha rapito Ouiah e comanda i bambini soldato.

3. Fata imbrogliona: è il fenomeno della Fata Morgana, cioè dei miraggi nel deserto, il luogo da cui viene Kalè.

UNITÀ 7 — LA STORIA ATTRAVERSO LE STORIE

 Parole, parole...

Le furie

La frase «lottarono come furie» significa che i due bambini lottarono con grande e violento impeto. Ma da dove deriva il termine *furie*? Le Furie erano delle divinità infernali della mitologia romana. Erano tre sorelle, Aletto, Megera e Tisifone, personificazioni della vendetta, dell'ira e del rimorso. Venivano rappresentate urlanti, con serpenti al posto dei capelli e in mano fruste o torce ardenti.

- Con l'aiuto del dizionario, prova a spiegare le seguenti espressioni: A furia di insistere • Andare su tutte le furie • In fretta e furia.
- Indica un contrario del termine *furia*.

---

in che modo. Lottarono come furie, schivarono corna e zoccoli, spezzarono la linea dei Bufali e si ritrovarono a correre nella pianura, uno a fianco dell'altro, senza nemmeno accorgersi di quello che li circondava. Corsero come mai avevano corso in vita loro, sentendo il rombo degli zoccoli che percuotevano il terreno alle loro spalle.

I Bufali erano più lenti dei Leopardi, è vero, ma erano forti e instancabili. Si avvicinavano sempre di più, li avrebbero raggiunti.

«Sulle Colline Nere!» comandò Ouiah.

Si arrampicarono lungo il fianco ripido e sassoso di una Collina, saltando da un masso all'altro; lassù i Bufali non avrebbero mai potuto seguirli, erano troppo goffi e pesanti. Giunsero in cima, trovarono una caverna, strisciarono all'interno. C'era una fresca e piacevole ombra. Si lasciarono cadere al suolo esausti, ansimando. In pochi minuti si addormentarono.

Quando si svegliarono, il sole finalmente si era rimesso in movimento e si avviava al tramonto. Uscirono dalla caverna e si affacciarono sopra i massi a guardare la pianura giù in basso.

La battaglia era finita. La grande distesa della pianura era disseminata di corpi, erano neri e abbandonati, visti da lassù sembravano tutti uguali alla luce rossastra degli ultimi raggi del sole. Difficile distinguere i Bufali dai Leopardi. C'erano polvere e fumo e uno strano silenzio avvolgeva la savana, le colline e tutte le cose.

I Bufali non si vedevano più, dovevano essersi ritirati nei loro accampamenti. Scorsero Sheik e gli altri Leopardi Grandi, in lontananza, che radunavano i Bambini Leopardi superstiti. Non sembravano molti.

Ouiah e Kalè cominciarono a scendere lentamente dal fianco delle Colline Nere. Nessuno dei due pensò, neanche per un attimo: «Chi ha vinto?»

Non aveva nessuna importanza.

Ai piedi delle Colline trovano un Bufalo. Era ferito, era rimasto indietro e stava cercando di raggiungere i suoi.

Quando li vide, si fermò.

Anche Ouiah e Kalè si fermarono. Erano a pochi metri di distanza.

Il Bufalo respirava a fatica. Nella fioca luce del crepuscolo, Ouiah e Kalè potevano vedere i suoi fianchi pelosi alzarsi e abbassarsi come un mantice mentre dalla gola gli usciva un sibilo acuto.

Era la prima volta che Ouiah aveva l'occasione di vedere un nemico da vicino, così vicino da poterlo guardare negli occhi. Durante le battaglie questo non succedeva, non c'era tempo, bisognava pensare solo a colpire e a non essere colpiti. Un nemico era un nemico, e basta.

Ouiah gli si avvicinò ancora.

Si accorse che era un bambino, come lui.

Conoscere i modi di vivere e i problemi dei Paesi lontani

Non avrebbe saputo spiegare da che cosa se ne fosse accorto. Era grande e grosso, come tutti i Bufali, non era un cucciolo come Kalè, ma era un bambino.

Non c'era dubbio.

Il Bambino Bufalo non si muoveva, sembrava rassegnato. Un leggero tremito gli scuoteva le zampe.

Kalè sferzò nervoso con la coda: «Attacchiamolo!» sibilò.

«È la Pozione» pensò Ouiah, «sente ancora gli effetti di quella Pozione che ti fa pensare a una cosa sola: uccidi, uccidi.»

«No» gli disse, «andiamocene.»

Per un attimo sentì l'impulso di parlare col Bambino Bufalo, di dirgli qualcosa, ma non avrebbe saputo trovare le parole giuste.

Si avviarono verso il loro accampamento, il Bufalo proseguì zoppicando per la sua strada. Un paio di volte Ouiah si voltò a guardarlo.

L'accampamento era lontano, l'erba della savana, nera e schiacciata, portava ancora i segni della battaglia, sembrava che non sarebbero mai arrivati.

C'era Sheik in persona ad aspettarli al margine del campo, con altri Leopardi Grandi. Quella sera nessuno aveva acceso i fuochi e non si sentiva odore di cibo. Nessuno cantava. I loro compagni sopravvissuti erano rannicchiati a terra, sparsi come fagotti qua e là nella radura. Erano quasi tutti feriti e malconci.

Sheik aveva uno sguardo strano e cattivo.

Poi Ouiah si accorse che Sheik aveva dato l'ordine di preparare la Gabbia.

Era come una gabbia per uccelli, ma più grande, con le sbarre di un legno durissimo, e dondolava appesa con una grossa fune ai rami dell'albero più alto della spianata.

Era evidente che Sheik aveva visto tutto. Aveva visto che avevano risparmiato il Bufalo Bambino ferito. E questo non era ammesso.

La Gabbia era la punizione più grave per chi disobbediva. Potevi morirci di fame, di caldo e di sete, appeso là dentro.

Sheik li fulminò con gli occhi: «Vigliacchi» disse, «avete tradito. Domani. Domani la pagherete.»

Diede ordine di calare la Gabbia e vi fece rinchiudere Ouiah e Kalè.

(F. D'Adamo, *Storia di Ouiah che era un leopardo*, BUR ragazzi)

Scheda storica — I bambini soldato

Sono più di trecentomila i bambini e i ragazzi sotto i diciotto anni che vengono costretti a combattere nelle numerose guerre che insanguinano il mondo. A causa dei continui conflitti la maggior parte dei bambini soldato si trova in Africa (in Sudan, Angola, Sierra Leone), ma essi sono molto diffusi anche in altri continenti: in Asia sono presenti in Afghanistan, in Sri Lanka e in Cambogia; in America Latina ve ne sono in Colombia, in Nicaragua e in El Salvador. Ma sono molti altri i Paesi in cui questa piaga è diffusa. Un terzo dei bambini soldato è costituito da bambine, che sono spesso destinate a diventare le "mogli" dei comandanti o vengono utilizzate come spie.

UNITÀ 7 — LA STORIA ATTRAVERSO LE STORIE

I bambini soldato appartengono alle fasce più miserabili della popolazione. A volte, dopo essere stati rapiti, vengono mandati a combattere contro i loro stessi villaggi di origine. Spesso sono orfani che hanno visto trucidare la loro stessa famiglia, oppure sono ragazzi abbandonati che vivono in strada. Vengono duramente addestrati e poi, eccitati da droghe, vengono mandati nei campi minati per aprire la strada alle truppe regolari. Il loro arruolamento è facilitato dalla diffusione di armi micidiali ma leggere, facilmente maneggiabili anche da bambini di 10 anni. I ragazzi soldato non esigono una paga, sono facilmente manipolabili e si gettano nel pericolo con maggior incoscienza di un adulto.

Quelli che sopravvivono alla guerra, anche senza ferite o mutilazioni, rimangono profondamente segnati dalla loro terribile esperienza, per le atrocità a cui hanno assistito o che sono stati costretti a commettere: la loro infanzia è irrimediabilmente "rubata". A distanza di anni sono perseguitati da incubi e sono spesso incapaci di reinserirsi nella società.

Sottolinea nel testo le risposte alle seguenti domande.
1. In quali continenti è diffusa la piaga dei bambini soldato?
2. Ci sono anche bambine fra questi soldati?
3. Da dove provengono i bambini soldato?
4. Come vengono convinti a combattere?
5. Quali sono le conseguenze della loro drammatica esperienza?

Attività

CHE COSA DICE IL TESTO
COMPETENZE DI LETTURA

Una battaglia senza fine

1. Perché i Bufali sono riusciti a sorprendere Ouiah e Kalè?
2. A che cosa pensa Ouiah mentre i Bufali si avvicinano?
3. Quali pensieri gli danno la forza di reagire?
4. Dove si rifugiano e fino a quando?
5. Perché Kalè vorrebbe attaccare il Bambino-Bufalo e perché invece Ouiah lo ferma?
6. Perché e come vengono puniti al rientro nel campo?

LA GRAMMATICA DELLE STORIE
CONSAPEVOLEZZA ED ESPRESSIONE CULTURALE

Il tempo: ordine e durata

7. Dove inizia e dove finisce il *flashback* presente nel testo? Quale atteggiamento di Ouiah permette di spiegare?
8. Riflettiamo sui "tempi" e sulle "durate".
> Quanto tempo dura la battaglia?
> Quanto tempo durano l'attacco dei Bufali e la reazione di Ouiah?
> Quando rientrano al campo Kalè e Ouiah?
9. Nel corso della battaglia l'atteggiamento di Ouiah cambia: spiega questa trasformazione.

LA STORIA ATTRAVERSO LE STORIE

Una drammatica storia di sfruttamento

10. Quali informazioni sui bambini soldato possiamo ricavare dal brano?

IMMAGINARE E SCRIVERE
COMPETENZE DI SCRITTURA

La fine della storia

11. Come riusciranno Kalè e Ouiah a uscire dalla gabbia? Chi li libererà? Descrivi in che modo si salvano i due ragazzi.

OLTRE IL TESTO
Leggi il testo sui *Ragazzi Perduti del Sudan*, proposto in digitale. Localizza il Paese su una carta geografica e informati sulle sue drammatiche vicende storiche.

Conoscere i modi di vivere e i problemi dei Paesi lontani

- La storia di Enrico Calamai
- Le madri di Plaza de Mayo

Io, chi sono?

La storia che stai per leggere è di fantasia, ma descrive un dramma reale, quello di molti giovani che scoprirono improvvisamente di essere figli di desaparecidos. *Horacio, il protagonista, è stato adottato dalla famiglia di un commissario di polizia di Buenos Aires e non sospetta nulla, fino a quando incomincia a chiedersi il motivo di uno strano sogno che lo tormenta da anni. In quel sogno lui chiama la "mamma", ma non è la "mamma" che ha ora di fronte.*

Buenos Aires 1992

«Tutto tornerà come prima, Horacio, stai tranquillo, figlio mio» gli diceva Liliana, cercando di rassicurare soprattutto se stessa.

Ma non era questo che voleva sentire Horacio. Aveva capito che niente sarebbe stato più come prima; quel mondo sottovoce, protetto, senza scosse, dove aveva vissuto fino a un anno prima era finito. Gli sembrava lontano, mai vissuto. Sapeva che sua madre era ancora ferma lì, e lì sperava di tornare, però non era più possibile, qualcosa dentro di lui glielo diceva, e quando questa ossessione si faceva sentire con più violenza, Horacio andava in tilt, come un orologio rotto. Quella mattina aveva rischiato di essere investito perché tutto a un tratto l'attacco di panico lo aveva raggiunto mentre era nel traffico caotico di Buenos Aires, di ritorno dalla biblioteca centrale, e i clacson e la confusione gli avevano fermato la mente, poi le gambe, poi il cuore. Piantato in mezzo

UNITÀ 7 — LA STORIA ATTRAVERSO LE STORIE

1. Quella donna... mia madre?: Horacio, che in realtà si chiamava Pablo, in una drammatica notte del 1978 era stato rapito insieme alla madre Ines, poi uccisa con il marito. Ernesto, il suo allenatore di calcio, gli aveva raccontato la storia di altri figli di *desaparecidos*, come lui.

al traffico, aveva creato un ingorgo di macchine. Un poliziotto lo aveva recuperato e poi aveva avvertito la madre.

«Io non voglio» le disse Horacio «non voglio che torni tutto uguale a prima. Voglio sapere perché sto male, perché sogno quella donna che chiamo mamma... mamma, tu sei davvero mia madre[1]?» La voce gli uscì come un rantolo mentre, quasi involontariamente, partorì quella domanda. Fino a quel momento non aveva avuto coscienza di un tale dubbio, era rimasto incastrato in fondo, fra la paura e la memoria. Horacio aveva conservato, nel posto in cui era ancora un bambino, il suo grido. Invocava la madre, Ines, in quella maledetta notte. Poi Ernesto gli aveva detto di José, della moglie incinta di quattro mesi, di quel bambino che non si sapeva se fosse nato... Quella mattina non era andato a scuola, ma aveva preso la strada della biblioteca centrale e aveva letto la storia del suo Paese nei libri. La storia dei *desaparecidos*. Quella storia che lo aveva tenuto inchiodato a una sedia a leggere tanto quanto non aveva mai fatto in vita sua, in una volta sola.

Liliana piangeva. Diceva cose sconnesse cercando di farlo sentire in colpa. «Come puoi affermare certe cose? Come fai a chiedermi questo?»
Ma non rispondeva alla domanda di Horacio.
«Mamma, dimmi la verità!» le gridò allora il ragazzo.

Non era mai stato un ribelle Horacio, la salutava dicendole «Come stai, mamma?» e questo era tutto il mondo di Liliana. E ora? Da dove usciva fuori quell'Horacio?

«Chi ti ha messo in testa queste cose, figlio mio? Fernando, finalmente...» disse la moglie vedendo il marito. In quel momento era arrivato il padre.

«Chiedilo a me se è vero che tua madre ti ha partorito» gridò Fernando al figlio. C'era violenza in quel gridare, in quell'affermare un territorio conquistato.

«È vero?» domandò il ragazzo, cercando di non far tremare la voce. Abbassò gli occhi, il padre a volte lo metteva a disagio, era soggezione la sua. Era stato così fin da piccolo.

Liliana ricominciò a essere scossa dai singhiozzi. Ogni volta che si rendeva conto che il figlio, quel figlio adorato, dubitava, lei avvertiva che lo

> **Conoscere i modi di vivere e i problemi dei Paesi lontani**

stava perdendo, e non lo tollerava. Era suo, sì lo era diventato poi, ma che importanza aveva? Cosa c'era di tanto brutto nel suo amore? E poi, l'altra madre gli aveva fatto correre un enorme pericolo, invece lei gli aveva dato una vita serena e protetta, no?

Fernando era di fronte a lui, lo guardava negli occhi e con fermezza gli disse: «Sì, Horacio. Tu sei mio figlio. Mio e di tua madre. Credi che una donna possa sentire tanto a sentire certe cose, se tu non fossi sangue del suo sangue?».

La sera dopo che Horacio aveva espresso tutti i suoi dubbi, il ragazzo sorprese il padre con una valigetta di documenti. L'uomo era intento a leggere e mettere a posto delle carte nella borsa. «È già finita la partita, Horacio?» gli chiese Fernando quando lo vide, cercando di nascondere la sorpresa dell'apparizione improvvisa del figlio.

Horacio rispose di sì e intanto il padre mise via tutti i documenti sparsi sul tavolo dello studio e chiuse con cura la valigetta.

A Horacio venne la curiosità di vedere cosa contenesse di tanto segreto la piccola borsa. Conosceva il padre, era un maniaco dei documenti. Conservava tutto, dalle ricevute alle bollette, per anni, per sempre. «La memoria fa cilecca, ma carta canta» amava ripetere Fernando.

Aspettò di essere solo il giorno dopo e cercò la valigetta nello studio. Ma era sparita. La cercò per ore, ogni volta che restava solo. Finalmente, una sera che dovevano andare da amici a cena, Horacio all'ultimo momento disse di stare male e lo lasciarono a casa da solo. Quella sera la trovò. Il padre l'aveva nascosta bene. Era dentro una scatola nera sugli scaffali della cantina, seppellita in altre scatole più grandi dove c'erano cose vecchie e ormai inutilizzate da secoli. In uno dei contenitori Horacio trovò anche delle fotografie, le guardò, c'era lui da piccolo insieme alla mamma. Nessuna fotografia di lui neonato.

Aprì la borsa del padre e cominciò a leggere tutto.

Tante scartoffie inutili e datate secoli prima. Fino a che vide una lettera inviata dallo zio Alfredo, fratello della mamma Liliana. Alfredo era stato tenente della marina, all'epoca della lettera era in servizio a Bahía Blanca. Era anche lo zio preferito di Horacio, sempre così allegro, pieno di energia e di storielle divertenti. Perché il padre conservava una lettera del cognato?

Cominciò a leggere e da quel momento l'incubo delle sue notti terminò. Ines non aveva più bisogno di farsi chiamare dal figlio.

Caro Fernando,
ci siamo. Ho il bambino che tanto aspettavate tu e la mia adorata sorella. Liliana sarà contenta perché mi aveva chiesto un maschio. È da quando ha avuto quel maledetto tumore che le impedisce di diventare madre che cerco un bambino per lei, per voi due. Le avevo detto che ci avrei pensato io e voglio mantenere la promessa. Pochi mesi fa a Buenos Aires sono stati presi due sovversivi, certi Ines e Felipe Díaz, lui in par-

UNITÀ 7 — LA STORIA ATTRAVERSO LE STORIE

ticolare sembra sia un avvocato di quelli che intralciano il nostro lavoro credendo di combattere per i diritti umani. Crediamo sia coinvolto con alcuni sovversivi pericolosi. La donna ha idee comuniste e non ne fa mistero, insegna in una scuola, è un rischio per la comunità. Lei adesso ha partorito una bambina. Ma non è lei che vi interessa perché è già prenotata dal tenente Ortiz, mio pari grado a Buenos Aires. Tutto ciò mi è stato riferito da un mio sottufficiale di fiducia al quale avevo parlato della vostra situazione, e aveva l'ordine di tenere le antenne dritte. Lui mi ha detto che quella notte, con i sovversivi, c'era anche un bambino molto piccolo che, chissà perché, è stato portato in un orfanotrofio di qui, a Bahía Blanca. Adesso è ancora qui. Ma potrebbero dichiararlo adottabile da un momento all'altro, dunque dobbiamo sbrigarci: non riesco a venire da voi a breve, e sai quanto mi fido poco del telefono. Devi venire tu, Alfredo, ma alla svelta se sei interessato. Il bambino ha meno di due anni, credo che possa essere perfetto per la mia cara sorella. È talmente piccolo, che vuoi che ricordi? Naturalmente, prima di scriverti sono andato a vederlo personalmente per accertarmi che fosse adatto a voi: è un bel bambino, sano e sveglio. Liliana se ne innamorerà non appena lo vedrà, ne sono certo.

Parlane con lei e dille che io posso fare in modo che possiate venire a prenderlo da un giorno all'altro. Occorrerà, in caso, pensare a un nuovo certificato di nascita, tu Fernando hai sicuramente qualcuno all'anagrafe che può aiutarti. La cosa migliore in questi casi resta la versione della nascita in casa. Naturalmente dovete trasferirvi al più presto, ma le abitazioni per te non sono un problema, giusto?! E comunque per il certificato di parto in casa non ti devi preoccupare, il mio amico Romero mi è già stato utile in questo senso. Penserò io a fargli un bel regalo, la mia Liliana deve essere contenta dopo quanto ha sopportato.

So che ti comporti bene a Buenos Aires, Fernando, mi fa piacere perché ti ho raccomandato io ai miei superiori, come uomo fedele alla causa. Sono certo che farai carriera, te lo meriti, sei un patriota vero. Quel figlio dell'Argentina con te riceverà l'esempio che deve avere.

Alfredo

La lettera aveva la data del timbro postale: 19 aprile 1979.

Horacio lesse e rilesse la lettera. Lo zio Alfredo, quello che quando arrivava era sempre pieno di regali per lui...

«Ho una sorella.» Migliaia di pensieri vagavano in cerca di conforto dentro la testa di Horacio. «Liliana non è mia madre...» Questo in particolare lo faceva stare male, più di tutti gli altri, troppi.

«Lei sapeva tutto, sapeva che ero stato rubato...» Horacio sentiva la testa che gli si incendiava.

Rilesse la lettera. Capì che aveva più di tredici anni, il suo corpo glielo gridava già da un po', lui pensava di essere troppo avanti, inadeguato, diverso. E invece...

350

Conoscere i modi di vivere e i problemi dei Paesi lontani

«Se rimettessi tutto a posto e facessi finta di non avere letto...» Per una frazione di secondo pensò di poterlo fare. Gli sembrò facile dimenticare. No, non era più possibile, quando sai non puoi più fermarti.

«Dov'è adesso mia sorella? E mia madre? E mio padre?»

Doveva raccontare tutto a qualcuno. Condividere il segreto. Gli venne spontaneo pensare alla madre, Liliana, gli veniva naturale raccontare tutto a lei. Senza di lei era solo. Ne poteva parlare con Daniel [2]? No, non avrebbe capito.

«Ernesto, sì. Lui sapeva» pensò Horacio. «Quando gli ho raccontato il mio sogno, lui mi ha detto di José... José sono anch'io.»

(D. Palumbo, *Sotto il cielo di Buenos Aires*, Mondadori)

2. **Daniel?**: si tratta del suo migliore amico.

Scheda storica — La dittatura militare in Argentina

Il 24 marzo 1976 un colpo di stato rovesciò il governo di Maria Estela Perón e instaurò in Argentina una dittatura militare. La violazione dei diritti umani nella repressione dell'opposizione fu gravissima: i detenuti "scomparsi" furono fra i 15.000 e i 30.000. Solo dal 1983 iniziò un lento ritorno alla democrazia.

Per molto tempo nulla si seppe dei dissidenti arrestati, i *desaparecidos*. Solo in seguito si conobbe la loro sorte: dopo essere stati detenuti in campi di concentramento e torturati, vennero uccisi segretamente.

Poiché molte donne "scomparse" stavano aspettando un figlio, i loro bambini vennero dati in adozione. Le madri e le nonne dei *desaparecidos* argentini e cileni, dove è avvenuta una tragedia simile, si sono riunite in associazioni per ottenere la condanna di questi crimini e ritrovare i loro nipoti. Esse sono state duramente represse dalla polizia, ma hanno denunciato di fronte al mondo, con le loro silenziose manifestazioni, il proprio dramma.

Gradualmente la verità sta venendo alla luce e sono numerosi ora i giovani argentini e cileni che, senza saperlo, sono figli di una madre uccisa dalle dittature dei propri Paesi.

La reazione dei ragazzi che scoprono la propria origine è molto diversa a seconda che le famiglie adottive siano formate da militari, consapevoli dei crimini commessi contro i genitori naturali, oppure che siano state del tutto inconsapevoli della provenienza del bambino adottato.

Rispondi alle seguenti domande.
1. Quando è iniziata la dittatura in Argentina?
2. Cosa è accaduto agli oppositori?
3. Cosa significa il termine *desaparecidos*?
4. Cosa hanno fatto le madri e le nonne dei *desaparecidos*?
5. Cosa è accaduto ai bambini neonati delle dissidenti?
6. In quale altro Paese sudamericano si è verificato un fenomeno simile?

Le madri dei *desaparecidos* in Plaza de Mayo, a Buenos Aires.

UNITÀ 7 — LA STORIA ATTRAVERSO LE STORIE

Attività

CHE COSA DICE IL TESTO (COMPETENZE DI LETTURA)

Un dramma che lacera la vita

1. Per ogni sequenza in cui abbiamo suddiviso il brano scrivi una o più frasi riassuntive.
2. Quali sono le relazioni fra Horacio e i suoi genitori?
   > Horacio verso il padre ....
   > Horacio verso la madre Liliana ....
   > Liliana verso Horacio ....
3. Come si sente Horacio dopo aver conosciuto la verità?

LA GRAMMATICA DELLE STORIE

Osservazioni "tecniche"

4. In quale sequenza c'è un veloce *flashback*? In quale sequenza, invece, il *flashback* è molto più lungo?
5. Il narratore di questo brano sa cosa pensano sia Horacio sia la madre Liliana: come si chiama questo tipo di narratore?

Parole "profonde"

6. Nel testo si legge che Horacio quando chiede «mamma, tu sei davvero mia madre» *partorì* quella domanda. Perché seconde te viene utilizzato questo termine?
   - [ ] È una domanda da bambino piccolo
   - [ ] È una domanda molto difficile da porre, che quindi esce con difficoltà dalla bocca di Horacio
   - [ ] È una domanda che da tanto tempo era dentro di lui e solo ora viene alla luce

LA STORIA ATTRAVERSO LE STORIE (CONSAPEVOLEZZA ED ESPRESSIONE CULTURALE)

Realtà e finzione letteraria

7. Dopo aver letto la scheda storica, indica cosa intende Alfredo nella lettera, quando afferma che Fernando è «un uomo fedele alla causa». Di quale "causa" si tratta?

DISCUTERE E SCRIVERE (COMPETENZE DI SCRITTURA)

Scelte difficili

8. Come ti saresti comportato al posto di Horacio? Avresti cercato di sapere a tutti i costi la verità o avresti preferito ignorarla e continuare la tua vita di sempre? Discutine con i tuoi compagni e poi scrivi a quali conclusioni siete giunti.
9. Che cosa pensi che farà ora Horacio? Prova a formulare delle possibili ipotesi.

> **OLTRE IL TESTO**
>
> Leggi il brano *Donne che ballano*, presente nell'eBook, per conoscere il dramma dei *desaparecidos* cileni. Metti poi a confronto la situazione cilena con quella argentina, narrata in questo brano, tenendo conto anche delle informazioni che ti abbiamo fornito negli approfondimenti digitali.

Conoscere i modi di vivere e i problemi dei Paesi lontani

Deborah Ellis

+ difficile

Una scelta difficile

L'opera. Parvana, una ragazzina di 11 anni, vive a Kabul barricata in casa da più di un anno insieme alle altre donne della sua famiglia, da quando le è stato proibito di frequentare la scuola. Esce solo per aiutare il padre, senza più una gamba, ad andare al mercato, dove guadagna da vivere scrivendo e leggendo lettere per le molte persone analfabete. Quando però il padre viene arrestato, tocca a lei darsi da fare per mantenere la sua famiglia. Insieme a Shauzia, una nuova amica, vive esperienze completamente nuove, mentre la madre e la sorella si trasferiscono in zone libere dai talebani. Dopo la liberazione del padre, Parvana dovrà intraprendere un lungo e difficile viaggio alla ricerca della sua famiglia.

Il testo. Nel brano che leggerai per Parvana è arrivato il momento di una difficile decisione: le ragazze non possono uscire senza essere accompagnate da un uomo, ma in casa, senza il padre e il fratello, non ci sono più uomini. Come procurarsi il necessario per vivere? È a questo punto che la madre escogita un sistema, che richiede però la collaborazione di Parvana...

Volevano farla diventare un ragazzo.

«Come ragazzo sarai libera di andare e venire dal mercato, potrai comprare quello che ci serve, e nessuno ti fermerà» disse la mamma.

«È la soluzione ideale» disse la signora Weera[1].

«Sarai un nostro cugino di Jalalabad» disse Nooria «che è venuto a stare con noi mentre il papà è via.»

Parvana fissava tutte e tre. Era come se stessero parlando una lingua straniera: non riusciva a capire quello che dicevano.

«Se qualcuno ti chiede di te, dirai che sei andata da una zia a Kunduz» disse la mamma.

«Ma nessuno lo farà.»

A queste parole, Parvana si voltò di colpo a fissare sua sorella. Se mai c'era stato un momento adatto per dirle qualcosa di cattivo, era questo, ma non le venne in mente niente. Dopotutto, quello che diceva Nooria era vero. Nessuno dei suoi amici l'aveva più vista da quando i talebani[2] avevano chiuso le scuole. I suoi parenti erano dispersi in diverse parti del paese, o addirittura in altri paesi. Nessuno avrebbe chiesto di lei.

«Indosserai gli abiti di Hossain[3].» La mamma esitò e per un momento sembrò che stesse per piangere, ma si trattenne. «Ti andranno un po' grandi, ma possiamo sistemarli, se è necessario.» Guardò la signora Weera. «Quegli abiti sono rimasti lì per troppo tempo. È ora di tirarli fuori.»

Parvana capì che sua madre e la signora Weera dovevano aver parlato a lungo mentre lei dormiva. Era contenta. Sembrava che la mamma si sentisse già meglio. Ma questo non significava che lei fosse d'accordo con quello che avevano in mente.

---

1. la signora Weera: un'amica che vive con la famiglia di Parvana e con cui la ragazza rimarrà dopo che la madre e la sorella saranno partite.

2. talebani: i membri del partito al potere in Afghanistan durante le vicende raccontate nel romanzo.

3. Hossain: il fratello maggiore, ucciso da una mina antiuomo quando aveva 14 anni.

UNITÀ 7
LA STORIA ATTRAVERSO LE STORIE

«Non funzionerà» disse. «Non sembrerò un ragazzo: ho i capelli lunghi.»

Nooria aprì la credenza, prese l'astuccio del cucito e piano lo aprì. Parvana ebbe la sensazione che Nooria si stesse divertendo quando sollevò le forbici e le fece schioccare, aprendole e chiudendole più volte.

«Volete tagliarmi i capelli!» Parvana si coprì la testa con le mani.

«Come fai a sembrare un ragazzo, altrimenti?» disse la mamma.

«Tagliate i capelli di Nooria! È lei la più grande! È compito suo prendersi cura di me, non viceversa!»

«Nessuno mi scambierebbe per un ragazzo» disse Nooria in tono calmo, guardandosi il corpo. Vedere Nooria così calma rese Parvana ancora più furiosa.

«Tra poco anch'io sarò così» disse Parvana.

«Ti piacerebbe, eh?»

«Affronteremo il problema quando si presenterà» disse rapida la mamma, cercando di evitare la lite che sarebbe scoppiata. «Fino ad allora, non abbiamo scelta. Qualcuno deve uscire, e tu sei l'unica che può passare per un ragazzo.»

Parvana ci pensò. Le sue dita scivolarono dietro la schiena per sentire fino a dove le arrivavano i capelli.

«Devi essere tu a decidere» disse la signora Weera. «Noi possiamo costringerti a tagliarti i capelli, ma sei tu che dovrai recitare la parte. Sappiamo che ti stiamo chiedendo un grosso sacrificio, ma io credo che tu ne sia capace. Cosa ne dici?»

Parvana capì che la signora Weera aveva ragione. Potevano tenerla ferma con la forza e tagliarle i capelli, ma per tutto il resto avevano bisogno della sua collaborazione. Alla fine, spettava a lei decidere.

In un certo senso, questo le rese più facile acconsentire.

«Va bene» disse. «Lo farò.»

«Bene» disse la signora Weera. «Questo è lo spirito giusto.»

Nooria fece schioccare di nuovo le forbici. «Allora taglio» disse.

Conoscere i modi di vivere e i problemi dei Paesi lontani

«Taglio io» disse la mamma, prendendo le forbici. «Facciamolo subito, Parvana. Pensarci non renderà le cose più facili.»

Parvana e sua madre andarono nel bagno, dove il pavimento di cemento sarebbe stato più pratico da ripulire dai capelli tagliati. La mamma portò anche i vestiti di Hossain.

«Vuoi guardare?» chiese la mamma, accennando allo specchio.

Parvana scosse la testa, poi però cambiò idea. Era l'ultima volta che vedeva i suoi capelli: voleva guardarli finché era possibile.

La mamma lavorò rapida. Prima tagliò una grossa ciocca diritta all'altezza del collo. La mostrò a Parvana.

«Ho un bel nastro da parte» disse, «possiamo intrecciarli e tenerli per ricordo.»

Parvana guardò i capelli in mano a sua madre. In testa le erano sembrati importanti, ma ora non più.

«No, grazie» disse Parvana. «Buttali via.»

Le labbra di sua madre si strinsero. «Se hai intenzione di tenere il broncio...» disse, e lasciò cadere i capelli sul pavimento.

Via via che i capelli cadevano, Parvana cominciava a sentirsi una persona diversa. Vedeva tutto il suo viso. I capelli rimasti erano corti e ispidi. Si arrotolavano in due morbidi ciuffi dietro le orecchie. Non c'erano più ciocche lunghe che cadevano negli occhi, che s'ingarbugliavano in una giornata di vento, che ci mettevano ore ad asciugarsi quando la pioggia la bagnava.

Erano un po' buffi, pensò Parvana, ma buffi in modo grazioso.

Sto bene, decise.

La mamma strofinò brusca le mani sulla testa di Parvana per scuotere i capelli tagliati.

«Cambiati» disse. E uscì.

Rimasta sola, Parvana avvicinò piano la mano alla testa. Si toccò i capelli, prima con circospezione, poi strofinò il palmo su tutto il capo. I suoi nuovi capelli erano ispidi e soffici. Facevano il solletico alla pelle della mano.

Le piacevano, pensò, e sorrise.

Si svestì e indossò gli abiti di suo fratello. Il shalwar kameez di Hossain era verde pallido, sia l'ampia camicia sia i pantaloni. La camicia era troppo grande e i pantaloni troppo lunghi, ma arrotolandoli in vita diventarono della misura giusta.

C'era una tasca cucita all'interno della camicia, sul lato sinistro. Era abbastanza grande da tenerci dei soldi e qualche caramella, se mai avesse avuto di nuovo delle caramelle. C'era un'altra tasca davanti. Era bello avere delle tasche. I suoi abiti da ragazza non ne avevano.

«Parvana, non hai ancora finito?»

Parvana si fermò un momento a guardarsi allo specchio, poi raggiunse il resto della famiglia.

Il primo viso che vide fu quello di Maryam. La sua sorellina la fissava come se non riuscisse a capire chi era appena entrato nella stanza.

ALLA SCOPERTA DEI TESTI • Il testo narrativo

UNITÀ 7 — LA STORIA ATTRAVERSO LE STORIE

«Sono io, Maryam» disse Parvana.
«Parvana!» Maryam scoppiò a ridere quando la riconobbe.
«Hossain» mormorò sua madre.
«Sei meno brutta come ragazzo che come ragazza» disse Nooria veloce. Se la mamma avesse cominciato a ricordare Hossain, si sarebbe messa a piangere di nuovo.
«Stai bene» disse la signora Weera.
«Mettiti questo.» La mamma porse a Parvana un cappello. Era bianco con bellissimi ricami.
Non avrebbe potuto più indossare il suo bellissimo shalwar kameez rosso, ma aveva un cappello nuovo.
«Ecco i soldi» disse sua madre. «Compra quello che non sei riuscita a comprare ieri.» Le mise un pakul sulle spalle. Era di suo padre. «Torna presto.»
Parvana infilò i soldi nella nuova tasca. Si strinse i sandali e fece per prendere lo chador.
«Quello non ti serve» disse Nooria. Parvana se n'era dimenticata. A un tratto si sentì nuda. Tutti l'avrebbero vista in faccia. Avrebbero capito che era una ragazza!
Si voltò verso sua madre e la supplicò: «Non costringetemi a farlo!».
«Ecco!» disse Nooria, col suo tono più cattivo. «Ve lo avevo detto che avrebbe avuto paura.»
«È comodo giudicare la paura degli altri quando si sta sempre al sicuro in casa!»
Parvana fece un balzo indietro, si voltò di scatto e uscì, sbattendo la porta.
Per la strada si aspettava che da un momento all'altro qualcuno le puntasse un dito contro, accusandola di essere una ragazza. Ma non accadde niente del genere. Nessuno le prestava attenzione. Più veniva ignorata, più acquistava sicurezza.
Quando era stata al mercato con suo padre, era rimasta in silenzio e si era coperta il viso il più possibile. Aveva fatto del suo meglio per essere invisibile. Adesso, col viso scoperto, era invisibile in un modo diverso. Era solo un altro ragazzo per la strada. Niente che meritasse attenzione.
Quando arrivò al negozio che vendeva tè, riso e altri generi di drogheria, esitò un istante, poi entrò. Sono un ragazzo, continuava a ripetersi. Le dava coraggio.
«Cosa vuoi?» chiese il droghiere.
«Del... del tè» balbettò Parvana.
«Quanto? Di che tipo?» il droghiere era sgarbato, ma era così di carattere, non perché era entrata una ragazza nel suo negozio.

Parole, parole...

Vestiti afghani

L'abbigliamento delle donne afghane è particolare. Ecco la descrizione di alcuni capi di vestiario tradizionali citati nel brano.

Burqa: lunga veste a forma di tenda, che copre anche il volto e che le donne devono indossare quando escono di casa.

- In che altro modo si può scrivere *burqa*? Controlla sul dizionario.

....

- Cerca sul dizionario e scrivi tu la definizione corretta di *chador*.

Chador: ....

Pakul: scialle di lana grigio o marrone, indossato dagli uomini.

Shalwar kameez: completo composto da una lunga e larga camicia e da pantaloni. Il completo femminile è spesso impreziosito da ricami, mentre quello maschile è di tinta unita, fornito di diverse tasche.

Conoscere i modi di vivere e i problemi dei Paesi lontani

Parvana additò la qualità di tè che di solito usavano a casa. «Quello è il meno caro?»

«Questo è quello che costa meno.» Gliene indicò un altro.

«Prenderò quello che costa meno. Mi servono anche due chili di riso.»

«Fammi indovinare. Vuoi quello che costa meno. Sei uno che non bada a spese!»

Parvana uscì dal negozio con il riso e il tè; si sentiva molto orgogliosa di se stessa. «Posso farlo!» sussurrò.

(D. Ellis, *Sotto il burqa*, tradotto dall'inglese da C. Manzolelli, Rizzoli)

Scheda storica — L'Afghanistan e i talebani

La storia dell'Afghanistan è una storia di guerre e di invasioni. Il Paese, da sempre conteso fra la Russia e la Gran Bretagna, diventa indipendente nel 1913. Dal 1933 al 1973 è retto da re Mohammed Zahir Shar, fino a quando un colpo di stato lo trasforma in Repubblica. Ma la situazione interna rimane turbolenta, per cui nel 1979, per arginare l'estendersi della rivolta islamica, l'Unione Sovietica lo invade. La rivolta dei *mujahidin*, i ribelli islamici, viene appoggiata da diversi Paesi, fra cui gli Stati Uniti, che forniscono armi e denaro. Nel 1998 avviene il definitivo ritiro sovietico, ma l'Afghanistan non è ancora in pace. La popolazione afghana, infatti, è un miscuglio, un incrocio di diverse popolazioni iraniche, indiane e turche. La maggioranza della popolazione appartiene all'etnia *pashtun*, islamici sunniti, mentre gli *hazara*, di origine mongola, sono sciiti. Un'altra etnia piuttosto diffusa è quella dei *tagiki*, mentre gli altri gruppi etnici hanno dimensioni più limitate. Fra alcuni di questi gruppi continuano gli scontri, mentre incominciano a impossessarsi del potere i *taliban*, o talebani, fondamentalisti islamici che instaurano a Kabul un regime islamico ultraconservatore. È qui che Osama Bin Laden organizzava i suoi campi di addestramento per i terroristi antioccidentali. L'attentato alle Torri Gemelle di New York l'11 settembre del 2001 provoca l'intervento armato degli Stati Uniti e degli alleati della Nato.

Il fanatismo dei talebani ha imposto molte limitazioni alle donne: non possono lavorare fuori casa, tranne alcune donne medico e le infermiere che lavorano negli ospedali di Kabul; non possono uscire se non accompagnate da un *mahram*, cioè un parente maschio; non possono trattare con negozianti maschi né essere visitate da un medico maschio; non possono studiare in scuole o università; per uscire di casa devono indossare il *burqa*; se accusate di adulterio vengono lapidate pubblicamente.

UNITÀ 7 — LA STORIA ATTRAVERSO LE STORIE

La vicenda narrata nel romanzo è ambientata nel periodo della guerra civile fra i talebani e l'alleanza del Nord, che provocò grandi sofferenze e privazioni alla popolazione civile, ma che era ancora poco seguita dall'Occidente.

Dopo aver letto la scheda storica, indica se le seguenti affermazioni sono vere o false.

1. L'Afghanistan è stato conteso fra Russia e Gran Bretagna. V F
2. I *mujahidin*, ribelli islamici, sono sempre stati contrastati dagli Stati Uniti. V F
3. L'Unione Sovietica non ha mai invaso l'Afghanistan. V F
4. La guerra all'Afghanistan è stata iniziata prima dell'attentato alle Torri Gemelle. V F
5. I talebani al potere hanno vietato alle donne di andare a scuola. V F
6. I talebani non hanno reso obbligatorio il *burqa* per le donne. V F
7. Le donne durante il potere dei talebani possono uscire per andare a lavorare. V F
8. I talebani praticano la religione islamica. V F

Attività

CHE COSA DICE IL TESTO
COMPETENZE DI LETTURA

Una scelta difficile

1. Perché Parvana deve sembrare un ragazzo?
2. Come reagisce inizialmente Parvana?
3. Perché alla fine accetta il suo nuovo ruolo?
4. Quali cambiamenti deve subire per diventare un ragazzo?
5. Dove va dopo essere uscita di casa?

Posso farlo...

6. Mano a mano che cambia l'aspetto esteriore, qualcosa incomincia a cambiare anche dentro Parvana.
> Che cosa incomincia a piacerle nel suo aspetto e nel suo nuovo abbigliamento?
> Perché ha paura di uscire senza *chador*?
> Quali nuove sensazioni inizia a provare?

LA GRAMMATICA DELLE STORIE
CONSAPEVOLEZZA ED ESPRESSIONE CULTURALE

Un evento centrale

7. Nel testo viene dedicato grande spazio a un momento abbastanza breve: il taglio dei capelli di Parvana. Perché secondo te?

LA STORIA ATTRAVERSO LE STORIE

Una terra contesa

8. Quali informazioni sulla situazione dell'Afghanistan si ricavano dal brano?
9. Com'è in particolare la condizione della donna in questo Paese?

DOCUMENTARSI, RIFLETTERE E SCRIVERE
COMPETENZE DI SCRITTURA

Le donne nel mondo

10. La situazione della donna in alcuni Paesi del mondo è particolarmente difficile, ma da noi tutti i problemi ti sembrano risolti, oppure ci sono ancora discriminazioni nei confronti delle donne? Basandoti sulla tua personale esperienza e su quella della tua famiglia, scrivi alcune opinioni intorno a questo problema e poi mettile a confronto con i tuoi compagni.

11. Il diritto di voto alle donne in Italia è stato garantito solo nel 1946: raccogli informazioni e stendi una breve ricerca sui movimenti femminili che si sono battuti dalla fine del 1800 per far riconoscere alle donne gli stessi diritti degli uomini.

SCUOLA DI SCRITTURA
Nella lezione 12 potrai trovare indicazioni su come scrivere una ricerca/relazione.

358

LABORATORIO DELLE COMPETENZE

CONSAPEVOLEZZA ED ESPRESSIONE CULTURALE **COMPETENZE DIGITALI**

Attività di scrittura

I diritti violati dei bambini nel mondo

Sono moltissimi i bambini che nel mondo non possono godere dei più elementari diritti, come quello all'istruzione, all'alimentazione, alla pace e alla vita. Ti proponiamo di approfondire questa tematica attraverso i numerosi siti Internet che si occupano del problema.

A. ▸ Conoscere la Convenzione Onu sui diritti dell'infanzia

Il 20 novembre 1989 l'Assemblea Generale delle Nazioni Unite ha approvato una Convenzione, entrata in vigore il 2 settembre 1990, che si propone di promuovere e tutelare i diritti dei bambini e dei giovani nel mondo.
Gli Stati che l'hanno ratificata, fra cui l'Italia, si sono impegnati a uniformare le loro norme a quelle della Convenzione e a garantire l'effettiva tutela dei diritti dei minori.

Ti proponiamo alcuni degli articoli più significativi, ma potrai leggere il testo integrale della Convenzione collegandoti al sito http://www.unicef.it/Allegati/Convenzione_ONU_diritti_infanzia.pdf.

Art. 6
Gli Stati parti riconoscono che ogni fanciullo ha un diritto inerente alla **vita**.

Art. 7
Il fanciullo è registrato immediatamente al momento della sua nascita e da allora ha diritto a un nome, ad acquisire una cittadinanza e, nella misura del possibile, a **conoscere i suoi genitori** e a essere allevato da essi.

Art. 24
Gli Stati parti riconoscono il diritto del minore di godere del miglior stato di **salute** possibile e di beneficiare di servizi medici e di riabilitazione.

Art. 27
Gli Stati parti riconoscono il diritto di ogni fanciullo a un **livello di vita sufficiente** per consentire il suo sviluppo fisico, mentale, spirituale, morale e sociale.

Art. 28
Gli Stati parti riconoscono il diritto del fanciullo all'**educazione**.

Art. 32
Gli Stati parti riconoscono il diritto del fanciullo di essere **protetto contro lo sfruttamento economico e di non essere costretto ad alcun lavoro** che comporti rischi o sia suscettibile di porre a repentaglio la sua educazione o di nuocere alla sua salute o al suo sviluppo fisico, mentale, spirituale, morale o sociale.

UNITÀ 7

LABORATORIO DELLE COMPETENZE

Quali diritti vengono riconosciuti negli articoli precedenti? Elencali.

1. ....
2. ....
3. ....
4. ....
5. ....
6. ....

B. ▶ Organizzare una ricerca sui diritti violati

In Internet potrai trovare moltissime informazioni sui diritti violati dei bambini nel mondo. Sarà perciò utile suddividere la classe in gruppi di lavoro, ognuno dei quali si possa occupare di uno specifico diritto violato. Ti suggeriamo un possibile esempio di organizzazione della classe e alcuni siti dove poter trovare informazioni sul problema.

Ogni gruppo dovrà raccogliere informazioni, dati e immagini che rielaborerà in modo personale, per arrivare a produrre un proprio documento sull'argomento scelto.

a. Il lavoro minorile nel mondo
http://it.wikipedia.org/wiki/Lavoro_infantile#I_numeri_nel_mondo
http://web.peacelink.it/children/lavoro/lavoro.html

b. I bambini soldato
http://www.bambinisoldato.it/

c. I bambini senza istruzione
http://www.fao.org/kids/it/education.html

d. I bambini senza cibo e acqua
http://www.hrea.org/index.php?doc_id=405

e. Il traffico dei bambini
http://www.unicef.it/doc/412/progetto-contro-il-traffico-di-bambini.htm

C. ▶ Allestire una mostra per comunicare i risultati

Alla fine della ricerca i risultati raggiunti potranno essere comunicati ai genitori e alle altre classi della scuola organizzando una mostra fotografica, che esponga le immagini più significative di ogni diritto negato, accompagnate da una didascalia esemplificativa.

Ogni pannello della mostra potrebbe mostrare:

a. il diritto della Convenzione a cui si fa riferimento;
b. dati sulla violazione nel mondo di questo diritto;
c. immagini e didascalie esemplificative.

PER FARE IL PUNTO

Unità 7 • LA STORIA ATTRAVERSO LE STORIE

IL BAMBINO CON IL PIGIAMA A RIGHE

Una storia di amicizia commovente sullo sfondo di uno dei momenti più tragici della nostra storia

Un film per te

Il film racconta la storia di un bambino tedesco, Bruno, figlio di un importante ufficiale nazista a cui viene affidato l'incarico di dirigere un campo di concentramento. Nella nuova casa "in campagna" Bruno si sente solo e a disagio, finché, nel corso delle sue esplorazioni, raggiunge la strana "fattoria" dove tutti "i contadini" sono vestiti con un pigiama a righe. Bruno fa amicizia con Shmuel, un bambino rinchiuso del campo, gioca con lui, gli porta da mangiare. Un giorno Shmuel è disperato perché non trova più suo padre. Bruno allora si offre di aiutarlo ed entra nel campo indossando un "pigiama a righe". Mentre i bambini sono alla ricerca del padre di Shmuel, le guardie del campo radunano tutti i prigionieri, fra cui Shmuel e Bruno, e li spingono nella camera a gas. Il padre di Bruno si accorge troppo tardi della sua sparizione e quando, disperato, arriva al campo tutto si è già compiuto.

REGIA Mark Herman
ANNO 2008

Il cacciatore di aquiloni

La storia di un'amicizia fragile come il filo di un'aquilone, spezzata da eventi drammatici

Un libro per te

CHI L'HA SCRITTO Khaled Hosseini, come il protagonista del suo libro, è nato a Kabul nel 1965 e, dopo l'occupazione russa nel 1980, è emigrato in California, negli Stati Uniti, dove si è laureato in medicina. I ricordi dell'infanzia trascorsa in Afghanistan sono alla base dei suoi famosi romanzi.

DI CHE COSA PARLA È la storia di due ragazzi, Amir, di etnia pashtun, e Hassan, di etnia hazara. Hassan, insieme al padre, presta servizio nella casa di Amir, di cui è coetaneo. I rapporti fra i due ragazzi sono intensi, ma complessi, e diventano ancora più difficili dopo che Amir non interviene in aiuto di Hassan, nel momento in cui viene stuprato da un gruppo di ragazzi più grandi.
Quando i sovietici invadono l'Afghanistan nel 1981, Amir e suo padre Baba scappano e si rifugiano in California, dove Amir cresce, si laurea in letteratura inglese e sposa Soraya, figlia di un ex generale afghano. Nel 2001 un amico del padre, rimasto a Kabul, rivela ad Amir che Hassan è stato ucciso dai talebani e che ha avuto un figlio, Sorhab, che si trova in un orfanotrofio. Amir scopre anche che Hassan era in realtà suo fratello e che quindi il bambino è suo nipote. Inizia così il drammatico tentativo di salvare Sorhab.

AUTORE Khaled Hosseini
ANNO 2004
EDITORE Piemme

 SCUOLA DI SCRITTURA Nella lezione 2 puoi trovare indicazioni per scrivere schede-film, schede-libro e recensioni.

 Una pagina di assaggio

PROGETTO COMPETENZE

Realizzare un video su problemi e personaggi della storia

Le drammatiche vicende che hanno caratterizzato la storia del Novecento hanno trasformato profondamente la vita delle persone, che hanno lasciato spesso testimonianze autobiografiche della propria esperienza. Realizzare un video su un problema storico e sul modo in cui esso è stato vissuto non solo da personaggi importanti, ma anche da gente comune, è un modo significativo per approfondire le proprie conoscenze e per comprendere un fenomeno da un punto di vista particolare, che lo rende più vicino alla sensibilità di un preadolescente.
Sono molti gli argomenti che possono essere oggetto di una simile trattazione; noi prenderemo come esempio un video sui bambini e sui giovani durante la Shoah.

Competenze applicate nel progetto

Comunicazione nella madre lingua
> Rielaborare informazioni in testi espositivi.
> Trasformare testi informativi o narrativi in storie autobiografiche.
> Recitare in modo espressivo.
> Organizzare la comunicazione all'esterno del proprio lavoro.

Competenza digitale
> Uso di Internet per la ricerca di informazioni.
> Uso di una telecamera digitale.
> Uso di computer e in particolare di software per il montaggio di filmati.

Competenze sociali e civiche
> Partecipare in modo costruttivo a un lavoro collettivo dell'intera classe sia nella fase di progettazione sia in quella di realizzazione.
> Portare il proprio contributo.
> Rispettare e valorizzare quello degli altri.
> Assumersi responsabilità e mantenere gli impegni.
> Cercare il confronto.
> Collaborare e stabilire sinergie.
> Conoscenza delle problematiche relative alla vita dei giovani ebrei e tedeschi durante la Shoah.

Senso di iniziativa e imprenditorialità
> Pianificare le operazioni necessarie per realizzare fasi e aspetti di un progetto, in armonia con i suoi obiettivi generali.
> Trovare soluzioni ai problemi che il lavoro presenta.
> Senso critico e disponibilità a mettere in discussione e a rivedere quanto fatto, se necessario.

Consapevolezza ed espressione culturale
> Padroneggiare gli strumenti fondamentali di analisi di diverse tipologie testuali.
> Esprimere e di condividere le proprie idee e di darne espressione creativa con mezzi di comunicazione diversi (linguistici, multimediali ecc.).

Imparare a imparare
> Cercare gli strumenti adeguati a raggiungere i propri scopi.
> Consapevolezza del percorso di lavoro svolto.

Per realizzare questo progetto dovrai aver approfondito alcune unità che ti preparano a questo lavoro:

> Unità 5 *Le autobiografie e i libri di memorie*.
> Unità 7 *La storia attraverso le storie*, in particolare il brano di Helga Schneider *Salute Hitler!* a pagina 336.

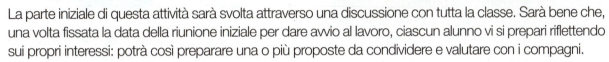

La fase preliminare

• Scegliamo l'argomento

La parte iniziale di questa attività sarà svolta attraverso una discussione con tutta la classe. Sarà bene che, una volta fissata la data della riunione iniziale per dare avvio al lavoro, ciascun alunno vi si prepari riflettendo sui propri interessi: potrà così preparare una o più proposte da condividere e valutare con i compagni.

Delimitiamo l'argomento

Durante la discussione preparatoria non si stratta solo di scegliere un argomento fra i molti che saranno proposti; sarà anche necessario definire con chiarezza il punto di vista da cui presentarlo. Scegliere un taglio preciso e limitato permette di dare al lavoro originalità e completezza.

Organizziamo la classe

Definito l'argomento, che dovrete descrivere in un sintetico testo espositivo, sarà possibile passare all'organizzazione della classe in gruppi di lavoro, che valorizzerà e svilupperà le diverse attitudini e competenze già in parte presenti negli alunni:

> un gruppo si occuperà della **ricerca di informazioni** e di immagini nei libri e in Internet;
> un gruppo si occuperà della **realizzazione dei testi**;
> un gruppo si occuperà della parte tecnica cioè delle **riprese** e del **montaggio**;
> un gruppo sarà formato dai ragazzi che **impersoneranno i diversi personaggi** e che reciteranno le loro storie.

Alcuni gruppi potranno lavorare contemporaneamente, altri in momenti successivi.

Abbozziamo il progetto

Il video che intendiamo realizzare sarà composto da una **presentazione** di carattere generale, formata da testo e immagini fisse, e dalle riprese di personaggi, interpretati dagli studenti, che raccontano la propria storia.

Scriviamo la sceneggiatura

• Ricerchiamo i materiali

Dopo aver deciso il periodo o il problema da approfondire, sarà necessario raccogliere informazioni sia dai testi di storia sia da Internet e cercare inoltre biografie o testimonianze di persone che hanno vissuto quel determinato problema. Per dare spessore storico al lavoro è necessario verificare la veridicità di tutte le testimonianze e informazioni riportate e la fonte da cui sono tratte.
Se non si trovano testimonianze autentiche di singoli personaggi, le storie possono anche essere

PROGETTO COMPETENZE

"verosimili", ma i personaggi devono essere comunque rappresentativi di una precisa "categoria sociale", di un momento e di eventi storicamente documentati. Il gruppo che ha l'incarico della ricerca dei materiali dovrà raccogliere sul computer in una cartella le informazioni trovate e in un'altra cartella le immagini, classificate per tipologia.

• Scriviamo i testi

Il gruppo che ha l'incarico di scrivere i testi dovrà, in base ai materiali trovati, iniziare a scrivere:

> un testo espositivo sul problema;
> le storie dei personaggi; alcune di queste storie possono essere presenti in testi autobiografici, altre saranno scritte dagli alunni stessi, trasformando le informazioni raccolte sui libri o in Internet. I testi andranno poi inseriti in una sceneggiatura, in modo da abbinare a essi le immagini fisse e le riprese dei personaggi.

◉ Un esempio: la sceneggiatura di *Le infanzie rubate*

L'esempio che presentiamo è il video *Le infanzie rubate*, i cui protagonisti non sono solo bambini ebrei, ma anche bambini tedeschi, nella convinzione che entrambi siano stati vittime di una tragica ideologia che ha distrutto le loro vite[1].

Ecco l'esempio di una sceneggiatura: nella prima parte abbiamo la presentazione del problema, realizzata attraverso testo e immagini; nella seconda parte si alternano due testimonianze autentiche.

• Prima parte: il testo che espone il problema

Presentazione

In ogni conflitto, del passato come del presente, i bambini sono le vittime principali, soprattutto se appartengono ai vinti e ai perseguitati [📷 1] ma anche se appartengono ai vincitori e ai carnefici. Nella Seconda guerra mondiale questa verità assunse dimensioni senza precedenti. Una delle più famose immagini della Shoah ritrae un bambino che tiene le mani in alto mentre viene condotto, sotto tiro, nell'*Umschlagplatz* (il piazzale di raccolta) del ghetto di Varsavia. Era solo uno fra 1.100.000 bambini periti nella «soluzione finale». [📷 2]
Furono fucilati a migliaia da soldati e uomini della milizia nella Polonia e nell'Unione Sovietica occupate. Fame e malattie uccisero anziani e giovanissimi in tutta l'Europa occupata, ma soprattutto nell'Est... Per quelli che riuscirono a sopravvivere la vita fu radicalmente trasformata. [📷 3]
Innumerevoli furono i bambini trucidati per primi nelle camere a gas: le loro braccia non erano adatte al lavoro e non servivano perciò al regime.

I bambini di Terezin

Terezin è una cittadina dell'attuale Repubblica Ceca trasformata interamente in ghetto nel novembre del 1941. Venne presentata come il modello nazista di insediamento degli ebrei, ma nella realtà era un campo di transito da cui partivano gli ebrei diretti ad Auschwitz e ad altri campi di sterminio.
La comunità ebraica fece in modo che tutti i bambini di Theresienstad potessero continuare il loro percorso educativo con lezioni e attività sportive. In particolare l'insegnante d'arte Friedl Dicker-Brandeis formò una classe di disegno per bambini nel ghetto, che crearono più di quattromila disegni, ora conservati nel museo ebraico di Praga.

[📷 1]

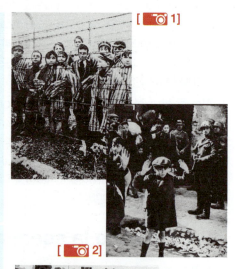
[📷 2]

[📷 3]

Furono vittime anche i **bambini tedeschi**, cresciuti nella disciplina di ferro e nell'adorazione della patria e del *Führer* fino all'estremo sacrificio.
Il nazismo interveniva già nella prima infanzia; all'asilo i bambini sono affidati a educatori nazisti specializzati che insegnano loro filastrocche sul *Führer*, presentato come un superuomo, salvatore della Germania. Dai 6 ai 10 anni il partito li inquadra nei *Pimpfe*, attraverso un giuramento solenne (che implica anche il sacrificio della propria vita per Hitler), si passa poi allo *Jungvolk*, mentre dai 14 ai 18 anni c'è la Gioventù Hitleriana (*Hitler-Jugend*), meta più ambita e primo passo verso l'arruolamento. [📷 4]
Spesso, all'inizio della guerra, i ragazzi più giovani sono preoccupati che finisca troppo presto, prima che essi possano offrire il loro contributo.
Il regime nazista aveva sempre affermato di voler costruire una grande Germania per le nuove generazioni, ma poi sacrificò, chiamandoli alle armi e mandandoli a morire, quegli stessi giovani che diceva di voler proteggere e educare. [📷 5]

[📷 4]

[📷 5]

1. Si ringraziano i ragazzi della 3H dell'I.C. Quintino di Vona che hanno realizzato questo progetto nell'a.s. 2010-2011.

• Seconda parte: le testimonianze autobiografiche

La descrizione generale del problema introduce le "storie di infanzie rubate". Dopo aver collegato le due parti con una frase di raccordo, si decide di rappresentare alternativamente le storie vere di una bambina e di un ragazzo tedeschi e di un bambino ebreo, che racconteranno a turno la propria vicenda.

Nell'esempio proposto, la **prima testimonianza** da parte tedesca è tratta dal brano dell'antologia di Helga Schneider, in cui racconta la sua visita al bunker di Hitler. La **seconda testimonianza** è invece una riscrittura in forma autobiografica di informazioni raccolte in Internet sulla vita di Hans Scholl, uno dei fondatori, insieme alla sorella, del gruppo antinazista "La rosa bianca".

Prima testimonianza: Helga Schneider

Sono Helga Schneider, una bambina tedesca. Ho otto anni.
Mia madre mi abbandonò all'età di quattro anni a Berlino per arruolarsi come ausiliaria nelle SS. Mia nonna, la mamma di mio padre, si prese cura di me e mio fratello. [📷 1]
Quando però, mio padre decise di risposarsi, la nonna ritornò in Polonia e la mia matrigna mi mandò in un collegio di rieducazione. L'anno scorso, il 1944, io, mio fratello e altri "fortunati" abbiamo avuto la possibilità di fare visita al Führer. Io però in quel bunker non mi sentivo ospite, ma prigioniera. Mi mancava l'aria, soffrivo di crisi di panico e avevo l'impressione che da quel luogo non sarei uscita viva. [📷 2]
Quando vidi il Führer, rimasi di stucco, forse perché sono solo una bambina e m'immaginavo colui che ha dato inizio a questa guerra, diverso. Invece era una persona normale, anzi un po' goffo a differenza di altre. La cosa della quale sono sicura però è che avrei preferito dimenticare quei cinque minuti della mia storia, invece sono rimasti fissati nella mia mente, anche adesso a durata di un anno ripenso ancora a quei pochi minuti.

[📷 1]

[📷 2]

[📷 3]

Seconda testimonianza: Hans Scholl

Sono Hans Scholl e sono nato il 22 settembre 1918. [📷 3]
Bella data, già. Poco dopo la mia nascita la Prima grande guerra finisce. Gli ideali patriottici dell'uguaglianza tra le nazioni finalmente si compiono. Un anno dopo la mia nascita mi trasferisco con la mia famiglia a Forchtenberg, dove frequento la scuola elementare e quella media, in perfetta armonia con le idee naziste. Ci credo ciecamente. Sono VERAMENTE vere.

PROGETTO COMPETENZE

Pian piano però la verità affiora. La cruda verità. La seconda faccia di quello in cui ho sempre creduto mi colpisce come un pugno allo stomaco. Mi ribello a ciò. Non può andare bene. Non si può andare avanti così. Prendo contatti con una società di giovani antinazisti, a cui è stato riservato il mio stesso trattamento ingrato, a cui sono state dette le stesse menzogne. Cerco di insegnare a mia sorella cos'è il nazismo, la sua ambiguità, la sua malvagità. Lei si unisce nella mia lotta contro il nazismo, con le mie stesse fervide idee, anzi con più determinazione di me. Nel 1940 approfondisco gli studi in medicina e filosofia, iniziando a distribuire volantini sovversivi antinazisti. Il mio gruppo è contraddistinto da un bellissimo simbolo: la Rosa bianca. Il 18 febbraio 1943, mentre distribuisco il sesto opuscolo all'università di Monaco, vengo infine arrestato insieme a mia sorella e ad altri due miei amici. Al tribunale del popolo vengo accusato di azioni di sabotaggio verso la figura del *Führer* e del nazismo insieme ai miei amici e condannato a morte. …

Terza testimonianza: Yehuda Bacon

Questa testimonianza è la storia di un bambino del ghetto di Teresin, deportato poi ad Auschwitz.

Io sono Yehuda Bacon e sono arrivato ad Auschwitz-Birkenau il 17 dicembre 1943. Tutto iniziò una notte, sopra un carro merci. Ci avevano portato via da Terezin senza spiegazioni particolari, facendoci prendere solo l'indispensabile. Quando vennero aperti i portelli la luce abbagliante dei fari mi fece battere le palpebre, ma riuscii ugualmente a vedere alcuni uomini in pigiama a strisce appoggiati a dei bastoni da passeggio. Pensai che fossimo arrivati in uno strano campo per invalidi, ma poi vidi quei bastoni entrare in azione, colpire gli uomini e le donne e dividerli in due file diverse sulla rampa accanto alle rotaie.

I ragazzi che hanno impersonato i ragazzi precedenti rimangono sul palco girati. Entra il ragazzo che impersona Yehudae racconta la sua storia. Quando ha finito si gira e rimane in scena.

▶ Realizziamo il video

Terminata la fase di scrittura e di elaborazione della sceneggiatura, inizia la complessa fase della recitazione delle storie.

• Imparare il copione e fare le prove

Stabilite le parti, i ragazzi dovranno imparare a memoria il testo ed esercitarsi diverse volte nella sua recitazione, in modo che risulti esposto in modo espressivo. Come per ogni rappresentazione, sarà necessario effettuare diverse prove, in cui si potrà precisare la disposizione degli alunni sul palco e si potranno decidere gli ingressi e le uscite. Sicuramente verranno apportati miglioramenti alla sceneggiatura iniziale: nel nostro esempio si è deciso che una ragazza ebrea e una tedesca potevano entrare in scena insieme, perché amiche prima del nazismo.

Erna	Gabrielle! Sei stata la mia migliore amica!
Gabrielle	Erna! Stavamo sempre insieme, ma da un po' di tempo non ci vediamo più: ora vado in una scuola per soli ebrei.
Erna	Da noi è bellissimo! Anche se ora nella classe siamo la metà. Ma stiamo facendo un sacco di nuove materie. Facciamo molta più ginnastica e ogni volta che entra un'insegnante facciamo il saluto nazista. E ci hanno detto che forse verrà a trovarci il Fürher in persona.
Gabrielle	Sei molto cambiata! Possiamo essere ancora amiche?
Erna	Sai… non so… A scuola ci hanno spiegato molte cose che non sapevo su voi… ebrei.

Si è anche deciso che i personaggi non avrebbero raccontato per intero la loro storia, per evitare che diventasse troppo lunga e perciò difficile da ascoltare: la conclusione sarebbe stata rivelata solo alla fine, dagli alunni che man mano si giravano nuovamente verso il pubblico.

Hans rivela che...
«Io e mia sorella avevamo poco più di vent'anni quando siamo stati giustiziati.»

Scegliere costumi e scenografia

In una rappresentazione di questo tipo l'abbigliamento dei ragazzi deve essere "essenziale", ma tale da identificare con un simbolo i personaggi. Nel nostro esempio ovviamente i ragazzi ebrei portano la stella gialla, mentre i tedeschi hanno la croce uncinata sul braccio. Anche la scenografia è spoglia, ma potrebbe essere vivacizzata proiettando sullo sfondo una immagine che riproduca un aspetto della storia raccontata dai personaggi.

• Le riprese!

Quando il gruppo degli "attori" si sente abbastanza sicuro, si può passare alla fase delle riprese con l'utilizzo di una telecamera digitale e di un cavalletto per evitare che le scene risultino mosse. È utile fare un paio di riprese della stessa scena, in modo da poter scegliere la migliore e tagliare gli eventuali errori o le incertezze nella recitazione. **Ma attenzione!** È probabile che le riprese debbano essere effettuate in giorni diversi, per cui è fondamentale che gli alunni **vengano vestiti e pettinati nello stesso identico modo!** Le riprese non devono essere sempre identiche: è meglio infatti alternare campi lunghi (inquadrature ampie nelle quali prevale lo spazio scenico) a primi piani (inquadrature "strette", centrate sul personaggio), per rendere più vario e vivace il video.
Il gruppo di ragazzi che effettua le riprese non può essere numeroso: può essere composto da un paio di ragazzi che si alternano e che devono già aver provato a usare la telecamera.

• Il montaggio

Anche la fase del montaggio deve essere affidata a ragazzi abbastanza esperti nell'uso del software, su cui è utile si siano già esercitati in precedenza, anche se ormai i programmi di montaggio sono numerosi e abbastanza semplici da utilizzare.
L'audio della parte generale verrà registrato separatamente e aggiunto alle immagini fisse, mentre le riprese saranno già provviste del proprio audio. Sarà possibile aggiungere anche un sottofondo musicale, da abbassare durante il parlato dei ragazzi per non disturbare l'ascolto.

◗ La presentazione ai genitori

Finalmente il lavoro è terminato e ora dovrà essere presentato al pubblico, che potrà essere composto dai genitori, ma anche da studenti di altre classi.
Organizzate il lavoro di presentazione, dividendovi i compiti e preparandovi con cura.
Sarà importante spiegare innanzitutto le motivazioni del lavoro e descrivere il modo in cui il gruppo si è organizzato per giungere al risultato finale. È bene poi aggiungere una introduzione al video che deve essere chiara e breve. Non dimenticate di ringraziare tutti coloro che hanno, in modi diversi, reso possibile o facilitato il vostro lavoro.

PROGETTO COMPETENZE

Valutiamo il lavoro svolto
Scheda di autovalutazione

Ogni alunno che ha partecipato al progetto può valutare il proprio lavoro usando questa scheda di autovalutazione.

Alunno ....

	Limitato	Buono	Ottimo
Contributo all'ideazione, alla progettazione e all'organizzazione del lavoro	☐	☐	☐
Contributo alla ricerca dei materiali	☐	☐	☐
Contributo alla realizzazione dei testi e della sceneggiatura	☐	☐	☐
Contributo alla recitazione	☐	☐	☐
Contributo alle riprese e al montaggio	☐	☐	☐
Contributo alla presentazione per i genitori	☐	☐	☐

Scheda per la valutazione dell'insegnante

L'insegnante o gli insegnanti coinvolti nel progetto utilizzeranno questa scheda per valutare le competenze espresse da ogni alunno. In questo lavoro terranno conto delle relazioni svolte dai coordinatori di ciascun gruppo.

Alunno ....

	Elementare	Intermedio	Esperto
Comunicazione nella madre lingua			
• Capacità di recitazione espressiva	☐	☐	☐
• Capacità di esprimersi in modo creativo sul piano linguistico attraverso la produzione di un testo espositivo o autobiografico	☐	☐	☐
• Capacità di comunicare all'esterno il prodotto del proprio lavoro	☐	☐	☐
Competenze digitali			
• Uso del computer per la ricerca in internet o per l'uso di una telecamera digitale e del software di montaggio	☐	☐	☐
Competenze sociali e civiche			
• Capacità di partecipare in modo costruttivo a un lavoro di gruppo sia nella fase di progettazione sia in quella di realizzazione	☐	☐	☐
• Conoscenza delle problematiche relative alla vita dei giovani ebrei e tedeschi durante la Shoah	☐	☐	☐
Senso di iniziativa e imprenditorialità			
• Capacità di pianificare e gestire fasi e aspetti di un progetto, in armonia con i suoi obiettivi generali	☐	☐	☐
Consapevolezza ed espressione culturale			
• Padroneggiare gli strumenti fondamentali di analisi di diverse tipologie testuali	☐	☐	☐
• Capacità di esprimere e di condividere le proprie idee e di darne espressione creativa con mezzi di comunicazione diversi	☐	☐	☐
Imparare a imparare			
• Consapevolezza del percorso di lavoro svolto	☐	☐	☐
• Capacità di cercare gli strumenti adeguati a raggiungere i propri scopi	☐	☐	☐

ALLA SCOPERTA DEI TESTI
Il testo argomentativo

Gli strumenti del lettore

UNITÀ Il mondo dei giovani

Gli strumenti del lettore
Il testo argomentativo
Testi per esprimere le nostre idee

> **Ciò che si deve insegnare**
>
> Per quanto riguarda l'educazione dei figli, penso che si debbano insegnare loro non le piccole virtù, ma le grandi. Non il risparmio, ma la generosità e l'indifferenza al denaro; non la prudenza, ma il coraggio; non l'astuzia, ma la schiettezza e l'amore alla verità; non la diplomazia, ma l'amore al prossimo e l'abnegazione, non il desiderio del successo, ma il desiderio di essere e di sapere.
> Di solito invece facciamo il contrario: ci affrettiamo a insegnare il rispetto per le piccole virtù, fondando su di esse tutto il nostro sistema educativo.
> Scegliamo, in questo modo, la via più comoda: perché le piccole virtù non racchiudono alcun pericolo materiale, e anzi tengono al riparo dai colpi della fortuna. Trascuriamo d'insegnare le grandi virtù, e tuttavia le amiamo, e vorremmo che i nostri figli le avessero: ma nutriamo fiducia che scaturiscano spontaneamente nel loro animo, ritenendole di natura istintiva, mentre le altre, le piccole, ci sembrano il frutto d'una riflessione e di un calcolo e perciò noi pensiamo che debbano assolutamente essere insegnate.
>
> (N. Ginzburg, *Le piccole virtù*, Einaudi)

Il testo che hai letto è un testo argomentativo: esprime la **posizione**, cioè la **tesi** dell'autrice, Natalia Ginzburg, su un **problema** fondamentale: *che cosa è veramente importante che gli adulti insegnino ai giovani?* La Ginzburg sostiene che ai giovani bisognerebbe insegnare le grandi virtù che tutti amiamo, non le piccole, che rendono la vita comoda e si possono imparare ovunque.

Io e il testo argomentativo

VIRTÙ GRANDI O PICCOLE?
Ti sembra condivisibile la posizione di Natalia Ginzburg? Vorresti essere educato alle grandi o alle piccole virtù?

Che cosa è il testo argomentativo

● Un testo per dimostrare e convincere

• Un testo che sostiene una tesi

Testo argomentativo: l'aggettivo che definisce questo tipo di testo deriva dal verbo *argomentare*, che il dizionario definisce così:

> **argomentare:** addurre argomenti, ragionare
> (*Dizionario Garzanti*, 2010)

> ○ Il **testo argomentativo** è un **ragionamento** in cui si portano **argomenti per sostenere una** posizione, definita **tesi**.

Il testo argomentativo: una presentazione in Power Point

Gli strumenti del lettore — IL TESTO ARGOMENTATIVO

La posizione sostenuta può anche essere complessa e articolata, cioè costituita da più tesi fra loro collegate, ma **è essenziale che la tesi sia presente**, altrimenti non possiamo dire di essere di fronte a un testo argomentativo.

• La forza degli argomenti

Il testo argomentativo si propone uno **scopo** ben preciso: **convincere l'interlocutore che l'opinione sostenuta è "quella giusta"**.
Questo scopo deve essere raggiunto attraverso la **dimostrazione**, cioè **attraverso la presentazione di argomenti** che saranno tanto più convincenti quanto più sapranno resistere alle **confutazioni**, cioè all'opposizione di argomenti contrari.
Per convincere con gli argomenti, il testo deve presentare un ragionamento coerente ed efficace, cioè deve avere una struttura chiara e logica, e deve portare argomenti forti, in modo da non suscitare dubbi e obiezioni.

Io e il testo argomentativo

LE TESI DA SOSTENERE
Individua le due tesi presenti nel brano e sintetizzale in due diverse frasi.

Bocciati d'Italia

«Qui i ragazzi distruggono le aule e ci minacciano», racconta Marina Caputo, docente di un istituto professionale di Nola, «e chi vuole studiare è penalizzato dalla violenza di pochi. A lungo abbiamo evitato le bocciature, pensando che fossero controproducenti. Da due anni a questa parte invece abbiamo iniziato a respingere: i ragazzi sono cambiati. Alcuni hanno abbandonato, è vero, ma chi è rimasto oggi studia con profitto.»
La scuola si divide, si interroga. Ma il risultato sono valanghe di ripetenti, per troppe assenze, per cattiva condotta e soltanto in parte, ammettono i dirigenti scolastici, per profitto insufficiente: il comportamento dunque sullo stesso piano del sapere. Scuote la testa ricordando Maria Montessori[1] il professor Giacomo Cives, docente emerito di Storia della Pedagogia all'Università La Sapienza di Roma, che parla subito di «sconfitta della scuola». «Raramente le bocciature spingono a migliorarsi. Il merito va incoraggiato, premiato, ma per chi è in difficoltà bisogna applicare, come diceva la Montessori una "educazione dilatatrice", dare di più, portare dentro, non spingere fuori, con il rischio che gli espulsi abbandonino per sempre il percorso scolastico.»

(M.N. De Luca, *Bocciati d'Italia*, in «la Repubblica», 18 giugno 2009)

1. **Maria Montessori**: insigne pedagogista vissuta tra la fine dell'Ottocento e la prima metà del Novecento, sostenitrice di un metodo di insegnamento fondato sulla valorizzazione delle risorse di ogni bambino, considerato *embrione spirituale* che può svilupparsi solo nella libertà. I suoi studi partirono dall'osservazione di bambini con problemi psichici; Maria Montessori arrivò a scoprire che i metodi usati per la loro educazione davano risultati sorprendenti anche sui bambini normali.

Gli strumenti del lettore — IL TESTO ARGOMENTATIVO

Le caratteristiche del testo argomentativo

○ La struttura del testo argomentativo

• Il problema

Un testo argomentativo parte sempre dall'analisi di un **problema aperto**, rispetto al quale esistono idee diverse e a volte contrastanti. Nel brano da cui abbiamo tratto i brevi testi che seguono si tratta di un problema che è molto sentito dai giovani: il desiderio di andare in discoteca. Il problema, generalmente, è presentato nella parte iniziale del testo, dove si delimita l'ambito del ragionamento che seguirà.

> Non c'è niente da fare. Con la scusa che è estate, che sei in vacanza, adesso ti vuoi proprio togliere questa piccola soddisfazione: vuoi andare in discoteca.

• La tesi e l'antitesi

Nel testo argomentativo l'elemento fondamentale è la **tesi**, cioè l'opinione che si intende sostenere. A volte è enunciata all'inizio del discorso ed è esplicitata nel titolo stesso del testo, altre volte è esposta all'interno o alla fine del ragionamento. Per comprendere correttamente il testo è fondamentale individuare con precisione la tesi, perché essa orienta la lettura dell'intero brano.
Accanto alla tesi può essere presentata l'**antitesi**, cioè l'opinione contraria. Nell'esempio vengono indicate le diverse posizioni di ragazzi e genitori rispetto al problema in questione.

> Le discoteche per i giovani sono sinonimo di libertà, di divertimento, di fuga dal quotidiano, mentre per molti genitori sono sinonimo di sballo e trasgressione.

• Gli argomenti a sostegno o a confutazione

Ogni tesi, per essere convincente, deve essere sostenuta da **argomenti**, che supportino in modo inequivocabile l'opinione presentata. Spesso, per dimostrare la validità degli argomenti, si ricorre a **garanzie** (conoscenze universalmente accettate, regole generali ecc.) o alla citazione di **fonti autorevoli** (studi, dati, dichiarazioni di esperti).
La tesi può prendere in considerazione anche gli argomenti dell'antitesi, per confutarli, cioè per smentirli; oppure per mostrarne la limitatezza. Chi ha una tesi diversa da quella enunciata può, infatti, avere delle ragioni che è giusto considerare, anche se continuiamo a ritenere più corretta la nostra posizione.

Ecco alcune ragioni dei ragazzi:

> • I miei amici ci vanno già da parecchio tempo.
> • Le discoteche del mare sono frequentate anche dai più giovani.
> • Tutta la mia compagnia ci va.

Gli strumenti del lettore **IL TESTO ARGOMENTATIVO**

Ed ecco le confutazioni dei genitori.

- Per stare con gli amici? Ma se li vedi già tutto il giorno...
- Per ballare? Ma se in discoteca sono tutti schiacciati come sardine...
- Per conoscere gente nuova? Ma se la musica è talmente forte che non si può scambiare una parola...

Agli argomenti portati dai ragazzi i genitori possono contrapporre alcune informazioni che vengono dalla cronaca giornalistica di tutti i giorni, e che non possono perciò essere smentite.

Molti genitori hanno paura della discoteca, e fanno bene. Non perché non si fidano dei loro figli, ma perché non si fidano dell'altra gente che frequenta i locali notturni. Molti bevono, poi si rimettono alla guida per tornare a casa (e diventano un pericolo per chi li incontra per la strada); altri si impasticcano per avere più energia e ballare fino al mattino; altri, anche giovanissimi, hanno sete e bevono intrugli strani. E poi stanno male. A forza di sentire alla televisione notizie di giovani che, di ritorno dalle discoteche, hanno avuto incidenti di vario genere, i genitori dicono un bel "no", e forse hanno ragione.

• La proposta conclusiva

A volte, nella conclusione del testo argomentativo, viene formulata una proposta che cerca di risolvere il problema esaminato.

Hai meno di quindici anni e non puoi andare in discoteca? Hai una stupenda possibilità: crea tu stesso una discoteca alternativa... prendi qualche amico, un registratore potente, parecchi cd e delle lampadine colorate. Fatevi prestare un garage, una rimessa, una casa di campagna... E poi... musica a tutto volume. Ecco la vostra discoteca riservata agli amici.
Cos'ha di diverso rispetto alle discoteche normali? Nulla. Gli amici ci sono, la musica c'è. In più avete tutto lo spazio che volete e potete restare a ballare fino al mattino... E i vostri genitori saranno tranquilli.

(adattato da E. Giordano, *Voglio andare in discoteca*, in C. Benazzo, *Mondo in rete*, Petrini)

◗ L'emittente e il destinatario

In un testo argomentativo è utile capire **chi è l'emittente dell'argomentazione e chi è il destinatario**. Conoscere l'emittente ci fa comprendere meglio le sue ragioni e il motivo della sua opinione. Conoscere il destinatario è fondamentale per valutare la forza degli argomenti portati a sostegno della tesi, che potrà variare proprio in funzione della persona a cui è destinato il messaggio.

Nel testo preso come esempio, i ragazzi cercano di convincere i genitori a lasciarli andare in discoteca facendo leva sulla necessità di non sentirsi diversi dai compagni, e questo è un argomento a cui, in genere, i genitori sono sensibili; i genitori, da parte loro, portano come motivazione non tanto la sfiducia nei confronti dei figli, quanto i pericoli che possono derivare dall'ingenuità dei ragazzi, portati a fidarsi troppo di persone poco raccomandabili.

Gli strumenti del lettore IL TESTO ARGOMENTATIVO

Quindi, quando dovrai valutare una tesi, cerca, se possibile, di capire chi è l'emittente, mentre quando dovrai sostenere una tua opinione chiediti a chi ti rivolgi e cerca di immaginare quali saranno gli argomenti più adatti per convincerlo.

Io e il testo argomentativo

LA STRUTTURA DEL TESTO ARGOMENTATIVO

1. Possiamo riassumere in una mappa la struttura del testo argomentativo fin qui descritta. Completala inserendo gli elementi che puoi ricavare dall'esempio esaminato sopra.

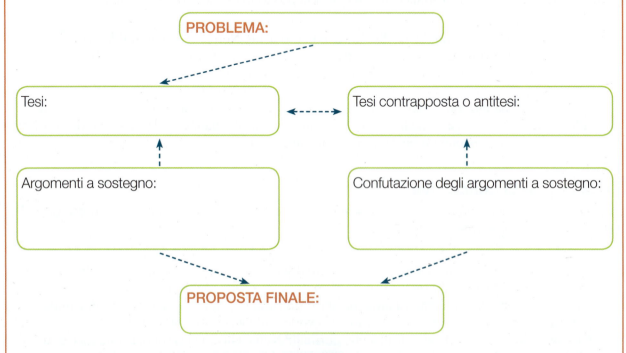

2. E tu, che cosa pensi rispetto a questo problema? Dopo aver esaminato i pro e i contro, confronta la tua opinione con quella dei compagni.

....
....
....

▶ Il linguaggio del testo argomentativo

• Un linguaggio che sostenga ed espliciti il ragionamento

Per sostenere con chiarezza le posizioni che vengono affermate, il **linguaggio** del testo argomentativo dovrà essere **rigoroso** e **chiaro**; ma non sempre è possibile ridurre a enunciati semplici i ragionamenti complessi che la struttura logica di questo tipo di testo porta con sé; a volte, quindi, il testo argomentativo può essere caratterizzato da una certa complessità.

Per questo, le varie parti del discorso devono essere collegate in modo chiaro e logico; in questo tipo di testo sono quindi molto importanti i **connettivi**: congiunzioni, preposizioni ed espressioni che esprimono i legami logici fra le affermazioni.

Gli strumenti del lettore IL TESTO ARGOMENTATIVO

• Alcune espressioni che rendono chiari i passaggi logici

Elenchiamo i principali connettivi, catalogati in base alle funzioni logiche che svolgono. Altri li puoi trovare nella lezione 13 della Scuola di Scrittura.

Per introdurre il ragionamento	Prendiamo in considerazione Vorrei cominciare con È utile iniziare il ragionamento con Partiamo da un dato (*oppure* da una considerazione)
Per aggiungere argomenti	Non possiamo dimenticare che Aggiungiamo inoltre Inoltre, per di più
Per introdurre una posizione autorevole	La maggior parte degli esperti è convinta Un autorevole studioso... sostiene Come dice Secondo
Per stabilire relazioni di tempo	Quando, mentre
Per stabilire relazioni di causa	Perché, dato che
Per stabilire relazioni di conseguenza	Perciò, quindi
Per stabilire relazioni di fine	Affinché, per
Per stabilire relazioni di opposizione	Ma, però, tuttavia, malgrado ciò, mentre
Per stabilire relazioni di condizione	Se, nel caso in cui, a condizione che
Per stabilire relazioni di conclusione	In conclusione, infine Quindi, dunque, pertanto Concludendo
Per suddividere	In primo luogo, in secondo luogo
Per enumerare	Per prima cosa, per seconda cosa
Per dichiarare	Infatti, in altre parole
Per fare confronti	Come, nello stesso modo
Per fare esempi	Per esempio, come nel caso di
Per riformulare	In altre parole, precisamente
Per sintetizzare	In breve, in poche parole
Per enfatizzare	Soprattutto, specialmente

• Parole che esprimono giudizi

C'è un altro aspetto del linguaggio del testo argomentativo su cui è importante riflettere: l'uso di **parole particolari** che, magari in modo non del tutto esplicito, **esprimono un giudizio**. Individuare queste parole è molto importante per la comprensione della tesi sostenuta dall'autore.

Gli strumenti del lettore **IL TESTO ARGOMENTATIVO**

Comprendere il testo argomentativo

• Individuare la tesi e ricostruire la struttura logica del ragionamento

Abbiamo detto che lo scopo del testo argomentativo è quello di convincere. Per questo accade spesso che l'ordine in cui gli argomenti sono presentati sia diverso dall'ordine logico del ragionamento. L'emittente infatti può disporre gli argomenti in modo da colpire l'attenzione del destinatario, da catturare il suo interesse; l'esposizione quindi non segue necessariamente la struttura canonica di questo tipo di testo, che abbiamo rappresentato nella mappa (pagina 374). Noi dobbiamo però ricostruirla con precisione, perché questo è l'unico modo per capire il testo argomentativo.

> Per comprendere un testo argomentativo bisogna identificare la **tesi** che sostiene, **gli argomenti** con i quali la dimostra, **l'eventuale antitesi** e gli **argomenti a confutazione**.

• Riassumere il testo argomentativo

Per riassumere il testo argomentativo, quindi, è necessario non basarsi solamente sull'ordine con cui le informazioni vengono esposte, ma ricostruire l'ordine logico del ragionamento. Tieni presente che, in alcuni testi argomentativi, l'antitesi e la conseguente confutazione possono anche non comparire. È quello che accade nel testo seguente, che ti suggeriamo di riassumere.

Leggi il seguente testo. Ti guideremo poi nella ricostruzione della sua struttura e nella realizzazione della sintesi.

Sotto il segno del look

Prendete una foto di gruppo delle medie di mamma o papà, e fatevela "raccontare": sicuramente ricorderanno "i belli della classe", la ragazzina o il ragazzino più carini; poi c'erano il grassotto simpaticone, il timido magrissimo, un paio di compagni con le orecchie a sventola, brufoli su tutte le faccette. Ragazzi e ragazze normali, insomma, che vivevano la loro vita preoccupandosi dell'interrogazione e della pagella più che dell'acne giovanile, che tanto sarebbe scomparsa dopo qualche tempo.
Oggi no. Un brufolo è un nemico da abbattere senza aspettare l'intervento di madre natura; i rotolini di ciccia sono una tragedia, le orecchie a sventola si correggono dal chirurgo. E poi, non si può andare a scuola senza trucco o senza il gel che scolpisce la chioma, il look giusto e gli accessori firmati. Apparire belli a ogni costo è l'imperativo di tante ragazze e ragazzi di oggi: cresciuti a suon di spot, hanno assorbito il messaggio dei media secondo cui il successo si conquista con l'estetica e non con le qualità e le capacità.

I centri di bellezza Riviste per teenagers e programmi tv sono zeppi di ragazze e ragazzi "immagine", diventati "personaggi", senza saper fare nulla, se non "piacere" al pubblico di coetanei. L'abbassamento dell'età in cui ci si preoccupa delle cure estetiche è vertiginoso, avvertono gli esperti: le ragazzine, dai dodici anni in su, sono ossessionate dal loro aspetto, martellate da una pubblicità che non conosce limiti.
L'ultima mania delle ragazze americane è trascorrere un giorno nelle "Kids Spa", i saloni di

bellezza creati apposta per loro, colorati, con la musica sparata a tutto volume. [...]
In Italia non sono ancora diffusi i centri di bellezza per ragazze. C'è però chi ha già fiutato l'affare e gli operatori del settore offrono "pacchetti-bellezza" per mamme e figlie, che vanno insieme nei centri estetici. [...]
A questo fenomeno si aggiunge quello ancora più preoccupante degli interventi chirurgici di tipo estetico per i giovanissimi: sono tante le adolescenti che chiedono, come regalo di compleanno o per la promozione, di entrare in sala operatoria per rifarsi il naso o per aumentare la taglia del reggiseno.

Le statistiche sono allarmanti: nel 2000, su 7 milioni e 400 mila operazioni di chirurgia plastica, oltre 300 mila sono state effettuate su bambine e teenagers. Dal 1994 al 2001 gli interventi di liposuzione (aspirazione del grasso) e di accrescimento del seno su ragazzine sotto i 18 anni sono aumentati del 500%. Gli esperti sono allarmati: è una vera follia, sostengono, regalare un intervento estetico alla figlia sedicenne. No, quindi, al "bisturi precoce".

Muscoli in avanscoperta Un messaggio negativo, apparire più che essere, che non risparmia i maschi: negli Stati Uniti cresce il numero di ragazzi che si preoccupano di gonfiare i muscoli, praticando il body-building estremo, condito da una serie di farmaci per ottenere rapidamente i bicipiti scolpiti del culturista famoso. Giovani "palestrati" (spesso con un passato di bambini obesi alle spalle) che credono di poter superare ansie e insicurezze faticando al bilanciere, aiutati da sostanze gonfia-muscoli, che devono assumere ogni giorno per aumentare la massa muscolare.
Nessuno dice a quei ragazzi che le "polverine meraviglia" sono dannose per la salute: rallentano la crescita delle ossa, attaccano il fegato, oltre ai problemi legati alla dipendenza psicologica dalle sostanze. [...] Cura ossessiva del proprio corpo, diete maniacali, con tanto di siti internet e chat per informarsi e scambiarsi i "suggerimenti" per diventare muscolosi in modo artificiale o pelle e ossa come le modelle: gli adolescenti americani sono sempre più tormentati dal culto dell'immagine, predicato continuamente da una pubblicità martellante (in mancanza di una legge severa che regoli la materia) che li insegue ovunque. [...]

Gli strumenti del lettore IL TESTO ARGOMENTATIVO

I trendspotter Gli scaltri esperti di marketing delle industrie produttrici (abbigliamento, cosmetici, gadget) s'ingegnano per procurarsi clienti fin da giovanissimi: l'ultimo espediente è procurarsi dei "trendspotter", la ragazzina o il ragazzino più ammirati nel loro gruppo. Li scovano nelle scuole, nelle discoteche, nei luoghi più frequentati dai ragazzi, li assoldano e li trasformano in "consulenti". [...]

Eccessi d'Oltreoceano, limitati per ora nei Paesi europei. Eccessi che è bene però conoscere per riflettere su quello che può capitare, nelle famiglie e nelle scuole, se lasciamo che prevalga la corsa "all'apparire" delle nuove generazioni. [...]

Calma, ragazzi. La scarpa firmata non rende migliori, è solo parte del grande giro d'affari che produce "falsi bisogni" e vende oggetti, sovente inutili, insieme con l'illusione che possano renderci più attraenti, sicuri e accettati dagli altri. È una illusione, appunto.

(G. Teta, in C. Benazzo *Mondo in rete*, Petrini)

Primo passo: l'individuazione della struttura del ragionamento

Utilizziamo la seguente tabella per individuare la struttura del testo argomentativo.

Problema	I giovani di oggi danno una enorme importanza al look: le ragazze, sempre più giovani, all'uso dei cosmetici, dei centri di bellezza e della chirurgia plastica; i ragazzi alle palestre e ai farmaci gonfia-bicipiti.
Tesi	Questa attenzione all'apparire piuttosto che all'essere è ossessiva e maniacale, produce falsi bisogni, ci fornisce una illusione di sicurezza, ma è sostenuta in realtà da grandi interessi commerciali.
Argomenti a sostegno	• Sono i media a diffondere l'idea, attraverso una pubblicità martellante, che il successo dipende dalla bellezza. • Gli operatori del settore "bellezza" hanno fiutato l'affare e offrono prodotti specifici per le giovanissime. • Gli esperti sono allarmati dall'ampiezza sempre più vistosa del fenomeno. • I farmaci gonfia-muscoli sono dannosi per la salute, ma queste informazioni non sono divulgate. • Gli esperti di marketing usano i ragazzi e le ragazze più ammirate per conoscere i gusti dei giovani e diffondere i loro prodotti.

Gli strumenti del lettore IL TESTO ARGOMENTATIVO

Consideriamo anche il linguaggio, in cui appaiono **espressioni connotate in modo fortemente negativo**. Osserva.

> I ragazzi immagine *non sanno far nulla*;
> le ragazze sono *ossessionate* dall'aspetto;
> sono *martellate* dalla pubblicità;
> la giornata passata nei saloni di bellezza è una *mania*;
> gli operatori del settore hanno *fiutato* l'affare.

Trova tu nel testo altre espressioni connotate negativamente: ....
....
....

Secondo passo: la stesura del riassunto

Ora ti sarà facile passare dalla tabella al riassunto, collegando fra loro le diverse parti e aggiungendo alle informazioni schematiche della tabella altri dati presenti nell'articolo. Avviamo noi il lavoro che tu dovrai poi continuare.

La giornalista autrice dell'articolo esamina un problema scottante per i giovani di oggi: l'importanza sempre maggiore che il look assume sia per le ragazze sia per i ragazzi.
I dati dimostrano che negli Stati Uniti si è diffusa l'abitudine di andare frequentemente nei saloni di bellezza, in età sempre più giovane, o di ricorrere al chirurgo estetico.

Anche i maschi... **(Continua tu)** ....
....
....
....

Secondo la giornalista questa cura del corpo è diventata una vera e propria ossessione e, dal momento che questi atteggiamenti si stanno diffondendo anche in Europa, è importante sapere a che cosa andiamo incontro. L'importanza data all'apparire, rispetto all'essere, produce l'illusione...

(Continua tu) ....
....
....
....
....

In realtà dietro questi «falsi bisogni» si nascondono grandi interessi commerciali. Ciò è dimostrato da... **(Continua tu)** ....
....
....
....

UNITÀ 8

Sempre più spesso assistiamo, anche in trasmissioni rivolte ai giovanissimi, a discussioni molto accese, veri e propri scontri in cui è fondamentale far prevalere a ogni costo la propria posizione.
Invece è importante cercare, prima di tutto, di conoscere il problema di cui si discute e ascoltare pareri differenti, per potersi formare una propria opinione, più solida e convinta.
In questa unità approfondiremo alcuni problemi legati al mondo dei giovani, cercheremo di dare spazio a opinioni anche molto diverse e soprattutto di utilizzare i brani come spunto per discutere con i compagni... ascoltando le ragioni di tutti!

IL MONDO DEI GIOVANI

Conoscenze
- Conoscere la struttura di un testo argomentativo

Competenze
- Riconoscere in un testo la struttura di un testo argomentativo
- Individuare la tesi di un testo argomentativo
- Individuare gli argomenti a sostegno
- Riassumere testi argomentativi
- Confrontare tesi diverse sullo stesso problema
- Esprimere la propria opinione su un problema
- Confrontare la propria opinione con quella dei compagni
- Produrre brevi testi argomentativi sugli argomenti trattati, utilizzando i connettivi adatti

IL MIO PERCORSO

SOLO PER IL PIACERE DI...
CONOSCERE OPINIONI E DISCUTERE
G. Mussa La Luce, *Dialogare per crescere*

COME È FATTO UN TESTO ARGOMENTATIVO
S. Acquaviva, *I figli devono capire i genitori*

Writer e web: come e quanto
I graffiti: forma d'arte o manifestazione di teppismo? `+ facile`
Navigare nel web: opportunità e rischi
Lasciare Facebook

Giovani e adulti
Genitori e figli: controllo o fiducia?
M. Lodoli, *Il demone della Facilità*
F. Mormando, *Bambini coraggiosi. Insegnare a cadere (e a rialzarsi)* `+ difficile`
A. Ronca, *Castelli di sabbia*

LABORATORIO DELLE COMPETENZE >
Secondo me... e secondo te?

PER FARE IL PUNTO

Brani
Approfondimenti
Attività

WRITER E WEB: COME E QUANTO

GIOVANI E ADULTI

UNITÀ 8 — IL MONDO DEI GIOVANI

SOLO PER IL PIACERE DI... CONOSCERE OPINIONI E DISCUTERE

Dialogare per crescere

Ecco un punto di vista particolare su un problema tipico del mondo dei giovani: il dialogo con i genitori.

Ascolta il brano

In un eventuale processo per "mancato dialogo in famiglia", il più delle volte nel banco degli imputati finiscono i genitori. [...]

In molti casi l'accusa si concluderebbe con la loro condanna. Quasi mai, però, vengono chiamati in causa i ragazzi. [...]

Eppure, in una gestione ordinata della vita familiare, anch'essi sono chiamati a svolgere un ruolo altrettanto importante: facilitare ai genitori il grande impegno del dialogo. [...]

I ragazzi devono mantenere vivo ed efficace questo dialogo. Con le parole, le richieste di attenzione e le curiosità riescono a catturare l'ascolto dei genitori e la loro disponibilità a rispondere e a comprendere. L'obiettivo è sempre quello di arrivare a un confronto genuino e sincero di pensieri e di opinioni, non importa se divergenti.

Prima di lamentarsi che in famiglia non c'è dialogo, che i genitori non capiscono e che è inutile cercare di spiegare loro i propri stati d'animo, bisogna aver fatto tutto il possibile per farsi comprendere.

Fiducia e sicurezza. Uno dei modi per risolvere il disagio è quello di osservare la situazione dall'esterno e domandarsi: «Che cosa sta comunicando il mio comportamento? Esprime davvero i sentimenti che provo, oppure ne suggerisce altri?».

Certo, a volte i genitori possono sembrare troppo apprensivi, [...] il loro "bombardamento" di raccomandazioni rassicura i grandi e li fa sentire a posto, ma può talvolta ostacolare il dialogo e la comprensione.

Ai ragazzi dà molta sicurezza il sapere che i genitori hanno fiducia in loro, anche quando sta maturando il proprio "io", magari nascosto dietro la maschera del ragazzino ribelle o della signorina capricciosa. [...]

Si può anche spiegare a mamma e papà che, quando invece che con loro si preferisce parlare con gli amici, sovente è per verificare se anche gli altri ragazzi vivono gli stessi problemi ed emozioni.

(adattato da G. Mussa La Luce, in C. Benazzo, *Mondo in rete*, Petrini)

Attività

IO E IL MONDO DEI GIOVANI

COMPETENZE SOCIALI E CIVICHE

Dialogo in famiglia

> Ci sono difficoltà di dialogo nella tua famiglia? Hai mai pensato che favorire il dialogo potrebbe dipendere da te?

> Esprimi la tua opinione sul particolare punto di vista esposto in questo testo e confrontala con i tuoi compagni.

COME È FATTO UN TESTO ARGOMENTATIVO

ANALISI GUIDATA

Sabino Acquaviva

I figli devono capire i genitori?

Questo articolo sottolinea il fatto che le rapide trasformazioni della nostra società rendono oggi particolarmente difficile il dialogo fra genitori e figli.

- Già nelle prime righe compare il **problema** affrontato dal testo: la difficoltà di comprensione reciproca fra genitori e figli.

Molto è cambiato negli ultimi anni. **I giovanissimi considerano strani e superati comportamenti che un tempo erano ritenuti normali.**

In questi ultimi anni **la trasformazione del nostro mondo ha subito una stupefacente accelerazione e molti genitori faticano ad adeguarsi**, per loro è difficile distinguere fra quanto deve essere vietato perché condannabile e quanto è il prodotto del mutamento del costume [...]

- Poi si esprime l'opinione dell'autore.
Si anticipa la **tesi** ripresa in seguito: l'accelerazione della trasformazione del mondo in cui viviamo disorienta i genitori.

Gli adolescenti, si dice, sono bombardati da informazioni quasi tutte inutili. Ma sarà vero? **O, piuttosto, si muovono già in un mondo tecnologico differente da quello dei loro genitori?** [...]

Quanto finisce per rendere precari i rapporti con i genitori è anche il **travolgente sviluppo di un universo commerciale e tecnologico** che passa attraverso le chat, gli sms, il grande mercato di beni e vestiti per i teenager.

- Gli **argomenti** a sostegno della tesi fanno riferimento alle novità dell'universo tecnologico e commerciale, specificamente rivolte ai giovani, che hanno modificato anche le idee e il modo di pensare.

Anche il mercato delle idee è cambiato e infatti l'interesse per il futuro del mondo, che era massimo nei loro genitori, è drammaticamente scaduto.

UNITÀ 8 — IL MONDO DEI GIOVANI

1. target: tipo di pubblico, consumatori a cui si rivolge la pubblicità.

E i figli sono diventati un semplice target[1] per la pubblicità e la produzione.

Sono nel mirino di chi vende telefonini, motociclette, vestiti, scarpe, ferie tutto compreso [...]

Spesso accettano con entusiasmo le nuove mode a condizione che gli adulti le ritengano repellenti. Ma perché tra genitori e figli delle generazioni precedenti non si creava il fossato che sta davanti ai nostri occhi? Perché è cambiato il cambiamento. Qualcuno ha osservato che l'umanità ha vissuto una lenta evoluzione durata millenni, ora il futuro sta esplodendo: mutano gli oggetti di cui è fatta la nostra vita, ma cambia anche la conoscenza della natura e dell'universo. I giovanissimi, anche se non se ne rendono conto, sono nel futuro, anzitutto psicologicamente, sono cresciuti nel e con il cambiamento. I loro genitori ne sono in gran parte fuori, anche da qui l'incomunicabilità.

- La **tesi** viene ripresa e precisata: il cambiamento è veloce e investe tutti gli aspetti; l'incomunicabilità dipende dal fatto che genitori e figli appartengono a mondi ormai diversi.

- Nella parte finale l'autore fa una **proposta**: i genitori devono conoscere e capire i figli, ma anche i figli devono sforzarsi di comprendere i valori e il modo di ragionare dei genitori.

E allora, che fare? Per mamma e papà si tratta, evidentemente, di conoscere e capire il mondo dei figli, per i figli di avvicinare i genitori, tentando di comprenderne i valori e la maniera di ragionare. Stiamo vivendo un periodo eccezionale, stiamo assistendo alla nascita di una nuova civiltà. Cerchiamo di rendere possibile un incontro tra passato e futuro anche fra genitori e figli.

(adattato da C. Benazzo, *Mondo in rete*, Petrini)

Attività

È TUTTO CHIARO? (COMPETENZE DI LETTURA)

La struttura del testo argomentativo

1. Verifica se hai compreso la struttura argomentativa del brano modello completando la tabella.

Problema	La difficoltà di comprensione reciproca tra genitori e figli.
Tesi	L'accellerazione della trasformazione del mondo in cui viviamo disorienta i genitori
Argomenti a sostegno	Novità dell'universo tecnologico e commerciale
Proposta finale	I genitori devono conoscere e capire i figli ma anche i figli devono sforzarsi e comprendere il valore del mondo di ragionare dei genitori

Dopo aver compilato la tabella, esponi oralmente il testo utilizzando parole tue.

RIFLETTERE E AGIRE (COMPETENZE SOCIALI E CIVICHE)

Cominciamo a capirci

2. Anche i figli devono capire i genitori... Sei d'accordo? Hai provato a farlo?

Writer e web: come e quanto

I graffiti: forma d'arte o manifestazione di teppismo?

L'articolo che segue, tratto dal «Corriere della Sera», affronta un problema molto diffuso nelle metropoli, quello della presenza sui muri degli edifici, in particolare quelli dei quartieri periferici, di graffiti, scritte e disegni giudicati da molti manifestazioni di inciviltà e da alcuni vere e proprie forme d'arte.

Ascolta il brano

Abbattere l'indifferenza

LA STORIA «IO, RAGAZZO DELLA MILANO BENE. NON FACCIO NULLA DI MALE»

Writer a 15 anni: mi sento creativo, la famiglia è con me

È alto e magro, ha i capelli arruffati e i pantaloni a vita bassa. Un adolescente come tanti altri, ma con una passione fissa in testa: i graffiti. Chi pensa a un writer, spesso immagina un giovane disagiato di una degradata periferia metropolitana. Lui, in realtà, è un annoiato e insospettabile figlio della ricca borghesia milanese. Edoardo ha 15 anni, frequenta un'esclusiva scuola privata, passa le vacanze tra le case di famiglia in località che fanno tendenza, coltivando sport d'élite. È cresciuto con tate inglesi per «perfezionare la lingua» e ha sempre l'ultimo oggetto del desiderio per un ragazzo della sua età. Vive in un grande appartamento in pieno centro, ha un padre industriale sempre in viaggio e una madre che non gli ha mai negato niente. Anzi, conosce la sua passione e ne parla quasi con orgoglio e «con le mie amiche ci facciamo tante risate». «Bros e Ozmo sono i miei eroi, conosco tutto di loro, ho perfino dedicato loro alcune mie ricerche scolastiche», esordisce Edoardo, con un lampo di entusiasmo negli occhi. Bros e Ozmo non sono più writers, hanno fatto il salto di qualità. A sentire loro, i ragazzini di oggi «scrivono ma non sanno perché, hanno perso la matrice culturale, gli resta soltanto quella modaiola». «Vorrei diventare un grande, proprio come loro» continua Edoardo «ma veniamo definiti imbrattatori. È la gente che è ignorante: siamo artisti. Un writer è un creativo in evoluzione, all'inizio si esprime con tag, ma poi matura e comincia a essere se stesso. Certo, non tutti hanno questa evoluzione. Ho un amico che ha come obiettivo porre la sua tag in ogni via di Milano ed è in gara con altri due amici per vedere chi realizza prima questo sogno. Sì, anche loro sono dei grandi». Edoardo poi non nasconde dove va a fare i suoi graffiti: «Per lo più in zone periferiche. Sono così tristi le periferie di Milano. Di sicuro io porto colore e le rendo più belle». Non ti hanno mai preso? «Questa estate ero con un mio amico e siamo stati fermati dalla polizia, ho avuto una paura terribile, hanno poi chiamato mio padre. Niente multa, ma solo una ramanzina e la

UNITÀ 8 — IL MONDO DEI GIOVANI

possibilità di avere a disposizione per esprimermi un'altra parete di casa mia.» Cioè? «Ho già riempito la mia stanza e una cantina con graffiti fatti insieme ai miei amici... Lì sperimentiamo la nostra arte prima di liberarla e farla conoscere a tutti.»

(M. Focarete, in «Corriere della Sera», 2 novembre 2008)

Attività

CHE COSA DICE IL TESTO
(COMPETENZE DI LETTURA)

Chi sono i writers?

1. Scegli fra le caratteristiche elencate qui di seguito quelle che si possono riferire a Edoardo.
   - ☐ È piccolo e magro
   - ☒ I suoi genitori sono ricchi borghesi
   - ☐ Viene da un ambiente sociale disagiato
   - ☐ Non gli è stato mai negato niente
   - ☐ Ha 18 anni
   - ☒ Si considera un creativo
   - ☒ Dipinge soprattutto in zone periferiche
   - ☒ Suo padre si interessa molto della sua educazione
   - ☐ Veste alla moda
   - ☒ È un appassionato writer

2. Indica se le seguenti affermazioni sono vere o false.
   a. Bros e Ozmo sono famosi writers — V ☒
   b. Bros e Ozmo sono considerati artisti — ☒ F
   c. Edoardo considera ormai superati Bros e Ozmo — V ☒
   d. Secondo Bros e Ozmo i ragazzi di oggi fanno i writers per moda — ☒ F
   e. Secondo Bros e Ozmo i giovani writers di oggi sono più bravi di loro — V ☒
   f. Edoardo ha svolto delle ricerche scolastiche su Bros e Ozmo — V ☒

COME È FATTO IL TESTO ARGOMENTATIVO

Opinioni a confronto

3. Scrivi sul tuo quaderno le due tesi contrapposte di Edoardo e della gente riguardo ai writers.

4. Che cosa pensa Edoardo delle tag, cioè delle firme sui muri?
   - ☒ Sono negative perché fanno disprezzare i writers dalla gente
   - ☐ Sono il modo con cui i writers si esprimono all'inizio
   - ☐ Sono anch'esse una forma di arte

Il punto di vista dei genitori

5. Come è finita la disavventura di Edoardo con la polizia?
   - ☐ Edoardo ha preso una multa e una forte punizione dai genitori
   - ☐ Edoardo è stato difeso dai genitori che hanno considerato esagerata la multa
   - ☒ Edoardo ha preso una ramanzina dai genitori e ha ottenuto un'altra parete di casa da dipingere

RIFLETTERE E CONFRONTARE LE OPINIONI
(COMPETENZE SOCIALI E CIVICHE)

Artisti o imbrattatori?

6. E tu che cosa ne pensi? Condividi l'opinione di Edoardo o quella della gente sul fenomeno dei writers? Perché?

OLTRE IL TESTO

Leggi l'articolo *Abbattere l'indifferenza*, proposto in digitale, ed esprimi le tue opinioni sulle scelte dell'Associazione antigraffiti di Milano.

Writer e web: come e quanto

Navigare nel web: opportunità e rischi

Il web è entrato ormai prepotentemente nella vita dei giovani: in che modo ne influenza le abitudini e gli atteggiamenti? Leggi questi dati, ritenuti preoccupanti, e le conclusioni del presidente della Società Italiana di pediatria.

ADOLESCENTI E WEB: L'INDAGINE ANNUALE DELLA SOCIETÀ ITALIANA DI PEDIATRIA SVELA UN FENOMENO CHE MERITA ATTENZIONE

Il troppo navigare rende spregiudicati i ragazzi

Il 23 per cento degli adolescenti italiani guarda più di 3 ore di tv al giorno e il 16,4 per cento trascorre in rete più di 3 ore al giorno. Tra questi il 7 per cento passa complessivamente davanti a tv e computer più di 6 ore al giorno e un altro 20 dedica a entrambi più di 4 ore al giorno. I dati provengono dall'indagine annuale su abitudini e stili di vita degli adolescenti che la società italiana di pediatria svolge dal 1997 su un campione nazionale di 1300 ragazzi e ragazze che frequentano la terza media. Dai dati dell'indagine dei pediatri risulta, in sostanza, che i comportamenti e le abitudini degli adolescenti sono influenzati negativamente da un'esposizione eccessiva alla televisione e da Internet. Troppa tv e troppo web fanno peggiorare le abitudini alimentari, e la percezione del sé; portano gli adolescenti ad assumere più spesso comportamenti considerati da loro stessi rischiosi; fanno anche peggiorare il rapporto con la famiglia e diventare più spregiudicato il rapporto con il sesso; così come fanno aumentare significativamente il consumo di fumo, alcol e droghe. Inoltre, un utilizzo eccessivo di Internet fa diminuire la prudenza nell'approccio con persone sconosciute. Tra i ragazzi che navigano più di 3 ore al giorno il 18 per cento dichiara di aver messo in rete una propria foto «provocante» e il 37 per cento ha dato il proprio numero a uno sconosciuto. Il 20 per cento ha accettato proposte di sesso on line da sconosciuti; il 17 per cento si è fatto vedere in cam e il 24 ha accettato di incontrarsi. «Gli sconosciuti cui i ragazzi

UNITÀ 8 — IL MONDO DEI GIOVANI

fanno riferimento» rassicura Gian Paolo Salvioli, direttore del Dipartimento di ginecologia e ostetricia dell'Università di Bologna «sono, per lo più, altri adolescenti, ma abituarsi ad abbassare le difese è un rischio». Un adolescente su tre dichiara di fumare sigarette (al Sud la percentuale dei fumatori sale al 36 per cento). L'8 per cento (nel 2007 era il 4,7, nel 2008 il 6,4) ha anche dichiarato di «farsi le canne». Il 5 per cento ha amici che hanno fatto uso di ecstasy e il 9,1 amici che hanno provato la cocaina. Il 40 per cento beve vino, il 50 (57 dei maschi) birra, e il 22,4 liquori. E il 13,3 per cento si è ubriacato almeno una volta. Per quanto riguarda la sfera sessuale, per il 41 per cento degli intervistati nell'indagine non c'è un'età «giusta» per avere il primo rapporto sessuale completo, ma è importante che ci si senta pronti. Il 12 per cento indica, invece, come età-soglia i 14 anni, il 23 i 16 anni e il 22 i 18. Ma tra i grandi fruitori del web la percentuale che indica i 14 anni come età soglia sale al 17 per cento e tra chi guarda più di 3 ore di televisione arriva al 20. La differenza non sorprende Silvano Bertelloni, presidente della Società Italiana di Medicina dell'Adolescenza, che afferma: «Da un secolo si osserva un costante e progressivo anticipo dello sviluppo puberale dei bambini e, soprattutto, delle bambine, il che comporta un anticipo delle pulsioni sessuali. Negli ultimi vent'anni il trend si è confermato, se non accentuato, e a questo si sono aggiunti stimoli e modelli, veicolati dai media, fortemente "sessualizzati"». «Considerando complessivamente i risultati dell'indagine» conclude Alberto Ugazio, presidente della Società Italiana di Pediatria «osserviamo un'adolescenza lasciata forse un po' troppo in balia di se stessa. È necessario, a partire naturalmente da famiglia e scuola, che tutte le figure che a vario titolo sono a contatto con l'adolescenza (tra queste c'è certamente il pediatra), contribuiscano a stringere le maglie di una rete protettiva, fatta essenzialmente di ascolto».

(M. Tucci, *Il troppo navigare rende spregiudicati i ragazzi*, in «Corriere della Sera», 31 gennaio 2010)

 Parole, parole...

Parole nel tempo: reti, penne e topi

Oggi quando parliamo di *rete* ci riferiamo senza equivoci alla rete di Internet. Il collegamento Internet infatti è reso possibile da un sistema di *server*, cioè di computer collegati fra di loro, come in una rete. Un tempo la parola *rete* si riferiva a oggetti completamente diversi, per esempio la rete del pescatore.

- La parola *rete* può essere utilizzata in ambiti differenti. Inventa una frase in cui il termine assume il significato proprio dell'ambito che ti elenchiamo:

  ambito sportivo • ambito informatico • ambito televisivo

- La parola *rete* può anche essere utilizzata, nel linguaggio figurato, per indicare un inganno, una trappola. Inventa una frase che contenga il termine in questa accezione.

Sono molte le parole che nel tempo, a causa dell'evoluzione tecnologica, hanno aggiunto nuovi significati a quelli tradizionali.

- Per esempio, qual era il primo significato della parola *penna* nel passato e quale per uno studente di oggi?

  ....

- Si tratta di un fenomeno che riguarda anche le altre lingue: pensa al significato assunto oggi in ambito tecnologico dalla parola inglese *mouse* (che letteralmente significa "topo").

- Individua altre parole, italiane o inglesi, che hanno assunto nuovi significati in ambito tecnologico.

  ....

Writer e web: come e quanto

Attività

CHE COSA DICE IL TESTO
COMPETENZE DI LETTURA

Dati per riflettere

1. Questo articolo è molto ricco di dati: qual è la fonte da cui provengono?
2. Indica le cifre rilevate dall'indagine.
   > Quante ore al giorno trascorre davanti a tv e Internet il 7% dei giovani?
   > Quante ore al giorno trascorre davanti a tv e Internet il 20% dei giovani?
   > Qual è la percentuale di giovani che ha dato il proprio numero a uno sconosciuto?
   > Per i grandi fruitori di web a che età può essere giusto avere un rapporto sessuale?
3. Quali problemi crea questa esposizione eccessiva a tv e Internet?

COME È FATTO IL TESTO
La tesi

4. Indica qual è la tesi di fondo sostenuta da questo articolo e supportata da questi dati.

Opinioni sull'argomento

5. Secondo Silvano Bertelloni, presidente della Società Italiana di Medicina dell'Adolescenza, da che cosa dipende l'anticipo e l'aumento delle pulsioni sessuali?
6. Qual è la tesi finale espressa da Alberto Ugazio, presidente della Società Italiana di Pediatria?

CONFRONTARE LE OPINIONI
COMPETENZE SOCIALI E CIVICHE

Il web: opportunità e rischi

7. Qual è la tua esperienza riguardo al rapporto col web? Come valuti i dati dell'inchiesta? Confronta la tua opinione con quella dei compagni.

Lasciare Facebook

Prospero Pensa, milanese, primo anno di Lettere, è appassionato di rap, di cinema e gioca a calcio. Nell'articolo racconta perché ha deciso di lasciare Facebook.

ORA USO WHATSAPP, NAVIGO QUANDO È UTILE (E LO È MOLTISSIMO) E COMPRO SU AMAZON ED EBAY.

Perché ho lasciato Facebook (ma non sono diventato a-social)

L'autore di questo articolo è un giovane pieno di interessi, capace di scelte autonome e non convenzionali.

Ho preso la mia decisione nel giro di pochi giorni, anche se già da tempo l'idea mi ronzava nella testa. Non ho molti amici che non siano iscritti a Facebook, ma quei pochi non sembravano passarsela male. Nel mio caso, il social network era uno strumento molto utile per comunicare nella quotidianità con gli amici più stretti e per tenermi in contatto con quelli lontani. Nel corso degli anni si era formato anche un piccolo archivio fotografico di vacanze ed eventi. Al di là di questi due aspetti non trascurabili, però, molte cose cominciavano a non convincermi: non tanto per i contenuti e le funzioni di Facebook, ma per l'utilizzo che ne facevo. Avendolo impostato come homepage, a ogni apertura del browser mi trovavo automaticamente catapultato all'interno della mia piazza di amici (e conoscenti, per un totale di circa 500 persone), la Home. La conseguenza era che, tornando esausto dall'uni-

UNITÀ 8 — IL MONDO DEI GIOVANI

versità nel tardo pomeriggio, scorrevo le notizie a ritroso, in un processo praticamente passivo, giusto per la curiosità di leggere ciò che era avvenuto durante la giornata. Per scorrere tutti i post della giornata con una certa velocità, ci mettevo circa un'ora, per assimilare informazioni totalmente inutili. Insomma, tempo buttato. Questo tipo di attività è uno dei più diffusi tra gli utenti. Nel corso degli ultimi quattro anni, dal giorno della mia iscrizione, le mie abitudini quotidiane sono cambiate radicalmente e spesso ne ha risentito lo studio: nel primo pomeriggio, Facebook ha sostituito un bel film e la sera, prima di andare a dormire, invece di leggere un libro, davo un'occhiata alle ultime notizie della mia Home chattando con qualche amico.

Così, una domenica mattina, ho realizzato il mio Social Suicide, con la complicità di un amico che avevo convinto a imitarmi. Nell'ultima chat ci siamo salutati e abbiamo cliccato l'opzione «disattiva profilo». Questa opzione, in realtà, non ha eliminato tutti i miei post e le fotografie, ma ha semplicemente reso invisibile e inutilizzabile il mio account. Se in futuro volessi riattivarlo, mi basterebbe una breve procedura e resusciterei immediatamente. Prima di disattivare il mio account, Facebook ha fatto un ultimo disperato tentativo di trattenermi, mostrandomi le foto dei miei amici accompagnate dalla scritta «Sei sicuro? Mancherai molto ai tuoi amici!». Ero sicuro. Dopo tre settimane non avverto particolari sensazioni di astinenza e mi sento orgoglioso della mia scelta e di come impiego il mio tempo. Ciò che più mi ha divertito è stata la reazione dei miei amici. C'è chi è sinceramente dispiaciuto, come se con la mia «scomparsa» virtuale[1] sparisse anche parte di me; c'è chi

mi rimprovera scarsa forza di volontà, perché avrei aggirato il problema anziché imparare a gestire il mio tempo; poi c'è chi mi addita con sarcasmo: «Vuoi fare l'alternativo a tutti i costi!». Dal canto mio, non penso che ogni utente sia in qualche modo schiavo del Social Network: c'è chi lo utilizza in maniera moderata e chi ci passa le giornate intere, complice lo smartphone. Io sentivo di non avere il totale controllo del mio tempo e Facebook finiva per riempire ogni buco della mia giornata, che fosse di un quarto d'ora o di un'ora e mezza.

Da fuori, mi sono reso conto con più consapevolezza e distacco di quanto sia buffo e ipocrita il mondo del Social Network. Una società costruita su monosillabi (post, like, pic, poke, wall, link, tag ecc.) che regolano i rapporti tra le persone e di cui si servono gli utenti per dare di sé un'immagine interessante.

Per comunicare, ora utilizzo WhatsApp, un'app gratuita disponibile per ogni cellulare che supporti la connessione a Internet, che mi permette di inviare e ricevere messaggi gratuitamente grazie alla Rete e di tenermi quindi in contatto con quella manciata di persone con cui comunicavo su Facebook. Insomma, Facebook è stato l'unico legame con la rete che ho rotto,

---

1. **scomparsa virtuale**: scomparsa dal mondo di Internet, dove le situazioni reali vengono riprodotte in modo simulato, artificiale.

Writer e web: come e quanto

perché Internet continua a essere fondamentale nelle mie giornate. Mi aggiorno quotidianamente sui principali siti d'informazione, seguo con costanza i canali YouTube a cui sono iscritto, consulto il sito dell'università su cui i miei professori riportano regolarmente comunicazioni agli studenti e sono iscritto a forum specializzati per non perdermi nulla sulla musica che ascolto. Raramente compro qualcosa nei negozi, Amazon e Ebay offrono più scelta e a prezzi incredibili, soprattutto per il mercato italiano. L'email, invece, pur essendo ormai antiquato come strumento di comunicazione, continua a risultarmi utile per le ricevute dei miei acquisti online e per inviare o ricevere file. La mia scelta mi ha quindi consentito di valorizzare gli aspetti utili del web e di eliminare quelli di svago fine a se stesso. E se Facebook continua a crescere nel numero di iscritti, allo stesso tempo vede sempre più utenti cancellarsi, soprattutto negli States e in Inghilterra. Molti colossi del passato, come Messenger, hanno chiuso definitivamente, mentre il social network numero uno del passato, MySpace, dopo una crisi nera, sta tentando un rilancio. Ma il web non guarda mai indietro.

(P. Pensa, in «Corriere della Sera», 23 marzo 2013)

Attività

COMPRENDERE
COMPETENZE DI LETTURA

Una scelta controcorrente

1. Per quali motivi Prospero ha deciso di disattivare il suo profilo Facebook?
2. Quali obiezioni esprimono gli amici di Prospero?
3. Quali vantaggi individua l'autore nel suo nuovo rapporto con Internet?
4. Quale fra queste opinioni sui social networks non può essere attribuita a Prospero?
   - [ ] Il mondo dei social networks si basa su monosillabi
   - [ ] Alcuni sono capaci di usare moderatamente i social networks
   - [x] I social networks rendono tutti i propri utenti degli schiavi
   - [ ] I rapporti fra le persone attraverso i social networks non sono sempre autentici

ANALIZZARE IL LINGUAGGIO

Ma cosa vuol dire...?

5. La navigazione via web richiede la conoscenza di uno specifico linguaggio: costruisci un vocabolarietto che aiuti i meno esperti a comprendere i termini presenti nell'articolo.

Social network _SITO INTERNET CHE FORNISCE AGLI UTENTI DELLA RETE UN PUNTO DI INCONTRO VIRTUALE_

Homepage _È UNA PAGINA PRINCIPALE DI UN BROWSER_

Browser _PROGRAMMA PER NAVIGARE IN INTERNET CHE INOLTRA LA RICHIESTA DI UN DOCUMENTO_

Post _MESSAGGIO TESTUALE CON FUNZIONE DI OPINIONE O COMMENTO_

Chat _CONVERSAZIONE FRA PIÙ INTERLOCUTORI COSTITUITA DA UNO SCAMBIO DI MESS_

App _APPLICAZIONE_

SCRIVERE
COMPETENZE DI SCRITTURA

Forse lo faccio anche io... oppure no?

6. A quali social network sei iscritto? Con quali vantaggi e svantaggi?
7. Discuti con i tuoi compagni sulla scelta di Prospero e poi scrivi le riflessioni emerse dalla discussione.

UNITÀ 8 — IL MONDO DEI GIOVANI

Giovani e adulti

Genitori e figli: controllo o fiducia?

Una questione molto controversa è l'atteggiamento che i genitori devono avere nei confronti dei figli: è più giusto controllarli passo passo oppure è meglio educarli all'autonomia e alla responsabilità?

DALLA CULLA ALL'ADOLESCENZA, SEMPRE PIÙ VENDUTI I PRODOTTI PER IL CONTROLLO 24 ORE SU 24. MA VIVIAMO TUTTI MEGLIO?

Le mamme spia. L'ansia di inseguire i figli ovunque

La tecnologia consente di estendere il controllo oltre l'immaginabile. Da qualche anno è arrivato anche in Italia il primofonino, il telefonino-guardia del corpo disegnato per i bambini dai sette anni in su. Il più sofisticato è il cellulare Baby Guard che, oltre ad avere la funzione per localizzare il piccolo, dà la possibilità di farti ascoltare quello che accade intorno a lui. Altrimenti c'è Easy5, un cellulare privo di display che permette di chiamare soltanto cinque numeri. Il costo non è banale: 99 euro. «L'articolo è molto venduto» dicono a I Telefonini, in via Losanna a Milano «perché i genitori così sono sicuri che il ragazzo non si metterà a chiamare linee a pagamento o sconosciuti». Per gli adolescenti ci sono i localizzatori personali, dispositivi con gps integrato che permettono di sapere dov'è una persona con una precisione quasi maniacale. Uno di questi è Ubisafe che ha la dimensione di un pacchetto di sigarette, pesa 70 grammi e viene gestito via Internet. Utile anche per rintracciare gli anziani, costa circa 200 euro. Una volta installato consente di vedere sul proprio cellulare la posizione dei propri cari ma anche di essere avvisati con un sms se il ragazzo va in una zona vietata o se supera i limiti di velocità. Lanciato soltanto lo scorso ottobre, ha già oltre seimila utenti. «Gli stessi teenager sono felici di portarlo in tasca» spiega Nicola De Mattia, amministratore delegato della Ubiest «perché consente di avere maggiore libertà. I genitori, infatti, non telefoneranno ogni cinque minuti, dormiranno sonni tranquilli e, dal canto loro, i giovani potranno uscire senza troppe discussioni». Non solo cellulari. Per seguire passo passo i propri figli ci sono anche gli orologi o le scarpe con il Gps. Quest'ultime sono in commercio solo in America. Ma, c'è da scommetterci, le troveremo presto nei nostri negozi.

(M. Ricci Sargentini, in «Corriere della Sera», 16 gennaio 2010)

Parole, parole...

Gps, sms, www

Siamo sommersi da abbreviazioni, ormai diventate parole, che usiamo, spesso, senza conoscerne veramente il significato. Per esempio:

- *gps* (*global positioning system*): sistema su base satellitare per rilevare la posizione di un oggetto

- *www* (*world wide web*): alla lettera "ragnatela che gira intorno al mondo", cioè sistema Internet che collega le informazioni presenti nei server di tutto il mondo e le rende condivisibili e accessibili a tutti.

Ora cerca tu il significato delle parole. A cosa corrispondono le due sigle indicate?

sms: ....

mms: ....

LO PSICOTERAPEUTA
L'indipendenza e la responsabilità

È bene non confondere l'ansia con il senso di responsabilità che è una competenza spontanea dei genitori a protezione della prole[1] e della specie. Nessuno ragionevolmente considera responsabile di alcunché un nascituro o un neonato. La sua totale dipendenza fa sì che una totale responsabilità ricada su tutti gli adulti che con lui o lei entrano in relazione a qualsiasi titolo. Nel corso dello sviluppo, il bambino conquista nuovi spazi di indipendenza e di autonomia, riduce la dipendenza iniziale, altre dipendenze si creano, si riducono e scompaiono. È dunque nostra responsabilità non solo tutelare il benessere fisico e psicologico dei piccoli ma anche aiutarli a crescere diventando gradualmente essi stessi autonomi e responsabili. In questo l'ansia eccessiva dei genitori, l'illusione di potere avere i piccoli sempre sott'occhio, di poterli controllare a distanza con i dispositivi che la tecnologia mette a loro disposizione, si può rivelare come un freno perché si cresce anche sperimentando la lontananza da madre e padre, temporalmente limitata e sotto la protezione di altri adulti responsabili. Affidare provvisoriamente, quando è necessario, i piccoli a persone di fiducia dovrebbe essere sufficiente a evitare di dotare precocemente i bambini di cellulari, che non aiutano i piccoli a imparare a tollerare l'assenza provvisoria dei famigliari. Per di più, i telefonini e altri dispositivi più o meno simili hanno soltanto un apparente effetto ansiolitico[2]. Basta una batteria scarica o una ricezione insufficiente per risvegliare i peggiori incubi in genitori e figli non allenati a provvisori distacchi.

(F. Scaparro, in «Corriere della Sera», 16 gennaio 2010)

1. **prole**: figli.
2. **ansiolitico**: di riduzione dell'ansia.

ttività

COME SONO FATTI I TESTI
COMPETENZE DI LETTURA

Un problema delicato
1. Qual è il problema di cui si parla?

Ma chi lo dice?
2. Individua chi sono e che mestiere fanno le persone di cui vengono riferite le opinioni presentate.

Opinioni in contrasto
3. Completa sul quaderno una tabella simile a questa, che mette a confronto le diverse opinioni.

	Prima opinione	Seconda opinione
Tesi		
Argomenti a sostegno		

RIFLETTERE, RACCONTARE E METTERSI A CONFRONTO
COMPETENZE SOCIALI E CIVICHE

Autonomia o controllo?
4. Qual è la tua situazione? I genitori ti concedono una certa autonomia o ti controllano molto? Racconta la tua esperienza e confrontala con quella dei compagni.

UNITÀ 8 — IL MONDO DEI GIOVANI

Marco Lodoli

Il demone della Facilità

L'autore, giornalista e professore di liceo, attento osservatore dei suoi studenti e del mondo giovanile, esprime un'opinione molto preoccupata: la mentalità della nostra società, che cerca in ogni modo di rendere facili le cose e di allontanare la fatica, spegne le migliori energie e conduce all'appiattimento delle risorse intellettuali e spirituali.

A mio avviso da troppo tempo viviamo sotto l'influsso di una divinità tanto ammaliante quanto crudele, un uccelletto che canta soave, ma ha un becco così sottile e feroce da mangiarci il cervello. La Facilità è la dea che divora i nostri pensieri, e di conseguenza l'intera nostra vita.

La Facilità non va confusa con la Semplicità che, come ben sintetizzava il grande scultore Brancusi «è una complessità risolta». La Semplicità è l'obiettivo finale di ogni nostro sforzo: dovremmo sempre impegnarci perché i nostri pensieri e gesti siano semplici e dunque armoniosi e giusti.

La Semplicità è il miele prodotto dal lavoro complicato dell'alveare, è il vino squisito che dietro di sé ha le fatiche della vigna.

La Facilità, invece, è una truffa che rischia di impoverire tragicamente i nostri giorni. A farne le spese sono soprattutto i ragazzi più poveri e sprovveduti. [...]

Spesso i miei alunni, ragazzi di quindici o sedici anni mi dicono: «Io voglio fare i soldi in fretta per comprarmi tante cose» e io rispondo che non c'è niente di male a voler essere ricchi, ma che bisognerà pure guadagnarseli in qualche modo questi soldi, se non hai alle spalle una famiglia facoltosa. Bisognerà studiare, imparare un buon mestiere, darsi da fare. A questo punto loro mi guardano stupiti, quasi addolorati, come se avessi detto la cosa più bizzarra del mondo. Non considerano affatto inevitabile il rapporto tra denaro e fatica, credono che il benessere possa arrivare da solo, come arriva la pioggia o la domenica. Sembra che nessuno mai li abbia avvertiti delle difficoltà dell'esistenza. Sembra che ignorino completamente che tutto costa fatica e che per ottenere un risultato anche minimo bisogna impegnarsi a fondo. E per quanto io mi prodighi a spiegare loro che anche per estrarre il succo dall'arancia bisogna spremerla forte, mi pare di non riuscire a convincerli. Il mondo intero afferma il contrario, in televisione e sui manifesti tutti ridono felici e abbronzati e nessuno è mai sudato.

Così si diventa idioti. È un processo inesorabile, matematico e terribile, ed è un processo che coinvolge tutti, sia chiaro. La Facilità promette mari e monti e il livello mentale si abbassa ogni giorno di più, fino al balbettio e all'impotenza. «Le cose non sono difficili a farsi. Mettere noi nello stato di farle, questo sì è difficile» scriveva ancora Brancusi. Mettere noi nello stato di affrontare la vita meglio che si può, di fare un mestiere per bene, di costruire un tavolo o di scrivere un articolo senza compiere gravi errori, questo è proprio difficile ed è necessario prepa-

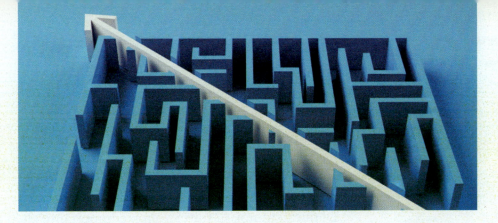

rarsi per anni, prepararsi sempre. E se addirittura volessimo avanzare di un passo nella conoscenza di noi stessi e del mondo, trasformarci in esseri appena migliori, più consapevoli e sereni, dovremmo ricordarci la fatica e la pena che ogni metamorfosi pretende, come insegnano i miti classici, le vite degli uomini grandi, le parole e le posizioni dei monaci orientali. Ma la Facilità ormai ha dissolto tante capacità intellettuali e manuali, e si parla a vanvera perché così sentiamo fare ogni sera, si pensa e si vive a casaccio perché così fanno tutti.

Ben presto anche per i lavori più complessi dovremo affidarci alla gente venuta da fuori, alle persone che hanno conosciuto la sofferenza e hanno coltivato una volontà di riscatto. Loro sanno che la Facilità è un imbroglio, lo hanno imparato sulla loro pelle. Noi continueremo a sperare di diventare calciatori e vallette, miliardari e attrici, indossatori e stilisti, e diventeremo solo dei mentecatti.

(M. Lodoli, *I miei ragazzi, insidiati dal demone della Facilità*, in «la Repubblica», 6 novembre 2002)

ttività

COME È FATTO IL TESTO ARGOMENTATIVO
COMPETENZE DI LETTURA

Il problema e la tesi

1. Individua ed esprimi in una frase il problema e la tesi che l'autore affronta.

   Problema: ....
   ....
   ....
   Tesi: ....
   ....
   ....

2. Per rendere più convincente il suo ragionamento Lodoli utilizza una figura retorica: quale?

3. Facilità e Semplicità sono scritte con la lettera maiuscola: perché?

4. C'è un'antitesi nel testo?

Un'opinione autorevole

5. Qual è l'opinione autorevole che l'autore cita due volte? Sottolineala nel testo.

La conclusione

6. A conclusione del ragionamento non troviamo una proposta, anzi, l'autore sembra avere un atteggiamento negativo: quali pericoli vede nel futuro?

RIPENSARE, RIFLETTERE E SCRIVERE
COMPETENZE DI SCRITTURA

Difficoltà e gratificazioni

7. Ti piace di più fare le cose semplici o difficili? E quali sono quelle dalle quali ricavi più soddisfazioni? Ripensa alla tua esperienza e racconta.

 SCUOLA DI SCRITTURA
Nella lezione 8 trovi indicazioni per raccontare le tue esperienze.

UNITÀ 8 — IL MONDO DEI GIOVANI

+ difficile

Bambini coraggiosi. Insegnare a cadere (e a rialzarsi)

Questo articolo, scritto da una psicoterapeuta, è una riflessione sul vero significato di una educazione alla "felicità".

Di questi tempi, in tutti i tempi, è importante che i bambini divengano adulti coraggiosi. Quindi che lo siano anche gli adulti. Capaci cioè di vivere conservando speranza e dignità, di affrontare gli imprevisti e sopportare la routine, di avere delle idee e saperle dichiarare in modo utile e a tempo debito. Di essere pazienti e determinati. Di vedere la realtà, colorandola di fantasia quanto serve. Di saper rischiare e sapersi proteggere. Di saper proteggere. Di conservare la stima di sé in ogni circostanza.

Negli ultimi decenni, il desiderio prevalente di gran parte dei genitori è stato far crescere bambini felici. Esentati da frustrazioni e fatiche, zaino compreso. Divertiti da giochi senza aspettare Natale. Non impensieriti dal timore di insufficienze o bocciature. Mai impegnati a imparare a occupare il tempo: a questo provvedono animatori vivi o virtuali. Spesso pagati per apparecchiar la tavola, sentendosi inutili nell'economia familiare.

I bambini sono però testimoni e spesso confidenti di drammi. Liti e separazioni, amanti e scontenti: i conflitti dei grandi piovono addosso a loro insieme alle notizie dei media. Drammi di fronte ai quali sono impotenti e timorosi. Tutto questo è educazione alla paura sterile. Il coraggio è stima di sé.

Molti genitori, perché i loro piccoli crescano con una buona stima di sé, li lodano continuamente. Così i loro bambini si abituano a ritenersi vincenti senza combattere. E anche ad aver bisogno della continua conferma: «bravo» equivale a «ti amo». Questo, come il continuo rimprovero, genera la paura di sbagliare, l'identificarsi con il giudizio degli altri. Il che porta a barare, a non affrontare i rischi, compresi quelli intellettuali. E anche al desiderio di abbassare gli altri per sentirsi vincenti. Può portare alla violenza. Certamente arresta la gioia di fare esperienze, di vincere gli ostacoli; il trionfo di rialzarsi quando si cade. Educare al coraggio equivale a educare alla forza interiore. Invece di dire «bravo», dire: «Questo lavoro è fatto bene», oppure: «Qui c'è un errore». Al posto di infinite cautele, permettere che i bambini se la cavino da soli, cadano e si rialzino. Giocare con allegria vincendo e perdendo alternativamente, ridendoci sopra. Ogni tanto lanciare gare, stringere la mano a chi vince e vedere insieme a chi ha perso i motivi, come fanno i campioni. Dare sempre fiducia, non gratuita, ma collegata al lavoro. Favorire il progetto: si tenta e ritenta fino a raggiungere ciò che si vuole. Sganciare l'affetto dalle valutazioni. Ma non permettere le mancanze di rispetto. Chi sa rispettare, saprà ottenere rispetto a sua volta. Non esaudire ogni

desiderio, motivando alla conquista. Far partecipare al lavoro comune, trasmettendo la certezza del gruppo solidale: sapere di avere un gruppo, averlo vivo dentro di sé, è un serbatoio di coraggio.

Non sottoporre il bambino alla conoscenza dei tradimenti: dà insicurezza. E non permettere i tradimenti: le maldicenze, le accuse agli altri di malefatte in cui il bimbo è corresponsabile. Non lasciare che i bambini comandino: anche questo dà insicurezza. Accettare però che possano cambiare le cose, con argomentazioni valide e rimediare agli errori. Non dare punizioni che non c'entrino con il loro motivo. Per esempio, se un bimbo va male a scuola è inutile vietargli il gioco: bisogna trovare il modo perché vada bene. E soprattutto, non lamentarsi: alle difficoltà, reagire sempre cercando e trovando una soluzione, senza temere i cambiamenti, rendendoli positivi.

Bisogna educare i bambini alla responsabilità di avere delle idee, proclamarle con intelligenza, sopportare i contrasti, attendendo e riconoscendo il momento favorevole. Educare al coraggio è educare a rialzarsi, a non sentirsi feriti a morte da un insulto, e anche a rendersi conto di ogni dono della vita, anche di quelli che diamo per scontati. La capacità di rievocare e cogliere anche minime felicità è un'assicurazione contro lo scoraggiamento, come l'umorismo, grande risorsa per mantenere la speranza pur riconoscendo la realtà. L'umorismo: che educa ad accettare le imperfezioni di tutti noi e della vita, mantenendo la tensione fra l'ideale e il vero.

Gli ideali, non le utopie[1], sono la musica del coraggio, la corda doppia[2] contro il cinismo[3]. E, come nei paesi di una volta, rispettiamo la festa: il permesso di essere spontaneamente allegri, tutti insieme. E i momenti quotidiani di serenità, come la cena, in cui si dovrebbe solo chiacchierare rimandando i problemi.

(F. Mormando, in «Corriere della Sera», 13 agosto 2011)

1. utopie: l'utopia è un'idea bella, ma irrealizzabile.

2. corda doppia: corda che serve per le arrampicate in sicurezza.

3. cinismo: comportamento distaccato di una persona verso i valori della vita e i sentimenti dell'uomo.

UNITÀ **8** IL MONDO DEI GIOVANI

Attività

COMPRENDERE (COMPETENZE DI LETTURA)

Che cosa rende davvero "coraggiosi e felici"?

1. Nella parte iniziale dell'articolo Federica Mormando delinea un ritratto dell'adulto "coraggioso". Scegli fra le seguenti le sue principali caratteristiche.

   - ☐ Cerca continuamente le novità
   - ☐ Conserva speranza e dignità
   - ☐ Sa colorare la realtà di fantasia
   - ☐ Trova il lato divertente in ogni cosa
   - ☐ Sa dichiarare le sue idee in modo utile
   - ☐ Non dà peso ai problemi degli altri
   - ☐ Affronta gli imprevisti
   - ☐ Sopporta la routine
   - ☐ È spericolato
   - ☐ Ha idee
   - ☐ È sempre attivo
   - ☐ È paziente
   - ☐ È determinato
   - ☐ Vede la realtà
   - ☐ Sa rischiare
   - ☐ Si sa proteggere
   - ☐ Sa proteggere gli altri
   - ☐ Ha stima di sé

2. La psicoterapeuta descrive poi il rapporto genitore-bambino. Per ognuno dei comportamenti che i genitori adottano per far "felici" i bambini indica una conseguenza negativa.

   a. Fornire animatori vivi o virtuali per il tempo libero ....
   b. Pagare per apparecchiare la tavola ....
   c. Lodare continuamente ....
   d. Far comandare i bambini ....

3. L'autrice dà molti suggerimenti ai genitori: indicane almeno tre che ti sembrano significativi.

4. Un consiglio particolarmente importante è quello di «sganciare l'affetto dalle valutazioni». Cosa significa secondo te?

5. A cosa educa l'umorismo secondo l'autrice?

6. Scegli fra le seguenti la tesi della psicoterapeuta riguardo al rapporto genitori-bambini.

   - ☐ Non bisogna esaudire tutti i desideri dei bambini per insegnare che la vita è piena di difficoltà
   - ☐ Bisogna educare al coraggio, cioè alla forza interiore e alla capacità di sapersi sempre rialzare
   - ☐ Bisogna che gli adulti non aiutino troppo i bambini, creando intorno a loro un ambiente troppo facile e festoso

7. Che cosa vuol dire, secondo te, la frase «Gli ideali, non le utopie, sono la musica del coraggio, la corda doppia contro il cinismo»?

   - ☐ Gli ideali ci aiutano ad avere coraggio e ci salvano da un atteggiamento freddo e distaccato verso la vita
   - ☐ Gli ideali possono distrarci dall'avere coraggio nelle situazioni difficili della vita
   - ☐ Solo gli ideali e i sogni ci possono dare il coraggio di affrontare con freddezza e distacco le difficoltà della vita

ANALIZZARE IL LINGUAGGIO DEL TESTO ARGOMENTATIVO
(CONSAPEVOLEZZA ED ESPRESSIONE CULTURALE)

Un linguaggio per convincere

8. Osserva il linguaggio del testo, che si propone di convincere il lettore a evitare alcuni comportamenti e ad adottarne altri: quale modo verbale usa per consigliare o sconsigliare? Fai qualche esempio.

SCRIVERE (COMPETENZE DI SCRITTURA)

So cadere e rialzarmi?

9. Nel tuo rapporto con i genitori prevalgono le situazioni positive descritte dall'articolo o quelle negative? Prova a discuterne con i tuoi genitori e poi scrivi a quali conclusioni siete giunti.

LABORATORIO DELLE COMPETENZE

COMPETENZE DI SCRITTURA

Attività di classe

Secondo me... e secondo te?

Nell'unità sono stati affrontati diversi argomenti riguardanti i giovani, su cui ti abbiamo chiesto di esprimere la tua opinione e di confrontarla con i compagni. Ora ti proponiamo di individuare alcuni problemi che interessino tutti i tuoi coetanei e di provare a organizzare una discussione che tenga conto dei diversi pareri e degli argomenti che li possono sostenere. Ma poiché discutere non è facile, ti diamo una serie di indicazioni e di consigli per imparare a farlo bene.

A. ▸ Individuare i problemi da discutere

1. I problemi che vi riguardano sono molti: ognuno può fare delle proposte, fra cui verranno selezionate quelle più votate. Oppure l'insegnante può sottoporvi varie possibilità fra cui scegliere.

Ecco alcuni suggerimenti molto semplici.

a. È giusto oppure no, a una certa età, avere il permesso di passare le vacanze da soli con gli amici?
b. È bene che i ragazzi possano passare il tempo libero con gli amici o è preferibile che escano con i genitori?
c. È giusto concedere l'uso del motorino, oppure è meglio far utilizzare i mezzi pubblici?
d. È bene aiutare i figli nello svolgimento dei compiti o è meglio lasciare che i ragazzi si organizzino da soli?
e. È giusto imporre ai figli di andare a letto presto la sera, oppure è giusto che guardino la televisione fino a tardi?

Individuate voi altri argomenti di discussione.

....
....
....

B. ▸ Organizzare la classe

2. Dividete la classe in due gruppi:

a. un gruppo sceglie una tesi e individua gli argomenti che la possano sostenere;
b. un altro gruppo sceglie la tesi opposta e la sostiene con adeguati argomenti.

Le tesi e gli argomenti a sostegno devono essere esposti in un testo argomentativo, che verrà poi letto da un portavoce del gruppo.

C. ▸ Discutere

3. Mettete ora a confronto in una discussione aperta ciò che è stato pensato dai due gruppi a partire dalla lettura dei due testi argomentativi.
Se la discussione è stata ordinata e ricca, cioè se tutti avete contribuito a essa elaborando una vostra opinione ed esprimendola con chiarezza e serietà, avrete sicuramente arricchito le posizioni di partenza. Forse ora siete in grado di elaborare una proposta che cerchi di conciliare le diverse posizioni. Definitela insieme oralmente, poi esponetela per iscritto in un testo argomentativo collettivo.

LABORATORIO DELLE COMPETENZE

PER DISCUTERE BENE è necessario...

Avere lo spirito giusto

Un vecchio proverbio diceva *Due teste pensano più di una, quattro occhi vedono più di due*. E infatti è un dato di fatto che mettere a confronto idee ed esperienze in una discussione ordinata sia fonte di grande ricchezza: si possono scoprire nuove strade per risolvere i problemi, nuovi punti di vista su una questione, è più facile trovare soluzioni insperate e produrre idee brillanti.
Ma sono molte le persone, soprattutto adulte, che considerano le discussioni come una specie di match di pugilato nel quale esibire se stessi e le proprie posizioni in un combattimento che non ha lo scopo di mettere in comune posizioni, ma di "distruggere" l'avversario. Quante volte ci è capitato di constatarlo, anche, purtroppo, all'interno di assemblee molto qualificate che dovrebbero essere di esempio per tutti!

La prima condizione per discutere in modo proficuo è avere lo spirito giusto, cioè distinguere tra le idee e le persone: si sostengono o si criticano le posizioni, non le persone, che meritano sempre il nostro rispetto.

Darsi un'organizzazione

La discussione è una delle espressioni fondamentali della vita democratica. Dunque è necessario che tutti i partecipanti possano avere le stesse opportunità di parlare, di rispondere alle osservazioni di altri e di essere ascoltati. Per questo e necessario che il gruppo che discute si dia delle **regole** e degli **strumenti** per applicarle.
In particolare è necessario:
- nominare un **coordinatore della discussione** che segnala le persone che chiedono la parola e la concede, rispettando l'ordine con cui è stata chiesta;
- nominare uno o più **segretari** che annotino i punti essenziali di ogni intervento e compilino alla fine un verbale della discussione;
- stabilire la **durata** degli interventi;
- stabilire che **si parla uno per volta**;
- stabilire che **chi parla non deve essere interrotto** e disturbato perché tutti hanno diritto a esprimersi e a essere ascoltati;
- stabilire che tutti hanno **diritto di replica**;
- stabilire che **chi non ha ancora parlato ha diritto di precedenza** su chi si è già espresso.

Tutte queste regole sono espressione di un'unica consapevolezza: il contributo di ciascuno è prezioso e unico se è dato con serietà e partecipazione vera.

Partecipare con serietà e impegno

Cercare di riflettere sul tema che stiamo trattando chiedendoci come la pensiamo noi, senza farci troppo influenzare dagli altri, è indispensabile per avere cose interessanti da dire: il parere di una persona, quando è frutto della sua riflessione e della sua esperienza, è sempre prezioso anche se è espresso in modo semplice, e anche se chi lo ascolta non è d'accordo. Naturalmente sarà molto importante tenere conto dello sviluppo della discussione, delle opinioni che sono state espresse e fare riferimento con precisione a quanto è già stato detto, evitando di ripetere quanto hanno detto altri.

Per dare un contributo efficace bisogna dunque:
- capire bene che cosa si sta dicendo e seguire gli interventi degli altri;
- annotare per parole chiave ciò che si vuole dire;
- evitare di andare "fuori tema";
- esporre con chiarezza e semplicità la propria idea utilizzando anche qualche esempio;
- rispettare i tempi stabiliti per gli interventi.

Ascoltare con attenzione ogni intervento, dare il proprio contributo con semplicità, essere disponibili a rivedere le proprie posizioni sono presupposti fondamentali per vivere discussioni proficue e gratificanti.

PER FARE IL PUNTO

ALLA SCOPERTA DEI TESTI
Il testo poetico

Gli strumenti del lettore

UNITÀ **9** Oltre se stessi: l'amore e l'Altro

UNITÀ **10** Guerra e pace

Gli strumenti del lettore
Il testo poetico

Poesia della tradizione e poesia del Novecento

Il testo poetico: una presentazione in Power Point

• Il linguaggio poetico tradizionale

Molte delle caratteristiche del linguaggio poetico che abbiamo imparato a riconoscere negli anni scorsi sono tipiche della poesia tradizionale. I tipi di versi e di strofe che abbiamo incontrato, insieme alle forme metriche che conosceremo quest'anno, sono stati considerati per secoli delle regole ferree, delle condizioni a cui era assolutamente necessario attenersi per esprimersi in poesia: il modello di ogni composizione poetica era infatti quello dettato da Dante e soprattutto da Petrarca, poi consolidatosi nei secoli successivi. Osserva.

> Tanto gentile e tanto onesta pare
> la donna mia quand'ella altrui saluta,
> ch'ogne lingua devèn tremando muta
> e li occhi no l'ardiscon di guardare.
>
> (D. Alighieri, *La vita nuova*)
>
> **Parafrasi**
> La mia donna si mostra così gentile e nobile
> quando rivolge ad altri il suo saluto
> che la lingua (di chi la vede) diventa muta per l'emozione
> e gli occhi non hanno il coraggio di guardarla.

Questa è la **prima quartina** di un tipo di componimento chiamato **sonetto**; i versi sono **endecasillabi**, lo schema metrico è **ABBA**, il **lessico è raffinato** con molti termini adattati alla misura del verso (per esempio «no l'ardiscon»), la **sintassi è complessa**.

> Se lamentar augelli, o verdi fronde
> mover soavemente a l'aura estiva,
> o roco mormorar di lucide onde
> s'ode d'una fiorita e fresca riva
> [...]
>
> (F. Petrarca, *Canzoniere*)
>
> **Parafrasi**
> Se da una riva fiorita e fresca si odono
> uccelli cantare o fronde verdi
> muoversi soavemente nella brezza estiva
> o il mormorio roco di onde lucenti [...].

Anche questa è la **prima quartina** di un sonetto; i versi sono **endecasillabi**, lo schema metrico è **ABAB**, il **lessico è molto ricercato**, la **sintassi è complessa**.

Come vedi, il linguaggio della poesia tradizionale sceglie forme considerate più musicali (come *augelli* invece di "uccelli"), usa spesso strutture sintattiche anomale (*tanto gentile... pare / la donna mia* invece di "la mia donna appare tanto gentile...") e un lessico molto raffinato, basato sulla distinzione tra parole "poetiche" e parole "non poetiche". Per questi motivi, per capire un testo poetico tradizionale è sempre necessario iniziare il lavoro facendo bene la parafrasi (vedi volume 1, *Gli strumenti del lettore – Il testo poetico*).
La poesia della nostra tradizione letteraria costituisce un patrimonio ricchissimo su cui si sono fondati gli autori dei secoli successivi per elaborare nuovi temi e nuove sensibilità.

Gli strumenti del lettore — IL TESTO POETICO

• Il linguaggio poetico del Novecento

Tra la fine dell'Ottocento e i primi decenni del Novecento l'Italia muta profondamente: da qualche decennio si è unificata e si sta avviando a diventare un Paese industriale; questo processo si completerà dopo le due guerre mondiali, con il boom economico degli anni Sessanta. Anche la lingua, divenuta la lingua comune di tutti gli italiani, si trasforma profondamente, in parallelo ai tumultuosi sviluppi culturali e sociali dell'epoca contemporanea.

In questo contesto, la lingua poetica tradizionale viene avvertita come artificiosa e i poeti la trasformano, puntando a esprimersi con naturalezza e semplicità sia quando adottano uno stile alto sia quando scelgono un livello espressivo più quotidiano. Nasce così una poesia che, pur con le grandissime variazioni che la caratterizzano, ha forme più semplici e attuali e utilizza un lessico amplissimo, in cui entrano tutte le parole, non solo quelle che la tradizione considera "poetiche".

> **Casa mia**
> Sorpresa
> dopo tanto
> d'un amore
>
> Credevo di averlo sparpagliato
> per il mondo
>
> (G. Ungaretti, *L'allegria*, Arnoldo Mondadori Editore)

I **versi** sono **liberi**, cioè non hanno misure fisse e non rispettano le regole metriche, e sono **sciolti**, cioè non legati da rime.
Il **lessico** è **concreto** e **quotidiano**.
La **sintassi** è **semplice**.

Questa trasformazione, tuttavia, non ha mai portato a un rifiuto, e neppure a un abbandono totale della tradizione.

> ○ La ricchezza della **poesia contemporanea** sta proprio nella sua capacità di **rielaborare e riproporre** in forme nuove l'esperienza della **tradizione**.

Gli strumenti del lettore IL TESTO POETICO

Io e la poesia

LA POESIA NON TRADIZIONALE

Per quali aspetti possiamo definire non tradizionale un testo poetico come quello che segue?

Osserva l'organizzazione del testo, la lunghezza dei versi, il lessico, la punteggiatura, le maiuscole, le immagini, i temi. Tieni conto che la lirica, pubblicata nel 1964, è fondata su un effetto di accumulazione (vedi pagina 415) caotica degli oggetti più diversi, che comunicano il senso di spreco e di sopraffazione tipici del mondo contemporaneo, consumista e violento. Solo nell'ultima strofa una forte antitesi introduce elementi nuovi, di cui non ti sarà difficile interpretare il significato.

Piangi piangi

piangi piangi, che ti compero una lunga spada blu di plastica, un frigorifero
Bosch in miniatura, un salvadanaio di terra cotta, un quaderno
con tredici righe, un'azione della Montecatini[1]:
                      piangi piangi, che ti compero
una piccola maschera antigas, un flacone di sciroppo ricostituente
un robot, un catechismo con illustrazioni a colori, una carta geografica
con bandierine vittoriose:
                      piangi piangi, che ti compero un grosso capidoglio[2]
di gomma piuma, un albero di natale, un pirata con una gamba
di legno, un coltello a serramanico, una bella scheggia di una bella
bomba a mano:
                piangi piangi, che ti compero tanti francobolli
dell'Algeria francese[3], tanti succhi di frutta, tante teste di legno,
tante teste di moro[4], tante teste di morto
                      oh ridi ridi, che ti compero
un fratellino: che così tu lo chiami per nome: che così tu lo chiami
Michele.

(E. Sanguineti, *Triperuno*, Feltrinelli)

1. azione della Montecatini: un'azione è una quota della proprietà di una società; la Montecatini era una grande industria chimica.

2. capidoglio: mammifero marino simile alla balena.

3. Algeria francese: l'Algeria, colonia francese, ottenne l'indipendenza con una sanguinosa guerra di liberazione (1954-1962).

4. teste di moro: le teste degli arabi (mori); la sequenza di immagini è suggerita dal richiamo al colonialismo.

Gli strumenti del lettore **IL TESTO POETICO**

Le caratteristiche della poesia

◗ Che cosa sono le forme metriche

I componimenti poetici possono avere le forme più diverse: mentre nel Novecento dominano composizioni molto libere, cioè prive di una struttura fissa, riconoscibile, la poesia tradizionale prevede forme metriche chiuse, che si distinguono per i loro caratteri molto precisi.

> ◦ Le **forme metriche** sono **tipi di componimenti poetici** che hanno forme chiuse nella poesia tradizionale, più libere in quella contemporanea.

• Le forme lunghe: poemi e poemetti

Nell'antichità e fino al tardo Rinascimento, la forma poetica più prestigiosa e impegnativa era il poema.

> ◦ Il **poema** è una **lunga narrazione in versi** suddivisa in capitoli chiamati "canti".

Ne abbiamo parlato ampiamente nell'epica e nella letteratura, presentandone diversi esempi. Quando i poemi hanno una lunghezza breve o media si definiscono *poemetti*.

• Le forme brevi

> ◦ Le composizioni poetiche **meno impegnative** dei poemi e dalla **forma più breve** appartengono al genere della **poesia lirica**.

Tali composizioni esistevano fin dall'antichità; con il sorgere dei volgari, nelle principali letterature europee la poesia lirica assume forme precise e via via più codificate. Vediamo quali sono le principali forme metriche della letteratura italiana.

◗ I principali componimenti poetici tradizionali

• Il sonetto

Insieme alla canzone, **il sonetto è la forma metrica più usata nella letteratura italiana**. La sua struttura si è definita già dal Duecento, con la Scuola siciliana, un movimento poetico sviluppatosi alla corte di Federico II a Palermo.
Il sonetto è composto da 14 endecasillabi, raggruppati in due quartine e due terzine: generalmente le quartine ripetono le stesse due rime, secondo gli schemi ABAB / ABAB oppure ABBA / ABBA; le terzine usano due o tre rime, combinate in vari modi (CDC / DCD, CDC / CDC, CDE / CDE, CDE / EDC).
Viene usato per parlare dei temi più vari: amorosi, civili, religiosi ecc.
Osserva la struttura e lo schema metrico di un sonetto di Ugo Foscolo.

Gli strumenti del lettore IL TESTO POETICO

Di se stesso

Perché taccia il rumor di mia catena — A
di lagrime, di speme, e di amor vivo, — B
e di silenzio; ché pietà mi affrena, — A
se con lei parlo, o di lei penso e scrivo. — B

5 Tu sol m'ascolti, o solitario rivo, — B
ove ogni notte amor seco mi mena, — A
qui affido il pianto e i danni miei descrivo, — B
qui tutta verso del dolor la piena. — A

E narro come i grandi occhi ridenti — C
10 arsero d'immortal raggio il mio core, — D
come la rosea bocca, e i rilucenti — C

odorati capelli, ed il candore — D
delle divine membra, e i cari accenti — C
m'insegnaron alfin pianger d'amore. — D

(U. Foscolo, *Opere*, Einaudi-Gallimard)

Parafrasi

Affinché taccia il rumore della mia catena
vivo di lacrime, di speranza d'amore
e di silenzio; perché se parlo con lei, o penso e scrivo
di lei, mi colpisce una passione dolorosa.

Solo tu mi ascolti, o solitario ruscello,
dove ogni notte amore mi porta con sé,
qui affido il pianto e descrivo le mie sofferenze,
qui riverso tutto il mio dolore.

E racconto come due grandi occhi ridenti
bruciarono con un raggio immortale il mio cuore,
e come la sua bocca rosea, i lucidi

capelli profumati, il candore
del suo corpo divino e la cara voce
mi insegnarono infine a piangere d'amore.

• La canzone

Un'altra antica forma metrica è la canzone, che non va ovviamente confusa con le canzoni della musica leggera, anche se quando nacque era effettivamente legata al canto.
Di origine provenzale, la canzone è la forma metrica più importante e la più usata (insieme al sonetto) nella letteratura italiana. All'inizio aveva forme libere e irregolari, che poi Francesco Petrarca perfezionò, tanto che la canzone tradizionale viene detta "petrarchesca".

Le sue caratteristiche sono:
> un numero limitato di **strofe** (in genere tra cinque e sette), tutte **con la stessa struttura metrica**;
> una **mescolanza di versi endecasillabi e settenari**;
> un **congedo finale**.

Nell'Ottocento Giacomo Leopardi abbandonò le forme petrarchesche (la disposizione fissa di endecasillabi e settenari nelle diverse strofe, lo schema metrico ecc.) e creò la **canzone libera**, sempre **composta da endecasillabi e settenari, ma con strofe diverse, irregolari e versi sciolti**.

Ecco un bellissimo e famoso esempio di canzone libera: Leopardi descrive l'animazione del piccolo borgo di Recanati che, al calar della sera del sabato, si prepara per la giornata festiva; l'atmosfera di gioiosa attesa è resa attraverso i ritratti dei suoi abitanti (la fanciulla, la vecchierella, i bambini, il contadino, il falegname), colti nei loro atteggiamenti tipici. Alle liete aspettative del sabato, tuttavia, fanno seguito le ore vuote e tristi della domenica: per questo motivo, nel congedo finale, il poeta invita il «garzoncello scherzoso» a godersi il suo momento di attesa, la fanciullezza, e a non affrettarsi verso la festa della vita, che sarà tutt'altra rispetto alle speranze della giovinezza e non manterrà le promesse.
Le quattro strofe intrecciano liberamente endecasillabi e settenari; libere sono anche le rime, a cui si aggiungono rime interne e assonanze.

Il sabato del villaggio

La donzelletta[1] vien dalla campagna,
in sul calar del sole[2],
col suo fascio dell'erba; e reca[3] in mano
un mazzolin di rose e di viole,
5 onde, siccome suole,
ornare ella si appresta[4]
domani, al dì di festa, il petto e il crine[5].
Siede con le vicine
su la scala a filar la vecchierella,
10 incontro là dove si perde il giorno[6],
e novellando vien[7] del suo buon tempo[8],
quando ai dì della festa ella si ornava,
ed ancor sana e snella
solea danzar la sera intra di quei[9]
15 ch'ebbe compagni dell'età più bella.
Già tutta l'aria imbruna[10],
torna azzurro il sereno[11], e tornan l'ombre
giù da' colli e da' tetti,
al biancheggiar della recente[12] luna.
20 Or la squilla[13] dà segno
della festa che viene;
ed a quel suon diresti
che il cor si riconforta.
I fanciulli gridando
25 su la piazzuola in frotta[14],
e qua e là saltando,
fanno un lieto romore:
e intanto riede[15] alla sua parca mensa[16],
fischiando, il zappatore,
30 e seco[17] pensa al dì del suo riposo.

Poi quando intorno è spenta ogni altra face[18],
e tutto l'altro tace,
odi il martel picchiare, odi la sega
del legnaiuol, che veglia
35 nella chiusa bottega alla lucerna,
e s'affretta, e s'adopra
di fornir l'opra[19] anzi il chiarir dell'alba.

Questo di sette è il più gradito giorno,
pien di speme[20] e di gioia:
40 diman tristezza e noia
recheran l'ore, ed al travaglio usato[21]
ciascuno in suo pensier farà ritorno.

Garzoncello scherzoso,
cotesta età fiorita[22]
45 è come un giorno d'allegrezza pieno,
giorno chiaro, sereno,
che precorre alla festa di tua vita[23].
Godi, fanciullo mio; stato soave[24],
stagion lieta è cotesta.
50 Altro dirti non vo'[25]; ma la tua festa
ch'anco tardi a venir non ti sia grave[26].

(G. Leopardi, *Canti*, Nuova Accademia)

---

1. **donzelletta**: fanciulla.
2. **in sul… sole**: verso il tramonto.
3. **reca**: porta.
4. **onde… si appresta**: con le quali si prepara a ornare, com'è sua abitudine.
5. **il crine**: i capelli.
6. **incontro là… giorno**: rivolta verso il tramonto del sole.
7. **novellando vien**: racconta.
8. **del suo buon tempo**: della sua giovinezza.
9. **intra di quei**: in mezzo a quelli.
10. **imbruna**: si fa scura.
11. **il sereno**: il cielo.
12. **recente**: appena spuntata.
13. **squilla**: campana.
14. **in frotta**: in gruppo.
15. **riede**: ritorna.
16. **alla sua parca mensa**: per la sua cena frugale.
17. **seco**: tra sé.
18. **face**: luce.
19. **s'adopra di fornir l'opra**: si dà da fare per terminare il lavoro.
20. **speme**: speranza.
21. **travaglio usato**: solito lavoro.
22. **fiorita**: piena di speranze.
23. **che precorre… tua vita**: che precede la giovinezza che ora immagini piena di gioie.
24. **stato soave**: condizione felice.
25. **vo'**: voglio.
26. **ch'anco… grave**: non ti pesi il fatto che la tua festa (la giovinezza) tardi ad arrivare.

Gli strumenti del lettore **IL TESTO POETICO**

• La ballata

La ballata è una **composizione poetica di origine popolare**, **legata alla musica e alla danza**. Era composta di **strofe di endecasillabi e settenari** cantate da un solista, precedute da un ritornello cantato da un coro e ripetuto alla fine di ogni strofa. Ritornello e strofe terminano con la stessa rima. Dopo il Medioevo, la ballata venne a lungo trascurata; fu ripresa solo nell'Ottocento.

Nel primo volume di questa antologia abbiamo analizzato una ballata scritta da Giovanni Pascoli: te la riproponiamo per osservarne la struttura. È una ballata "piccola", perché il ritornello è costituito da un solo verso, ed è composta solo da endecasillabi.

Pioggia

		Schema metrico
Cantava al buio d'aia in aia il gallo.	X	Ritornello
E gracidò nel bosco la cornacchia:	A	Strofa di sei versi
il sole si mostrava a finestrelle.	B	
Il sol dorò la nebbia della macchia,	A	
5 poi si nascose; e piovve a catinelle.	B	
Poi tra il cantare delle raganelle	B	
guizzò sui campi un raggio lungo e giallo.	X	
Stupìano i rondinotti dell'estate	C	Strofa di sei versi
di quel sottile scendere di spille:	D	
10 era un brusìo con languide sorsate	C	
e chiazze larghe e picchi a mille a mille;	D	
poi singhiozzi, e gocciar rado di stille:	D	
di stille d'oro in coppe di cristallo.	X	

(G. Pascoli, *Opere*, Rizzoli)

Gli strumenti del lettore **IL TESTO POETICO**

• **Il madrigale**

Anche il madrigale, **in origine, era legato alla musica**. È un **componimento breve**, d'**argomento amoroso o campestre**, che comprende in genere da 8 a 12 versi, tutti endecasillabi oppure endecasillabi e settenari. Nato nel Trecento e ampiamente usato nelle corti rinascimentali, è stato ripreso a partire dalla fine dell'Ottocento da poeti come Giosuè Carducci, Giovanni Pascoli e Gabriele D'Annunzio.

Nella sua forma più semplice, il madrigale è **composto da due terzine e un distico** (vedi volume 2, *Gli strumenti del lettore – Il testo poetico*), ma **esistono molte variazioni**.

Ecco due esempi di madrigale: il primo, grazioso e malizioso, è di soli sette versi settenari e endecasillabi, ed è stato scritto nella seconda metà del Cinquecento da Torquato Tasso.
Il secondo è di Gabriele D'Annunzio, ed è formato da due terzine e da un distico. I versi, endecasillabi, hanno uno schema metrico particolare in cui sono legati dalle stesse rime i versi iniziali e finali delle terzine; importanti sono anche le assonanze. Descrive l'atmosfera afosa e carica di odori di un paesaggio di palude nel sole d'agosto.

Un'ape esser vorrei

Un'ape esser vorrei,
donna bella e crudele,
che susurrando in voi suggesse il mele;
e non potendo il cor, potesse almeno
5 pungervi il bianco seno,
e 'n sì dolce ferita
vendicata lasciar la propria vita.

(T. Tasso, *Poesie*, Ricciardi)

Parafrasi

A O donna bella e crudele
B vorrei essere un'ape,
B che ronzando succhiasse il vostro miele
C e non potendo pungervi il cuore potesse almeno
C pungervi il bianco seno
D e in quella dolce ferita
D lasciare, vendicata, la propria vita.

Nella belletta

Nella belletta i giunchi[1] hanno l'odore
delle persiche mezze e delle rose
passe, del miele guasto e della morte.

Or tutta la palude è come un fiore
5 lutulento che il sol d'agosto cuoce,
con non so che dolcigna afa di morte.

Ammutisce la rana, se m'appresso.
Le bolle d'aria salgono in silenzio.

(G. D'Annunzio, *Alcyone*, Mondadori)

Parafrasi

A Nella fanghiglia della palude i giunchi hanno l'odore
B delle pesche marce e delle rose appassite,
C del miele andato a male e della morte.

A In questo momento tutta la palude è come un fiore
D di fango che il sole d'agosto cuoce: ne esala un'afa che
C ha l'odore dolciastro della morte.

E Se mi avvicino la rana cessa di cantare e diventa muta.
F Dalla melma salgono in superficie silenziose bolle d'aria.

1. **giunchi**: piante acquatiche.

Gli strumenti del lettore **IL TESTO POETICO**

• L'ode

Questa composizione poetica ha **origini antiche, che risalgono alla lirica greca**. Nel Cinquecento fu ripresa e rinnovata da vari autori italiani, poi da Giuseppe Parini nel Settecento, Ugo Foscolo e Alessandro Manzoni nell'Ottocento e ancora, nel Novecento, da Giosuè Carducci, Giovanni Pascoli, Gabriele D'Annunzio, fino a Umberto Saba. L'ode è composta da un **numero molto variabile di strofe**, che possono avere una **struttura varia ma** che rimane **sempre uguale nella stessa ode**: possono essere infatti composte di endecasillabi e/o settenari (da 4 a 7) con una, due o tre rime, oppure possono essere in versi sciolti.
Vi presentiamo come esempio una piccola ode scritta da Giosuè Carducci.

L'autore esprime il dolore per il figlioletto morto all'età di soli tre anni: il rinascere delle stagioni non porta la vita nel cuore del poeta, inaridito dalla perdita del figlio, il suo germoglio.
L'ode è composta di quattro strofe di versi settenari.
In ogni strofa il primo verso è libero e i due versi centrali sono in rima baciata. Gli ultimi versi di ogni strofa rimano tutti fra loro.

Pianto antico

L'albero a cui tendevi	A
la pargoletta[1] mano,	B
il verde melograno	B
da' bei vermigli[2] fior,	X
5 nel muto orto solingo[3]	C
rinverdì tutto or ora	D
e giugno lo ristora	D
di luce e di calor.	X
Tu fior de la mia pianta	E
10 percossa e inaridita,	F
tu de l'inutil vita	F
estremo unico fior,	X
sei ne la terra fredda,	G
sei ne la terra negra;	H
15 né il sol più ti rallegra	H
né ti risveglia amor.	X

(G. Carducci, *Rime nuove*, Zanichelli)

1. **pargoletta**: la mano piccola di bambino.
2. **vermigli**: di un rosso intenso e luminoso.
3. **solingo**: solitario.

• L'inno

Si tratta di un **componimento antichissimo**, destinato, in origine, a essere **cantato nei riti religiosi**, e che ha assunto, nel corso dei secoli, varie forme.
Molto famosi sono gli *Inni sacri* di Alessandro Manzoni, componimenti in cui si celebrano in poesia alcune festività religiose.
Tra fine Settecento e Ottocento sono stati composti in questa forma metrica **inni patriottici o politici** come *Fratelli d'Italia*, la *Marsigliese*, l'*Inno dei lavoratori*.

• Liriche fuori dagli schemi

Come abbiamo detto, la **poesia del Novecento è caratterizzata da una maggior libertà compositiva** che spiega l'affermazione di componimenti "fuori dagli schemi", che non rientrano nelle forme codificate della tradizione.
Questi componimenti vengono definiti con termini generici come *carme*, *lirica* o, semplicemente, *poesia*.
Ne è un esempio il testo di Edoardo Sanguineti che abbiamo proposto a pagina 404.

Gli strumenti del lettore **IL TESTO POETICO**

Le caratteristiche del significato

Nel nostro percorso abbiamo finora studiato le principali figure retoriche fondate su relazioni di significato fra le singole parole, cioè costruite attraverso **spostamenti di significato**. In quest'ultima tappa del nostro lavoro prenderemo in esame altri tipi di figure:

> quelle che si producono sfruttando le operazioni del nostro pensiero, cioè le figure costruite su meccanismi logici e definite per questo **figure logiche o di pensiero**;

> quelle che riguardano la disposizione e l'ordine delle parole nelle frasi, definite **figure di sintassi o di costruzione**.

• Le figure logiche o di pensiero

Le figure logiche trasformano il rapporto tra ciò che si dice e la realtà: questa infatti viene rappresentata nelle parole in modo **attenuato**, **esagerato** o **rovesciato**.

L'attenuazione della realtà: la litote e l'eufemismo

Con queste due figure descriviamo la realtà di cui parliamo in modo molto **attenuato** (esse hanno alla base l'operazione logica dell'**attenuazione**).

> La **litote** (dal greco *litotes*, "semplicità") consiste nell'**affermare una cosa negando il suo contrario**.

La litote ha una struttura linguistica fissa, formata dall'avverbio "non" seguito dalla realtà che si vuole negare. Con questa figura **si dice meno di ciò che si vuol far capire**, e la si usa per non esporsi o compromettersi con affermazioni troppo impegnative. Osserva questi esempi.

	Voglio affermare che	Nego il contrario (litote)
Non è uno stupido.	È intelligente.	Non è stupido.
Non vive certo in miseria.	È ricco.	Non è povero.

> L'**eufemismo** (dal greco *euphemizo*, "dico buone parole") è una figura che serve ad **attenuare un'affermazione**, per evitare di dire cose sgradevoli o crude.

Nella lingua comune sono molte le espressioni costruite sulla base di un eufemismo. Osserva questi esempi.

	Voglio affermare che	Uso termini o espressioni più positivi
Verranno tempi migliori.	È un brutto periodo.	Tempi migliori.
Mia nonna è debole di udito.	È sorda.	Debole di udito.

L'accentuazione della realtà: l'iperbole

> L'**iperbole** (dal greco *hyperbolè*, "lanciare oltre") consiste nell'**ingigantire le realtà** di cui si parla.

ALLA SCOPERTA DEI TESTI • Il testo poetico

Gli strumenti del lettore IL TESTO POETICO

Questa figura si basa sul meccanismo logico dell'esagerazione ed è molto usata in pubblicità e nel gergo giovanile.
La sua diffusione nasce dal bisogno di impressionare, di colpire; un bisogno molto presente nella nostra società, che spesso arriva ad alterare in modo profondo la realtà. Osserva gli esempi sottostanti.

	Voglio affermare che	Uso termini o espressioni esagerati
Il compito è stato una catastrofe.	Il compito è andato male.	Catastrofe.
Lui è bello da morire.	Lui è molto bello.	Da morire.

Il rovesciamento della realtà: l'ironia e il sarcasmo

> L'**ironia** (dal greco *eironeia*, "finzione") è un figura che **rovescia la realtà**, dicendo in apparenza una cosa ma facendo intuire il significato opposto.

L'ironia si usa per deridere e ridicolizzare qualcuno o qualcosa. È una figura complessa, che non si ottiene soltanto dicendo il contrario di ciò che si vuole comunicare, ma anche alterando le proporzioni delle cose, accostando caratteristiche o realtà contrastanti, oppure utilizzando un linguaggio o immagini non adeguati alla situazione.
L'effetto ironico può essere lieve e sorridente, perfino affettuoso, oppure tagliente e pungente: quando l'ironia è particolarmente amara, cruda o polemica, si definisce **sarcasmo**.
L'ironia può caratterizzare anche un intero testo: infatti essa è prima di tutto un **atteggiamento intellettuale**, un modo di vedere la realtà che si basa su un atteggiamento distaccato e critico.
Osserva questi esempi.

	Voglio affermare che	Dico il contrario per deridere
Un successone! Abbiamo perso quattro a zero.	La squadra ha subito una sconfitta umiliante.	Successone.
(Dopo un pasto abbondante e succulento) *Oh, abbiamo mangiato due cosucce!*	Abbiamo mangiato abbondantemente.	Due cosucce (altero le proporzioni delle cose).
(Il vigile all'automobilista) *La smetta con questa arringa: lei è in contravvenzione.*	L'automobilista, che è in torto, difende il suo comportamento con calore.	Arringa (è un termine tipico del linguaggio giuridico, che qui appare eccessivo).

È sarcasmo quello con il quale Dante apostrofa Firenze all'inizio del *canto XXVI* dell'*Inferno*, dove ha incontrato alcuni cittadini fiorentini.

> Godi, Fiorenza, poi che se' sì grande,
> che per mare e per terra batti l'ali,
> e per lo 'nferno tuo nome si spande.
>
> (Dante, *Inferno*, canto XXVI)

Gli strumenti del lettore IL TESTO POETICO

Io e la poesia

LE FIGURE LOGICHE

Riconosci le figure logiche contenute nei seguenti passi poetici.

> Oh gran bontà de' cavallieri antiqui!
> Eran rivali, eran di fé diversi,
> e si sentian degli aspri colpi iniqui
> per tutta la persona anco dolersi;
> 5 e pur per selve oscure e calli obliqui
> insieme van senza sospetto aversi.
>
> (L. Ariosto, *Orlando furioso*)

....

> Sei quasi brutta, priva di lusinga
> nelle tue vesti quasi campagnole,
> ma la tua faccia buona e casalinga,
> ma i bei capelli di color di sole,
> 5 attorti in minutissime trecciuole,
> ti fanno un tipo di beltà fiamminga...
> E rivedo la tua bocca vermiglia
> così larga nel ridere e nel bere,
> e il volto quadro, senza sopracciglia,
> 10 tutto sparso d'efelidi leggiere
> e gli occhi fermi, l'iridi sincere
> azzurre d'un azzurro di stoviglia...
>
> (G. Gozzano, *La signorina Felicita*)

....

> Non stette molto a uscir fuor de la porta
> l'incantator, ch'udì 'l suono e la voce
>
> (L. Ariosto, *Orlando furioso*)

....

> Ho sceso, dandoti il braccio, almeno un milione
> di scale
>
> (E. Montale, *Ho sceso, dandoti il braccio, almeno un milione di scale*)

....

• Le figure di sintassi: la disposizione delle parole

Le parole sono importanti non solo per il loro significato e la loro forma, ma anche per il modo in cui sono disposte nella frase; esse, infatti, possono acquistare o perdere importanza e rilievo a seconda della loro posizione. La **disposizione delle parole nella frase e nel testo** è quindi **uno dei modi più usati ed efficaci per creare effetti speciali con la lingua.**

Come in molte altre situazioni della nostra vita (pensate per esempio alla differenza che esiste tra una tavola apparecchiata con eleganza e una in cui le stoviglie sono state "buttate" con trascura-

ALLA SCOPERTA DEI TESTI • Il testo poetico   413

Gli strumenti del lettore IL TESTO POETICO

tezza), anche nella lingua, attraverso la disposizione delle parole, delle stesse parole, si può cambiare di molto l'effetto di un testo. Osserva queste frasi.

> 1. Dopo il temporale si affacciano squarci di azzurro tra nuvole cupe e disfatte.
> 2. Tra cupe e disfatte nuvole, dopo il temporale, si affacciano squarci di azzurro.
> 3. Tra disfatte nuvole cupe si affacciano squarci di azzurro, dopo il temporale.

Come puoi notare, le tre frasi producono effetti diversi, pur mantenendo inalterato il loro senso.

Questi effetti si possono creare con le figure di sintassi, che sono molto usate non solo in poesia, ma anche nella prosa.
Nel primo volume abbiamo già visto:

> la **ripetizione o iterazione**, che si verifica quando si ripetono più volte una parola o un'espressione;
> l'**anafora**, che si ha quando la parola o l'espressione si ripetono nella stessa posizione (in particolare all'inizio di un verso).

Vedremo ora le altre principali figure di sintassi.

L'inversione o anastrofe e l'iperbato

> ○ L'inversione si verifica quando le **parole** vengono **disposte nella frase secondo una struttura sintattica diversa da quella normale**.

Nella lingua italiana la struttura sintattica normale è soggetto + verbo + complementi, ma poiché sappiamo che le parole acquistano o perdono importanza a seconda della posizione in cui sono inserite nella frase, alterando l'ordine consueto si possono ottenere effetti molto diversi. Osserva.

giallo in qualche pozzanghera si specchia qualche fanale, e affollata è la strada (U. Saba, *Città vecchia*)	L'ordine normale sarebbe: qualche fanale giallo si specchia in qualche pozzanghera.
Sempre caro mi fu quest'ermo colle (G. Leopardi, *L'infinito*)	Normalmente diremmo: Questo colle ermo mi fu sempre caro. Come è diverso l'effetto!

> ○ Una forma particolare di inversione è l'**iperbato**, che si ha quando **si interpongono alcuni termini all'interno di una frase, interrompendone l'ordine naturale**.

In questo verso, in cui Ugo Foscolo descrive le colline di Firenze, sono presenti un'inversione e un iperbato.

Gli strumenti del lettore IL TESTO POETICO

	Parafrasi
mille <u>di fiori</u> al ciel mandano incensi	Mandano al ciel il profumo di mille fiori
(U. Foscolo, *I sepolcri*)	

Il chiasmo

Il termine *chiasmo* significa incrocio, dal nome della lettera greca χ (*chi*); è una figura molto efficace.

> Il **chiasmo** si realizza quando **elementi di una frase o frasi di un periodo** sono **disposti in ordine inverso rispetto a quello della frase o del periodo immediatamente successivi**.

Osserva il doppio chiasmo.

Trema un ricordo <u>nel ricolmo secchio</u>   verbo + soggetto <u>+ compl. di luogo con attributo</u>

<u>Nel puro cerchio</u> un'immagine ride   <u>compl. di luogo con attributo</u> + soggetto + verbo

(E. Montale, *Cigola la carrucola del pozzo*)

Il chiasmo può riguardare **rapporti di forma e di posizione** tra le parole, ma anche **rapporti di significato**, come nel verso con cui si apre l'*Orlando furioso* di Ludovico Ariosto.

Le donne, i cavallier,

l'arme, gli amori

(L. Ariosto, *Orlando furioso*)

L'accumulazione o enumerazione

> L'**accumulazione** si ha quando, **in un periodo, vengono inseriti in successione più elementi dello stesso tipo** (sostantivi, aggettivi, verbi o anche interi sintagmi).

Osserva.

stormir di fronde, cinguettio d'uccelli, risa di donne, strepito di mare.	odi greggi belar, muggire armenti
(G. Pascoli, *Romagna*)	(G. Leopardi, *Il passero solitario*)

Gli strumenti del lettore IL TESTO POETICO

Particolarmente diffusa è la serie di tre elementi, che comunica un'idea di completezza.

> rimbombò, rimbalzò, rotolò cupo
> (G. Pascoli, *Il tuono*)

Gli elementi possono essere accumulati in modo ordinato e progressivo, oppure caotico e disordinato, con effetti molto diversi.
Per esempio, la lirica di Edoardo Sanguineti proposta a pagina 404 è proprio fondata su un effetto di accumulazione caotica e disordinata, che comunica il senso di dissipazione del mondo contemporaneo, fondato sul consumismo.

Il polisindeto e l'asindeto

Sono due figure che riguardano il modo di legare insieme gli elementi di una enumerazione.

> ○ Se i vari **elementi** (termini, sintagmi o intere frasi) sono **legati attraverso congiunzioni ripetute** si ha un **polisindeto**; se sono **separati da virgole** oppure semplicemente **accostati** si ha un **asindeto**.

E sempre corsi, e mai non giunsi al fine; e dimani cadrò. (G. Carducci, *Attraversando la Maremma Toscana*)	polisindeto
Posa il meriggio su la prateria. Non ala orma ombra nell'azzurro e verde. (G. Pascoli, *In campagna*)	asindeto

Il parallelismo

> ○ Il **parallelismo** è una figura di disposizione che si realizza quando **due o più frasi o periodi** sono **costruiti con lo stesso ordine sintattico**.

Osserva:

la terra ansante, livida, in sussulto;	soggetto + tre attributi
il cielo ingombro, tragico, disfatto	soggetto + tre attributi
(G. Pascoli, *Il lampo*)	

Il *climax* o gradazione

> ○ Il *climax* è una forma di accumulazione in cui i **diversi elementi sono posti in scala**, cioè in una **gradazione di intensità ascendente o discendente**.

Negli esempi precedenti i tre aggettivi sono disposti in *climax* ascendente.

L'anacoluto

> Possiamo definire l'**anacoluto** come un "**errore di sintassi**". Con esso infatti si opera un **cambiamento di soggetto, lasciando in sospeso una frase e iniziandone un'altra con un soggetto diverso**.

L'effetto è quello di dare un particolare rilievo a due elementi, mettendo entrambi in posizione di soggetto. Osserva.

> Io, la mia patria or è dove si vive
> (G. Pascoli, *Romagna*)

Io e la poesia

LA FIGURE DI SINTASSI

Leggi il testo e riconosci le figure di sintassi.

La lirica è di una poetessa contemporanea, Patrizia Valduga, ed è tratta da una raccolta che ha come motivo ispiratore il dolore per la morte del padre. Da una metafora tanto consueta da apparire come un luogo comune, la poetessa, utilizzando soprattutto figure di sintassi, ricava versi incisivi ed essenziali che esprimono con grande intensità la sua sofferenza.

Il cuore sanguina, si perde il cuore

Il cuore sanguina, si perde il cuore
goccia a goccia, si piange interiormente,
goccia a goccia, così senza rumore,
e lentamente, tanto lentamente,
si perde goccia a goccia tutto il cuore
e il pianto resta qui, dentro la mente,
non si piange dagli occhi, il pianto vero
è invisibile, qui, dentro il pensiero.

(P. Valduga, *Requiem*, Marsilio)

Gli strumenti del lettore **IL TESTO POETICO**

◉ Il testo e il contesto

Nel corso di questi tre anni abbiamo imparato a conoscere e a usare gli strumenti specifici necessari per comprendere e interpretare il testo poetico. Sono strumenti diversi da quelli che abbiamo utilizzato per conoscere il testo narrativo, ma lo scopo è lo stesso: **scoprire e godere della bellezza dei testi poetici**.
Manca però un tassello importante al nostro percorso: la consapevolezza del fatto che per capire pienamente un testo bisogna saperlo contestualizzare, cioè bisogna metterlo in relazione con la storia e l'esperienza dell'autore che lo ha prodotto e con il mondo in cui egli è vissuto.

• In ogni testo si riflette un mondo

Come abbiamo già detto a proposito del testo narrativo, anche **il testo poetico è espressione di una persona, il poeta, della sua esperienza, della sua storia e del suo mondo**. Anche **il testo poetico deve essere messo in relazione con il suo contesto**, perché solo così riusciamo a coglierne tutti i significati.
Conoscere le informazioni di contesto significa dare alla nostra lettura una profondità maggiore, un sesto senso.
Facciamo un semplice esempio. Lo scorso anno abbiamo proposto una breve poesia di Giovanni Pascoli, *Il lampo*, che abbiamo letto e analizzato senza considerare il contesto. Rileggiamola e cogliamone gli elementi principali.

Il lampo

E cielo e terra si mostrò qual era:

la terra ansante, livida, in sussulto;
il cielo ingombro, tragico, disfatto:
bianca bianca nel tacito tumulto
una casa apparì sparì d'un tratto;
come un occhio, che, largo, esterrefatto,
s'aprì, si chiuse nella notte nera.

(G. Pascoli, *Myricae*, Mondadori)

La luce improvvisa del lampo mostra il cielo e la terra così come sono: sconvolti dal temporale che si addensa. Il poeta caratterizza ciascuno di essi con tre aggettivi, disposti in *climax* ascendente, che si possono riferire a esseri umani e che umanizzano, personificano sia il cielo che la terra.
Il lampo fa apparire, come in un violento *flash*, anche l'immagine di una casa bianca; l'immagine dura un attimo, tanto quanto il battere delle ciglia di un occhio ferito da una luce abbagliante, e subito torna il nero della notte.

A questa prima analisi, che già ci dice molto della ricchezza del testo, aggiungiamo le notizie che possiamo ricavare dalla biografia del poeta; pensiamo in particolare all'esperienza tragica di Pascoli bambino che visse il dramma dell'assassinio del padre, ucciso da un colpo di fucile e riportato a casa dal cavallo aggiogato al calesse sul quale l'uomo stava viaggiando.
Questa informazione ci farà sentire con un'altra profondità le immagini della poesia: non potremo non sentire l'eco dell'angoscia del poeta bambino nel modo drammatico con cui viene colto lo scatenarsi di un temporale, negli aggettivi con cui sono descritti la terra e il cielo, e soprattutto non potremo non vedere nell'immagine espressionistica dell'occhio sbarrato il terrore negli occhi di chi vede il proprio padre assassinato, riverso su un calesse.

Interpretare il testo poetico

Concluso il terzo e ultimo tratto del nostro percorso di conoscenza e di comprensione del linguaggio poetico, possiamo affrontare il livello più alto e complesso di lettura di una poesia: l'**interpretazione** (che a scuola viene chiamata **commento**). L'obiettivo del nostro percorso era quello di porre le basi perché, nel corso dei vostri studi successivi, questa capacità di interpretare i testi poetici diventi via via più ampia e sicura.

◉ Che cosa significa interpretare un testo poetico

Valgono per il testo poetico le stesse considerazioni che abbiamo fatto per il testo narrativo, e a esse vi rimandiamo, aggiungendo qualche riflessione più specifica. Che cosa si deve fare quando di una poesia viene richiesto un commento?

Prima di tutto, per interpretare un'opera bisogna conoscerla approfonditamente, cioè bisogna:

> averne compreso bene il significato letterale attraverso la parafrasi;
> averne fatto un'analisi accurata, anche mettendo in relazione testo e contesto. Ogni espressione artistica infatti va interpretata storicamente, mettendola in relazione con la cultura e la personalità del suo autore;
> chiedersi, sulla base dell'analisi compiuta, che cosa abbia voluto esprimere l'autore, cioè quale sia il significato complessivo della poesia.

Attenzione però: l'interpretazione deve tener conto dei dati che l'analisi offre e non si devono mai sostituire a essi le proprie impressioni immediate, i propri gusti "ingenui" e spontanei.

> ◉ Il **commento** consiste dunque nel **condividere e mettere a disposizione** di altri i **risultati della nostra analisi e le conclusioni** che ne abbiamo tratto.

• Qualche suggerimento per fare un buon commento

Possiamo schematizzare in questo modo i passi necessari per fare un buon commento.

1. Recuperare i dati oggettivi (autore, periodo, data di composizione, raccolta).
2. Fare la parafrasi, almeno oralmente, e ricavarne il contenuto in sintesi.
3. Fare l'analisi del testo a livello metrico, di suono, di significato.
4. Individuare i temi.
5. Raccogliere le principali informazioni sul contesto (biografico, storico, letterario) e metterle in relazione con il testo.
6. Scegliere, fra tutte le informazioni acquisite, quelle che risultano più fondate e per noi più convincenti.
7. Rielaborarle e scrivere il commento.

Gli strumenti del lettore **IL TESTO POETICO**

Un esempio di commento

Leggiamo questa bellissima canzone di Giacomo Leopardi e poi facciamone insieme il commento, seguendo i passi indicati a pagina precedente.

Il passero solitario

D'in su la vetta della torre antica[1],
passero solitario[2], alla campagna
cantando vai finché non more il giorno;
ed erra l'armonia[3] per questa valle.
5   Primavera dintorno
brilla nell'aria, e per li campi esulta,
sì ch'a mirarla[4] intenerisce il core.
Odi[5] greggi belar, muggire armenti[6];
gli altri augelli[7] contenti, a gara insieme
10 per lo libero ciel fan mille giri,
pur festeggiando il lor tempo migliore:
tu pensoso in disparte il tutto miri;
non compagni, non voli,
non ti cal[8] d'allegria, schivi[9] gli spassi;
15 canti, e così trapassi[10]
dell'anno e di tua vita il più bel fiore.

Oimè, quanto somiglia
al tuo costume il mio! Sollazzo[11] e riso,
della novella età dolce famiglia[12],
20 e te german[13] di giovinezza, amore,
sospiro acerbo de' provetti[14] giorni,
non curo, io non so come; anzi da loro
quasi fuggo lontano;
quasi romito, e strano[15]
25 al mio loco natio,
passo del viver mio la primavera.

Parafrasi

Dalla cima della torre antica, tu, passero solitario, te ne vai cantando verso la campagna
finché il giorno non finisce
e l'armonia del tuo canto riempie questa valle.
La primavera intorno brilla nell'aria e riempie di vita i campi tanto che guardandola il cuore si intenerisce.
Si sentono belare le greggi e muggire gli armenti;
gli altri uccelli, felici, volano insieme nel cielo libero, quasi in gara,
festeggiando il loro momento migliore:
tu, pensoso, contempli il tutto in disparte,
non ti interessano i voli, i compagni, l'allegria, eviti i divertimenti;
canti e trascorri così
il momento più bello dell'anno e della tua vita.

Oimè, come il tuo modo di vivere assomiglia al mio!
Dei divertimenti e del riso, dolce compagnia dell'età giovanile, io non mi curo, non so perché,
e nemmeno di te, amore, fratello della giovinezza e rimpianto aspro dell'età matura;
anzi fuggo lontano da loro
e trascorro la primavera della mia vita
quasi solitario e straniero nel mio luogo natale.

1. **torre antica**: è la torre di una chiesa di Recanati, definita antica per il fascino che questa parola assume evocando realtà indefinite e lontane.
2. **passero solitario**: è una specie di passero, piuttosto grande, dal piumaggio azzurro, che vive da solo preferibilmente in luoghi elevati.
3. **armonia**: il canto del passero.
4. **mirarla**: guardarla, contemplarla. Il verbo *mirare* è tipico del lessico leopardiano e indica il guardare con piacere.
5. **Odi**: ascolti (in senso impersonale, si odono).
6. **armenti**: bestiame.
7. **augelli**: un termine arcaico e poetico che significa uccelli.
8. **non ti cal**: non ti importa.
9. **schivi**: eviti.
10. **trapassi**: trascorri.
11. **Sollazzo**: divertimenti.
12. **famiglia**: compagnia.
13. **german**: fratello.
14. **provetti**: avanti negli anni.
15. **romito, e strano**: solitario e straniero, aggettivi.

Questo giorno ch'omai cede alla sera,
festeggiar si costuma al nostro borgo.
Odi per lo sereno un suon di squilla[16],
30 odi spesso un tonar di ferree canne[17],
che rimbomba lontan di villa in villa[18].
Tutta vestita a festa
la gioventù del loco
lascia le case, e per le vie si spande;
35 e mira ed è mirata, e in cor s'allegra[19].
Io solitario in questa
rimota parte alla campagna uscendo,
ogni diletto e gioco
indugio in altro tempo: e intanto il guardo
40 steso nell'aria aprica[20]
mi fere[21] il Sol che tra lontani monti,
dopo il giorno sereno,
cadendo si dilegua, e par che dica
che la beata gioventù vien meno.

45 Tu, solingo[22] augellin, venuto a sera
del viver che daranno a te le stelle,
certo del tuo costume
non ti dorrai[23]; che di natura è frutto
ogni vostra vaghezza.
50 A me, se di vecchiezza
la detestata soglia
evitar non impetro[24],
quando muti questi occhi all'altrui core,
e lor fia[25] voto il mondo, e il dì futuro
55 del dì presente più noioso e tetro,
che parrà di tal voglia?
Che di quest'anni miei? Che di me stesso?
Ahi pentiromni[26], e spesso,
ma sconsolato, volgerommi[27] indietro.

Nel nostro borgo si usa festeggiare questo giorno che ormai sta per finire.
Si ode nel cielo sereno un suono di campana, si odono frequenti colpi di fucile che rimbombano lontano di villaggio in villaggio.
La gioventù del luogo, tutta vestita a festa, esce di casa e si sparpaglia per le vie
e guarda gli altri e si fa guardare ed è felice.
Io, uscendo da solo da questa parte periferica (*del paese*) verso la campagna
rimando ad altri momenti
ogni divertimento e gioco: e intanto il sole abbaglia il mio sguardo steso nell'aria luminosa,
(il sole) che tramontando scompare tra i monti lontani dopo la giornata serena,
e pare che dica
che la giovinezza felice sta per finire.

Tu, uccellino solitario, giunto alla fine della vita che le stelle vorranno concederti,
certo non dovrai dispiacerti del modo in cui hai vissuto;
perché tutte le vostre inclinazioni
sono frutto della vostra natura, del vostro istinto.
Io, invece, se non ottengo di evitare la detestata soglia della vecchiaia (*cioè se non mi sarà concesso di morire giovane*), quando questi miei occhi non sapranno più suscitare sentimenti negli altri e a loro il mondo apparirà vuoto, che cosa penserò di questi miei anni giovanili? Che cosa penserò di me stesso?
Ah, molte volte mi pentirò, ma sconsolato mi volgerò indietro.

16. squilla: è sostantivo, campana.
17. tonar di ferree canne: rimbombare di fucili, definiti attraverso una sineddoche.
18. villa: villaggi, gruppi di case nella campagna.
19. e mira ed è mirata, e in cor s'allegra: di nuovo il verbo *mirare*, che qui si riferisce all'abitudine dei giovani del luogo di uscire per le strade a guardare e a farsi guardare, ricavandone soddisfazione e piacere.
20. aprica: soleggiata.
21. fere: termine arcaico e poetico; ferisce, colpisce, quindi abbaglia.
22. solingo: anche questo è un termine tipico del linguaggio poetico arcaico: significa solitario.
23. non ti dorrai: futuro di dolere, dispiacere, quindi significa non ti dispiacerai.
24. non impetro: non ottengo.
25. fia: latinismo; è il futuro del verbo *essere*: sarà.
26. pentiromni: mi pentirò; è una forma arcaica di unione del pronome personale al verbo.
27. volgerommi: mi volgerò.

Gli strumenti del lettore **IL TESTO POETICO**

1. Recuperare i dati oggettivi (autore, periodo, data di composizione, raccolta di cui fa parte la poesia)

La canzone appartiene ai *Canti*, la raccolta che contiene tutte le liriche scritte da Leopardi. Non si sa esattamente quando sia stata composta: ci sono note dell'autore che ne fanno risalire l'ideazione agli anni giovanili, intorno al 1819-1820, ma si pensa che la composizione definitiva risalga agli anni fra il 1830 e il 1835.

2. Fare la parafrasi, almeno oralmente, e ricavarne il contenuto in sintesi

È una bella sera di primavera di un giorno di festa nel borgo di Recanati. Il poeta, osservando i voli e i canti degli uccelli, concentra la sua attenzione su un passero che rimane in disparte e canta da solo. Il poeta si sente in sintonia con il comportamento di quel passero, perché anch'egli non ama i divertimenti e la compagnia dei suoi coetanei. Mentre però il passero, alla fine della sua vita, non dovrà pentirsi dei suoi comportamenti, perché sono frutto di un istinto naturale, il poeta rimpiangerà sconsolato di non aver goduto degli anni della sua giovinezza.

3. Fare l'analisi del testo a livello metrico, di suono, di significato

La lirica è una **canzone libera** (vedi pagina 406) fatta di versi **endecasillabi** e **settenari**, raggruppati in tre **strofe di 16, 28 e 15 versi**, alcuni legati da **rime sparse**. Il modo in cui i versi sono alternati conferisce alla canzone un **ritmo ampio e disteso**.
La struttura della lirica è caratterizzata da un **parallelismo di fondo**, che nasce dalla **similitudine** su cui è costruito il testo: il **passero**, come il **poeta**, vive solitario. E al passero il poeta si rivolge, riconoscendo nella vita di lui molte analogie e qualche differenza con la propria. Osserviamo le prime due strofe: la prima è dedicata alla descrizione dei comportamenti del passero, la seconda a quelli del poeta. Le **analogie** sono presentate con una forte simmetria.

Il passero	Il poeta
Vola da solo.	È solo.
Evita i voli festosi dei compagni.	Evita di mescolarsi alla *gioventù del loco* che si spande per le strade nel giorno di festa.
Passa la primavera cantando da solo.	Passa la sua giovinezza da solo e rimanda a un altro tempo i divertimenti.

Un'altra analogia, esplicitata solo per il passero e taciuta, ma intuibile, per quanto riguarda il poeta, è quella del **canto**. Come il passero, anche il poeta canta, cioè scrive poesie, e a questa attività dedica la parte migliore della sua vita.
Nella terza strofa, invece, il confronto mette in luce una **differenza radicale**: mentre nella vecchiaia l'uccellino sarà appagato del suo vivere, il poeta sarà pieno di rimpianti.
Il parallelismo principale dà luogo ad altre simmetrie. La **primavera** è descritta sia nella prima che nella seconda strofa, rappresentata con immagini piene di luce e di vita; nella prima strofa due chiasmi paralleli descrivono le immagini (*brilla nell'aria, e per li campi esulta*) e i suoni (*odi greggi belar, muggire armenti*) della primavera: la descrizione è ripresa nella seconda strofa con altre immagini e altri suoni (le campane, gli spari a festa in lontananza). A queste immagini si collega quella della **gioventù** che si riversa nelle vie del paese, descritta attraverso un'intensa e importante esperienza, tipica dei giovani di tutte le epoche: l'incrociarsi degli sguardi, il guardare e l'essere guardati.
Anche la vecchiaia è rappresentata nella terza strofa attraverso gli occhi: ora però questi occhi sono vuoti e gli sguardi non accendono più emozioni.

Gli strumenti del lettore **IL TESTO POETICO**

4. Individuare i temi

Le immagini che abbiamo visto ruotano intorno a due **coppie di idee chiave opposte: solitudine/compagnia**; **giovinezza/vecchiaia**.
Queste idee contengono i temi di fondo della lirica, presenti metaforicamente anche nelle immagini della natura: la vitalità della primavera, la luce del giorno sereno, l'allegria del giorno festivo, la sera che viene. Anche il tema dello sguardo è importante: "mirare", termine tipico del lessico di Leopardi, non significa solo guardare, ma indica anche un'esperienza interiore di visione, di riflessione e i sentimenti a essa collegati.

5. Raccogliere informazioni sul contesto e metterle in relazione con il testo

A questo punto è importante leggere la biografia di Leopardi (vedi il volume di *Letteratura*), considerando dapprima l'atmosfera chiusa e conservatrice della sua famiglia e dello Stato pontificio, in cui Recanati si trovava, il più arretrato fra gli Stati dell'Italia preunitaria. Pensiamo a quanto questa atmosfera dovesse deprimere il desiderio di esperienze, di relazioni, di vita, del giovane Leopardi. Pensiamo che, da bambino, la madre gli proibiva di giocare con i ragazzi del paese, perché lui era di famiglia nobile, e che le dissestate finanze della sua famiglia gli impedirono di andare a studiare a Roma o a Milano, come avrebbe desiderato.
È opportuno leggere anche i paragrafi che riguardano il suo pensiero, perché nella poesia di Leopardi la riflessione filosofica diventa occasione di poesia. Egli pensa che in ogni essere umano sia presente un infinito desiderio di felicità legato all'istinto di sopravvivenza; ma questo desiderio, proprio perché infinito, è destinato a rimanere inappagato, visto che l'essere umano è finito e limitato: da questo desiderio nascono le speranze che rendono dolce la giovinezza, anche se sono destinate a essere cancellate dalle malattie, dalla vecchiaia e dalla morte.

6. Scrivere il commento

Il passero solitario è una canzone che Leopardi ideò probabilmente negli anni giovanili, ma che scrisse nell'ultima fase della sua vita.
Nella canzone il poeta parla del modo in cui egli vive la giovinezza, e lo fa attraverso la similitudine con un passero, che osserva mentre vola solitario intorno alla torre antica di Recanati e canta, lontano dagli altri uccelli. Anche il poeta è così: nei comportamenti del passero vede se stesso e su di lui proietta il dolore per la propria condizione. Ne nasce un dialogo intenso e affettuoso, in cui il poeta, rivolgendosi al passero con il *tu*, parla di sé, disegnando il proprio autoritratto spirituale. Come il passero, anche il poeta ama rimanere solo: lo affascinano la bellezza della natura e la vitalità della primavera, che nella lirica sono descritte con immagini limpide e incantevoli, ma non riesce a godere appieno del loro splendore. Lo intenerisce l'allegria del giorno di festa, gli spari, il suono delle campane, ma tutto resta lontano; lo attrae lo spettacolo dei ragazzi che, nella giornata festiva, invadono le vie del paese cercandosi e guardandosi, ma non riesce a mescolarsi a loro e a gioire della loro compagnia.
Dunque sia l'uccellino sia il poeta trascorrono il loro tempo migliore nella solitudine e nel canto. Ma nell'ultima strofa il destino del poeta si rivela ancora più infelice: infatti, mentre il passero ha vissuto in solitudine per un istinto naturale, al poeta la solitudine porta infelicità e un dolore che diventerà ancora più cocente nella vecchiaia, quando ripenserà alla sua giovinezza perduta.
Dalla tremenda contraddizione tra il desiderio infinito di felicità e il destino di infelicità che gli si prospetta nascono la riflessione di Leopardi e la sua poesia: ma se la riflessione approda a una visione pessimistica e negativa, la poesia, con la sua potenza immaginativa, fa sentire la bellezza della natura e dei sentimenti, consola l'infelicità e rivela un profondo amore per la vita.

UNITÀ 9

I testi presentati in questa unità hanno al centro l'essere umano colto nel suo volgersi all'esterno, per riconoscersi e ritrovarsi nella ricerca di altre realtà: l'amore, uno dei temi maggiormente presenti nelle poesie, e la ricerca del senso della vita in una dimensione diversa da quella umana e terrena. Nelle poesie che proponiamo vorremmo offrire, al di là delle convinzioni di ciascuno, spunti di riflessione per questo cammino alla ricerca dell'essenza delle cose e del senso della vita.

OLTRE SE STESSI: L'AMORE E L'ALTRO

L'ESPERIENZA DELL'AMORE

Conoscenze
- Conoscere le caratteristiche del testo poetico, in particolare:
  - il contenuto letterale
  - l'argomento
- Conoscere poeti e poesie

Competenze
- Saper analizzare un testo poetico nei suoi aspetti strutturali, fonici e semantici
- Collegare al testo elementi di contesto personale dell'autore, letterario, storico, avviandosi all'interpretazione letterale del testo
- Produrre testi poetici
- Scrivere interpretazioni e commenti

IL MIO PERCORSO

SOLO PER IL PIACERE DI LEGGERE...
P. Eluard, *Non verremo alla meta ad uno ad uno*

COME È FATTA UNA POESIA
U. Saba, *Ed amai nuovamente*

L'esperienza dell'amore
T. Mitton, *La sposa del mare* **+ facile**
U. Saba, *A mia moglie*
F. Fortini, *A mia moglie*
H. Hesse, *Se la mia vita*
R. Piumini, *Se meno piena sarà la canzone*
Per approfondire > Innamorarsi è l'occasione per conoscersi
C. Vitier, *Il tuo viso*
E. Montale, *Ho sceso, dandoti il braccio*
N. Ginzburg, *In ricordo di Leone* **+ difficile**
E. Montale, *La tua parola così stenta e imprudente*
R. Tagore, *Hai colorato i miei pensieri e i miei sogni*

La ricerca dell'Altro
A. Merini, *Dio mi ha messo in mano una cetra*
C. Govoni, *Una domanda*
G. Ungaretti, *Senza più peso*
G. Caproni, *Congedo del viaggiatore cerimonioso*
G. Ravasi, *Dal cratere di una granata*

LABORATORIO DELLE COMPETENZE >
Scrivere l'amore

Un film per te > *Il postino*
Un libro per te > *L'amore in forma chiusa*

PER FARE IL PUNTO

Brani
Approfondimenti
Attività

LA RICERCA DELL'ALTRO

UNITÀ 9 — OLTRE SE STESSI: L'AMORE E L'ALTRO

SOLO PER IL PIACERE DI LEGGERE...

... sette versi che fanno riflettere sul senso della vita e su una condizione indispensabile per viverla con pienezza.

 **Paul Eluard**

Non verremo alla meta ad uno ad uno

 Ascolta la poesia

Da soli non riusciremo mai a realizzare gli obiettivi che ci proponiamo: le grandi e piccole conquiste della vita, così come la possibilità di migliorare il mondo, nascono dall'amore.

Non verremo alla meta ad uno ad uno
ma a due a due. Se ci conosceremo
a due a due, noi ci conosceremo
tutti, noi ci ameremo tutti e i figli
5   un giorno rideranno
della leggenda nera[1] dove un uomo
lacrima[2] in solitudine.

(P. Eluard, *Poesie*, tradotto dal francese da F. Fortini, Einaudi)

1. **nera**: triste, paurosa.
2. **lacrima**: piange.

 **Attività**

IO E... GLI ALTRI — COMPETENZE DI LETTURA

Vivere è condividere

> Il poeta ritiene importante non essere soli nella vita. Sei d'accordo?
> Chi sono le persone con cui vorresti "arrivare alla meta"?

COME È FATTA UNA POESIA

ANALISI GUIDATA

 Umberto Saba

 Ascolta la poesia

Ed amai nuovamente

In questo sonetto Umberto Saba canta i suoi più grandi amori: la moglie Lina, la loro figlia e la sua città, Trieste.

Ed amai nuovamente; e fu di Lina	A
dal rosso scialle il più della mia vita.	B
Quella che cresce accanto a noi, bambina	A
dagli occhi azzurri è dal suo grembo uscita.	B
5 Trieste è la città, la donna è Lina,	A
per cui scrissi il mio libro di più ardita	B
sincerità; né dalla sua fu fin'	A
ad oggi mai l'anima mia partita[1].	B
Ogni altro conobbi umano amore;	C
10 ma per Lina torrei[2] di nuovo un'altra	D
vita, di nuovo vorrei ricominciare.	E
Per l'altezze l'amai del suo dolore;	C
perché tutto fu al mondo e non mai scaltra,	D
e tutto seppe e non se stessa amare.	E

(U. Saba, *Autobiografia*, in *Tutte le opere*, Mondadori)

1. partita: separata.
2. torrei: prenderei, accetterei.

- La poesia è un **sonetto**: è infatti composta da **14 versi endecasillabi**, raggruppati in **due quartine** seguite da **due terzine**.

- Lo **schema metrico** è **ABAB**, **ABAB**, **CDE**, **CDE**.
Sono presenti anche **rime interne**: *città/sincerità* nella seconda strofa, *torrei/vorrei* nella terza strofa. Nel terzo verso della seconda quartina, l'apostrofo di *fin' ad* impone di leggere in modo che dal punto di vista fonico ci sia rima con *Lina*.

- Il **lessico** è **quotidiano e antiletterario**, con l'uso di termini consueti che descrivono particolari concreti come lo scialle rosso.

- La **sintassi è molto mossa**. Sono presenti:
  - un **parallelismo sintattico e cromatico**: *Lina dal rosso scialle / bambina dagli occhi azzurri*;
  - due **chiasmi**: *Trieste è la città, la donna è Lina* e *rosso scialle / occhi azzurri*;
  - **inversioni o anastrofi e iperbati**: *e fu di Lina / il più della mia vita*; *è dal suo grembo uscita*; *né da la sua fu fin' / ad oggi mai l'anima mia partita*; *ogni altro conobbi umano amore*; *per l'altezze l'amai del suo dolore*; *perché tutto fu al mondo e non mai scaltra*; *e tutto seppe e non se stessa amare*;
  - forti **enjambements** che rendono fluido il ritmo: *ardita / sincerità*; *fin' / ad oggi*; *un'altra / vita*; ma anche *Lina / dal rosso scialle*; *bambina / dagli occhi azzurri*;
  - nel primo verso e nei due finali sono presenti **polisindeti**.

- Le **parole chiave** più evidenti sono: *amai* in apertura, cui corrisponde *amare* in chiusura; *Trieste* e *Lina*, *città* e *donna* unite dal chiasmo; *Lina*, che è anche in rima con *bambina*. Gli avverbi *nuovamente* e *di nuovo* ribadiscono un significato contenuto anche in *ricominciare*: il rinascere dell'amore per la moglie.
Il **tema principale** del sonetto è l'**amore**, rappresentato **in diverse forme**: l'amore per la **città**, la **moglie**, la **bambina**. La sintassi mossa suggerisce un amore tormentato che si afferma attraverso una ricerca non priva di conflitti.

UNITÀ 9 — OLTRE SE STESSI: L'AMORE E L'ALTRO

● **Il contesto**: dalla biografia dell'autore sappiamo che il suo **rapporto con la moglie e con l'amore** in genere fu effettivamente **tormentato**. La forma metrica (il sonetto) e il tema trattato (l'amore per la donna) riagganciano il testo alla tradizione delle liriche in **lode della donna amata**; ma a differenza di quanto accade nei componimenti del Duecento e del Trecento, la donna lodata è la moglie, madre della figlia e compagna della vita quotidiana. Il poeta **rinnova la tradizione** introducendo **contenuti concreti** e un lessico dimesso e quotidiano, che riflette **le gioie e i tormenti della vita vera**.

● Dal testo al contesto — Lina, Linuccia e Trieste

Saba conobbe Lina a Trieste durante una licenza nel periodo del servizio militare: un compagno gli aveva parlato di questa giovane, reduce da un amore finito male ed egli decise di incontrarla. Andò a cercarla a casa e – come racconta alla figlia Linuccia nel 1957, dopo la morte di Lina – vide «una donna bruna, coi capelli nerissimi, che le ricadevano inanellati sulle spalle, intenta ad annaffiare dei vasi di gerani, esposti, perché prendessero aria, alla finestra»; capì – sentì – che quella, o nessun'altra, sarebbe stata sua moglie. «Da quello sguardo in su e da quel sorriso da quella finestra infiorata» continua Saba «sei nata, alcuni anni dopo, tu, figlia mia Linuccia.»

Insieme all'amore per Lina, e per la figlia Linuccia, ci fu per Saba quello per la città di Trieste, che il poeta racconta così, sempre nel 1957 alla figlia: «Ricordo le passeggiate quotidiane che facevo con la tua – mia grande Lina. Si scendeva dalla collina di Montebello, dove si abitava e si percorreva quasi tutta Trieste. Il suo incanto maggiore stava nella sua varietà. Svoltare un angolo di strada voleva dire cambiare continente. C'era l'Italia e il desiderio dell'Italia, c'era l'Austria (mica poi tanto cattiva come si pensava), c'era l'Oriente, c'era il Levante coi suoi mercanti in fez rosso, e molte altre cose ancora. Si finiva quasi sempre, prima di rincasare, in una piccola pasticceria ebraica di città vecchia, una pasticceria più antica che vecchia e nella quale si confezionavano i dolci migliori che abbia mai assaggiati, e ai quali aveva sospirato invano la mia, già remota, infanzia. Dio mio, Linuccia, com'era bella allora tua madre! E come era bella, allora, la nostra città!».

ttività

È TUTTO CHIARO?
COMPETENZE DI LETTURA

Prepariamo il commento

1. Completa la scheda inserendo gli elementi individuati.

   Titolo della poesia: ....
   Nome dell'autore: ....
   Raccolta di cui la poesia fa parte: ....
   ....
   Forma metrica: la poesia è scritta in una forma della tradizione poetica italiana, il ....

   Struttura del testo: la poesia è divisa in .... strofe composte da .... versi
   ....
   Immagini e parole chiave: ....
   ....
   Scelte lessicali: il lessico è ....
   Tradizione poetica cui l'autore si è ispirato:
   ....
   Elementi di contesto: ....
   ....
   ....

428

L'esperienza dell'amore

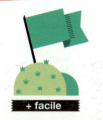

La sposa del mare

Dalle coste della Scozia e dell'Irlanda ci sono giunti antichi racconti di abitanti del mare chiamati selkie-folk, o creature-foca. In alcune di queste storie, i selkies hanno il potere di liberarsi della loro pelle per vivere sulla terra con gli esseri umani; per tornare al mare, però, hanno bisogno di indossare nuovamente la loro pelle. Questa ballata è una delle tante versioni di una delle più famose storie di mare.

    Il giovane Donallan trascorreva il suo tempo
col fragore delle onde e il rumore del vento,
il sibilo acuto del bollitore, la torba[1] che ardeva gemendo,
un cane ai suoi piedi e un gatto nel grembo.

5   Il giovane Donallan andava a pescare
e portava a riva i doni del mare.
Cresceva il cavolo in un misero orto,
riparava la barca ed il tetto, se rotto.

    Il settimo giorno della marea d'aprile
10 sentì il cuore aprirsi e il corpo invigorire,
così prese a camminare, da solo, sulla spiaggia,
dove l'onda va a morire nella morbida sabbia.

    Il giovane Donallan si lasciò cullare
dal grido dei gabbiani e dalla brezza del mare.
15 Finché una melodia, che coprì ogni rumore
scosse la sua anima e gli scaldò il cuore.

    Abbandonata sugli scogli la sua pelle di foca,
una giovane cantava nella luce tenue e fioca.
Lui bevve di quel canto e contemplò stregato
20 i suoi capelli lunghi e il corpo aggraziato.

    Le leggende del passato riportò alla memoria,
i racconti di suo padre, ogni più antica storia.
E raccolta la pelle, gettata lì vicino,
«Fanciulla,» gridò, «con me, il tuo destino».

25 In ginocchio ai suoi piedi lei si mise a pregare
di ridarle la sua pelle, per poter tornare al mare.

1. **torba**: combustibile diffuso in Scozia e Irlanda e costituito da resti di vegetali acquatici.

UNITÀ 9 — OLTRE SE STESSI: L'AMORE E L'ALTRO

Ma i suoi occhi erano pece, madreperla il suo incarnato
e Donallan la condusse, per mano, sopra un prato.

Donallan e la sua donna vissero allora insieme
30 al ritmo dell'onda, che sugli scogli va e viene.
Lei cuciva le sue vesti e sfornava pane bianco
e dormiva ogni notte adagiata al suo fianco.

Passarono gli anni ed ebbero tre figli.
Nei loro occhi neri lei pose i suoi sigilli.
35 Con dolcezza di modi conquistò il loro amore,
ma nel suo sguardo triste si celava il dolore.

Era chiaro, ai bambini, che qualcosa non andava,
la sua voce era bellissima, ma lei non cantava.
Per farli addormentare li copriva di carezze,
40 con occhi dolci e buoni, ma con le labbra strette.

Fu un giorno in cui il vento si agitava con furore
mentre Donallan era fuori con il figlio maggiore
e la donna infornava il pane lievitato,
che il più piccolo parlò e disse in un sol fiato:

45 «Mentre voi dormivate, ho seguito di nascosto

nostro padre che si è alzato, per andare in un posto.
E l'ho visto tirar fuori, da una nicchia nel muro
una pelle di foca di colore grigio scuro.

Prima l'ha oliata, poi l'ha lisciata,
50 poi l'ha rimessa al suo posto, piegata.
Ma non ho capito il motivo, davvero
mamma, ti prego, mi spieghi il mistero?».

Lei non rispose ma prese a cercare,
e trovata la pelle, lasciò il pane bruciare.
55 Poi insieme ai due figli andò sulla spiaggia,
dove l'onda si smorza nella morbida sabbia.

«Vi prego ascoltate, creature mie care,
al mare appartengo e lì devo tornare.
Fu qui, in primavera, con la marea spumosa,
60 che Donallan, vostro padre, volle farmi sua sposa.

E per quanto il dolore adesso mi strazi
è su questa riva che dobbiamo lasciarci».
Distese la pelle, se la gettò addosso
le onde l'accolsero e fu subito sotto.

65 Quando Donallan seppe cos'era accaduto,
tirò un sospiro mesto, però rimase muto.
Sapeva in fondo al cuore che la sua sposa di mare
li avrebbe prima o poi dovuti abbandonare.

La sua vita continuò nella casa sugli scogli;
70 insieme ai tre figli, dagli occhi neri e belli.
Ma quando in aprile l'alta marea tornava,
quando la luna piena nel cielo freddo brillava,

l'aria si riempiva di una voce melodiosa,
il canto di una foca, che fu anche madre e sposa.
75 Così ai suoi tre figli lei restava vicina
mentre nuotava libera nell'immensità marina.

E mai una tempesta poté loro esser nemica
nella furia delle onde, mai rischiarono la vita.
E i loro discendenti continuarono a pescare
80 protetti dall'amore di una sposa di mare.

(T. Mitton, *Prugna*, tradotto all'inglese da A. Valtieri, Einaudi)

UNITÀ 9 — OLTRE SE STESSI: L'AMORE E L'ALTRO

Attività

CHE COSA DICE LA POESIA
COMPETENZE DI LETTURA

Tra amore e nostalgia

1. Quella che hai letto è una poesia narrativa, cioè un tipo di poesia che racconta una storia; per questo motivo essa ha tutti gli elementi di un testo narrativo: personaggi, ambientazione, trama e tema.
   > Chi sono i personaggi della poesia?

2. Indica le caratteristiche della giovane creatura-foca.
   a. occhi, b. incarnato, c. capelli, d. voce.

3. In quale luogo è ambientato il componimento?

4. Gli ambienti in cui i personaggi agiscono sono due: il mare e l'abitazione di Donallan. Inserisci nella tabella gli elementi che li caratterizzano, scegliendoli tra quelli elencati.

   a. spiaggia b. gabbiani c. delfini d. orto e. scogli
   f. onde g. forno h. marea i. torba

mare	abitazione di Donallan

5. Ricostruisci la storia raccontata dalla poesia, riordinando le sequenze.
   - [ ] La donna accudisce i figli con dolcezza, ma il suo sguardo è triste
   - [ ] Il giovane Donallan raccoglie la pelle di foca abbandonata sugli scogli dalla giovane dalla voce melodiosa
   - [ ] Il figlio minore confessa di aver visto il padre estrarre da una nicchia nel muro una pelle di foca e lucidarla
   - [ ] La creatura-foca continua a far sentire la sua vicinanza ai figli e li protegge dalle tempeste di mare
   - [ ] Il giovane Donallan cammina da solo sulla spiaggia
   - [ ] La fanciulla implora Donallan di ridarle la sua pelle
   - [ ] Donallan, consapevole che ciò che è accaduto era inevitabile, è triste e rassegnato
   - [ ] Donallan sente un canto melodioso che gli scalda il cuore e vede una giovane molto bella
   - [ ] Donallan e la giovane vivono insieme e hanno tre figli
   - [ ] La donna, trovata la pelle, la indossa e si tuffa nel mare, inghiottita dalle onde

6. Individua, tra quelli elencati, il tema del componimento.
   - [ ] L'impossibilità per l'uomo di opporsi alla natura e al destino
   - [ ] La forza dell'amore, che vince la natura e il destino
   - [ ] La tristezza di chi vive lontano dal suo ambiente
   - [ ] La bellezza del mare e delle terre del Nord Europa

COME È FATTA LA POESIA

Ritmo e suoni

7. Rileggi la ballata. Da quali elementi è determinato il ritmo della narrazione?

8. Analizza le rime e indicane il tipo.

9. Individua le assonanze finali e colorale. Ci sono due versi che non sono legati né da rime né da assonanze. Quali?

TUTTI POETI
COMPETENZE DI SCRITTURA

Una storia che continua

10. Nel finale della poesia la storia si conclude, ma possiamo provare a farla ripartire. Prova ad aggiungere qualche strofa alla poesia, immaginando una di queste situazioni.
    a. La donna viene presa da nostalgia per il marito e i figli e vorrebbe tornare a riva.
    b. I figli sentono il richiamo del mare e desiderano che la loro vita si svolga in quell'ambiente.
    c. Uno dei figli si ammala e ha bisogno della presenza della madre.

11. Prova anche tu a trasformare una storia in una ballata. Ricorda che è importante la presenza di strofe, versi regolari, rime.

L'esperienza dell'amore

A mia moglie

Saba stesso ha definito questo componimento «una poesia infantile», aggiungendo che «se un bambino potesse sposarsi e scrivere una poesia per sua moglie, scriverebbe questa». Il poeta paragona la moglie alle «femmine di tutti i sereni animali che avvicinano a Dio», delle quali mette in evidenza le qualità: il suo amore si manifesta dunque nell'accettazione e nell'apprezzamento di tutte le caratteristiche della sua sposa, che offre serenità e sicurezza alla vita del poeta.

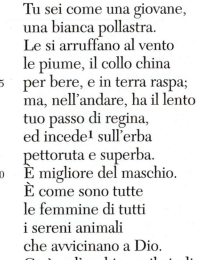

Tu sei come una giovane,
una bianca pollastra.
Le si arruffano al vento
le piume, il collo china
5   per bere, e in terra raspa;
ma, nell'andare, ha il lento
tuo passo di regina,
ed incede[1] sull'erba
pettoruta e superba.
10 È migliore del maschio.
È come sono tutte
le femmine di tutti
i sereni animali
che avvicinano a Dio.
15 Così se l'occhio, se il giudizio mio
non m'inganna, fra queste hai le tue uguali,
e in nessun'altra donna.
Quando la sera assonna[2]
le gallinelle,
20 mettono voci che ricordan quelle,
dolcissime, onde a volte dei tuoi mali
ti quereli[3], e non sai
che la tua voce ha la soave e triste
musica dei pollai.
25 Tu sei come una gravida
giovenca;
libera ancora e senza
gravezza[4], anzi festosa;
che, se la lisci, il collo

1. **incede**: avanza, cammina.
2. **assonna**: rende assonnate.
3. **ti quereli**: ti lamenti.
4. **gravezza**: pesantezza.

UNITÀ 9 — OLTRE SE STESSI: L'AMORE E L'ALTRO

30 volge, ove tinge un rosa
tenero la sua carne.
Se l'incontri e muggire
l'odi, tanto è quel suono
lamentoso, che l'erba
35 strappi, per farle un dono.
È così che il mio dono
t'offro quando sei triste.

Tu sei come una lunga
cagna, che sempre tanta
40 dolcezza ha negli occhi,
e ferocia nel cuore.
Ai tuoi piedi una santa
sembra, che d'un fervore
indomabile arda[5],
45 e così ti riguarda[6]
come il suo Dio e Signore.
Quando in casa o per via
segue, a chi solo tenti
avvicinarsi, i denti
50 candidissimi scopre.
Ed il suo amore soffre
di gelosia.

Tu sei come la pavida[7]
coniglia. Entro l'angusta
55 gabbia ritta al vederti
s'alza,
e verso te gli orecchi
alti protende e fermi;
che la crusca e i radicchi
60 tu le porti, di cui
priva in sé si rannicchia,
cerca gli angoli bui.
Chi potrebbe quel cibo
ritoglierle? chi il pelo
65 che si strappa di dosso,
per aggiungerlo al nido
dove poi partorire?
Chi mai farti soffrire?

Tu sei come la rondine
70 che torna in primavera.
Ma in autunno riparte;
e tu non hai quest'arte.
Tu questo hai della rondine:
le movenze leggere;
75 questo che a me, che mi sentiva ed era
vecchio, annunciavi un'altra primavera.

Tu sei come la provvida
formica. Di lei, quando
escono alla campagna,
80 parla al bimbo la nonna
che l'accompagna.
E così nella pecchia[8]
ti ritrovo, ed in tutte
le femmine di tutti
85 i sereni animali
che avvicinano a Dio;
e in nessun'altra donna.

(U. Saba, *Canzoniere*, Einaudi)

5. d'un fervore indomabile arda: bruci (arda) di una passione intensa (fervore) che non può essere domata.
6. ti riguarda: ti guarda.
7. pavida: paurosa.
8. pecchia: ape.

Parole, parole...

Provvido e i suoi sinonimi

I sinonimi di *provvido* sono previdente, saggio, prudente, lungimirante, accorto, avveduto.

● Scegli tre dei sinonimi citati e per ognuno scrivi una frase.

....
....
....
....

L'esperienza dell'amore

Attività

CHE COSA DICE LA POESIA
COMPETENZE DI LETTURA

Sereni animali che avvicinano a Dio

1. Dopo aver letto la poesia rispondi alle domande.
   > A quali animali viene paragonata la moglie?
   > Quale caratteristica generale hanno in comune la moglie del poeta e gli animali?

2. Indica, per ciascuno degli animali a cui la moglie viene paragonata, gli elementi comuni evidenziati. L'esercizio è avviato.
   a. Gallina: *l'incedere; la dolcezza della voce.*
   b. Giovenca: ....
   c. Cagna: ....
   d. Coniglia: ....
   e. Rondine: ....
   f. Formica: ....
   g. L'ultimo animale a cui viene paragonata la moglie è l'ape, ma il poeta non spiega qual è l'elemento comune tra le due: puoi intuirlo?

COME È FATTA LA POESIA
Ritmo e figure

3. Analizza la struttura della poesia e rispondi.
   > In quante strofe è divisa?
   > Da quanti versi è composta ciascuna strofa?
   > Da quante sillabe è formata la maggior parte dei versi?

4. Segna nel testo:
   a. le rime finali;
   b. gli *enjambements*.

5. Quale figura retorica prevale nella poesia?

6. All'inizio di ogni strofa si ripete lo stesso gruppo di parole. Come si chiama questa figura di sintassi?
   ☐ Metafora
   ☐ Anafora
   ☐ Parallelismo
   ☐ Inversione

   Secondo te, per quale motivo l'autore ha fatto questa scelta?

PER RIFLETTERE
CONSAPEVOLEZZA ED ESPRESSIONE CULTURALE

Paragoni offensivi?

7. Il poeta raccontò che la moglie, quando le furono letti questi versi, inizialmente non ne fu lusingata, ma irritata. Secondo te, è giustificato questo atteggiamento? Per quale motivo?

8. Lo studioso Salvatore Guglielmino a proposito di questa poesia scrive:

   La lirica è tra le più famose di Saba: giustamente, perché è tra le più felici e le più rappresentative della sua produzione. Saba si accosta alle cose e alla vita nei suoi aspetti più dimessi e usuali e ne sa scoprire e cogliere l'intimo significato. E questa lirica è tutta percorsa – nel suo costante rapporto tra il mondo animale e la donna amata – da un senso del vivere che ha i toni di una saggezza antica, biblica, è stato detto, e nel contempo una freschezza di impressioni propria di un animo infantile.

   > A te è piaciuta la poesia? Perché?
   > Per quale motivo si può affermare che «Saba si accosta alle cose e alla vita nei suoi aspetti più dimessi e usuali»?
   > Quali elementi avranno permesso al critico di scrivere che il poeta sa scoprire e cogliere «l'intimo significato» delle cose e della vita?
   > Secondo te, perché si è parlato, a proposito di questa poesia, di «toni di saggezza biblica»?

TUTTI POETI
COMPETENZE DI SCRITTURA

Uomini e animali

9. Prova anche tu a cercare delle similitudini tra una persona che ti è cara (uno dei tuoi familiari, un amico...) e alcuni animali, individuando le caratteristiche comuni.

UNITÀ 9 — OLTRE SE STESSI: L'AMORE E L'ALTRO

Franco Fortini

Ascolta la poesia

A mia moglie

La poesia, dedicata alla moglie dell'autore, è un inno all'amore coniugale: il poeta contempla stupito la donna che gli è accanto; la osserva mentre scrive, con le labbra strette, il ciuffo di capelli sugli occhi come quando era una scolara; ne ammira la figura leggera, è felice della sua vita accanto a lei.

Tu scrivi, le labbra serrate, compunta[1]
come quand'eri scolara, il tuo ciuffo
calato sugli occhi. (La stanza riceve
un poco di debole sole).

5   Qui siamo noi due, qui giunti per ora
recati dal tempo: tu ancora
confidi nei giovani anni
e nella leggera figura
che in essi hai composta. Nei gesti che avevi
10 quand'eri sui compiti ancora.

Sei ora mia moglie, mi esisti vicina:
stupito ti guardo che vivi.

(F. Fortini, *Poesie inedite*, Einaudi)

1. **compunta**: con atteggiamento umile e composto.

Attività

CHE COSA DICE LA POESIA
COMPETENZE DI LETTURA

Una giovane moglie

1. Gli elementi presenti nella poesia sono tre: la moglie, il poeta, la stanza.
   > La moglie viene descritta attraverso atteggiamenti e tratti fisici: elencali.
   > Com'è la stanza?
   > Il poeta è accanto alla moglie («Qui siamo noi due»): quale sensazione prova osservandola?
   > L'espressione «tu ancora» introduce una contrapposizione: che cosa vuol dire il poeta con gli ultimi quattro versi?

COME È FATTA LA POESIA
Strofe e versi

2. Analizza la struttura della poesia.
   > In quante strofe è divisa?
   > Quanti versi compongono ciascuna strofa?
   > Conta le sillabe metriche: i versi più lunghi sono .... ;
   gli altri sono ....
   > Che cosa, secondo te, conferisce il ritmo alla poesia?

Le figure

3. Nella seconda strofa ci sono un'anafora e una ripetizione. Individua le figure e cerca di capire quale aspetto del significato sottolineano.

PER RIFLETTERE
CONSAPEVOLEZZA ED ESPRESSIONE CULTURALE

Un poeta innamorato

4. Il poeta ci presenta un quadro di vita coniugale. Come definiresti il suo amore per la

L'esperienza dell'amore

moglie? Sottolinea gli aggettivi adatti tra quelli indicati di seguito.

Ardente • Impetuoso • Burrascoso • Composto • Maturo • Commosso • Stupito • Sincero • Possessivo • Intenso • Dolce.

Giustifica la tua risposta, facendo riferimento al testo.

TUTTI POETI
COMPETENZE DI SCRITTURA
Persone e atteggiamenti

5. Il poeta descrive la moglie mentre è concentrata nella scrittura e ne tratteggia brevemente il ritratto. Pensa ad alcune persone a cui sei affezionato. In quale momento ti piacerebbe descriverle? Prova a tratteggiarne alcuni elementi.

Hermann Hesse

Ascolta la poesia

Se la mia vita

Il poeta si rivolge alla donna amata, che non sa di essere la sua ispiratrice: egli sente che ogni sua poesia non è una sua creazione; il suo merito sta solo nel portarla alla luce, perché i versi sono già presenti nella donna che egli ama.

Se la mia vita passa tuttavia
e di tanto in tanto da folti viticci[1]
una poesia matura ancora scende,
devo essere grato a te.

5 Tu non lo sai, che hai seppellito
l'immagine tua nel silenzio delle mie notti,
e ciò che la mia poesia alla luce ha portato,
era già prima in te.

(H. Hesse, *Poesie d'amore – Hermann Hesse*, tradotto dal tedesco da B.M. Dal Lago Veneri, Newton)

1. **viticci**: rami di vite.

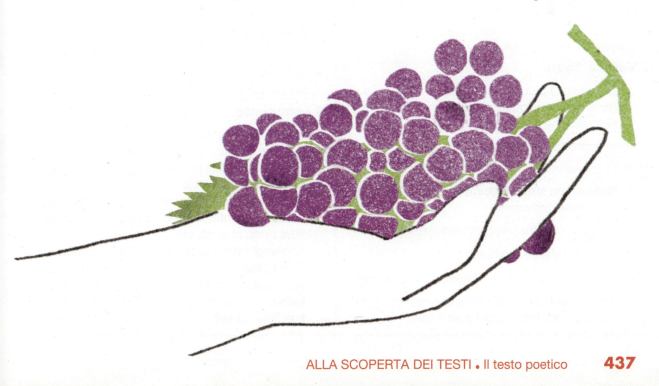

UNITÀ 9 — OLTRE SE STESSI: L'AMORE E L'ALTRO

Dal testo al contesto — Hermann e Maria

Questo testo appartiene a una raccolta che contiene poesie scritte tra il 1895 e il 1920. Dopo alcuni amori giovanili, nel 1903, all'età di 26 anni, Hesse s'innamorò di Maria Bernoulli, una musicista e fotografa (fu la prima donna in Svizzera a possedere uno studio fotografico indipendente) di nove anni maggiore di lui. Insieme a lei viaggiò in Europa e iniziò a frequentare i circoli artistici e culturali più importanti di Basilea. Di lei lo scrittore e poeta scrisse a un amico che si trattava di una donna che gli era simile «per formazione, esperienza di vita e intelligenza, più anziana di me, ma in ogni aspetto una personalità capace e indipendente». Dopo il matrimonio, nel 1904, la coppia andò ad abitare a Gaienhofen, sul lago di Costanza (qui nacquero nel 1905, 1909 e 1911 i figli Bruno, Heiner e Martin) e in seguito a Berna. I due si separarono nel 1918, nel periodo in cui la donna presentò i primi sintomi di una malattia psichica che l'accompagnò per il resto della vita.

Attività

CHE COSA DICE LA POESIA
COMPETENZE DI LETTURA

Amore e gratitudine

1. Dopo aver letto la poesia rispondi alle domande.
   > Qual è l'argomento generale della poesia?
   > A chi è dedicato il componimento?
   > Oltre all'amore, quale altro sentimento esprime?

2. Completa l'elenco degli argomenti della poesia.
   a. Se il poeta di tanto in tanto scrive ancora poesie è grazie alla donna amata.
   b. ....
   c. ....

COME È FATTA LA POESIA

Versi e figure

3. La poesia è una traduzione, quindi i suoni e il ritmo non sono quelli del testo originale. Consideriamone solo la struttura.
   > In quante strofe è divisa?
   > Di quanti versi?

4. Nella prima strofa il poeta usa una metafora. Analizzala, indicando:
   a. l'immagine che compare nella poesia;
   b. ciò di cui si parla in realtà;
   c. l'elemento (o gli elementi) comune ai due termini.

5. Anche nella seconda strofa ci sono immagini metaforiche. Individuale e spiegale.

PER RIFLETTERE
CONSAPEVOLEZZA ED ESPRESSIONE CULTURALE

L'ispirazione

6. Ora considera le immagini della lirica nel suo complesso.
   > Nella metafora della prima strofa abbiamo un movimento discendente, cioè ....

   ....

   > Nella seconda strofa i movimenti sono due: al movimento della donna che seppellisce la propria immagine nel silenzio delle notti del poeta corrisponde quello ascendente della poesia che viene alla luce: da che cosa è generata dunque l'ispirazione nel poeta? E come si spiega l'ultimo verso?

TUTTI SCRITTORI
COMPETENZE DI SCRITTURA

Il commento

7. Rielabora le risposte degli esercizi per stendere un primo commento della poesia, seguendo la traccia proposta negli *Strumenti del lettore* a pagina 419.
   Contestualizza brevemente la lirica, tenendo conto delle informazioni fornite nella scheda "Dal testo al contesto".
   Aggiungi infine la tua valutazione: ti sembra che il poeta abbia usato le forme più adatte ed efficaci per esprimere ciò che voleva comunicare? Quali sentimenti e riflessioni ha suscitato in te?

L'esperienza dell'amore

Roberto Piumini

Ascolta la poesia

Se meno piena sarà la canzone

L'amore è un sentimento forte, che non può essere svilito da parole inadeguate. Il poeta promette che non canterà più il suo amore se si renderà conto che la sua poesia non è all'altezza del sentimento che prova. Continuerà allora ad amare nel silenzio ed esprimerà la sua passione «senza canto».

Se meno piena sarà la canzone
con cui uso cantarti la bellezza,
se, un certo mattino, la parola
si farà meno forte e prelibata[1],

5 e il vero sembrerà un'opinione
e probabilità la mia certezza,
come di vecchia aquila che vola
ma troppo a terra ormai avvicinata,

poiché non solo suono è la mia mente
10 e non solo parole il corpo mio
e quel che dico è un'opera soltanto,

allora, giuro, resterò silente:
e nel silenzio, non in bisbiglìo,
io ti amerò di amore senza canto.

(R. Piumini, *L'amore in forma chiusa*, Il melangolo)

1. **prelibata**: squisita.

Attività

CHE COSA DICE LA POESIA COMPETENZE DI LETTURA

Parole e silenzi

1. Dopo aver letto la poesia, rispondi.
> A chi si rivolge il poeta?
> Quale situazione ipotizza?
> Che cosa promette?

2. Qual è il tema generale della poesia? Come viene trattato?

3. La poesia parla dell'efficacia della "parola" per esprimere i sentimenti. Completa il campo semantico del termine "parola" usato dall'autore.

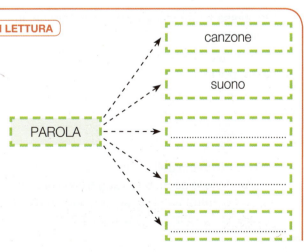

ALLA SCOPERTA DEI TESTI • Il testo poetico

UNITÀ 9 — OLTRE SE STESSI: L'AMORE E L'ALTRO

4. Il poeta parla anche dei limiti della parola: il termine «bisbiglìo» in questo contesto è connotato:

- ☐ positivamente, come parola non urlata
- ☐ negativamente, come parola che non è all'altezza di farsi canto

5. Il poeta però ci fa capire, indirettamente, di avere a disposizione altri strumenti per esprimere la sua passione, quando la parola non basterà più: in quali versi?

COME È FATTA LA POESIA

Un sonetto

6. La poesia è scritta in forma di sonetto, ma presenta una struttura metrica diversa da quella tradizionale.

Completa la struttura metrica:

ABCD A ....

7. Nelle quartine, per esprimere il rischio che la parola non esprima più la profondità del suo sentimento, il poeta elenca una serie di circostanze ipotetiche.

a. Se la canzone sarà meno piena
b. Se la parola ....
c. Se la verità ....
d. Se la mia certezza ....

Come si chiama la figura che utilizza?

....
....

La stessa figura viene usata nelle terzine: individuala.

8. Il poeta usa una similitudine. Sottolineala nel testo, poi indica:

a. il primo termine: ....
b. il secondo termine: ....
c. ciò che spiega la somiglianza: ....

9. Nel quarto verso della prima strofa, al termine "parola" viene accostato l'aggettivo "prelibata", che normalmente si riferisce al cibo. Quale figura retorica ha usato il poeta?

10. La poesia presenta alcune anafore. Individuale nel testo e sottolineale con un colore diverso da quello usato per la similitudine. Quale funzione svolgono secondo te?

- ☐ Introdurre le parole chiave del testo
- ☐ Contribuire a creare il ritmo del componimento
- ☐ Ribadire un concetto o un'opinione
- ☐ ....

PER RIFLETTERE

CONSAPEVOLEZZA ED ESPRESSIONE CULTURALE

L'importanza della parola

11. Roberto Piumini è uno dei poeti e scrittori contemporanei più attenti all'uso e alla funzione delle parole e dei suoni: nelle sue poesie le parole non sono mai usate a caso, ma vengono scelte con molta cura. E tu, quale significato attribuisci alla "parola"? Scrivi le prime cinque associazioni che ti vengono in mente pensando a questo termine.

....
....
....

TUTTI SCRITTORI

COMPETENZE DI SCRITTURA

Il commento

12. Rielabora le risposte degli esercizi precedenti per stendere un primo commento della poesia, seguendo la traccia proposta.

a. Il titolo e l'autore
b. L'argomento
c. La struttura
d. Il tema
e. Le scelte più significative sul piano del significato
f. Le scelte più significative sul piano del lessico
g. Gli elementi di contesto
h. La tua valutazione (È una poesia originale? Ti sembra che il poeta abbia usato le forme più adatte ed efficaci per esprimere ciò che voleva comunicare? È condivisibile quanto dice il poeta? È significativo anche per te?)

L'esperienza dell'amore

INNAMORARSI È L'OCCASIONE PER CONOSCERSI

Il sociologo Francesco Alberoni parla dell'amore come conoscenza degli altri e di se stessi.

La persona innamorata sopravvaluta il suo amato. Gli psicologi ci spiegano che vi proietta i suoi desideri, gli psicoanalisti ci dicono che ritorna bambina e vede in lui i genitori. Inoltre nell'innamoramento noi siamo ottimisti, troviamo tutti più buoni e il mondo ci appare più colorato e luminoso.

Ma l'innamoramento non è solo illusione, è anche conoscenza. Noi conosciamo il nostro io più profondo solo attraverso un altro essere umano. Lo facciamo con i genitori nell'infanzia, poi nell'amicizia, ma soprattutto nell'innamoramento. Allora vogliamo sapere tutto del nostro amato, fino a voler essere stati al suo fianco, averlo amato ed essere stati ricambiati da sempre. Lo vediamo non solo com'è ora, ma come è stato da bambino, da giovane, ripercorriamo tutte le esperienze, anche i suoi amori. E lo stesso fa lui con noi. Di lui perciò non conosciamo solo le nostre proiezioni, ma anche le sue azioni, le sue qualità, le sue virtù, le sue debolezze, i suoi errori e le sue potenzialità nascoste, come un regista che vede già la stupenda attrice nella ragazza ancora rozza che ha davanti.

Questo straordinario processo di conoscenza è possibile solo a due condizioni. La prima è che ciascuno, nel raccontare la sua vita, dica la verità. Solo chi è sincero sul suo passato apre il suo cuore e il suo animo all'altro e può fondersi con lui senza perdere la propria identità. L'altra condizione è la libertà. Ciascuno deve esser libero di esprimere se stesso, di chiedere all'altro ciò che ci piace e dirgli ciò che non ci piace. L'innamoramento è una grande occasione per conoscere i propri desideri profondi senza farsi schiacciare da limiti, vincoli, tabù, abitudini che ci frenano.

Molte persone però non hanno il coraggio di lasciar emergere il sé più profondo, si inibiscono, tacciono, mentono o mostrano solo gli aspetti che pensano possano piacere all'amato. Invece è solo la continua progressiva conoscenza reciproca che fa durare l'amore. Perché l'essere umano ha mille volti, mille potenzialità e quando ci liberiamo dei freni e ci abbandoniamo fiduciosi le facciamo sbocciare, per cui ogni incontro diventa nuovo e stupefacente. Paragonerei gli innamorati a due artisti che si fanno migliaia di fotografie cogliendo ogni volta immagini diverse del loro amato e di se stessi. Immagini che sono prodotti della loro fantasia ma, nello stesso tempo, reali. Questo è il conoscere dell'amore, così simile a quello dell'arte.

(F. Alberoni, in «Corriere della Sera», 27 settembre 2010)

Attività

1. **Rispondi alle domande.**
   - L'autore del testo dice che l'amore è uno straordinario percorso di conoscenza: a quali condizioni esso è possibile?
   - Quali sono, secondo l'autore, le condizioni perché l'amore duri?
   - A che cosa può essere paragonato "il conoscere dell'amore"? Perché?
   - Pensi che le poesie che hai letto corrispondano, almeno in parte, a questa concezione dell'amore?

UNITÀ 9 — OLTRE SE STESSI: L'AMORE E L'ALTRO

Cintio Vitier

Il tuo viso

Il poeta pensa al "viso amato" della moglie e ne coglie immagini diverse.

Un ciuffo d'ali
il tuo viso
amato, i tuoi capelli
voluta graziosa
5   di gloria, esigente
maga la tua bocca,
rosa
risorta,
la tua nuca sacra,
10 la tua fronte miniera
di pace,
i tuoi occhi
anima,
i tuoi occhi uccello
15 tremante, antilope
ferita che beve,
percossa lira, ciuffo
d'ali d'oro delle albe
il tuo viso
20 amato!

(da *Poesia*, novembre 2012, traduzione di N. Licciardello)

L'esperienza dell'amore

Attività

CHE COSA DICE LA POESIA (COMPETENZE DI LETTURA)

Immagini in un viso

1. Leggi la poesia e indica quale immagine evocano:
   > il viso ....
   > i capelli ....
   > la bocca ....
   > la nuca ....
   > la fronte ....
   > gli occhi ....

COME È FATTA LA POESIA

Ritmo, parole e figure

2. La poesia è ricca di *enjambement*:
   > ségnali con un tratto di matita sul testo
   > Quale ritmo conferiscono al componimento?

3. Alcune parole della poesia fanno parte del registro del "sacro". Sottolineale.

4. La poesia è un insieme di metafore. Scegline almeno due e prova a spiegarle, seguendo lo schema:

   | realtà di cui si parla | termine di confronto | tratti comuni non dichiarati |

PER RIFLETTERE (CONSAPEVOLEZZA ED ESPRESSIONE CULTURALE)

Una vita condivisa

5. Il critico Nicola Licciardello, presentando la figura di Cintio Vitier e il suo rapporto con la moglie, la poetessa Fina García Marruz, scrive:

   > ...a sorreggere il cammino poetico ed esistenziale di Vitier [è stata] la fortuna della sua completa condivisione di vita con Fina García Marruz, poeta delicata e schiva quanto e più di lui.

   Indica gli aspetti o le parole della poesia che, secondo te, mettono in evidenza questa "completa condivisione di vita".

TUTTI SCRITTORI (COMPETENZE DI SCRITTURA)

Il commento

6. Dopo aver letto anche le notizie biografiche sull'autore, stendi un primo commento della poesia, seguendo la traccia proposta negli *Strumenti del lettore* a pagina 419.

OLTRE IL TESTO

Leggi l'approfondimento sulla traduzione, proposto in digitale, e cerca due traduzioni diverse di una poesia (per esempio di Emily Dickinson, le cui poesie sono state tradotte e inserite in diverse raccolte), poi confronta i due testi ed elenca le differenze.

ALLA SCOPERTA DEI TESTI • Il testo poetico

UNITÀ 9
OLTRE SE STESSI: L'AMORE E L'ALTRO

Eugenio Montale

Ascolta la poesia

Ho sceso, dandoti il braccio

Il poeta, dopo la morte della moglie, ricorda il tratto della vita percorso insieme a lei, che, pur fortemente miope, sapeva "vedere" meglio degli altri. Il viaggio di cui parla il poeta allude sia al percorso della loro vita comune, sia ai numerosi spostamenti che la coppia, per motivi diversi, dovette affrontare.

Ho sceso, dandoti il braccio, almeno un milione di scale
e ora che non ci sei è il vuoto ad ogni gradino.
Anche così è stato breve il nostro lungo viaggio.
Il mio dura tuttora, né più mi occorrono
5 le coincidenze, le prenotazioni,
le trappole, gli scorni[1] di chi crede
che la realtà sia quella che si vede.

Ho sceso milioni di scale dandoti il braccio
non già perché con quattr'occhi forse si vede di più.
10 Con te le ho scese perché sapevo che di noi due
le sole vere pupille, sebbene tanto offuscate[2],
erano le tue.

(E. Montale, *L'opera in versi*, Einaudi)

1. scorni: beffe, umiliazioni.
2. offuscate: allude alla forte miopia della moglie.

L'esperienza dell'amore

CHE COSA DICE LA POESIA
(COMPETENZE DI LETTURA)

Un gesto consueto

1. **Dopo aver letto la poesia rispondi alle domande.**
   > A chi si rivolge direttamente il poeta?
   > Quali azioni ricorda della loro vita insieme?
   > Per quale motivo scendeva le scale dando il braccio alla moglie?

2. **Scegli nell'elenco gli argomenti che riflettono il pensiero del poeta.**
   - [ ] Il poeta percepisce in ogni momento il vuoto, lasciato nella sua vita, dalla perdita della moglie
   - [ ] La vita insieme, anche se è durata molti anni, è stata breve
   - [ ] Il percorso della vita insieme è costituito da una serie di coincidenze
   - [ ] Le esigenze, gli affanni, le umiliazioni della vita non hanno più importanza senza la presenza della moglie
   - [ ] La realtà non coincide mai con le apparenze
   - [ ] Ciò che appare ai nostri occhi è sempre vero
   - [ ] La moglie, miope, in realtà coglieva l'essenza delle cose meglio del poeta

COME È FATTA LA POESIA
(CONSAPEVOLEZZA ED ESPRESSIONE CULTURALE)

La struttura: simmetrie imperfette

3. **La poesia è costituita da due strofe asimmetriche, la prima di sette e la seconda di cinque versi. Le strofe si aprono però con un verso parallelo, costituito da un'anafora che potremmo definire imperfetta: perché?**

4. **Quale figura puoi riconoscere nell'espressione «un milione di scale»?**

5. **Nella poesia ricorrono alcune immagini: le scale, il viaggio e la vista.**
   a. Le scale: questa immagine si spiega riflettendo sulla biografia di Montale. A quali aspetti possiamo ricollegarci per capirla?
   b. Il viaggio è una metafora: spiegala.
   c. La vista: la capacità della moglie di "vedere", nonostante fosse fortemente miope, era ciò che attraeva fortemente Montale. Spiega le due espressioni collegate alla vista che concludono le due strofe.
   «di chi crede / che la realtà sia quella che si vede.»
   «di noi due / le sole vere pupille, sebbene tanto offuscate, / erano le tue.»

6. **A che cosa fa riferimento la metafora del «vuoto ad ogni gradino»?**
   - [ ] Alla vecchiaia del poeta
   - [ ] All'amore per la moglie
   - [ ] Al senso di smarrimento e di solitudine che ha colto il poeta dopo la morte della moglie

7. **«Anche così è stato breve il nostro lungo viaggio». Analizza questa figura.**
   > Il poeta ha usato un ....
   > Il termine "breve" si riferisce
   - [ ] alla realtà del percorso
   - [ ] alla percezione del poeta
   > Il termine "lungo" si riferisce
   - [ ] alla realtà del percorso
   - [ ] alla percezione del poeta

8. **Quali caratteristiche della poesia di Montale (vedi anche il volume di Letteratura) ritrovi in questo componimento?**
   - [ ] La presenza di metafore
   - [ ] La presenza di particolari effetti sonori
   - [ ] L'uso di un lessico quotidiano
   - [ ] L'uso di un tono discorsivo
   - [ ] ....

TUTTI SCRITTORI
(COMPETENZE DI SCRITTURA)

Il commento

9. **Rielabora le risposte degli esercizi e stendi un primo commento della poesia, seguendo la traccia proposta negli *Strumenti del lettore* a pagina 419.**

UNITÀ 9 — OLTRE SE STESSI: L'AMORE E L'ALTRO

In ricordo di Leone

Leone Ginzburg, il marito della scrittrice, morì nel 1944, in carcere, dove era stato recluso e torturato a causa della sua attività antifascista. La studiosa Lidia Storoni, in occasione di una visita all'amica Natalia subito dopo la morte di Leone, trovò sul tavolo del suo studio questa poesia: è uno struggente ricordo dell'uomo, del compagno di vita. Anche le persone che nella vita hanno assunto ruoli di responsabilità nel mondo politico o nella società, infatti, vengono ricordate, da chi le ha amate, per la loro umanità; rimangono di loro i gesti consueti, semplici e familiari, che costruiscono la trama delle certezze della vita. Dopo la morte del marito, per la scrittrice la vita continua a scorrere, ma è vuota, spenta, nessun gesto ha più il significato di prima.

Gli uomini vanno e vengono per le strade della città
comprano cibi e giornali, muovono a imprese diverse
hanno roseo il viso, le labbra vivide e piene
sollevasti il lenzuolo per guardare il suo viso
5   ti chinasti a baciarlo con un gesto consueto
ma era l'ultima volta. Era il viso consueto
solo un poco più stanco.
E il vestito era quello di sempre.
E le scarpe erano quelle di sempre. E le mani erano quelle
10 che spezzavano il pane e versavano il vino
oggi ancora nel tempo che passa sollevi il lenzuolo

L'esperienza dell'amore

a guardare il suo viso, per l'ultima volta.
Se cammini per la strada nessuno ti è accanto
se hai paura nessuno ti prende la mano.
15 E non è tua la strada, non è tua la città.
Non è tua la città illuminata. La città illuminata è degli altri,
degli uomini che vanno e vengono, comprando cibi e giornali.
Puoi affacciarti un poco alla quieta finestra
e guardare in silenzio il giardino nel buio.
20 Allora, quando piangevi, c'era la sua voce serena,
allora, quando ridevi, c'era il suo riso sommesso[1].
Ma il cancello che a sera s'apriva resterà chiuso per sempre;
e deserta è la tua giovinezza, spento il fuoco, vuota la casa.

(N. Ginzburg, in «la Repubblica», 9 ottobre 1991)

1. **sommesso**: leggero, appena avvertibile.

Attività

CHE COSA DICE LA POESIA
COMPETENZE DI LETTURA

Il ricordo e il presente

1. Qual è l'argomento generale della poesia?

2. La poesia si può dividere in tre fasi:
   a. il momento attuale
   b. il ricordo della morte del marito
   c. di nuovo il momento attuale

   Segna nel testo i confini delle tre parti.

3. Nella prima parte i protagonisti sono le persone comuni.
   > Come sono e che cosa fanno?

4. Nella seconda parte ritorna il ricordo del momento in cui la scrittrice ha avuto la possibilità di vedere il marito, ormai morto, in carcere.
   > Che cosa fa la scrittrice?
   > Come le appare il marito?
   > Quale immagine rievoca del momento in cui egli era in vita?

5. Nella terza parte la scrittrice ritorna al presente.
   > Quale momento ha ancora davanti agli occhi?
   > Quali sensazioni prova, camminando per la città?
   > Quali momenti felici ricorda, quando è nella solitudine?
   > Con quale immagine indica la sensazione che la sua vita non avrà un futuro?
   > Quali aggettivi e nomi, nell'ultimo verso, rafforzano questa sensazione?

6. Le espressioni «consueto» e «di sempre», ripetute più volte, sono riferite a realtà diverse: elenca le frasi che le contengono e spiega quale sentimento dell'autrice vogliono comunicare.

7. Quale espressione, ripetuta due volte, viene usata dall'autrice per indicare che il sentimento di condivisione e serena consuetudine, per lei, si è spezzato per sempre?

COME È FATTA LA POESIA
Ritmo e figure

8. Analizza la struttura della poesia: versi, strofe e ritmo.

9. Nella poesia sono presenti molti parallelismi e ripetizioni. Sottolineali con colori diversi e indica quale funzione hanno secondo te.

PER RIFLETTERE
CONSAPEVOLEZZA ED ESPRESSIONE CULTURALE

Amare in un contesto difficile

10. Leggi la lettera che Leone Ginzburg scrisse alla moglie dal carcere di Regina Coeli, a Roma, poco tempo prima di morire e rispondi alle domande.

UNITÀ 9 — OLTRE SE STESSI: L'AMORE E L'ALTRO

Natalia cara, amore mio
ogni volta spero che non sia l'ultima lettera che ti scrivo, prima della partenza o in genere; e così è anche oggi. Continua in me, dopo quasi un'intera giornata trascorsa, il lieto eccitamento suscitatomi dalle tue notizie e dalla prova tangibile che mi vuoi così bene. [...]
Gli auspici, non sono lieti; ma pazienza. Comunque, se mi facessero partire non venirmi dietro in nessun caso. Sei molto più necessaria ai bambini, e sopra tutto alla piccola.
E io non avrei un'ora di pace se ti sapessi esposta chissà per quanto tempo a dei pericoli, che dovrebbero presto cessare per te, e non accrescersi a dismisura. So di quale conforto mi privo a questo modo; ma sarebbe un conforto avvelenato dal timore per te e dal rimorso verso i bambini. Del resto, bisogna continuare a sperare che finiremo col rivederci, e tante emozioni si comporranno e si smorzeranno nel ricordo, formando di sé un tutto diventato sopportabile e coerente. [...]
Ciao, amore mio, tenerezza mia. Fra pochi giorni sarà il sesto anniversario del nostro matrimonio. Come e dove mi troverò quel giorno? Di che umore sarai tu allora? Ho ripensato, in questi ultimi tempi, alla nostra vita comune. L'unico nostro nemico (ho concluso) era la mia paura. Le volte che io, per qualche ragione, ero assalito dalla paura, concentravo talmente tutte le mie facoltà a vincerla e a non venir meno al mio dovere, che non rimaneva nessun'altra forma di vitalità in me. Non è così? Se e quando ci ritroveremo, io sarò liberato dalla paura, e neppure queste zone opache esisteranno più nella nostra vita comune. Come ti voglio bene, cara. Se ti perdessi, morirei volentieri. (Anche questa è una conclusione alla quale sono giunto negli ultimi tempi).
Ma non voglio perderti, e non voglio che tu ti perda nemmeno se, per qualche caso, mi perderò io. Saluta e ringrazia tutti coloro che sono buoni e affettuosi con te: debbono essere molti. Chiedi scusa a tua madre, e in genere ai tuoi, di tutto il fastidio che arreca questa nostra troppo numerosa famiglia. Bacia i bambini. Vi benedico tutti e quattro, e vi ringrazio di essere al mondo. Ti amo, ti bacio, amore mio. Ti amo con tutte le fibre dell'essere mio. Non ti preoccupare troppo per me. Immagina che io sia un prigioniero di guerra; ce ne sono tanti, sopra tutto in questa guerra; e nella stragrande maggioranza ritorneranno. Auguriamoci di essere nel maggior numero, non è vero, Natalia?
Ti bacio ancora e ancora e ancora. Sii coraggiosa.

> Quali analogie trovi tra la poesia di Natalia e la lettera di Leone?
> Che cosa ti dice la lettera rispetto al rapporto di Leone e Natalia?

TUTTI SCRITTORI
COMPETENZE DI SCRITTURA

Poesie e contesto

11. La poesia, inedita, è stata pubblicata per la prima volta nel 1991 su un quotidiano dalla studiosa e scrittrice Lidia Storoni, che l'ha presentata con queste parole.

Una mattina del febbraio 1944 [...] Andammo mio padre e io ad abbracciare Natalia, che si nascondeva in una pensione universitaria vicino al Policlinico. Quella notte, Leone era morto in carcere. Avevamo cercato di salvarlo ma non era stato possibile. La rivedo sempre così: infreddolita sola colpita al cuore. [...] A Roma aveva recuperato i suoi bambini, aveva un lavoro, una casa, un ritmo. Ma sembrava sempre un uccello ferito nell'ala; chi l'ha conosciuta non potrà dimenticare la sua voce sommessa, che è quella che parla nella sua prosa, tanto suggestiva appunto perché disadorna. Fu allora che scrisse una poesia che ho conservato. Eccola.

Tenendo presente il momento storico in cui avvennero i fatti ricordati e il contesto della vita della scrittrice, descritto in modo tanto commosso e suggestivo dall'amica, scrivi un commento della poesia, rielaborando le risposte degli esercizi e seguendo la traccia proposta negli *Strumenti del lettore* a pagina 419.

Tieni presente, in particolare, il contesto: la presentazione di Lidia Storoni, la lettera di Leone, le informazioni sulla situazione storica, il confronto con la biografia.

La ricerca dell'Altro

**Alda Merini**

Dio mi ha messo in mano una cetra

La poesia è tratta dalla raccolta Francesco. Canto di una creatura, *in cui la poetessa, sempre attenta ai temi della religione e della fede, in forma di monologo o preghiera presenta la figura di Francesco nella sua apparente follia intrisa di gioia.*

Ascolta la poesia

La vita di Alda Merini

Dio mi ha messo in mano
una cetra
e ho cominciato a cantare
le meraviglie dell'universo
5   e soprattutto le meraviglie di Dio.
Oh, è molto più del sole,
lo sguardo di Dio
raggiunge anche l'inferno.
Io sono passato dall'inferno
10   al paradiso del suo sguardo,
e anche se ero nudo
sentivo in me un immenso calore.
Dio mi ha salvato
dall'acqua del tradimento,
15   Dio mi ha reso
apostolo dei sogni.

(A. Merini, *Francesco. Canto di una creatura*, Frassinelli)

UNITÀ 9 — OLTRE SE STESSI: L'AMORE E L'ALTRO

Attività

CHE COSA DICE LA POESIA
COMPETENZE DI LETTURA

Lo sguardo di Dio

1. Dopo aver letto il testo, scegli le espressioni che permettono di completare i periodi in modo corretto.

   a. Il testo è stato scritto da
      - ☐ San Francesco
      - ☐ Qualcuno che ha conosciuto direttamente san Francesco
      - ☐ Una poetessa che prova a interpretare la spiritualità di san Francesco

   b. Francesco canta
      - ☐ Le meraviglie del creato
      - ☐ La profonda umanità di Dio
      - ☐ Le meraviglie del creato e del Creatore

   c. Lo sguardo di Dio viene paragonato
      - ☐ Al sole
      - ☐ Al paradiso
      - ☐ Al calore

   d. Lo sguardo di Dio produce
      - ☐ Felicità
      - ☐ Calore
      - ☐ Serenità

COME È FATTA LA POESIA

Strofe e versi

2. Scegli il completamento

   a. La poesia è divisa in
      - ☐ Due strofe
      - ☐ Tre strofe
      - ☐ Quattro strofe

   b. La poesia è in versi
      - ☐ Liberi
      - ☐ Prevalentemente settenari
      - ☐ Prevalentemente endecasillabi

PER RIFLETTERE
CONSAPEVOLEZZA ED ESPRESSIONE CULTURALE

Una vita "larga"

3. «Non ho un rapporto con la fede, ho un rapporto con la vita. Con una vita "larga", che tutto comprende e da cui nulla è escluso, gioia e dolore, nascita e morte, alba e lutto».
Secondo te, questa poesia rispecchia in qualche modo questa concezione della vita e della fede della poetessa? Motiva la tua risposta.

TUTTI SCRITTORI
COMPETENZE DI SCRITTURA

Francesco apostolo dei sogni

4. La poesia presenta la figura di san Francesco. Cerca informazioni sulla vita del santo di Assisi e scrivi un breve testo nel quale spieghi che cosa possono significare le parole *Io sono passato dall'inferno / al paradiso del suo sguardo e Dio mi ha salvato / dall'acqua del tradimento, / Dio mi ha reso / apostolo dei sogni*.

OLTRE IL TESTO

Ricostruisci, attraverso i materiali presentati nell'approfondimento digitale, gli aspetti essenziali della poesia e della vita di Alda Merini, con particolare riferimento alla sua esperienza religiosa.

La ricerca dell'Altro

Corrado Govoni

Ascolta la poesia

Una domanda

È un'occasione della vita quotidiana, la morte del canarino, che spinge il poeta a chiedersi che cosa accade di ciò che è vissuto, quando la vita si è spenta. Gli sembra impossibile che tanta gioiosa esplosione di vitalità possa improvvisamente svanire nel nulla.

Ho raccolto il mio bello canarino tenore[1]
lì già freddo stecchito: un mucchietto di giallo
nel pugno di un bambino. Gli darò sepoltura
dentro un vaso di creste di gallo o di petunie,
5   che goda a suo piacere bagni d'acqua e di sole.
Non è più, lo so bene: fu il suo passaggio rapido
nell'immenso universo come l'ombra di un atomo.
Eppure vorrei sapere: quella pagliuzza d'oro,
quella foglia di vita, quella foga di canto
10 che sembrò inesauribile, dove, dove è svanita?

(C. Govoni, *Poesie*, Mondadori)

1. tenore: il tenore è la voce maschile che ha il registro più alto e il tono più acuto.

Attività

CHE COSA DICE LA POESIA
COMPETENZE DI LETTURA

La morte del canarino

1. Dopo aver letto la poesia, rispondi.
   > Che cosa è accaduto al canarino del poeta?
   > Di che colore era l'uccellino?
   > Come cantava?
   > Dove verrà seppellito?

2. La poesia si può dividere in due parti: la morte del canarino e la domanda del poeta. Segna nel testo i confini delle due parti.

3. Completa l'elenco degli argomenti trattati nella poesia.
   a. Il poeta ha raccolto il canarino morto
   b. Il poeta seppellirà il canarino in un vaso di fiori
   c. ....

4. Qual è il tema della composizione?
   ☐ La domanda sul perché della morte
   ☐ La domanda sulla sorte degli esseri viventi dopo la morte
   ☐ La domanda sul senso della presenza degli animali, all'interno della vita dell'universo

COME È FATTA LA POESIA
Ritmo e figure

5. Rileggi attentamente la poesia e analizzane la struttura.
   > Da quanti versi è composta?

UNITÀ 9 — OLTRE SE STESSI: L'AMORE E L'ALTRO

> Prova a contare le sillabe metriche dei versi: la maggior parte dei versi è composta dall'unione di due ....

> Durante la lettura viene spontaneo fare una breve pausa all'interno di ciascun verso: in che modo la pausa spezza il verso e sottolinea il ritmo?

6. Nella poesia ci sono rime finali? Ci sono rime interne (e rimalmezzo)? Colorale.

7. Nella poesia ci sono similitudini e metafore. Spiega gli elementi comuni che permettono di chiarirle.

   a. «come l'ombra di un atomo»
   b. «canarino tenore»
   c. «un mucchietto di giallo»
   d. «quella pagliuzza d'oro»
   e. «quella foglia di vita»
   f. «quella foga di canto»

8. Nella poesia vengono citati dei fiori: le petunie e le creste di gallo. Quale dei due nomi di fiori, secondo te, può essere una metafora? Prova a fare ipotesi sulle caratteristiche di quel fiore, poi controlla su un'enciclopedia o su Internet.

9. Al sesto verso, per indicare la morte del canarino, si usa un "giro di parole", facendo una perifrasi. Quale espressione usa il poeta?

....

10. L'autore utilizza anche un'inversione. Sottolineala nel testo.

PER RIFLETTERE
CONSAPEVOLEZZA ED ESPRESSIONE CULTURALE

Il destino degli esseri dopo la morte

11. Il poeta dice che la vita del canarino fu un «passaggio rapido [...] come l'ombra di un atomo». Secondo te, si può dire la stessa cosa della vita dell'uomo? Motiva la tua risposta.

FACCIAMO UN CONFRONTO

Temi che attraversano i secoli

12. È sempre interessante notare come nella poesia si ripresentino, a distanza di secoli e a volte di millenni, temi simili, espressi con una sensibilità molto vicina. E lo è tanto più se i temi non sono quelli solenni e nobili dell'amore, del valore, del bene comune, ma sono quelli di tono decisamente minore e quotidiano della morte di un piccolo animale domestico, un uccellino. Ecco come il poeta latino Catullo, vissuto nel I secolo a.C., rappresentava la tristezza e il pianto della sua amata per la morte del piccolo passerotto a cui era profondamente affezionata. Le sue riflessioni appaiono molto vicine a quelle di Corrado Govoni: quali analogie riconosci?

La morte del passero

Piangete, Veneri e Amorini[1]
e piangano tutti coloro che
sono amanti della bellezza.
È morto il passero della mia ragazza,
la delizia della mia fanciulla
che lei amava più dei suoi occhi
perché era dolce come il miele
e conosceva la sua padrona tanto bene
quanto una bambina conosce la sua mamma.
E non si muoveva dal suo grembo,
ma saltellando ora qua, ora là
cinguettava solamente rivolto alla padrona.
Ora egli va attraverso un cammino tenebroso
là da dove dicono che nessuno possa ritornare.
Maledette, malvagie tenebre dell'orco
che divorate tutte le cose belle,
mi avete tolto un passero così bello
oh che disgrazia! Oh povero passerotto!
Ora per colpa tua gli occhietti della mia ragazza
diventano rossi e gonfi per il pianto.

(Catullo, *Carmina Selecta*, tradotto dal latino da M. Franzini)

1. Amorini: divinità dell'amore.

TUTTI SCRITTORI
COMPETENZE DI SCRITTURA

Il commento

13. Rielabora le risposte degli esercizi in un commento, seguendo la traccia proposta negli *Strumenti del lettore* a pagina 419.

La ricerca dell'Altro

Senza più peso

Nella poesia dedicata all'amico scrittore e pittore Ottone Rosai, il poeta parla della sensazione di allegria, quasi infantile, che deriva dalla percezione della presenza di una divinità che protegge e non giudica. La percezione della presenza di Dio, di un Dio allegro come un bimbo, dissipa nell'uomo ogni timore e lascia spazio a una leggerezza quasi sospesa.

a Ottone Rosai
1934

Per un Iddio che rida come un bimbo,
tanti gridi di passeri,
5   tante danze nei rami,

un'anima si fa senza più peso,
i prati hanno una tale tenerezza,
tale pudore negli occhi rivive,

le mani come foglie
10   s'incantano nell'aria…

Chi teme più, chi giudica?

(G. Ungaretti, *Sentimento del tempo*,
in *Vita d'un uomo*, Mondadori)

• **Dal testo al contesto**   **Il giudizio di un poeta: Giovanni Raboni**

Ecco cosa scrive, a proposito delle poesie di Ungaretti, il poeta Giovanni Raboni:
«Le liriche contenute nel volume *Sentimento del tempo* rappresentano una seconda fase della poesia ungarettiana. Si può dire che in esse il poeta, dopo aver fatto radicalmente piazza pulita delle vecchie forme e della vecchia retorica, si sia dedicato a ricostruire a modo suo, partendo da elementi-base essenzialmente purificati, forme meno elementari di sintassi, di metrica e di immagini. Possiamo dunque indicare come caratteristica di questo periodo la riscoperta della frase, così come il precedente era stato caratterizzato dalla riscoperta della parola. […]
Questa trasformazione stilistica si accompagna a contenuti concettualmente più ardui: riflessioni sul tempo e sulla morte, temi anche esplicitamente religiosi hanno preso il posto delle sensazioni concrete, degli "atomi" di emozione che costituivano il nucleo delle poesie di guerra. Dal punto di vista metrico questa seconda fase rappresenta una svolta assai marcata: i versi brevissimi hanno lasciato il posto a organismi più fitti e articolati che ritrovano, sia pure con un forte senso di reinvenzione, cadenze della metrica tradizionale: tanto che si è potuto parlare a proposito del *Sentimento del tempo* di una riscoperta, da parte di Ungaretti, dell'endecasillabo, verso principe della tradizione lirica italiana».

UNITÀ 9 — OLTRE SE STESSI: L'AMORE E L'ALTRO

Attività

CHE COSA DICE LA POESIA
COMPETENZE DI LETTURA

Peso e leggerezza

1. La poesia è composta da un'immagine principale, che porta con sé altre immagini. Rispondi alle domande.
> Qual è l'immagine principale dalla quale scaturiscono le altre?
> Che cosa viene detto dei passeri tra i rami?
> Quale sensazione trasmettono i prati?
> In che modo si trasforma l'anima?
> Quale elemento emerge dagli occhi?
> Quale atteggiamento assumono le mani?

2. Nel verso finale viene presentato un ultimo effetto dell'immagine iniziale: quali azioni non compie più l'uomo?

3. La poesia si sviluppa attorno a due elementi contrastanti: peso e leggerezza. Al campo semantico del peso appartengono metaforicamente i verbi "temere" e "giudicare". Quali espressioni appartengono al campo semantico della leggerezza?

COME È FATTA LA POESIA
Il recupero della tradizione italiana

4. Analizza la struttura della poesia e rispondi.
> È divisa in strofe?
> Quanti versi compongono ciascuna strofa?
> Il poeta usa due tipi di versi della tradizione italiana. Quali? (Per rispondere conta il numero delle sillabe metriche e degli accenti.)

5. Rileggi attentamente la poesia.
   a. In quale punto percepisci uno stacco, una sospensione? Da quale scelta grafica è sottolineata?
   b. Come ti sembra il finale?
      ☐ Concluso
      ☐ Sospeso e indefinito
      ☐ Staccato dal resto della poesia
      Giustifica la tua risposta.

6. La scelta delle parole della poesia porta a particolari effetti sonori.
   a. Quali sensazioni contribuisce a trasmettere la presenza di tante *d*, *t*, *i*, nei versi della prima strofa?
      ☐ Allegria   ☐ Pesantezza
      ☐ Leggerezza   ☐ Tristezza
      ☐ Oppressione
   b. E le allitterazioni di *a* e di *n* nei versi della terza strofa?

7. La poesia è ricca di immagini suggestive e di figure retoriche. Analizziamo le similitudini.
   a. «Per un Iddio che rida come un bimbo»
   > Quali sono i due termini?
   > L'elemento comune è il riso. Che cosa caratterizza il riso di un bambino?
   b. «Le mani come foglie»
   > Quali sono i due termini?
   > Qual è l'elemento in comune?

PER RIFLETTERE
CONSAPEVOLEZZA ED ESPRESSIONE CULTURALE

La presenza di Dio

8. Quale immagine dell'uomo che avverte la presenza di Dio emerge dal componimento?
   ☐ Un uomo che è libero e felice
   ☐ Un uomo che è triste e oppresso
   ☐ Un uomo che teme e giudica
   ☐ Un uomo che è angosciato

TUTTI SCRITTORI
COMPETENZE DI SCRITTURA

Il commento

9. Rielabora le conclusioni delle tue analisi in un commento, seguendo la traccia proposta negli *Strumenti del lettore* a pagina 419. Fai particolare attenzione al contesto: la biografia di Ungaretti, le informazioni sull'epoca e sulla situazione storica in cui visse, il giudizio sulla sua poesia del poeta e critico Giovanni Raboni.

La ricerca dell'Altro

Congedo del viaggiatore cerimonioso

Il poeta, sentendo l'avvicinarsi della fine dei suoi giorni, prende congedo da tutte le certezze della vita: non cerca e non chiede più nulla, saluta i compagni di viaggio e se ne va, senza avere scoperto la sua meta.

    Amici, credo che sia
meglio per me cominciare
a tirar giù la valigia.
Anche se non so bene l'ora
5 d'arrivo, e neppure
conosca quali stazioni
precedano la mia,
sicuri segni mi dicono,
da quanto m'è giunto all'orecchio
10 di questi luoghi, ch'io
vi dovrò presto lasciare.

    Vogliatemi perdonare
quel po' di disturbo che reco.
Con voi sono stato lieto
15 dalla partenza, e molto
vi sono grato, credetemi,
per l'ottima compagnia.

    Ancora vorrei conversare
a lungo con voi. Ma sia.
20 Il luogo del trasferimento
lo ignoro. Sento
però che vi dovrò ricordare
spesso, nella nuova sede,
mentre il mio occhio già vede

UNITÀ 9 — OLTRE SE STESSI: L'AMORE E L'ALTRO

1. costernazione: sofferenza tale da provocare disagio.

25 dal finestrino, oltre il fumo
    umido del nebbione
    che ci avvolge, rosso
    il disco della mia stazione.

    Chiedo congedo a voi
30 senza potervi nascondere,
    lieve, una costernazione[1].
    Era così bello parlare
    insieme, seduti di fronte:
    così bello confondere i volti (fumare,
35 scambiandoci le sigarette),
    e tutto quel raccontare
    di noi (quell'inventare
    facile, nel dire agli altri),
    fino a poter confessare
40 quanto, anche messi alle strette,
    mai avremmo osato un istante
    (per sbaglio) confidare.

    (Scusate. È una valigia pesante
    anche se non contiene gran che:
45 tanto ch'io mi domando perché
    l'ho recata, e quale
    aiuto mi potrà dare
    poi, quando l'avrò con me.
    Ma pur la debbo portare,
50 non fosse che per seguire l'uso.
    Lasciatemi, vi prego, passare.
    Ecco. Ora ch'essa è
    nel corridoio, mi sento
    più sciolto. Vogliate scusare).

55 Dicevo, ch'era bello stare
    insieme. Chiacchierare.
    Abbiamo avuto qualche
    diverbio, è naturale.
    Ci siamo – ed è normale

 Parole, parole...

Fidarsi e confidare

Confidare deriva dal latino *cum*, "con, insieme" e *fides*, "fiducia".

- Quali altre parole conosci con il prefisso *con* nel significato di insieme? Aiutati con il dizionario.

La ricerca dell'Altro

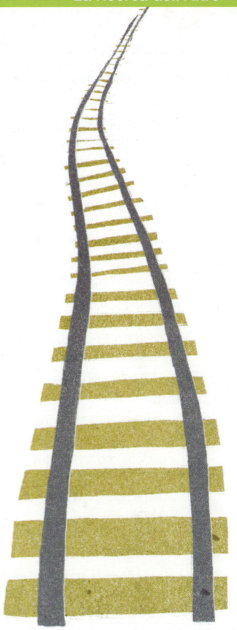

2. sua faconda dottrina: le sue conoscenze, chiaramente espresse, spiegate.

3. afrore: odore.

3. ricreatorio: una sorta di "doposcuola" finalizzato, però, esclusivamente allo svago.

60 anche questo – odiati
su più d'un punto, e frenati
soltanto per cortesia.
Ma, cos'importa. Sia
come sia, torno
65 a dirvi, e di cuore, grazie
per l'ottima compagnia.

Congedo a lei, dottore,
e alla sua faconda dottrina[2].
Congedo a te, ragazzina
70 smilza e al tuo lieve afrore[3]
di ricreatorio[4] e di prato
sul volto, la cui tinta
mite è sì lieve spinta.
Congedo, o militare
75 (o marinaio! In terra
come in cielo ed in mare)
alla pace e alla guerra.
Ed anche a lei, sacerdote,
congedo, che m'ha chiesto s'io
80 (scherzava) ho avuto in dote
di credere al *vero Dio*.

Congedo alla sapienza
e congedo all'amore.
Congedo anche alla religione.
85 Ormai sono a destinazione.

Ora che più forte sento stridere
il freno, vi lascio
davvero, amici. Addio.
Di questo, sono certo: io
90 son giunto alla disperazione
calma, senza sgomento.

Scendo. Buon proseguimento.

(G. Caproni, *44 poesie*, Mondadori)

Attività

CHE COSA DICE LA POESIA COMPRENSIONE ED ESPRESSIONE ORALE

Il saluto di un viaggiatore

1. **Dopo aver letto la poesia rispondi oralmente.**

> Il poeta parla come un viaggiatore che saluta i compagni. Con quale mezzo viaggia?

> Quali momenti ha condiviso con i suoi compagni di viaggio?

> Come giudica la conversazione?

> Che cosa ha portato con sé?

> Conosce il luogo in cui è diretto?

> Quali segnali gli fanno capire che sta arrivando a destinazione?

UNITÀ 9 — OLTRE SE STESSI: L'AMORE E L'ALTRO

COMPETENZE DI LETTURA

2. Il viaggio di cui parla il poeta, secondo te è
- ☐ un viaggio di lavoro
- ☐ un viaggio di divertimento
- ☐ il percorso della sua vita che sta per finire
- ☐ il percorso della sua vita, che cambia direzione perché egli ha fatto altre scelte

3. La valigia che il poeta porta con sé rappresenta
- ☐ il bagaglio che egli ha portato con sé nel suo viaggio
- ☐ il bagaglio di esperienze della vita
- ☐ il bagaglio di libri che egli ha letto e di conoscenze che ha accumulato
- ☐ gli oggetti della sua casa che ha voluto portare con sé nel trasloco

4. Le persone da cui il poeta si congeda rappresentano
- ☐ le tipologie di persone che si incontrano quando si viaggia in treno
- ☐ le persone che hanno trascorso con lui alcuni momenti della vita
- ☐ le ultime persone che ha conosciuto nella sua lunga vita
- ☐ le persone verso cui il poeta prova un sentimento di gratitudine

5. Il poeta si congeda anche dai sentimenti e da altre realtà che ha cercato di comprendere e raggiungere nella sua vita. Quali?

6. Che cosa indica, secondo te, il freno che stride?

7. In quale stato d'animo il poeta è giunto a destinazione?

COME È FATTA LA POESIA
CONSAPEVOLEZZA ED ESPRESSIONE CULTURALE

Metrica e allegoria

8. Analizza la struttura della poesia e rispondi alle domande.
- > In quante strofe è divisa? ....
- > Ha una struttura metrica regolare? ....
- > Secondo te, perché il poeta ha deciso di isolare l'ultimo verso? ....

9. La poesia è ricca di immagini che non vanno interpretate letteralmente: il viaggio, il viaggiatore, la valigia, i compagni, il treno, il percorso, il semaforo rosso... sono immagini che rimandano a un'altra realtà e costituiscono, nel loro complesso, un'allegoria (vedi volume 2, *Gli strumenti del lettore – Il testo poetico*). La poesia allora può essere letta su due piani: ciò che essa dice e ciò a cui essa rimanda. Prova a completare la tabella, confrontando i due piani.

Ciò che viene detto
• Il poeta sta viaggiando in treno.
• La meta del viaggio è sconosciuta.
• Il poeta comprende che sta per arrivare.
• Inizia a depositare in corridoio la valigia.
• Prende congedo dai suoi compagni di viaggio.
• Scende e augura a tutti buon proseguimento di viaggio.

Ciò a cui si fa riferimento
• ....
• ....
• ....
• ....
• ....
• ....

TUTTI SCRITTORI
COMPETENZE DI SCRITTURA

Il commento

10. Dopo aver letto le informazioni biografiche che si riferiscono a Giorgio Caproni (puoi cercare su altri testi informazioni più ampie e dettagliate), rielabora i risultati della tua analisi in un commento, seguendo la traccia proposta negli *Strumenti del lettore* a pagina 419.

LABORATORIO DELLE COMPETENZE

COMPETENZE DI LETTURA **COMPETENZE DI SCRITTURA**

Attività di scrittura

Scrivere l'amore

Nelle poesie di questa unità abbiamo incontrato tanti modi diversi di intendere e di esprimere l'amore. Ora ti proponiamo di lavorare su una poesia che potrai continuare e trasformare per provare a esprimere i tuoi sentimenti. Un compito che forse ti pare complesso ma che ti permetterà di dare voce e parole a ciò che senti.

A. ▶ Il modello

L'autore di questa poesia è Giovanni Camerana, un poeta-magistrato vissuto nella seconda metà dell'Ottocento in Italia, che aderì a una corrente letteraria, la scapigliatura, che si diffuse nell'Italia settentrionale. Gli scrittori scapigliati erano animati da uno spirito di ribellione nei confronti della realtà e della vita borghese, di cui contestavano l'ipocrisia e la mancanza di libertà. La poesia che leggeremo riguarda però un uomo innamorato, in attesa della sua amata.

Se non ci sei...

Se non ci sei, mi sembra un sepolcreto[1]
questo villaggio;
svanita è la malìa[2] del paesaggio,
del verde idillio queto,
    se non ci sei.
Se non ci sei, rifaccio il mio sentiero
a fronte bassa,
e i colli, i fior, la nuvola che passa,
tutto mi è strano e nero[3],
    se non ci sei.
Se non ci sei, se non ti leggo in volto
che sai ch'io t'amo,
che irrequieto ti sogno e ti chiamo,
che il raggio mio m'è tolto[4],
    se non ci sei;
se non ci sei mi avvinghia oscuramente
nelle sue braccia
la Noia, incùbo della tetra faccia;
l'ore son nebbie lente,
    se non ci sei;

ma se ti trovo, sfuggon via col volo
delle farfalle;
ride la casa, un cantico è la valle,
un trillo d'usignuolo,
    quando ti trovo!

(G. Camerana, *Il tesoro della poesia italiana*, Mondadori)

1. **sepolcreto**: cimitero.
2. **malìa**: fascino lieve.
3. **strano e nero**: inquietante e oscuro.
4. **che il raggio mio m'è tolto**: che quasi non ho più luce.

ALLA SCOPERTA DEI TESTI • Il testo poetico

LABORATORIO DELLE COMPETENZE

UNITÀ 9

B. ▶ La tua poesia

La poesia di Giovanni Camerana è scritta con un lessico ottocentesco, ma la struttura è semplice e di facile imitazione: prova a comporre anche tu qualche strofa, utilizzando un lessico attuale ma mantenendo il ritmo, dato dall'alternarsi della lunghezza dei versi e dalle rime.

Se non ci sei	A (11 sillabe)
....	B (5 sillabe)
....	B (11 sillabe)
....	A (7 sillabe)
se non ci sei.	C (5 sillabe)
Se non ci sei	D
....	E
....	E
....	D
se non ci sei.	C
Ma se ti trovo	
....	
....	
quando ti trovo!	

C. ▶ Una poesia collettiva

Confrontate le vostre poesie. Potete anche scegliere le strofe migliori e comporre una poesia collettiva.

PER FARE IL PUNTO

Unità 9 • OLTRE SE STESSI: L'AMORE E L'ALTRO

IL POSTINO

Un'isola, un grande poeta, un uomo semplice che scopre la forza della poesia

Un film per te

Nel 1948 in una piccola isola italiana del Mediterraneo arriva, in esilio politico a causa della sua fede comunista, lo scrittore cileno Pablo Neruda. Il giovane Mario Ruoppolo viene assunto come postino ausiliario per recapitare allo scrittore, ogni giorno, la gran mole di lettere che giungono da tutto il mondo; dopo aver scoperto, grazie al cinematografo, la fama e l'importanza del poeta, noto per il suo impegno politico, oltre che per i suoi versi, Mario riesce, non senza difficoltà, a diventare suo amico. I due parlano di poesia e, grazie all'aiuto del poeta, Mario riesce a conquistare Beatrice Russo, la nuova barista dell'isola, di cui è perdutamente innamorato.
Dopo il ritorno in patria dello scrittore, Mario si sente triste per la sua partenza e perché Neruda sembra averlo dimenticato, ma continua a recitare le sue poesie, anche in pubblico, e a portare avanti le sue idee politiche.

REGIA	Michael Radford
	Massimo Troisi
ANNO	1994
CAST	Philippe Noiret
	Massimo Troisi
	Maria Grazia
	Cucinotta

L'amore in forma chiusa

Cento sonetti per raccontare l'amore per una donna

Un libro per te

CHI L'HA SCRITTO Roberto Piumini, che hai già incontrato in questa antologia, è un autore di libri di poesie, racconti e romanzi per ragazzi.

DI CHE COSA PARLA Il libro si compone di cento poesie, tutte dedicate alla stessa donna, che il poeta invoca come sposa.
Piumini sceglie una forma di poesia molto antica e molto nobile, il sonetto, ma vi inserisce elementi comici, ammiccanti, divertiti, quasi fiabeschi. Ecco come presenta la sua opera:

> In quattordici versi solamente,
> poiché la tradizione così vuole,
> voglio parlar di te compiutamente;
> come si dice, in poche parole.

AUTORE	Roberto Piumini
ANNO	1997
EDITORE	Il Melangolo

 SCUOLA DI SCRITTURA
Nella lezione 2 puoi trovare indicazioni per scrivere schede-film, schede-libro e recensioni.

 Una pagina di assaggio

ALLA SCOPERTA DEI TESTI • Il testo poetico **461**

UNITÀ 10

La guerra ha da sempre caratterizzato la storia dell'uomo. Di fronte alla distruzione e alla morte da essa provocate, il poeta (e con lui le persone semplici, che delle guerre subiscono solo le tragiche conseguenze) non può fare a meno di alzare il suo grido di orrore.
La pace è da sempre il desiderio dell'umanità e i poeti esprimono con le loro parole la bellezza e la speranza in un mondo migliore.

GUERRA E PACE

I BAMBINI E LA GUERRA

UN POETA E LA GUERRA

Conoscenze
- Conoscere le caratteristiche del testo poetico, in particolare:
  – il contenuto letterale
  – l'argomento
- Conoscere poeti e poesie

Competenze
- Saper analizzare un testo poetico nei suoi aspetti strutturali, fonici e semantici
- Collegare al testo elementi di contesto personale dell'autore, letterario, storico, avviandosi all'interpretazione letterale del testo
- Produrre testi scritti:
  – Poesie, interpretazioni, commenti

IL MIO PERCORSO

SOLO PER IL PIACERE DI LEGGERE...
B. Brecht, *La guerra che verrà*

COME È FATTA UNA POESIA
G. Ungaretti, *In dormiveglia*

I bambini e la guerra
P. Friedman, *La farfalla* `+ facile`

Un poeta e la guerra
G. Ungaretti, *Veglia*
G. Ungaretti, *Sono una creatura*
G. Ungaretti, *San Martino del Carso*
G. Ungaretti, *Fratelli*
G. Ungaretti, *Soldati*
Per approfondire > I luoghi del soldato Ungaretti
G. Ungaretti, *Natale* `+ difficile`

Altri poeti, altre guerre
S. Quasimodo, *Milano, agosto 1943*
S. Quasimodo, *Alle fronde dei salici*
D. Valeri, *Campo d'esilio*
V. Sereni, *Non sa più nulla, è alto sulle ali*
V. Lamarque, *Contagiosa morte*
B. Brecht, *Generale*
E. Evtušenko, *La scuola di Beslan*
M. Hernandez, *(Guerra)*

ALTRI POETI, ALTRE GUERRE

Il desiderio di pace
I. Kambanellis, *Quando la guerra finirà*
N. Sachs, *A voi che costruite la nuova casa*
B. Brecht, *Chi sta in alto dice: pace e guerra* `+ difficile`
Li Tien Min, *La pace*

LABORATORIO DELLE COMPETENZE
> Rovesciamo i ruoli

PER FARE IL PUNTO

Brani
Approfondimenti
Attività

IL DESIDERIO DI PACE

UNITÀ 10 — GUERRA E PACE

SOLO PER IL PIACERE DI LEGGERE...

... una piccola poesia che dice una semplice, grande verità.

La guerra che verrà

La guerra che verrà
non è la prima. Prima
ci sono state altre guerre.
Alla fine dell'ultima
5   c'erano vincitori e vinti.
Fra i vinti la povera gente
faceva la fame. Fra i vincitori
faceva la fame la povera gente ugualmente.

(B. Brecht, *Poesie*, a cura di L. Forte, Einaudi)

IO E LA GUERRA — COMPETENZE SOCIALI E CIVICHE

Chi è la "povera gente"?

> Quando parla di "povera gente", l'autore pensa ai "poveri" o alle persone normali, alla massa dei cittadini di uno Stato in guerra?

> L'autore pensa che la guerra sia una realtà consueta nella storia del genere umano e che sempre, in entrambi gli schieramenti e qualunque sia il suo esito, essa danneggi soprattutto la "povera gente". Condividi questa posizione? Sai fare qualche esempio?

> Che cosa ti viene in mente se pensi alla guerra? Scrivi le prime cinque parole che ti si affaccino alla mente.

COME È FATTA UNA POESIA
ANALISI GUIDATA

In dormiveglia

Il poeta, soldato al fronte durante la Prima guerra mondiale, racconta una nottata vissuta in trincea, mentre i colpi dei fucili riempiono l'aria; la situazione gli ricorda uno dei rumori della sua infanzia: quello prodotto dal lavoro degli scalpellini sulle strade. La testimonianza è un toccante esempio di come la guerra sia vissuta con angoscia.

Valloncello di Cima Quattro il 6 agosto 1916

Assisto la notte violentata

L'aria è crivellata
come una trina
dalle schioppettate
5   degli uomini
ritratti
nelle trincee
come lumache nel loro guscio
Mi pare
10   che un affannato
nugolo di scalpellini
batta il lastricato
di pietra di lava
delle mie strade
15   ed io l'ascolti
non vedendo
in dormiveglia

(G. Ungaretti, *Vita d'un uomo. Tutte le poesie*, Mondadori)

- **In dormiveglia** indica una condizione in cui non è possibile fare quello che sarebbe naturale: è notte, ma il poeta non può dormire; ascolta, ma non può vedere.

- Le figure di suono usate prevalentemente sono le **allitterazioni** *r* e *t*: suoni aspri, duri, che corrispondono alla realtà che il poeta sta vivendo. *Schioppettate* è un **termine onomatopeico**: ricorda il suono dei colpi di fucile.

- La poesia non segue uno schema metrico tradizionale, ma è in **versi liberi e sciolti**. È divisa in **tre strofe**, la prima di un solo verso. Non c'è punteggiatura.

- **Luogo e data** ci dicono che la poesia è stata scritta al fronte, durante la **Prima guerra mondiale**.

- Il termine *ritratti* suggerisce un'immagine di paura, la **paura della guerra**, le trincee diventano un luogo in cui trovare sicurezza.

- L'aggettivo *affannato* comunica **agitazione, angoscia, tormento** e sottolinea lo stato d'animo del poeta.

- Il verbo **assisto**, all'inizio della frase, dice la condizione del poeta che assiste, quasi fosse un malato, la **notte violentata**. La **personificazione** della notte permette una **metafora** molto forte: la brutalità della guerra stravolge anche la natura, (la notte è destinata alla quiete e al sonno). Tra l'**aria** (crivellata di buchi) e la **trina** (un pizzo) nella **similitudine** l'elemento in comune sono i fori: la preziosità dei fori del pizzo fa risaltare il contrasto con la violenza degli spari. L'immagine è anche una **sinestesia**: le schioppettate, percepite con l'udito, sono rappresentate attraverso un'immagine visiva.

UNITÀ 10 — GUERRA E PACE

- L'effetto degli spari è descritto con un'altra **similitudine**: gli **uomini** sono ritratti nelle trincee (rintanati) come fanno le **lumache** quando, impaurite, si rifugiano nel loro guscio.

- Nella seconda strofa compare un'altra **metafora**: nel dormiveglia il **rumore continuo dei colpi di arma da fuoco** diventa quello prodotto da un gruppo numeroso (un nugolo) di **scalpellini** che batte il selciato delle strade. L'immagine allude agli scalpellini pugliesi assunti per lastricare le strade della città di Alessandria d'Egitto, in cui Ungaretti nacque e trascorse l'infanzia.

Dal testo al contesto — Alcune informazioni di contesto, utili per comprendere la poesia

Per poter comprendere, interpretare e assaporare fino in fondo una poesia devi poter disporre di altre informazioni, oltre a quelle che offre il testo: devi conoscere gli elementi essenziali del contesto biografico, storico e letterario in cui il componimento è stato scritto. Ti forniamo alcune indicazioni che possono essere utili per l'interpretazione di questa poesia.

Giuseppe Ungaretti nacque ad Alessandria d'Egitto, nel 1888, da genitori italiani di origine lucchese. Egli stesso racconta, nelle note che accompagnano la raccolta *Vita d'un uomo*, dell'importanza che ebbe l'ambiente della sua infanzia per lo sviluppo della sua poesia; in particolare ricorda l'ambiente del deserto, con gli spazi illimitati, la luce, i miraggi; la città, con il suo porto caotico come tutti i porti, con i rumori notturni, i bazaar; le amicizie dell'infanzia.
Nel 1912 si trasferì a Parigi, dove conobbe e frequentò i poeti e gli artisti più importanti del tempo e si avvicinò alle nuove correnti letterarie, soprattutto al futurismo.
Ritornò in Italia per partecipare alla Prima guerra mondiale: si arruolò volontario e venne inviato al fronte. Lungo la frontiera italo-austriaca, dove i combattimenti erano frequenti e sanguinosi, egli conobbe gli orrori della guerra ma scoprì anche la fratellanza che accomuna tutti gli uomini che soffrono. La sua esperienza di soldato ispirò le poesia della prima raccolta, *Allegria di naufragi*, che colpì i lettori e la critica per l'uso di un linguaggio nuovo, scarno e tuttavia intenso. Le liriche, che riportano sempre, dopo il titolo, il luogo e la data in cui vennero scritte, appaiono come una sorta di diario della sua tragica esperienza di guerra.
Quella che abbiamo letto è stata scritta da Valloncello di Cima Quattro, in Friuli; Ungaretti vi giunse il giorno di Natale del 1915 e vi rimase per un anno.

Il poeta Giovanni Raboni, nell'introduzione alla raccolta di tutte le poesie di Ungaretti, *Vita d'un uomo*, scrive:
«*La prima fase* [dello sviluppo della poesia di Ungaretti], *che coincide in gran parte con le poesie del tempo di guerra ed è compiutamente documentata nella raccolta che ha per titolo* L'allegria, *è caratterizzata da un lavoro di isolamento e di esaltazione della parola singola, sia nei suoi valori di sonorità e di ritmo che nei suoi valori di intensità emotiva e di significato. Nelle liriche de* L'allegria *questa tendenza è evidente anche da un punto di vista, per così dire, "visivo": si tratta quasi sempre, infatti, di poesie*

Soldati italiani in trincea nel corso della Prima guerra mondiale.

brevissime, composte di versi a loro volta assai brevi – spesso persino di una sola parola – e costruite perlopiù su un'unica immagine-frase nel cui respiro il poeta concentra un massimo di sincerità e di emozione. Ciò è giustificato e valido contemporaneamente su due piani: su un piano esistenziale, giacché riflette la riscoperta dei valori essenziali e "umili" della vita contro la magniloquente retorica imperante in quegli anni, riscoperta favorita dalla concreta esperienza di trincea vissuta dal "soldato semplice" Ungaretti; su un piano stilistico perché costituisce un rilancio di valori originari e profondi in contrasto con forme ormai abusate e inerti.

In questa prima fase la lingua usata da Ungaretti è una lingua "parlata", sommessa, la lingua di tutti gli uomini e di tutti i giorni, resa significativa e vibrante dalla straordinaria tensione con cui viene pronunciata.

Lo stesso si può dire per le immagini, il cui fascino consiste nella maggior parte dei casi proprio nella loro voluta e raffinata povertà. Per quanto riguarda la metrica, essa è, nelle poesie de L'allegria, affidata quasi esclusivamente al ritmo interno delle singole parole, ritmo reso evidente dal silenzio – cioè, visivamente, dallo spazio bianco – che le circonda nella pagina.»

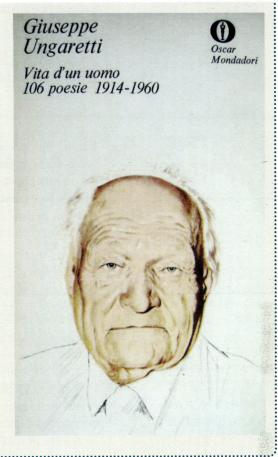

La copertina della raccolta *Vita d'un uomo* nell'edizione Oscar Mondadori

Attività

È TUTTO CHIARO? COMPETENZE DI SCRITTURA
Avvio al commento

1. Rielabora le informazioni che hai potuto ricavare dal testo e completa il commento seguendo lo schema indicato.

Introduzione
Presentazione

La poesia *In dormiveglia* di Giuseppe Ungaretti è stata scritta il 6 agosto 1916 e fa parte della raccolta *L'allegria*.
Come si può capire dal luogo e dalla data, che il poeta riporta sotto il titolo, quasi si trattasse di un diario, la poesia è stata composta durante la Prima guerra mondiale, alla quale Ungaretti ha partecipato come volontario, combattendo come soldato sul fronte italo-austriaco del Carso.

Sviluppo
Argomento generale e argomenti particolari

Il poeta parla di una nottata trascorsa nel dormiveglia, sentendo i compagni che sparavano dalla trincea. In quella condizione sospesa tra il sonno e la veglia egli ....
....
....

UNITÀ 10 — GUERRA E PACE

Forma	La poesia è divisa in tre strofe, una composta da un solo verso, le altre due ....
	Il ritmo non è dato dalla regolarità dei versi o dalla presenza di rime, ma ....
	I suoni che prevalgono, soprattutto nella prima parte, sono la "r" e la "t", suoni duri e aspri che sottolineano .... ; c'è un termine onomatopeico, ... , che riproduce il rumore ....
	Il poeta ricorre a molte figure retoriche: la poesia si apre con un'immagine molto dura, costituita da una personificazione e da una metafora: .... la sinestesia .... ; ci sono poi similitudini e metafore ....
Lessico	Il lessico usato è ....
Temi	Il tema principale della poesia è .... e si esprime attraverso l'uso delle parole-chiave ....
Confronto con altre poesie dell'autore	Anche nelle altre poesie della stessa raccolta Ungaretti parla del tema della guerra, e del dolore e della precarietà della condizione umana. In questa poesia emergono temi e immagini cari all'autore, come i ricordi della città natale, Alessandria d'Egitto: infatti ....
Citazione del commento di un critico autorevole	La poesia appartiene alla prima fase dell'esperienza poetica dell'autore, nella quale è evidente la ricerca di un modo radicalmente nuovo di fare poesia, lontano dalla tradizione e soprattutto dalla moda dannunziana, allora imperante, di una poesia " di lusso" sovrabbondante di immagini, sfarzosa, fatta di parole ricercate, colte, inusuali. In tutte le poesie della raccolta *L'allegria*, infatti, come scrive il critico Giovanni Raboni nell'introduzione al volume *Vita d'un uomo*, che raccoglie tutte le poesie di Ungaretti, ...
Conclusione Valutazione in rapporto alle intenzioni dell'autore Valutazione in rapporto a me lettore	Il poeta, a mio parere, è/non è riuscito a comunicare il suo stato d'animo: infatti .... La poesia mi ha suscitato riflessioni, ... mi ha fatto sentire .... mi /non mi è piaciuta, perché ....

I bambini e la guerra

La farfalla

L'autore della poesia nacque nel 1921 e dopo essere stato nel campo di Terezin morì nel 1944 ad Auschwitz, il maggior campo di sterminio presente sul territorio polacco durante la Seconda guerra mondiale (vedi anche l'unità 7, La storia attraverso le storie, a pagina 324). Nel testo ricorda l'ultima farfalla che vide prima di essere internato nel campo.

L'ultima, proprio l'ultima,
di un giallo così intenso, così
assolutamente giallo,
come una lacrima di sole quando cade
5 sopra una roccia bianca
così gialla, così gialla!
L'ultima,
volava in alto leggera,
aleggiava sicura
10 per baciare il suo ultimo mondo.
Fra qualche giorno
sarà già la mia settima settimana
di ghetto:
i miei mi hanno ritrovato qui
15 e qui mi chiamano i fiori di ruta[1]
e il bianco candeliere del castagno
nel cortile.
Ma qui non ho visto nessuna farfalla.
Quella dell'altra volta fu l'ultima:
20 le farfalle non vivono nel ghetto.

(P. Friedman, in *I bambini di Terezin – Poesie e disegni dal lager, 1942-1944*,
a cura di M. De Micheli, tradotto da M. De Micheli, Feltrinelli)

1. **ruta**: pianta erbacea con fiori aromatici da cui si ricava un olio essenziale utilizzato per medicinali e liquori.

UNITÀ 10 — GUERRA E PACE

Attività

CHE COSA DICE LA POESIA
COMPETENZE DI LETTURA

L'ultima farfalla

1. Scegli la risposta corretta.

   a. Nella prima parte il poeta rievoca l'immagine di
   - [ ] una farfalla
   - [ ] l'ultima farfalla che ha visto prima di essere internato nel campo
   - [ ] l'ultima farfalla che ha visto al campo

   b. Nella seconda parte si parla di
   - [ ] alcune immagini e momenti del ghetto
   - [ ] la vita quotidiana al ghetto
   - [ ] la speranza di uscire presto dal ghetto

   c. Oltre al colore giallo, quale aspetto della farfalla ha colpito l'autore della poesia?
   - [ ] La bellezza delle ali
   - [ ] La fragilità
   - [ ] La sicurezza del volo

   d. Nella seconda parte l'attenzione si sposta alla condizione del poeta nel ghetto. Da quanto tempo si trova lì?
   - [ ] Quasi due mesi
   - [ ] Pochi giorni
   - [ ] Un tempo imprecisato

   e. Quali persone ricorda? Quali altri elementi?
   - [ ] La famiglia, i soldati, le baracche
   - [ ] La famiglia, i soldati, le piante
   - [ ] La famiglia e alcune piante

COME È FATTA LA POESIA

Le immagini

2. Scegli la risposta corretta.

   a. «Come una lacrima di sole quando cade / sopra una roccia bianca». Il poeta ha usato due figure retoriche:
   - [ ] una similitudine e una personificazione
   - [ ] una similitudine e una metafora
   - [ ] una metafora all'interno di una similitudine

   b. «Qui mi chiamano i fiori di ruta». Quale figura retorica ha usato il poeta?
   - [ ] Una metafora
   - [ ] Una sinestesia
   - [ ] Una personalizzazione

   c. «Il bianco candeliere del castagno / nel cortile». Di quale figura retorica si tratta?
   - [ ] Una metafora
   - [ ] Una sinestesia
   - [ ] Una personificazione

   d. Quale elemento accomuna il candeliere e il castagno?
   - [ ] La forma
   - [ ] Il colore
   - [ ] La funzione

PENSIAMOCI SU
CONSAPEVOLEZZA ED ESPRESSIONE CULTURALE

Le farfalle non vivono nel ghetto

3. Secondo te, il colore giallo di cui si parla della poesia è stato usato
   - [ ] in senso denotativo, perché è il colore più frequente nelle farfalle ed era un colore assente nel lager di Terezin
   - [ ] in senso connotativo, perché è un colore che ricorda il sole ed emana allegria e vitalità, in contrasto con la condizione delle persone nel lager
   - [ ] in senso connotativo, perché è un colore appariscente, intenso come intensa è la vita nel lager

4. Perché il poeta conclude il testo con l'espressione «le farfalle non vivono nel ghetto»?
   - [ ] Per sottolineare il senso di morte che si "respira" nel ghetto
   - [ ] Per sottolineare il senso di desolazione del ghetto
   - [ ] Per sottolineare l'assenza degli elementi della natura nel ghetto

TUTTI POETI

Colori e connotazioni

5. L'autore della poesia ha scelto il colore giallo e gli ha dato una connotazione particolare. Pensa ad altri colori e annota le connotazioni, cioè i significati affettivi, che essi hanno per te.

Un poeta e la guerra

Veglia

Il poeta si trova accanto a un compagno ucciso durante un combattimento: l'orrore e la pietà per questa morte tragica non sono, per lui, un invito alla disperazione, ma diventano un'esortazione ad amare la vita.

Cima Quattro il 23 dicembre 1915

Un'intera nottata
buttato vicino
a un compagno
massacrato
5   con la sua bocca
digrignata
volta al plenilunio
con la congestione
delle sue mani
10 penetrata
nel mio silenzio
ho scritto
lettere piene d'amore

Non sono mai stato
15 tanto
attaccato alla vita

(G. Ungaretti, *Vita d'un uomo*, Mondadori)

Parole, parole...

Luna piena e luna nuova

Il *plenilunio* è la fase in cui la Luna, illuminata dal Sole, è interamente visibile dalla Terra.

- Come si chiama la fase in cui la Luna è invisibile dalla Terra?
....

- Alle fasi lunari sono associate diverse credenze popolari che si riflettono in alcuni modi di dire. Quando si dice di una persona che è *lunatica*?
....

E cosa significa l'espressione *chiedere la luna*?
....

Se ti dicono che *hai la luna*, che cosa vogliono dire?
....

UNITÀ 10 — GUERRA E PACE

Dal testo al contesto — Parole "essenziali"

In una piccola lirica, dedicata al suo amico e commilitone Ettore Serra, intitolata *Commiato* e datata 2 ottobre 1916, Ungaretti fa una "confessione" che ci aiuta a capire il suo modo di fare e di intendere la poesia. Ne riportiamo alcuni versi; puoi leggere il testo completo nel volume di *Letteratura*.

> Quando trovo
> in questo mio silenzio
> una parola
> scavata è nella mia vita
> come un abisso

L'esperienza della guerra ha posto il poeta in una condizione di sofferenza così profonda da non poter essere espressa. Scavando nel silenzio della sua anima egli trova "una parola", l'unica capace di comunicare quella realtà, e la mette sulla pagina bianca, isolata nel silenzio.
Scrive ancora Ungaretti: «trovare una parola significa penetrare nel buio abissale di sé senza turbarne né riuscire a conoscerne il segreto».

Attività

CHE COSA DICE LA POESIA
COMPETENZE DI LETTURA

Una notte in trincea

1. Rispondi alle domande.
   > Qual è l'argomento generale della poesia?
   > La poesia è divisa in due strofe, corrispondenti a due parti.
      a. Nella prima parte viene presentata una situazione: quale?
      b. Nella seconda parte il poeta descrive l'atteggiamento, apparentemente in contrasto con la realtà, che tale situazione fa nascere in lui: qual è?
   > Il poeta è accanto al compagno morto.
      a. In che modo è morto?
      b. Come è la sua bocca?
      c. Come sono le mani?
   > Che cosa fa il poeta?

COME È FATTA LA POESIA

Suoni e ritmi

2. La poesia è in versi liberi e sciolti; tuttavia ci sono alcune rime che ritornano, a volte anche come rime interne: segnale nel testo. È presente la punteggiatura?

3. Quali allitterazioni prevalgono nella prima parte? Che tipo di suoni sono?

4. Il poeta ha trascorso la notte "buttato" vicino al compagno morto. Secondo te, perché ha scelto proprio questo termine?

5. Analizza il significato e il suono delle parole: "massacrato", "digrignata", "penetrata". Secondo te, il poeta le ha scelte casualmente? Giustifica la tua risposta.

6. La poesia è fatta di un crescendo che si scioglie nei tre versi finali. Prova a leggerla ad alta voce, sottolineando attraverso la lettura questa caratteristica.

PER RIFLETTERE
CONSAPEVOLEZZA ED ESPRESSIONE CULTURALE

Vicinanza alla morte e attaccamento alla vita

7. La nottata trascorsa accanto al compagno ucciso accresce nel poeta il senso di attaccamento alla vita. Trovi naturale questa reazione? Prova a spiegarla.

TUTTI SCRITTORI
COMPETENZE DI SCRITTURA

Il commento

8. Scrivi il commento di questa lirica, tenendo conto delle indicazioni che ti abbiamo fornito negli *Strumenti del lettore* a pagina 419. Per conoscere il contesto, utilizza le informazioni che puoi ricavare dalla scheda *Dal testo al contesto* e dalla biografia dell'autore.

Un poeta e la guerra

 Ascolta la poesia

 Ungaretti e Gassman leggono *Sono una creatura*

Sono una creatura

Il poeta si trova in un valloncello carsico, circondato da pietre calcaree aride e prosciugate. Egli, creatura vivente, sente che la propria sofferenza è della stessa natura di quelle pietre e in questa condizione la morte gli appare come una liberazione, da meritare con la sofferenza quotidiana.

Valloncello di Cima Quattro il 5 agosto 1916

Come questa pietra
del S. Michele
così fredda
così dura
5 così prosciugata
così refrattaria[1]
così totalmente
disanimata[2]

Come questa pietra
10 è il mio pianto
che non si vede

La morte
si sconta
vivendo

(G. Ungaretti, *Vita d'un uomo*, Mondadori)

1. **refrattaria**: pietra che resiste alle alte temperature, dura, insensibile.
2. **disanimata**: inanimata.

UNITÀ 10 — GUERRA E PACE

Attività

CHE COSA DICE LA POESIA
COMPETENZE DI LETTURA

Un pianto di pietra

1. Dopo una prima lettura, rispondi alle domande.
   > Qual è l'argomento generale della poesia?
   > Dove si trova il poeta mentre scrive?
   > A che cosa si sente simile?

2. Il luogo in cui la poesia viene scritta si trova in provincia di Gorizia, in un territorio carsico, dove l'azione costante e tenace dell'acqua sulla roccia ha prodotto una pietra bianca e abbagliante, continuamente modellata e plasmata dall'acqua e dal vento; questo territorio è costellato da "campi solcati", vere e proprie sculture, gigantesche, di pietra calcarea, corrosa e scavata, e da grotte, pozzi e abissi. Alla luce di queste informazioni, cosa si può dire in riferimento allo stato d'animo del poeta, paragonato alla pietra del luogo in cui si trova?

COME È FATTA LA POESIA

Un significato intenso e concentrato

3. La poesia è divisa in tre strofe, senza punteggiatura. Qual è l'argomento di ciascuna strofa?

4. La poesia si basa su una similitudine. Quali elementi sono comuni ai due termini?

5. Gli aggettivi attribuiti alla pietra si accumulano un verso dopo l'altro in un crescendo di intensità, dando luogo a due figure: quali?

6. Analizza il significato degli aggettivi riferiti alla pietra del San Michele, indicando di ciascuno i tratti di significato che vi riconosci. Osserva poi quali tratti sono comuni ai diversi aggettivi. L'esercizio è già avviato.
   fredda: senza calore, che è simbolo di vita insensibile: perché il freddo toglie sensibilità/

   ....

   dura: non flessibile/difficilmente penetrabile/insensibile/

   ....

   Qual è dunque la caratteristica che il poeta vuole far sentire maggiormente?

7. La forza della similitudine viene sottolineata da un parallelismo: indicalo.

8. Sono anche gli effetti fonici che permettono al poeta di raggiungere l'intensità di significato che caratterizza questa lirica. Colora le allitterazioni nei versi della prima strofa.
   > Quale consonante prevale?
   > Quale sensazione produce?

9. Ben sette versi cominciano con la stessa sillaba, e nella prima strofa questa stessa sillaba introduce una potente anafora: quale? A che cosa dà rilievo? Il titolo appare in antitesi con il contenuto della lirica, in particolare con la similitudine. Quale significato gli puoi quindi attribuire?

PER RIFLETTERE
CONSAPEVOLEZZA ED ESPRESSIONE CULTURALE

Morte e vita

10. Gli ultimi tre versi hanno il tono di una sentenza in cui, tuttavia, il significato dei due termini "vita" e "morte" è rovesciato. Che cosa vuol dire il poeta scrivendo che «La morte si sconta vivendo»?
    ☐ La durezza della vita è la pena da scontare per il fatto di non essere morto come i compagni di guerra
    ☐ È consapevole che prima o poi anche lui dovrà morire
    ☐ È convinto che la morte sia meglio della vita, perché rappresenta la fine di ogni sofferenza
    ☐ ....

TUTTI POETI — COMPETENZE DI SCRITTURA

Lettere dal fronte

11. La poesia di Ungaretti è scritta direttamente dal fronte. Prova a riscrivere le vicende e le sensazioni descritte dal poeta in una pagina di diario.

OLTRE IL TESTO

Ascolta la lettura della poesia fatta dall'autore e dall'attore Vittorio Gassman. Noti delle differenze? Quali? Confronta la loro lettura con la tua.

Un poeta e la guerra

San Martino del Carso

Il paese di San Martino del Carso, vicino al quale si trova il poeta, è stato distrutto dalla guerra. Anche il cuore del poeta, che ha perso un gran numero di amici, vive la stessa desolazione.

Valloncello dell'Albero Isolato il 27 agosto 1916

Di queste case
non è rimasto
che qualche
brandello di muro

5 Di tanti
che mi corrispondevano[1]
non è rimasto
neppure tanto

Ma nel cuore
10 nessuna croce manca

È il mio cuore
il paese più straziato

(G. Ungaretti, *Vita d'un uomo*, Mondadori)

1. Di tanti che mi corrispondevano: di tante persone con le quali il poeta sentiva di avere un legame.

Attività

CHE COSA DICE LA POESIA
COMPETENZE DI LETTURA

Un paese straziato

1. Dopo aver letto la poesia, rispondi alle domande.
   > Che cosa è rimasto delle case del paese?
   > E delle persone che il poeta aveva conosciuto?
   > Che cosa c'è invece nel cuore del poeta?

COME È FATTA LA POESIA
CONSAPEVOLEZZA ED ESPRESSIONE CULTURALE

Analogie e corrispondenze

2. La lirica si basa su una simmetria molto precisa che fa risaltare la corrispondenza fra le due forme di distruzione che la guerra produce.

Delle case	è rimasta	qualche maceria
Delle persone	non è rimasto	nulla

   Individua il parallelismo e le due anafore che legano le due strofe.

3. Le due ultime strofe sono entrambe costituite da due versi. Nella prima la congiunzione "Ma" introduce una forte antitesi: la cose materiali (le case e le persone) sono state distrutte; che cosa rimane invece? Nell'analogia tra "cuore" e "paese" che si stabilisce in queste due ultime strofe quali caratteristiche accomunano i due elementi? Quali sono invece le differenze?

4. Osserva l'antitesi fra «qualche (brandello)» e «nessuna croce»: che cosa sottolinea?

5. Alla luce di queste analisi, come puoi definire il tema della poesia?

SCRIVERE E RISCRIVERE

Togliere dal silenzio le parole

6. Prova a trascrivere la poesia di Ungaretti senza andare a capo, senza rispettare versi e strofe: rileggi, osserva l'effetto del testo e confrontalo con quello prodotto dall'originale. Puoi discutere le tue osservazioni, in classe, con i compagni.

ALLA SCOPERTA DEI TESTI • Il testo poetico

UNITÀ 10 — GUERRA E PACE

Giuseppe Ungaretti

Ascolta la poesia

Giuseppe Ungaretti: contro la guerra e l'imperialismo

Fratelli

La desolazione e la morte incontrate in guerra ravvivano nel poeta il senso di fratellanza universale, un sentimento conosciuto durante la sua infanzia, trascorsa ad Alessandria d'Egitto: è la condizione di fragilità dell'uomo che rende tutti fratelli.

Mariano il 15 luglio 1916

Di che reggimento siete
fratelli?

Parola tremante
nella notte

5   Foglia appena nata

Nell'aria spasimante
involontaria rivolta
dell'uomo presente alla sua
fragilità

10   Fratelli

(G. Ungaretti, *Vita d'un uomo*, Mondadori)

• **Dal testo al contesto** — **Le parole dell'autore**

I miei compagni erano ragazzi che appartenevano a tutte le credenze e alle più varie nazionalità. È un'abitudine presa dall'infanzia quella di dare, certo, un'importanza alla propria nazionalità, ma insomma di non ammettere che non potesse essermi fratello chi non ne avesse un'altra. [...]
Nella mia poesia, non c'è traccia di odio per il nemico, né per nessuno: c'è la presa di coscienza della condizione umana, della fraternità degli uomini nella sofferenza, dell'estrema precarietà della loro condizione.

(Dall'introduzione dell'autore alla prima edizione di *Vita d'un uomo*)

Un poeta e la guerra

Attività

CHE COSA DICE LA POESIA
COMPETENZE DI LETTURA

L'importanza della parola "fratelli"

1. Dopo la lettura della poesia e del breve testo dell'autore tratto dall'introduzione alla raccolta di tutte le sue poesie, rispondi alle domande.

   > Anche questa poesia è stata scritta al fronte. A chi si rivolge? Con quale appellativo?
   > Quale condizione accomuna tutti i soldati, tanto da renderli "fratelli"?
   > Perché la parola "fratelli" rappresenta la rivolta dell'uomo contro la sua fragilità?

COME È FATTA LA POESIA
CONSAPEVOLEZZA ED ESPRESSIONE CULTURALE

Parole e immagini

2. Diversamente dalle poesie che abbiamo letto fino a questo punto, in questa è presente un segno di punteggiatura. Quale? Secondo te, perché il poeta ha ritenuto di doverlo aggiungere?

3. Il poeta scrive in versi liberi e sciolti, isolando alcune parole significative. Quali parole costituiscono, da sole, un verso? Ti sembra che corrispondano al tema della poesia?

4. L'idea della fragilità dell'uomo è espressa soprattutto attraverso un aggettivo, che genera una personificazione, e una metafora.

   > Qual è l'aggettivo? Perché si genera una personificazione? Qual è la metafora?

PER RIFLETTERE
La fragilità dell'uomo

5. Secondo te, la fragilità di cui parla Ungaretti è riferita
   ☐ al senso di fratellanza. Infatti...
   ☐ alla condizione umana in generale. Infatti...

TUTTI POETI   **COMPETENZE DI SCRITTURA**

Fratellanza e fragilità

6. Il poeta usa la metafora della foglia appena nata per esprimere la fragilità della fratellanza, ma anche la fragilità della condizione umana. Tu quale immagine useresti?

OLTRE IL TESTO

Ascolta, nel video proposto come approfondimento, la voce del poeta, il racconto della nascita della sua prima raccolta poetica e la lettura della poesia *Fratelli*. Quali parole vengono sottolineate attraverso la lettura della poesia? Quale concezione della guerra emerge?

Giuseppe Ungaretti

Ascolta la poesia

Soldati

Il poeta si trova, con un reparto di soldati italiani, sul fronte francese; è accampato nel bosco di Courton, sotto i bombardamenti tedeschi: ogni cannonata che arriva spezza alberi e stronca vite umane. In questi brevi versi è espressa tutta la precarietà della condizione dei soldati al fronte: la foglia sul ramo ormai quasi spoglio, fragile e indebolita nel vento d'autunno che la minaccia, attende, vulnerabile come il soldato dopo una lunga stagione di guerra.

Bosco di Courton luglio 1918

Si sta come
d'autunno
sugli alberi
le foglie

(G. Ungaretti, *Vita d'un uomo*, Mondadori)

UNITÀ 10 GUERRA E PACE

Attività

UN CONFRONTO CONSAPEVOLEZZA ED ESPRESSIONE CULTURALE

Fragilità

1. Nelle poesie *Fratelli* e *Soldati* Ungaretti ricorre all'immagine della foglia per indicare la fragilità. Confronta la struttura e il significato delle due metafore, analizzandole.

Fratelli

I termine		II termine
....	....	....
	Elemento comune	

Soldati

I termine		II termine
....	....	....
	Elemento comune	

> Quali analogie riscontri?

> Quali differenze?

I LUOGHI DEL SOLDATO UNGARETTI

Per approfondire

I luoghi in cui Giuseppe Ungaretti trascorse da soldato semplice il primo anno di guerra sono ancora oggi visitabili e fanno parte di un percorso attrezzato di tipo storico-naturalistico. Si trovano in Friuli-Venezia Giulia, nella provincia di Gorizia.

La prima tappa dell'itinerario è costituita dal paese di San Martino, nel quale il poeta è ricordato con una lapide che porta impressa la poesia *San Martino del Carso*. La segnaletica presente in paese conduce alle rovine della "Cappella diruta" e al cippo commemorativo costruito nel 1918 dopo la pesante sconfitta dell'esercito italiano nella battaglia di Caporetto.

Il sentiero scende poi alla Via Sacra che porta al Monte San Michele; lungo il percorso, una deviazione conduce a una dolina coltivata, attraverso la quale si giunge al margine superiore del Valloncello dell'Albero Isolato, posto alle spalle della prima linea del fronte, rifugio sicuro delle truppe italiane. Lungo le due sponde del valloncello si trovano numerosi ricoveri e caverne che servirono da rifugio per uomini e materiali durante la guerra; una di queste caverne ha ancora al suo interno una scalinata di pietra che collega i due sbocchi posti a livello diverso.

Il percorso può proseguire lungo il Valloncello di Cima Quattro, costeggiato da rifugi e ruderi di comandi militari, tra i quali si trova anche una cisterna per l'acqua. Da qui si può raggiungere la cima del monte San Michele, costeggiando le trincee e le postazioni che costituirono la prima linea italiana dal novembre 1915 all'agosto 1916, dove i nostri soldati vivevano a pochi metri dai nemici austriaci.

Attività

1. Quali luoghi presenti nelle poesie di Ungaretti hai riconosciuto nel testo?

Un poeta e la guerra

Ascolta la poesia

Natale

Il poeta è in licenza a Napoli, ospite di un amico. Il Natale è una festa per tutti, ma non per lui, che sente dentro di sé la stanchezza della guerra e preferisce starsene solo, nell'intimità di una casa, dopo tanti mesi trascorsi al fronte.

Napoli il 26 dicembre 1916

Non ho voglia
di tuffarmi
in un gomitolo
di strade

5 Ho tanta
stanchezza
sulle spalle

Lasciatemi così
come una
10 cosa
posata
in un
angolo
e dimenticata

15 Qui
non si sente
altro
che il caldo buono

Sto
20 con le quattro
capriole
di fumo
del focolare

(G. Ungaretti, *Vita d'un uomo*, Mondadori)

● **Dal testo al contesto** **Un Natale lontano dalla guerra**

Il poeta, soldato sul fronte italo-austriaco del Carso durante la Prima guerra mondiale, torna a Napoli in licenza in occasione del Natale. In una nota al testo, egli stesso scrive che fu accolto, in occasione di quella licenza, nella grande casa napoletana del suo amico Gherardo Marone. Gherardo Marone, argentino di origini napoletane, fu un uomo di cultura, fondatore della rivista «La Diana», sulla quale lo stesso Ungaretti pubblicò poesie e testi.

UNITÀ 10 — GUERRA E PACE

Attività

CHE COSA DICE LA POESIA
COMPETENZE DI LETTURA

Il desiderio di solitudine

1. Dopo aver letto la poesia, rispondi alle domande.
   > Che cosa non vuole fare il poeta?
   > Per quale motivo?
   > Dove vuole rimanere?
   > In compagnia di chi?

COME È FATTA LA POESIA
Figure e significati

2. Analizza l'organizzazione del testo.
   > In quante strofe è divisa la poesia?
   > Da quanti versi è composta ciascuna strofa?
   > Quali versi sono composti da una sola parola?

3. Considera le scelte lessicali. Il lessico usato si può definire
   - [ ] colto
   - [ ] quotidiano
   - [ ] semplice
   - [ ] aulico
   - [ ] accurato nella scelta dei termini
   - [ ] sciatto

4. Analizza le principali figure presenti nella poesia, che corrispondono alle parole-chiave.
   > Il verbo "tuffarmi" rappresenta un'immagine. Rifletti: normalmente ci si tuffa in acqua e chi lo fa è consapevole della sua capacità di dominare questo elemento. Dove dovrebbe tuffarsi il poeta? Per quale motivo non vuole farlo?

   ....
   ....

   > «Gomitolo / di strade» è una metafora. Analizzala.

   Primo termine: ....
   ....
   Secondo termine: ....
   ....

   Elemento in comune: ....
   ....
   ....

   > Il poeta ha tanta «stanchezza / sulle spalle». Quale immagine trasmette questa espressione?
   > Le «capriole / di fumo» sono spirali di fumo. Per quale motivo, secondo te, il poeta ha scelto proprio il termine "capriole"? Che cosa gli ricorda questa immagine?
   > Il poeta vuole essere lasciato «come una / cosa posata / in un / angolo / e dimenticata». Perché, secondo te, usa questa similitudine, scegliendo proprio il termine "cosa"? Quale condizione indica la scelta dei verbi «posata e dimenticata»?
   > L'espressione «caldo buono» è una sinestesia. A quale sfera sensoriale appartiene il termine "caldo"? E l'aggettivo "buono"? Perché il caldo è buono?

PER RIFLETTERE
CONSAPEVOLEZZA ED ESPRESSIONE CULTURALE

Esterno e interno

5. Rileggi le informazioni che ti abbiamo fornito sull'occasione in cui venne composta la poesia. Alla luce di queste indicazioni, rifletti e rispondi. Il poeta non vuole uscire, ma stare da solo in casa. Quale connotazione assume per lui, in questo momento, il luogo interno, chiuso? E quello esterno, aperto?

TUTTI SCRITTORI
COMPETENZE DI SCRITTURA

Il desiderio di solitudine

6. Il poeta desidera stare da solo. Anche tu hai provato il desiderio di solitudine? In quali occasioni? Racconta.

Il commento

7. Rielabora le informazioni raccolte per scrivere un commento. Se vuoi, puoi seguire le indicazioni fornite negli *Strumenti del lettore* a pagina 419.

Altri poeti, altre guerre

Milano, agosto 1943

Durante la Seconda guerra mondiale Milano subì, a opera degli inglesi, molti bombardamenti che colpirono i centri nevralgici della città. La poesia parla di uno dei periodi in cui gli attacchi si fecero più violenti, il mese di agosto del 1943. L'immagine della città, normalmente piena di vita e di lavoro, venne sconvolta: ovunque si osservarono segni di violenza, di distruzione, di morte, che fecero abbandonare ogni speranza di ripresa. Il poeta, testimone della tragedia, registra gli spaventosi segni di morte e si fa interprete di un dolore universale.

1. polvere: la polvere delle macerie.

2. Naviglio: i navigli sono vie d'acqua artificiali che attraversavano un tempo la città e oggi sono stati, in gran parte, coperti.

3. pozzi nei cortili: la rete idrica della città era stata distrutta e c'era bisogno di scavare nuovi pozzi.

> Invano cerchi tra la polvere[1],
> povera mano, la città è morta.
> È morta: s'è udito l'ultimo rombo
> sul cuore del Naviglio[2]. E l'usignolo
> 5 è caduto dall'antenna, alta sul convento,
> dove cantava prima del tramonto.
> Non scavate pozzi nei cortili[3]:
> i vivi non hanno più sete.
> Non toccate i morti, così rossi, così gonfi;
> 10 lasciateli nella terra delle loro case:
> la città è morta, è morta.

(S. Quasimodo, *Tutte le poesie*, Mondadori)

CHE COSA DICE LA POESIA
COMPETENZE DI LETTURA

Desolazione e morte

1. Dopo aver letto la poesia, rispondi alle domande.
> A quali avvenimenti si riferisce il poeta?
> Che cosa è inutile fare in questa occasione?
> Quale conseguenza ha per la città tutto ciò che è accaduto?
> Qual è l'argomento della poesia?

2. Completa l'elenco degli argomenti attraverso cui si sviluppa il tema generale.

  a. Una mano superstite cerca inutilmente ....

  b. I bombardamenti che hanno colpito il cuore della città hanno distrutto ogni forma di vita:

  ....

  c. È inutile cercare di scavare pozzi per ottenere l'acqua perché ....

  d. Il poeta invita a non seppellire i morti, perché è meglio lasciarli ....

COME È FATTA LA POESIA
Figure e significati

3. Analizziamo alcune figure utilizzate dal poeta.

  a. La "polvere" è una metonimia (la parte per il tutto): indica le ....

  b. Il "cuore" del Naviglio indica il centro vitale della città: si tratta di una ....

  c. L'usignolo "cantava" è una personificazione: il cinguettio dell'usignolo ricorda ....

UNITÀ 10 — GUERRA E PACE

4. Nella poesia è evidente il contrasto tra la vita (Milano è considerata la città vitale per eccellenza) e la morte, il rumore e il silenzio: sottolinea con colore diverso le parole che si riferiscono agli uni e agli altri elementi.

5. L'usignolo può essere considerato l'elemento che simboleggia il passaggio dalla vita alla morte: perché?

6. La "sete" indica il senso della vita, gli affetti, la voglia di vivere. Che cosa significa allora, nel contesto della poesia, l'espressione «I vivi non hanno più sete»?

7. La poesia è pervasa dal senso della morte. Quale espressione, ripetuta nello stesso modo due volte (la seconda proprio in conclusione del testo), rende diffuso questo sentimento?

Struttura e linguaggio

8. Il testo è in versi liberi e sciolti, lo stile è narrativo. Come definiresti il linguaggio?
    ☐ Aulico, solenne   ☐ Colloquiale
    ☐ Semplice, vicino al parlato

PER RIFLETTERE

CONSAPEVOLEZZA ED ESPRESSIONE CULTURALE

Riflettere sui dettagli

9. La poesia fotografa un momento e un evento precisi (i bombardamenti del mese di agosto 1943), in un luogo ben definito (la città di Milano). Credi che il dolore che il poeta descrive sia circoscritto a quell'evento, oppure si può riferire alla guerra in generale? Giustifica la tua risposta.

Alle fronde dei salici

Il poeta rievoca il periodo più cupo della Seconda guerra mondiale in Italia (1943-1945) e descrive un dolore che rende muti: di fronte alla barbarie degli uomini, la poesia non può più alzare il suo canto. Il motivo è ripreso dal salmo 136 della Bibbia, che esprime il dolore degli Ebrei per il loro esilio in Babilonia: «Sui fiumi di Babilonia, là sedemmo e piangemmo ricordandoci di Sion. Ai salici appendemmo le nostre cetre. [...] Come potremo cantare il cantico del Signore in una terra che non è nostra?».

> E come potevamo noi cantare
> con il piede straniero sopra il cuore,
> fra i morti abbandonati nelle piazze[1]
> sull'erba dura di ghiaccio, al lamento
> 5   d'agnello dei fanciulli, all'urlo nero[2]
> della madre che andava incontro al figlio
> crocifisso sul palo del telegrafo?
> Alle fronde dei salici[3], per voto,
> anche le nostre cetre erano appese,
> 10 oscillavano lievi al triste vento[4].

(S. Quasimodo, *Tutte le poesie*, Mondadori)

---

1. **fra i morti... piazze**: l'immagine è crudamente realistica: i tedeschi davano l'ordine di lasciare per le strade i partigiani uccisi, perché ciò facesse da monito contro possibili ribellioni.
2. **urlo nero**: l'urlo carico d'angoscia.
3. **Alle fronde dei salici**: ai rami dei salici, ritenuti, secondo la tradizione, gli alberi del pianto.
4. **al triste vento**: l'allusione è al clima di profonda tristezza generato dalle tragedie di quel periodo.

Altri poeti, altre guerre

Attività

CHE COSA DICE LA POESIA
COMPETENZE DI LETTURA

Cetre che non suonano

1. Dopo aver letto il testo, rispondi alle domande.
> A quale situazione storica si riferisce, in generale, il poeta?
> Di quali categorie di persone evidenzia la sofferenza?
> Con quale immagine mette in rilievo la partecipazione dei poeti alla sofferenza comune?
> Qual è, secondo te, la tematica generale della poesia?

COME È FATTA LA POESIA

Significati, ritmo, immagini

2. La lirica si apre con una domanda sulla possibilità e sul senso della poesia nella situazione che viene descritta, dai versi che seguono, attraverso un accumularsi di immagini degli orrori della guerra. Dove si trova la risposta? Da quale immagine viene comunicata?

3. La poesia è ricca di immagini. Analizziamone alcune.
> Il «lamento / d'agnello dei fanciulli» è una metafora. A che cosa si riferisce? Quale aspetto vuole sottolineare?
> Il «piede straniero sopra il cuore» si riferisce all'occupazione tedesca di una parte dell'Italia negli ultimi due anni della Seconda guerra mondiale. Quale aspetto vuole sottolineare il poeta con questa immagine?
> L'«urlo nero» della madre è una sinestesia. Spiegala. In che modo la scelta di questa figura retorica sottolinea l'atrocità di quel momento?

4. La poesia propone un tipo di verso caro alla tradizione poetica italiana.
> Di quale verso si tratta? Ci sono rime?

5. L'uso di questo verso conferisce alla poesia un tono solenne e quasi religioso: ci sono nella lirica altri elementi che confermano questo carattere?

PER RIFLETTERE
CONSAPEVOLEZZA ED ESPRESSIONE CULTURALE

Guerra e dolore universale

6. Sul sito ufficiale del Parco Letterario Salvatore Quasimodo, nella pagina dedicata alla biografia del poeta, si legge:

> «Nel 1947, edita da Mondadori, uscì la sua prima raccolta del dopoguerra, *Giorno dopo giorno*, libro che segnò una svolta nella poesia di Quasimodo, al punto che si parlò e si continua a parlare di un primo e un secondo Quasimodo. Di fatto l'esperienza tragica e sconvolgente della Seconda guerra mondiale, il profondo convincimento che l'imperativo categorico era quello di "rifare l'uomo" e che ai poeti spettava un ruolo importante in questa ricostruzione, fecero sì che Quasimodo sentisse inadeguata ai tempi una poesia troppo soggettiva, [...] e si aprisse a un dialogo più aperto e cordiale, soffuso di umana pietà, rimanendo però fedele al suo rigore, al suo stile».

Ritieni che si possa riferire quanto scritto sopra anche a questo componimento? Perché?

TUTTI SCRITTORI
COMPETENZE DI SCRITTURA

Quasimodo e la guerra

7. Nelle pagine precedenti hai letto un'altra poesia di Quasimodo che si riferisce allo stesso periodo storico e appartiene alla stessa raccolta poetica. Indica in un testo di confronto quali analogie e quali differenze noti fra le due liriche, in riferimento a:

a. la forza delle immagini utilizzate per descrivere la morte e la tragedia;
b. l'atteggiamento nei confronti della tragica situazione;
c. il linguaggio utilizzato.

UNITÀ 10 – GUERRA E PACE

Diego Valeri

Ascolta la poesia

Campo di esilio

Il poeta, in esilio sulle montagne svizzere negli anni della dittatura fascista, percepisce se stesso e i suoi compagni come alberi sradicati e costretti a vivere in una terra ostile. Ma la speranza, che pure sembra essere venuta meno, può tornare all'improvviso grazie ad alcuni piccoli segni, come in un albero che sembra già morto, inaspettatamente, sbocciano nuovi germogli.

Percossi sradicati alberi siamo,
ritti ma spenti, e questa avara terra
che ci porta non è la nostra terra.
Intorno a noi la roccia soffia vènti
5   nemici, fuma opache ombre di nubi,
aspri soli lampeggia da orizzonti
di verdi ghiacci. Le nostre segrete
radici, al caldo al gelo, nude tremano.
E intanto il tempo volge per il cielo
10 i mattini le sere: alte deserte
stagioni; e i lumi del ricordo, e i fuochi
della speranza, e i pazzi arcobaleni.
Come morti aspettiamo che la morte
passi; e l'un l'altro ci guardiamo, strani,
15 con occhi d'avvizzite foglie. E un tratto
trasaliamo stupiti, se alla cima
di un secco ramo un germoglio si schiuda,
e la corteccia senta urgere al labbro
delle vecchie ferite un sangue vivo;
20 tra le nubi scorrendo un dolce vento
di primavere nostre.

(D. Valeri, *Poesie*, Mondadori)

Altri poeti, altre guerre

Dal testo al contesto — Il prezzo della coerenza

Durante gli anni del trionfo del fascismo, Diego Valeri, saggista e poeta, rifiutò sempre di iscriversi al Partito fascista e si oppose in modo fermo al regime. In conseguenza di ciò, venne allontanato dall'insegnamento sia all'università sia alla scuola superiore. In seguito, dopo l'armistizio dell'8 settembre 1943, venne mandato in esilio in Svizzera, nella Jungfrau, una montagna delle Alpi bernesi, a duemilacinquecento metri di altitudine. Insieme a lui c'erano altri personaggi, politici e scrittori, rappresentanti dell'antifascismo italiano: Amintore Fanfani (che divenne in seguito un politico importante, più volte presidente del Consiglio), Nelo Risi (poeta e regista), Giorgio Strehler (regista teatrale). Valeri visse il periodo dell'esilio con particolare sofferenza, che raccontò anche in *Taccuino svizzero*.

ttività

CHE COSA DICE LA POESIA
COMPETENZE DI LETTURA

Il peso dell'esilio

1. Dopo aver letto il testo e le informazioni sull'autore che ti abbiamo fornito, rispondi alle domande.
   > Dove si trova il poeta?
   > È solo?
   > Attraverso quale immagine definisce se stesso e i compagni?
   > Come descrive il paesaggio che lo circonda?
   > Quale evento della natura stupisce gli esiliati e riporta in loro la speranza? Parafrasa puntualmente l'ultimo periodo della lirica.

COME È FATTA LA POESIA

Ritmo e figure

2. Conta le sillabe dei versi e completa.

   La poesia è in .... sciolti, a eccezione .... che è un ....

3. Il paesaggio che circonda il poeta sembra dominato dalla roccia, che viene personificata: elenca le azioni che le vengono attribuite. A quale figura danno luogo?

4. Nel verso 15 si parla di «occhi d'avvizzite foglie». Spiega la metafora.
   a. I termine: ....
   b. II termine: ....
   c. Elemento comune: ....

5. Nella seconda parte della poesia la metafora prosegue con un'immagine di speranza. Che cosa accade all'albero? A che cosa può essere paragonato, secondo te, in riferimento alla vita degli esiliati?

PER RIFLETTERE
CONSAPEVOLEZZA ED ESPRESSIONE CULTURALE

L'asprezza del paesaggio

6. Il poeta parla del paesaggio delle montagne svizzere, sulle quali è in esilio. Indica come definisce:
   a. la terra; b. i venti; c. le nubi; d. il sole;
   e. i ghiacciai.

   Ti sembra che la descrizione sia denotativa o connotativa? Giustifica la tua risposta.

7. La condizione dell'esilio porta a pensare a un destino comune e conduce alla solidarietà tra compagni. Ti sembra che questo emerga dalla poesia? In che modo?

TUTTI SCRITTORI
COMPETENZE DI SCRITTURA

Il paesaggio montano

8. Sei mai stato in montagna? Descrivi il paesaggio che ricordi (o uno che hai visto in un filmato o in un'immagine) dandone una connotazione positiva o negativa, a seconda della tua esperienza.

SCUOLA DI SCRITTURA
Nella lezione 6 puoi trovare indicazioni su come descrivere i luoghi.

ALLA SCOPERTA DEI TESTI • Il testo poetico

UNITÀ 10 — GUERRA E PACE

Vittorio Sereni

Ascolta la poesia

Non sa più nulla, è alto sulle ali

Il poeta, prigioniero in Algeria durante la Seconda guerra mondiale, immagina una presenza nel sonno che gli parla dei primi caduti Alleati, sbarcati in Normandia il 6 giugno 1944 e riportati in patria attraverso un ponte aereo, e lo invita a pregare per l'Europa. Ma nel cuore del poeta non c'è speranza nel futuro.

  Non sa più nulla, è alto sulle ali
  il primo caduto bocconi sulla spiaggia normanna.
  Per questo qualcuno stanotte
  mi toccava la spalla mormorando
5 di pregar per l'Europa
  mentre la Nuova Armada[1]
  si presentava alle coste di Francia.

  Ho risposto nel sonno: «È il vento,
  il vento che fa musiche bizzarre.
10 Ma se tu fossi davvero
  il primo caduto bocconi sulla spiaggia normanna
  prega tu se lo puoi, io sono morto
  alla guerra e alla pace.
  Questa è la musica ora:
15 delle tende che sbattono sui pali.
  Non è musica d'angeli, è la mia
  sola musica e mi basta».

(V. Sereni, *Diario d'Algeria*, Einaudi)

1. Nuova Armada: l'armata vittoriosa, al contrario dell'Invincibile Armada di Spagna che nel 1588 fu sconfitta dagli inglesi.

Altri poeti, altre guerre

Attività

CHE COSA DICE LA POESIA (COMPETENZE DI LETTURA)
Musica senza speranza

1. Dopo aver letto la poesia e l'introduzione, rispondi alle domande.
   > Perché il primo caduto sulla spiaggia normanna «è alto sulle ali» e «non sa più nulla»?
   > Che cosa è la "Nuova Armada" che si presenta sulle coste di Francia?
   > Perché la voce che si presenta al poeta gli chiede di «pregar per l'Europa»?
   > Qual è l'unica musica che il poeta sente?
   > Perché il poeta non può pregare?
   > A chi chiede di farlo?

COME È FATTA LA POESIA
Ritmo e versi

2. Rileggi la poesia, facendo attenzione al ritmo conferito dalle cesure e dagli *enjambement* e analizza la struttura, poi rispondi alle domande.
   > In quante strofe è divisa?
   > Le strofe hanno la stessa struttura?
   > Il testo si può ricondurre a qualche struttura compositiva tradizionale o conosciuta?
   > Ci sono rime?
   > La poesia ha un ritmo veloce o lento?

PENSIAMOCI SU (CONSAPEVOLEZZA ED ESPRESSIONE CULTURALE)
Alto sulle ali

3. I primi due versi della poesia presentano due immagini dello stesso uomo: «alto sulle ali» e «caduto bocconi sulla spiaggia normanna».
   > L'espressione «alto sulle ali» corrisponde a una precisa scelta: a che concetto rimandano le "ali"?
   > Secondo te, perché vengono usate due immagini così contrastanti?

TUTTI SCRITTORI (COMPETENZE DI SCRITTURA)
La solitudine della prigionia

4. Leggi le note biografiche che riguardano la prima parte della vita di Vittorio Sereni e le parole del critico letterario Pier Vincenzo Mengaldo. Tenendo conto anche di questi documenti, scrivi un commento della poesia.

   Vittorio Sereni nasce a Luino, sul lago Maggiore, nel 1913. Si trasferisce a Brescia, quindi a Milano, dove studia alla facoltà di Lettere e Filosofia e conosce alcuni tra i più importanti intellettuali dell'epoca. Dopo gli studi si dedica all'insegnamento. Viene chiamato alle armi nel 1940, dapprima sul fronte francese, poi in Grecia e in Africa e infine a Trapani. Il 24 luglio 1943, dopo lo sbarco in Sicilia degli Alleati, è fatto prigioniero. Fino al 1945 trascorre il suo tempo in prigionia tra l'Algeria e il Marocco francese.

   [Durante la prigionia] *appare guidato da un'intuizione centrale: che l'ostinata illusione con cui il prigioniero, morto che non sa di esserlo, tenta di risuscitare o piuttosto ripetere la vera vita, si rovescia necessariamente nel disdegnoso gusto con cui egli infine accetta la prigionia come unica dimensione reale, negatività ed estraniazione assolute ma a loro modo autosufficienti e perfette.*

UNITÀ 10 — GUERRA E PACE

Vivian Lamarque

Ascolta la poesia

Contagiosa morte

La poetessa dedica a tutti i caduti, di tutte le guerre, questa poesia, scritta subito dopo gli attentati terroristici che l'11 settembre 2001 distrussero le Torri Gemelle a New York, provocando lo scoppio di un nuovo conflitto. La morte in guerra, dice Vivian Lamarque, arriva sempre prematura, inaspettata: ogni guerra porta con sé una serie contagiosa di morti innocenti.

Guardali i prematuri morti
– pallidi come prematuri
nati – varcano la soglia
del nuovo regno, impreparati.
5   Di già la vita eterna? ma dove?
da che parte? Polvere bianca
tutti li ricopre. O sono loro, quella?
Loro quei granelli là? Alto
il loro numero più dell'alto dei cieli
10   perché come peste è contagiosa
la morte per guerra.

(V. Lamarque, in «*Poesia*», novembre 2001)

Attività

CHE COSA DICE LA POESIA
(COMPETENZE DI LETTURA)

Morire prematuramente

1. Dopo aver letto la poesia, rispondi alle domande.

    a. Di che cosa parla la poesia? **b.** In quale regno entrano i morti prematuri? **c.** Perché sono impreparati? **d.** Perché il loro numero è molto alto?

COME È FATTA LA POESIA

Ritmo e figure

2. La poesia non ha, apparentemente, una struttura regolare. Eppure essa ha un ritmo, che puoi percepire leggendola con attenzione. Scopriamo da che cosa è dato. Verifica se ci sono:

    a. rime **b.** assonanze e consonanze **c.** *enjambement*

3. Nella poesia ci sono tre inversioni.

    > Individuale e riscrivi le parole secondo la sequenza sintattica consueta.
    > Quali parole ha voluto mettere in evidenza la poetessa attraverso l'inversione?
    > Secondo te, quale motivazione ha guidato la sua scelta?

4. Nella poesia ci sono due paragoni. Individuali e spiegali.

PENSIAMOCI SU
(CONSAPEVOLEZZA ED ESPRESSIONE CULTURALE)

La morte per guerra

5. La poetessa dedica la poesia «ai morti per guerra». Come interpreti le parole «come peste è contagiosa / la morte per guerra»?

TUTTI SCRITTORI
(COMPETENZE DI SCRITTURA)

Le Torri Gemelle

6. Fai una piccola ricerca, cercando altre informazioni sul disastro delle Torri Gemelle e sulle sue conseguenze.

7. Seguendo le indicazioni che trovi negli *Strumenti del lettore* a pagina 419 rielabora le analisi svolte e scrivi un commento della poesia.

Altri poeti, altre guerre

Generale

Il poeta si rivolge a un "generale", mettendo in evidenza la potenza delle macchine da guerra, ma anche la loro dipendenza dalla volontà dell'uomo. L'uomo può fare di tutto, anche meccanicamente, ma è in grado di pensare, perciò è libero di rifiutare imposizioni: sta in questa capacità di pensiero la speranza dell'umanità.

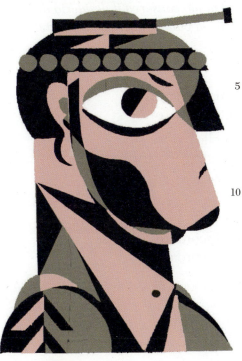

Generale, il tuo carro armato
è una macchina potente.
Spiana un bosco e sfracella cento uomini.
Ma ha un difetto:
5 ha bisogno di un carrista.

Generale, il tuo bombardiere è potente.
Vola più rapido d'una tempesta e porta più d'un elefante.
Ma ha un difetto:
ha bisogno di un meccanico.

10 Generale, l'uomo fa di tutto.
Può volare e può uccidere.
Ma ha un difetto:
può pensare.

(B. Brecht, *Poesie*, a cura di L. Forte, tradotto dal tedesco da L. Forte, Einaudi)

CHE COSA DICE LA POESIA
COMPETENZE DI LETTURA

Potenza e difetti

1. Dopo aver letto il testo, rispondi alle domande.
   > A chi si rivolge il poeta?
   > Si tratta di una persona in particolare, oppure di una categoria?
   > Quali qualità vengono attribuite alle macchine da guerra?
   > Quali difetti?
   > Che cosa hanno in comune questi difetti?
   > Anche l'uomo, secondo il poeta, è potente. Che cosa può fare?
   > Qual è il suo difetto?

COME È FATTA LA POESIA
Parallelismi e anafore

2. La struttura della poesia presenta parallelismi e anafore: individuali e spiega quale funzione hanno nella poesia.

PER RIFLETTERE
COMPETENZE SOCIALI E CIVICHE

Difetti e dipendenze

3. Perché la dipendenza della macchina dall'uomo è considerata un difetto?

4. Da quale punto di vista è un difetto il poter pensare? Tu che cosa ne pensi? Discutetene in classe.

UNITÀ 10 GUERRA E PACE

Il desiderio di pace

Iakovos Kambanellis

Ascolta la poesia

Quando la guerra finirà

Il poeta, internato in un lager nazista durante la Seconda guerra mondiale, lancia un messaggio: anche quando vive le esperienze più tragiche, come quelle dei prigionieri racchiusi nei lager, l'uomo conserva il desiderio di vivere, la speranza dell'amore, la certezza che la vita trionferà sulla morte.

    Ragazza con gli occhi sgomenti[1]
    ragazza con le mani gelate
    quando la guerra finirà di me non ti scordare
    quando la guerra finirà di me non ti scordare

5   Nella gioia del mondo vieni al cancello
    ci baceremo in mezzo alla strada
    ci abbracceremo in mezzo alla piazza

    Ragazza con gli occhi sgomenti
    ragazza con le mani gelate
10 quando la guerra finirà di me non ti scordare
    quando la guerra finirà di me non ti scordare

    Nella cava di marmo ci ameremo
    nelle camere a gas
    nelle scale, nelle casematte[2]

15 Ragazza con gli occhi sgomenti
    ragazza con le mani gelate
    quando la guerra finirà di me non ti scordare
    quando la guerra finirà di me non ti scordare

    Troviamoci qui in pieno mezzogiorno
20 in tutti i luoghi della morte
    finché scompaia la sua ombra

    Ragazza con gli occhi sgomenti
    ragazza con le mani gelate
    quando la guerra finirà di me non ti scordare
25 quando la guerra finirà di me non ti scordare

(I. Kambanellis, in *Dal profondo dell'inferno*,
a cura di L. Settimelli, tradotto dal tedesco da L. Settimelli, Marsilio)

1. sgomenti: smarriti e disorientati.

2. casematte: piccoli edifici costruiti per proteggere i pezzi di artiglieria.

Il desiderio di pace

Attività

CHE COSA DICE LA POESIA
COMPETENZE DI LETTURA
L'amore vince la morte

1. Dopo la lettura del testo, rispondi alle domande.
   > A chi si rivolge il poeta?
   > Con quali tratti caratterizza la ragazza?
   > A quale momento futuro fa riferimento?
   > Che cosa chiede insistentemente alla ragazza?
   > In quali luoghi vorrebbe tornare con lei?
   > Perché vuole tornare nei luoghi della morte?
   > Perché, secondo te, la ragazza ha gli occhi sgomenti e le mani gelate?

2. Qual è il tema della poesia?

COME È FATTA LA POESIA
Le immagini e il ritornello

3. Analizza la struttura della poesia.
   > È divisa in strofe?
   > Quanti versi ha ciascuna strofa?
   > Quali versi ricorrono uguali, a formare un ritornello? Sottolineali.

4. Quale sarà lo scenario dell'amore fra i due giovani? Che cosa comunica questa immagine?

5. Quale funzione ha, secondo te, il ritornello?

PER RIFLETTERE
CONSAPEVOLEZZA ED ESPRESSIONE CULTURALE
Una speranza

6. Secondo te, la poesia sottolinea
   - [ ] la disperazione della vita nei lager
   - [ ] la disumanizzazione della vita nei lager
   - [ ] la speranza, nonostante la durezza delle condizioni, presente tra i prigionieri dei lager
   - [ ] ....

   Giustifica la tua risposta facendo riferimento al testo.

COMPETENZE DIGITALI
Un momento storico doloroso

7. La poesia rappresenta una testimonianza di un periodo tra i più dolorosi della storia del Novecento. Potrebbe diventare lo spunto per un lavoro di approfondimento da preparare raccogliendo altro materiale relativo alla vicenda dello sterminio degli ebrei e organizzandolo in una presentazione che sviluppi i seguenti punti:
   a. il contesto storico;   b. le vicende;
   c. le testimonianze;
   d. la tua valutazione personale.

Nelly Sachs

Ascolta la poesia

A voi che costruite la nuova casa

La poetessa invita a ricostruire le mura e il cuore dopo l'esperienza della guerra. Chiede che durante la ricostruzione non ci si soffermi a piangere sul passato e sulla morte, ma ci si apra alla speranza di una nuova vita.

  Quando innalzerai di nuovo le tue mura
  – il focolare, il letto, il tavolo e la sedia –
  non appendere le lacrime per quelli che se ne sono andati,
  che non abiteranno più con te,
5 alla pietra
  non al legno –
  ci sarebbe altrimenti un pianto nel tuo sonno
  in quello breve, che ancora devi fare.
  Non sospirare quando ti fai il letto, –
10 ai tuoi sogni potrebbe mescolarsi
  il sudore dei morti.

UNITÀ 10 — GUERRA E PACE

Ah, gli arredi e le pareti
sono recettivi come arpe eolie[1]
e come un campo dove cresce il tuo dolore,
15   e sentono in te il legame con la polvere.

Costruisci, quando scorre la clessidra,
ma non piangere via i minuti
insieme con la polvere
che nasconde la luce.

(N. Sachs, *A voi che costruite la nuova casa*, in *Poesia del Novecento in Italia e in Europa*, a cura di E. Esposito, tradotto dal tedesco da I. Porena, Feltrinelli)

1. sono recettivi come arpe eolie: sono sensibili alle sollecitazioni esterne come lo erano le arpe eolie, strumenti musicali che producevano i suoni per effetto delle correnti d'aria, al soffio del vento.

Attività

CHE COSA DICE LA POESIA
COMPETENZE DI LETTURA

La ricostruzione

1. Dopo aver letto il testo, rispondi alle domande.
   > La poetessa invita alla ricostruzione materiale e morale dopo la guerra. Che cosa bisogna costruire nelle case?
   > E nel cuore degli uomini?
   > Che cosa bisogna evitare di fare?
   > Quale «polvere», secondo te, «nasconde la luce»?

COME È FATTA LA POESIA
Immagini, similitudini e personificazioni

2. La poesia è ricca di immagini. Analizzane alcune.
   > «Non appendere le lacrime per quelli che se ne sono andati». Che cosa significa «appendere le lacrime»?
   > «Gli arredi e le pareti / sono recettivi come arpe eolie». Che cosa vuole sottolineare la poetessa con questa similitudine?
   > «E sentono in te il legame con la polvere». La poetessa ha utilizzato una personificazione: che cosa percepiscono gli arredi e le pareti? Che cosa rappresenta la polvere?

PER RIFLETTERE
CONSAPEVOLEZZA ED ESPRESSIONE CULTURALE

Il dolore della guerra

3. Perché, secondo te, la poetessa dice che nella ricostruzione non bisogna pensare al dolore della guerra? Giustifica la tua opinione.

TUTTI SCRITTORI
COMPETENZE DI SCRITTURA

Il commento

4. Seguendo la guida degli *Strumenti del lettore* a pagina 419 e i suggerimenti forniti in precedenza, scrivi un commento della poesia.

Il desiderio di pace

Chi sta in alto dice: pace e guerra

I concetti di pace e guerra non sono uguali per tutti: per i potenti la pace è una condizione che, attraverso le ingiustizie, prepara alla guerra.

+ difficile

🔊 Ascolta la poesia

Sono di essenza diversa.
La loro pace e la loro guerra
sono come il vento e la tempesta.

La guerra cresce dalla loro pace
5   come il figlio dalla madre.
Ha in faccia
i suoi lineamenti orridi.

La loro guerra uccide
quel che alla loro pace
10 è sopravvissuto.

(B. Brecht, *Poesie*, a cura di L. Forte, tradotto dal tedesco da L. Forte, Einaudi)

Attività

CHE COSA DICE LA POESIA
COMPETENZE DI LETTURA

La pace di chi sta in alto

1. Dopo aver letto il testo, rispondi alle domande.
   > Qual è l'argomento generale della poesia?
   > Attraverso quali immagini e parole chiave viene sviluppato?

   Per rispondere ricostruisci il campo semantico delle parole chiave «loro pace» e «loro guerra».

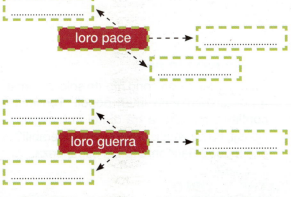

2. Considera il titolo: a chi si riferisce il poeta quando dice «chi sta in alto»?

3. Le parole chiave della poesia sono «loro pace» e «loro guerra». Quali caratteristiche hanno la pace e la guerra di cui si parla? Sottolinea nel testo le parole che le indicano. Perché si assomigliano?

COME È FATTA LA POESIA

Immagini di guerra e di pace

4. La poesia presenta due similitudini. Quali? Sottolineale e spiegale.

5. Che tipo di linguaggio usa il poeta?

PER RIFLETTERE
CONSAPEVOLEZZA ED ESPRESSIONE CULTURALE

Il legame tra pace e guerra

6. Il poeta scrive che «la guerra uccide / quello che alla loro [*di chi sta in alto*] pace è sopravvissuto».
   > Perché, secondo l'autore, la pace di cui parla chi sta in alto non è autentica? Di che cosa è accusato, secondo te, chi comanda e prende le decisioni importanti?

TUTTI SCRITTORI
COMPETENZE DI SCRITTURA

Il commento

7. Facendo riferimento alle indicazioni date, alla biografia dell'autore, e anche alle altre poesie di questa unità, scrivi un commento del testo letto.

UNITÀ 10 — GUERRA E PACE

Li Tien Min

Ascolta la poesia

La pace

La pace è l'aspirazione di ogni cuore, è la speranza di ogni uomo, qualunque sia la sua condizione sociale, le sue idee politiche, la sua religione.

Non importa che tu sia
uomo o donna,
vecchio o fanciullo,
operaio o contadino,
5   soldato o studente o commerciante;
non importa quale sia il tuo credo politico
o quello religioso;
se ti chiedono qual è la cosa
più importante per l'umanità
10   rispondi
prima
dopo
sempre:
la Pace!

(AA.VV., *Poesie e canti di pace della Cina*, Guanda)

Attività

CHE COSA DICE LA POESIA
COMPETENZE DI LETTURA

Un'aspirazione universale

1. Il contenuto della poesia è di comprensione immediata. Rispondi alle domande.
   > A chi si rivolge il poeta?
   > Qual è il tema della poesia?
   > Come si esprime nella lirica il concetto che il desiderio di pace è universale?

COME È FATTA LA POESIA

Versi liberi e sciolti

2. La poesia è in versi liberi e sciolti. Da che cosa scaturisce il ritmo?

3. La caratteristica della poesia è di essere fondata sull'accumulazione di coppie di elementi contrapposti: qual è l'effetto che si ottiene?

PER RIFLETTERE
CONSAPEVOLEZZA ED ESPRESSIONE CULTURALE

Pace e guerra

4. Quali argomentazioni adduce chi afferma che la guerra è talvolta inevitabile? Sei d'accordo?

TUTTI SCRITTORI
COMPETENZE DI SCRITTURA

Pace e guerra in noi

5. Pace e guerra non sono riferite solo ai conflitti che coinvolgono interi popoli. Tensioni e conflitti sono anche tra di noi in famiglia, in classe, tra gli amici. Credi siano superabili? In che modo? Racconta la tua esperienza.

OLTRE IL TESTO

Utilizzando i testi poetici letti, i testi in prosa presenti nell'antologia e gli approfondimenti nell'e-Book, scrivi un testo che presenti la tua posizione sul tema: *La guerra è inevitabile? Perché?*

LABORATORIO DELLE COMPETENZE

SENSO DI INIZIATIVA E IMPRENDITORIALITÀ

CONSAPEVOLEZZA ED ESPRESSIONE CULTURALE

Attività di scrittura

Rovesciamo i ruoli

Da tre anni lavoriamo insieme sulla poesia: noi ti abbiamo proposto numerosissimi testi, tu avrai certamente svolto altrettanti percorsi di comprensione e di analisi. Ora che sei diventato esperto, rovesciamo i ruoli: prova tu a far scoprire ai tuoi compagni, magari a quelli delle classi prime, la bellezza dell'esprimersi in poesia! Ti proponiamo di preparare la presentazione di una poesia, con la relativa guida all'analisi da far svolgere ai tuoi compagni più giovani. Ovviamente puoi scegliere il testo che vuoi, ma noi ti suggeriamo di rimanere all'interno dell'argomento che abbiamo affrontato in questa unità: pace e guerra.

A. ▶ Il testo

Eccovi il testo di *Girotondo*, una bellissima canzone di Fabrizio De André, che non era solo un cantautore, ma un vero poeta. Leggila insieme alla tua classe, ascoltala cantata da De André, poi prepara una piccola introduzione e una serie di domande che guidino i tuoi compagni a capire e ad apprezzare il testo, a scoprire che cosa dice loro.

Girotondo

Se verrà la guerra, Marcondiro'ndero
se verrà la guerra, Marcondiro'ndà
sul mare e sulla terra, Marcondiro'ndera
sul mare e sulla terra chi ci salverà?

Ci salverà il soldato che non la vorrà
ci salverà il soldato che la guerra rifiuterà.

La guerra è già scoppiata, Marcondiro'ndero
la guerra è già scoppiata, chi ci aiuterà.
Ci aiuterà il buon Dio, Marcondiro'ndera
ci aiuterà il buon Dio, lui ci salverà.

Buon Dio è già scappato, dove non si sa
buon Dio se n'è andato, chissà quando ritornerà.

L'aeroplano vola, Marcondiro'ndera
l'aeroplano vola, Marcondiro'ndà.
Se getterà la bomba, Marcondiro'ndero
se getterà la bomba chi ci salverà?

Ci salva l'aviatore che non lo farà
ci salva l'aviatore che la bomba non getterà.

LABORATORIO DELLE COMPETENZE

UNITÀ 10

La bomba è già caduta, Marcondiro'ndero
la bomba è già caduta, chi la prenderà?
La prenderanno tutti, Marcondiro'ndera
siam belli o siamo brutti, Marcondiro'ndà.

Siam grandi o siam piccini li distruggerà
siam furbi o siam cretini li fulminerà.

Ci sono troppe buche, Marcondiro'ndera
ci sono troppe buche, chi le riempirà?
Non potremo più giocare al Marcondiro'ndera
non potremo più giocare al Marcondiro'ndà.

E voi a divertirvi andate un po' più in là
andate a divertirvi dove la guerra non ci sarà.

La guerra è dappertutto, Marcondiro'ndera
la terra è tutta un lutto, chi la consolerà?
Ci penseranno gli uomini, le bestie i fiori
i boschi e le stagioni con i mille colori.

Di gente, bestie e fiori no, non ce n'è più
viventi siam rimasti noi e nulla più.

La terra è tutta nostra, Marcondiro'ndera
ne faremo una gran giostra, Marcondiro'ndà.
Abbiam tutta la terra Marcondiro'ndera
giocheremo a far la guerra, Marcondiro'ndà.

(F. De André, *Tutti morimmo a stento*, 1968)

B. ▶ La presentazione

Ti ricordiamo, in sintesi, le "tappe" del tuo lavoro:

a. presenta il testo e il suo autore, cercando notizie sulla vita e l'opera di Fabrizio De André;

b. preoccupati che il significato letterale del testo sia stato compreso correttamente;

c. guida i compagni nella scoperta delle parole chiave;

d. fai in modo che vengano cercate e interpretate correttamente le immagini presenti nel testo;

e. porta l'attenzione sugli aspetti fonici, che integrano e potenziano il significato della poesia;

f. guida i compagni nel ragionamento sul significato complessivo del testo.

Buon lavoro!

ALLA SCOPERTA DEI TESTI
Il testo teatrale

Gli strumenti del lettore

UNITÀ **11** Il teatro per noi

UNITÀ **12** Il teatro e la sua storia

Gli strumenti del lettore
Il testo teatrale

Il testo teatrale: una presentazione in Power Point

> Il teatro vive, non può sparire. Perché fa provare al pubblico le emozioni vere, le più pure, che possono colpirlo, le emozioni che gli mancano nella vita quotidiana. Nella nostra esistenza siamo abituati a nascondere le emozioni, a tenerle dentro. E il teatro invece le fa uscire permettendoci di vivere il dolore, la gioia, la compassione: tutto ciò che ci fa uomini. Il teatro ci fa sentire – anche se solo per qualche attimo – migliori, ci fa crescere umanamente. Questa è la qualità del teatro. Una qualità inesauribile e per questo il teatro stesso non finirà mai.
>
> (L. Dodin, *Io e Strehler, fratelli di teatro in giro per il mondo*, in «Corriere della Sera», 8 settembre 2003)

Dal testo alla rappresentazione teatrale: l'allestimento

Eccoci giunti all'ultima tappa del nostro percorso triennale attraverso il teatro, le sue caratteristiche, le sue opere, la sua storia.
Se nel primo anno ci siamo occupati delle **caratteristiche del testo teatrale** (e di tutto quanto lo distingue dal testo narrativo), e nel secondo abbiamo visto le caratteristiche dei vari generi teatrali, ora cercheremo di scoprire i segreti che si nascondono dietro l'**allestimento** di uno spettacolo. Sappiamo infatti che per fare teatro il testo non basta: bisogna recitarlo, metterlo in scena, farlo vivere davanti a un pubblico. Questo è il teatro. E per mettere in scena un pezzo teatrale bisogna dare forma al mondo che il testo ha evocato, predisporre tutti quegli elementi che servono per crearlo concretamente: realizzare, appunto, un allestimento. È a questo punto che entrano in campo il regista, gli attori, lo scenografo, i costumi, le luci, i suoni...

▶ La regia

I tre elementi fondamentali per identificare una rappresentazione teatrale sono il titolo, l'autore e il regista. Sappiamo bene che l'autore è colui che ha inventato e scritto il testo teatrale; ma perché il regista è così importante da essere affiancato all'autore?

> Il **regista** è uno specialista di teatro che **progetta la rappresentazione**, **organizza e coordina l'allestimento** e **dirige la rappresentazione**.

Prima di tutto il regista deve conoscere a fondo l'autore e l'opera che vuole rappresentare: dopo averla studiata, egli la interpreta alla luce della propria sensibilità e dell'epoca in cui vive e, sulla base di questa interpretazione, ne progetta la messa in scena valorizzando gli aspetti del testo più vicini alla sua sensibilità.

Gli strumenti del lettore IL TESTO TEATRALE

> Il **regista** non si limita a coordinare un lavoro organizzativo ma, sulla base della sua lettura del testo e della sua sensibilità, "**ri-crea**" l'opera.

Il regista teatrale è dunque il responsabile dell'allestimento di uno spettacolo; è lui che dirige il lavoro dei diversi collaboratori: gli attori, il musicista, lo scenografo, il costumista, l'addetto alle luci...
È facile comprendere che cosa fa tecnicamente il regista (per esempio è lui che decide la posizione degli attori, i loro movimenti ecc.); lo è meno capire la difficoltà e la complessità di questo lavoro: il regista interpreta il testo, sceglie gli attori e li guida a immedesimarsi in quell'interpretazione, li coordina, fornisce direttive per l'allestimento e rende conto dell'avanzamento e del risultato del lavoro al produttore, che è la persona che finanzia lo spettacolo. Il lavoro del regista si può paragonare a quello dell'architetto: egli ha carta bianca riguardo all'organizzazione e allo sviluppo del progetto.

• Quando nasce la figura del regista

La **figura del regista teatrale** fa la sua comparsa **nei primi anni del Novecento**. Prima di questa data non esisteva una figura specifica che organizzasse lo spettacolo; esso era perciò affidato al capocomico, un attore con molta esperienza che costruiva lo spettacolo a sua misura e che a volte, essendo lui stesso parte della rappresentazione, si lasciava andare a eccessi di egocentrismo e di spettacolarità. Solo nel Novecento si cominciò a sentire l'esigenza di affidare la direzione della messa in scena a una figura esterna, che non fosse coinvolta dallo spettacolo, a livello emotivo, come lo erano gli attori.

Il primo regista in senso moderno fu André Antoine, che nel 1887 fondò il Théâtre Libre di Parigi; in Italia i primi registi furono, spesso, gli autori stessi delle opere messe in scena, come Luigi Pirandello e Gabriele D'Annunzio.
Alcuni registi teatrali italiani contemporanei hanno fama internazionale: è il caso di **Gabriele Lavia**, **Massimo Castri**, **Luca Ronconi**, e soprattutto di **Giorgio Strehler**, morto nel 1997, il cui stile ha influenzato il teatro di tutto il mondo.

Giorgio Strehler durante una delle sue regie al Piccolo Teatro di Milano nel maggio 1997.

◉ La scenografia

La scenografia costituisce l'ambientazione della storia, il luogo in cui essa si svolge, o, per usare un termine teatrale, lo spazio scenico. In teatro la scenografia viene definita, più correttamente, "messa in scena". In concreto,

Gli strumenti del lettore IL TESTO TEATRALE

la scenografia è composta da tutti gli oggetti necessari a preparare e ad arredare la scena (lo sfondo della rappresentazione teatrale): essa comprende, quindi, i bozzetti (disegni) preparatori e tutti gli elementi della scena (fondali dipinti, luci, arredi, oggetti, macchine sceniche).

• Lo scenografo

> Lo **scenografo** è la persona che **cura la scenografia** e nell'allestimento di uno spettacolo teatrale ha il compito di **ricostruire i luoghi** in cui si svolge la vicenda, anche se essi sono immaginari e non più esistenti.

Lo scenografo decide, in stretta collaborazione con il regista, come dovranno essere costruiti gli ambienti e che cosa dovranno contenere, adattandosi al contesto e agli spazi disponibili (e tenendo conto del *budget*, cioè del denaro disponibile per l'allestimento); per fare ciò è spesso necessario realizzare disegni, progetti, plastici e modelli in scala che rendano l'idea del risultato finale. L'utilizzo della tecnologia digitale, oggi, rende molto più facile la progettazione e lo sviluppo delle scenografie, riducendo i tempi di realizzazione dei modelli e i loro costi.

Naturalmente, dopo l'approvazione del progetto, lo scenografo si avvale del lavoro di maestranze specializzate per la costruzione della scenografia (falegnami, stuccatori ecc.) e viene aiutato da un trovarobe, che ha il compito di reperire tutti gli oggetti che servono per la rappresentazione.

Non è raro, specie nella messa in scena di opere liriche, che le figure del regista e dello scenografo siano riunite in un'unica persona. Talvolta lo scenografo si occupa anche dei costumi di scena.

Fino all'inizio del Novecento, la professione di scenografo era legata esclusivamente all'ambiente del teatro e all'allestimento di drammi, opere e balletti; oggi invece si estende anche al campo cinematografico e al mondo della televisione.

Ruggero Leoncavallo, *Bohème*, bozzetto originale di scenografia, atto II.

Ruggero Leoncavallo, *Bohème*, bozzetto originale di scenografia, atto IV.

Gli strumenti del lettore **IL TESTO TEATRALE**

◉ Gli attori

• Attore e personaggio

> ◉ L'**attore** è una persona che **interpreta un ruolo** (cioè un personaggio) in una produzione artistica, e dunque in televisione, al cinema, alla radio oppure in teatro.

Gli attori, di solito, vengono scelti dal regista tramite apposite audizioni; il regista deve capire se l'attore può calarsi nei panni del personaggio così come lui lo immagina. È necessario che tra l'attore e il regista si crei un'intesa, che nessuno dei due voglia prevalere sull'altro.
Il primo attore della storia è stato un greco vissuto nel VI secolo a.C., di nome Tespi: nel 530 a.C. salì sul palco del teatro di Atene, in occasione delle feste che celebravano il dio Dioniso, e parlò come il personaggio di una rappresentazione; prima di lui le storie venivano narrate in terza persona e nessuno, mai, aveva assunto la parte di un personaggio.
L'attore normalmente recita un personaggio, in un certo tempo (la durata della rappresentazione) e in uno spazio definito (il palcoscenico). Lo studio dei tempi fa parte del mestiere dell'attore: il tempo, il ritmo, la sincronizzazione tra le parole e le azioni, specie nel caso di una battuta comica, determinano la riuscita di una scena, e spesso dell'intera rappresentazione, soprattutto in uno spettacolo dal vivo, in cui il riscontro del pubblico è immediato.

• La presenza scenica

L'elemento più importante nel mestiere dell'attore è quello che viene definito **presenza scenica**. Avere una buona presenza scenica significa avere la capacità di:

ALLA SCOPERTA DEI TESTI • Il testo teatrale

Gli strumenti del lettore IL TESTO TEATRALE

> utilizzare il proprio corpo, fare i gesti giusti per accompagnare, integrare le parole, enfatizzandole o conferendo loro significati simbolici;
> usare in modo adeguato la voce, per comunicare le caratteristiche del personaggio ed esprimerne le emozioni. Dunque l'attore deve fare attenzione alla dizione, all'intonazione e fare una corretta respirazione.

La creatività e l'ispirazione dell'attore possono essere stimolate da adeguati esercizi di rilassamento; in questo modo egli può allontanare le preoccupazioni personali, la paura del pubblico e della prova da superare.

• Lo studio del personaggio

Uno studio attento del personaggio da interpretare, colto in tutte le sue sfumature, è una condizione indispensabile per recitare con successo. Spesso, tuttavia, il personaggio che un attore deve interpretare ha caratteristiche molto lontane dalla sua personalità e dalla sua emotività;

Barry McGovern (Vladimiro) e Johnny Murphy (Estragone) in *Aspettando Godot* in un allestimento dello spettacolo al Barbican Theatre di Londra nel 2006.

Un attore in scena al Piccolo Teatro di Milano nel 1997.

numerose scuole di recitazione hanno messo a punto metodi per affrontare questo problema: il più famoso è il **metodo Stanislavskij**, reso celebre dall'Actors Studio di New York (e da attori quali Marlon Brando, Meryl Streep e Al Pacino). Il metodo fu concepito dal russo Konstantin Sergeevič Stanislavskij, vissuto tra il 1863 e il 1938, che lo divulgò in America e scrisse diversi libri sull'argomento. Tale metodo pone l'attore, sia teatrale sia cinematografico, al centro del processo creativo: il suo compito non è infatti quello di recitare, bensì quello di essere se stesso, dopo essersi calato interamente nel personaggio a cui sta dando vita. Secondo questo metodo, **l'attore non imita, ma diventa il personaggio** che deve rappresentare, in una sorta di gioco che lo libera dalla finzione, permettendogli di vivere il personaggio che gli è stato affidato.

I costumi

La funzione dei costumi

> I **costumi teatrali** sono **abiti creati per la scena**, indossati dagli attori durante una rappresentazione. La loro funzione è quella di **dare credibilità alla finzione teatrale**.

A volte le caratteristiche dei costumi sono indicate dall'autore stesso attraverso il testo teatrale; normalmente sono ispirate a criteri di realismo e di coerenza con l'epoca storica rappresentata. In ogni caso, i costumi dipendono molto dall'interpretazione che il regista dà del testo teatrale, e lo caratterizzano fortemente; l'attualizzazione di un testo classico è spesso segnalata, in primo luogo, dall'attualizzazione dei costumi. Per questo motivo il lavoro del costumista deve essere svolto in stretta intesa con il regista.

Breve storia dei costumi teatrali

> Il **costume** riveste una grande importanza **nella storia del teatro** e ne **segnala le trasformazioni**: la sua **funzione**, nei tempi moderni, è diversa da quella che aveva nell'antichità.

Nel teatro dell'**antica Grecia** o a **Roma** il **costume era fisso** e cambiava a seconda del genere rappresentato (commedia o tragedia), così come cambiavano le **calzature** indossate dagli attori: basse (per la commedia) o alte (per la tragedia).
Nel teatro classico il costume serviva alla caratterizzazione del personaggio e doveva essere immediatamente riconoscibile: spada e clamide (mantello corto) per i soldati, cappello e lungo mantello per i messaggeri. La presenza della **maschera** era essenziale: essa nascondeva il viso dell'attore, trasformandolo nel personaggio rappresentato, e permetteva di amplificare la voce.
Durante il **Medioevo** gli attori utilizzavano **abiti quotidiani**, ma quando le rappresentazioni entrarono nelle corti rinascimentali, i costumi si impreziosirono.
La **Commedia dell'Arte cinquecentesca** segnò la nascita del personaggio con il **costume fisso**, caratterizzato anche dalla presenza della **maschera**: si pensi ad Arlecchino, Brighella, Colombina, Pantalone ecc.
Per tutta l'epoca moderna, i costumi teatrali non rispondevano a criteri di realismo o di ricerca storica; venivano spesso usati abiti del tempo anche per raffigurare personaggi del passato. Nell'**Ottocento** si cominciò a rendere il **costume più aderente all'epoca** in cui si svolgeva l'opera teatrale; gli abiti di scena, tuttavia, venivano fatti realizzare dagli attori stessi: in questo modo i costumi erano opera di sarti differenti (gli attori famosi ricorrevano a quelli più bravi e costosi), senza che ci fosse un criterio d'insieme,

Bozzetto del costume per la contessa di Coigny, uno dei personaggi dell'opera *Andrea Chénier* del compositore italiano Umberto Giordano, rappresentata per la prima volta nel 1896.

rischiando di produrre un effetto disorganico sulla scena. Solo dopo la Seconda guerra mondiale si affermò l'uso di affidare la realizzazione dei costumi a **laboratori specializzati**, che li creavano per tutti gli attori seguendo le indicazioni della regia.

Nel **Novecento**, il dramma borghese portò sui palchi gli **abiti della vita contemporanea**, alla ricerca della naturalezza e della verità, caratteristiche di questo genere.

• Il costume teatrale oggi

Le caratteristiche dei costumi teatrali, oggi, sono le più diverse; la maschera non viene più usata e il costume teatrale ha una **duplice funzione**: caratterizzare i personaggi con **richiami all'epoca nella quale l'opera teatrale si svolge**, ma anche, specie nel teatro sperimentale, **evidenziare aspetti simbolici** connessi ai personaggi o alle situazioni.

Nello stesso tempo il costume serve all'attore per facilitare la sua identificazione con il personaggio, specialmente per coloro che si richiamano al metodo Stanislavskij.

▶ Le luci

• Una componente fondamentale

Già nel V secolo a.C. i Greci avvertivano la necessità di tenere conto delle luci nell'allestimento di uno spettacolo teatrale: non avendo a disposizione altre fonti di luce oltre al sole e alle torce, i loro spettacoli spesso iniziavano all'alba e finivano di notte, sfruttando le variazioni naturali dell'illuminazione.

Nel Medioevo, molte rappresentazioni si svolgevano nelle chiese, o in luoghi chiusi, dove la luce del sole non era sfruttabile appieno: ecco allora la necessità delle luci artificiali, utilizzate più per consentire la visione dello spettacolo che per un fine artistico.

Solo nel **Rinascimento**, con la scoperta della prospettiva, con la nascita di testi teatrali che abbandonavano i temi mitologici e religiosi per dedicarsi a storie più vere e terrene, e con la costruzione di veri e propri teatri in ambienti chiusi, **la luce entrò a pieno titolo nello spettacolo**: si usarono allora le lanterne dotate di schermi per circoscrivere la luce, regolarne l'intensità, renderla colorata; si studiarono le posizioni delle fonti luminose, la disposizione delle ombre, la realizzazione di effetti "speciali" per **coinvolgere**, trascinare lo **spettatore nel mondo fantastico della rappresentazione**.

Più tardi l'invenzione dell'illuminazione elettrica permise ad artisti, registi e scenografi di sbizzarrirsi con gli effetti di luce, arrivando a portare, nel pur piccolo spazio scenico, il mondo intero.

• Gli effetti delle luci in teatro

Ecco i principali **effetti delle luci in scena**, a seconda che siano disposte davanti, dietro, in alto, in basso o lateralmente rispetto ai personaggi.

La **luce frontale**, posta davanti agli attori, produce una buona visione d'insieme della scena, ma con basso contrasto ed emozionalità, mentre la **luce posta lateralmente** rispetto alla scena determina un forte contrasto; le ombre producono effetti di grande emotività, consentendo allo spettatore di vedere solo la metà illuminata dei personaggi. La **luce dall'alto** dà un forte contrasto ma determina anche un effetto di compressione, di "schiacciamento", mentre quella **dal basso** crea contrasti e ombre innaturali, inquietanti.

Esempio di utilizzo della luce frontale nelle rappresentazioni teatrali contemporanee.

Gli strumenti del lettore **IL TESTO TEATRALE**

Esempio di utilizzo della luce posta lateralmente nelle rappresentazioni teatrali contemporanee.

Esempio di utilizzo della luce da dietro nelle rappresentazioni teatrali contemporanee.

La **luce da dietro** (effetto controluce) crea un contrasto estremo perché la parte frontale del personaggio è praticamente invisibile, in quanto in ombra. Questa luce produce un effetto "silhouette" e determina un suggestivo alone nei contorni; inoltre dà profondità di campo, staccando il soggetto dal fondo.
Naturalmente l'illuminazione teatrale utilizza tutte le posizioni e le direzioni delle sorgenti luminose, armonizzandole con le esigenze artistiche.

▶ La musica

• La musica di scena

Il **teatro è multimediale** da quasi duemilacinquecento anni. Fin dal tempo dei Greci, infatti, sulla scena i linguaggi si mescolano: il corpo, la voce, le immagini e la musica. Se noi, oggi, non sappiamo quali musiche intonassero gli interpreti del teatro greco o gli attori shakespeariani, quelli di Molière o tanti altri dopo di loro, è solo perché la storia del teatro non sempre si è preoccupata di testimoniarlo.
Nel **Novecento la musica** ha assunto un ruolo **sempre più rilevante** nelle rappresentazioni teatrali: in questo processo Bertolt Brecht, grazie alle sue collaborazioni con il musicista e compositore tedesco Kurt Weill, ha avuto una grande importanza.
In Italia la **musica di scena** (è questo il nome tecnico della musica per il teatro) ha conosciuto grande fortuna grazie alla collaborazione straordinaria tra il regista **Giorgio Strehler** e il musicista **Fiorenzo Carpi**, che ha segnato con le sue musiche e le sue canzoni gran parte del teatro italiano.

> Nell'allestimento teatrale la **musica** è qualcosa di più di un semplice elemento posto a commento dell'azione: è **uno degli strumenti** a disposizione dell'autore e del regista **per comunicare al pubblico le proprie intenzioni, i propri sentimenti**.

La musica, per esempio, può rendere comica o drammatica una situazione, può sottolinearla o sminuirla. Senza contare che una canzone, cantata in scena, dà riconoscibilità allo spettacolo e ne prolunga il ricordo nella memoria degli spettatori.

UNITÀ 11

Fingere la realtà per raccontarne gli aspetti più veri e più "sfuggenti": questo è il teatro. Ormai ne avete fatto esperienza, forse non solo attraverso queste pagine (ci auguriamo), ma anche come spettatori dentro i teatri della vostra città e magari anche come protagonisti, cioè attori, registi, costumisti nella vostra scuola.
Se non lo avete ancora fatto, potete provarci ora, con i testi che presentiamo in questa unità, tutti di autori contemporanei.
Leggeteli e provate a mettere in scena quello che più vi piace!

IL TEATRO PER NOI

LA COMICITÀ NELLA TRAGEDIA

Conoscenze
- Conoscere la struttura e le modalità di rappresentazione di un testo teatrale moderno e contemporaneo

Competenze
- Individuare in un testo teatrale la struttura, le principali caratteristiche e il messaggio
- Individuare e interpretare le caratteristiche dei personaggi
- Cogliere i significati della scenografia e le sue relazioni con i personaggi
- Individuare gli elementi che rendono possibile l'interpretazione del significato simbolico di un testo
- Riscrivere il finale di un testo, variandone anche il significato simbolico

La comicità nella tragedia
A. Campanile, *Tragedie in due battute*
A. Campanile, *La lettera di Ramesse*
S. Beckett, *Aspettando Godot*

LABORATORIO DELLE COMPETENZE
> La messa in scena: dal testo teatrale al copione

PER FARE IL PUNTO

IL MIO PERCORSO

Brani
Approfondimenti
Attività

UNITÀ 11 — IL TEATRO PER NOI

La comicità nella tragedia

Achille Campanile

Tragedie in due battute

Le Tragedie in due battute *rappresentano una novità nel teatro italiano novecentesco. Sono piccoli atti, effettivamente composti da un numero irrisorio di battute (in senso teatrale e non umoristico); malgrado la denominazione di tragedie, si tratta ovviamente di piccole commedie, destinate dallo stesso autore alla lettura piuttosto che alla messa in scena, anche se sono state più volte rappresentate a teatro.*

Dramma giallo

Personaggi: l'astuto poliziotto
l'assassino distratto
membri della famiglia, servitori, istitutrice, amici ecc. *che non parlano*
l'assassinato *che non parla*

La scena si svolge nel salone di una villa in cui è stato commesso un assassinio, e l'uccisore non può che essere uno dei presenti.

L'ASTUTO POLIZIOTTO — *Dopo aver tentato invano tutti i sistemi per scoprire chi fra i presenti è l'uccisore della vittima, ha un'idea; con aria indifferente chiama a bruciapelo:* Uccisore, senta una cosa.
L'ASSASSINO DISTRATTO — Dica.
Viene arrestato

(*Sipario*)

L'asino e il contadino

Personaggi: il contadino
l'asino

IL CONTADINO — È mezz'ora che lo sto bastonando, e quest'asino non si decide a camminare.
L'ASINO — Benedetto uomo, poteva spiegarsi. Io credevo che mi bastonasse per farmi restare fermo.

(*Sipario*)

> La comicità nella tragedia

Al tramonto

Personaggi: il pezzente
il custode del dormitorio pubblico

La scena rappresenta l'ingresso di un dormitorio pubblico. È l'ora in cui i ricoverati rientrano. Sulla porta è seduto il custode, che fuma la pipa.

IL PEZZENTE *Rientrando:* Battista, è venuto per caso a cercarmi il miliardario americano Rockefeller?
IL CUSTODE *Alzandosi premuroso, con rispetto:* No, signore.
IL PEZZENTE Ah, benissimo. Perché mi sarebbe sembrato molto strano che fosse venuto a cercarmi.

(*Sipario*)

Formalismo

Personaggi: il vecchio principe
il nuovo servitore

La scena si svolge nel salone rococò al primo piano del palazzo del VECCHIO PRINCIPE. *Tappeti, arazzi alle pareti, mobili dorati, statuine. All'alzarsi del sipario il* VECCHIO PRINCIPE *sta interrogando il* NUOVO SERVITORE *assunto da poche ore.*

IL VECCHIO PRINCIPE *al* NUOVO SERVITORE: Com'è il vostro nome?
IL NUOVO SERVITORE Giuseppe.
IL VECCHIO PRINCIPE *con severità:* Non si risponde così nudo e crudo, Giuseppe. Dovete aggiungere sempre: Eccellenza.
IL NUOVO SERVITORE *vincendo la modestia:* Va bene: Eccellenza Giuseppe.

(*Sipario*)

Calzolaio della foresta

Personaggi: il calzolaio della foresta
i suoi commessi

La scena rappresenta l'interno d'una piccolissima calzoleria nel cuore d'una foresta.
All'aprirsi del sipario, IL CALZOLAIO DELLA FORESTA *e i* SUOI COMMESSI *sono accasciati sui panchetti e sui divani circolari, caratteristici delle calzolerie, in posa di grande sconforto; si capisce subito che gli*

UNITÀ 11 — IL TEATRO PER NOI

affari vanno male. È chiaro che, se continua così, presto il calzolaio della foresta dovrà chiudere bottega e dichiarare fallimento.
A un tratto egli sembra tendere l'orecchio. S'alza a precipizio, corre alla porta, s'affaccia, guarda a destra e a sinistra e subito rientra ballando allegramente e comincia a tirar giù tutte le scatole che sono negli scaffali.

I COMMESSI *credendolo impazzito:* Che c'è? Che succede?
IL CALZOLAIO DELLA FORESTA Allegri, ragazzi, sta arrivando un millepiedi!

(*Sipario*)

(A. Campanile, *Tragedie in due battute*, Rizzoli)

Attività

COME È FATTO IL TESTO TEATRALE
COMPETENZE DI LETTURA

Tragedie comiche

1. Tutti i piccoli testi che hai letto non sono tragici, ma comici. Da che cosa nasce, in ciascuno di essi, la comicità? Perché allora l'autore ha voluto chiamarli "tragedie"? Come si può spiegare l'ossimoro con cui le abbiamo definite, "tragedie comiche"?

2. Il titolo fa parte integrante delle tragedie ed è sempre importante per la realizzazione dell'effetto comico: analizza una per una le tragedie e spiega perché.

TEATRO IN CLASSE
SENSO DI INIZIATIVA E IMPRENDITORIALITÀ

Piccolo festival della tragedia comica

3. Nonostante le loro dimensioni, queste tragedie non sono facili da rappresentare. Ma se amate le sfide potete provare a farlo in classe, organizzando un piccolo festival con riconoscimento finale. Saranno necessari pochissimi materiali, ma una grande abilità, sia nel recitarle sia nel farne la regia. Chi assume il ruolo del regista dovrà studiare il modo per valorizzare le battute e stabilire accuratamente i tempi, in modo da sorprendere gli spettatori dopo aver permesso loro di capire bene la situazione. Potete organizzare due o tre squadre, dividendovi i testi; qualcuno di voi, poi, dovrà fare da giudice. Distribuendo le parti, fate attenzione a prevedere la voce del narratore, quando è necessaria.

Allora si comincia?

La comicità nella tragedia

 **Achille Campanile**

La lettera di Ramesse

La Lettera di Ramesse nasce come novella nel 1931. Qui ve ne presentiamo la trasposizione teatrale che ha mantenuto lo stesso titolo. Campanile la rappresentò (e fu una rappresentazione memorabile) nel 1953, per la RAI di Milano con la regia di Alessandro Brignoni. La scrittura in caratteri geroglifici, cioè con... disegni, è difficilissima, soprattutto quando si tratta di comunicare sentimenti. Ma a svelare gli equivoci (o a crearne di nuovi?) sarà un illustre professore ed egittologo, il professor Gratz.

Personaggi: Voce   Domestico   Amica
             Amico   Padre di Ramesse   Presidente
             Ramesse Farida   Professor Gratz

Scena prima

VOCE   Sulle rive del Nilo. Due giovani egizi – Ramesse e un suo amico – passeggiano conversando.

AMICO   Dolce la sera sulle rive del sacro Nilo. I colori del tramonto indugiano sulle acque, che si vedono scintillare e tremolare fra le palme dietro il tempio di Anubi. Ascolta: si leva un sommesso canto di sacerdoti. (*Sommesso canto di sacerdoti*) Poi tutto tace. (*Si volge a Ramesse*) Ma tu sei pensieroso. Si direbbe quasi che la solitudine di questo luogo, ove tutto sembra predisposto per i convegni d'amore, aumenti la tua tristezza. Di', non saresti per caso innamorato?

RAMESSE   (*Mesto*) L'hai detto, amico. Sono innamorato della più bella creatura d'Egitto: Farida...

AMICO   La figlia di Psammetico?

RAMESSE   Lei. Qui l'ho vista la prima volta qualche giorno fa e qui torno ogni sera in amoroso pellegrinaggio con la speranza d'incontrarla di nuovo e di palesarle[1] l'amor mio. Ma lei non s'è più rivista. L'amo. L'amo appassionatamente. Ma come farglielo sapere?

AMICO   Scrivile una lettera.

RAMESSE   Ahimè, a scuola non studiai abbastanza il disegno. Accidenti al modo di scrivere che hanno nel nostro paese, per mezzo di pupazzi. Tu...

AMICO   Fui bocciato proprio in disegno. Quella carogna di Ramsete, professore di belle lettere, mi riprovò[2].

RAMESSE   D'altronde non posso chiedere un simile favore ad altri, per non compromettere la fanciulla.

AMICO   Ma via, non pretenderà un saggio[3] di disegno, immagino. Quando ci sono i concetti, la calligrafia non conta. Orsù, ti aiuterò io a scriverle un bigliettino amoroso. Andiamo a casa tua.

---

1. palesarle: di rivelarle, dichiararle.
2. mi riprovò: mi ha bocciato.
3. saggio: prova di bravura.

UNITÀ 11 — IL TEATRO PER NOI

Scena seconda

VOCE In casa di Ramesse. I due giovani sono seduti davanti a un papiro e con pennelli, tavolozza e stili[4], s'accingono a scrivere. Passa il Padre di Ramesse. I due giovani si alzano.

PADRE Comodi, comodi. Vedo con piacere che vi date alla pittura.

RAMESSE No, papà; stiamo scrivendo una lettera.

PADRE Bravi. Arte difficile. Beati voi giovani che sapete farlo. Continuate pure. (*Se ne va*)

I due giovani dopo essersi inchinati si rimettono al lavoro.

RAMESSE Vorrei aprire la lettera con un bell'esordio d'effetto[5]. Per esempio: Spettabile[6] Signorina.

AMICO Ma che dici? Anzitutto è freddo, burocratico[7]. E poi come fai con un disegno a far capire che è spettabile e, soprattutto, che è signorina? Ci vuole qualcosa di più poetico. Per esempio: soave fanciulla. Disegna alla meno peggio una fanciulla e cerca di darle un'aria quanto più è possibile soave. (*Ramesse disegna. L'Amico segue l'opera alle sue spalle, correggendo o suggerendo modifiche*) Non così... Più lungo il piede... bravo... Ahi! Una gamba è più corta dell'altra. (*Ramesse fa per cancellare*) Che fai? Lascia stare così. Si capisce lo stesso. L'espressione è soave e lei è fanciulla. Le gambe non contano. Crederà che hai voluto dire qualcosa di profondo con quella gamba rattrappita[8]. Vai avanti.

RAMESSE È una parola! Ora dovrei dire: «Dal primo istante in cui vi ho visto...». Come si fa?

AMICO Niente di più semplice: si disegna un occhio aperto e appassionato. (*Disegna un occhio che sembra un uovo al padellino*)

RAMESSE E questo, secondo te, è un occhio?

AMICO Va bene così. Non devi mica mandarlo all'esposizione.

RAMESSE Ma sembra un occhio di bue.

AMICO Vai avanti. «Dal primo istante in cui vi ho visto...»

RAMESSE «... il mio pensiero vola a voi.»

AMICO Questo è elementare: vola... Un uccello... (*Ramesse disegna*) Bravo! Somiglia leggermente a un pollo, ma anche il pollo vola. Continua.

RAMESSE «Se non siete insensibile ai miei dardi[9] d'amore...» Io farei un dardo scagliato. (*Disegna una freccia che somiglia anche a una spina di pesce*) «... Trovatevi fra sette mesi...» Questo è il difficile; come si disegna un mese?

---

4. stili: lo stilo era lo strumento di metallo od osso di cui ci si serviva per scrivere.

5. bell'esordio d'effetto: un bel modo di cominciare, che colpisca.

6. Spettabile: rispettabile, in linguaggio commerciale.

7. burocratico: appartenente al linguaggio impiegatizio, cioè distaccato e impersonale.

8. rattrappita: rigida.

9. dardi: frecce.

La comicità nella tragedia

AMICO   Evvia! Affogheresti in un bicchier d'acqua. Si disegnano sette piccole lune in fila ed eccoti i sette mesi. (*Esegue*)

RAMESSE   «... lì dove il sacro Nilo fa un gomito...»

AMICO   Questo è molto facile: basta tracciare un fiumicello a zig-zag. (*Esegue*)

RAMESSE   «... e precisamente vicino al Tempio di Anubi.» Anche questo è piuttosto facile, (*mentre l'Amico disegna*) perché l'immagine del Dio è nota a tutti.

AMICO   Ecco fatto. E poi?

RAMESSE   «... perché possa esternarvi i sensi d'una rispettosa ammirazione...» Fa' me che mi inginocchio. (*L'Amico disegna. Ramesse protesta alla vista del disegno*) E questo sarei io?

AMICO   Ma lei lo sa che sei tu. C'è la firma, no? Aggiungi i saluti: «Mi creda con perfetta osservanza, ecc. ecc.». Chiama il domestico!

RAMESSE   Radames!

DOMESTICO   (*entrando*) Comandi.

RAMESSE   Discolpati[10]!

AMICO   (*dà il papiro arrotolato al domestico*) Ma no, porta questo alla figlia di Psammetico.

DOMESTICO   (*prendendo il papiro*) Oh, il grazioso cannocchiale!

AMICO   È un papiro, asino! C'è risposta. Lo manda il signor Ramesse.
Il Domestico s'inchina e va via.

RAMESSE   (*passeggiando nervoso*) Chi sa che effetto le farà.

AMICO   Calmati. Tutto andrà bene.

Scena terza

VOCE   In casa di Psammetico. Farida con un'amica si accinge a leggere il papiro di Ramesse, appena consegnatole. Tutte eccitate le due ragazze chiudono la porta; Farida svolge il papiro.

FARIDA   (*ridendo*) Uh, che zampe di gallina!

AMICA   Non pretenderai che tutti siano primo premio di disegno come te. Quel che conta sono i concetti.

FARIDA   (*che intanto ha dato una scorsa al papiro, aggrotta le ciglia indignata; all'Amica*) Questo è un insulto. (*Indica il primo disegno e legge*) «Detestabile zoppa.»

AMICA   Possibile?

FARIDA   Leggi tu stessa.

AMICA   (*guarda*) Eh, sì, non c'è dubbio, è zoppa...

FARIDA   E detestabile. Ma senti, senti. (*Legge, puntando il dito sul secondo disegno*) «Ho mangiato un uovo al tegamino...»

AMICA   E che importa a te?

FARIDA   Vuol prendermi in giro. Ma c'è di peggio. Guarda qui. (*Indica il terzo disegno*) «... voi siete un'oca perfetta...»

10. **discolpati**: così, in *Aida*, di Giuseppe Verdi, i giudici cantavano a Radames, l'eroe. L'opera era molto popolare al tempo in cui Campanile scrisse la novella.

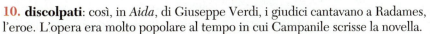

UNITÀ 11 — IL TEATRO PER NOI

AMICA   (*maligna*) Perfetta non direi, ma oca non c'è dubbio.

FARIDA   (*passando a leggere il successivo disegno*) «... ma nel fisico somigliate piuttosto a una lisca di pesce...» (*Mostra all'Amica la freccia disegnata da Ramesse*)

AMICA   (*ridendo*) Impertinente, ma spiritoso.

FARIDA   Di' addirittura insolente. Guarda. (*Decifra il non riuscito disegno delle sette lune*) «...Vi piglierò a sassate...»

AMICA   È enorme!

FARIDA   E non è tutto. (*Decifra il disegno del fiume a zigzag e quello di Anubi*) «... siete un ignobile vermiciattolo... ... e avete bisogno della protezione del dio Anubi...» (*Comincia a piangere*) Mascalzone, Anubi è il protettore delle mummie! (*Decifra il disegno di Ramesse inginocchiato*) «... ora smetto perché debbo pulirmi le scarpe. Saluti, ecc.» Grandissimo vigliacco, ma ora lo accomodo io. (*Prende lo stilo e sotto la stessa lettera di Ramesse scrive la risposta, che pronunzia con voce vibrata, mentre fa i disegni*) «Se io sono un'oca, ma non mai una mummia... (*e disegna magistralmente un'oca e un'immagine di Anubi cancellato*) lei è un beccaccione[11] (*disegna come sopra un animale cornuto*) e io la prenderò a pugni.» (*Disegna come sopra un pugno chiuso; chiama*) Radames!

DOMESTICO   (*entrando*) Comandi.

FARIDA   Discolpati!

DOMESTICO   Ma... (*Apre le braccia come a dire che lui non c'entra.*)

FARIDA   (*consegnandogli il papiro*) Ecco la risposta per il tuo padrone.

DOMESTICO   (*che s'aspetta la mancia*) E per me non c'è niente?

FARIDA   Se non te ne vai... (*Fa il gesto di prenderlo a pugni. Il Domestico scappa. Rimasta sola con l'Amica, Farida piange*) Se ne incontrano di mascalzoni a questo mondo! Chi l'avrebbe detto? Pareva un giovine a modo.

AMICA   Via, via, non te la prendere. Gli hai mandato la risposta che merita. Ora se la sente.

Scena quarta

VOCE   Casa di Ramesse. Ramesse, raggiante, in compagnia dell'Amico decifra i geroglifici di Farida e, a causa della sua scarsa dimestichezza col disegno, li interpreta male.

RAMESSE   È chiaro: (*puntando l'indice sull'oca disegnata da Farida*) «Anche il mio pensiero vola costantemente a voi... (*con l'indice su Anubi cancellato*) ... ma ritengo che non è prudente vedersi presso il tempio di Anubi... (*indica l'animale cornuto*) ... piuttosto un buon posticino tranquillo credo che si possa trovare nei paraggi del tempio del bue Api... (*indica il disegno del pugno chiuso*) ... dove vi concederò la mia mano».

11. **beccaccione**: capro selvatico, montone.

La comicità nella tragedia

AMICO   Sarà. Sarà. Vorrei che tu non peccassi di eccessivo ottimismo. Speriamo. Ma per me quel pugno chiuso non parla di matrimonio. Per me è un'affermazione di autorità[12].

RAMESSE   Doppia ragione per considerarlo un'allusione matrimoniale. Mi concede la sua mano, ma intende essere una moglie...

AMICO   ... manesca.

Scena quinta

VOCE   Salone di un congresso ai giorni nostri, affollato di scienziati, personalità e signore. Al tavolo della presidenza il Presidente pronuncia il discorso con cui presenta il professor Gratz.

PRESIDENTE   Quattromila anni sono passati da che fu scritto questo prezioso papiro. Esso è stato tratto alla luce dal professor Gratz, il grande egittologo, il quale dopo due lustri[13] di profondissimi studi è riuscito a ridare all'ammirazione degli uomini il brano di sublime poesia contenuto in esso; Eccolo, nella traduzione integrale che ne ha fatto l'eminente scienziato. (*Indica tra gli applausi il professar Gratz, che s'inchina*)

GRATZ   (*cessati gli applausi, religiosamente svolge un antico papiro e, indicando a volta a volta un disegno, declama la lirica che i geroglifici, secondo lui, contengono*)

         Osiride che danzi stancamente
         sul fiore del loto
         seguita dall'Ibis, uccello a te sacro,
         io t'offro la spiga del grano
         e sette piccoli fagiuoli di fresco sgranati,
         acciocché tu tenga lontano da me il serpente dell'invidia,
         al sommo Anubi
         anch'esso seguito dall'Ibis sacro,
         a cui mi prostro
         sacrificando un grasso vitello
         che abbatterò di mio pugno.

VOCE   La fine della lirica è accolta dal pubblico con una trionfale ovazione.

(*Sipario*)

(A. Campanile, *L'inventore del cavallo e altre 15 commedie 1924-1939*, Einaudi)

---

12. affermazione d'autorità: conferma del proprio potere.

13. due lustri: dieci anni. Un lustro equivale a un quinquennio (cinque anni).

UNITÀ 11 — IL TEATRO PER NOI

Attività

COME È FATTO IL TESTO TEATRALE
COMPETENZE DI LETTURA

La struttura

1. Il testo teatrale è un atto unico, suddiviso in .... scene. Le scene cambiano con il cambiare dei ....

2. Tra i personaggi c'è la Voce, un artificio teatrale. Scrivi a che cosa serve.

3. La lettera viene letta tre volte e gli stessi segni vengono interpretati in tre modi diversi. Chi legge e chi fornisce la propria interpretazione nelle tre occasioni? A chi viene letta la lettera?

   a. ....
   b. ....
   c. ....

LEGGERE ATTENTAMENTE E CONTESTUALIZZARE...
CONSAPEVOLEZZA ED ESPRESSIONE CULTURALE

Due battute

4. Nel prendere il papiro arrotolato, il domestico lo scambia per un ....

> Questa battuta è coerente con l'ambientazione? Perché?

5. Nel 1931, quando la novella venne scritta, l'*Aida*, l'opera forse più famosa di Giuseppe Verdi, era molto popolare: c'erano persone che, pur non sapendo né leggere né scrivere, conoscevano a memoria tutti i libretti d'opera; infatti per ben due volte troviamo la stessa battuta, «Discolpati!», tratta dal testo dell'opera. Secondo te, è un fatto negativo o positivo? Discutine con i compagni e l'insegnante.

Samuel Beckett

Aspettando Godot: testo e scenografia

Aspettando Godot

Aspettando Godot fu scritto verso la fine degli anni '40 del Novecento. Vladimiro (chiamato anche Didi) ed Estragone (chiamato anche Gogo), due vagabondi di mezz'età, stanno aspettando su una strada di campagna «un certo signor Godot». I due non solo non lo hanno mai visto, ma non sono nemmeno sicuri del luogo e del giorno dell'appuntamento. Si lamentano, hanno freddo e fame, ma nonostante dichiarino continuamente di volersene andare, restano lì ad aspettare. Il paesaggio è desolato, fatto da un solo albero, un salice piangente, che nel secondo atto metterà qualche foglia. Dopo una lunga attesa, un ragazzo porta il messaggio che Godot quel giorno non verrà, ma arriverà sicuramente il giorno dopo. Il secondo atto è quasi identico al primo: alla fine il sipario cala su Vladimiro ed Estragone che, immobili, attendono ancora. «Andiamo, andiamo», dicono, eppure restano fermi, e il dramma finisce così come è cominciato, senza che ci sia uno sviluppo. Il testo ha un significato simbolico e allude alla condizione umana: i due protagonisti si trovano in un mondo desolato e ostile, costretti da un qualcosa di indeterminato a un'attesa probabilmente vana e nella quale molti hanno visto un'allusione alla dimensione religiosa. Dal protrarsi indefinito di questa attesa e dai discorsi inconcludenti dei due protagonisti emerge il nonsenso, l'assurdo che governa l'esistenza umana e la solitudine dei due protagonisti, incapaci di comunicare in modo autentico. Questi temi tragici sono però espressi in forme umoristiche: i due personaggi, nelle loro conversazioni ripetitive e insensate, mostrano una comicità buffonesca, da clown.

La comicità nella tragedia

Atto primo – Strada di campagna, con albero. È sera.
Estragone, seduto per terra, sta cercando di togliersi una scarpa. Vi si accanisce con ambo le mani, sbuffando. Si ferma stremato, riprende fiato, ricomincia daccapo. Entra Vladimiro.

I due si ritrovano e hanno un breve colloquio poi Estragone...

Si alza a fatica e zoppicando si dirige verso la quinta sinistra, si ferma, guarda lontano schermando gli occhi con la mano, si volta, si dirige verso la quinta destra, guarda lontano. Vladimiro lo segue con gli occhi, poi va a raccattare la scarpa, ci guarda dentro, la lascia cadere a precipizio.

Vladimiro	Puah! (*Sputa per terra*)
Estragone	(*ritorna al centro della scena e guarda verso il fondo*) Un luogo incantevole. (*Si volta, avanza fino alla ribalta, guarda verso il pubblico*) Panorami ridenti. (*Si volta verso Vladimiro*) Andiamocene.
Vladimiro	Non si può.
Estragone	Perché?
Vladimiro	Aspettiamo Godot.
Estragone	Già, è vero. (*Pausa*) Sei sicuro che sia qui?
Vladimiro	Cosa?
Estragone	Che lo dobbiamo aspettare.
Vladimiro	Ha detto davanti all'albero. (*Guardano l'albero*) Ne vedi altri?
Estragone	Che albero è?
Vladimiro	Un salice, direi.
Estragone	E le foglie dove sono?
Vladimiro	Dev'essere morto.
Estragone	Finito di piangere.
Vladimiro	A meno che non sia la stagione giusta.
Estragone	Ma non sarà poi mica un arboscello?
Vladimiro	Un arbusto.
Estragone	Un arboscello.
Vladimiro	Un... (*S'interrompe*) Cosa vorresti insinuare? Che ci siamo sbagliati di posto?
Estragone	Dovrebbe già essere qui.
Vladimiro	Non ha detto che verrà di sicuro.
Estragone	E se non viene?
Vladimiro	Torneremo domani.
Estragone	E magari dopodomani.
Vladimiro	Forse.
Estragone	E così di seguito.
Vladimiro	Insomma...
Estragone	Fino a quando non verrà.
Vladimiro	Sei spietato.
Estragone	Siamo già venuti ieri.
Vladimiro	Ah no! Non esagerare, adesso.

UNITÀ 11 — IL TEATRO PER NOI

ESTRAGONE   Cosa abbiamo fatto ieri?
VLADIMIRO   Cosa abbiamo fatto ieri?
ESTRAGONE   Sì.
VLADIMIRO   Be'... (*Arrabbiandosi*) Per seminare il dubbio sei un campione.
ESTRAGONE   Io dico che eravamo qui.
VLADIMIRO   (*con un'occhiata circolare*) Forse che il posto ti sembra familiare?
ESTRAGONE   Non dico questo.
VLADIMIRO   E allora?
ESTRAGONE   Ma non vuol dire.
VLADIMIRO   Però, però... Quell'albero... (*voltandosi verso il pubblico*) ... quella torbiera.
ESTRAGONE   Sei sicuro che era stasera?
VLADIMIRO   Cosa?
ESTRAGONE   Che bisognava aspettarlo?
VLADIMIRO   Ha detto sabato. (*Pausa*) Mi pare.
ESTRAGONE   Dopo il lavoro.
VLADIMIRO   Devo aver preso nota. (*Si fruga in tutte le tasche, strapiene di ogni sorta di cianfrusaglie*).
ESTRAGONE   Ma quale sabato? E poi, è sabato oggi? Non sarà poi domenica? O lunedì? O venerdì?
VLADIMIRO   (*guardandosi intorno, affannatissimo come se la data fosse scritta sul paesaggio*) Non è possibile.
ESTRAGONE   O giovedì.
VLADIMIRO   Come si fa?
ESTRAGONE   Se si è scomodato per niente ieri sera, puoi star sicuro che oggi non verrà.
VLADIMIRO   Ma tu dici che noi siamo venuti, ieri sera.
ESTRAGONE   Potrei sbagliarmi. (*Pausa*). Stiamo un po' zitti, se ti va.

(S. Beckett, *Aspettando Godot*, tradotto dall'inglese da C. Fruttero, Einaudi)

La comicità nella tragedia

CHE COSA DICE IL TESTO
COMPETENZE DI LETTURA

Aspettare o non aspettare?

1. Rispondi alle domande, tenendo conto anche delle informazioni fornite nell'introduzione.
> Quali sono le caratteristiche della scena in cui i personaggi si muovono?
> Ricaviamo dal testo il momento della giornata in cui si svolge la scena: quali altre indicazioni di tempo e di luogo compaiono nel brano?
> Che cosa fanno i personaggi?
> Riassumi brevemente il contenuto del loro colloquio.
> Che cosa propone, alla fine, Estragone?
> Compare mai in scena il Godot che i due aspettano?

COME È FATTO IL TESTO TEATRALE
CONSAPEVOLEZZA ED ESPRESSIONE CULTURALE

Fuori dal tempo e dallo spazio

2. Rispondi alle domande.
> La situazione rappresentata è assurda e sconclusionata: spiega perché.
> Quale effetto vuole provocare, sul pubblico, la rappresentazione di questa situazione?
> Ti sembrano realistici il tempo e lo spazio rappresentati?
> Che cosa significa, a tuo parere, l'albero, che nel secondo atto metterà qualche foglia?
  - [ ] Un elemento della natura
  - [ ] Il passare dei giorni
  - [ ] La croce di Cristo

RIFLETTERE E INTERPRETARE I SIGNIFICATI SIMBOLICI
COMPETENZE DI SCRITTURA

Attesa e speranza

3. Alla fine non succede niente: Godot non arriva, ma Vladimiro ed Estragone, mentre cala il sipario, sembrano non rassegnarsi. Abbiamo già detto che l'attesa, tema fondamentale del dramma, ha significati simbolici difficili da interpretare e che sono ancor oggi molto discussi; qualcuno vi ha voluto vedere la dimensione religiosa: Godot alluderebbe a Dio (che in inglese si dice *God*). Beckett stesso, però, confessò di ignorare che cosa i protagonisti aspettassero; dunque è sul senso dell'attesa che conviene riflettere, più che sull'oggetto di questa attesa. Proviamo allora a chiederci: l'attesa è sempre negativa? L'attesa non è anche la condizione in cui nasce la speranza? Prova a esprimere in un breve testo la tua interpretazione, motivandola con riferimenti a quanto hai letto.

Effetto sorpresa

4. E se Godot arrivasse, chi sarebbe? Come sarebbe? Che cosa porterebbe con sé? Prova a scrivere per il dramma un finale diverso, che rappresenti la tua interpretazione della storia.

SCUOLA DI SCRITTURA
Nella lezione 11 trovi indicazioni per riscrivere il finale di una storia.

OLTRE IL TESTO

Come immagini la scenografia del testo che hai letto? Di quali elementi dovrebbe essere composta, secondo te? Dopo aver visionato i materiali proposti nell'approfondimento digitale confronta le realizzazioni sceniche che hai visto con quella che immaginavi dopo aver letto il testo.
Nel *Laboratorio* che conclude l'unità avrai modo di utilizzare, reiterpretandoli in modo personale, i risultati di questa indagine.

LABORATORIO DELLE COMPETENZE

UNITÀ 11

SENSO DI INIZIATIVA E IMPRENDITORIALITÀ

CONSAPEVOLEZZA ED ESPRESSIONE CULTURALE

Attività di classe

La messa in scena: dal testo teatrale al copione

Rappresentare un testo teatrale è un'operazione complessa, che va accuratamente preparata attraverso la realizzazione di un copione, cioè del progetto dettagliato della messa in scena di una commedia o di una tragedia. A un unico testo teatrale possono corrispondere diversi copioni, che dipendono dal modo in cui il regista interpreta l'opera da rappresentare. Le principali scelte che il regista compie riguardano la caratterizzazione dei personaggi e l'organizzazione dello spazio scenico.

A. ▶ La caratterizzazione dei personaggi

Sulla scena colui che dà voce e vita a ogni situazione, coinvolgendo lo spettatore nella vicenda, è il **personaggio**; l'attore che lo interpreta deve immedesimarsi in esso per renderlo credibile agli occhi del pubblico. Questo significa che l'**attore deve comprenderne in profondità le caratteristiche**, per individuare come comunicarle. Avete già provato a riflettere sull'intonazione da dare alle battute dei testi teatrali, ma questo non è che il primo passo verso una buona interpretazione. Al giusto tono di voce andranno aggiunte le **posizioni del corpo**, i **gesti**, gli elementi del **vestiario** che permetteranno di caratterizzare il personaggio e riconoscerlo immediatamente.

Proviamo ora a riprendere la scena tratta da *Aspettando Godot*: ricordandoci di quanto abbiamo già fatto negli esercizi, richiamiamo il senso complessivo del testo e i **significati simbolici** che esso vuole suggerire e analizziamo i personaggi, decidendo in che modo possono essere caratterizzati.

LABORATORIO DELLE COMPETENZE

Completiamo la tabella che riassume le caratteristiche dei protagonisti di *Aspettando Godot*.

	Carattere e atteggiamenti	Tono di voce	Postura, gesti particolari	Abbigliamento
Vladimiro				
Estragone				

Quando avrete trovato soluzioni che vi convincono, annotatele sul testo, che comincerà così a trasformarsi in un copione.

B. ▶ L'organizzazione dello spazio scenico

Oltre ai personaggi, anche lo **spazio scenico** deve essere caratterizzato in modo da sottolineare visivamente ciò che si vuole comunicare.
Quali oggetti dovrebbero essere presenti sulla scena per rappresentare la vicenda dei due vagabondi? Come interpretereste e sviluppereste le indicazioni che l'autore ha già dato nel testo?
Quale posizione dovrebbero occupare sul palco i protagonisti e come si dovrebbero muovere?
Generalmente non è necessaria una complessa scenografia; come per l'abbigliamento dei personaggi, bastano pochi elementi simbolici, ma essi devono essere scelti con cura dal regista.
Le indicazioni relative alla scenografia e ai movimenti dei personaggi vanno aggiunte alle battute del testo, che verrà così trasformato in un vero e proprio copione.

C. ▶ Si va in scena!

Ora non vi resta che provare a interpretare i personaggi. Vi consigliamo di registrare con una telecamera le diverse prove: rivedendovi, potrete migliorare l'interpretazione e mettere a punto la rappresentazione.

UNITÀ 12

Continuiamo a raccontare la storia del teatro, riprendendo il filo del discorso là dove lo abbiamo lasciato lo scorso anno, cioè dagli eventi della fine dell'Ottocento. Negli ultimi anni di questo secolo comincia, per il teatro, una stagione di profondo rinnovamento, che porta al superamento delle forme tradizionali: in queste pagine conosceremo alcuni autori, scelti tra i più significativi del Novecento e, attraverso la lettura delle loro opere, capiremo quanto il teatro sia cambiato.

IL TEATRO E LA SUA STORIA

- IL TEATRO TRA OTTOCENTO E NOVECENTO
- LA RIVOLUZIONE DEL NOVECENTO

Conoscenze
- Conoscere la storia del teatro dal tardo Ottocento ai giorni nostri, e i principali autori
- Conoscere le caratteristiche e la commistione dei generi del teatro moderno e contemporaneo
- Conoscere alcune recenti tendenze del teatro contemporaneo

Competenze
- Riconoscere in un testo teatrale le caratteristiche del teatro contemporaneo
- Cogliere il rapporto fra le caratteristiche del teatro contemporaneo e i problemi della nostra civiltà
- Elaborare un'interpretazione di un testo teatrale contemporaneo tenendo presenti elementi testuali ed extratestuali.

Il teatro tra Ottocento e Novecento

La rivoluzione del Novecento

Il teatro in Italia
H. Ibsen, *Casa di bambola*
L. Pirandello, *La patente*
D. Fo, *Mistero buffo*

PER FARE IL PUNTO

IL MIO PERCORSO
nell'eBook

IL TEATRO IN ITALIA

IL TESTO TEATRALE

I promessi sposi

Il più importante romanzo della letteratura italiana, trasformato in opera teatrale, mantiene la sua capacità di avvincere e di far riflettere su temi sempre attuali quali l'amore, il potere, la giustizia e la fede.

Invito a teatro

REGIA: Michele Guardì
ANNO: 2010
ATTORI: Graziano Galatone (Renzo), Noemi Smorra (Lucia). Tutti i personaggi sono cantanti-attori della Compagnia di Teatro Musicale
MUSICHE: Pippo Flora
COREOGRAFIA: Mauro Astolfi
SCENOGRAFIA: Luciano Ricceri
LUOGO DELLA RAPPRESENTAZIONE: lo spettacolo è stato rappresentato per la prima volta a Milano, allo Stadio Meazza (San Siro) il 18 giugno 2010

LA TRAMA All'inizio, sul palco c'è tutta la compagnia. Gli artisti si apprestano ad andare in scena e vengono aiutati a indossare gli abiti. La storia non ha bisogno di presentazioni: Renzo e Lucia si amano, ma il malvagio don Rodrigo, signorotto del luogo, ha scommesso col cugino Attilio che Lucia sarà sua; per questo dà ordine ai suoi Bravi di andare dal parroco, don Abbondio, e di vietargli di celebrare il matrimonio. Quindi la vicenda si sviluppa rispettando gli snodi fondamentali e proponendo i passi salienti del romanzo di Alessandro Manzoni.

LO SPETTACOLO Rispetto al romanzo al quale è ispirato, il testo teatrale ha caratteristiche molto diverse: prima di tutto perché si tratta di teatro, e per di più di teatro cantato: non è semplicemente un musical, ma un'opera moderna, in cui la musica lirica si incrocia con il pop.
Nella trasposizione teatrale, inoltre, certi aspetti della vicenda vengono passati sotto silenzio, mentre altri risultano enfatizzati: per esempio, non si dice nulla sul luogo in cui avviene l'incontro di don Abbondio con i Bravi mandati da don Rodrigo (come si farebbe, infatti, in musica, a descrivere un luogo?), mentre si insiste sull'incontro stesso, che è narrato due volte (la seconda volta appare come un incubo). Risulta poi impossibile, in un'opera di questo tipo, rispettare il rigore storiografico che caratterizzava l'opera di Manzoni: bisogna infatti rispondere alla necessità teatrale di una storia romanzata, in cui i protagonisti parlano tra loro come "eroi" dei fumetti. Risultano poi sorprendenti il canto degli attori-cantanti, i cori, la musica che si fa travolgente, piana, melodica, frenetica... e una scenografia di ben 40 metri, con un palco centrale che è stato diviso in tre set, per raccontare la storia in modo cinematografico.

ALLA SCOPERTA DEI TESTI

I testi fatti di parole e immagini

 UNITÀ **13** Il giornale

UNITÀ 13

Come possiamo conoscere la realtà che ci circonda, valutare gli avvenimenti che si verificano intorno a noi, formarci un'opinione? Possiamo chiedere ai genitori o agli insegnanti di parlarci delle vicende che accadono, oppure possiamo guardare un notiziario o una delle tante trasmissioni televisive che parlano dell'attualità.
Ma se vogliamo approfondire autonomamente le notizie, e conoscere punti di vista diversi, possiamo leggere i giornali che riportano avvenimenti e commenti e analizzano le questioni più importanti confrontando opinioni e argomenti a favore o contro una tesi, permettendoci così di formulare un nostro giudizio personale.

IL GIORNALE

CHE COSA È IL GIORNALE

LA STORIA DEL GIORNALE

Conoscenze
- Conoscere la struttura di un giornale, in particolare di un quotidiano
- Conoscere la storia della nascita e dello sviluppo del giornale
- Conoscere le caratteristiche del giornale e del linguaggio giornalistico

Competenze
- Saper riconoscere diversi tipi di articolo e le parti di un articolo
- Riconoscere i diversi modi di presentare le notizie e riflettere su di essi
- Accostarsi alla lettura del giornale con atteggiamento consapevole e critico

CHE COSA È IL GIORNALE
Giornali periodici e giornali quotidiani
Di che cosa parlano i giornali
A chi si rivolgono
Testata, tiratura e diffusione
Tipi di quotidiani
I giornali on line
La stampa gratuita
Per approfondire > "Metro": storia e motivi di un successo

LA STORIA DEL GIORNALE
Informazione e partecipazione
Antiche forme di informazione organizzata
Nascono i giornali
La diffusione della stampa
Per approfondire > Il linguaggio dei giornali

COME È FATTO IL GIORNALE
I contenuti
Come si costruisce il giornale
La struttura del giornale

GLI ARTICOLI
Vari tipi di articoli
La struttura e il linguaggio dell'articolo
Per approfondire > I generi cinematografici

LABORATORIO DELLE COMPETENZE >
La nostra rassegna stampa

PER FARE IL PUNTO

IL MIO PERCORSO
nell'eBook

GLI ARTICOLI

COME È FATTO IL GIORNALE

PREPARA LA PROVA INVALSI

Il testo narrativo

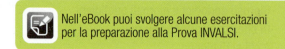
Nell'eBook puoi svolgere alcune esercitazioni per la preparazione alla Prova INVALSI.

Una volta vivevo qui

Stava sulla riva del fiume guardando le pietre che servivano ad attraversarlo e ricordandole una a una. C'era quella rotonda malferma, quella appuntita, quella piatta in mezzo – quella sicura, dove ti potevi fermare a guardarti attorno. La successiva non era altrettanto sicura, perché quando il fiume era in piena l'acqua la ricopriva e anche quando sembrava asciutta era scivolosa. Ma dopo quella pietra tutto diventava facile, e ben presto si trovò sull'altra sponda. La strada era molto più ampia di un tempo ma il lavoro era stato fatto male.

Gli alberi abbattuti non erano stati portati via e i cespugli sembravano calpestati. Eppure era la stessa strada e lei la percorse straordinariamente felice.

Era una bella giornata, una giornata azzurra. L'unica cosa era che il cielo aveva un aspetto vitreo che non ricordava. Non le veniva in mente nessun'altra parola. Vitreo. Svoltò l'angolo, vide che la vecchia pavimentazione era stata tolta, e anche qui la strada era molto più ampia, ma aveva lo stesso aspetto incompiuto. Arrivò agli scalini di pietra consunti che portavano alla casa. E incominciò a batterle il cuore. Il "pandano"[1] non c'era più, e neppure la finta casa estiva che chiamavano ajoupa, ma l'albero spaccato c'era ancora e in cima agli scalini il prato ruvido si stendeva in lontananza, proprio come lo ricordava. Si fermò e guardò la casa che era stata ampliata e dipinta di bianco. Era strano vedere un'automobile parcheggiata lì davanti.

C'erano due bambini sotto il "grande mango"[2], un bambino e una bambina, e li salutò con la mano dicendo «Ciao» ma non le risposero né volsero il capo. Erano bambini molto biondi come lo sono tanto spesso gli europei nati nelle Indie Occidentali[3]: come se il sangue bianco volesse affermarsi contro ogni eventualità.

L'erba era gialla sotto il sole caldo mentre si avvicinava a loro. Quando fu molto vicina disse di nuovo, timidamente: «Ciao». E poi: «Una volta vivevo qui», disse.

Continuarono a non risponderle. Quando disse «Ciao» per la terza volta era vicinissima. Le sue braccia si tesero istintivamente nello struggimento di toccarli.

Fu il bambino ad alzarsi. Gli occhi grigi guardarono dritto nei suoi. La sua espressione non cambiò, «Ha fatto freddo all'improvviso,» disse, «l'hai notato? Rientriamo».

«Sì, rientriamo», disse la bambina. Le ricaddero le braccia mentre li guardava correre sull'erba verso casa. E per la prima volta capì.

(J. Rhys, in *Trionfo della notte*, a cura di R. Phillips, tradotto dall'inglese da L. Zazo, Mondadori)

---

1. **pandano**: pianta dai fiori profumati.
2. **mango**: pianta da frutto.
3. **Indie Occidentali**: le Antille.

Comprensione locale e globale del testo

In questa categoria rientrano domande di diverso tipo.

> In alcuni casi dovrai trovare informazioni date esplicitamente dal testo. Basterà perciò rileggere e individuare il punto del testo in cui è scritta l'informazione richiesta. Attenzione: la domanda potrebbe essere espressa usando dei sinonimi delle parole usate nel testo.

> In altri casi dovrai compiere delle "inferenze", cioè considerare il testo nel suo complesso, collegare fra loro informazioni lontane, oppure ricavare dal brano notizie che non sono scritte in modo diretto, "esplicito". Dovrai perciò far ricorso alle tue conoscenze generali e alla tua esperienza per interpretare correttamente le situazioni e gli atteggiamenti dei personaggi, senza però inventare nulla: tutto ciò che affermi deve trovare nel brano la sua logica giustificazione.

> In altri casi ancora ti verrà richiesto di scegliere quale sintesi è più adatta al brano. Dovrai allora stabilire una gerarchia fra le informazioni, cioè ordinarle in base all'importanza.

> Infine potrà esserti richiesto di indicare l'intenzione comunicativa dell'autore. Sarà necessario considerare il testo come un tutt'uno e valutarlo in una prospettiva più ampia, che prende in considerazione il punto di vista dell'autore e il motivo per cui ha scritto il testo.

1. Perché la protagonista percorre la strada straordinariamente felice?

☐ **A.** È felice di rivedere un luogo a lei caro.
☐ **B.** È felice di rivedere delle persone a lei care.
☐ **C.** È felice di essere finalmente in vacanza.
☐ **D.** È felice di poter giocare con dei bambini.

2. Quali aspetti dell'ambiente sono diversi da come li ricorda la protagonista?

....

....

3. Perché alla protagonista il cielo appare "vitreo"?

☐ **A.** Alla protagonista il cielo appare lucido come uno specchio.
☐ **B.** La protagonista osserva il cielo come da dietro un vetro, da una dimensione diversa.
☐ **C.** Alla protagonista il cielo appare freddo e rigido come il vetro.
☐ **D.** La protagonista osserva il cielo come attraverso uno specchio che riflette la realtà.

4. Perché la protagonista tende le braccia per toccare i bambini?

☐ **A.** Vuol far loro del male.
☐ **B.** Vuole spingerli ad andarsene dalla sua casa.
☐ **C.** Vuole comunicare con dei bambini dopo tanto tempo.
☐ **D.** Vuole giocare con loro alla lotta.

5. In quale ambiente si svolge il racconto?

☐ **A.** In una grande città.
☐ **B.** In un ambiente naturale nordico.

PREPARA LA PROVA INVALSI

- [ ] **C.** In un piccolo paese di montagna.
- [ ] **D.** In un ambiente naturale tropicale.

6. Chi è la protagonista?

- [ ] **A.** Una giovane ragazza.
- [ ] **B.** Una persona adulta.
- [ ] **C.** Una bambina.
- [ ] **D.** Una persona anziana.

7. Quali stati d'animo attribuiresti alla protagonista?

- [ ] **A.** Timidezza e allegria.
- [ ] **B.** Timidezza e nostalgia.
- [ ] **C.** Tristezza e invidia.
- [ ] **D.** Invidia e cattiveria.

8. In quale epoca è ambientato il racconto?

- [ ] **A.** In un lontano futuro.
- [ ] **B.** In un lontano passato.
- [ ] **C.** Nell'Ottocento.
- [ ] **D.** Nel presente.

9. Perché all'improvviso ha fatto freddo?

- [ ] **A.** Ai bambini si è avvicinato un fantasma.
- [ ] **B.** È calata la notte.
- [ ] **C.** Si sta avvicinando un temporale.
- [ ] **D.** Si è alzato un vento gelido.

10. Che cosa capisce la protagonista?

- [ ] **A.** Capisce che i bambini non vogliono giocare con lei.
- [ ] **B.** Capisce di essere morta.
- [ ] **C.** Capisce che i bambini la vogliono escludere perché è diversa da loro.
- [ ] **D.** Capisce che i bambini sono spaventati perché non la conoscono.

11. Come definiresti il brano?

- [ ] **A.** Un racconto horror.
- [ ] **B.** Una fiaba.
- [ ] **C.** Un racconto fantastico.
- [ ] **D.** Un racconto giallo.

Organizzazione logico-semantica

Queste domande richiedono di ragionare sui rapporti logici che esistono fra parole e frasi presenti nel testo. In questa categoria rientrano le domande relative a quelle competenze grammaticali che sono necessarie per la comprensione testuale.

12. Quale legame logico c'è fra la frase «Le ricaddero le braccia, mentre li guardava correre sull'erba verso casa» e la frase «E per la prima volta capì» (ultime due righe)?

- ☐ **A.** La seconda frase contraddice la prima.
- ☐ **B.** La seconda frase è la conseguenza della prima.
- ☐ **C.** La seconda frase esemplifica la prima.
- ☐ **D.** La seconda frase è la causa della prima.

13. Quale legame c'è tra la frase «Quando disse ciao per la terza volta» e la frase «era vicinissima» (riga 24)?

- ☐ **A.** Indicano due fatti contemporanei.
- ☐ **B.** La prima frase indica un fatto anteriore al secondo.
- ☐ **C.** La prima frase indica un fatto posteriore al secondo.
- ☐ **D.** La seconda frase indica un fatto anteriore al primo.

Competenza lessicale

Questo tipo di domande richiede di indicare il significato di una parola, anche sconosciuta, formulando delle ipotesi ricavate dal contesto, cioè dalla frase e dal testo in cui la parola è inserita. Ricorda che le parole possono avere diversi significati, quindi sarai certo della correttezza della tua ipotesi solo sostituendo il significato trovato alla parola del testo.

14. Con quale parola potresti sostituire il termine «consunti» (riga 12)?

- ☐ **A.** Sporchi.
- ☐ **B.** Rinnovati.
- ☐ **C.** Consumati.
- ☐ **D.** Distrutti.

15. Con quale parola potresti sostituire il termine «struggimento» (riga 25)?

- ☐ **A.** Forte desiderio.
- ☐ **B.** Gioia.
- ☐ **C.** Affanno.
- ☐ **D.** Tormento.

PREPARA LA PROVA INVALSI

Correzione della prova

Comprensione locale e globale del testo

Si fa presente che la comprensione delle singole domande, particolarmente in questo testo, è legata alla comprensione del brano nel suo complesso. Ciò che spiega tutto si trova nella rivelazione finale, che getta la giusta luce sugli indizi precedenti.

1. Perché la protagonista percorre la strada straordinariamente felice?

    > È felice di rivedere un luogo a lei caro (risposta **A**).

    Ricaviamo la risposta dall'intero brano, dal fatto che i luoghi le sono familiari, sono quelli dei suoi giochi e della sua vita, tanto che avvicinandosi alla casa le batte il cuore.

2. Quali aspetti dell'ambiente sono diversi da come li ricorda la protagonista?

    La strada è più ampia, la vecchia pavimentazione è stata tolta, il pandano e la finta casa non ci sono più, la casa è ampliata e dipinta di bianco, gli alberi sono abbattuti, i cespugli calpestati.

3. Perché alla protagonista il cielo appare «vitreo»?

    > La protagonista osserva il cielo come da dietro un vetro, da una dimensione diversa (risposta **B**).

    L'impressione che il cielo fa alla protagonista è il primo indizio che la situazione non è del tutto reale e normale, perché la protagonista non è viva: la comprensione di questo termine è perciò legata alla comprensione del brano nel suo insieme.

4. Perché la protagonista tende le braccia per toccare i bambini?

    > Vuole comunicare con dei bambini dopo tanto tempo (risposta **C**).

    La risposta si ricava dal testo nel suo complesso, da cui emerge la nostalgia per ciò che la protagonista faceva un tempo. L'insistenza con cui cerca di salutare i bambini denota il forte desiderio di comunicare, fino a toccarli, per farsi notare da loro.

5. In quale ambiente si svolge il racconto?

    > In un ambiente naturale tropicale (risposta **D**).

    Il fiume da guadare e i prati ci fanno capire che non siamo in una grande città. Il tipo di vegetazione, come il mango e l'indicazione delle Indie Occidentali ci portano verso una zona tropicale.

6. Chi è la protagonista?

    > Una bambina (risposta **C**).

    Il gioco sul fiume, la finta casa estiva, l'attrazione verso i bambini ci fanno capire che anche la protagonista è una bambina.

7. Quali stati d'animo attribuiresti alla protagonista?

    > Timidezza e nostalgia (risposta **B**).

    La timidezza viene indicata esplicitamente quando si rivolge ai bambini; la nostalgia la ricaviamo dalla felicità con cui la protagonista torna nei luoghi a lei cari, dal confronto continuo fra il presente e il passato, dal forte desiderio di contatto umano con cui si rivolge ai bambini.

8. In quale epoca è ambientato il racconto?

> Nel presente (risposta **D**).

Ce lo fa capire il riferimento all'automobile, che esclude le altre alternative. Non c'è alcun indizio che ci indirizzi al futuro.

9. Perché all'improvviso ha fatto freddo?

> Ai bambini si è avvicinato un fantasma (risposta **A**).

Generalmente ai fantasmi è associata la sensazione del freddo, come a tutte le cose morte.

10. Che cosa capisce la protagonista?

> Capisce di essere morta (risposta **B**).

Alcuni indizi fin dall'inizio ci indirizzano a questa risposta: il cielo vitreo, cioè visto come attraverso un "vetro", in modo "indiretto", come da un'altra dimensione; l'impossibilità dei bambini di vedere la protagonista; il freddo che provano all'avvicinarsi della protagonista.

11. Come definiresti il brano?

> Un racconto fantastico (risposta **C**).

In questo caso si può andare per esclusione: gli altri generi si escludono perché ne mancano le caratteristiche. Il racconto è fantastico per la mescolanza di persone reali e di esseri non più viventi.

Organizzazione logico-semantica

12. Quale legame logico c'è fra la frase «Le ricaddero le braccia, mentre li guardava correre sull'erba verso casa» e la frase «E per la prima volta capì» (ultime due righe)?

> La seconda frase è la causa della prima (risposta **D**).

Il gesto di far cadere le braccia è provocato dalla consapevolezza della sua condizione.

13. Quale legame c'è tra le frasi «Quando disse ciao per la terza volta» e «era vicinissima» (riga 24)?

> Indicano due fatti contemporanei (risposta **A**).

Il legame fra le due frasi è temporale e indica due situazioni che avvengono contemporaneamente.

Competenza lessicale

14. Con quale parola potresti sostituire il termine «consunti» (riga 12)?

> Consumati (risposta **C**).

Sostituendo nel testo, risulta l'unica alternativa possibile.

15. Con quale parola potresti sostituire il termine «struggimento» (riga 25)?

> Forte desiderio (risposta **A**).

Sostituendo nel testo, risulta l'alternativa più plausibile.

PREPARA LA PROVA INVALSI

Il testo argomentativo

Se i nostri ragazzi non sanno più soffrire

Entriamo nella classe di una scuola di periferia: il professore vorrebbe interrogare un'allieva, due domandine su un racconto di Maupassant letto nella lezione precedente, niente di difficile. Ebbene, la ragazza si rifiuta tassativamente di farsi interrogare, non ci pensa proprio ad alzarsi e rispondere. Il professore le chiede il perché di quella decisione:
5   non ha studiato, non ricorda, pensa di essere più pronta l'indomani?

Perché adesso non vuole accettare due domande? La risposta è semplice e chiara: «Non voglio soffrire neanche un minuto: ma nessuno vuole più soffrire, non se ne è accorto professore?». In fondo questo deve essere lo stesso pensiero che ha portato i quattro studenti del Parini di Milano a cercare di allagare la scuola per evitare un compito di greco.
10 Non volevano soffrire. Ecco la verità centrale della nostra civiltà, ciò che prima l'ha resa straordinaria e ora la rende così fragile. Contro la crudeltà della Natura, contro la violenza degli uomini, contro i sensi di colpa e contro ogni dolore, la nostra civiltà ha trovato mille soluzioni.

I nostri padri e i nostri fratelli maggiori hanno inventato l'anestesia, lo stato sociale, il
15 tempo libero, il divorzio e l'aborto, le medicine, il cinema e la televisione, i centri anziani e le ferie, i bar e il campionato di calcio, il laicismo e il diritto al piacere: e il mondo è diventato migliore, tanta inutile pena è stata sconfitta. Siamo vissuti a lungo in un tempo che ha quasi realizzato il sogno di una vita più felice, di una rosa quasi senza spine. Certo, la sofferenza non può mai essere debellata totalmente perché le prepotenze sociali restano,
20 perché la morte alla fine arriva, perché la vita comunque è dura. E soprattutto non si può cancellare la fatica che ognuno deve fare per dare una forma alla propria esistenza. Ognuno sa di avere un destino da compiere, e questo costa un impegno e dunque anche una sofferenza. Se non la spremiamo, dalla nostra arancia non uscirà alcun succo. Insomma, abbiamo costruito un modello di società dove non dobbiamo patire insensatamente: dob-
25 biamo solo cercare di essere felici esprimendo il meglio di noi stessi, e forse possiamo anche farcela. Ma ora questo modello traballa per lo stesso motivo per cui si è imposto. Come ha dichiarato quell'alunna, noi non vogliamo soffrire mai, neppure per un momento, neppure per misurare le nostre forze.

Ancora una volta dai ragazzi, avanguardia del tempo, ci arriva il messaggio più nitido,
30 quello che ci costringe a riflettere sul centro della questione. La nostra capacità di sopportare le difficoltà, di raccogliere le energie di fronte a una piccola salita, di pretendere qualcosa di più da noi stessi grazie a uno sforzo anche esiguo, ormai si sta esaurendo. Andiamo avanti a pasticche che sollevano dalla depressione o smorzano l'ansia, beviamo per non sentirci inadeguati, abbassiamo ogni giorno gli obiettivi, ci ritiriamo da ogni con-
35 fronto, anche dal confronto con la nostra vita e con i nostri sogni. Tutto va bene così come è, e se non va bene ci si può sempre voltare dall'altra parte, distrarsi, stordirsi, evitarsi. Non c'è grappolo che non sia comunque troppo in alto, non c'è uva che non sia acerba. Persino la malinconia, sentimento capace di allargare l'anima per farle accogliere tanta altra vita, viene respinta dal nostro modello imperante. E così questa civiltà, che tante
40 battaglie ha combattuto e vinto contro ogni dolore, ora si sta afflosciando. Ogni nobile

illusione viene immediatamente scartata perché prevede una fatica che non si desidera più compiere.

Anche una semplice interrogazione o un compitino in classe diventano vette impervie da spianare con un rifiuto, in nome di un edonismo assoluto. I nostri padri hanno preso a
45 schiaffi la sofferenza, noi invece oggi restiamo zitti e buoni, crediamo che non si debba fare più nulla, diventiamo grassi e pigri, scontenti senza dolore, annoiati in tanta fortuna. Diventiamo deboli, e la sofferenza se ne accorge e torna in forme nuove a minacciare quanto di buono è stato costruito: ci scopre vuoti, piccoli, disarmati, infelicemente soddisfatti, e si prepara a rovinarci.

(M. Lodoli, in «la Repubblica», 22 novembre 2004)

Comprensione locale e globale del testo

In questa categoria rientrano domande di diverso tipo.

> In alcuni casi dovrai individuare informazioni date esplicitamente nel testo, anche se rielaborate in forma diversa nella domanda e nella risposta (ad esempio usando dei sinonimi). Dovrai perciò rileggere e individuare il punto del testo in cui è scritta l'informazione richiesta.

> In altri casi dovrai fare un'inferenza diretta, ricavando un'informazione implicita da una o più informazioni date nel testo oppure tratte dalle tue conoscenze generali.

> In altri casi ancora ti verrà richiesto di scegliere quale sintesi è più adatta al brano. Dovrai allora stabilire una gerarchia fra le informazioni, cioè ordinarle in base all'importanza.

> Infine potrà esserti richiesto di sviluppare un'interpretazione del testo riflettendo sul suo contenuto e indicando l'intenzione comunicativa dell'autore. Sarà necessario considerare il testo come un tutt'uno e valutarlo in una prospettiva più ampia, che prende in considerazione il punto di vista dell'autore e il motivo per cui ha scritto il testo.

1. Il testo è
- [ ] **A.** un articolo giornalistico.
- [ ] **B.** un testo narrativo.
- [ ] **C.** un testo regolativo.
- [ ] **D.** un testo poetico.

2. Il testo parla
- [ ] **A.** della sofferenza nel mondo.
- [ ] **B.** delle interrogazioni a scuola.
- [ ] **C.** dei rapporti tra insegnanti e studenti.
- [ ] **D.** dell'incapacità dei giovani di sopportare la fatica e la sofferenza.

3. L'autore, un professore di liceo, riflette su un episodio in cui
- [ ] **A.** una studentessa dichiara di non voler fare il compito di greco.
- [ ] **B.** una studentessa non risponde alle domande dichiarando di non essere preparata.
- [ ] **C.** una studentessa risponde male al professore.
- [ ] **D.** una studentessa rifiuta di essere interrogata dichiarando di non voler soffrire.

PREPARA LA PROVA INVALSI

4. Secondo l'autore, coloro che ci hanno preceduto

☐ **A.** hanno rovinato il mondo, riuscendo a evitare molte sofferenze.
☐ **B.** hanno migliorato il mondo, riuscendo a evitare tutte le sofferenze.
☐ **C.** hanno migliorato il mondo, riuscendo a evitare molte sofferenze inutili.
☐ **D.** hanno preferito evitare ogni sofferenza a coloro che sarebbero venuti in seguito.

5. Secondo l'autore, in questi tempi sta venendo meno

☐ **A.** la nostra capacità di lavorare.
☐ **B.** la nostra capacità di eliminare la sofferenza.
☐ **C.** la nostra capacità di sopportare e superare le difficoltà.
☐ **D.** la nostra capacità di migliorare la realtà.

6. Secondo l'autore, la nostra attuale debolezza

☐ **A.** ci mette al riparo dalla sofferenza.
☐ **B.** ci espone ancor più alle difficoltà e alla sofferenza.
☐ **C.** ci prepara a una vita migliore in futuro.
☐ **D.** ci consente di realizzare il nostro destino.

7. In quale frase è contenuta la tesi sostenuta dall'autore?

☐ **A.** Nella scuola attuale i ragazzi non vogliono più sostenere le interrogazioni.
☐ **B.** Nella scuola attuale gli insegnanti non sanno motivare gli studenti.
☐ **C.** Nella nostra civiltà è stata eliminata completamente la sofferenza.
☐ **D.** Nella nostra civiltà tutti noi stiamo diventando incapaci di sopportare la fatica e la sofferenza.

8. Il titolo potrebbe essere sostituito con

☐ **A.** Il destino di una società che rifiuta la sofferenza.
☐ **B.** I ragazzi e le interrogazioni.
☐ **C.** Il lavoro dei nostri padri.
☐ **D.** La debolezza della nostra società.

Organizzazione logico-semantica

Queste domande richiedono di ragionare sui rapporti logici che esistono fra parole e frasi presenti nel testo. Per essere certi della scelta è utile provare a inserire la parola scelta nella frase per verificare se funziona davvero. In questa categoria rientrano le domande relative a quelle competenze grammaticali che sono necessarie per la comprensione testuale.

9. Nella frase «non se ne è accorto professore» (riga 7), "ne" sta per: non si è accorto

☐ **A.** che la ragazza non vuole rispondere.
☐ **B.** che nessuno vuole soffrire.
☐ **C.** che l'interrogazione non deve essere fatta.
☐ **D.** che la studentessa non comprende la realtà.

10. L'espressione «infelicemente soddisfatti» (riga 48) è

☐ **A.** una metafora.
☐ **B.** una sinestesia.
☐ **C.** un ossimoro.
☐ **D.** una similitudine.

11. «Ebbene» (riga 3) è

☐ **A.** una congiunzione.
☐ **B.** un avverbio.
☐ **C.** un pronome.
☐ **D.** una preposizione.

12. Nella frase «Persino la malinconia» (riga 38) "persino" può essere sostituito con

☐ **A.** sempre.   ☐ **C.** anche.
☐ **B.** fino.   ☐ **D.** nemmeno.

Competenza lessicale

Questo tipo di domande richiede di indicare il significato di una parola, anche sconosciuta, formulando delle ipotesi ricavate dal contesto, cioè dalla frase e dal testo in cui la parola è inserita. Ricorda che le parole possono avere diversi significati, quindi sarai certo della correttezza della tua ipotesi solo sostituendo il significato trovato alla parola del testo.

13. Lo «stato sociale» di cui parla l'autore alla riga 14 è

☐ **A.** un sistema di garanzie con il quale lo Stato cerca di limitare le disuguaglianze sociali fra i cittadini.
☐ **B.** un sistema di leggi che regolano la vita della società.
☐ **C.** l'insieme delle persone che vivono in società.
☐ **D.** uno Stato europeo che privilegia la vita in società.

14. Che cosa si intende alla riga 18 per «una rosa quasi senza spine»?

☐ **A.** Una vita senza bellezza.
☐ **B.** Una vita faticosa.
☐ **C.** Una vita senza la capacità di superare le difficoltà.
☐ **D.** Una vita senza fatica e aspetti spiacevoli.

15. Cosa significa l'espressione «Se non la spremiamo, dalla nostra arancia non uscirà alcun succo» (riga 23)?

☐ **A.** Se non evitiamo la fatica, non riusciremo a debellare la sofferenza.
☐ **B.** Se non facciamo riferimento ai nostri padri, non riusciremo a migliorare la situazione.
☐ **C.** Se non ci sforziamo e non facciamo fatica, non otterremo nulla.
☐ **D.** Se non lavoriamo insieme agli altri, non miglioreremo la società.

PREPARA LA PROVA INVALSI

Correzione della prova

Comprensione locale e globale del testo

1. Il testo è
   > un articolo giornalistico (risposta **A**).

   La risposta alla domanda prevede la conoscenza dello stile giornalistico; può essere utile anche verificare che il testo è tratto da un quotidiano molto diffuso.

2. Il testo parla
   > dell'incapacità dei giovani di sopportare la fatica e la sofferenza (risposta **D**).

   La risposta alla domanda si ricava sia dal titolo, che in questo caso riassume il contenuto, sia dalla lettura della prima parte del testo, in particolare dalle seguenti affermazioni: «La risposta è semplice e chiara: "Non voglio soffrire neanche un minuto: ma nessuno vuole più soffrire, non se ne è accorto professore?"»; «La nostra capacità di sopportare le difficoltà, di raccogliere le energie di fronte a una piccola salita, di pretendere qualcosa di più da noi stessi grazie a uno sforzo anche esiguo, ormai si sta esaurendo».

3. L'autore, un professore di liceo, riflette su un episodio in cui
   > una studentessa rifiuta di essere interrogata dichiarando di non voler soffrire (risposta **D**).

   La ragazza infatti non si dichiara impreparata, ma dice di non voler affrontare la sofferenza che comporta l'interrogazione, come ogni prova.

4. Secondo l'autore, coloro che ci hanno preceduto
   > hanno migliorato il mondo, riuscendo a evitare molte sofferenze inutili (risposta **C**).

   La risposta alla domanda si ricava dalla lettura del terzo capoverso: «I nostri padri e i nostri fratelli maggiori hanno inventato l'anestesia, lo stato sociale, il tempo libero, il divorzio e l'aborto, le medicine, il cinema e la televisione, i centri anziani e le ferie, i bar e il campionato di calcio, il laicismo e il diritto al piacere: e il mondo è diventato migliore, tanta inutile pena è stata sconfitta. Siamo vissuti a lungo in un tempo che ha quasi realizzato il sogno di una vita più felice, di una rosa quasi senza spine».

5. Secondo l'autore, in questi tempi sta venendo meno
   > la nostra capacità di sopportare e superare le difficoltà (risposta **C**).

   La risposta si ricava dalle parole del quarto capoverso, laddove viene detto: «La nostra capacità di sopportare le difficoltà, di raccogliere le energie di fronte a una piccola salita, di pretendere qualcosa di più da noi stessi grazie a uno sforzo anche esiguo, ormai si sta esaurendo».

6. Secondo l'autore la nostra attuale debolezza
   > ci espone ancor più alle difficoltà e alla sofferenza (risposta **B**).

   La risposta si ricava dalla frase finale: «Diventiamo deboli, e la sofferenza se ne accorge e torna in forme nuove a minacciare quanto di buono è stato costruito: ci scopre vuoti, piccoli, disarmati, infelicemente soddisfatti, e si prepara a rovinarci».

7. In quale frase è contenuta la tesi sostenuta dall'autore?

> Nella nostra civiltà tutti noi stiamo diventando incapaci di sopportare la fatica e la sofferenza (risposta **D**).

La risposta si ricava al capoverso finale, nel quale l'autore spiega che gli sforzi fatti per sconfiggere la sofferenza hanno creato una condizione per cui oggi della fatica e della sofferenza abbiamo così paura che scegliamo sempre la strada più comoda, rifuggiamo ciò che ci chiede impegno ed energia; evitiamo anche quelle fatiche che ci consentirebbero di raggiungere nobili obiettivi.

8. Il titolo potrebbe essere sostituito con

> Il destino di una società che rifiuta la sofferenza (risposta **A**).

Anche questa risposta si può ricavare dalla frase finale.

Organizzazione logico-semantica

9. Nella frase «non se ne è accorto, professore» (riga 7), "ne" sta per: non si è accorto

> che nessuno vuole soffrire (risposta **B**).

Il pronome "ne" è riferito a ciò che viene immediatamente prima: «nessuno vuole più soffrire».

10. L'espressione «infelicemente soddisfatti» (riga 48) è

> un ossimoro (risposta **C**).

Un ossimoro è una figura di significato che consiste nell'accostare, nella stessa espressione, parole di significato opposto: in questo caso "infelicemente" è un termine negativo, "soddisfatti" è invece un termine di significato positivo, opposto.

11. «Ebbene» (riga 3) è

> una congiunzione (risposta **A**).

"Ebbene" è una congiunzione con valore conclusivo.

12. Nella frase «Persino la malinconia» (riga 38) "persino" può essere sostituito con

> anche (risposta **C**).

"Persino", o "perfino", è un avverbio con valore rafforzativo.

Competenza lessicale

13. Lo «stato sociale» di cui parla l'autore alla riga 14 è

> un sistema di garanzie con il quale lo Stato cerca di limitare le disuguaglianze sociali fra i cittadini (risposta **A**).

In questo caso devi ricorrere alle tue conoscenze storiche e di educazione civica: lo stato sociale, detto anche welfare state, si affermò in Occidente dopo la Rivoluzione industriale, anche a seguito delle lotte per i diritti delle persone e dei lavoratori; si parla di stato sociale quando la legislazione prevede delle garanzie per proteggere e assistere i cittadini, e in particolare chi è svantaggiato.

PREPARA LA PROVA INVALSI

14. Che cosa si intende alla riga 18 per «una rosa quasi senza spine»?

> Una vita senza fatica e aspetti spiacevoli (risposta **D**).

Si tratta di un modo di dire, che fa riferimento alla rosa, fiore considerato bello per eccellenza: tuttavia la rosa ha le spine, che possono pungere e fare male. Per analogia una vita senza spine è una vita senza fatica, che contiene solo aspetti positivi: impossibile trovarla nella realtà.

15. Cosa significa l'espressione «Se non la spremiamo, dalla nostra arancia non uscirà alcun succo» (riga 23)?

> Se non ci sforziamo e non facciamo fatica, non otterremo nulla (risposta **C**).

Anche in questo caso il modo di dire si riferisce a un elemento della natura conosciuto: l'arancia è un frutto dolce e succoso, ma se non si spreme non si riesce a ricavarne il succo. Nello stesso modo le nostre capacità (l'arancia) devono essere stimolate (spremute), altrimenti non si otterrà nulla.

NOI, GLI ALTRI, IL MONDO

UNITÀ **1** Le grandi domande

UNITÀ **2** Diventare cittadini

UNITÀ **3** Un mondo sempre più piccolo

UNITÀ 7

Il percorso di riflessione di quest'anno pone al primo posto la domanda per eccellenza: Chi sono io? Una domanda a cui siamo chiamati a rispondere nei momenti più significativi della nostra vita. Vivremo poi, attraverso la lettura di storie che hanno per protagonisti degli adolescenti, le esperienze e le emozioni legate alle relazioni d'amore. Infine affronteremo un quesito che da sempre, e in ogni luogo del mondo, l'uomo si pone: è possibile la pace? O non si può fare a meno della guerra?

LE GRANDI DOMANDE

CHI SONO IO?

CHE COSA VUOL DIRE AMARE?

Conoscenze
- Conoscere esperienze, idee e opinioni per meglio conoscere se stessi
- Conoscere storie, momenti di vita, gesti di amore tra un uomo e una donna
- Conoscere la distruzione e le atrocità, ma anche la solidarietà che la guerra porta con sé

Competenze
- Porsi domande non banali sulla propria esistenza
- Usare la ragione e l'intelligenza per riflettere su se stessi
- Mettere in comune pensieri e aspettative
- Comprendere meglio i propri sentimenti
- Comprendere l'importanza di instaurare relazioni affettive equilibrate
- Riflettere sulle potenzialità distruttive della guerra
- Essere consapevoli che tutti noi possiamo costruire un'umanità non violenta

IL MIO PERCORSO

Chi sono io?
E. Rosci e S. Rivolta, *E invece io sono diverso* `+ facile`
J. Gaarder, *Chi sei tu?*
O. Brenifier e J. Després, *Per capire meglio noi stessi*
Prendila con filosofia
- J. Feiffer, *I problemi di Jimmy*
- **Per approfondire >** Chi era Socrate?
- **LABORATORIO DELLE COMPETENZE >** Il mio nome per dire chi sono

Che cosa vuol dire amare?
S. Morgenstern, *Un amore che può aspettare*
C. Gariglio, *Bellissimo*
A. Nove, *La bambina*
A.B. Yehoshua, *Dafi e Na'im*
- I. Allende, *Alexander e Nadia*
- **LABORATORIO DELLE COMPETENZE >** Il poeta e l'amore

Pace o guerra?
E. Morante, *Il bombardamento di Roma*
A. Serres, *E Picasso dipinge* Guernica
R. Dulbecco, *Non riuscivo a nutrire ostilità per quella gente*
Don P. Mazzolari, *L'unica alternativa è la non violenza* `+ difficile`
Per approfondire > La non violenza come stile di vita
- E. Lussu, *Soldati in marcia*
- C. Pavese, *Ogni guerra è una guerra civile*
- **LABORATORIO DELLE COMPETENZE >** Passi verso la pace
Un film per te > *War Horse*
Un libro per te > *Il profumo del tiglio*

- **PER FARE IL PUNTO**

Brani
Approfondimenti
Attività

PACE O GUERRA?

NOI, GLI ALTRI, IL MONDO 543

UNITÀ 7 LE GRANDI DOMANDE

Chi sono io?

 Le grandi domande

Questa domanda sembra semplice, quasi inutile, perché la risposta ci appare scontata. Ma siamo proprio certi di sapere chi siamo? Non basta l'immagine che ci rimanda lo specchio. La ricerca va ben oltre le apparenze.

Che uomo e che donna siamo? Come ci vedono gli altri? Come vorrebbero che fossimo? E noi, come ci sentiamo? Queste e altre domande occupano la nostra mente, il nostro cuore e non sempre trovano una risposta. Vi sono persone che dedicano tutta la vita a cercare risposte alle domande sulla natura dell'uomo e del mondo: sono i filosofi.

 **Elena Rosci e Simona Rivolta**

E invece io sono diverso

Luca ha compiuto quattordici anni e da qualche tempo avverte uno strano disagio. A colloquio con la psicologa, le confida di sentirsi cambiato, soprattutto nei confronti dei suoi genitori.

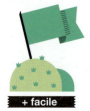

LUCA «In questi ultimi tempi ho sentito alla televisione che aumenta il numero dei ragazzi che non vanno d'accordo con i loro genitori. Ho paura che succeda anche a me.»
RITA B. «Come mai?»
LUCA «Non saprei cosa rispondere.»
RITA B. «Ma l'argomento l'hai scelto tu.»

 Ascolta il brano

LUCA «Da un po' di tempo sono cambiato. Prima avevo sempre voglia di giocare, ero un bambino. Adesso ho compiuto quattordici anni il mese scorso e sono un ragazzo, sono diventato più complicato.»

RITA B. «Cosa è cambiato?»

LUCA «Tutto e niente. La mia vita è sempre quella, la casa, i miei genitori, mia sorella Sofia, la scuola, le partite a pallavolo, la mia passione per l'Inter. Se uno mi vedesse direbbe "guardalo lì il Luca, fa sempre le stesse cose". E invece io sono diverso. Ai miei genitori sono affezionato, ma quello che prima facevamo insieme adesso mi annoia. A stare con loro mi stufo. Non glielo dico chiaro e tondo perché sono persone anziane. A me dispiace che le cose siano cambiate e cerco di non darlo a vedere, ma se andiamo da qualche parte insieme mi sembra di essere un povero sfortunato.»

(E. Rosci, S. Rivolta, *Io tu tutti*, Edizioni Archimede)

Attività

CHE COSA DICE IL TESTO — COMPETENZE DI LETTURA

Sentirsi diversi

1. Completa la carta d'identità di Luca, segnando con una crocetta le risposte che ritieni corrette.

   > Età ☐ 14 anni ☐ 12 anni
   > Composizione della famiglia ☐ i genitori ☐ la sorella ☐ la nonna ☐ un fratello neonato
   > Impegno principale ☐ scuola ☐ lavoro
   > Sport praticato ☐ calcio ☐ nuoto ☐ pallavolo
   > Squadra per cui tifa ☐ Inter ☐ Juve

2. Indica con una crocetta la soluzione corretta tra quelle proposte.

   a. Rispetto ai mesi precedenti Luca si sente un ragazzo
   ☐ più attraente
   ☐ più intelligente
   ☐ più stanco
   ☐ più complicato

   b. Che cosa è cambiato in Luca?
   ☐ Non vuole più frequentare la scuola
   ☐ Ha cambiato interessi e passatempi
   ☐ Non vuole più bene ai genitori perché lo opprimono
   ☐ Non si diverte più quando sta con i genitori

   c. Luca non dice ai genitori come si sente perché
   ☐ non gli crederebbero
   ☐ darebbe loro un dispiacere
   ☐ si vergogna del suo stato d'animo
   ☐ non vuol farlo sapere alla sorella

PENSIAMOCI SU

Un momento difficile

3. Quali sono le affermazioni di Luca che meglio esprimono il suo stato d'animo?
   ☐ «Da un po' di tempo sono cambiato.»
   ☐ «A stare con loro (*i genitori*) mi stufo.»
   ☐ «Sono diventato più complicato.»
   ☐ «Mi sembra di essere un povero sfortunato.»

UNITÀ 7 — LE GRANDI DOMANDE

Jostein Gaarder

Chi sei tu?

Sofia riceve una lettera senza mittente con un'unica, inquietante domanda: «Chi sei tu?». La ragazza si ferma a riflettere e a quella domanda ne seguono altre, che lei stessa si pone: «Chi sono?», «Perché ho questo aspetto?», «Che cos'è un essere umano?». Ognuno di noi, come Sofia, quando cresce e abbandona l'infanzia, vuole andare oltre le apparenze di ciò che vede per scoprire la sua vera, profonda natura.

Sofia si sfilò lo zainetto e mise un po' di cibo per gatti in una ciotola che diede a Sherekan. Poi si sedette su uno sgabello della cucina con la lettera misteriosa.

«*Chi sei tu?*»

Non lo sapeva di preciso. Era Sofia Amundsen, naturalmente, ma chi era? Non era ancora riuscita a scoprirlo del tutto.

E se si fosse chiamata con un altro nome? Anne Knutsen, per esempio. In quel caso sarebbe stata un'altra persona?

Di colpo le venne in mente che, quando era nata, suo padre voleva chiamarla Synnove. Sofia cercò di immaginarsi mentre stringeva la mano a qualcuno e si presentava come Synnove Amundsen... No, non era possibile. Quella ragazza era una persona completamente diversa.

Si alzò di scatto e andò in bagno con la strana lettera in mano. Si mise davanti allo specchio e cominciò a fissarsi negli occhi.

«Io sono Sofia Amundsen», disse.

La ragazza nello specchio rispose con una piccola smorfia. Faceva tutto quello che faceva Sofia. Sofia cercò di precedere l'immagine con un movimento fulmineo, ma l'altra fu altrettanto veloce.

«Chi sei tu?» chiese.

Non ricevette alcuna risposta, ma per una frazione di secondo si domandò sconcertata se era stata lei o l'immagine ad aver posto la domanda.

Sofia premette l'indice sul naso riflesso nello specchio e disse: «Tu sei me».

Dal momento che neanche questa volta aveva avuto risposta, capovolse la frase: «Io sono te».

Sofia Amundsen non era mai stata soddisfatta del suo aspetto. Spesso le facevano complimenti per i suoi occhi a mandorla, ma senza dubbio le dicevano così soltanto perché il naso era troppo piccolo e la bocca troppo grande. Le orecchie poi erano esageratamente vicine agli occhi. La cosa peggiore erano i capelli lisci che non le stavano mai a posto. A volte suo padre le accarezzava la testa e la chiamava «la bambina dai capelli di lino», riferendosi al titolo di un preludio di Claude Debussy[1]. Facile a dirsi per uno che non era condannato per tutta la vita ad avere capelli neri che penzolano diritti come spaghetti. Perfino la lacca e il gel non servivano a niente.

A volte pensava di essere fisicamente così strana che si chiedeva se

---

1. preludio di Claude Debussy: breve composizione per pianoforte del musicista francese Claude Debussy (1862-1918).

Chi sono io?

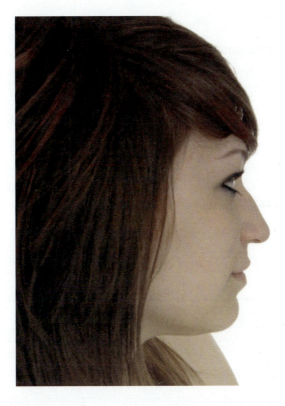

non fosse nata deforme. La mamma aveva parlato di un parto difficile. Ma era solo la nascita a determinare l'aspetto di una persona?

Non era strano che lei non sapesse neanche chi fosse? Non era assurdo che non potesse neppure decidere il proprio aspetto? Quello, invece, era arrivato bello e pronto. Forse poteva scegliersi gli amici, ma non aveva scelto se stessa. Non aveva neanche scelto di essere un essere umano.

Che cos'era un essere umano?

Sofia fissò nuovamente la ragazza dello specchio. «Forse è meglio che vada di sopra a fare i compiti di scienze», mormorò.

No, meglio andare in giro, decise.

«Micio, micio, micio, micio!»

Sofia spinse il gatto sulla scala e chiuse la porta.

(J. Gaarder, *Il mondo di Sofia*, tradotto dal norvegese da M. Podestà Heir, Longanesi)

Attività

CHE COSA DICE IL TESTO
COMPRENSIONE ED ESPRESSIONE ORALE

Una ragazza a tu per tu con se stessa

1. **Rispondi oralmente alle seguenti domande.**
   > Dove si trova Sofia?
   > È in compagnia di qualcuno?
   > A quale domanda cerca di trovare risposta?
   > Dove si trova quando riflette sul suo aspetto?
   > Che cosa decide di fare al termine delle sue riflessioni?

UNITÀ 7 — LE GRANDI DOMANDE

COMPETENZE DI LETTURA

2. Sofia non è soddisfatta del proprio aspetto ed elenca i suoi presunti difetti.

  a. Completa il testo riportando ciò che dice Sofia di se stessa.

> Occhi: ....
> Naso: ....
> Bocca: ....
> Capelli: ....

  b. Il ritratto appare quasi come una caricatura. Rileggi la breve descrizione e prova a disegnare il volto di Sofia "caricando" i tratti da lei indicati e immaginando gli altri.

  c. Gli altri che cosa pensavano, invece, di lei?

PENSIAMOCI SU
Domande inquietanti

3. Sottolinea nel testo tutte le domande che Sofia si pone e individua nell'elenco riportato qui di seguito quali sono i problemi che affronta.

- [ ] L'origine del mondo
- [ ] La clonazione degli esseri umani
- [ ] L'importanza del nome per definire la propria identità
- [ ] La ricerca della propria identità
- [ ] L'origine del proprio aspetto fisico

DAL TESTO A NOI **COMPETENZE DI SCRITTURA**
Parlare a se stessi

4. La ricerca della propria identità è un lungo percorso che parte dai dubbi sul nostro aspetto fisico e prosegue con molte domande più complesse a cui dobbiamo cercare di dare una risposta. Sono importanti le pause di riflessione su se stessi per conoscersi in profondità e porsi in relazione con gli altri.

Le riflessioni di Sofia sono suscitate da una lettera inviata per posta. Quali situazioni, o persone ti portano a pensare a te stesso, al tuo aspetto fisico ma anche alle tue origini, al tuo futuro? Ti capita spesso di vivere momenti di riflessione di questo tipo? Li vivi con serenità, oppure tendi a rifuggire da queste riflessioni? Racconta.

Chi sono io?

Oscar Brenifier e Jacques Després

Per capire meglio noi stessi

Il testo propone una riflessione sul valore della diversità dei caratteri umani. Cercare di capire la psicologia dei vari caratteri, soprattutto quelli che percepiamo come differenti da noi, è utile per approfondire la conoscenza di noi stessi. Ma la consapevolezza della diversità ci permette di andare oltre noi stessi, comprendendo e accettando modi di essere e di vivere che non sono i nostri.

Già a partire dall'infanzia, impariamo a conoscere noi stessi nel momento in cui scopriamo gli altri.

Viviamo accanto a persone che ci assomigliano, e ad altre che hanno una personalità decisamente differente.

A volte abbiamo la sensazione di essere incompresi, di scontrarci contro un muro, di vederci estranei tra i nostri cari.

Cercare di entrare nella psicologia dei caratteri umani significa compiere un grande passo verso coloro che ci sembrano diversi da noi, e allo stesso tempo verso noi stessi. Significa scoprire differenti visioni del mondo, diversi modi d'essere. Significa anche rendersi conto che una qualità può diventare un difetto, e un difetto una qualità.

La diversità ci permette di andare oltre noi stessi: anche se ci sono caratteri che ci sembrano lontani da noi o sconcertanti, c'è sempre un po' di noi nell'altro, un po' dell'altro in noi.

Il costante e l'incostante

*Il **costante** privilegia la regolarità degli esseri e delle cose.*

Il mondo si divide tra ciò che gli è familiare, con cui si sente a proprio agio, e lo spazio, un'immensità dove si sente spaesato. Si arrischia raramente oltre i suoi confini e le sue abitudini, dal momento che ama mantenere i propri riferimenti, intrattenere relazioni durature e portare avanti azioni nel tempo. Costruisce su ciò che già esiste e approfitta di ciò che è acquisito.

Il costante è sempre uguale a se stesso. Sa impegnarsi e dimostra di essere fidato, cosa che facilita le relazioni con gli altri. Non cerca la novità a ogni costo perché non teme la noia. Spesso prudente, non va incontro a ciò che gli è estraneo o straniero e può diventare prigioniero delle sue abitudini o della tradizione, al punto da chiudersi o irrigidirsi.

NOI, GLI ALTRI, IL MONDO

UNITÀ 7 — LE GRANDI DOMANDE

L'incostante ricerca la varietà in tutte le sue forme.
Considera il mondo come un luogo di scoperte e di stimolanti novità. Si annoia facilmente dei posti e delle attività che già conosce, e delle persone che frequenta. La ripetizione lo annoia; ha a cuore più di tutto la propria libertà.

L'incostante si adatta facilmente alle nuove situazioni. Ha immaginazione e iniziativa. È aperto a ogni innovazione. Per questo può rappresentare un fattore di progresso nella società. Ma siccome segue prima di tutto i propri umori o le proprie intuizioni, gli capita spesso di cambiare idea e persino di mostrarsi instabile, cosa che talvolta lo rende asociale.

L'idealista e il realista

L'idealista crede nelle idee e ricerca l'ideale.
Pensa che il mondo sia imperfetto. Cerca di realizzare ciò che gli sembra giusto, autentico, buono o bello e vi concentra tutti i suoi sforzi. Non esita a impegnarsi in compiti impossibili. E sceglie di vedere unicamente il meglio in ogni cosa.

L'idealista è un essere pieno di speranza e di slancio, un esempio per tutti, specie quando ha successo in ciò che intraprende. Fa progredire l'umanità, ideando e raccogliendo sfide ambiziose. Ma l'idealista non passa sempre all'azione, è anche un sognatore: si inebria di parole e idee alle quali finisce per credere, ignorando tutto quello che lo ostacola. Le sue illusioni possono deluderlo, In quel caso desiste, o persevera ciecamente, a suo rischio e pericolo.

Il realista accetta il mondo così come gli si presenta.
Diffida delle idee, che giudica spesso ingannevoli: preferisce ciò che è materiale, che si può toccare e misurare. Prende in considerazione solo ciò che percepisce, il qui e ora, più che quello che potrebbe accadere. Vuole mostrare i fatti in maniera oggettiva, senza falsarli con impressioni personali. Accetta la realtà, anche se spiacevole, e agisce in funzione di ciò che è possibile e necessario.

Il realista crede unicamente a quello che può verificare. Afferma solo ciò di cui è certo. Questo perché non si fa illusioni sul mondo, sugli altri o su se stesso. Ma non sempre si accorge che le cose potrebbero essere diverse da come sono, o da come sembrano.

Chi sono io?

Dato che non si proietta granché nel futuro, si preoccupa raramente di ingegnarsi per migliorare o trasformare il mondo.

L'individualista e il socievole

L'*individualista* trova in se stesso la propria ragion d'essere.

Si preoccupa di quello che è e di quello che fa. Agisce in funzione delle sue idee, dei suoi interessi, dei suoi progetti. È convinto che ognuno pensi solo a se stesso, e lo ritiene normale. Cerca di difendersi dagli altri che, secondo lui, possono minacciarlo o fargli concorrenza, salvo quando accettano di agire secondo i suoi desideri.

L'individualista è libero e autonomo, dato che non si preoccupa di piacere agli altri o di sapere cosa pensano di lui. Ammette pienamente le proprie azioni e non ne scarica la responsabilità sugli altri o sulla società. Poiché si dedica esclusivamente a quello che gli interessa e si accorda con le sue passioni, ha la tendenza a difendere la filosofia del "ciascuno per sé", anche se ciò significa andare contro la morale comune.

 ## Parole, parole…

Lo studio del carattere

Le descrizioni del carattere che hai letto considerano profili diversi e riguardano aspetti molteplici della personalità. Sono descrizioni accurate, specifiche, che fanno pensare a un'analisi professionale fondata sulla psicologia. Riflettiamo sui termini chiave di questo lavoro di indagine: *carattere*, *personalità*, *psicologia*. Scopri, con l'aiuto del dizionario, i loro significati e i contesti in cui vengono usati.

- Come puoi vedere consultando il dizionario, il termine *carattere* ha molti significati. Quante accezioni di significato puoi distinguere? ……………………………

    a. Te ne proponiamo alcune. Indica il significato che il termine assume nel testo che hai analizzato.
    - ☐ Complesso di qualità e attitudini psicologiche che costituiscono la personalità di un individuo.
    - ☐ Capacità della volontà di operare secondo determinati principi.
    - ☐ Segno grafico cui si attribuisce un significato.
    - ☐ Qualità, tratto, segno particolare che distingue una cosa da un'altra.

    b. Individua per ciascuna accezione il sinonimo opportuno.
    1. ……………………………
    2. ……………………………
    3. ……………………………
    4. ……………………………

    c. Scrivi una frase per ogni sinonimo che hai individuato.

- Il termine *personalità*, oltre a essere un sinonimo di *carattere*, assume anche altri significati. Quali?

    Se riferito a un individuo indica ……………………………
    ……………………………
    Se riferito all'ambito giuridico indica ……………………………
    ……………………………

- La *psicologia* è la scienza che studia i fenomeni della vita affettiva e mentale delle persone (istinti, emozioni, sentimenti, percezioni, memoria, volontà, intelligenza).

    In relazione ai diversi ambiti di studio esistono molte "psicologie". Consulta il dizionario ed elencale.

    Quale ti incuriosisce di più? Perché? Motiva la tua risposta.

NOI, GLI ALTRI, IL MONDO

UNITÀ 7 — LE GRANDI DOMANDE

*Il **socievole** ha bisogno degli altri per esistere.*

Pensa di esistere grazie alle relazioni che stabilisce con gli altri: i familiari, la società o l'umanità intera. Dà importanza all'amore, all'amicizia, alla famiglia o al popolo a cui appartiene. Cerca di agire per il bene delle persone che lo circondano o per fare loro piacere. Ha bisogno di riconoscenza.

Il socievole tende a essere generoso e premuroso, a preoccuparsi degli altri, persino a privilegiarli rispetto a se stesso. L'importanza che dà ai sentimenti e alla morale comune gli permette di integrarsi facilmente in un gruppo e di agire in squadra. Ma per paura di ferire o di essere ferito, per mancanza di fiducia in sé e negli altri, a volte fatica a esprimere con franchezza il proprio punto di vista. Spesso preferisce adeguarsi a ciò che pensano e fanno gli altri.

(O. Brenifier, J. Després, *Il libro dei grandi contrari psicologici*, Isbn edizioni)

Attività

DENTRO IL TESTO (COMPETENZE DI LETTURA)

I comportamenti e i modi di pensare dei diversi caratteri umani

1. Rileggi l'introduzione al testo e rispondi alle domande.
   > Quali problemi crea la diversità dei caratteri umani?
   > Come si possono superare questi problemi?
   > Quali vantaggi porta alla nostra personalità conoscere ciò che rende diverso un carattere dall'altro?

2. Leggi attentamente il testo e rifletti sulla spiegazione dei caratteri e dei loro contrari. Completa poi le tabelle con le informazioni principali: inserisci nella prima colonna la definizione sintetica riportata nel testo. Nella colonna "Altre note significative" scrivi ulteriori aspetti del carattere in esame che ti paiono interessanti.

Carattere	Visione del mondo	Valore per la società	Rapporto con gli altri	Modi di agire	Altre note significative
Costante:					
Incostante:					

552

Chi sono io?

Carattere	Visione del mondo	Valore per la società	Rapporto con gli altri	Modi di agire	Altre note significative
Idealista:					
Realista:					

Carattere	Visione del mondo	Valore per la società	Rapporto con gli altri	Modi di agire	Altre note significative
Individualista:					
Socievole:					

PENSIAMOCI SU
Difetti e qualità

3. Abbiamo capito che per carattere si intende il modo di vedere e interpretare ciò che succede a noi e intorno a noi (la nostra visione del mondo, i nostri modi di agire e di relazionarci con gli altri, le nostre idee e opinioni...). Nel testo si legge anche che indagando sul carattere si scopre che «una qualità può diventare un difetto, e un difetto una qualità».

> Ricerca nel testo almeno un esempio di questa affermazione.

> Quando, secondo te, una qualità diventa un difetto?

`COMPRENSIONE ED ESPRESSIONE ORALE`

4. Un'altra affermazione significativa che si legge è la seguente: «La diversità ci permette di andare oltre noi stessi, anche se ci sono caratteri che ci sembrano lontani da noi o sconcertanti, c'è sempre un po' di noi nell'altro, un po' dell'altro in noi».
Fa' una parafrasi di questo pensiero e aggiungi un esempio. Esponilo poi oralmente.

DAL TESTO A NOI
Tre coppie di contrari

5. Hai analizzato nell'esercizio 2 tre coppie di caratteri contrari tra loro. Ciascuno di essi ha modi diversi di vedere la realtà, di relazionarsi con gli altri, di agire nella società.

Ti sei riconosciuto in uno di questi profili caratteriali? Quale? Oppure ti è successo di "vederti" in più di uno, di sentirti un puzzle di caratteri? Elenca in quali aspetti dei diversi profili ti sei riconosciuto.

SCRIVERE PER... INDIVIDUARE CARATTERI

`COMPETENZE DI SCRITTURA`

Caratteri a noi noti

6. Utilizzando la descrizione delle tipologie presentate nel brano descrivi alcune persone a te vicine.

SCUOLA DI SCRITTURA
Nella lezione 7 trovi indicazioni per descrivere persone.

UNITÀ 7 — LE GRANDI DOMANDE

Domande da "filosofi"

Prendila con filosofia

Tutti, a qualunque età, ci poniamo domande serie sul motivo del nostro esistere, sul mondo che ci circonda, ma anche su che cosa sono il bene e il male, sulla felicità, sulla verità, sulla giustizia... I filosofi dedicano la loro intera vita a cercare risposte a questi grandi interrogativi.

Chi sono io? Perché esisto? Che cos'è l'anima? E la felicità? Esiste Dio? Che cosa significa essere liberi? Ed essere buoni? Sono solo alcune delle "grandi domande" che tutti ci facciamo di continuo, a volte senza nemmeno rendercene conto. E le risposte? C'è chi, anche se non ne ha ancora trovate di definitive, continua a cercarle da tantissimo tempo: i filosofi (i primi vissero in Grecia oltre 2500 anni fa).

So che non so. Pitagora (sì, proprio quello del famoso teorema) nacque in Grecia nel 570 a.C. circa e visse a lungo in Magna Grecia; fu il primo a definirsi filosofo, per distinguersi dai sapienti. Lui, infatti, non si sentiva uno che già conosce tutto, ma un "ricercatore di verità" che si interroga senza poter dare mai una risposta definitiva perché è consapevole dei limiti della ragione e dei sensi. Del resto anche Socrate, un altro famoso filosofo greco vissuto ad Atene dal 469 al 399 a.C., pensava che il vero saggio ("filosofia" significa "amore per la saggezza") è colui che... sa di non sapere. Insomma un ignorante, che proprio per questo, però, desidera conoscere sempre di più.

Ritratto del filosofo greco Pitagora.

Aristotele (384-322 a.C.) pensava invece che le persone abbiano iniziato a "filosofare" per la meraviglia scaturita osservando il mondo circostante. In pratica, i filosofi hanno iniziato a farsi delle domande sull'esistenza e hanno provato a rispondere, ciascuno a suo modo.

Questione di metodo. La filosofia, in effetti, può essere pensata come un grande albero da cui si sono sviluppati tanti rami diversi. Nonostante le differenze, però, i filosofi, per distinguersi da chi, secondo loro, rispondeva alle stesse domande con la superstizione o con la fede, si diedero tre regole per filosofare: un contenuto (noi vogliamo spiegare la realtà tutta intera senza escluderne delle parti), un metodo (per farlo dobbiamo usare soltanto la ragione) e uno scopo (vogliamo conoscere perché vogliamo vivere con saggezza e non essere ignoranti). Per questo, col tempo,

Chi sono io?

Ritratto di Arthur Schopenhauer.

dalla filosofia sono poi nate anche le scienze attuali, che si sono "specializzate" nel corso dei secoli con il contributo di tante persone. Ma allora perché la filosofia esiste ancora se adesso ci sono le scienze?

Siamo tutti filosofi. Le scienze sono precise, ma si concentrano così tanto sul particolare (il veterinario sul gatto o sul cavallo, il matematico sui numeri, il giudice sulle leggi...) che perdono di vista l'insieme, cioè la vita e le faccende di tutti i giorni che ci riguardano da vicino e di cui la filosofia continua invece a occuparsi. Schopenhauer, filosofo tedesco del 1800, diceva che le persone sono per natura "metafisiche": sentono cioè il bisogno, prima o poi, di farsi domande sul perché del loro stare al mondo. Secondo lui, quindi, siamo tutti un po' filosofi: non solo gli studiosi che leggono e scrivono libri, ma chiunque guardi il mondo con curiosità e continui a interrogarsi su come vive e su ciò che lo circonda.

Vita quotidiana. La nostra giornata, per esempio, è piena di questioni filosofiche. Davanti a un brutto voto, possiamo chiederci: «Lo devo dire per forza ai miei?». E perché non possiamo fare tutto ciò che ci va? E ancora: è giusto fare qualcosa che non ci va (tipo vestirsi come stoccafissi!) solo per far piacere a qualcuno? Perché quando siamo felici il tempo va velocissimo e quando siamo tristi non passa mai? Domande a cui la filosofia, ancora oggi, può aiutare a rispondere. Perché insegna a guardare le cose da più punti di vista, a capire le ragioni degli altri e soprattutto a distinguere ciò che per noi è importante da quello che non lo è.

(adattato da C. Figus, in «Focus Junior», ottobre 2009)

Attività

CHE COSA DICE IL TESTO COMPRENSIONE ED ESPRESSIONE ORALE

Filosofi di ieri e di oggi

1. **Rispondi oralmente alle seguenti domande.**
   > Chi sono i filosofi?
   > Quando vissero i primi filosofi?
   > Il brano parla di alcuni filosofi dell'antichità. Quali? Quale filosofo dell'Ottocento viene nominato?

UNITÀ 7 — LE GRANDI DOMANDE

COMPETENZE DI LETTURA

2. Per ciascuno dei filosofi citati nel testo, completa una "carta d'identità" seguendo gli schemi che seguono.

Pitagora
Quando visse: ....
Dove: ....
Perché si definisce "filosofo" e non "sapiente": ....

Socrate
Quando visse: ....
Dove: ....
Chi è il vero saggio: ....

Aristotele
Quando visse: ....
Dove: ....
Perché le persone hanno iniziato a filosofare: ....

Schopenhauer
Quando visse: ....
Dove: ....
Perché le persone sono "metafisiche": ....

PENSIAMOCI SU

Le grandi questioni filosofiche

3. Ogni aspetto della nostra esistenza può essere ricondotto a tematiche filosofiche. Tuttavia, in alcune questioni il "versante filosofico" è più ampio e più specifico. Individua quali problemi, tra quelli elencati, possono essere definiti più propriamente filosofici e spiega quale ragionamento ti ha portato a indicarli.

- ☐ L'esaurimento delle risorse del pianeta
- ☐ Il perché dell'esistenza dell'uomo
- ☐ L'origine dell'universo
- ☐ Le regole per governare uno Stato
- ☐ Il modo di trascorrere le vacanze
- ☐ L'inizio e la fine della vita umana
- ☐ La cura delle malattie con la medicina naturale

DAL TESTO A NOI

Chi è il saggio

4. > L'uomo saggio è colui che sa di non sapere e quindi, con intelligenza, cerca di rispondere alle domande che riguardano il perché della sua esistenza e della realtà che gli sta intorno. I filosofi, fin dall'antichità, si sono posti domande sulla natura dell'uomo e del mondo. Ogni filosofo ha dato una risposta diversa anche se il metodo seguito è stato lo stesso: l'uso della ragione.

Abbiamo letto che secondo Schopenhauer tutti noi, proprio perché siamo uomini, avvertiamo la necessità di porci domande sulla nostra esistenza. Tu ti poni delle domande "filosofiche" sulla tua vita? Quali? Cerchi aiuto per avere una risposta? A chi? Sei soddisfatto delle risposte che ti vengono date oppure da vero "ricercatore di verità" continui a riflettere e a "scavare" nei tuoi dubbi?

RIFLETTERE E SCRIVERE

COMPETENZE DI SCRITTURA

Il mio pensiero filosofico

5. Continuando la riflessione avviata nell'esercizio precedente, scrivi un elenco di domande dalle più "alte" e impegnative (Perché si nasce? Perché la vita finisce?) alle più quotidiane (È giusto comportarsi in un certo modo che non ritengo corretto solo per far piacere a qualcuno?) Prosegui poi il lavoro abbozzando una risposta per ciascuna domanda.

OLTRE IL TESTO

Nell'esercizio precedente hai già individuato alcune domande "da filosofo". Leggi il brano tratto da *Il mondo di Sofia*, proposto nell'approfondimento, poi confronta e completa il tuo elenco. Scrivi infine un breve testo che spieghi, alla luce di tutto ciò che hai letto sull'argomento, che cos'è la filosofia e quale importanza ha nella nostra vita di ogni giorno.

LABORATORIO DELLE COMPETENZE

CONSAPEVOLEZZA ED ESPRESSIONE CULTURALE   **COMPETENZE DI SCRITTURA**

Attività di classe

Il mio nome per dire chi sono

In questa prima parte dell'unità siete stati invitati, attraverso la lettura dei brani proposti, a riflettere su voi stessi, su come vi vedete, sulle vostre paure, sui vostri desideri, sui vostri dubbi, anche "filosofici". Ora, forse, vi sentite un poco più in grado di rispondere alla domanda: «Chi sono io?» Vi proponiamo un modo divertente per farlo, scrivendo un acrostico del vostro nome.

A. ▶ Che cosa è un acrostico

L'acrostico è un componimento in cui le lettere iniziali di ogni verso o di ogni riga formano una nuova parola: in questo caso ogni lettera sarà l'iniziale di una frase o di un termine con cui potete esprimere un aspetto della vostra personalità, che può essere richiamato anche attraverso un paragone, lasciando spazio alla fantasia. Come esempio, vi proponiamo tre acrostici scritti da ragazzi vostri coetanei.

Silvia
- **S**emplice
- **I**ntelligente
- **L**ampante
- **V**ivace
- **I**stintiva
- **A**ttenta

Giacomo
- **G**iardino
- **I**ncantato
- **A** volte
- **C**onfuso
- **O**ppure
- **M**isterioso
- **O** comunque magico

Stefano
- **S**ono un pigrone
- **T**esta di rapa
- **E**norme
- **F**intotonto
- **A**mo gli animali
- **N**on so volare
- **O**dio la pioggia

NOI, GLI ALTRI, IL MONDO

LABORATORIO DELLE COMPETENZE

B. ▸ Scrivi il tuo acrostico

Ora prova tu a scrivere un acrostico che ti rappresenti... Scrivi una sotto l'altra le lettere del tuo nome e, usando tutta la tua creatività e il tuo estro, aggiungi le parole o le espressioni che ti descrivono. Lo stile dell'acrostico – come hai potuto vedere negli esempi proposti – può essere di vari tipi: ironico o oggettivo, divertente o serio, poetico o misterioso, in rima o no... Scegli tu quello che più rappresenta il tuo modo di essere, il tuo carattere!

Riporta poi il testo dell'acrostico su un cartoncino che puoi arricchire con qualche disegno a tema o con una tua foto. Potrai usarlo come copertina di una cartelletta in cui raccoglierai le pagine che hai scritto e che scriverai in queste unità.

C. ▸ Condividi il tuo lavoro con i compagni di classe

Sotto la guida dell'insegnante, organizzate una lettura a voce alta dei vostri acrostici (ognuno legge il suo). Tutti dovranno ascoltare in silenzio, senza fare commenti, perché quello che una persona scrive di se stessa merita un assoluto rispetto. Scoprirete alcuni atteggiamenti, alcuni aspetti dei vostri compagni che non avevate mai intuito. Vi renderete anche conto che una persona si "vede" in modo diverso da come la "vedono" gli altri.

D. ▸ Condividi il tuo acrostico con insegnanti e compagni delle altre classi

Il lavoro fatto da ciascuno di voi può essere raccolto in un album da appendere o da conservare in classe, che vi rappresenterà tutti. Un'altra idea potrebbe essere un grande cartellone.

Un consiglio importante

Rivedete ogni tanto ciò che avete scritto: è un esercizio di autovalutazione importante che vi permetterà di cambiare qualche voce dell'acrostico quando vi sembrerà di essere cambiati!

Che cosa vuol dire amare?

 Due canzoni sull'amore

L'amore è una forza misteriosa e potente che penetra e muove l'intimo di ogni uomo per rendere la vita più bella. L'amore ha tanti modi per esprimersi: c'è l'amore dei genitori per i figli, l'attenzione e la solidarietà per chi soffre... In queste pagine leggerai testi sull'amore tra un uomo e una donna. Un amore che è attrazione fisica, passione, sentimento, comunicazione di sé, condivisione di idee e di esperienze.

 **Susie Morgenstern**

Un amore che può aspettare

Attraverso il racconto delle avventure di Margot, l'autrice di Prima media! *affronta, con uno stile leggero, ironico ma incisivo, i problemi della prima adolescenza: la consapevolezza di sentirsi grandi, il diverso rapporto con gli adulti, le prime attrazioni sentimentali...*

Nel brano che stai per leggere, Margot si accorge che il suo compagno Arthur ha per lei un interesse un po' speciale e si sente stupita, quasi timorosa. Dopo aver riflettuto, pensando all'atteggiamento delle sue compagne, impegnate senza sosta a captare i segni del corteggiamento dei coetanei, decide che nessuno dei ragazzi della sua classe la interessa e che può rimandare l'amore al futuro.

Da qualche tempo Margot aveva notato un cambiamento nel comportamento di Arthur. Prima del viaggio a Roma, lo sorprendeva spesso occupato a lanciare sguardi nella sua direzione. Durante la ricreazione, veniva a giocare a pallone proprio davanti alla panca dove lei era seduta. Quando il prof aveva proposto il viaggio a Roma chiedendo chi era interessato, Arthur aveva atteso che Margot alzasse la mano prima di agitare la sua.

A Roma aveva l'impressione che lui la spiasse. Accanto a lui sul pullman c'era sempre un posto vuoto che era disposto a cedere solo quando Margot si era definitivamente sistemata altrove. Le ronzava attorno durante le spiegazioni della guida in Vaticano, al Foro, al Colosseo e a Villa d'Este. A tavola le offriva timidamente il dolce.

Dopo il viaggio, Margot continuava ad avere l'impressione che lui la seguisse. Un giorno, durante l'ora di francese, lei lesse il suo tema alla classe.

Un uomo di ghiaccio
«Questa notte è scesa tanta grandine che tutte le strade sono coperte di una spessa coltre bianca. Anche l'immenso cortile del liceo ha subìto la stessa sorte. Io sono molto eccitata. Per festeggiare l'avvenimento ci mettiamo a costruire un uomo di ghiaccio. [...]»

UNITÀ 7 — LE GRANDI DOMANDE

1. **baguette**: tipico pane francese, dalla caratteristica forma lunga e sottile.

Margot sentì bisbigliare: «L'amore non dura più a lungo del ghiaccio». Si voltò e vide che l'osservazione proveniva dalle labbra di Arthur.

Quello stesso giorno, Arthur l'avvicinò nell'intervallo tra una lezione e l'altra. Balbettò: «Cosa fai dopo la scuola?».

«I compiti!», rispose Margot con convinzione.

«No, ma dopo?»

«Mangio.»

«No, voglio dire la sera, dopo cena.»

«Vado a letto e dormo.»

«Ah, bene!», sospirò lui non sapendo che altra domanda inventarsi.

Nelle settimane che seguirono questo tentativo di stabilire un contatto con Margot, Arthur fece come per caso le sue commissioni dal droghiere, dal panettiere e dal giornalaio del quartiere di Margot. Lei si accorse di lui nel momento in cui stava pagando la sua *baguette*[1].

«Abiti da queste parti?», gli chiese, stupita di vederlo.

«No, mi piace provare diversi tipi di pane.»

«Ah, ho capito.»

Quando se lo trovò praticamente sulla porta di casa, gli pose la domanda: «Hai degli amici nella mia via?».

«No, mi piace passeggiare in strade che non conosco.»

«Ah, bene!»

Lui non osò dirle quanto gli sarebbe piaciuto avere un'amica nella sua via.

Lei non sapeva spiegarsi come era riuscito a trovarsi nella sua stessa piscina nello stesso momento, o come aveva potuto scegliere lo stesso

Che cosa vuol dire amare?

percorso di bicicletta due giorni dopo, ma le sembrava che la spiasse in modo estremamente efficace.

Denise le confidò: «Io credo che sia innamorato di te».

Margot era spaventata. L'amore! Era una faccenda da futuro lontanissimo, certo non del presente. Non si sentiva affatto interessata alle storie d'amore. Certo, c'era nella sua classe qualche ragazza che non faceva che correre dietro ai ragazzi e parlare di questo o di quello che la guardavano, ma Margot non aveva mai partecipato a questi strambi corteggiamenti.

E poi a lei piacevano gli uomini con la barba e nella sua classe non c'era nessuno che ce l'avesse. Dunque l'amore doveva attendere. In terza forse se ne sarebbe potuto riparlare.

Arthur avrebbe trovato qualcun'altra da amare.

(S. Morgenstern, *Prima media!*, tradotto dal francese da P. Varetto, Einaudi)

Attività

CHE COSA DICE IL TESTO
COMPETENZE DI LETTURA

Il corteggiamento

1. Arthur, affinché Margot si accorga di lui, mette in atto una serie di stratagemmi. Continua l'elenco che abbiamo avviato.
   > Lancia sguardi nella sua direzione.
   > Gioca al pallone davanti alla panca dove è seduta.
   > ....
   > ....

Margot e l'amore

2. Quando Denise le rivela che Arthur non la spia ma si comporta da innamorato, quale sentimento prova Margot?
   - ☐ Vanità soddisfatta
   - ☐ Invidia
   - ☐ Timore
   - ☐ Curiosità
   - ☐ Indifferenza

PENSIAMOCI SU

Si può essere attratti da un compagno di classe?

3. Margot fatica ad accorgersi del corteggiamento di Arthur e, quando se ne rende conto, ne ha paura e lo rifiuta. Dice di preferire gli uomini con la barba, e nessuno dei suoi compagni ha questo requisito. Che cosa nasconde questa considerazione sui compagni?
   - ☐ I compagni di classe sono un po' troppo bambini
   - ☐ Nessun compagno condivide i suoi interessi
   - ☐ Margot è ingenuamente fedele a un modello "ideale" di uomo da amare
   - ☐ Margot ha un altro ragazzo di cui è segretamente innamorata
   - ☐ I compagni di classe la ignorano perché è timida e chiusa

DAL TESTO A NOI

L'amore deve attendere

4. > Margot rimanda nel tempo il suo coinvolgimento in esperienze sentimentali. Non si sente coinvolta dalla rete di chiacchiere e «strambi corteggiamenti» messi in atto dalle compagne.

   Che cosa pensi di questo atteggiamento? Lo condividi?

5. Come ti saresti comportato/a davanti a un corteggiamento "accerchiante" come quello di Arthur?

6. Ti senti più vicino/a al comportamento di Margot o a quello delle sue compagne?

NOI, GLI ALTRI, IL MONDO

UNITÀ 7 — LE GRANDI DOMANDE

Carla Gariglio

Bellissimo

Stefano si guarda allo specchio e scopre i brufoli, il naso enorme, vede a terra le sue scarpe e pensa ai propri piedi troppo, troppo grandi. Si sente brutto, molto brutto. Non accetta quel suo corpo che si sta trasformando. Ma un giorno succede qualcosa che gli fa cambiare parere sul suo aspetto.

«Alzati, Stefano, dai, è tardi», la voce della mamma rimbomba per la seconda volta.

La sveglia è già suonata un quarto d'ora fa, ma l'ho subito zittita. Devo proprio alzarmi ora, non c'è più scampo.

Comincio pigramente a sedermi sul letto e butto lo sguardo vicino al comodino: lo zaino è già pronto, per fortuna! Ieri sera mio padre mi ha obbligato con le buone e con le cattive a prepararlo e adesso... ammetto che è stata una cosa ben fatta. Almeno quello, c'è.

Sbircio verso il bagno: la luce è accesa, ci sarà ancora mia sorella dentro; è sempre una lotta al mattino conquistare il bagno.

Intanto mi tolgo il pigiama, mi infilo i calzini e anche le scarpe. Scarpe? Sembrano due tavole da snowboard, non le avevo mai viste così grosse... Saranno proprio le mie? Per questi miei piedi? Temo di sì. Le calzo benissimo.

Si libera il bagno e, trascinando un po' i piedi, come mi piace fare ultimamente, lo occupo io.

La luce sopra lo specchio è accesa e sono colto a tradimento: vedo un viso piuttosto largo e in mezzo sta un gran naso; no, questo proprio non è mio. Mi hanno sempre detto che avevo il naso a patatina, ma ciò che vedo, lì in mezzo alla faccia, è un tubero sproporzionato, orribile, non mio di certo.

Provo a tirarmi su i capelli, a cresta, come li portano molti miei amici. Io li porto giù quasi sugli occhi; il mio non è un vero e proprio ciuffo, sembra una tenda piuttosto e la spalmo di gel, perché non svolazzi.

Vediamo con la cresta: oh, no!

La fronte è piena di brufoli; giù subito sugli occhi, anche se quel naso bitorzoluto si vede molto di più con la frangia.

Brufoli: sono pieno di brufoli, sotto la luce dello specchio ne vedo di ogni qualità, dal rosso, al viola al giallo. Raccapriccianti.

Sono proprio brutto, anzi bruttissimo. Potrei dire alla mamma che non mi sento troppo bene e starmene a casa, per non farmi vedere da nessuno... Eh... domani, comunque, sarebbe lo stesso. Lascio perdere lo specchio; mi ha rovinato la giornata.

Compio le essenziali funzioni mattutine, poi mi vesto; è un problema adesso con le scarpe ai piedi infilare gli aderentissimi pantaloni comprati da poco. Be', con un po' di sforzo,

Che cosa vuol dire amare?

1. mugugno: mugugnare significa borbottare.

ci sono riuscito; li abbasso in vita e metto in mostra il vistoso elastico delle mutande con la scritta viola: è la cosa più bella di me, credo.

Prendo lo zaino e il giubbotto e vado in cucina. La mamma mi ha preparato la colazione, ma ingoio solo due sorsi di latte, senza niente, sono di malumore e sto per uscire.

Ancora la mamma mi viene dietro con le solite raccomandazioni: «Fai attenzione! Non ti distrarre a scuola... Alza quei piedi quando cammini. Ciao, buona mattinata!».

Io mugugno[1] un saluto e vado. Cerco di guardare a terra, per non essere visto, poi trascinando appena un po' i piedi arrivo alla fermata dell'autobus. C'è già molta gente, ma la evito, tengo la testa bassa.

Sì, però così facendo vedo quelle scarpe simili a due windsurf, ma pazienza, cerco di non rendere conto a nessuno.

L'autobus sta per arrivare. Istintivamente alzo e giro la testa e proprio lì, accanto a me, all'altezza della mia spalla incrocio due meravigliosi occhi che mi guardano. Chissà da quanto tempo?

Quegli occhi appartengono al volto dolcissimo di una brunetta, che mi sorride. A me.

Saliamo sul pullman e siamo come le acciughe nel barile: «Avanti, passate avanti», dice il conducente, ma non riusciamo a muoverci.

La ragazza e io ci troviamo schiacciati l'uno di fronte all'altra. È impossibile ignorarla; non riesco nemmeno a trovarmi i piedi in questa calca. Sono obbligato a guardarla.

E lei mi guarda, intensamente, poi accenna a un altro sorriso, ancora più espressivo del primo.

Parole, parole...

Un naso troppo importante

Stefano si guarda allo specchio e si vede proprio brutto: i piedi troppo grandi, il viso è punteggiato da brufoli. Ma ciò per cui è proprio arrabbiato è il naso, che tutti, quand'era piccolo, definivano a patatina e che ora lui considera orribile: bitorzoluto e paragonabile a un tubero sproporzionato.

Quale immagine ha del suo naso Stefano? Che cosa significa *bitorzoluto*? E *tubero sproporzionato*?

Per sapere cosa significa *bitorzoluto* devi conoscere il significato di *bitorzolo*. Cercalo sul dizionario e trascrivine la definizione: ....
....

Quindi un naso *bitorzoluto* è un naso ....
....

Se il termine si riferisce al ramo di un albero, i *bitorzoli* si possono anche chiamare ....

Il naso è anche paragonato a un *tubero sproporzionato*. A quale ambito fa riferimento questo termine?
....

Cosa indica? ....

Nel nostro caso però viene utilizzato in senso figurato. Forse la nota etimologica ci può essere di aiuto. *Tubero* ha origine da una parola latina. Quale?
....

Cosa significa? ....

Come il *tubero*, anche il naso è una .... del viso.

Inoltre, Stefano considera il tubero/naso *sproporzionato*. Trova qualche sinonimo dell'aggettivo *sproporzionato*:
....

UNITÀ 7 — LE GRANDI DOMANDE

A fatica riesco a scostare il lungo ciuffo dagli occhi. Pare soddisfatta di questo mio gesto e il suo sorriso diviene smagliante. Siamo a un palmo di distanza; adesso la guardo anch'io, fissandola negli occhi, prendo fiato e ricambio il sorriso.

Mi sento bellissimo.

(C. Gariglio, *Ciuffi al vento. Racconti di libertà e amicizia*, Ed. Angolo Manzoni)

Attività

CHE COSA DICE IL TESTO
(COMPETENZE DI LETTURA)

Stefano davanti allo specchio

1. Rileggi il brano e prepara una scheda con il ritratto che Stefano fa di se stesso. Indica le parti del corpo da lui considerate e trascrivi le sue valutazioni.
   > Come si veste Stefano? Come cammina?

Un incontro speciale

2. Rispondi alle domande.
   > Chi incontra Stefano alla fermata dell'autobus?
   > Perché Stefano non può ignorarla?
   > Con quali gesti si stabilisce il contatto tra loro?
   > Che cosa cambia nell'idea che Stefano ha di sé?

PENSIAMOCI SU

Il disagio sconfitto da uno smagliante sorriso

3. Dopo essersi guardato allo specchio e aver maturato la consapevolezza di essere bruttissimo, Stefano esce di casa. Si sente a disagio a contatto con gli altri: pensa infatti che lo guardino con i suoi stessi occhi. Poi incontra una ragazza e pian piano il suo disagio si scioglie.

   Ritrova nel testo il percorso che porta Stefano a superare il suo disagio e completa le frasi, sintetizzando i passi del brano.

   Verso la fermata dell'autobus Stefano ....
   ....
   Alla fermata dell'autobus ....
   ....
   Sull'autobus ....
   ....

   > Quali parole esprimono l'incredulità di Stefano?
   > Stefano guarda la ragazza perché vi è quasi costretto. Da quali parole si capisce?
   > Come gli appaiono lo sguardo e il sorriso della ragazza?
   > Stefano ha un attimo di paura e di esitazione prima di ricambiare il sorriso. Come esprime questo stato d'animo?

DAL TESTO A NOI

Bruttissimo o bellissimo?

4. Stefano, quando si accorge di essere oggetto di attenzione e simpatia da parte della ragazza, dimentica il disagio per il proprio aspetto da lui ritenuto sgradevole. Gli sguardi e il sorriso lo fanno sentire bellissimo. Spesso noi ci vediamo attraverso gli occhi degli altri e ci accettiamo così come siamo perché gli altri ci accolgono.

   Anche tu, come Stefano, sei convinto di non avere un aspetto gradevole agli occhi degli altri? Come superi questo stato d'animo? Ti chiudi in te stesso? Lo superi con la vicinanza e l'affetto degli amici?

5. Hai mai vissuto un'esperienza analoga a quella di Stefano che ti ha riappacificato con te stesso?

SCRIVERE PER RACCONTARE
(COMPETENZE DI SCRITTURA)

Una simpatia appena iniziata

6. Come proseguirà l'incontro di Stefano con la brunetta? Approfondiranno la loro simpatia? Si incontreranno ancora? Come evolverà la loro "storia"? Racconta!

SCUOLA DI SCRITTURA
Nella lezione 11 trovi indicazioni per scrivere il finale di una storia.

Che cosa vuol dire amare?

 Aldo Nove

 Una poesia d'amore

La bambina

L'autore di Amore mio infinito *fa raccontare a Matteo, ormai adulto, gli amori della sua vita: la bambina di dieci anni, la madre che muore, Maria, la compagna di classe Silvia, con cui vive l'esperienza del primo bacio.*
In questo brano Matteo narra il suo amore di bambino, che è ammirazione, desiderio di stare vicino alla bambina amata, rinuncia a qualcosa di importante per lei, sofferenza per il distacco. Proprio come l'amore degli adulti, che Matteo osserva cogliendone la bellezza e l'allegria.

☐ L'amore è quando si è rotta la bicicletta e ti fermi a aggiustare la gomma a pulirla per mettere una toppa rossa e mentre la stai gonfiando arriva una bambina e non riesci più a gonfiare la gomma e ti metti a parlare con lei di una trasmissione dove non ti ricordi più la trasmissione ma gli occhi della bambina sono belli e non riesci più a grattare bene lo sporco attorno a dove c'è il buco della ruota della bici.

☐ L'amore è quando alla festa dell'Unità seduta davanti a te c'è una bambina che mangia le patatine e tu sei lì con tuo zio sei muto a guardare la bambina che mangia le patatine con le mani e non ti guarda e ti viene voglia di prenderle la mano e stare seduto in fondo a dove ci sono tutte le sedie insieme.

☐ L'amore è quando tuo zio fa il meccanico e la sera finisce di lavorare e torna di sopra da tua zia che smette di tagliare la testa all'anguilla impanata e va incontro allo zio per dargli un bacio e lo abbraccia e lo bacia e poi ridono perché abbracciandolo la zia ha sporcato lo zio di anguilla ma non fa niente perché lo zio puzza già di parafango e così contemporaneamente puzza di parafango e anguilla. [...]

☐ L'amore è quando hai tre vaschette della Nutella con il cucchiaino arancione che sembra una paletta e non ne mangi neanche una le metti da parte per quando domenica arriva la figlia della signora Bimbatti per regalargliele tutte e tre e la paletta pure, la dai a lei.

☐ L'amore è quando tuo papà in macchina inizia a cantare la canzone dei mobili Busnelli e tua madre davanti con la sigaretta canta anche lei e fino a che arrivano al distributore della benzina continuano a cantare e a ridere e non sembrano più genitori sembrano bambini che alla ricreazione non hanno voglia di tornare in classe ma di giocare a nascondino a rialzo anche se sono genitori a causa dell'amore hanno davvero voglia di fare così.

☐ L'amore è quando hanno fatto un film dove c'era una signora bellissima e tutti i bambini correvano in campagna per andare a vedere se si spogliava e stavano a aspettare che lei senza accorgersi dei bambini si spo-

UNITÀ 7 — LE GRANDI DOMANDE

gliava e tra questi ce n'era uno grasso che faceva ridere e mandava un sacco di baci dietro la rete della casa dove c'era la signora bellissima che prendeva il sole sdraiata vicino al fiume.

☐ L'amore è quando sei in vacanza in montagna con tua cugina tedesca che ha quattordici anni è bionda è bella e avete fatto dei portacenere con il Das e lei siccome non sa l'italiano quando un portacenere si rompe dice ho morto il portacenere e ti viene voglia di ridere ma non riesci a scherzarla perché hai voglia di abbracciarla di andare a passeggiare con lei in strada perché è bella è proprio una cugina tedesca con le calze rosse i capelli biondi.

☐ L'amore è quando mancano due giorni alla fine delle vacanze e tu sei triste come una canzone sempre uguale perché vai a casa perché ricomincia la scuola perché non vedrai più la bambina alla finestra nella casa di fronte alla tua la sera, non saprai mai come si chiama lei.

(A. Nove, *Amore mio infinito*, Einaudi)

Attività

PENSIAMOCI SU
COMPETENZE DI LETTURA

Che cosa è l'amore

1. Ogni situazione narrata nasconde un atteggiamento d'amore. Qual è? Sceglilo nell'elenco e scrivi nel testo il numero corrispondente.

   L'amore è:
   1. Gioire, divertirsi insieme in allegria, ritornare come bambini.
   2. Attrazione sessuale.
   3. Desiderio di contatto fisico e di stare da soli.
   4. Baciarsi e abbracciarsi.
   5. Rispetto, riguardo, attenzione.
   6. Separazione dolorosa.
   7. Rapimento, estasi, contemplazione che impedisce di continuare ad agire.
   8. Donare alla persona amata qualcosa cui tieni molto.

DAL TESTO A NOI
COMPETENZE DI SCRITTURA

L'amore non ha età

2. Matteo narra il suo amore di ragazzino per una coetanea. Sono infantili le azioni, il contesto in cui si muove, ma il modo di manifestarsi del suo amore è comune a quello degli adulti. L'amore è un sentimento che non ha età.

   Sei d'accordo? Ne hai fatto esperienza? Hai avuto anche tu degli "amori" quando eri bambino? Che cosa ricordi? Racconta.

OLTRE IL TESTO
Nel brano Aldo Nove tenta di dare una definizione all'amore attraverso il racconto di momenti semplici di vita quotidiana. La poesia di Pablo Neruda proposta nell'approfondimento, invece, rimanda a momenti difficili, rasserenati però da un gesto dell'amata. Esprimi il messaggio della poesia di Neruda con un breve testo dal titolo *L'amore è...*.

Che cosa vuol dire amare?

Dafi e Na'im

Il brano è tratto da L'amante, *uno dei numerosi romanzi dello scrittore israeliano Abraham B. Yehoshua. Dafi e Na'im sono due adolescenti che vivono in Israele: Dafi è ebrea, appartiene a una famiglia benestante e abita a Gerusalemme, mentre Na'im è arabo, vive nei territori occupati e per raggiungere il garage del padre di Dafi, dove lavora, si alza all'alba. Il loro amore è reso più difficile e complicato dal conflitto tra i due gruppi sociali a cui appartengono. Nel brano che stai per leggere Dafi e Na'im si incontrano dopo un periodo di separazione: sono emozionati, ma non vogliono mostrare apertamente i loro sentimenti. Non si comprendono e credono entrambi che il loro rapporto d'amore sia perduto. Lo scrittore fa parlare come in un soliloquio i due innamorati, sottolineando con efficacia la difficoltà di comunicare con chiarezza il proprio stato d'animo.*

Na'im
Giro tra la folla, non guardo neanche più le vetrine. Guardo soltanto la gente, cammino in mezzo alla folla. Delle volte seguo un uomo o un ragazzo, oppure una ragazza, gli vado dietro per molto tempo, cerco di capire che cosa stanno facendo. A volte seguo qualcuno che sta seguendo qualcun altro. Oggi, per esempio, andavo dietro alle gambe di una ragazza, finché dopo un po' mi sono accorto che quella era Dafi che stava pedinando qualcuno. Le sono corso dietro, e al passaggio pedonale, prima che lei attraversasse la strada, le ho toccato la spalla. Mi ha invaso una gioia pazza.

Al primo momento non s'è accorta che la toccavo, stava aspettando che venisse il verde. Poi s'è spaventata, come se l'avessi strappata da un sogno. È diventata più alta, è molto dimagrita, magari anche meno bella, ha la faccia pallida, le occhiaie scure.

«Na'im!», ha detto prendendomi la mano, «che fai da queste parti?»
Non volevo dirle che giravo così, senza meta.
«Sto andando da qualcuno.»
«Da chi?»
«Un amico...»
«Hai già fatto amicizie, qui?»
«Sì...»
Il semaforo è passato al verde, ma lei ancora non si muoveva. Un fiume di gente ci spinge di lato. Improvvisamente non sappiamo più che cosa dire, siamo confusi tutti e due, come se non avessimo viaggiato insieme di notte, come se non avessimo fatto amicizia. Il semaforo torna al rosso.
«Sei sempre da quella vecchia[1]?»
«Sì, è tuo padre che me l'ha chiesto...»
«Vi siete innamorati l'uno dell'altra...»
Mi prende in giro. Non mi piace. Mi

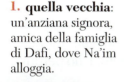

1. quella vecchia: un'anziana signora, amica della famiglia di Dafi, dove Na'im alloggia.

NOI, GLI ALTRI, IL MONDO **567**

guarda come se fossi un estraneo. La gente si affolla intorno a noi, aspetta il verde. Lei mi sembra lontana, piena d'alterigia[2]. Mi si spezza il cuore.

Il semaforo passa al verde, ma lei non si muove ancora. La gente ci spinge con violenza contro la ringhiera. Lei mi guarda, ha lo sguardo triste. Mi dice: «Sei molto cambiato».

E non dice se in meglio o in peggio. Non è carina, non ride. È tutta seria. Accendo una sigaretta. Vorrei dirle un milione di cose, ma non so da dove cominciare. Eravamo anche in un posto così scomodo, di fronte al semaforo che cambiava colore ogni momento, con la gente che ci urtava. Non volevo spaventarla, imporle la mia compagnia. Avrei potuto invitarla a bere qualcosa, potevamo sederci in un bar e chiacchierare in pace. Lei stava appoggiata alla ringhiera, triste e pallida. E il mio amore mi cresceva dentro. Temevo che mi lasciasse.

«E tu? Sempre a scuola?»

«Che vuoi che faccia?», mi risponde, rabbiosa, come se l'avessi insultata, «non posso mica andarmene in giro come te... senza preoccupazioni... di te si sono dimenticati... sei fortunato[3].»

Mi parla in tono amaro, come se volesse picchiarmi. Che cosa le ho fatto? Che colpa ne ho io? Mi sono cadute le braccia.

Un tassì si ferma al passaggio pedonale. Lei mi prende per mano: «Vieni, ti do un passaggio dal tuo amico».

E senza domandare, come se fossi un bambino, apre la porta e mi spinge sul tassì, e io in tutta fretta devo inventare quel mio amico. Comincio a impappinarmi, cerco di spiegare la strada all'autista. In vita mia non ero mai andato in tassì. Infine lo faccio fermare vicino a una casa. Scendo. Vorrei dirle qualcosa. Anche lei, lo sento che vorrebbe dire qualcosa, forse si pente d'essere stata dura con me, vorrebbe che rimanessimo insieme. Ma il tassì si muove, lì c'è sosta vietata. Lei si aggrappa alla maniglia, mi fa un cenno di saluto. E io resto là sul marciapiede. Sono disperato. L'ho perduta.

Dafi

Quando gli ho preso la mano, mi è sembrato di afferrare la libertà in persona.

«Na'im, che fai da queste parti?»

Con quel sorriso misterioso sulle labbra, con quell'aria di sicurezza non pare più lo stesso. È più alto, è vestito tutto elegante, ha le scarpe lustre: un vero bullo da marciapiede. Pare tutto soddisfatto, non ha preoccupazioni. Non è già più il ragazzotto di campagna, frastornato dalla città. È cambiato moltissimo, da non crederci. Se ne sta lì, davanti al passaggio pedonale, le mani in tasca. Ha fretta, deve andare da un amico; s'è già fatto degli amici, s'è adattato all'ambiente. Non so perché, mi fa venire un nervoso tremendo.

In fondo, lui non fa nulla tutto il giorno. Abita da quella vecchia, s'è trovato l'albergo. Un bel lavoro per un giovanotto sano. Non fa altro che andare in giro per la città, una bella cuccagna. Si sono dimenticati di lui. Non ha problemi, non c'è pericolo che lo buttino fuori dalla scuola.

2. alterigia: superbia, arroganza.

3. sei fortunato: in quel periodo Na'im lavora poco e quindi ha molto tempo libero.

4. pieno di boria, così tronfio: superbo, arrogante.

S'appoggia alla ringhiera e mi guarda dall'alto al basso. Ormai mi prende per una bambina. Dov'è andato a finire il ragazzino che è venuto da noi quel sabato sera, tutto fradicio di pioggia e si è messo a piangere in bagno? E io che credevo che fosse innamorato di me. Povera Dafi.

«Sei cambiato...», non ho potuto trattenermi dal dirgli. Lui non risponde, sa benissimo che è cambiato. Alza la testa. Non ha più nulla da dirmi. Quell'aria di superiorità. Si vede che ha imparato molto in quest'ultimo mese, chissà i posti che frequenta. Fuma una sigaretta, si dà delle arie. Tutti fanno la bella vita, tutti in libertà, e soltanto io mi trascino, zoppicando, in coda alla carovana. Questo posto non è proprio adatto per fermarsi, non si può parlare qui, davanti al semaforo che cambia ogni momento, con la gente che continua a urtarci. Avrei voluto dirgli: portami con te dal tuo amico, ma mi sono morsa la lingua, che non pensasse che voglio appiccicarmi a lui. Pare che già voglia piantarmi, non trova nulla da dirmi. Mi chiede con un tono freddo, da prendermi in giro: «Sei sempre a scuola?».

Mi fa proprio venire i nervi, ha trovato il callo giusto da pestare? Mi fa una rabbia...

«E che vuoi che faccia? Non posso mica andarmene a spasso come te... di te si sono dimenticati... sei fortunato...»

Lui lo sa benissimo che è fortunato. Adesso china la testa, vorrebbe andarsene. Improvvisamente mi dispiace per quest'incontro mal riuscito. Perché dev'essere così pieno di boria, così tronfio⁴? Se fosse disposto a rinunciare al suo amico, lo porterei con me. Quella sua completa libertà mi affascina. Un tassì si ferma davanti al passaggio pedonale. Lo

Parole, parole...

Modi di dire interessanti

Nel brano sono presenti alcuni modi di dire che nascondono un significato interessante.

Una bella cuccagna *Cuccagna* è un paese da favola in cui si trovano delizie e piaceri di ogni tipo. Quindi, si dice «è una cuccagna» per indicare una vita felice, senza preoccupazioni.

Nelle feste di paese si innalza l'albero della cuccagna: alla sommità di un palo unto di grasso o insaponato si appendono leccornie o altri premi destinati a chi, arrampicandosi fino alla cima, li raggiunge.

- Hai mai visto un albero della cuccagna in una sagra paesana?

Trascinarsi in coda alla carovana Una *carovana* è un gruppo di persone che, con carri e animali, attraversa deserti o luoghi pericolosi. Quando qualcuno è in difficoltà cammina a fatica, trascinandosi in fondo al gruppo.

- Il termine deriva dal persiano *kārawān*. Cosa significa? Trascrivi la nota etimologica che trovi sul dizionario.

- Questo modo di dire esprime quindi la difficoltà di seguire il ritmo di vita degli altri: Dafi pensa che per tutti gli altri la vita sia facile e spensierata, mentre lei è costretta ad arrancare con fatica. Ti è capitato di provare la sensazione che quest'espressione descrive?

Trovare il callo giusto da pestare Il *callo* è un ispessimento della pelle delle mani o dei piedi che, se irritato, provoca fastidio e dolore. In senso figurato, "pestare i calli" significa causare fastidio, disagio. Con questo modo di dire Dafi indica che Na'im insiste su un argomento che causa dolore o difficoltà; un altro detto per esprimere lo stesso concetto è «girare il dito nella piaga».

- Usi queste espressioni o altre analoghe? Quali? E se dico che «ormai ho fatto il callo ai suoi scherzi», che cosa intendo?

prendo per mano, gli dico: «Vieni, ti do un passaggio». E lo spingo sul tassì. In un primo momento rimane stupito, ma si riprende subito. Se ne sta sull'orlo del sedile, tutto imbronciato, spiega all'autista la strada da prendere. Dev'essere un'amica, non un amico, magari avrà agganciato qualche arabetta. Dopo un paio d'isolati dice all'autista di fermare. Mi guarda, è tutto rosso in faccia, mi nasconde qualcosa. Ma nei suoi occhi c'è un fondo di tenerezza. Vorrebbe dirmi qualcosa, non è già più così altero e misterioso. Ma il tassì non può sostare. Lui scende, si ferma sul marciapiede, mi guarda fisso, forse si pente, vorrebbe rimanere con me, ma il tassì parte. L'ho perso.

(A. Yehoshua, *L'amante*, tradotto dall'inglese da A. Baehr, Einaudi)

Attività

CHE COSA DICE IL TESTO
COMPETENZE DI LETTURA

Due innamorati "difficili"

1. Dopo aver letto il testo, rispondi oralmente alle domande.
   > I due ragazzi non si vedono da tempo: in quale luogo della città si incontrano?
   > Che cosa accade intorno a loro mentre parlano?
   > Perché salgono su un taxi?
   > Che cosa fa Na'im durante la corsa in taxi?

2. Ritrova nel brano proposto e nell'introduzione che lo precede le informazioni sui due innamorati (gruppo sociale di appartenenza, occupazione, luogo in cui vivono, aspetto fisico, abbigliamento...) e scrivi una breve scheda di presentazione su ciascuno di essi.

PENSIAMOCI SU

Un incontro mal riuscito

3. Individua in ognuno dei due soliloqui:
   > i momenti in cui traspare l'amore dei due ragazzi;
   > le frasi che innalzano una barriera tra i due, creando un fraintendimento.

4. Di quale stato d'animo si accusano a vicenda? Sottolinea nel testo le frasi che lo esprimono.

5. Pensi anche tu, come i due ragazzi, che la situazione e il luogo in cui si sono incontrati abbiano rovinato l'incontro? Oppure ritieni che il contesto sia stato ininfluente?

DAL TESTO A NOI

La difficoltà di comunicare i propri sentimenti

6. Dafi e Na'im si vogliono bene ma non riescono a comunicarselo. Il timore di perdersi crea nervosismo e l'immagine che l'altro avverte non è veritiera. Alcuni deboli segnali d'affetto e d'amore vengono sopraffatti e l'incomprensione trionfa.

Nell'incontro fra Dafi e Na'im, quali gesti o parole, secondo te, hanno ferito maggiormente l'altro?

7. È capitato anche a te di vivere una situazione simile, in cui i tuoi sentimenti sono stati fraintesi? Quali ragioni hanno causato questo fraintendimento? Quale stato d'animo hai provato? Delusione, amarezza... Racconta.

FARSI COINVOLGERE E SCRIVERE
COMPETENZE DI SCRITTURA

Continuare una storia d'amore

8. Dafi e Na'im si sono davvero persi per sempre? Immagina e racconta lo sviluppo della storia d'amore dei due ragazzi.

SCUOLA DI SCRITTURA
Nella lezione 11 trovi indicazioni per scrivere il finale di una storia.

Pace o guerra?

Due canzoni sulla guerra

La guerra ha tragicamente segnato tutta la storia dell'uomo e, ancora oggi, i conflitti si risolvono spesso con la distruzione e la morte. Ma forte è l'aspirazione alla pace: gli uomini la cercano, gli Stati dichiarano di volerla conseguire con le loro leggi.
Gli orrori della guerra vengono raccontati da scrittori, dipinti da pittori. Molte sono le testimonianze di chi ha vissuto l'esperienza della guerra: ci dicono che anche in un clima di odio e di morte può spuntare un seme di pace.

Elsa Morante

Il bombardamento su Roma del 19 luglio 1943

Il bombardamento di Roma

Ida Ramundo, la protagonista del romanzo di Elsa Morante La storia, *è una maestra elementare, rimasta vedova, che vive a Roma con Nino, il figlio adolescente, e con Useppe, nato dopo la violenza che Ida ha subìto da parte di un soldato tedesco. Ida e i suoi figli affrontano le sofferenze della Seconda guerra mondiale e le miserie degli anni immediatamente seguenti.*
Un giorno dell'estate del 1943, mentre sta tornando dalla spesa con il piccolo Useppe, Ida viene sorpresa dalle bombe che cadono sulla città. Scivola in una fossa creatasi nel terreno e, lì rannicchiata, cerca di proteggere il figlio. Boati, sirene, fragori, voci umane giungono in questa sorta di rifugio: quando l'allarme cessa, attorno a loro c'è solo morte e distruzione.

Una di quelle mattine Ida, con due grosse sporte[1] al braccio, tornava dalla spesa tenendo per mano Useppe. Faceva un tempo sereno e caldissimo. Secondo un'abitudine presa in quell'estate per i suoi giri dentro al quartiere[2], Ida era uscita, come una popolana, col suo vestito di casa di cretonne[3] stampato a colori, senza cappello, le gambe nude per risparmiare le calze, e ai piedi delle scarpe di pezza con alta suola di sughero. Useppe non portava altro addosso che una camiciolina quadrettata stinta, dei calzoncini rimediati di cotone turchino, e due sandaletti di misura eccessiva (perché acquistati col criterio della crescenza[4]) che ai suoi passi sbattevano sul selciato con un ciabattìo. In mano teneva la sua famosa pallina Roma (la noce Lazio[5] durante quella primavera fatalmente era andata perduta).
Uscivano dal viale alberato non lontano dallo Scalo Merci, dirigendosi in via dei Volsci, quando, non preavvisato da nessun allarme, si udì avanzare nel cielo un clamore d'orchestra metallico e ronzante. Useppe levò gli occhi in alto, e disse: «Lioplani». E in quel momento l'aria fischiò, mentre già in un tuono enorme tutti i muri precipitavano alle loro spalle e il terreno saltava d'intorno a loro, sminuzzato in una mitraglia di frammenti.
«Useppe! Useppeee!», urlò Ida, sbattuta in un ciclone nero e polveroso che impediva la vista: «Mà, sto qui», le rispose, all'altezza del suo brac-

1. **sporte**: borse.
2. **quartiere**: è il quartiere di San Lorenzo.
3. **cretonne**: tessuto di cotone.
4. **criterio della crescenza**: comprando il numero giusto, le scarpe sarebbero state utilizzate poco, perché crescendo il bambino cresceva anche il piede. Comprando le scarpe più grandi si potevano utilizzare più a lungo.
5. **pallina Roma... noce Lazio**: alla pallina e alla noce erano stati dati da Useppe i nome delle squadre di calcio della città.

UNITÀ 7 — LE GRANDI DOMANDE

6. UNPA: Unione Nazionale Protezione Antiaerea.
7. angusta: stretta.

cio, la vocina di lui, quasi rassicurante. Essa lo prese in collo, e in un attimo le ribalenarono nel cervello gli insegnamenti dell'UNPA[6] e del Capofabbricato: che, in caso di bombe, conviene stendersi al suolo. Ma invece il suo corpo si mise a correre senza direzione. Aveva lasciato cadere una delle sue sporte, mentre l'altra, dimenticata, le pendeva ancora al braccio, sotto al culetto fiducioso di Useppe. Intanto, era incominciato il suono delle sirene. Essa, nella sua corsa, sentì che scivolava verso il basso, come avesse i pattini, su un terreno rimosso che pareva arato, e che fumava. Verso il fondo, essa cadde a sedere, con Useppe stretto fra le braccia. Nella caduta, dalla sporta le si era riversato il suo carico di ortaggi, fra i quali, sparsi ai suoi piedi, splendevano i colori dei peperoni, verde, arancione e rosso vivo. Con una mano, essa si aggrappò a una radice schiantata, ancora coperta di terriccio in frantumi, che sporgeva presso di lei. E assestandosi meglio, rannicchiata intorno a Useppe, prese a palparlo febbrilmente in tutto il corpo, per assicurarsi ch'era incolume. Poi gli sistemò sulla testolina la sporta vuota come un elmo di protezione.

Si trovavano in fondo a una specie di angusta[7] trincea, protetta nell'alto, come da un tetto, da un grosso tronco d'albero disteso. Si poteva udire in prossimità, sopra di loro, la sua chioma caduta agitare il fogliame in un gran vento. Tutto all'intorno, durava un fragore fischiante e rovinoso, nel quale, fra scrosci, scoppiettii vivaci e strani tintinnii, si sperdevano deboli e già da una distanza assurda voci umane e nitriti di cavalli. Useppe, accucciato contro di lei, la guardava in faccia, di sotto la sporta, non impaurito, ma piuttosto curioso e soprapensiero. «Non è niente,» essa gli disse, «non aver paura. Non è niente». Lui aveva perduto i sandaletti ma teneva ancora la sua pallina stretta nel pugno. Agli schianti più forti, lo si sentiva appena appena tremare: «Nente...», diceva poi, fra persuaso e interrogativo.

I suoi piedini nudi si bilanciavano quieti accosto a Ida, uno di qua e uno di là. Per tutto il tempo che aspettarono in quel riparo, i suoi occhi e quelli di Ida rimasero, intenti, a guardarsi. Lei non avrebbe saputo dire la durata di quel tempo. Il suo orologetto da polso si era rotto; e ci sono delle circostanze in cui, per la mente, calcolare una durata è impossibile.

Al cessato allarme, nell'affacciarsi fuori di là, si ritrovarono in una immensa nuvola pulverulenta che nascondeva il sole, e faceva tossire col suo sapore di catrame: attraverso questa nube, si vedevano fiamme e fumo nero dalla parte dello Scalo Merci. Sull'altra parte del viale, le vie di sbocco erano montagne di macerie, e Ida, avanzando a stento con

Le macerie del quartiere San Lorenzo a Roma dopo il bombardamento del 19 luglio 1943.

Pace o guerra?

8. prossimo cimitero: il cimitero vicino, quello del Verano.
9. Biii!: Useppe chiama il suo cane, Blitz.
10. quinta: una parete verticale che faceva pensare alle quinte del teatro.

Useppe in braccio, cercò un'uscita verso il piazzale fra gli alberi massacrati e anneriti. Il primo oggetto riconoscibile che incontrarono fu, ai loro piedi, un cavallo morto, con la testa adorna di un pennacchio nero, fra corone di fiori sfrante. E in quel punto, un liquido dolce e tiepido bagnò il braccio di Ida. Soltanto allora, Useppe avvilito si mise a piangere: perché già da tempo aveva smesso di essere così piccolo da pisciarsi addosso.

Nello spazio attorno al cavallo, si scorgevano altre corone, altri fiori, ali di gesso, teste e membra di statue mutilate. Davanti alle botteghe funebri, rotte e svuotate, di là intorno, il terreno era tutto coperto di vetri. Dal prossimo cimitero[8], veniva un odore molle, zuccheroso e stantio; e se ne intravedevano, di là dalle muraglie sbrecciate, i cipressi neri e contorti. Intanto, altra gente era riapparsa, crescendo in una folla che si aggirava come su un altro pianeta. Certuni erano sporchi di sangue. Si sentivano delle urla e dei nomi, oppure: «anche là brucia!» «dov'è l'ambulanza?!» Però anche questi suoni echeggiavano rauchi e stravaganti, come in una corte di sordomuti. La vocina di Useppe ripeteva a Ida una domanda incomprensibile, in cui le pareva di riconoscere la parola casa: «Mà, quando torniamo a casa?». La sporta gli calava giù sugli occhietti, e lui fremeva, adesso, in una impazienza feroce. Pareva fissato in una preoccupazione che non voleva enunciare, neanche a se stesso «mà?... casa?», seguitava ostinata la sua vocina. Ma era difficile riconoscere le strade familiari. Finalmente, di là da un casamento semidistrutto, da cui pendevano i travi e le persiane divelte, fra il solito polverone di rovina, Ida ravvisò, intatto, il casamento con l'osteria, dove andavano a rifugiarsi le notti degli allarmi. Qui Useppe prese a dibattersi con tanta frenesia che riuscì a svincolarsi dalle sue braccia e a scendere in terra. E correndo coi suoi piedini nudi verso una nube più densa di polverone, incominciò a gridare:

«Bii! Bii! Biii[9]!».

Il loro caseggiato era distrutto. Ne rimaneva solo una quinta[10] spalancata sul vuoto. Cercando con gli occhi in alto, al posto del loro appartamento, si scorgeva, fra la nuvolaglia del fumo, un pezzo di pianerottolo,

Parole, parole...

I suoni della guerra

La scrittrice ricrea e fa vivere, con cruda immediatezza, il bombardamento, descrivendo le percezioni uditive dei personaggi. Abbiamo raccolto alcune delle espressioni che utilizza e te ne diamo una interpretazione.

Clamore d'orchestra metallico e ronzante: il rumore frastornante della flotta aerea rimanda all'immagine di un'orchestra che produce un suono stridente, sordo e vibrante.

Fragore fischiante e rovinoso: il boato e il sibilo delle bombe che cadono provoca morte e distruzione.

Questi suoni [le voci dei sopravvissuti] *echeggiavano rauchi e stravaganti, come in una corte di sordomuti*: le voci delle persone sono afone, basse, appaiono strane e incerte come se nessuno intorno ascoltasse.

- Nel testo ci sono altri riferimenti a suoni e rumori propri del bombardamento. Ritrovali.
- Il termine *bombardamento* non è usato solo in relazione alla guerra. Avrai sentito usare l'espressione *bombardamento mediatico*. Qual è il suo significato?

NOI, GLI ALTRI, IL MONDO

UNITÀ 7 — LE GRANDI DOMANDE

11. Ninnuzzu: diminutivo di Nino, l'altro figlio di Ida.

12. tessilsacco: sacco di tessuto per la protezione degli indumenti.

sotto a due cassoni dell'acqua rimasti in piedi. Dabbasso delle figure urlanti o ammutolite si aggiravano fra i lastroni di cemento, i mobili sconquassati, i cumuli di rottami e di immondezze. Nessun lamento ne saliva, là sotto dovevano essere tutti morti. Ma certune di quelle figure, sotto l'azione di un meccanismo idiota, andavano frugando o raspando con le unghie fra quei cumuli, alla ricerca di qualcuno o qualcosa da recuperare. E in mezzo a tutto questo, la vocina di Useppe continuava a chiamare: «Biii! Biiii! Biiiii!».

Blitz era perduto, insieme col letto matrimoniale e il lettino e il divano-letto e la cassapanca, e i libri squinternati di Ninnuzzu[11], e il suo ritratto a ingrandimento, e le pentole di cucina, e il tessilsacco[12] coi cappotti riadattati e le maglie d'inverno, e le dieci buste di latte in polvere, e i sei chili di pasta, e quanto restava dell'ultimo stipendio del mese, riposto in un cassetto della credenza.

(E. Morante, *La storia*, Einaudi)

Attività

CHE COSA DICE IL TESTO
COMPETENZE DI LETTURA

Sotto le bombe

1. Dopo aver letto il brano completa la scheda.
   I personaggi: ....
   I tempi: • Anno: .... • Stagione: ....
   • Momento del giorno: ....
   I luoghi: • Città: .... • Zona della città: ....

2. Continua tu la ricostruzione schematica degli eventi.
   > Ida sta tornando verso casa dopo aver fatto la spesa.
   > Arrivano non preannunciati gli aeroplani che lanciano le bombe.
   > ....

PENSIAMOCI SU

L'orrore della guerra

3. Il testo che hai letto esprime con tragico realismo l'orrore della guerra che porta con sé:
   a. distruzione; b. morte; c. paura/terrore; d. dolore; e. perdita e privazione di ogni cosa.
   Per ognuno di questi aspetti ritrova nel testo e segna a margine le parti che ti appaiono più significative.

RIFLETTERE E SCRIVERE
COMPETENZE DI SCRITTURA

La città dopo il bombardamento

4. Rileggi il testo a partire dal momento in cui Ida e Useppe escono dall'«angusta trincea» e si dirigono verso casa. Scrivi una descrizione della città subito dopo un bombardamento: vie, case, persone, situazioni. Puoi utilizzare le espressioni indicate nel cassetto delle parole oppure le "immagini" che compaiono nel brano elecate di seguito.

   a. Ciclone nero e polveroso; b. Nuvola che nascondeva il sole; c. Fiamme e fumo nero; d. Montagne di macerie; e. Alberi massacrati e anneriti.

SCUOLA DI SCRITTURA
Nella lezione 6 trovi indicazioni per descrivere luoghi.

OLTRE IL TESTO

Hai già descritto, provando a immaginarli, gli effetti del bombardamento sulla città di Roma. Dopo aver visto il filmato che riprende Roma durante e dopo l'attacco degli Alleati, scrivi un'intervista a un abitante sconcertato e disperato davanti alla sua casa distrutta. Poni l'accento sui suoi stati d'animo.

Alain Serres

E Picasso dipinge *Guernica*

Dopo le elezioni del 1936 la Spagna è governata dalla Repubblica dei partiti della Sinistra, ma il generale Francisco Franco e i suoi sostenitori si oppongono a questo risultato e scatenano una guerra civile che farà più di 40.000 vittime. Molti volontari provenienti da altri Stati accorrono in Spagna per portare aiuto ai Repubblicani. In appoggio a Franco intervengono l'Italia di Mussolini e la Germania di Hitler, mentre la Francia e l'Inghilterra non inviano truppe a sostegno del dittatore.
Il bombardamento della città basca di Guernica da parte degli aerei tedeschi, ricordato nel celebre dipinto del pittore spagnolo Pablo Picasso, è uno dei momenti più tragici di questa sanguinosa guerra civile.

Il 26 aprile 1937, alle 16.30, il cielo di Guernica, cittadina della Spagna settentrionale, si oscura. Le campane della città basca si mettono a suonare stranamente. Quindici minuti dopo, i primi aerei sganciano già le loro bombe su piazze, vie e abitazioni.

Sono bombardieri tedeschi della divisione Condor, seguiti da aerei italiani.

Quel lunedì, a Guernica, è giorno di mercato, come sempre.

La gente è venuta dai paesini intorno a comprare e vendere polli, verdura, bestiame. Al primo aereo, un torello impazzito fugge.

In preda al panico, le persone si precipitano nelle case in cerca di riparo. Piovono le bombe. I tetti crollano. Gli incendi si propagano da un edificio all'altro.

Ogni cinque minuti, un nuovo bombardiere sorvola la città a bassissima quota. Mentre fuggono nei boschi vicini, le famiglie vengono mitragliate dagli aerei. Tre ore e quindici minuti di orrore, cinquanta tonnellate di bombe, tremila ordigni incendiari.

Nella cittadina, una grande casa comune racchiude la memoria del popolo basco, della sua storia e delle sue leggi. Nel cortile di questa casa simbolo si erge una quercia. Un albero che riunisce i baschi[1] di tutte le province, da secoli, l'albero di Guernica, *Guernikako arbola*.

Alle 19.45 l'ultimo aereo scompare. La città brucia, quasi rasa al suolo. La chiesa è rimasta in piedi, come la casa dei baschi e l'albero. Ma dove sono gli uomini, le donne e i loro bambini? I morti e i feriti di Guernica e dei dintorni si contano a centinaia.

Il primo maggio Picasso scopre l'orrore sulla prima pagina del suo giornale. Il giorno stesso, nel suo studio di Rue des Grands-Augustins[2], comincia a buttar giù delle idee sulla carta, a disegnare pezzi di collera, a immaginare una tela all'altezza della propria emozione.

Come tradurre il dolore delle carni e dello spirito con del bianco e nero? Si ha il diritto di evocare un massacro con il disegno semplice come quello di un bimbo?

Come far sì che un'immagine sia più forte del soffio di cinquanta ton-

---

1. baschi: abitanti della regione basca, a nord della Spagna.
2. Rue des Grands-Augustins: la via di Parigi dove viveva Picasso.

UNITÀ 7 LE GRANDI DOMANDE

3. arrovescia: rovescia all'indietro.

nellate di bombe? Che viva a lungo dopo il ricadere della polvere e delle schegge? A lungo negli occhi degli uomini, anche quando li chiudono.

Per due giorni e due notti dorme pochissimo. Dipinge con del nero, del bianco e del grigio, appena tinto del ricordo della vita. *Guernica* procede in fretta. Ma Picasso mentre dipinge pensa e ripensa al suo progetto come se dipingere lo aiutasse a pensare.

Pensa che non si debba nascondere nulla.

Il braccio di un uomo c'era già, alla nascita della tela. Con la sua arma spezzata e il fiore che cresce dal suo pugno stretto. Forse un combattente della libertà, impotente di fronte ai bombardieri?

Smembrato.

Quasi al centro, Picasso traccia subito una linea verticale, che rimarrà fino alla fine. Come il pilastro centrale di una casa o del cielo. In alto, colloca un lume a petrolio, retto da una donna dal braccio teso che entra da una finestra per salvare la città dalla tenebre.

Il lume è il vertice del triangolo della sventura. Un piccolo lume di speranza sopra la spaventosa piramide di corpi?

Picasso arrovescia[3] la testa della madre e quella del suo bambino. Spezza l'immagine della Madonna col bambino. Il mondo alla rovescia come il bimbo che muore prima di aver vissuto, come le gocce di pioggia che, quel giorno, sono di acciaio. Come quegli occhi, quelle narici che sono lacrime. La bocca del bimbo che tace e quella della madre che piange, che urla. Chi ci rassicurerà dicendoci che in verità il bimbo è solo ferito? Chi, in tale follia?

Chi è questo toro? Perché tace? E i suoi occhi di uomo che ci guardano? Che cosa ha fatto della sua forza animale? E bruscamente Picasso gira il corpo della bestia, ma i suoi occhi continuano a fissarci.

Il cavallo, sospeso nella sua corsa, volta la testa verso il toro e sembra gridare nella sua direzione. Quale arma, quale corno hanno aperto nei

4. che non pesa quasi niente: quest'ultima riga è riferita alla donna con il bambino disegnata sopra la mano "pesante" dell'uomo.

5. padiglione spagnolo: la sala dove gli artisti spagnoli avevano allestito le loro opere all'Esposizione Internazionale di Parigi del 1937. La sala si trovava vicina a quella in cui erano esposte le opere degli artisti tedeschi.

suoi fianchi quell'enorme piaga che sembra anch'essa gridare? Da quali cieli precipita la lancia che ne trafigge il corpo? E quei trattini allineati con cura sul suo corpo: sono il conto dei morti? Tombe a centinaia? Oppure le lettere e poi le parole che, fianco a fianco, creano il grigio dei giornali, latori di cattive notizie. Chi è questo cavallo? «Il popolo spagnolo», risponderà il pittore.

Picasso dipinge anche un uccello, verticale, che si sgola. Vuole dirci qualcosa dalla sua penombra. Certamente qualcosa di importante. Ma chi sa tradurre il grido silenzioso degli uccelli?

Una donna si trascina, con un ginocchio a terra, fissando la luce. Mani e piedi pesano come un toro.

Un'altra sembra precipitare in fondo a un pozzo, ma non un pozzo d'acqua, un pozzo d'incendi. Nessuna mano per soccorerla. Nessuno alla finestra.

E fuori, in alto, altre corna? Altri tori? O le fiamme della città che brucia?

Un uomo giace a terra, enorme è la sua mano. Quella di un pescatore o di un contadino basco, sotto le unghie terra e mare. E nel cavo linee spezzate.

Nella sua mano, anch'essa pesante, la donna tiene quella del suo bimbo, che non pesa quasi niente[4].

Il quadro viene esposto nel padiglione spagnolo[5] vicinissimo a quello della Germania nazista. [...] Quando, additando l'immagine del massacro, un ufficiale tedesco chiederà a Picasso: «È stato lei a farlo?», l'artista gli risponderà seccamente: «No, siete stati voi!».

(*E Picasso dipinge* Guernica. *Il capolavoro raccontato ai ragazzi da Alain Serres*, ed. L'ippocampo junior)

Attività

CHE COSA DICE IL TESTO
COMPETENZE DI LETTURA

Sulla tela il dolore delle carni e dello spirito

1. Il testo è organizzato in quattro unità di informazione individuabili dallo spazio bianco che le separa. Dopo una lettura attenta assegna a ogni unità un titolo adeguato.

2. Completa la scheda con i dati sul bombardamento raccolti nel testo.

   Dove: ....
   Quando
      data: ....
      giorno della settimana: ....
      ora d'inizio: ....
   Durata: ....
   Frequenza degli attacchi: ....
   Nazionalità dei bombardieri e degli aerei: ......
   ....
   Numero degli ordigni e bombe sganciate: ......
   ....
   Effetti
      città: ....
      edifici rimasti in piedi: ....
      ....

3. **Rispondi alle domande.**
   > Dove dipinge il quadro Picasso? In quale via? Di quale città?
   > Come apprende la notizia dell'eccidio?
   > Quando avvia il suo dipinto?
   > Come procede nei giorni successivi?

UNITÀ 7 — LE GRANDI DOMANDE

4. Completa la tabella che ti guida nell'analisi del dipinto. L'esercizio è avviato.

Figura	Altri elementi collegati alla figura	Descrizione: aggettivi, espressioni, paragoni	Domande con spunti di interpretazione	Atre note
Braccio di un uomo	Con la sua arma spezzata e il fiore che cresce dal suo pugno stretto	Smembrato	Forse un combattente della libertà, impotente di fronte ai bombardieri?	C'era già alla nascita della tela
Una linea verticale				
Lume a petrolio				
Testa della madre e del suo bambino				
Toro				
Cavallo				
Uccello, verticale				
Una donna				
Un'altra donna				
Un uomo giace a terra				

PENSIAMOCI SU

Il perché di un dipinto

5. Rileggi, nella seconda unità di informazione, i passi in cui Picasso si chiede come trasferire la forte emozione che la notizia del bombardamento di Guernica ha suscitato in lui.

> Quali colori sceglie di usare?
> Che cosa significa, secondo te, che la tonalità scelta è «appena tinta del colore della vita»?

6. Trascrivi, accanto a ogni affermazione, la domanda di riferimento presente nel testo.

Picasso vuole che:

– sulla tela sia trasferita l'atroce sofferenza causata agli abitanti di Guernica: ....

– il quadro crei una reazione di ribrezzo verso l'atrocità della guerra: ....

– il quadro mantenga viva la memoria dell'accaduto nella coscienza degli uomini: ....
....

7. Nelle domande si manifestano anche due dubbi del pittore. Quali?

SCRIVERE... PER SPIEGARE

(COMPETENZE DI SCRITTURA) (COMPETENZE DIGITALI)

Un messaggio da non dimenticare

8. Preparate, da soli o in piccoli gruppi, una presentazione in PPT che abbia lo scopo di far riflettere sugli orrori della guerra.

Vi suggeriamo un indice possibile:

> Introduzione con titolo e foto del quadro
> Presentazione dell'evento ispiratore
> Presentazione del pittore e dell'opera in generale
> Una slide per ogni figura del quadro con
  – un messaggio evocativo con parole tratte dal testo letto
  – il particolare della figura presentata
> Slogan contro la guerra.

578

Pace o guerra?

 **Renato Dulbecco**

Non riuscivo a nutrire ostilità per quella gente

L'opera. Renato Dulbecco è stato uno scienziato, insignito nel 1975 del premio Nobel per la medicina grazie ai suoi studi sul cancro. In Scienza, vita e avventura, *egli racconta la sua vita: l'infanzia, gli studi, la laurea, la famiglia, la campagna di Russia nel 1942-1943 come ufficiale medico, la lotta partigiana e alla fine della guerra il trasferimento negli Stati Uniti, dove si dedica alla ricerca scientifica nei campi della virologia e della biologia molecolare. Dulbecco, sempre mosso da un'apertura, una curiosità profonda verso ciò che è nuovo e diverso, affronta anche gli argomenti più scientificamente specialistici con un linguaggio semplice e chiaro.*

Il testo. *L'autore ricorda la sua esperienza di ufficiale medico durante la Seconda guerra mondiale: stanziatosi con i suoi soldati in un villaggio russo, situato lungo il fiume Don, non prova sentimenti negativi nei confronti di coloro che dovrebbe considerare nemici, anzi interviene per rendere migliori le condizioni di lavoro dei prigionieri di guerra.*

Finalmente arrivammo a un piccolo villaggio a forse cinque o sei chilometri dalla riva del fiume Don, la nostra meta. Il villaggio era adagiato su un dolce pendio, completamente privo di vegetazione, con in fondo una valletta stretta, coperta di grossi cespugli. Nel mezzo c'era una vecchia chiesa, tutta bianca, quadrata, con le porte sbarrate. Poche isbe[1] col tetto

1. isbe: caratteristiche abitazioni russe con tetto spiovente o piatto.

Soldati della fanteria italiana stanziati sul Don nel corso della Seconda guerra mondiale.

NOI, GLI ALTRI, IL MONDO

UNITÀ 7 — LE GRANDI DOMANDE

di paglia erano disseminate lungo il declivio², formando un rettangolo con la chiesa al centro. Alcune vennero adibite a servizi vari del reggimento: comando, mensa ufficiali, servizio sanitario, approvvigionamento³.

La isba del servizio sanitario si componeva di tre stanzette: in una mettemmo i lettini da campo per il temporaneo ricovero di pochi pazienti, un'altra, con giacigli di paglia, fu assegnata al personale, e l'altra a me. Scavammo una corta trincea, da usare come latrina⁴, sotto un piccolo portico che ci avrebbe offerto un po' di protezione nell'inverno incombente⁵. Il mio attendente⁶, un bravo ragazzo sardo, mi costruì un lettino usando come materasso un saccone pieno di foglie secche di granturco. Al centro dell'isba era la stufa, una specie di stanzetta quadrata formata da un fumaiolo contorto che girava avanti e indietro, su e giù, prima di uscire dallo spesso tetto di paglia. Così ogni briciola di calore estratta dal legno che bruciavamo veniva utilizzata. I muri erano coperti all'interno da un intonaco biancastro e fuori uno spesso strato di letame alto un metro contribuiva a tener calda la costruzione. [...]

Che strana cosa, quella guerra. Eravamo lì come invasori, avevamo potere assoluto sul piccolo rimasuglio di abitanti, tutte donne, che ufficialmente erano nostri nemici. Ma come potevo nutrire un sentimento di inimicizia per loro? Dapprima erano paurose, ma essendo trattate bene presero sempre più coraggio, prestandosi a servizi diversi. Qualche settimana dopo il nostro arrivo tre ragazze vennero a imbiancare l'interno dell'infermeria, ricoprendone le sudice pareti con uno strato nuovo di calce fresca. Lavoravano seriamente parlando velocemente fra loro con una parlata molto melodiosa e piacevole. Io avevo cercato di imparare un po' di russo, ascoltavo con interesse, ma non capivo nulla. Le trovavo simpatiche, carine, attraenti. Vinto dall'entusiasmo, azzardai a dare un bacio a una di loro: certo non era un gesto di inimicizia, ma vidi una faccia spaventata e sentii un grido: *gne!* Sapevo che significava: «no,» così desistetti⁷. La guardai sorridendo, ma lei non mi contraccambiò e le altre due stettero a guardare, con aria mezzo preoccupata, mezzo divertita. Me ne andai lasciandole sole, altrimenti non avrebbero finito l'imbiancatura. [...]

Mi resi ancor più conto della sensazione di fratellanza con la popolazione russa quando il colonnello mi mandò a ispezionare un contingente⁸ di prigionieri che il comando tedesco aveva inviato a rifare un pezzo di strada. Presi il cavallo e trotterellai sotto un cielo coperto. Tirava un venticello freddo, c'era aria di neve. Tempo molto piacevole per una cavalcata tranquilla all'aria aperta. Il vero inverno russo stava arrivando, e io ero ansioso di sperimentarlo. Era parte dell'avventura.

Trovai i prigionieri al lavoro a piedi nudi. Ma quei tedeschi sono matti, pensai. Toccai il suolo: era gelato. Mi affrettai dal colonnello e protestai: «Come si fa con questo freddo a mandare gente al lavoro senza scarpe?». «Ah, mi sorprende,» fece il colonnello, «forse i tedeschi non hanno abbastanza scarpe per i prigionieri». «Ma è inumano.» «Sì,

2. declivio: terreno in leggera discesa.

3. approvvigionamento: rifornimento di viveri, abbigliamento, medicinali e quant'altro necessita a una comunità.

4. latrina: servizio igienico di uso collettivo.

5. incombente: che stava per arrivare.

6. attendente: è il soldato semplice addetto al servizio personale di un ufficiale.

7. desistetti: rinunciai.

8. contingente: termine di uso militare che si riferisce a un insieme di soldati, in questo caso i prigionieri, che si trova in un determinato luogo e al quale sono attribuiti precisi compiti.

ha ragione, bisogna rimediare.» Prima di sera ogni prigioniero aveva un paio di scarpe con pezze da piedi. Ero soddisfatto, perché non riuscivo a nutrire ostilità per quella gente. In altre condizioni si sarebbero fatti i propri affari in pace, come io avrei voluto fare i miei; e se ci fossimo incontrati in qualunque parte del mondo ci saremmo trattati con cortesia, con amicizia e certo nessuno sarebbe andato a togliere le scarpe all'altro.

(R. Dulbecco, *Scienza, vita e avventura*, Sperling & Kupfer)

Attività

CHE COSA DICE IL TESTO
COMPETENZE DI LETTURA

Solidarietà per i nemici

1. Dopo aver letto il testo, riordina le sequenze nelle quali può essere suddiviso.
   - ☐ Le ragazze russe del villaggio
   - ☐ Solidarietà con i prigionieri nemici
   - ☐ La isba del servizio sanitario
   - ☐ Il villaggio sulle rive del Don

COME SI RACCONTA DI SÉ

Gli elementi della narrazione autobiografica

2. Rispondi alle domande.
   > Chi è l'autore?
   > Chi è il narratore?
   > Da quale punto di vista sono raccontati i fatti?
   > Che ruolo ha nell'esercito l'autore-narratore?
   > Dove si svolge la vicenda narrata?
   > Durante quale conflitto?

3. Indica a fianco di ogni sequenza se in essa prevale la narrazione (N), la descrizione (D) o la riflessione (R).

La descrizione

4. Sottolinea nel brano i termini o le frasi che descrivono ciascuno dei seguenti elementi del villaggio.
   > Le isbe
   > La strada principale
   > Il fiume
   > La dimensione del villaggio
   > Il lavoro della gente
   > La chiesa
   > La posizione

5. Completa con i dati del testo la descrizione dell'isba del servizio sanitario.
   a. Numero delle stanzette: ....
   b. Il letto dell'ufficiale: ....
   c. La stufa: ....
   d. I muri: ....

La riflessione

6. Sottolinea le considerazioni, i pensieri dell'autore che manifestano inequivocabilmente il suo atteggiamento di solidarietà verso i nemici.

RIFLETTERE E COMMENTARE
COMPETENZE DI SCRITTURA

Un soldato diverso

7. Prepara un commento a questo testo. Ti indichiamo una possibile formulazione del messaggio, completala con gli elementi necessari, che trovi a pagina 77, e arricchiscilo con gli esempi tratti dal brano.

   I soldati vengono educati all'odio contro il nemico. Ma l'autore è un soldato speciale, non prova ostilità verso persone che solo per caso stanno dalla parte avversa. Non vuole sfruttare la sua posizione di superiorità su gente inerme e indifesa. Con questi gesti di solidarietà ottiene stima, rispetto e collaborazione.

   Dopo aver steso una scaletta dettagliata del tuo commento, puoi scriverlo oppure esporlo oralmente.

UNITÀ 7 — LE GRANDI DOMANDE

+ difficile

L'unica alternativa è la non violenza

La non violenza, secondo l'autore, è l'unica possibilità che l'uomo ha per interrompere la spirale di odio e sostituire a una cultura della guerra una cultura della pace.

La guerra è sempre "un'inutile strage"

Ogni guerra è parsa giusta a coloro che l'hanno dichiarata o combattuta: e la storia, a distanza non di anni ma di secoli, non ci capisce niente e traccia giudizi opposti, poiché i posteri, come i contemporanei, leggono faziosamente[1] gli avvenimenti.

A parte che la guerra è sempre criminale in sé e per sé (poiché affida alla forza la soluzione di un problema di diritto); a parte che essa è sempre mostruosamente sproporzionata (per il sacrificio che richiede, contro i risultati che ottiene, se pur li ottiene); a parte che essa è sempre una trappola per la povera gente (che paga col sangue e ne ricava i danni e le beffe); a parte che essa è sempre antiumana e anticristiana (perché si rivela una trappola bestiale e ferisce direttamente lo spirito del cristianesimo); a parte che essa è sempre "inutile strage" (perché una soluzione di forza non è giusta e sempre comunque apre la porta agli abusi e crea nuovi scontri): qual è la guerra giusta e quella ingiusta? Può bastare affidarsi alla cronaca pura, alle semplici date, per stabilire chi attacca per primo, chi offende e chi si difende? Tutto è così complesso e intricato: guerra economica, guerra diplomatica, guerra pubblicitaria, guerra fredda.

La guerra difensiva

Il fortilizio[2] della guerra giusta è la guerra difensiva.

Io non assalgo – si dice – mi difendo: non porto via niente a nessuno, impedisco solo che altri mi porti via ciò che è mio. Pare di aver detto tutto e di poter accantonare ogni scrupolo. Ma non sempre chi attacca per primo o fa le barricate è l'insorto: non sempre chi si difende è dalla parte della giustizia...

Poi ci si accorge che il mio è almeno sospetto e lo si sostituisce con un nome di gran marca: il bene. Si difende il bene, il bene comune, visto che il mio bene ha un suono equivoco. E quel bene è la donna, l'armento[3], il pascolo, il campo, la casa, il focolare, la città, la tribù, la razza, la patria, la classe, la civiltà, la religione, la cristianità, l'occidente, l'oriente, la libertà, la giustizia. Beni indiscutibili, almeno alcuni: ma ognuno è tentato di vederli a modo suo, per cui capita che ci facciamo guerra e ci uccidiamo per difendere lo stesso bene.

Da secoli, se dai retta alle giustificazioni dei belligeranti[4], non esistono aggressori. Tutti difendono gli stessi beni, che non sembrano veramente tali se non grondano sangue. Gli uni e gli altri vantano mille ragioni, le quali non sono che una maschera, dietro cui si nascondono ipocrisie, interessi, cupidigie[5] di dominio e di ferocia.

---

1. **faziosamente**: in modo non oggettivo, di parte.
2. **fortilizio**: piccola fortezza, qui è usato in senso figurato per indicare il motivo più forte, più solido a difesa della guerra.
3. **armento**: mandria, branco.
4. **belligeranti**: coloro che prendono parte a una guerra.
5. **cupidigie**: avidità, desideri smodati di beni materiali e immateriali.

La tesi della guerra difensiva non manca di razionalità: diremmo che ne ha tanta, e di così comodo uso, che tutti possono appropriarsela, l'agnello come il lupo. Infatti, a un certo punto del racconto, non sai più distinguere l'uno dall'altro, vestendosi il lupo d'agnello e l'agnello facendosi lupo con la scusa di difendersi dal lupo.

La non-violenza

La guerra non la si può fare se non da lupo a lupo, tra lupi e lupi, usando i metodi del lupo: mentre la resistenza è tutt'altra cosa e la si può fare rimanendo agnello nell'anima e nel metodo.

Dev'essere una sorpresa piacevolissima per il lupo quando scopre che l'agnello lo copia. Sgozzare un agnello pare una facile impresa. Invece, no. È assai più gustoso far fuori il lupo. Un belato raggiunge il fondo del cuore e il settimo cielo: l'urlo di un lupo si perde nel deserto come il cachinno[6] del predone.

La non-violenza non va confusa con la non-resistenza. La non-violenza è come dire: no alla violenza. È un rifiuto attivo del male, non un'accettazione passiva. La pigrizia, l'indifferenza, la neutralità non trovano posto nella non-violenza, dato che alla violenza non dicono né sì né no. La non-violenza si manifesta nell'impegnarsi a fondo. La non-violenza si può dire con Gesù: «Non sono venuto a portare la pace ma la spada»[7].

Ogni violento presume di essere un coraggioso, ma la maggior parte dei violenti sono dei vili. Il non-violento, invece, nel suo rifiuto a difendersi, è sempre un coraggioso.

Lo scaltro, che adula il tiranno per trarne profitto e protezione, o per tendergli una trappola, non rifiuta la violenza bensì gioca con essa al più furbo. La scaltrezza è violenza doppiata di vigliaccheria e imbottita di tradimento.

La non-violenza assume un valore umano inestimabile solo quando diventa resistenza al male sul piano spirituale.

6. cachinno: risata sguaiata.

7. «Non sono... ma la spada»: frase presente nel Vangelo di Matteo che sottolinea come il messaggio cristiano di non violenza non può essere accolto, con indifferenza, ma crea divisioni tra chi lo segue e chi no, come il taglio di una spada.

UNITÀ 7 — LE GRANDI DOMANDE

8. dottrinale: che riguarda la dottrina, l'insieme delle idee e dei princìpi.
9. invelenendo: avvelenando.
10. fariseismo: ipocrisia.

Lo spirito di pace e di giustizia, lo spirito di verità e di giustizia sono un unico e medesimo spirito. Quindi, anche per un uomo di pace, il male, non solo è male, ma è ancora più concretamente male, perché, oltre il momento dottrinale[8], esso intacca l'uomo reale, rendendogli difficile il vivere e il convivere.

Il non-violento rifiuta di portarsi sul piano del violento, costringendo piuttosto questi a salire sul suo e a combattere con la forza l'idea.

La non-violenza è la cosa più nuova e la più antica; la più tradizionale e la più sovversiva; la più santa e la più umile; la più sottile e difficile e la più semplice; la più dolce e la più esigente; la più audace e la più saggia; la più profonda e la più ingenua.
Concilia i contrari nel principio, e perciò riconcilia gli uomini nella pratica.

Tutti siamo colpevoli contro la pace
Se siamo un mondo senza pace, la colpa non è di questi e di quelli, ma di tutti.

Tutti abbiamo peccato e veniamo ogni giorno peccando contro la pace. Se qualcuno osa tirarsi fuori dalla comune colpevolezza e farla cadere soltanto sugli avversari, egli pecca maggiormente, poiché, invelenendo[9] gli animi, fa blocco e barriera col suo fariseismo[10].

(adattato da P. Mazzolari, *Tu non uccidere*, La Locusta)

Attività

CHE COSA DICE IL TESTO
COMPETENZE DI LETTURA

Una riflessione sulla guerra e la non-violenza

1. Dopo aver letto il testo, rispondi alle domande.
   > Perché il giudizio della storia sulle guerre non è mai attendibile?
   > L'autore presenta il problema che andrà a esaminare con due domande. Sottolineale.
   > Quale alternativa alla guerra viene proposta?
   > Perché il non violento è un coraggioso?
   > Qual è la forza con cui combatte il non violento?
   > A chi l'autore attribuisce la colpa della mancanza di pace nel mondo?

2. Analizziamo ora la riflessione dell'autore seguendo la suddivisione in capoversi.

Qual è la guerra giusta e quella ingiusta?
a. La domanda che pone il problema è preceduta da una serie di premesse sulla guerra in generale. Completa le frasi.
   > La guerra è sempre criminale perché ....
   > La guerra è sproporzionata perché ....
   > La guerra è una trappola per la povera gente perché ....
   > La guerra è antiumana e anticristiana perché ....
   > La guerra è sempre un'inutile strage perché ....

La guerra difensiva

b. L'autore esamina la tesi della guerra difensiva.

> Che cosa sostengono i suoi sostenitori?
> Che cosa controbatte l'autore?
> Quale metafora viene usata per parlare delle due parti in guerra?

La non-violenza

c. L'autore continua la sua riflessione proponendo la sua soluzione al problema dei conflitti: la resistenza non violenta.

> Il non violento viene paragonato all'agnello. Quale effetto ha il suo belato, contrapposto all'urlo del lupo?
> Quali differenze ci sono tra la non-violenza e la non-resistenza?
> Con quale forza combatte il non violento?

PENSIAMOCI SU

Il nostro compito a favore della pace

3. Nelle righe conclusive l'autore, secondo te, invita a

☐ individuare i responsabili delle violenze e delle guerre

☐ abbandonare ogni speranza nella fine delle guerre e delle violenze sulla Terra

☐ farsi carico dei problemi della società e a sentirsi corresponsabili per la mancanza di pace

☐ punire chi si rende responsabile di atti di violenza, in modo che solo i non violenti trovino spazio e possibilità di agire sulla Terra

Che cosa è la non violenza

4. Nella parte finale del testo l'autore definisce la non-violenza con una serie di aggettivi contrapposti. Riporta le coppie di aggettivi (l'esercizio è avviato).

   a. nuova – antica
   b. ....
   c. ....
   d. ....
   e. ....
   f. ....

La Costituzione italiana e la guerra

Ti riportiamo per intero l'articolo 11 della Costituzione italiana.

L'Italia ripudia la guerra come strumento di offesa alla libertà degli altri popoli e come mezzo di risoluzione delle controversie internazionali; consente, in condizioni di parità con gli altri Stati, alle limitazioni di sovranità necessarie ad un ordinamento che assicuri la pace e la giustizia fra le Nazioni; promuove e favorisce le organizzazioni internazionali rivolte a tale scopo.

5. Analizza l'articolo 11 facendo le seguenti operazioni:

> parafrasa il testo, spiegando i singoli concetti con parole tue
> sottolinea le parole chiave
> spiega quali comportamenti si impegna a tenere l'Italia con questo articolo della Costituzione
> con l'aiuto dell'insegnante, informati e verifica se l'Italia è attualmente impegnata in qualche situazione di guerra

RIFLETTERE E DISCUTERE

COMPRENSIONE ED ESPRESSIONE ORALE

La guerra difensiva: pro e contro

6. L'autore contrappone la non-violenza non tanto alla guerra offensiva, che quasi tutti condannano, ma alla guerra difensiva, che trova invece molti sostenitori. Cercate le ragioni a favore e quelle contro la guerra difensiva e organizzate una discussione in classe.

PER FARE IL PUNTO

UNITÀ 7 — LE GRANDI DOMANDE

LA NON-VIOLENZA COME STILE DI VITA

Per approfondire

Vivere facendo della non-violenza una regola di comportamento non è facile, ma è possibile. La non-violenza è il fondamento della pace e dell'armonia tra i popoli, e ancor prima tra le singole persone. Ma che cosa significa, concretamente, "non-violenza"?

Pensieri e desideri dei non violenti

Quale mondo desidera il non violento?
Un mondo che
- valorizza tutto ciò che è vivo;
- si cura della gente che al mondo vive;
- dà valore a ogni singolo individuo;
- incoraggia la condivisione fra tutte e tutti;
- risponde equamente ai bisogni e ai desideri di ciascuno, in cui ciascuno assume per sé responsabilità;
- un mondo in cui vi sia spazio per amarsi.

Che cosa fa il non violento?
In modo attivo
- resiste all'ingiustizia e alla distruzione;
- lavora per un cambiamento positivo;
- lavora in modo cooperativo con altri;
- condivide ciò che ha;
- cresce con amore i bambini.

In modo passivo
- ammira chi si impegna in modo non violento;
- boicotta quietamente un prodotto che proviene dallo sfruttamento di persone;
- sostiene organizzazioni/individui che lavorano per il cambiamento sociale.

(adattato da www.utopie.it/nonviolenza/comportamenti_nonviolenti.htm)

Uno slogan antico e semplice

Non fare agli altri quello che non vorresti fosse fatto a te è un principio che troviamo nell'ispirazione originaria e nei testi sacri di tutte le religioni del mondo, e che un insigne studioso del pluralismo religioso, Hans Küng, ha definito la «regola d'oro».

Ecco come compare in alcuni testi sacri.
«Non ferire gli altri con ciò che fa soffrire te.» (Buddha, *Sutta Pitaka*, Buddhismo).
«Quello che non vuoi ti venga fatto, tu non farlo agli altri.» (Confucio, *Analecta*, Confucianesimo).
«Non fare agli altri ciò che, se fosse fatto a te, ti causerebbe pena.» (*Mahabharata*, Induismo).
«Quello che per te è detestabile, non farlo al tuo prossimo. Questa è la tua legge. Il resto sono commenti.» (Hillel, *Talmud bab*, Giudaismo).
«Non fare a nessuno ciò che non piace a te.» (*Tobia*, Giudaismo).
«Ciò che volete gli uomini facciano a voi, così anche voi fatelo a loro.» (Gesù, *Vangelo di Luca*, Cristianesimo).
«Nessuno di voi è un credente sino a che non desidera per suo fratello ciò che desidera per se stesso.» (*Sunnah*, Islam).

(J.M. Vigil, *Teologia del pluralismo religioso*, Borla)

Attività

1. **Rifletti sui comportamenti elencati.**
   > Integra gli elenchi con altri esempi/comportamenti e cerca, per alcuni di loro, un esempio concreto.
   > Confronta ciò che hai scritto con i tuoi compagni e discutete delle vostre opinioni sulla non-violenza.

Unità 1 • LE GRANDI DOMANDE

WAR HORSE

La storia di una grande amicizia tra un cavallo straordinario e un ragazzo coraggioso, sullo sfondo della Grande Guerra.

Joey è un cavallo allevato e addestrato in una fattoria del Devon, in Inghilterra. Albert, il figlio del proprietario, è molto affezionato all'animale e tenta in ogni modo di impedire che il padre, oppresso dai debiti, lo venda all'esercito; ma Joey viene ceduto all'esercito e diventa uno dei *cavalli di guerra* inglesi inviati al fronte, in Francia, nel corso della Prima guerra mondiale. Dopo la morte in battaglia del capitano inglese a cui era stato assegnato, Joey viene catturato dai soldati nemici e passa al servizio dell'esercito germanico. Non appena raggiunge l'età necessaria per arruolarsi, Albert parte per il fronte, deciso a ritrovare e a riportare a casa il suo cavallo, che non ha mai dimenticato.

REGIA Steven Spielberg
ANNO 2011
CAST David Thewlis
Peter Mullan

Un film per te

Il profumo del tiglio

Nina racconta nel diario la sua vita di ragazza dodicenne: la scuola, gli amici, i primi amori. Ma tutto ha il sapore della guerra che devasta la sua città, Sarajevo.

CHI L'HA SCRITTO Peter Munch vive a Monaco e lavora come giornalista. È stato reporter in zone di guerra come i Balcani, l'Afghanistan e l'Iraq.

DI CHE COSA PARLA Elvis, studente ventiduenne di giurisprudenza a Monaco, viene inviato dal suo professore a Sarajevo per un convegno. Sarajevo è la sua città nativa, che ha lasciato, insieme alla madre, tredici anni prima, per sfuggire alla guerra. Al suo arrivo percorre le vie della città e scopre la lapide dedicata a Nina, la sua migliore amica, colpita a morte il 2 settembre del 1995 mentre percorreva la strada verso la scuola. Lo sgomento, il dolore lo portano a far visita alla madre di Nina, che gli consegna il diario scritto dalla figlia fino a pochi giorni prima di morire.

AUTORE Peter Munch
ANNO 2008
EDITORE Rizzoli

Un libro per te

 SCUOLA DI SCRITTURA
Nella lezione 2 puoi trovare indicazioni per scrivere schede-libro, schede-film e recensioni.

 Una pagina di assaggio

NOI, GLI ALTRI, IL MONDO

UNITÀ 2

Il percorso verso una cittadinanza consapevole e costruttiva prevede, quest'anno, un'ulteriore riflessione sull'importanza del rispetto delle regole e delle leggi, necessaria per una convivenza giusta e pacifica. Una convivenza civile richiede anche il rispetto per le persone che hanno abilità diverse e per chi, proveniente da Paesi di cultura differente, spesso genera in noi paure e diffidenze. La legalità, infine, si manifesta anche nella consapevolezza che le risorse della Terra devono essere trasmesse integre alle prossime generazioni e devono essere distribuite con equità tra tutti gli abitanti del pianeta.

DIVENTARE CITTADINI

IL PIACERE DELLA LEGALITÀ

LA RICCHEZZA DELLA DIVERSITÀ: OGGI IN ITALIA

Conoscenze
- Conoscere le caratteristiche della società in cui viviamo e i fondamenti della convivenza civile
- Conoscere il significato di integrazione, assimilazione, identità e razzismo
- Conoscere alcuni momenti e problematiche della storia passata e attuale
- Conoscere le conseguenze negative del modello economico attuale sul pianeta Terra e le possibili soluzioni per uno sviluppo sostenibile

Competenze
- Comprendere l'importanza del rispetto delle regole e della collaborazione con gli altri
- Saper "ascoltare" e capire i problemi degli altri per essere capaci di rispettarsi
- Prendere spunto dalle conoscenze della storia passata per riflettere sui problemi attuali
- Essere consapevoli della necessità di uno sviluppo sostenibile e dei comportamenti che lo permettono

IL MIO PERCORSO

Il piacere della legalità
- N. Balossi Restelli, *Nel buio* `+ facile`
- G. Colombo, *Un Paese immaginario*
- B. Severgnini, *L'educazione digitale che manca ai ragazzi per non ferire gli altri*
- F. Baroni, *Cyberbulli? No, grazie*
- A. Gentile, *Il Mostro*

La ricchezza della diversità: oggi in Italia
- G. Colombo, *Che cosa dice l'articolo 3 della Costituzione*
- T.B. Jelloun, *Integrazione, assimilazione e identità per i figli di immigrati* `+ difficile`
- *Alunne e alunni con cittadinanza non italiana*
- R. Mantegazza, *Per combattere il pregiudizio*
- **LABORATORIO DELLE COMPETENZE** > Ragazzi stranieri in Italia: questioni aperte

L'importanza della memoria
- P. Levi e G. Udovisi, *Vergogne*
- **Per approfondire** > Le foibe
- G.A. Stella, *Bel Paese, brutta gente*
- B. Maida, *Vivere ancora* `+ difficile`
- U. Ambrosoli, *L'uomo con la pistola*
- A. Bazoli, *Per volontà di qualcuno*
- **Per approfondire** > Gli Anni di piombo
- U. Ambrosoli, *L'esame di coscienza di chi sa e non parla*

Per uno sviluppo sostenibile
- *Perché è necessario uno sviluppo sostenibile* `+ difficile`
- **Per approfondire** > Il dissesto idrogeologico in Italia
- *Sviluppo tradizionale e sviluppo sostenibile*
- A. Pezza, *Un'alimentazione sana nel rispetto dell'ambiente*
- V. Vizioli, *L'agricoltura biologica*
- P. Pigozzi, *Il commercio equo e solidale*
- *Quanta acqua serve*
- P. Rumiz, *Un viaggio "sostenibile"*
- **Un film per te** > *Home*
- **Un libro per te** > *Benvenuto*

PROGETTO COMPETENZE
> CAMBIARE ROTTA: MENO COSE PIÙ FELICITÀ

PER FARE IL PUNTO

L'IMPORTANZA DELLA MEMORIA

PER UNO SVILUPPO SOSTENIBILE

Brani
Approfondimenti
Attività

UNITÀ 2

DIVENTARE CITTADINI

Il piacere della legalità

- Le regole sono sempre utili?
- Un cartone animato per conoscere i rischi della Rete.
- Speciale legalità: parla Nicola Gratteri

La scuola è il luogo privilegiato nel quale si sperimenta l'importanza dei rapporti con gli altri e si può comprendere che, quando ci si trova in gruppi composti da diverse persone, è indispensabile stabilire delle regole per convivere. Quando si vive in una società complessa, come una regione o uno stato, le regole vengono espresse dalle leggi. Il loro rispetto da parte di tutti i membri è importante perché permette una vita serena, nella tutela degli interessi di ognuno. Ma rispettare le leggi a volte è faticoso; solo se siamo convinti che ciò sia un bene per ciascuno di noi e per la comunità in cui viviamo, sapremo affrontare questa fatica. I testi che proponiamo invitano proprio a riflettere su questo aspetto.

Nicola Balossi Restelli

+ facile

Nel buio

Questo breve racconto, che ti proponiamo come uno spunto su cui riflettere, parla di un gruppo di ragazzi della tua età che, quasi per caso e senza pensarci troppo, commettono un furto e rimangono impuniti. Le conseguenze, però, ricadono su un loro amico.

Tino è il solito veneziano[1]: ha scartato Diego e Gigi, ma non la passa. Federico gli ruba palla e scatta in contropiede.

«In mezzo, Fede!»

Tino arriva come un treno e lo travolge.

«Rigore!»

«Ma che rigore, non è neanche fallo. Ti do la punizione, se no piangi.»

Federico si alza, prende poca rincorsa, come i campioni.

La traiettoria sbilenca supera la traversa immaginaria e si perde tra i cespugli là in fondo, dietro al chiosco. Federico fa un passo e si blocca, Tino non perde l'occasione: «Cos'è, hai paura del buio? Devo andare io?».

La piazzetta è silenziosa: solo vento e qualche macchina lontana.

«Quanto ci mette?»

«Eccolo!»

«Sapete cos'ho scoperto? Si può entrare nel baracchino, passando sotto il telo, dentro c'è di tutto.»

Gli altri fanno capannello intorno a Tino, poi lo seguono: più si avvicinano al chiosco meno parlano, esaltati e impauriti.

«Andiamo via,» bisbiglia Federico, «se ci beccano qui sono guai.»

«Sei un fifone.»

1. il solito veneziano: questo modo di dire allude alla squadra di calcio del Venezia, che, negli anni del dopoguerra, esprimeva un tipo di gioco esasperante, egoistico, con tanti dribbling e pochi passaggi tra i suoi giocatori.

Il piacere della legalità

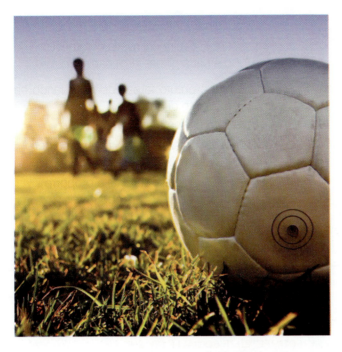

Federico guarda Tino negli occhi, ma sente le lacrime che stanno per scendere. I ragazzi sono comparse in attesa di ordini. Allora decide: lui non ha paura. Trova dei sacchetti sotto il bancone e comincia a riempirli di bibite, merendine, caramelle. Tutti lo imitano, prima con timore, poi sempre più veloci, con foga.

La sera seguente Federico incontra Sayd per strada.

«Che ti è successo? Hai una faccia...»

«Sono andato in piazza con Omar e gli altri. Il pelato del baracchino ha cominciato a gridarci dietro: ladri, negri! Avete anche il coraggio di tornare. Chiamo la polizia, anzi, chiamo gli amici, vi fanno passare la voglia!»

«E voi?»

«Giuro, non ne sappiamo nulla. Ma quello non ci sente. Omar vuole trovare chi è stato e fargliela pagare, mio padre dice che dobbiamo essere superiori. La voce si è già sparsa: mi hanno insultato per strada. Forse adesso i tuoi ti impediranno di vedermi.»

(N. Balossi, in AA.VV., *Cittadini del futuro*, CEDAM Scuola)

Attività

CHE COSA DICE IL TESTO
COMPETENZE DI LETTURA

Chi finisce nei guai?

1. Scegli il completamento corretto.

a. Il gruppo di amici
- ☐ sta cercando qualcosa da mangiare perché è affamato
- ☐ sta giocando a pallone in piazza
- ☐ cerca di fare qualcosa per combattere la noia

b. Tino, cercando di recuperare il pallone, scopre
- ☐ un chiosco per la vendita di bibite e dolciumi lasciato aperto e incustodito
- ☐ un baracchino disabitato e abbandonato
- ☐ un chiosco per la vendita di bibite e dolciumi che regala sacchetti di caramelle

c. I ragazzi, alla fine
- ☐ decidono di allontanarsi e di riprendere il gioco
- ☐ prendono qualcosa ciascuno e fuggono per il timore di essere individuati
- ☐ prendono bibite e dolci riempiendone interi sacchetti

d. I ragazzi compiono il gesto
- ☐ per non essere considerati dei fifoni

NOI, GLI ALTRI, IL MONDO 591

UNITÀ 2 — DIVENTARE CITTADINI

☐ perché credono che sia giusto prendere delle cose lasciate incustodite
☐ perché si considerano degli eroi

e. Il proprietario del baracchino
☐ crede di aver individuato i responsabili e se la prende con Federico e Tino che sono stati visti
☐ crede di aver individuato i responsabili e se la prende con Sayd e Omar, i ragazzi stranieri che vivono in quella zona
☐ scopre il furto, ma non lo denuncia perché capisce che è opera di ragazzi

f. Omar si sente accusato ingiustamente e
☐ è rassegnato a subire, perché è abituato a essere accusato
☐ vuole rivolgersi alla polizia perché individui i veri colpevoli
☐ vuole farsi giustizia da sé dopo aver individuato i colpevoli

g. Il papà di Sayd
☐ suggerisce di lasciar perdere per evitare altri guai
☐ suggerisce di lasciar perdere perché è rassegnato a subire ingiustizie
☐ suggerisce di lasciar perdere perché non ne vale la pena: di fronte alle accuse ingiuste bisogna essere superiori

PENSIAMOCI SU
CONSAPEVOLEZZA ED ESPRESSIONE CULTURALE

Un modo per rimediare

2. Scegli la risposta tra le alternative proposte, sulla base della tua esperienza e delle tue riflessioni personali.

a. Come definisci il furto dei prodotti del baracchino?
☐ Un reato   ☐ Una ragazzata
☐ Un gioco   ☐ Un errore

b. Cosa avrebbe dovuto fare, secondo te, il proprietario del baracchino?
☐ Quello che ha fatto, cioè ipotizzare chi sono i colpevoli e farsi giustizia da sé
☐ Lasciar perdere, in fondo si trattava solo di dolci e bibite

☐ Denunciare il fatto alle autorità
☐ Cercare di capire chi aveva commesso il furto e parlargli per fargli capire l'errore

c. Cosa avrebbe potuto fare Federico quando ha sentito il racconto di Sayd?
☐ Fare finta di niente
☐ Andare a cercare gli amici che erano con lui al baracchino e raccontare la vicenda
☐ Dire subito che era stato lui e proporre di andare a spiegarlo al proprietario del chiosco
☐ Suggerire a Sayd di vendicarsi contro il proprietario del chiosco

Confrontate le vostre risposte e discutete insieme le motivazioni portate da ciascuno di voi.

DAL TESTO A NOI
COMPETENZE SOCIALI E CIVICHE

Responsabili fin da giovani

3.
> La legalità è un insieme di principi e comportamenti che nascono dal senso di appartenenza al genere umano e alla comunità nella quale viviamo; tutto questo si impara fin da giovanissimi, apprendendo a ragionare con la propria testa senza lasciarsi trascinare dagli altri.

Sottolinea, fra quelli proposti, i messaggi che ti sembra emergano dal testo e dalle riflessioni fatte.

> Se si rubano caramelle, bibite o cose di poco valore, non si può dire di aver commesso un furto ma solo una sciocchezza

> I reati veri sono quelli che commettono i mafiosi o i delinquenti

> Quando si è in compagnia, bisogna avere il coraggio di fare ciò che si ritiene giusto anche se è diverso da ciò che propone il leader del gruppo

> Se si è assistito a un reato, e anche se lo si è subìto, è meglio non rivolgersi agli adulti

> Non fare agli altri quello che non vorresti fosse fatto a te è la regola d'oro per vivere in comunità felici

> È giusto non commettere reati solo per il timore che qualcuno ci possa scoprire

Il piacere della legalità

 Beppe Severgnini

L'educazione digitale che manca ai ragazzi per non ferire gli altri

Un giornalista commenta l'uso della rete da parte dei giovani e propone una nuova "educazione digitale" a partire dalle scuole, che veda alleati adulti e ragazzi per un utilizzo corretto della comunicazione digitale.

I ragazzi creano una pagina Facebook dove coprono d'insulti un'insegnante. Lei lo scopre e denuncia il fatto. La Polizia postale identifica gli autori, tutti minorenni. Le famiglie sono sbalordite: quante storie! Non la insultavano davvero, era solo su Internet!

È una piccola storia istruttiva, diffusa e preoccupante. Molti adulti sanno cos'è la vita e non hanno capito cos'è la Rete; tanti ragazzi, viceversa. Conoscono i meccanismi e la forza del Web, ma non sanno valutare le conseguenze delle proprie azioni. Diffamazione, molestie, ingiurie, minacce, stalking[1]: sono vocaboli da codice penale, a sedici anni sembrano così distanti.

Occorre una nuova educazione civica: e potrebbe funzionare, a patto di non chiamarla così. "Educazione civica" sa di materia vecchia, di professori annoiati, di stanchezza all'ultima ora: un tema importante demolito dalla pessima didattica. Educazione digitale? Meglio. Programma: come guidare un mezzo veloce, nuovo e magnifico, senza andare a sbattere. I social network – e la banda larga che li ha resi potenti – hanno pochi anni. Tutti stiamo imparando tutto.

Perché è importante lavorare sui ragazzi? Perché riporre le speranze sugli adulti, spesso, è tempo perso. Un cinquantenne non può non sapere che scrivere «Ti sparo!» – su un muro, in una lettera, in un sms, dentro un blog, su Twitter – è una minaccia. Se lo scrive – e molti lo fanno – è imperdonabile. Un quindicenne, spesso, non se ne rende conto. «Ti sparo» sembra una battuta tra amici. Ma quelle due parole – quando sono scritte, inoltrate, diffuse – smettono di essere uno scherzo. In Rete non si sente il tono di voce, non si vedono le espressioni del viso, non si conosce il contesto. «Ti sparo» è una minaccia.

La Polizia postale sta lanciando un programma in materia, che prevede lezioni siste-

1. stalking: atteggiamento ripetuto di persecuzione o minaccia che porta la persona colpita a vivere in uno stato continuo di ansia.

UNITÀ 2 — DIVENTARE CITTADINI

matiche nelle scuole italiane. Buona idea. Le scuole hanno bisogno di aiuto, perché pochi insegnanti possiedono le conoscenze tecniche e giuridiche per affrontare certi temi. Non è una colpa. Chi insegna greco da trent'anni non deve, per forza, sapere cos'è un retweet[2]; chi sa di biologia non è obbligato a conoscere le norme sullo stalking. Gli stessi ragazzi, se coinvolti nel modo giusto, saranno di grande aiuto. Potranno insegnare agli insegnanti, e aiutarsi tra loro. Da novembre ho visitato venti scuole superiori: da Vicenza a Siracusa, da Modena a Foggia, da Milano a Roma. A Nuoro ho incontrato, per la terza volta in cinque anni, i ragazzi del liceo "Asproni". Ho scoperto poi che alcuni avevano messo in Rete una lista di compagni gay, con nomi cognomi e presunti intrecci sessuali. Conosco la città e la scuola; voglio pensare si sia trattato di una scemenza dovuta all'incoscienza. È quell'incoscienza che dobbiamo combattere: provoca guai quanto la malizia.

Spesso, quando parliamo di "sicurezza sul Web", pensiamo a come proteggere i ragazzi dalla Rete: gruppi estremisti, fanatici, sette, adescatori, pedopornografia e altre cose immonde. Non sempre ricordiamo che le vittime, in qualche caso, possono diventare carnefici. Un sedicenne che diffama metodicamente un compagno, o mette in Rete foto intime di una compagna di classe, può fare molto male. Il progetto *It gets better* (www.itgetsbetter.org), cui il «Corriere[3]» aderisce, intende combattere questi fenomeni.

"Cyberbullismo" è un termine vago e pericoloso: parola di moda, per qualcuno funziona come un invito. Crudeltà e idiozia sono vocaboli più efficaci. Molestie e diffamazione sono fattispecie precise: stanno, ripeto, nella legge penale. Bisogna convincere i ragazzi che la vita vera è dovunque: in Rete e fuori dalla Rete, uguale e diversa (su Internet è facile trovarsi e impossibile baciarsi, per esempio). Leggete la sezione "Commenti" su qualsiasi blog: capirete che molti adulti non hanno capito come le persone siano le stesse, la società la stessa, la vita la stessa. E vomitano insulti, cattiverie, illazioni gravi. La presenza di provocatori e molestatori è inevitabile? Eric Schmidt, presidente di Google, ha detto: «Facciamocene una ragione: l'uno per cento della popolazione è pazzo. Ha vissuto nel seminterrato per anni, e la mamma gli portava ogni giorno da mangiare. Due anni fa la mamma gli ha regalato la connessione a banda larga». Ecco: questi personaggi ci saranno sempre, in America come in Italia. Noi dobbiamo salvare tutti gli altri, il restante novantanove per cento, i ragazzi normali con alcune idee confuse.

Impossibile, sostiene qualcuno: la combinazione di supertecnologia e scarsa coscienza produrrà disastri sempre più gravi! Be', noi dobbiamo fare in modo che non sia così. Tutto cambia, non necessariamente in peggio. È un mondo complicato, attraversato da una terribile bellezza. Se li aiutiamo, i nostri ragazzi capiranno come viverci. E lo spiegheranno anche a noi.

(B. Severgnini, in «Corriere della Sera», 8 maggio 2013)

---

2. retweet: post su Twitter che ne riprende direttamente un altro, aggiungendo la sigla RT e un reply all'utente citato.

3. il «Corriere»: il «Corriere della Sera», il quotidiano con cui collabora l'autore e da cui è tratto questo brano.

Il piacere della legalità

CHE COSA DICE IL TESTO
COMPETENZE DI LETTURA

Educazione digitale

1. **Dopo aver letto il testo, rispondi alle domande.**
   > Il testo prende spunto da un fatto realmente accaduto: quale?
   > Qual è la reazione della persona danneggiata?
   > Qual è la reazione dei genitori dei ragazzi coinvolti?
   > Che spiegazione dà l'autore dei motivi che hanno spinto i ragazzi a compiere il fatto?
   > Quale soluzione propone?

2. **Indica, tra le problematiche della Rete elencate, quelle individuate anche dall'autore del testo.**
   - [ ] È un'invenzione recente e si sta ancora imparando a utilizzarla in modo corretto ed efficace.
   - [x] Spesso non ci si rende conto che ciò che si scrive in Rete ha lo stesso valore (morale e penale) di ciò che si scrive o dice con altri mezzi.
   - [ ] Talvolta la sicurezza dei dati non è garantita e c'è la possibilità di truffe e incursioni di hacker.
   - [ ] Non sempre la privacy è tutelata.
   - [x] L'impossibilità di valutare il contesto in cui le parole sono dette (tono di voce, sguardo...) rende alcuni termini, anche se scritti con intento scherzoso, una minaccia.
   - [x] Spesso gli adulti, educatori e insegnanti, non hanno la preparazione tecnica e giuridica sufficiente per comprendere e spiegare ai giovani le problematiche della Rete.
   - [ ] La Rete può dare dipendenza psicologica, anche a livello di grave patologia.
   - [x] Spesso si tende a distinguere la "vita vera" da quella della Rete.

PENSIAMOCI SU
COMPETENZE SOCIALI E CIVICHE

Avere le idee chiare

3. **L'autore scrive:**

   Noi dobbiamo salvare [...] i ragazzi normali con alcune idee confuse. Impossibile, sostiene qualcuno: la combinazione di supertecnologia e scarsa coscienza produrrà disastri sempre più gravi! Be', noi dobbiamo fare in modo che non sia così. Tutto cambia, non necessariamente in peggio. È un mondo complicato, attraversato da una terribile bellezza. Se li aiutiamo, i nostri ragazzi capiranno come viverci. E lo spiegheranno anche a noi.

   > Sei convinto anche tu che sia necessario avere le idee chiare, soprattutto riguardo ai risvolti penali di ciò che viene diffuso in Rete?
   > Sei d'accordo con l'autore quando dice che questo nuovo mondo è complicato ma bello e che ci si può aiutare a capirlo insieme?

   Motiva le tue risposte e confrontale con quelle dei tuoi compagni.

DAL TESTO A NOI
COMPETENZE DI SCRITTURA

Le conseguenze delle proprie azioni

Il *cyberbullismo* (l'utilizzo di strumenti tecnologici per compiere atti di bullismo), gli insulti e le minacce via Web possono costituire una violazione della legge, del *Codice civile e penale* e del *Decreto legislativo 196* del 2003 (il *Codice della Privacy* che protegge i dati personali). I ragazzi spesso considerano invece queste azioni solo degli "scherzi", soprattutto se ideati e realizzati in compagnia.

> Ti è capitato di fare o di subire "scherzi" via Web? A (o da) chi?
> Qual è stata la reazione?
> Sono stati coinvolti gli adulti? In che modo?
> Sai che cosa si può fare quando si è vittima (o si conosce qualcuno che lo è) di questi atti?
> Nella tua scuola si parla di questi problemi? Ci sono dei progetti a proposito?

 SCUOLA DI SCRITTURA
Nella lezione 8 trovi indicazioni per scrivere delle tue esperienze.

NOI, GLI ALTRI, IL MONDO

UNITÀ 2 — DIVENTARE CITTADINI

Il Mostro

Rita Atria è una giovane siciliana di Partanna cresciuta in una famiglia mafiosa. All'età di undici anni perde il padre, ucciso in una faida; qualche anno dopo viene ucciso in un attentato anche il fratello. La cognata di Rita decide allora di rivelare quello che sa della mafia e diventa "testimone di giustizia". Dopo pochi mesi anche Rita, diciassettenne, decide di collaborare con la giustizia: si trasferisce a Roma sotto falso nome e stringe un rapporto privilegiato con il giudice Paolo Borsellino. Una settimana dopo la strage di via D'Amelio a Palermo, nel luglio 1992, nella quale Borsellino viene assassinato, Rita, disperata, si suicida gettandosi dal balcone della sua abitazione di Roma. Il brano riportato, tratto dal racconto romanzato della sua vita, è un dialogo tra Rita e il giudice Paolo Borsellino.

La prima volta che Rita si trovò di fronte Paolo era un pomeriggio del 1991. Il suo studio era come tutti gli studi degli adulti. Pareti bianche, scrivania in noce e sullo sfondo la bandiera italiana.

L'uomo che le era seduto di fronte sembrava un duro. Una persona con cui non si scherza. Uno di quelli con la giacca e la cravatta. Aveva quei baffi così folti, che quasi mettevano paura. Ma adesso sorrideva.

«Finalmente ci conosciamo, Rita.»

Lei tentennò, come se aspettasse di trovare il coraggio per rompere la timidezza.

«Buongiorno.»

«Allora, anche tu hai conosciuto il Mostro.»

Rita ci pensò un attimo, era spiazzata. Fece vagare lo sguardo fino a notare che il soffitto era davvero molto alto.

«Sì. Sembro una *picciridda* ma ne ho viste di cose, io. E il Mostro, come lo chiama lei, lo conosco da quando sono piccola. Solo che non sapevo che era... un Mostro.»

«Ma questo è normale. Oddio, normale no. Però può capitare. E se vuoi puoi darmi del tu, Rita.»

«Ma lei... cioè tu, tu che ne sai? Anche tu hai conosciuto il Mostro da piccolo?»

«Non così bene come te, Rita. Però in qualche modo sì. È successo quando giocavo a pallone con i miei amici in piazza Kalsa, dove abitavo.»

«Ah, a Palermo. Me ne parlava qualche volta mio padre.»

«Sì. Giocavamo con una palla fatta di stracci. Negli anni Quaranta la povertà era tanta. Tra i miei amici c'era anche Giovanni[1], che tu non conosci. Poi lui ha fatto il mio stesso mestiere.»

«Che sarebbe?»

«Il procuratore della Repubblica.»

«E che lavoro è?»

«Faccio il magistrato, penso agli interessi di tutti e anche dello Stato. Proteggo gli altri.»

---

1. Giovanni: Giovanni Falcone, magistrato antimafia assassinato nel 1992, due mesi prima di Paolo Borsellino, nella strage di Capaci.

Il piacere della legalità

«Ma chi te lo fa fare?»
«Be', è il mio lavoro, Rita.»
«Ah, quindi lo fai solo per lavoro, perché ti pagano.»
«Sì, mi pagano, ma è un lavoro che mi piace. Capita di fare lavori che ti piacciono.»
«E perché ti piace?»
«Perché è bello provare a cambiare le cose.»
«Sì, ma non è facile.»
«No, non è facile, ma bisogna provarci. Come hai fatto tu, d'altronde. Poi lo sai: non è facile accorgersi del Mostro. Noi, per esempio, giocavamo a pallone, e il Mostro era attorno a noi, ma mica lo vedevamo. Lavorava sodo, nelle strade di Palermo. Era silenziosissimo, e di lui quasi nessuno si accorgeva.»
«E chi è stato il primo ad accorgersene?»
«Uno dei primi fu un signore che si chiamava Emanuele Notarbartolo, il sindaco di Palermo. Prima di diventare sindaco, aveva lavorato al Banco di Sicilia. Da lì il Mostro l'aveva annusato, poi l'aveva studiato. Un giorno era su un treno. Il treno era in ritardo e lui era nervoso. Voleva arrivare presto. E fu allora che il Mostro smise di essere invisibile. E lo uccise con ventisette colpi di pugnale. Era il primo febbraio del 1893.»
«Quindi prima o poi il Mostro smette di essere invisibile?»

Una manifestazione in ricordo dei giudici Falcone e Borsellino che si è tenuta nel maggio 2013.

UNITÀ 2 — DIVENTARE CITTADINI

«Non sempre, Rita. Il Mostro c'è, anche quando non sembra feroce. Può essere anche nel nostro modo di comportarci.»

«Che vuoi dire?»

«Che siamo noi a farlo crescere quando abbiamo paura di lui o quando lo trattiamo addirittura con rispetto. Quando ero un bambino, c'era un uomo in paese, uno di quelli con la coppola sempre in testa. Tutti facevano la fila per baciargli la mano. E dicevano: *"Voscenza binirica, voscenza binirica, voscenza binirica"*. Sai che significa?»

«Una cosa come... baciamo le mani?»

«Sì: "Baciamo le mani, eccellenza". Tutti gli baciavano la mano, ma mio nonno no. Allora l'uomo con la coppola lo chiamò e disse: "E voi dove andate?" Nonno disse che non voleva baciargli la mano. Allora quello gli diede uno schiaffo. Nonno Totò cadde. Ma il bacio non glielo diede.»

«E tu come fai a ricordartelo? Non eri troppo piccolo?»

«Sì, ma ero un bambino curioso. Anche tu eri una bambina curiosa, vero?»

«Sì, ma molte cose non le capivo.»

(A. Gentile, *Volevo nascere vento*, Mondadori)

Attività

CHE COSA DICE IL TESTO
COMPETENZE DI LETTURA

Persone che provano a cambiare le cose

1. **Leggi il testo e rispondi alle domande.**
   - Rita incontra per la prima volta il giudice Borsellino nel suo studio. Qual è la sua prima impressione?
   - Paolo Borsellino è magistrato, procuratore della Repubblica. Gli piace il suo lavoro? Perché?
   - Paolo, cresciuto a Palermo, conosce fin da bambino un altro magistrato importante nella storia della lotta antimafia. Di chi si tratta?
   - Chi fu uno dei primi ad accorgersi del "Mostro"? Quando? Cosa gli accadde?
   - Un'altra persona citata nel colloquio tra Paolo e Rita è Totò, il nonno di Paolo. Che cosa fece?

PENSIAMOCI SU
CONSAPEVOLEZZA ED ESPRESSIONE CULTURALE

Il Mostro

2. La mafia viene definita un "mostro" del quale è difficile accorgersi e che spesso è nel nostro modo di comportarci: lo facciamo crescere quando abbiamo paura di lui o addirittura lo trattiamo con rispetto. Sei d'accordo? Puoi provare a fare degli esempi?

DAL TESTO A NOI
COMPETENZE SOCIALI E CIVICHE

Provare a cambiare le cose

3. Paolo Borsellino dice che non è facile, ma «è bello provare a cambiare le cose».
   - Credi anche tu che si possano cambiare le cose? Pensi che anche voi giovani studenti possiate portare il vostro contributo? In che modo? Discutetene in classe.

OLTRE IL TESTO

Paolo Borsellino e Giovanni Falcone sono stati due importanti magistrati antimafia e hanno lavorato insieme alla Procura della Repubblica di Palermo. Prendi in considerazione i materiali proposti nell'approfondimento digitale e fai una ricerca su questi due uomini di Stato e sull'attività della Procura antimafia di Palermo negli anni '80 e '90 del Novecento.

La ricchezza della diversità: oggi in Italia

Nella società italiana vi sono segni evidenti di multiculturalità. Nel nostro Paese convivono persone di formazione, lingua, religione diverse da quella dell'Europa occidentale a cui l'Italia appartiene. La Costituzione italiana difende questa pluralità nell'articolo 3, che afferma l'uguaglianza di tutti i cittadini davanti alla legge, senza distinzione di sesso, di razza, di lingua, di religione, di opinioni politiche, di condizioni personali e sociali. Questo è l'ideale da raggiungere: in realtà sono molte le difficoltà per una convivenza tra pari. Un'interessante indagine offre dati aggiornati sulla presenza nelle scuole italiane di alunni che non hanno la cittadinanza italiana. Spesso, però, anche chi ha ottenuto la cittadinanza, vive problemi di conciliazione tra la cultura di origine e quella del Paese in cui vive.

Che cosa dice l'articolo 3 della Costituzione

Il principio dell'uguaglianza delle culture nei Paesi democratici è sancito dalle leggi. Anche la legislazione italiana garantisce l'uguaglianza degli stranieri, a partire dall'articolo 3 della Costituzione, che viene spiegato ai ragazzi da un importante magistrato, Gherardo Colombo.

Articolo 3
Tutti i cittadini hanno pari dignità sociale e sono uguali
davanti alla legge, senza distinzione di sesso, di razza, di lingua,
di religione, di opinioni politiche, di condizioni personali e sociali.
È compito della Repubblica rimuovere gli ostacoli
di ordine economico e sociale, che, limitando di fatto la libertà
e l'eguaglianza dei cittadini, impediscono il pieno sviluppo
della persona umana e l'effettiva partecipazione di tutti i lavoratori
all'organizzazione politica e sociale del Paese.

Nell'articolo 3 c'è scritto che tutti i cittadini sono uguali davanti alla legge senza differenze di sesso, razza, lingua, religione, opinioni politiche, condizioni personali e sociali. Però le differenze tra le persone sono tante. Per esempio prendiamo una famiglia ricca e una povera: quella ricca può avere anche due case, due macchine, un televisore e un computer per ciascuno, la piscina. Quella povera può vivere dentro una roulotte perché non ha la casa. Non è giusto che la legge le consideri uguali!

Essere uguali davanti alla legge non vuol dire che tutti devono essere nelle stesse condizioni. Vuol dire che la legge, lo Stato, deve garantire a tutti le stesse possibilità di vivere liberi e di seguire la propria strada. Vuol dire che se uno può studiare per imparare un mestiere, allora tutti devo-

UNITÀ 2 — DIVENTARE CITTADINI

 Parole, parole...

Cultura e integrazione

Il significato della parola *cultura* presenta varie sfaccettature. Nell'ambito della riflessione che noi stiamo facendo, può essere ricondotto a "insieme di conoscenze, tradizioni, comportamenti propri di un popolo".

- Inventa una frase in cui il termine *cultura* sia usato con questo significato.

Il termine *integrazione*, invece, ha più significati. Per esempio:

– fusione tra diversi gruppi etnici, razziali, culturali;
– aggiunta che colma una mancanza;
– collaborazione sempre più stretta tra i vari Stati per quanto riguarda i rapporti economici.

Quale di questi significati ci può essere utile nella nostra riflessione?

no poter studiare; che se uno può essere curato quando si ammala, allora tutti devono poter essere curati se si ammalano; che se uno può dire quello che pensa, allora tutti devono poter dire quello che pensano; che se uno deve essere punito se ruba un'automobile, allora tutti quelli che rubano un'auto devono – se li si individua – essere puniti. Per questo la legge prevede che se uno non ha soldi è lo Stato che paga gli insegnanti, i medici, gli avvocati per lui. Quello che fa lo Stato perché tutti abbiano possibilità analoghe ancora non basta, ma la Costituzione dice che deve continuare a impegnarsi per fare in modo che – per davvero – i cittadini abbiano le stesse possibilità. [...]

Insomma, la Costituzione dice quanto importante considera l'uguaglianza. Sta a tutti noi fare in modo che quel che dice diventi realtà.

(adattato da G. Colombo, A. Sarfatti, *Sei Stato tu?*, Salani Editore)

 **Attività**

CHE COSA DICE IL TESTO
(COMPETENZE DI LETTURA)

Uguaglianza e differenze

1. **Rispondi oralmente alle seguenti domande.**

> Qual è il principio proclamato dall'articolo 3 della Costituzione?

> Che cosa significa essere uguali davanti alla legge? Fai qualche esempio.

> In quali ambiti lo Stato interviene, anche economicamente, perché ci sia uguaglianza almeno nei servizi fondamentali?

PENSIAMOCI SU
(COMPETENZE SOCIALI E CIVICHE)

L'uguaglianza davanti alla legge

2. Nel brano si legge: «Essere uguali davanti alla legge non vuol dire che tutti devono essere nelle stesse condizioni». Ciò significa che le leggi di uno Stato devono garantire a ognuno di poter vivere in modo libero e di realizzarsi pienamente come persona. Questo principio, che stabilisce le condizioni indispensabili per il rispetto della dignità umana, può essere considerato uno dei fondamenti della pacifica convivenza tra cittadini che non appartengono alla medesima cultura.

Vi sono altre garanzie che la nostra Costituzione estende a persone che non appartengono alla tradizione culturale italiana? Per esempio:

> una famiglia di cultura islamica può educare i figli secondo le proprie tradizioni culturali;

> una famiglia albanese può continuare a parlare la lingua di origine;

Continua tu.

> ....

3. **La nostra Costituzione garantisce anche agli stranieri che vivono in Italia la possibilità di vivere secondo le loro tradizioni culturali: religione, lingua, mentalità... Qual è il limite che non deve essere superato? Individualo tra le soluzioni proposte di seguito.**

☐ Deve essere rispettata la legge del Paese d'origine
☐ Deve essere rispettata la legge italiana
☐ Non si deve accumulare eccessiva ricchezza
☐ Devono vestirsi all'occidentale

La ricchezza della diversità: oggi in Italia

Integrazione, assimilazione e identità per i figli di immigrati

Il brano che leggerai è stato scritto da Tahar Ben Jelloun per una nuova edizione del volume Il razzismo spiegato a mia figlia, *in cui compare una sezione intitolata* Il montare dell'odio. *Infatti, tra il 1998 e il 2005 (gli anni di edizione dei volumi) il fenomeno del razzismo si è aggravato sempre di più: Ben Jelloun riprende il dialogo con la figlia, chiarendo tra l'altro la differenza tra Islam e islamismo, e spiegando i fondamenti storici e ideologici degli usi e costumi di ebrei e palestinesi.*
Le domande della figlia riguardano, infatti, i giovani che, seppur nati e cresciuti in Francia da famiglie immigrate, in particolare di origine maghrebina, non possono comunque dirsi integrati nella società francese: oltre al termine "integrazione", l'autore prende in esame quelli di "assimilazione" e di "identità". Il suo scopo ultimo, ancora una volta, è promuovere la tolleranza, la multiculturalità, la convivenza senza egoismo, che, egli si augura, potranno trionfare sull'odio, in un mondo che diventa sempre più complesso.

Spiegami, papà, perché un giovane francese di origine maghrebina[1] non dovrebbe sentirsi francese al cento per cento.
Perché non è stato fatto niente, o quasi niente, perché egli diventasse mentalmente, culturalmente, psicologicamente francese. La sua integrazione è stata trascurata dalla società di questo Paese. Talvolta gli immigrati sono stati parcheggiati in città di transito[2], altre volte in case popolari diventate ben presto insalubri. Sono stati allontanati dai centri vitali. E questo ha favorito lo sviluppo della delinquenza.

Ti interrompo, papà, perché tu parli di integrazione anche riferendoti a persone che sono nate qui, in Francia. Non credi che si dovrebbe usare un'altra parola?
Sì, hai ragione, si dovrebbero usare le parole emancipazione, accettazione, inserimento nel tessuto sociale, si dovrebbero dare a queste persone i mezzi per emergere socialmente e culturalmente, ma la parola integrazione ha il vantaggio di poter essere applicata in modo più generale, anche nei casi di coloro che non sono nati in Francia e sono diventati francesi col tempo.

E la parola assimilazione?
Assimilare non è un'azione positiva, è un fare che consiste nell'inghiottire; implica il cancellare le differenze. Queste persone non vengono più considerate come straniere e si chiede loro di rinunciare a tutto ciò che costituisce la loro particolarità. Gli si chiede di abbandonare certe tradizioni e costumi, di integrarsi nel tessuto sociale dimenticando e facendo dimenticare le proprie origini. Alcuni cambiano nome perché queste origini non siano più individuabili, altri si impegnano con gran-

1. maghrebina: il Maghreb è l'area più a ovest del Nord Africa, che si affaccia sul mar Mediterraneo e sull'Oceano Atlantico.
2. città di transito: città di passaggio.

UNITÀ 2 — DIVENTARE CITTADINI

Due scout francesi impegnati in una manifestazione ufficiale presso l'Arco di Trionfo, a Parigi.

3. Hannah Arendt: filosofa e storica tedesca vissuta tra il 1906 e il 1975.

4. creolizzazione: questo termine rimanda ai creoli, cioè le persone nate in America Latina da coloni europei o da padre di origine europea e madre indigena. Nel mondo delle piantagioni si creò un linguaggio misto formatosi dall'incrocio di una lingua europea con le parlate indigene. Oggi questo termine è usato per indicare un processo che porta a una sintesi originale di diverse culture attraverso l'interscambio.

...de zelo per avere comportamenti e mentalità ricalcati su quelli della società francese. Ma fino a che queste persone metteranno in discussione la propria identità, si sentiranno a disagio, e il loro inserimento sarà conflittuale. A proposito di assimilazione, Hannah Arendt[3] ha fatto notare che «l'antiebraismo moderno è nato e si è sviluppato proprio mentre gli ebrei si stavano assimilando». È vero; il razzismo si manifesta a partire dal momento in cui le differenze si sfumano e l'integrazione riuscita rende impossibile il rifiuto dell'altro.

Come?
Ciò che preoccupa i partigiani dell'estrema destra non sono le differenze culturali e sociologiche degli stranieri, ma il fatto che questi ultimi comincino a integrarsi fino ad assomigliare a persone di origine europea. Che facciano parte della società europea; che diano colore all'Europa. Io penso che per le persone di estrema destra, l'identità "bianca" si senta minacciata da questa componente. Come sai, il razzismo rifiuta il mescolamento, la creolizzazione[4].

Identità? Perché è così importante avere un buon rapporto con la propria identità?
Ti ricordi le domande che ti facevano, da piccola, quando eravamo in Marocco: «Allora sei marocchina o francese?». E tu rispondevi: «Sono parigina!». Ma hai saputo molto presto da dove venivano i tuoi genitori, hai visitato il paese natale di tua madre, hai iniziato a imparare l'arabo; a volte viaggiavi con un passaporto francese e altre volte con un passaporto marocchino. Non mi sembra che tu abbia problemi di identità perché conosci le tue origini e quelle della tua famiglia. Le conosci e le accetti. Non c'è niente da nascondere, niente di cui avere vergogna. L'identità è una specie di sicurezza interiore. Non prevede ambiguità. Non succede così, però, a tutti i bambini maghrebini. Alcuni cercano di cancellare le loro origini. Come si dice nei Dieci Comandamenti: «Onora il padre e la madre», e onorare i propri genitori significa accordare loro il valore che hanno nella tradizione familiare. Sta in questo il rispetto delle proprie radici e della propria identità.

(T. Ben Jelloun, *Il razzismo spiegato a mia figlia*, tradotto dal francese da A.M. Lorusso ed E. Volterrani, Bompiani)

La ricchezza della diversità: oggi in Italia

Attività

CHE COSA DICE IL TESTO
COMPETENZE DI LETTURA

Integrazione, identità e razzismo

1. Dopo aver riletto con attenzione il testo, attribuisci a ciascun paragrafo il nucleo informativo corrispondente.

   Paragrafo 1 **C**   Paragrafo 2 **D**   Paragrafo 3 **A**
   Paragrafo 4 **E**   Paragrafo 5 **B**

   Nucleo informativo

   a. L'assimilazione: si rinuncia alle proprie radici culturali e si assume di una nuova identità
   b. Identità è conoscere e accettare le proprie origini e quelle della propria famiglia
   c. Le ragioni della mancata integrazione dei giovani francesi di origine maghrebina
   d. La differenza fra integrazione ed emancipazione
   e. Quando l'assimilazione riesce, l'"identità bianca" si sente minacciata

2. Approfondiamo la conoscenza di ciò che lo scrittore spiega alla figlia.

   > Perché i giovani francesi di origine maghrebina non si sono integrati nella società francese?
   > Quali altre parole dovrebbero essere utilizzate per indicare il processo di integrazione di questi giovani?
   > Perché la parola "assimilazione" ha una valenza negativa? Che cosa sta a indicare?
   > In quale momento si manifesta il razzismo in una società? Perché?
   > Che cosa significa accettare la propria identità culturale?

PENSIAMOCI SU
COMPETENZE DI SCRITTURA

La paura che genera il razzismo

3. Riportiamo due affermazioni sul razzismo, contenute nel brano.

   «È vero; il razzismo si manifesta a partire dal momento in cui le differenze si sfumano e l'integrazione riuscita rende impossibile il rifiuto dell'altro.»

   «Io penso che per le persone di estrema destra, l'identità "bianca" si senta minacciata da questa componente. Come sai, il razzismo rifiuta il mescolamento, la creolizzazione.»

   Parafrasa queste due affermazioni, e spiegale per iscritto sul tuo quaderno.

DAL TESTO A NOI
COMPETENZE SOCIALI E CIVICHE

Le difficoltà di integrazione per i giovani figli di immigrati

4. L'emancipazione e l'inserimento nel tessuto sociale sono processi lunghi e complessi, resi difficili dagli errori e dalle carenze di intervento dei governi ma anche da un difficile rapporto che alcuni immigrati hanno con la propria identità, che porta a rifiutare le proprie origini culturali.

   Le risposte dello scrittore fanno riferimento alla Francia, ma lo stesso problema esiste anche in Italia.

   > In che modo si manifesta? Ci sono eventi di cronaca che rimandano a questa situazione?
   > Conosci proposte del governo o del Comune che favoriscono l'integrazione vera?

OLTRE IL TESTO

I problemi di cui Ben Jelloun "discute" con la figlia diventano esperienza reale nell'approfondimento *Sentirsi stranieri* in cui una ragazza, Pamela, narra la sua situazione di "italiana di seconda generazione". Scrivi un testo in cui metti a confronto i pensieri di Jelloun e il racconto di Pamela.

UNITÀ 2 — DIVENTARE CITTADINI

Alunne e alunni con cittadinanza non italiana

Nelle pagine seguenti leggerai alcuni dati sulla presenza nelle scuole italiane di studenti di cittadinanza non italiana. Sono dati pubblicati nel marzo 2013 e riferiti all'anno scolastico precedente (2011-2012). Alcuni strumenti di infografica ti aiuteranno a "leggere" meglio i dati.

I principi dell'integrazione nella scuola italiana

La presenza di alunne e alunni con cittadinanza non italiana è un fenomeno strutturale[1] del nostro sistema scolastico.

L'Italia ha scelto, fin dall'inizio, la piena integrazione[2] nella scuola di tutti e l'educazione interculturale come dimensione trasversale e come sfondo integratore che accomuna tutte le discipline e tutti gli insegnanti.

L'integrazione degli alunni con cittadinanza non italiana deve partire dall'acquisizione delle capacità di capire ed essere capiti e dalla padronanza efficace e approfondita dell'italiano come seconda lingua.

Si tratta di dare risposte ai bisogni comunicativi e linguistici degli studenti con cittadinanza non italiana, con particolare riferimento a quelli di recente immigrazione.

Sono quindi indispensabili azioni mirate di formazione del personale scolastico, insegnanti e dirigenti scolastici, e azioni di sostegno all'inserimento degli alunni con cittadinanza non italiana.

Si riconoscono, inoltre, come centrali, l'orientamento alla scelta scolastica da parte degli studenti e la partecipazione attiva e la relazione tra famiglie, immigrate e non immigrate.

Altresì importante è coltivare gli orientamenti assunti in molte scuole per ridefinire i contenuti e i saperi in una prospettiva interculturale, con l'integrazione di fonti, modelli culturali ed estetici e nuovi linguaggi della comunicazione visiva e musicale.

(http://hubmiur.pubblica.istruzione.it/web/istruzione/intercultura)

Le cifre di riferimento

Alunni stranieri nati in Italia

Nell'anno scolastico 2011/2012, gli alunni stranieri nati in Italia sono 334.284 e rappresentano il 44,2% sul totale degli alunni con cittadinanza non italiana. Cinque anni fa erano meno di 200.000, il 34,7%.

Nelle scuole dell'infanzia i bambini stranieri nati in Italia sono l'80,4%, più di otto su dieci, ma in alcune regioni la percentuale è ancora più alta e supera l'87% in Veneto e l'85% nelle Marche, sfiora l'84% in Lombardia e l'83% in Emilia Romagna. Mentre non raggiunge il 50% nel Molise e lo supera di poco in Calabria, Campania e Basilicata. Negli ultimi cinque anni gli studenti stranieri nati in Italia sono cresciuti del 60% nelle scuole dell'infanzia (dove hanno raggiunto le 126.000 unità, a partire dalle 79.000 del 2007/2008) e nelle primarie (145.000), mentre

---

1. strutturale: costitutivo, di base, che sta nei principi fondamentali.

2. integrazione: in questo caso, inserimento nella scuola con proposte educative specifiche.

La ricchezza della diversità: oggi in Italia

sono più che raddoppiati nelle secondarie di primo grado (46.000) e di secondo grado (17.000).

I dati sugli studenti nati in Italia e il loro progressivo aumento possono fornire un utile contributo alla comprensione di una delle questioni oggi maggiormente in discussione in tema di immigrazione: la riforma della normativa sull'acquisizione della cittadinanza.

Scuole nelle quali la presenza degli alunni stranieri raggiunge o supera il 50%

In totale le scuole in cui la presenza di alunni stranieri non è inferiore a quella degli italiani sono 415 (corrispondenti allo 0,7% delle scuole), 10 in più dell'anno scolastico precedente. Due terzi delle province italiane hanno almeno una scuola con un numero di alunni stranieri non inferiore al 50%. Le scuole dell'infanzia con almeno il 50% degli alunni stranieri sono 233. Le province con il maggior numero di scuole con almeno il 50% di alunni stranieri sono Milano (55), Torino (34), Brescia (32). Questo tipo di scuole sarà anche al centro di una ricerca-azione nazionale, che avrà inizio nei prossimi mesi, in collaborazione con il ministero dell'Interno (Fondo europeo di integrazione-Fei), con l'obiettivo di realizzare interventi formativi per gli operatori impegnati nelle realtà più difficili e azioni di sistema con le famiglie, le associazioni e gli enti locali.

Alunni rom, sinti e caminanti[3]: diminuiscono gli iscritti

Sono 11.899 gli alunni rom iscritti nell'anno scolastico 2011/2012, il numero più basso degli ultimi cinque anni, in diminuzione del 3,9% rispetto al 2010/2011. Significativo il calo di iscritti nelle scuole superiori di secondo grado (con una variazione del -26% dal 2007/2008 al 2011/2012) scesi a sole 134 unità di cui 10 in tutto il Nord Ovest. Si osserva un calo degli iscritti nella scuola primaria, -5,7% rispetto ai cinque anni precedenti, nelle scuole dell'infanzia, -5,8%, mentre risulta leggermente in crescita il numero di iscritti nelle scuole secondarie di primo grado. Un fortissimo calo di iscrizioni si registra già nel passaggio dalla scuola primaria alla scuola secondaria di primo grado: solo la metà degli alunni rom prosegue gli studi pur essendo nella fascia dell'obbligo di istruzione.

Quadro generale

Gli alunni con cittadinanza non italiana costituiscono una realtà ormai strutturale del nostro Paese. Si è passati, infatti, da 196.414 alunni dell'anno scolastico 2001/2002 (con una incidenza del 2% sulla popolazione scolastica complessiva) alle 755.939 unità del 2011/2012 (8,4% del totale). Negli anni più recenti si era assistito a un lieve rallentamento della crescita, ma negli ultimi dodici mesi c'è stato invece un segnale di ripresa: dai 44.000 studenti in più nel 2010/2011 rispetto al 2009/2010, si è passati ai 36.000 in più nell'anno scolastico successivo e ai 46.000 in più nell'ultimo di cui si hanno i dati a disposizione, e cioè 2011/2012.

3. **caminanti**: antico popolo nomade residente in Sicilia, in gran parte nell'area di Noto.

UNITÀ 2 — DIVENTARE CITTADINI

Quanti sono gli alunni con cittadinanza non italiana nel sistema scolastico italiano?

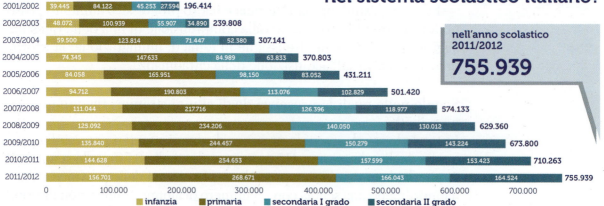

nell'anno scolastico 2011/2012
755.939

percentuale di non italiani sulla popolazione scolastica totale. AS 2001/02 e AS 2011/12

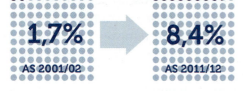

e quanti dei 755.939 sono nati in Italia?

 80%   54%   28%   10%

fonte dati MIUR, elaborazioni FGA

Presenze nei diversi ordini e gradi

L'aumento più significativo ha riguardato le scuole secondarie di secondo grado: nell'anno scolastico 2001/2002 accoglievano il 14% degli studenti con cittadinanza non italiana, mentre nel 2011/2012 ben il 21,8%. Nell'ultimo decennio il peso della scuola primaria è diminuito passando dal 42,8% al 35,5%. Anche per il 2011/2012 si conferma la tendenza dell'utenza straniera a rivolgersi più all'istruzione professionale (frequentata dal 39,4% del totale degli stranieri) e tecnica (38,3%), seguita a distanza dall'istruzione liceale o artistica (22,3%).

Sono i rumeni i più numerosi

Gli alunni con cittadinanza rumena si confermano, per il sesto anno consecutivo, il gruppo nazionale più numeroso nelle scuole italiane (141.050 presenze), seguono gli albanesi (102.719) e i marocchini (95.912). Tra le crescite annue più rilevanti si registrano quelle degli alunni moldovi (+ 12,3%) nei diversi livelli scolastici, e ucraini (+ 11,7%) nelle primarie e filippini nelle secondarie di primo grado (+8,5%) e di secondo grado (+11,2%).

La regione con più alunni stranieri, in valori assoluti, è la Lombardia

La Lombardia si conferma la prima regione per il maggior numero di alunni con cittadinanza non italiana (184.592). Seguono il Veneto (89.367), e l'Emilia Romagna con (86.944), il Lazio (72.632) e il Piemonte (72.053).

Fonte Ismu ufficio.stampa@ismu.org

La ricchezza della diversità: oggi in Italia

Attività

CHE COSA DICE IL TESTO
COMPETENZE DI LETTURA

I principi della scuola italiana

1. Leggi la parte introduttiva del testo (*I principi dell'integrazione nella scuola italiana*) e attribuisci a ogni capoverso una delle affermazioni riportate di seguito.
   a. Si deve insegnare l'italiano soprattutto agli alunni di recente immigrazione
   b. Tutte le materie devono avere come obiettivo l'educazione interculturale
   c. Si deve porre attenzione all'orientamento per le future scelte scolastiche e alle relazioni tra scuola e famiglia dell'alunno straniero e tra famiglie italiane e immigrate
   d. Si devono scegliere i contenuti ponendo attenzione alla pluralità delle culture presenti nella scuola
   e. È necessario formare il personale scolastico e attivare momenti di sostegno per l'iniziale inserimento
   f. È indispensabile insegnare la lingua italiana come primo strumento di integrazione
   g. Alunni e alunne stranieri fanno parte del sistema scolastico italiano

2. Leggi le unità di informazione riguardanti i dati e rispondi alle domande.
   > Alcuni dati raccolti possono essere utili per riflettere sul problema dell'acquisizione della cittadinanza. Quali?
   > Per quali tipi di scuole è prevista una ricerca ai fini di formare personale preparato?
   > Di quali alunni stranieri si è registrata la diminuzione degli iscritti?
   > In quale ordine di scuole vi è stato l'aumento più significativo di alunni stranieri?
   > Con quale indirizzo?
   > Quali sono gli alunni di cittadinanza non italiana più numerosi?
   > Qual è la graduatoria delle regioni in relazione al numero degli studenti stranieri? Con quali numeri?

LEGGERE... UN'INFOGRAFICA
Le coordinate della ricerca

3. Osserva l'infografica e rispondi alle domande.
   Soggetto della ricerca: ....
   Ambito della ricerca: ....
   Anno scolastico di riferimento: ....
   Periodo di tempo: dal .... al ....
   Ordini di scuola considerati: ....
   Percentuale di alunni non italiani nella popolazione scolastica: ....

4. Hai letto dati riportati in una pagina di testo e dati espressi attraverso alcuni schemi: si tratta di due differenti modi di comunicare una ricerca. Quale consideri di più immediata comprensione? Perché?

5. Il testo e gli schemi danno le stesse informazioni o si integrano?

SCRIVERE UNA RELAZIONE
COMPETENZE DI SCRITTURA

Alunni di cittadinanza non italiana

6. Hai letto e raccolto i dati dal testo e hai interpretato i dati dell'infografica sulla presenza nelle scuole del nostro Paese di alunni di cittadinanza non italiana. Scrivi una relazione su questo argomento con le informazioni che hai ricavato dalla lettura e con altre che potrai trovare facendo una ricerca in rete.

   Puoi sviluppare questa traccia generale:
   > L'oggetto della ricerca: Alunni non di cittadinanza italiana nelle scuole italiane
   > L'aspetto legislativo
   > La lettura dei dati dell'anno scolastico 2011/2012: generali; dati per ordine di scuola
   > Lo sviluppo nel tempo

SCUOLA DI SCRITTURA
Nella lezione 12 trovi indicazioni per scrivere una relazione.

NOI, GLI ALTRI, IL MONDO

UNITÀ 2 — **Attività di classe**

LABORATORIO DELLE COMPETENZE
COMPETENZE DI CITTADINANZA — COMPRENSIONE ED ESPRESSIONE ORALE

Ragazzi stranieri in Italia: questioni aperte

Ascoltarsi è il modo migliore per conoscersi, apprezzarsi e quindi rispettarsi. È questo lo scopo del Laboratorio, che ti propone i pensieri di piccoli e grandi nuovi Italiani su cui riflettere.

A. ▶ Testimonianze per riflettere

1. Leggi con attenzione le testimonianze che ti proponiamo: sono state scritte da bambini, ragazzi e giovani figli di immigrati.

L'Italia e gli italiani visti dai piccoli nuovi italiani

Questi pensieri fanno parte di una raccolta pubblicata da un maestro elementare di Reggio Emilia.

Omar, 9 anni, Marocco «In Italia sono diverso io, perché è naturale, in Italia quasi tutti i bambini sono italiani, ma se un bambino italiano viene in vacanza in Marocco è diverso lui, perché là quasi tutti i bambini sono arabi, nelle scuole arabe non ci sono i bambini italiani, neanche svizzeri, neanche africani, allora io dico: "Noi siamo tutti uguali e diversi, dipende solo dove sei nato e dove vai ad abitare!"»

Manuel, 8 anni, Filippine «Se tu mi chiedi se io sto bene in Italia io non so rispondere perché non ho ancora capito se in Italia, i bambini italiani, dico, le donne, i signori, mi vogliono oppure no, perché delle volte mi sembra che mi vogliono e delle volte invece sento della gente che dice di andare via e mi guarda storto e allora se non mi vogliono io non posso stare molto bene. Se per caso tu vai in un altro posto e non sono contenti che sei anche tu in quel posto, tu dopo come stavi? Bene o male? Non lo sai.»

Damian, 10 anni, Romania «Secondo me i bambini, se non sapevano che erano nati tutti in Paesi diversi, era più facile andare d'accordo. Anche da grandi.»

Zahira, 11 anni, Tunisia «Io ho i miei genitori che sono nati in Tunisia e io sono nata però in Italia, allora quale è la mia patria? Sempre l'Italia oppure è la Tunisia anche per me? Oppure tutte e due? Oppure nessuna patria?»

Tong, 8 anni, Cina «Io ho capito che se tu impari a giocare e a sapere del calcio è più facile che i bambini in Italia sono miei amici perché in Italia tutti parlano sempre del calcio.»

(G. Caliceti, *Italiani, per esempio*, Feltrinelli)

608

LABORATORIO DELLE COMPETENZE

2. Leggi, ora, questi brevi stralci di interviste ad adolescenti stranieri.

Ragazzo - genitori pakistani «Io vengo da una zona del Kashmir, mi piaceva tanto stare lì... e mi manca tanto, mi manca il posto dove abito, i miei parenti, i miei amici e compagni di scuola. Mi piacerebbe tornare l'anno prossimo perché è da tre anni che non ci torno più.»

Ragazza - genitori originari dello Sri Lanka «Ogni volta che torno lì [*nel Paese d'origine*], non vorrei più venire via. Non so... forse perché comunque ti senti più a tuo agio, vedi che le persone, anche i miei zii e i miei cugini, ti vogliono bene, magari forse anche per l'effetto che ti fanno perché è tanto che non ti vedono quindi, essendo i parenti, quanto torno hanno tutte le attenzione per me [...]. Io vorrei andare all'università per studiare medicina e diventare pediatra... mi piacerebbe poi tornare al mio Paese e vorrei o aiutare i bambini del mio Paese che non hanno i mezzi per curarsi, o curare i bambini orfani... il mio paese è economicamente debole...»

Ragazza - genitori di Santo Domingo «Là è tutto diverso, soprattutto la gente. La gente è totalmente diversa: là è molto più amichevole, molto più aperta, fai subito conoscenza con tutti poi, proprio come clima... là fa sempre caldo, è sempre primavera, c'è musica dappertutto, la gente è più allegra, non è tutta stressata come qua. È tutto più tranquillo.»

Ragazzo - genitori cinesi «Io sento proprio la solitudine... cioè, proprio, vorrei fare tante cose ma non riesco a fare niente... in Cina uscivo con gli amici, andavo in giro, a giocare... invece qua, adesso in Italia, tutti i giorni in casa, chiuso in casa da solo... esco raramente... non riesco ad ambientarmi.»

Ragazzo - genitori eritrei «La cosa che mi manca di più sono i miei amici, è difficile qua perché... l'amicizia non puoi trovarla facilmente, perché gli italiani hanno paura degli stranieri... perché non li conoscono.»

(R. Bosisio, E. Colombo, L. Leonini, P. Rebughini, *Stranieri & Italiani. Una ricerca tra gli adolescenti figli di immigrati nelle scuole superiori*, Donzelli Editore)

B. ▶ Questioni aperte: come affrontarle

3. Dopo aver letto queste testimonianze proviamo a riflettere sull'esperienza migratoria e in particolare sulle difficoltà che questa comporta per i ragazzi e le ragazze di origine straniera. Fai un elenco di tutti gli aspetti problematici emersi nei testi che hai letto in queste pagine e nei brani dell'unità. Confronta il tuo elenco con quello dei tuoi compagni e, con l'aiuto dell'insegnante, elaboratene uno unico che appenderete in bella vista alle pareti della classe. Potreste intitolarlo *Cose da ricordare per vivere meglio insieme*.

4. Ora che avete ben chiaro quali sono i problemi occorre riflettere su come affrontarli. Soffermatevi sugli aspetti che ritenete più significativi, e discuteteli confrontando le considerazioni di ciascuno di voi; provate anche a proporre delle soluzioni. Quelle più condivise saranno trascritte sul cartellone, a fianco del problema a cui si riferiscono.

UNITÀ 2 — DIVENTARE CITTADINI

L'importanza della memoria

 La storia di Graziano Udovisi

- La storia di Liliana Segre
- La strage di piazza Fontana

In un libro autobiografico in cui racconta storie e volti della sua esistenza, il teologo Enzo Bianchi ricorda un proverbio della sua infanzia contadina in Piemonte: «Il pane di ieri è buono domani», che affonda le radici in un dato concreto (le pagnotte venivano conservate per più giorni e nulla veniva buttato) per fornire un insegnamento più vasto: il nutrimento che ci viene dal passato è buono anche per il futuro, per trovare la bussola del nostro agire sia imitando esempi positivi sia cercando di evitare di ripercorrere gli errori di chi ci ha preceduto. Questo vale sia per la storia personale di ciascuno di noi sia per quella collettiva. I brani che seguono propongono una riflessione su alcuni momenti della storia del nostro Paese.

Vergogne

I due testi che ti proponiamo sono testimonianze dirette delle conseguenze, sempre terribili, dell'odio etnico. La prima si riferisce a un evento che possiamo considerare la vergogna della specie umana, e che si realizzò durante la Seconda guerra mondiale, con l'annientamento sistematico e scientificamente programmato degli ebrei: nei campi di concentramento morirono sei milioni di uomini, donne e bambini. Primo Levi, torinese appartenente a una famiglia di origini ebraiche, racconta un episodio della terribile prigionia trascorsa nel campo di Auschwitz, dove prima ancora della distruzione fisica veniva operata una distruzione psicologica dell'identità e dell'individualità dei prigionieri.
La seconda testimonianza è invece di Graziano Udovisi, un militare che operava agli ordini delle truppe di occupazione naziste, responsabili di feroci rappresaglie nei confronti dei partigiani in Istria. Fatto prigioniero dopo la sconfitta del nazifascismo, racconta come è riuscito a salvarsi dalla morte nelle foibe.

Parliamo e camminiamo. Io porto le due gamelle vuote, Alberto il peso della *menaschka*[1] dolcemente piena. Ancora una volta la musica della banda, la cerimonia del «*Mützen ab*[2]», giù i berretti di scatto davanti alle SS; ancora una volta *Arbeit Macht Frei*[3], e l'annunzio del *Kapo*[4]: «Kommando 98, zwei und sechzig Häftlinge, Starke stimmt,» sessantadue prigionieri, il conto torna. Ma la colonna non si è sciolta, ci hanno fatto marciare fino in piazza dell'Appello. Ci sarà appello? Non è l'appello. Abbiamo visto la luce cruda del faro, e il profilo ben noto della forca.

Ancora per più di un'ora le squadre hanno continuato a rientrare, col trepestio duro delle suole di legno sulla neve gelata. Quando poi tutti i Kommandos sono ritornati, la banda ha taciuto a un tratto, e una rauca voce tedesca ha imposto il silenzio. Nell'improvvisa quiete, si è levata un'altra voce tedesca, e nell'aria buia e nemica ha parlato a lungo con collera. Infine il condannato è stato introdotto nel fascio di luce del faro.

Tutto questo apparato, e questo accanito cerimoniale, non sono nuovi per noi. Da quando io sono in campo, ho già dovuto assistere a tredi-

---

1. *menaschka*: secchio per contenere la zuppa.
2. «*Mützen ab*»: giù i berretti.
3. *Arbeit Macht Frei*: il lavoro rende liberi, motto posto sui cancelli di Auschwitz.
4. *Kapo*: detenuto al quale la direzione del lager affida il comando sugli altri deportati.

5. «*Jawohl*»: sì.

ci pubbliche impiccagioni; ma le altre volte si trattava di comuni reati, furti alla cucina, sabotaggi, tentativi di fuga. Oggi si tratta di altro.

Il mese scorso, uno dei crematori di Birkenau è stato fatto saltare. Nessuno di noi sa (e forse nessuno saprà mai) come esattamente l'impresa sia stata compiuta: si parla del Sonderkommando, del Kommando Speciale addetto alle camere a gas e ai forni, che viene esso stesso periodicamente sterminato, e che viene tenuto scrupolosamente segregato dal resto del campo. Resta il fatto che a Birkenau qualche centinaio di uomini, di schiavi inermi e spossati come noi, hanno trovato in se stessi la forza di agire, di maturare i frutti del loro odio.

L'uomo che morrà oggi davanti a noi ha preso parte in qualche modo alla rivolta. Si dice che avesse relazioni cogli insorti di Birkenau, che abbia portato armi nel nostro campo, che stesse tramando un ammutinamento simultaneo anche tra noi. Morrà oggi sotto i nostri occhi: e forse i tedeschi non comprenderanno che la morte solitaria, la morte di uomo che gli è stata riservata, gli frutterà gloria e non infamia.

Quando finì il discorso del tedesco, che nessuno poté intendere, di nuovo si levò la prima voce rauca: «*Habt ihr verstanden?*» (Avete capito?).

Chi rispose «*Jawohl*[5]»? Tutti e nessuno: fu come se la nostra maledetta rassegnazione prendesse corpo di per sé, si facesse voce collettivamente al di sopra dei nostri capi. Ma tutti udirono il grido del morente, esso penetrò le grosse antiche barriere di inerzia e di remissione, percosse il centro vivo dell'uomo in ciascuno di noi: «*Kameraden, ich bin der Letzte!*» (Compagni, io sono l'ultimo!)

Vorrei poter raccontare che di fra noi, gregge abietto, una voce si fosse levata, un mormorio, un segno di assenso. Ma nulla è avvenuto. Siamo rimasti in piedi, curvi e grigi, a capo chino, e non ci siamo scoperta la testa che quando il tedesco ce l'ha ordinato. La botola si è aperta, il corpo ha guizzato atroce; la banda ha ripreso a suonare, e noi, nuovamente ordinati in colonna, abbiamo sfilato davanti agli ultimi fremiti del morente.

Ai piedi della forca, le SS ci guardano passare con occhi indifferenti: la loro opera è compiuta, e ben compiuta. I russi possono ormai venire: non vi sono più uomini forti fra noi, l'ultimo pende ora sopra i nostri capi, e per gli altri, pochi capestri sono bastati. Possono venire i russi: non troveranno che noi domati, noi spenti, degni ormai della morte inerme che ci attende.

(P. Levi, *Se questo è un uomo*, Einaudi)

1. **Pola**: città dell'Istria, invasa nella primavera del 1945 dalle milizie partigiane iugoslave e annessa alla Iugoslavia. In quel periodo le persecuzioni nei confronti degli italiani che risiedevano lì li costrinsero a un esodo di massa.

«Mi fecero marciare sulle sterpaglie a piedi nudi, legato col filo di ferro a un amico che dopo pochi passi svenne e così io, camminando, me lo trascinavo dietro. Poi una voce in slavo gridò: "Alt!". Abbassai lo sguardo e la vidi: una fessura profonda nel terreno, come un enorme inghiottitoio. Ero sull'orlo di una foiba. Allora tutto fu chiaro: era arrivato il momento di morire.

Tutto è cominciato il 5 maggio 1945. La guerra è finita, io depongo le armi e mi consegno prigioniero al comando slavo. Vengo deportato in un campo di concentramento vicino a Pola[1]. Prima della tragedia c'è l'umi-

UNITÀ 2 — DIVENTARE CITTADINI

Parole, parole...

Ercole e altri eroi

Ercole era un personaggio della mitologia romana: è rappresentato come uomo forte e robusto, perciò *essere un ercole* significa essere una persona di grande forza fisica.

- Che cosa significa *essere una cassandra*? Ed *essere un maciste*?

liazione: i partigiani di Tito si divertono a farmi mangiare pezzi di carta e ingoiare dei sassi. Poi mi sparano qualche colpo vicino all'orecchio. Io sobbalzo impaurito, loro sghignazzano.

Insieme ad altri compagni finisco a Pozzo Vittoria, nell'ex palestra della scuola. Alcuni di noi sono costretti a lanciarsi di corsa contro il muro. Cadono a terra con la testa sanguinante. I croati li fanno rialzare a suon di calci. A me tocca in sorte un castigo diverso: una bastonata terrificante sull'orecchio sinistro. E da quel giorno non ci sento quasi più.

Eccoci a Fianona[2]. Notte alta. Questa volta ci hanno rinchiusi in un'ex caserma. Venti persone in una stanza di tre metri per quattro. Per picchiarci ci trasferiscono in una stanza più grande dove un uomo gigantesco comincia a pestarmi. "Maledetti in piedi!", strilla l'Ercole slavo. Vedo entrare due divise e in una delle due c'è una donna. Poi giro lo sguardo sui miei compagni: hanno la schiena che sembra dipinta di rosso e invece è sangue che sgorga.

"Avanti il più alto", grida il gigante e mi prende per i capelli trascinandomi davanti alla donna.

Lei estrae con calma la pistola e col calcio dell'arma mi spacca la mascella. Poi prende il filo di ferro e lo stringe attorno ai nostri polsi legandoci a due a due. Ci fanno uscire. Comincia la marcia verso la foiba.

Il destino era segnato e avevo solo un modo per sfuggirgli: gettarmi nella voragine prima di essere colpito da un proiettile. Una voce urla in slavo "Morte al fascismo, libertà ai popoli!", uno slogan che ripetono a ogni piè sospinto. Io, appena sento il crepitio dei mitra, mi tuffo dentro la foiba.

Ero precipitato sopra un alberello sporgente. Non vedevo nulla, i cadaveri mi cascavano addosso, riuscii a liberare le mani dal filo di ferro e cominciai a risalire. Non respiravo più. All'improvviso le mie dita toccano una zolla d'erba. Guardo meglio: sono capelli! Li afferro e così riesco a trascinare in superficie anche un altro uomo. L'unico italiano, come me, a essere sopravvissuto alle foibe. Si chiamava Giovanni, "Ninni" per gli amici. È morto in Australia qualche anno fa.»

(A. Petacco, *L'esodo*, Mondadori)

2. **Fianona**: altra località dell'Istria.

Attività

CHE COSA DICONO I TESTI
COMPETENZE DI LETTURA

Crudeltà e indifferenza

1. I due testi parlano della modalità di esecuzione di due condanne a morte. Analizzali per individuare analogie e differenze.

   > L'umiliazione del condannato: in che modo viene perseguito l'obiettivo?

   - I testo: ....
   - II testo: ....

   > L'atteggiamento delle persone responsabili dell'esecuzione: quali azioni compiono? Quali parole pronunciano?

   - I testo: ....
   - II testo: ....

> L'atteggiamento delle vittime nei rapporti tra loro: che cosa pensano? Che cosa fanno?
  - I testo: ……………………………………………
  - II testo: ……………………………………………

PENSIAMOCI SU
La crudeltà del male

2. Qual è la tua prima considerazione, di fronte alle testimonianze lette?

3. I due testi raccontano episodi accaduti durante o subito dopo la Seconda guerra mondiale, a persone e organizzazioni diverse e appartenenti a opposte formazioni politiche. Che cosa li rende simili? Quali considerazioni generali puoi fare?

4. Nel secondo testo emerge anche un atto di profonda umanità, nel primo invece l'autore ricorda con orrore l'indifferenza propria e dei compagni. Sottolinea con colori diversi le due parti. Quali considerazioni puoi fare?

DAL TESTO A NOI
COMPETENZE DI SCRITTURA
Ricordare perché

5. > Nel corso della storia di una società, e di quella personale di ciascuno, ci sono eventi tragici il cui ricordo spesso viene rimosso, cioè allontanato, perché legato a un grande dolore che ha lasciato ferite e perciò si vorrebbe dimenticare. È invece importante che ogni momento diventi parte dell'esperienza di una persona o di un popolo e la riflessione sugli eventi più terribili possa servire a evitare di ripeterli.

Le testimonianze lette fanno parte della nostra storia, che viene narrata nei libri e raccontata oralmente da chi l'ha vissuta in prima persona o ne ha ricevuto racconti da familiari e conoscenti.
Secondo te, è importante ricordare questi eventi? Perché? Può essere utile ai ragazzi della tua generazione? A quale scopo?

Bruno Maida

Vivere ancora

Il testo prende spunto da un episodio che si è verificato dopo la fine della Seconda guerra mondiale e la liberazione dei prigionieri ebrei nei principali campi di sterminio europei, per riflettere sul dopoguerra e sulle lacerazioni profonde lasciate dall'esperienza del lager.

+ difficile

In un piccolo scalo ferroviario della Germania, un gruppo di ex internati militari attendeva, nell'agosto 1945, che passasse un treno per riportarli a casa. Una sera si fermò un convoglio, ma non poterono salire perché era un treno ospedale e trasportava donne provenienti da Bergen Belsen. Un soldato chiese se ci fosse qualcuno che parlava italiano, e gli indicarono una donna. Allo sguardo del militare apparve senza età, poteva avere dai 18 ai 70 anni: un camice da ospedale scendeva su un corpo scheletrico e lasciava scoperti un volto scavato e una testa senza capelli. Un sottufficiale le offrì della cioccolata ma un'infermiera lo fermò, chiedendo che la lasciassero riposare. «Non ha importanza,» disse la donna, «mi lasci parlare in italiano. Forse è l'ultima volta!» Raccontò al soldato che si chiamava Marisa, era stata catturata a Venezia nel novembre 1944, in seguito a una delazione da parte di italiani. Il militare le fece una domanda, ma lei lo interruppe: «Perché mi dà del lei? Sono una bambina, ho 14 anni!». Il soldato chiese allora nelle case vicine se avessero dei fiori perché voleva darli a Marisa, ma gli abitanti si rifiutarono dicendo:

UNITÀ 2 — DIVENTARE CITTADINI

Bambini rinchiusi in un lager nazista negli anni della Seconda guerra mondiale.

«Non si danno fiori agli ebrei». Marisa Jesurum, in verità, aveva compiuto quattordici anni pochi mesi prima di essere deportata a Ravensbrück e quando il campo era stato evacuato aveva seguito le altre donne nella lunga marcia che le aveva condotte a Bergen Belsen[1]. Nulla doveva essere rimasto della bambina sorridente che era stata fotografata, probabilmente nel 1943, seduta su una staccionata, forse nel paese di Pianiga, a poche decine di chilometri da Venezia, dov'era stata arrestata con la sorella Jole, di tre anni più grande, e il padre Arrigo.

Marisa morì pochi giorni dopo quell'incontro, la sua vicenda ci ricorda innanzitutto che la storia della deportazione non terminò con la liberazione dei campi o con l'arrivo degli Alleati nelle città italiane. Il ritorno, il reinserimento nella società, i problemi di una vita costantemente condizionata da quell'esperienza, il silenzio e il disinteresse delle persone e delle istituzioni fanno riflettere sull'Italia del dopoguerra, sulle modalità con le quali il paese si ricostruì, con quale consapevolezza, con quali rimozioni. L'ultima immagine di Marisa costringe, però, a un'ulteriore riflessione, perché racconta come il lager fosse riuscito a cancellare l'infanzia o a renderla irriconoscibile, anche quando non era stata sterminata. «Quarantacinque», scrissero gli inglesi nella scheda personale di Liliana Segre[2], indicando l'età. Lei spiegò che aveva quattordici anni, ma i suoi trentadue chili, alcuni capelli bianchi, la magrezza e la distruzione del fisico non corrispondevano, e lasciarono interdetti i soldati, che la guardarono come se fosse matta.

Per i partigiani l'ora del ritorno fu quella di una gioia sulla quale si proiettavano ombre dense fino al dolore. I pensieri andavano ai compagni caduti e all'impressione di incompiutezza che la fine della guerra portava con sé, considerando gli ideali che avevano guidato quei giovani diventati uomini sulle montagne. Ma quale futuro potevano avere i bambini ebrei, cresciuti nella continua attesa di una catastrofe, e il cui orizzonte si era progressivamente ristretto alla quotidiana sopravvivenza e alla speranza di rivedere i genitori? Certo, non è assimilabile, sotto questo profilo, la condizione dei bambini deportati nei lager nazisti con quella di coloro che si salvarono nascondendosi. Per i primi fu un'unica ombra densa, talmente spessa da cancellare la sensazione stessa del dolore. Ad Auschwitz erano state assassinate l'innocenza e la bellezza, forse il peggiore dei crimini, perché l'infanzia cancellata non può in alcun modo essere ricomposta, a differenza di qualsiasi altra stagione della vita in cui la consapevolezza di sé e del proprio passato costituisce una ricchezza, o perlomeno una componente che non può andare perduta. Coloro che

1. **Ravensbrück... Bergen Belsen**: campi di concentramento nazisti.
2. **Liliana Segre**: milanese, deportata ad Auschwitz, riuscì a sopravvivere e a ritornare. È diventata "testimone della Shoah".

L'importanza della memoria

erano stati perseguitati ma non deportati, fuggiti e nascosti dopo l'8 settembre, vissero invece la liberazione come un passaggio estremamente significativo, nel suo valore concreto e simbolico, perché era il segno di un muro che veniva buttato giù, di una vita che poteva ricominciare.

(B. Maida, *La Shoah dei bambini*, Einaudi)

Attività

CHE COSA DICE IL TESTO
COMPETENZE DI LETTURA

L'infanzia cancellata

1. **Leggi il testo e rispondi alle domande.**
   > Dove e quando si verifica l'episodio da cui prende spunto la riflessione dell'autore? ………

   ……………………………………………………………

   > A un soldato viene presentata una donna che parla italiano. Come gli appare (età, abbigliamento, aspetto fisico)? …………………

   ……………………………………………………………

   > Quanti anni ha in realtà? …………………………
   > Da dove viene? ……………………………………
   > Perché il soldato non riesce a trovare dei fiori per Marisa? ……………………………………
   > Cosa le accade dopo l'incontro? …………………

   ……………………………………………………………

2. **L'autore scrive:** «*L'ultima immagine di Marisa costringe, però, a un'ulteriore riflessione, perché racconta come il lager fosse riuscito a cancellare l'infanzia o a renderla irriconoscibile, anche quando non era stata sterminata.*»

   Quale altro esempio propone? ……………………

   ……………………………………………………………

3. **L'autore parla della differenza nel modo di vivere la fine della guerra e la Liberazione da parte dei partigiani, dei deportati tornati dai lager e degli ebrei che riuscirono a nascondersi. Quale sensazione avevano:**
   > i partigiani: …………………………………………
   > i bambini tornati a casa dopo la deportazione:

   ……………………………………………………………

   > i bambini che erano riusciti a fuggire e a nascondersi ……………………………………………

PENSIAMOCI SU
CONSAPEVOLEZZA ED ESPRESSIONE CULTURALE

Il peggiore dei crimini

4. «*Ad Auschwitz erano state assassinate l'innocenza e la bellezza, forse il peggiore dei crimini, perché l'infanzia cancellata non può in alcun modo essere ricomposta, a differenza di qualsiasi altra stagione della vita in cui la consapevolezza di sé e del proprio passato costituisce una ricchezza.*»

   Sei d'accordo con l'affermazione che la consapevolezza di sé e del proprio passato costituisce una ricchezza? Quali sono le esperienze importanti che ti hanno arricchito?

5. Ci sono anche oggi casi di bambini che vedono cancellata la propria infanzia e assassinate l'innocenza e la bellezza? Racconta alcune situazioni o casi di cronaca al riguardo.

DAL TESTO A NOI
COMPETENZE DI SCRITTURA

Testimoni della Shoah

6. Molti reduci dai campi di sterminio nazisti, o persone che sono riuscite e nascondersi durante le persecuzioni, sono diventati "testimoni" e parlano, soprattutto ai giovani nelle scuole, della loro esperienza perché si possano conoscere e non ripetere gli errori della storia; alcuni di loro hanno raccontato la loro vicenda in un libro.
   Raccogliete informazioni su queste persone e preparate delle schede che permettano di conoscere le loro storie.

   Seguite questo schema:

   a. Nome e Cognome; **b.** Nazionalità; **c.** La vita prima delle leggi razziali; **d.** La cattura o la fuga; **e.** La vita da internato (o da fuggiasco); **f.** La liberazione; **g.** Il reinserimento nella "vita normale"; **h.** La volontà di testimoniare.

NOI, GLI ALTRI, IL MONDO

DIVENTARE CITTADINI

 Umberto Ambrosoli

L'uomo con la pistola

L'autore, avvocato penalista milanese, presenta la figura e la storia del padre, l'avvocato Giorgio Ambrosoli, assassinato a Milano nel 1979. Ricostruendone la vicenda umana e professionale, Umberto Ambrosoli ripercorre anche gli anni Settanta del Novecento, un periodo della storia contemporanea italiana contrassegnato dalle stragi terroristiche e dagli assassini di uomini (in particolare magistrati, poliziotti, politici, giornalisti, sindacalisti) che, a causa dell'esercizio della loro professione, erano considerati dei nemici, simboli dell'autorità che i terroristi volevano sovvertire.

Ambrosoli riflette sulle conseguenze che gli atti terroristici ebbero sulla vita dei familiari e degli amici delle vittime e sui modi in cui venne sconfitto allora, e deve essere sconfitto ancora oggi, il terribile messaggio di violenza di quegli anni.

Ci sono ricordi che non vengono dal televisore o da tempi successivi. Ci sono scampoli di realtà che penetravano il mio mondo di bambino: i muri della città che, dopo il passaggio dei cortei, recavano scritte come «boia», «assassini», «morte», simboli di impiccagioni, disegni di chiavi inglesi accompagnate dalla scritta «occhio alla testa», simboli di una contrapposizione assoluta in cui lo Stato era sentito e identificato come il nemico. «Né con lo Stato, né con le BR!»

A poche centinaia di metri dalla nostra casa di allora, in via De Amicis, è stata scattata una foto poi divenuta simbolo della violenza politica in quegli anni, di una deriva dell'opposizione politica verso lo scontro armato: nel corso di una manifestazione un uomo, magro e vestito di scuro, con il volto coperto da un passamontagna, le gambe divaricate e piegate, il peso appoggiato sulla sola sinistra in un equilibrio precario, le braccia protese in avanti, impugna una rivoltella. Spara.

Sono gli stessi attimi in cui un colpo di pistola, esploso dalla 7.65 di un altro manifestante, uccide un giovane poliziotto, Antonio Custra. È uno dei tanti drammi di quell'epoca, reso particolarmente acuto dal fatto che l'uomo stava per diventare padre di una bambina.

Eppure mi rendo conto che, se non fosse avvenuto vicino a casa, se non percorressi quasi ogni giorno quella strada, probabilmente quel fatto non saprei distinguerlo da altri.

Se considero oggi, con il distacco del tempo, i numeri di quegli anni inorridisco. Telegiornali come bollettini di guerra.

Tra il 1970 e il 1980 sono uccisi dalla violenza terroristica rossa e nera 259 cittadini italiani: 111 vittime di stragi, 148 in attentati o in scontri di piazza o nel corso di rapine realizzate dai gruppi eversivi per finanziare la propria attività.

Luigi Calabresi, Francesco Coco, Vittorio Occorsio, Carlo Casalegno, Guido Rossa, Riccardo Palma, Aldo Moro, Fedele Calvosa, Antonio Esposito, Alfredo Paolella, Girolamo Tartaglione, Fulvio Croce, Emilio Alessandrini, Antonio Varisco, Carlo Ghiglieno, Mario Amato, Vittorio

L'importanza della memoria

Bachelet, Guido Galli, Girolamo Minervini, Nicola Giacumbi, Alfredo Albanese, Walter Tobagi, Pino Amato, Renato Briano, Fulvio Mazzanti e ancora, ancora, ancora…

Poliziotti, carabinieri, magistrati, personale carcerario, politici, amministratori o dirigenti di imprese pubbliche, professori universitari: uomini dello Stato; ma anche giornalisti, professionisti, sindacalisti, imprenditori, dirigenti d'azienda, commercianti, impiegati, operai; il Paese, insomma. […]

Ad anni di distanza – dopo le indagini difficili e ostacolate con ogni mezzo, dopo i processi – sono possibili due considerazioni.

La violenza terroristica ed eversiva, in tutte le sue sfaccettature ideologiche, è stata sconfitta radicalmente. Se permangono residui di una forma di ribellione che trova ancora qualche seguace, tuttavia il messaggio della violenza come soluzione o passaggio necessario per cambiare la società nella quale viviamo – messaggio semplice, diretto, suggestivo… ingannevole – ha perso la sua capacità di coinvolgimento.

Mentre, oggi, scrivo queste righe, i telegiornali trasmettono le immagini dell'udienza di un processo in corso a Milano contro il gruppo terroristico delle Nuove BR, che stava progettando l'omicidio di un (un altro) giuslavorista[1]: anche in questo caso un tecnico palesemente attento alla tutela dei lavoratori, ma estraneo alla dimensione ideologica: un riformista.

1. **giuslavorista**: esperto di diritto del lavoro.

Dalle gabbie (nell'aula dove, tra i tanti, si è celebrato anche il processo per l'omicidio di papà), nel corso della deposizione di Pietro Ichino, la "vittima mancata", si sono levate le grida degli imputati: non di protesta per rivendicare l'ingiustizia delle accuse, non per proclamarsi innocenti dei fatti dei quali sono imputati, ma per minacciare lui, imputandogli come un crimine il suo progetto tecnico di riforma.

A dispetto dello sgomento che possono provocare (e provocano), quelle grida mi sembrano (e sono) semplicemente anacronistiche; tuttavia hanno il potere di ricordare come la negazione del confronto, il semplicismo di una deriva violenta, la svalutazione della vita altrui siano sempre in agguato. Le scelte che il Paese ha fatto per uscire dagli Anni di piombo, non solo quelle istituzionali ma quelle della società civile, devono essere ancora e sempre confermate.

Per questo la storia di quegli anni merita di essere raccontata, ricordata, insegnata: non solo per un moto degli affetti, non solo per la gratitudine verso il coraggio e la rettitudine di tanti.

UNITÀ 2 — DIVENTARE CITTADINI

> Quanto più infatti torna a esercitare una qualche attrazione il linguaggio e l'azione violenta, tanto più deve essere valorizzata la resistenza che già il Paese ha saputo offrire a quella suggestione, a quella tentazione.
>
> (U. Ambrosoli, *Qualunque cosa succeda*, Sironi)

Attività

CHE COSA DICE IL TESTO
COMPETENZE DI LETTURA

I numeri del terrorismo

1. Dopo aver letto il brano, rispondi alle domande.
   > Quali sono i numeri delle vittime di stragi e di attentati negli anni Settanta?
   > L'autore inserisce due considerazioni che ci riportano ai tempi attuali. Indica che cosa dice in riferimento:
   - alla violenza: ....
   ....
   - al messaggio della violenza come soluzione per cambiare la società: ....
   ....
   ....

CONSAPEVOLEZZA ED ESPRESSIONE CULTURALE

Capire anche attraverso le immagini

2. L'autore parla di una foto simbolo del periodo che sta prendendo in considerazione.
   > Che cosa ritrae?
   > Che cosa simboleggia?
   > Perché è considerata un simbolo dell'epoca?

3. In realtà ci sono altre terribili immagini che parlano dei momenti più tremendi di quell'epoca: alcune di esse sono presentate nel brano *L'esame di coscienza di chi sa e non parla*, di U. Ambrosoli, presente in digitale nell'eBook. Cercane altre, poi scrivi che cosa ciascuna di esse dice di quell'epoca.

PENSIAMOCI SU
L'importanza di vigilare

4. Riportiamo le parole dell'autore per una ulteriore riflessione:

   «Le scelte che il Paese ha fatto per uscire dagli Anni di piombo, non solo quelle istituzionali ma quelle della società civile, devono essere ancora e sempre confermate. Per questo la storia di quegli anni merita di essere raccontata, ricordata, insegnata: non solo per un moto degli affetti, non solo per la gratitudine verso il coraggio e la rettitudine di tanti. Quanto più infatti torna a esercitare una qualche attrazione il linguaggio e l'azione violenta, tanto più deve essere valorizzata la resistenza che già il Paese ha saputo offrire a quella suggestione, a quella tentazione.»

   In che cosa consistono, secondo te, il coraggio e la rettitudine di tanti che hanno aiutato a sconfiggere il terrorismo? Perché è importante ricordarlo? Perché è importante riferirsi a quegli anni per sconfiggere ogni tentativo di ritorno alla violenza?

DAL TESTO A NOI
Il racconto di chi c'era

5. È importante sentire raccontare un evento direttamente da chi ne è stato protagonista: la testimonianza diretta permette infatti non solo di ricostruire i fatti, ma anche le emozioni, le esperienze, le conseguenze sulla vita delle persone.

   Gli anni di cui si parla sono stati vissuti in prima persona dai tuoi nonni e forse ne hanno un ricordo anche i tuoi genitori. Chiedi loro di raccontare:
   > che cosa facevano in quel periodo (studio, lavoro...);
   > quale percezione avevano di ciò che stava accadendo;
   > quali episodi ricordano in particolare.

   Riporta poi le testimonianze sotto forma di intervista o di narrazione.

L'importanza della memoria

Le vittime degli Anni di piombo: le storie di Ambrosoli, Tobagi e Calabresi

Per volontà di qualcuno

Il testo che segue è parte della trascrizione dell'intervento di Alfredo Bazoli, oggi avvocato, figlio di una delle vittime della strage di piazza della Loggia a Brescia, avvenuta il 28 maggio 1974, negli anni della "notte della Repubblica", come li definì il giornalista Sergio Zavoli. L'intervento è stato presentato in un incontro pubblico organizzato nel 2011 dalla Fondazione Roberto Franceschi, sorta in memoria del giovane studente universitario ucciso nel 1973 da un proiettile sparato dalla polizia che presidiava l'università Bocconi.

Io ho perso mia mamma, quando avevo quattro anni, la mattina del 28 maggio del 1974. Lei era una giovane insegnante di francese impegnata nel sindacato della scuola e aveva deciso di partecipare, insieme a tanti altri cittadini di Brescia, a una manifestazione organizzata dal Cupa, cioè il Comitato unitario permanente antifascista, che riuniva allora tutti i partiti dell'arco costituzionale[1]. Una manifestazione che era stata organizzata per protestare contro la violenza eversiva che allora colpiva sempre più pesantemente la nostra città. Mia mamma morì quella mattina, sulle pietre della piazza su cui affaccia il nostro municipio, dunque la piazza dell'*agorà*, dell'esercizio della democrazia, colpevole di aver voluto partecipare a una pacifica manifestazione, colpevole di essersi trovata nel raggio di azione dell'ordigno che qualcuno, verso le otto della mattina, aveva deposto in un cestino dei rifiuti con un timer impostato sulle 10.12.

Quindi non morì, mia mamma, e le persone che morirono con lei, e insieme a loro non morirono tutti i familiari e tutte le vittime i cui figli, i cui parenti sono qui questa sera, per un accidente del destino, per una malattia, per un incidente, ma per volontà di qualcuno. E più precisamente per una scelta politica di qualcuno. Morì dunque per effetto della violenza politica, ovvero di una violenza intesa a sovvertire l'ordinamento democratico e le istituzioni repubblicane. Una violenza, io credo, che costituiva il frutto avvelenato delle ideologie, che io intendo come la degenerazione degli ideali, ovvero la trasformazione delle proprie idee, dei valori in cui si crede, in totem assoluti, così inscalfibili e rigidi da privare di legittimità e ragionevolezza qualunque altra idea, da trasformare i portatori di idee diverse in nemici, fino al punto da disumanizzarli, e per questa via giustificare la loro eliminazione fisica.

Questo fu il contesto in cui maturarono gli Anni di piombo, questo fu l'ambiente culturale che consentì e favorì il nascere e il proliferare della violenza politica, questa fu la motivazione che armò le persone che decisero l'attentato di piazza della Loggia, che confezionarono la bomba, che la innescarono, che la collegarono a una sveglia puntata sulle 10.12 e che la deposero nel cestino dei rifiuti posto accanto a una colonna in fondo alla piazza.

Se dunque questa è la sorte che ci è capitata, si comprende il motivo per il quale appare così importante tornare alla Costituzione, alle regole che si diedero i nostri padri, i nostri nonni, all'indomani della tragedia della dittatura fascista, della guerra, ai valori che in essa sono iscritti: quel-

---

1. tutti i partiti dell'arco costituzionale: insieme delle forze politiche presenti in Parlamento.

UNITÀ 2 — DIVENTARE CITTADINI

li della democrazia, del dialogo, della tolleranza, del rispetto e della dignità della persona umana, ma anche l'importanza di tornare alla necessità di un impegno, perché la democrazia non è acquisita una volta per sempre. La democrazia è un processo continuo, costituisce un assetto organizzativo della comunità da preservare e rinnovare continuamente. La democrazia è un esercizio faticoso, fondato sul confronto, sul convincimento degli altri, sul delicato e rispettoso equilibrio dei poteri.

Dunque, come dispone l'articolo 2 della Costituzione, quello che forse ne costituisce il fulcro, l'architrave portante, quello che conferisce il senso e illumina di significato tutti gli altri, la Repubblica richiede l'adempimento dei doveri inderogabili di solidarietà politica, economica e sociale.

(A. Bazoli in *Morti per la giustizia – Dieci testimoni a difesa della Costituzione*, a cura della Fondazione Roberto Franceschi, Dalai Editore)

Attività

CHE COSA DICE IL TESTO
COMPETENZE DI LETTURA

Sulla piazza dell'esercizio della democrazia

1. Leggi il testo e rispondi alle domande.

   La madre dell'autore è morta in occasione della strage di piazza della Loggia a Brescia.
   > Perché si trovava in piazza?
   > Chi aveva organizzato la manifestazione?
   > Qual era lo scopo?
   > Che cosa accadde quel giorno alle 10.12?

Una violenza politica

2. Rispondi alle domande.

   L'autore dice che la strage di Brescia è stata effetto della violenza politica.
   > Di che cosa è frutto?
   > Che differenza c'è tra ideali e ideologia?
   > Qual è la conseguenza?

PENSIAMOCI SU
CONSAPEVOLEZZA ED ESPRESSIONE CULTURALE

Il ritorno alla Costituzione

3. Dalla riflessione sulla sua vicenda personale, l'autore ricava che è importante ritornare ai valori della Costituzione e all'impegno per promuoverli.

   > Quali sono i valori di cui parla?
   > Quale articolo della Costituzione, secondo lui, ne è il fulcro?

   Ritieni anche tu che siano valori importanti? Per ciascuno di loro indica perché secondo te è (o non è) importante.

DAL TESTO A NOI
COMPETENZE SOCIALI E CIVICHE

La democrazia come esercizio

«*La democrazia*» dice l'autore «*non è acquisita una volta per sempre. La democrazia è un processo continuo, costituisce un assetto organizzativo della comunità da preservare e rinnovare continuamente. La democrazia è un esercizio faticoso, fondato sul confronto, sul convincimento degli altri, sul delicato e rispettoso equilibrio dei poteri.*»

> In che modo nella tua classe (o nella scuola) si esercita la democrazia?
> In quali altri ambienti hai la possibilità di allenarti alla democrazia?

OLTRE IL TESTO

Leggi il brano *L'esame di coscienza di chi sa e non parla*, presente nell'eBook, e prendi visione dei materiali proposti nell'approfondimento digitale. Scrivi poi, anche tenendo conto delle affermazioni di Alfredo Bazoli, un testo che indichi per quale motivo è importante ricordare la storia del nostro passato recente.

L'importanza della memoria

GLI ANNI DI PIOMBO

Gli anni Settanta del Novecento vengono chiamati "Anni di piombo". Furono momenti contrassegnati da gravissimi e ripetuti atti di terrorismo di segno politico diverso: da un lato l'estrema destra, dall'altro la sinistra rivoluzionaria. Nel clima di forte avanzata della sinistra politica e sociale, emerse il fenomeno del terrorismo "nero", cioè neofascista di destra. La data di inizio di questo periodo è considerata il 12 dicembre 1969, quando a Milano scoppiò, all'interno della sede della Banca Nazionale dell'Agricoltura in piazza Fontana, una bomba che provocò diciassette morti e quasi cento feriti.

Due anni dopo fu scoperto il tentativo di colpo di stato perpetrato dall'ex comandante della Decima Squadriglia Mas della Repubblica sociale, Junio Valerio Borghese, che fuggì dall'Italia, rifugiandosi nella Spagna franchista.

Nel maggio 1974 una bomba esplosa in piazza della Loggia a Brescia, durante un comizio sindacale, uccise otto persone e ne ferì quasi cento.

Nell'agosto successivo l'attentato al treno *Italicus* provocò nei pressi di Bologna la morte di dodici persone e il ferimento di una cinquantina.

Nell'agosto 1980 alla stazione di Bologna scoppiò una bomba che uccise ottantacinque persone e ne ferì duecento. Anche in questo caso, l'attentato era avvenuto in una fase nella quale il conflitto sociale era particolarmente aspro.

I responsabili di queste stragi furono i gruppi della destra eversiva neofascista (il più importante dei quali era Ordine Nuovo), con l'appoggio e il coinvolgimento di una parte dei Servizi Segreti, cioè di apparati dello Stato. L'obiettivo era quello di creare in Italia un clima di paura e di sfiducia nelle istituzioni e nel sistema democratico che facesse desiderare l'instaurazione di uno Stato forte, autoritario, che limitasse, in nome dell'ordine e della sicurezza, le libertà civili.

Negli stessi anni alcuni giovani che si ispiravano al marxismo rivoluzionario si diedero alla clandestinità e scelsero la lotta armata per opporsi allo Stato, che consideravano un nemico. Tesero agguati e uccisero magistrati, poliziotti, carabinieri, giornalisti, sindacalisti e uomini politici. La più importante di queste organizzazioni fu quella delle Brigate Rosse, la cui azione più clamorosa e sanguinosa avvenne nel 1978: il 16 marzo fu rapito

Roma, 9 maggio 1978:
il ritrovamento del corpo di Aldo Moro.

Aldo Moro, uomo politico appartenente alla Democrazia Cristiana, il maggior partito di allora, e furono uccisi cinque militari della sua scorta. Il cadavere di Moro fu ritrovato il 9 maggio.

Il terrorismo venne sconfitto intorno alla metà degli anni Ottanta, grazie all'impegno comune di tutte le forze politiche, le forze dell'ordine, la magistratura e la società civile, e anche grazie al contributo dei pentiti, ex terroristi che aiutarono le indagini. Purtroppo però sui fatti più gravi e inquietanti di quegli anni, le stragi di Milano, Brescia, dell'*Italicus* e della stazione di Bologna, la verità non è ancora emersa e questa mancanza pesa come un macigno sulla coscienza dell'Italia civile.

UNITÀ 2 — DIVENTARE CITTADINI

Per uno sviluppo sostenibile

Lo scioglimento dei ghiacciai e l'innalzamento del livello dei mari

La società industrializzata in cui viviamo è fondata su un'economia che porta all'esaurimento delle fonti energetiche, all'inquinamento del pianeta e a un sempre maggiore divario tra Paesi ricchi e Paesi poveri. Continuare su questa strada significa danneggiare chi verrà dopo di noi; vuol dire consegnare una Terra impoverita che non saprà soddisfare i bisogni di sopravvivenza della sua popolazione. Che fare allora? Il primo intervento è quello sull'energia: ridurre il consumo di fonti esauribili e incrementare quello delle fonti rinnovabili. Non è solo un problema tecnico: ciascuno di noi può dare un personale contributo facendo attenzione ad alcuni comportamenti.

+ difficile

Perché è necessario uno sviluppo sostenibile

Il modello economico attuale rischia di compromettere il futuro di chi verrà dopo di noi. Il nostro modello di sviluppo pone molti problemi: risorse naturali che vanno a esaurirsi, inquinamento dell'aria, produzione di rifiuti tossici, aggressione dell'ambiente con la deforestazione, perdita della biodiversità. Non da ultimo, crea una grave disparità tra ricchi e poveri. Il processo di sviluppo sostenibile cerca di dare una risposta a questi problemi, perché l'uomo possa vivere in equilibrio con l'ambiente che lo circonda.

Il primo documento in cui compare il concetto di sviluppo sostenibile è il rapporto Brundtland[1] rilasciato nel 1987 dalla Commissione mondiale sull'ambiente e lo sviluppo. La sua definizione era la seguente: «Lo sviluppo sostenibile è quello sviluppo che consente alla generazione presente di soddisfare i propri bisogni senza compromettere la capacità delle future generazioni di soddisfare i loro propri bisogni».

La terra: non ci è stata regalata dai nostri padri; ci è stata prestata dai nostri figli.

Tenete bene a mente questa frase: è un ottimo principio da cui partire per imparare a rispettare il mondo che ci circonda!

Purtroppo il nostro modello di sviluppo attuale non va: ce lo dicono il crescente consumo di energia, le tante emergenze ambientali, il continuo aumento del divario tra Paesi ricchi e Paesi poveri.

Il problema è dato dal nostro stile di vita, che è molto dispendioso, e questo comporta consumi sempre crescenti di energia. E allora cosa possiamo fare? Il primo passo è cercare di capire.

Al termine della Seconda guerra mondiale i mezzi e le ricchezze furono impiegati per la ricostruzione delle città (palazzi, fabbriche, uffici ecc.) e, in seguito, per creare un nuovo modello di sviluppo consumisti-

[1] **rapporto Brundtland**: Gro Harlem Brundtland in quell'anno era presidente del WCED (Commissione mondiale sull'ambiente e lo sviluppo) e aveva commissionato il rapporto.

Per uno sviluppo sostenibile

co, un nuovo modo di vivere, basato sull'acquisto, il possesso e il consumo continuo di beni materiali.

Le esigenze energetiche diventarono enormi, di dimensioni mai conosciute nella storia.

L'energia, nel ventesimo secolo, significa essenzialmente fonti fossili cioè petrolio e carbone, risorse non rinnovabili.

Negli anni Settanta, il mondo occidentale dovette affrontare una grave crisi energetica dovuta alla decisione di alcuni dei principali Paesi produttori di petrolio, riuniti in un'organizzazione chiamata OPEC[2], di ridurre la produzione di petrolio alzando i prezzi.

I Paesi industrializzati furono così costretti ad affrontare il problema delle risorse di energia.

Cominciarono così ad adottare alcune importanti contromisure:
- il risparmio energetico e quindi la riduzione della domanda di energia;
- l'incremento delle importazioni da Paesi produttori esterni all'OPEC;
- la valorizzazione di giacimenti prima non utilizzati, perché non convenienti economicamente (Mare del Nord, Alaska);
- la ricerca di fonti diverse dal petrolio (con un ritorno all'uso del carbone, lo sviluppo delle centrali nucleari e l'uso delle fonti di energia rinnovabili).

Nonostante questi provvedimenti, però, il consumo mondiale è aumentato a una velocità senza precedenti raggiungendo all'inizio del 2000 un livello di spese e di consumo pubbliche e private sei volte superiore a quello raggiunto nel 1950.

L'impiego di combustibili fossili è pressoché quintuplicato dal 1950.

Il consumo di acqua è quasi raddoppiato dal 1960, e la pesca è quadruplicata.

2. OPEC: Organizzazione dei Paesi esportatori di petrolio.

UNITÀ 2 — DIVENTARE CITTADINI

Il consumo di legname come combustibile, sia per l'industria sia a livello familiare, è ora il 40 percento più elevato rispetto a 25 anni fa.

Conseguentemente le emissioni di anidride carbonica sono quadruplicate negli ultimi 50 anni e, nei Paesi industrializzati, la produzione di rifiuti (tossici o no) è pressoché triplicata negli ultimi 20 anni.

Inoltre lo sviluppo economico e l'aumento dei consumi che si sono avuti nel XX secolo, se da una parte hanno portato benessere per larghi strati della popolazione, dall'altra hanno aumentato le disuguaglianze sociali ed economiche, sia tra le varie nazioni sia tra gli strati di popolazione all'interno delle nazioni stesse.

Ricordiamo che oggi circa il 20 percento della popolazione mondiale utilizza più dell'80 percento delle risorse naturali disponibili, mentre un altro 20 percento rimane in condizioni di assoluta povertà. Non vi è perciò alcun dubbio che i Paesi più poveri dovranno in futuro poter accedere a una maggior quota di risorse per garantire ai propri cittadini più salute e sicurezza sociale.

Infine, la crescita nei consumi degli ultimi 50 anni con l'aumento delle attività industriali e agricole necessarie a soddisfare i bisogni della popolazione provocano pressioni sull'ambiente che chiedono un intervento.

L'attenzione è rivolta soprattutto sul problema del deterioramento delle risorse, acqua, terra, foreste, sulla perdita di biodiversità, sulla produzione di rifiuti tossici e no, e sul problema dell'inquinamento prodotto dall'impiego dei combustibili fossili.

Tutto questo ci porta a due conclusioni:
- dobbiamo conoscere meglio la realtà in cui viviamo ed essere consapevoli che la qualità della nostra vita e di tutti gli altri abitanti del pianeta dipende dall'energia che siamo in grado di produrre e utilizzare, senza danneggiare in modo irrimediabile l'ambiente e dando a tutti le stesse opportunità di sviluppo. Quindi dobbiamo conoscere e studiare l'energia e le fonti che la producono.
- dobbiamo essere consapevoli che la prima fonte di energia è l'uso intelligente delle risorse quindi dobbiamo imparare come usare l'energia e quello che l'ambiente ci offre senza sprechi.

(da http://www.fondazionescuola.it)

Attività

CHE COSA DICE IL TESTO
COMPETENZE DI LETTURA

Che cos'è lo sviluppo sostenibile?

1. Completa l'elenco delle unità di informazione della prima parte del testo.
   > Primo documento sullo sviluppo sostenibile
   > ....
   > Modello di sviluppo economico attuale
      - aspetti negativi
      - ....
      - che cosa fare
         • ....
         • ....

2. Sottolinea ora nel testo la spiegazione di ogni punto dell'elenco.

Per uno sviluppo sostenibile

Il problema

3. Completa lo schema.

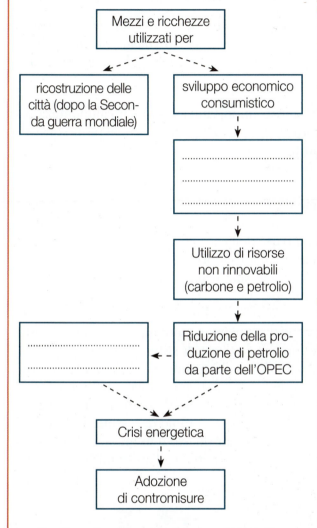

> Quali contromisure vennero adottate?

La situazione attuale

4. Costruisci una tabella che riassuma i consumi mondiali attuali tenendo conto di:
   > livello di spese
   > consumo globale
   > impiego di combustibili fossili
   > consumo di acqua
   > pesca
   > consumo di legname
   > emissioni di anidride carbonica
   > produzione di rifiuti sia tossici sia non tossici

PENSIAMOCI SU

Sempre più ricchi o sempre più poveri

5. Rileggi i due paragrafi che hanno come tema il crescente divario tra ricchi e poveri.
   > Come si manifesta questo divario? Quali dati lo documentano in modo esplicito?
   > Quali sono le prospettive per i Paesi più poveri? Come incideranno sul consumo delle risorse?

L'utilizzo delle risorse

6. Il nostro modo di vivere crea, oltre a pesanti diseguaglianze sociali ed economiche, anche altri problemi che devono essere risolti con urgenza. Individuali nel testo ed elencali.

DAL TESTO A NOI
(COMPETENZE SOCIALI E CIVICHE)

Che cosa è necessario fare

7. Il modello economico attuale non è più sostenibile perché crea diseguaglianza e distrugge risorse necessarie alla vita. È quindi necessario cambiare il nostro modo di pensare e agire. Dobbiamo innanzitutto riflettere sulle fonti energetiche e sull'uso che ne facciamo. È importante inoltre porre attenzione agli sprechi delle risorse, come acqua e foreste, che l'ambiente ci offre.

Hai già sentito parlare dell'insostenibilità del nostro modello economico? Da chi? In quale situazione?

> Conosci fonti energetiche rinnovabili? In che modo vengono utilizzate?
> Ci sono accorgimenti per evitare sprechi di risorse vitali come acqua e foreste?
> Tu quale attenzione poni per evitare tali sprechi?

SPIEGARE UN PROBLEMA
(COMPRENSIONE ED ESPRESSIONE ORALE)

La necessità di uno sviluppo sostenibile

8. Dopo aver riflettuto sul modello di sviluppo sostenibile e sulla sua necessità, prepara una relazione orale sul tema. Come traccia puoi utilizzare le soluzioni degli esercizi che ti abbiamo proposto.

UNITÀ 2 — DIVENTARE CITTADINI

Un'alimentazione sana nel rispetto dell'ambiente

Tutti siamo informati dell'esistenza di cibi biologici e del fatto che favoriscono un'alimentazione più sana e naturale. L'agricoltura biologica offre alimenti nel rispetto dell'ambiente ponendo attenzione anche agli aspetti sociali ed economici della produzione.

Per imparare a mangiare sano è importante seguire un'alimentazione corretta, cioè in grado di fornire un giusto equilibrio sia dal punto di vista quantitativo, cioè nell'apporto calorico determinato dalla quantità di alimenti introdotti, sia dal punto di vista qualitativo, cioè nell'adeguata assunzione di macro e micronutrienti[1] garantita dalla varietà della dieta.

All'interno di questo regime alimentare, perché preferire cibi biologici? L'agricoltura e l'allevamento intensivi[2] determinano l'utilizzo di sostanze chimiche che entrano a far parte della nostra alimentazione quotidiana, benché la legge ponga dei limiti al loro utilizzo.

Nell'ottica di un'alimentazione sana è importante scegliere materie prime di ottima qualità e cibi nutrienti, senza apportare componenti che potrebbero intossicare l'organismo: l'agricoltura bio sceglie sistemi agricoli che appoggiano la produzione di alimenti in modo sano dal punto di vista ambientale, sociale ed economico. Si tratta di sistemi che adoperano la naturale fertilità del suolo, evitando la coltivazione o l'allevamento intensivi, e rifiutano l'utilizzo di fertilizzanti, pesticidi e medicinali chimici di sintesi. Proprio per questo gli alimenti bio sono da preferire: rispettano i cicli naturali, sono nutrienti ed evitano l'accumulo di tossine. Inoltre, l'agricoltura biologica segue la natura e per questo è in grado di fornirci, a seconda del momento, tutti i nutrienti più utili, tagliati su misura per noi!

1. macro e micronutrienti: i macronutrienti sono princìpi alimentari che devono essere introdotti in grandi quantità, poiché rappresentano la più importante fonte energetica per l'organismo. Appartengono a questa categoria i carboidrati (o glucidi), i grassi e le proteine. I micronutrienti sono le vitamine (per esempio le vitamine A, B, C, D, E, e K), i minerali (come calcio e fosforo) e gli oligoelementi (come ferro, zinco, selenio e manganese).

2. agricoltura... intensivi: fatti in modo di ottenere la massima resa nel minor tempo e nel minor spazio possibile.

Per uno sviluppo sostenibile

Proprio diete non salutari, abuso di alcool e cibi non sani, scarsa attività fisica e tumori legati all'inquinamento ambientale sono i fattori a rischio dei 4 "killer globali" – cancro, diabete e malattie di cuore e polmoni – individuati dall'ONU e responsabili di quasi due terzi delle morti a livello mondiale, discussi dall'Assemblea Generale durante un summit sulle malattie croniche che si è tenuto lo scorso settembre.

Il nostro corpo è una macchina perfetta e meravigliosa: ma perché il suo motore funzioni correttamente è importante usare la benzina giusta...

Un'alimentazione sana ed equilibrata è la miglior "benzina" possibile sia per tenere in forma il nostro organismo, sia per ridurre il peso che la produzione, la distribuzione e il consumo dei cibi hanno sull'impatto ambientale.

I vantaggi dei prodotti biologici tra gli alimenti più consumati

Latte bio appena munto
Si tratta di un latte freschissimo e molto digeribile che, secondo uno studio pubblicato sul «British Journal of Nutrition», fornisce protezione contro le sostanze allergeniche.

È possibile anche acquistarlo presso i distributori automatici, evitando così di dover smaltire ulteriori confezioni plastiche o in Tetra pack.

Uova fresche bio
Per sapere che sono bio, è necessario imparare a leggere la loro "carta d'identità": devono avere infatti impresso il codice 0, che significa che provengono da galline allevate all'aperto e alimentate con mangime bio.

Marmellate e confetture bio
Senza zuccheri aggiunti o dolcificate naturalmente, con miele o succo d'uva! I vantaggi vengono da sé!

Parole, parole...

Le parole della salute

Approfondiamo l'analisi di alcuni termini che riguardano il nostro benessere. Innanzitutto il termine-chiave del testo: *biologico*.

- Cercalo sul dizionario e scrivine le diverse accezioni di significato: ....
- Se riferito ai prodotti provenienti dall'agricoltura e dall'allevamento, cosa indica quindi il termine *biologico*? ....
- Qual è il plurale maschile di biologico? ....
- E il plurale femminile? ....

- Hai letto di *macro* e *micronutrienti*: che cosa significano letteralmente i prefissi di queste parole?
  Macro: ....
  Micro: ....
- Da che lingua derivano? ....
  Fai qualche esempio del loro utilizzo: ....

Un'altra parola importante è *equilibrio*.
- Si può esprimere lo stesso concetto utilizzando dei sinonimi? Cercali sul dizionario.

NOI, GLI ALTRI, IL MONDO

UNITÀ 2 — DIVENTARE CITTADINI

3. organolettiche: che possono essere percepite dai sensi; perciò colore, sapore, odore.

Insalata e passata di pomodoro bio
Anche se già lavata, l'insalata bio viene imbustata in giornata, così è più ricca di vitamine e minerali; le passate di pomodoro bio sono senza zucchero, quindi più sane e genuine.

Pesce bio
Si tratta di pesci dalle qualità organolettiche[3] migliori perché allevati in spazi naturali che rispettano il loro benessere: la normativa europea che ne fissa le regole di produzione è entrata in vigore nel 2009.

(A. Pezza in «BioEcoGeo», dicembre-gennaio 2012)

Attività

CHE COSA DICE IL TESTO
COMPETENZE DI LETTURA

Un'alimentazione equilibrata e sana

1. Il testo può essere organizzato in tre macrounità di informazione:
   - Introduzione
   - Perché scegliere i prodotti biologici
   - Note sui prodotti biologici più consumati.

   a. *Introduzione*
   Scrivi una frase slogan che spieghi il concetto chiave del testo.

   b. *Perché scegliere prodotti biologici*
   Completa l'elenco delle ragioni che rendono preferibili i prodotti biologici.
   > Vengono coltivati
   utilizzando ....
   evitando ....
   rispettando ....
   > Evitano l'accumulo di ....
   ....
   > L'agricoltura biologica segue i ritmi ....
   ....
   e fornisce, a seconda della stagione, tutti i nutrienti più utili.

   c. *Note sui prodotti più consumati*
   Costruisci una tabella che sintetizzi le caratteristiche e le modalità d'uso dei prodotti citati.

PENSIAMOCI SU
I vantaggi per la nostra salute e non solo

2. Rifletti e rispondi alle domande.
   > Quando una dieta è corretta?
   > Per evitare le malattie killer basta una dieta corretta? Quali altri accorgimenti è utile adottare? Elenca quelli indicati nel testo.
   > Ci sono altri comportamenti che secondo te vanno adottati per una vita sana?
   > Oltre ai vantaggi per la salute del consumatore quali altre ricadute positive hanno i prodotti biologici?

DAL TESTO A NOI
La benzina giusta

3.
> Nel testo si spiega l'importanza che il cibo ha per il funzionamento del nostro corpo facendo il paragone con una macchina: se la benzina è buona il motore funziona bene e non si inceppa. Mangiare sano e in modo equilibrato, cioè variando la qualità e la quantità di alimenti, assicura la giusta energia per essere sempre in forma.

Tu fai attenzione alla tua dieta? O ti fai guidare solo dalla golosità?

> Pensi che la tua dieta sia equilibrata? (Considera gli elementi citati nella nota 1)
> Consiglieresti ai tuoi genitori, se già non lo fanno, di acquistare alimenti biologici? Con quali motivazioni sosterresti la tua proposta?

Per uno sviluppo sostenibile

Quanta acqua serve

La regola delle quattro "R"

Si parla spesso di spreco dell'acqua, della necessità di un uso più attento di questo bene vitale per l'uomo e per l'intero pianeta Terra. Soprattutto nelle società come la nostra, in cui l'acqua è comodamente disponibile, non ci si rende neppure conto degli sprechi che quotidianamente si compiono. Ti proponiamo di riflettere su questo problema con un'infografica che, unendo l'immagine al testo, dovrebbe avere un effetto più convincente, più efficace, di sensibilizzazione.

Quanta acqua serve per produrre... una bistecca o un computer?
Lo hanno calcolato all'Università di Twente (Paesi Bassi). L'obiettivo? Far notare gli sprechi più gravi.

100 g di cioccolato = 1.700 litri
Per far crescere 1 kg di fave di cacao (l'ingrediente base del cioccolato) occorrono 20.000 litri d'acqua. Poi c'è lo zucchero (1.800 l/kg).

Una pagnotta = 155 litri
L'80% dell'acqua necessaria è quella usata per irrigare i campi di frumento. Il resto va nella lavorazione.

Un bicchiere di latte = 255 litri
Ogni grammo di proteine casearie (quelle del latte) richiede 33 litri d'acqua, il triplo di una proteina vegetale, come quelle dei fagioli.

1 kg di pomodori = 214 litri
Il pomodoro è una pianta efficiente: a seconda del clima "beve" da 0,1 a 2 litri di acqua al giorno. Idem per l'insalata. Un kg di pesche "nostrane" ne richiede circa il doppio.

1 kg di riso = 2.497 litri
Le pianticelle vengono piantate in almeno 10 cm d'acqua. Il frumento è meno sprecone: in media, 1.222 litri.

NOI, GLI ALTRI, IL MONDO

UNITÀ 2 — DIVENTARE CITTADINI

Un paio di jeans = 8.000 litri
Il cotone è una pianta molto vorace (per irrigare le piantagioni di cotone dell'Uzbekistan è stato prosciugato il lago d'Aral), e in più i jeans vanno lavati da tre a dieci volte prima della vendita.

Un computer = 1.500 litri
Per fabbricare un chip (e l'imballaggio) servono circa 32 litri d'acqua. Per un intero computer il calcolo è stato fatto dall'Università delle Nazioni Unite.

Un foglio di carta A4 = Da 2 a 13 litri
La stima varia a seconda del tipo di legno usato (pino, eucalipto ecc.) e della località di produzione, oltre che dell'eventuale riciclaggio.

1 kg di pollo = 4.325 litri
Dipende tutto dal mangime dato all'animale. 1 kg di carne di maiale "beve" 5.988 litri, e se è di vitello addirittura 15.400 litri!

100 g di formaggio = 550 litri
Alla base c'è il latte, il resto dell'acqua se ne va nelle varie fasi di lavorazione.

1 pizza margherita = 1.259 litri
Il 50% dell'acqua viene usata per produrre la mozzarella, il 44% per la pasta, il restante 6% va al pomodoro.

Per uno sviluppo sostenibile

1 tazzina di caffè = 132 litri
Questa cifra comprende l'acqua necessaria alla coltivazione, alla raccolta, al trasporto e all'imballaggio del caffè.

Un uovo = 200 litri
Si tiene conto del nutrimento delle galline, ma anche della pulizia delle gabbie.

Una birra piccola = 74 litri
A parte l'acqua contenuta nella birra, si deve tener conto di quella usata per coltivare i cereali che vengono fatti poi fermentare. E per il luppolo che le dà il gusto amarognolo.

(da «Focus», novembre 2012)

Attività

CHE COSA DICE IL TESTO
COMPETENZE DI LETTURA

Una ricerca per non sprecare l'acqua

1. Raccogli i dati del testo in una tabella a doppia entrata utilizzando questi indicatori:
   a. Prodotto b. Litri di acqua utilizzata c. Quantità di acqua utilizzata per ogni fase di lavorazione d. Confronto con altri prodotti

2. Costruisci poi un grafico (potrebbe essere un istogramma) che metta a confronto le quantità di acqua usate per ogni prodotto.

PENSIAMOCI SU
COMPETENZE SOCIALI E CIVICHE

Ci abbiamo mai pensato?

3. Riguarda ora la tabella e l'istogramma. Quali dati ti sorprendono maggiormente?

> Quali problemi fa emergere questa situazione?

> L'obiettivo della ricerca era di far riflettere sugli sprechi d'acqua. Secondo te ha raggiunto con efficacia questo scopo?

4. Noi non possiamo influire sulla quantità d'acqua utilizzata per la produzione di ciò che viene illustrato. Ripensando invece all'uso che noi facciamo personalmente dell'acqua, quali sprechi si potrebbero evitare? Ci sono anche sprechi di acqua pubblici?

OLTRE IL TESTO

Leggendo il testo hai riflettuto sull'impiego dell'acqua. Nell'approfondimento ti abbiamo proposto un altro grande problema, quello legato alla gestione delle enormi quantità di rifiuti che ogni giorno vengono prodotti. Esponi alla classe le tue riflessioni sui comportamenti sostenibili, cioè rispettosi del futuro della Terra, in relazione a questi due problemi.

NOI, GLI ALTRI, IL MONDO

UNITÀ 2 — DIVENTARE CITTADINI

Paolo Rumiz

Un viaggio "sostenibile"

Paolo Rumiz, giornalista e scrittore, ha pubblicato molti reportage e libri in cui racconta le sue esperienze di viaggiatore. Il libro da cui è tratto il brano che stai per leggere è destinato ai ragazzi, perché possano avvicinarsi all'"arte" del camminare. Scoprire un territorio percorrendolo a piedi è un'esperienza unica, molto più coinvolgente ed entusiasmante che non attraversarlo in macchina. Questo modo di viaggiare può essere definito "sostenibile" perché dà benessere al corpo, genera felicità, fa vivere relazioni vere, non artificiose e forzate, e non ha alcun impatto negativo sull'ambiente.

Un mattino di settembre presi il sacco e uscii di casa senza voltarmi indietro. La mia meta stava a sud, un sud così perfettamente astronomico che sarebbe bastata la bussola a raggiungerlo. Era la punta meridionale dell'Istria, un promontorio magnifico sui mari ruggenti di Bora, regina dei venti d'inverno, e di Maestrale, che è il più glorioso dei venti d'estate. Una scogliera talmente ideale che è stata battezzata "Capo Promontore" (*Premanutra* in lingua croata). Un luogo che tutti i lupi di mare sanno riconoscere traversando l'Adriatico.

Mi era venuta voglia di andare, una voglia pazzesca e improvvisa, e in una settimana contavo di farcela alla media "tranquilla" di una ventina di chilometri al giorno. In tutto centocinquanta chilometri da Trieste, la mia città.

Questo è il racconto[1] di un viaggio a piedi che può servirvi da guida, se mai un giorno vorrete seguire le mie tracce sugli stessi affascinanti terreni. Ma questo racconto è anche un modo per darvi una serie di istruzioni tecniche sulla camminata in generale. Il bagaglio, l'orientamento, l'andatura, l'alimentazione, gli incontri con uomini e animali. Soprattutto, vorrei incitarvi a mollare gli ormeggi e andare, perché camminare rischiara la mente, conforta il cuore e cura il corpo. [...]

La camminata si fa più leggera, ora Pola è tutta alle spalle. A Valbonassa faccio incetta di fichi, gli alberi sono pieni di frutta. Campi di bietole, ultimi segni di vendemmia, una croata mi offre un grappolo di malvasia e mi augura buon viaggio. Per tutta la strada ho visto ripetersi questo segno di omaggio al forestiero in tempo di vendemmia. In cima a una piccola altura compare il mare, blu cobalto, increspato dalla Bora. In primo piano un windsurf, a distanza la gobba del Montemaggiore.

Ore dodici: inizio una strada bianca in salita verso ovest, cerco di cavalcare l'ultima propaggine dell'Istria con l'Adriatico sui due lati. Prendo quota nella macchia, attraverso un mare di pini agitati dal vento, salgo ancora fino a una sella dove tutto si spalanca: la baia di Medolino sulla sinistra e il mare aperto sulla destra, con una vela solitaria, gonfia e inclinata verso il Faro di Porer, quello che segna al largo la punta dell'Istria. La vista è strepitosa. La meta è a portata di mano. Il vento salso del mio mare mi saluta.

Adriatico. Che magnifico spazio di navi, di pesci e di isole. Entra nella pancia dell'Europa come nessun altro. Ha un colore più verde e un odore

---

[1] **racconto**: l'autore fa riferimento al racconto contenuto nell'intero libro, e non solo a questo brano.

Per uno sviluppo sostenibile

2. Azio: nel 31 a.C. Ottaviano e Marco Antonio si affrontano nella battaglia navale che pose fine alla guerra civile, segnando la fine della repubblica romana. Azio è un promontorio della Grecia, situato all'imbocco del golfo di Arta.

meno salmastro di altri mari. Il suo arcipelago d'oriente, la Dalmazia, segna già la strada per le isole greche. È pieno di leggende e di storie di grandi capitani. È stato la culla di Venezia, la più grande delle repubbliche marinare. Con lo Ionio, ha conosciuto tremende battaglie navali: Azio[2] e Lepanto, solo per dirne due. È il più riparato e fertile del Mediterraneo, quello dove nascono più pesci. A renderlo tale è anche la diversità tra le sponde. Quella d'oriente rocciosa, frastagliata e senza fiumi; quella d'occidente rettilinea, sabbiosa, ricca d'acqua dolce e lagune. Tra queste due rive, vicinissime, si genera un cortocircuito vitale incredibile. A ovest i pesci depongono le uova, a est si accoppiano, e le correnti aiutano il trasferimento da un lato all'altro. Basterebbe lasciarlo un po' in pace, questo mare troppo pescato, per farne nuovamente una culla di vita. [...]

Sono felice. Scendo dalla collina verso la piazza di Promontore.

Così vado avanti con passo lungo e regolare. Il bastone mi aiuta. Ormai lo muovo in perfetta sincronia con la camminata. Un colpo ogni quattro falcate. Ho imparato quel passo da un vecchio pastore del Molise, che tra il mare e la montagna aveva nelle gambe migliaia di chilometri con le sue mandrie. A Peroj constato che il mio portamento incute rispetto nella gente. Un po' come quello dei pellegrini in terra di Russia. All'inizio del viaggio gli automobilisti mi guardavano con compatimento. Ora non più. È il segno della mia metamorfosi. Una settimana è sufficiente a imprimere nel corpo del viandante questo impressionante mutamento.

 ## Parole, parole…

Un percorso accompagnato dal mare

Da Trieste a capo Promontore si cammina in un paesaggio in cui il mare Adriatico domina con i suoi colori e i suoi profumi. Il racconto è ricco di espressioni figurate che descrivono l'Adriatico. Per esempio, per indicare la posizione del mare in rapporto al continente, l'autore scrive: «*entra nella pancia dell'Europa*». Oppure caratterizza il capo Promontore, meta del suo camminare, sottolineando che «*si affaccia sui mari ruggenti di Bora e Maestrale*».
Questa impronta "marinaresca" si evidenzia anche in alcuni modi di dire, come per esempio *lupi di mare* e *mollare gli ormeggi*. Proviamo, con l'aiuto del dizionario, ad approfondire le espressioni evidenziate.

«Si affaccia *sui mari ruggenti* di Bora e Maestrale». Alla voce *ruggente*, il dizionario riporta la seguente definizione: «che ruggisce (specialmente in senso figurato)».

- Cerchiamo ora il verbo *ruggire*, di cui *ruggente* è il participio presente: trascrivi il senso proprio del verbo e spiegane l'uso figurato nell'espressione di Rumiz: chi *ruggisce*? ……………………………………………………………
Che caratteristiche ha un *ruggito*? ……………………………
………………………………………………………………………………

Quindi, che cosa vuole indicare l'espressione *mari ruggenti*? ………………………………………………………………

- Il lupo è un mammifero ma, nel nostro caso, chi sono i *lupi di mare*? ………………………………………………………
Proviamo a spiegare il significato di «*mollare gli ormeggi*».
- Cerca le definizioni di *ormeggiare* e *ormeggi* e completa il testo.
Il verbo *ormeggiare* significa ……………………………… ,
quindi *mollare gli ormeggi* significherà ……………………… ,
………………………………………………………………………………
che in termini marinareschi si dice ………………………………
………………………………………………………………………………

NOI, GLI ALTRI, IL MONDO

UNITÀ 2 **DIVENTARE CITTADINI**

Il primo giorno siete sbilenchi, pieni di timori, chini sul telefonino in attesa di chiamate dal mondo che abbandonate. Vi sentite stupidi e miserabili di fronte ai viaggiatori veloci.

Il secondo giorno prendete un po' di ritmo e quel ritmo genera musica nella vostra testa. È il segno che il groppo[3] si scioglie. Sputate veleni e incamerate pensieri. L'andatura comincia a miscelare memorie, fantasie. Vi accorgete di bere il doppio e mangiate la metà. Il corpo si rigenera. «*El camino te limpia*» dicono gli spagnoli del pellegrinaggio a Santiago de Compostela, chiamato per l'appunto *camino*: il cammino ti pulisce.

Il terzo giorno la solitudine non è più un problema. Anzi, il fatto di essere soli vi facilita l'incontro. «Dove vai?», «Da dove vieni?» sono domande che nessuno vi farebbe se foste in gruppo. Invece ora ve le pongono in tanti.

Il quarto giorno tutte le vostre funzioni vitali sono tarate a meraviglia, le paturnie[4] inutili sono sparite. Gli scaffali della mente sono spolverati e in ordine. Il passaggio dal sonno alla veglia è istantaneo e privo di incertezze. La pioggia o il caldo non vi infastidiscono più.

Il quinto giorno vi rendete conto con stupore di avere imparato a camminare. Lo capite dal rispetto con cui vi guarda la gente. Siete eretti, nobili. Irradiate calma e soddisfazione. Se avete un bastone da pellegrino è ancora meglio: il suo ritmo sincronizzato con la camminata manda segnali chiarissimi di autorità e forza.

Dal sesto giorno in poi vi passa del tutto la voglia di tornare. Camminate guardando solo avanti, i ponti con la vecchia vita sono tagliati completamente. Vi prenderà il desiderio di sparire e cambiare identità. E in effetti siete profondamente diversi. Avete perso la vecchia pelle sullo stradone impolverato, come fa il serpente. Da quel momento potrete andare ovunque, travolgerete qualsiasi ostacolo. La gente sentirà da lontano il messaggio di felicità che mandate con la vostra andatura, senza nessun bisogno di parlare.

(adattato da P. Rumiz, *A piedi*, Feltrinelli Kids)

3. **groppo**: il nodo che ci tiene legati e ci impedisce di essere liberi nell'animo.

4. **paturnie**: nervosismo, cattivo umore.

Attività

CHE COSA DICE IL TESTO
COMPETENZE DI LETTURA
Camminare per rigenerarsi

1. Il racconto può essere suddiviso in cinque sequenze. Indica sul testo l'inizio e la fine di ognuna.

2. Per ogni sequenza sottolinea le informazioni fondamentali e sintetizzale scrivendo un sottotitolo per la sequenza.

Esempio:
> *La meta: Rumiz vuole raggiungere capo Promontore, punta meridionale della penisola d'Istria*

> I tempi del viaggio:
....

Per uno sviluppo sostenibile

Il percorso

3. Segui il percorso del cammino dell'autore individuando su Google Earth le località citate nel brano.

I paesaggi

4. Sottolinea nel testo gli elementi paesaggistici che accompagnano il viaggiatore. Quale elemento prevale? Attraverso quali percezioni sensoriali il viaggiatore vive l'ambiente che lo circonda?

Il modo di raccontare

5. Quali strategie narrative utilizza l'autore per coinvolgere il lettore?

- ☐ Utilizza la prima persona
- ☐ Usa un linguaggio colto
- ☐ Utilizza la terza persona
- ☐ Usa modi di dire propri del linguaggio parlato
- ☐ Si rivolge direttamente al lettore
- ☐ Inserisce alcune citazioni da reportage di altri viaggi

PENSIAMOCI SU

Un paesaggio da ammirare e da difendere

6. Gli ambienti naturali che percorre e gli scorci che intravede muovono l'animo del viaggiatore. Quali sentimenti suscitano in lui?

> Il mare è ciò che più lo attrae. Come definisce l'Adriatico?
> Quali aspetti di questo mare ricorda?
> Quale critica rivolge al modo attuale di pescare?

DAL TESTO A NOI
COMPETENZE DI SCRITTURA

La metamorfosi del cammino

7. Nel testo hai letto che camminare rischiara la mente, conforta il cuore e cura il corpo. Via via che il cammino prosegue ci liberiamo dai malumori, stiamo bene con noi stessi, in armonia con gli elementi naturali, siamo felici.

Per comprendere in profondità la trasformazione di chi percorre a piedi lunghi tratti in solitudine, immerso nella natura, rileggi l'ultima sequenza scandita dalla successione delle tappe. Per ognuna di esse individua la frase che secondo te meglio evidenzia il cambiamento e definisci sinteticamente lo stato d'animo. Abbiamo dato come esempio la soluzione della prima tappa.

	Frasi spia	Stato d'animo
Primo giorno	pieni di timori, chini sul telefonino, vi sentite stupidi e miserabili di fronte ai viaggiatori veloci	Difficoltà a staccare dalla vita di sempre
Secondo giorno	....	....
Terzo giorno	....	....

PER FARE IL PUNTO

UNITÀ 2 — DIVENTARE CITTADINI

Un film per te

HOME

Uno splendido documentario sull'ambiente per prendere coscienza dei problemi del pianeta.

REGIA Yann Arthus Bertrand
ANNO 2009

Home è un documentario che affronta le principali problematiche legate all'ambiente e al cambiamento climatico mostrando immagini, prevalentemente filmate dall'alto, di paesaggi di 54 Paesi del mondo.
Attraverso inquadrature suggestive, vengono mostrati i tesori della Terra che sono destinati a scomparire se gli abitanti del nostro pianeta non interverranno mutando rapidamente il loro stile di vita e i loro modelli di consumo.

Un libro per te

Benvenuto

La vita difficile di un ragazzo italiano emigrato in Germania, negli anni Settanta del Novecento.

AUTORE Hans-Georg Noack
ANNO 2012
EDITORE Gallucci

CHI L'HA SCRITTO Hans-Georg Noack è nato nel 1926 in Germania. Ha dedicato la sua vita (è morto nel 2005) ad aiutare bambini e giovani in difficoltà attraverso una Fondazione. Nei suoi libri affronta temi sociali quali l'immigrazione, il razzismo, la disoccupazione.

DI CHE COSA PARLA Benvenuto è il nome di un ragazzo italiano del Sud che, negli anni Settanta del Novecento, emigra in Germania con la sua famiglia per cercare di fare fortuna e poi ritornare nel piccolo paese di origine. Vive le stesse difficoltà che vivono oggi gli stranieri che arrivano in Italia da emigrati: l'impatto con una lingua sconosciuta, le abitudini di vita diverse, la paura di non essere accettato dai coetanei, le difficoltà nel trovare un lavoro.

SCUOLA DI SCRITTURA
Nella lezione 2 puoi trovare indicazioni per scrivere schede-libro, schede-film e recensioni.

Una pagina di assaggio

PROGETTO COMPETENZE

Cambiare rotta: meno cose più felicità

Siamo arrivati alla fine della scuola media. Sicuramente molti degli obiettivi che i vostri insegnanti vi hanno proposto sono stati realizzati e ciascuno di voi avrà acquisito molte conoscenze e imparato a fare molte cose. Ne avrete una riprova se realizzerete questo progetto: vi proponiamo un progetto aperto, che potrete continuare a sviluppare voi stessi, adattandolo alle situazioni concrete che vi stanno intorno e alimentandolo con la vostra creatività, la vostra sensibilità e il vostro impegno. Potrete infatti realizzare non solo le parti progettate ma, con un metodo analogo, potrete progettarne altre perché, come vedrete, il lavoro che vi proponiamo è moltissimo e... veramente urgente. Ne va della nostra sopravvivenza.

Competenze applicate nel progetto

Comunicazione nella madre lingua
- esprimersi in modo linguisticamente chiaro e concettualmente ordinato attraverso la produzione di testi di tipo espositivo e argomentativo;
- esprimersi in modo personale e creativo attraverso l'invenzione e la progettazione di testi di tipo narrativo;
- organizzare la comunicazione per far conoscere all'esterno il prodotto del proprio lavoro.

Competenza digitale
- usare con efficacia il computer e in particolare Word e Power Point per produrre e presentare testi multimediali;
- usare la rete Internet per reperire materiali necessari alla realizzazione di un progetto;
- visitare siti della Pubblica amministrazione e interagire.

Competenze sociali e civiche
- partecipare in modo costruttivo a un lavoro di gruppo sia nella fase di progettazione sia in quella di realizzazione e in particolare:
  - portare il proprio contributo;
  - rispettare e valorizzare quello degli altri;
  - assumersi responsabilità e mantenere gli impegni;
  - cercare il confronto;
  - collaborare e stabilire sinergie;
- individuare persone esterne alla situazione scolastica e istituzioni pubbliche adeguate per contribuire alla realizzazione del progetto e stabilire contatti con loro.

Senso di iniziativa e imprenditorialità
- pianificare le operazioni necessarie per realizzare fasi e aspetti di un progetto, in armonia con i suoi obiettivi generali;
- trovare soluzioni ai problemi che il lavoro presenta;
- senso critico e disponibilità a mettere in discussione e a rivedere quanto fatto, se necessario;
- reperire e stabilire contatti con persone e istituzioni che si ritengono utili allo svolgimento del progetto.

Consapevolezza ed espressione culturale
- attingere alla propria enciclopedia personale e arricchirla collegando a essa nuove conoscenze;
- decentrarsi e assumere punti di vista molto diversi dal proprio;
- considerare autocriticamente le proprie idee, abitudini e stili di vita;
- ricercare e organizzare dati per acquisire informazioni;
- intuire relazioni fra fenomeni e cogliere relazioni problematiche;
- esprimere e condividere le proprie idee e darne espressione creativa con mezzi di comunicazione diversi (linguistici, visivi, multimediali ecc.).

Imparare a imparare
- cercare gli strumenti adeguati a raggiungere i propri scopi;
- stabilire relazioni e chiedere contributi a persone individuate come adeguate;
- avere consapevolezza del senso e del percorso di lavoro svolto.

PROGETTO COMPETENZE

Sapere per capire: noi e il nostro mondo oggi

> «Il mondo è seduto su due bombe: la crisi ambientale e quella sociale.»

Lo scrive Francuccio Gesualdi, che negli anni Sessanta è stato allievo di don Lorenzo Milani e oggi ha creato il Centro Nuovo Modello di Sviluppo che lotta contro gli sprechi, la povertà, l'inquinamento.

• Uno sguardo d'insieme

Per valutare la verità dell'affermazione di Francuccio Gesualdi consideriamo qualche dato.

1. L'aumento della popolazione nel mondo
- 1975 > 4 miliardi di abitanti;
- 2011 > 7 miliardi di abitanti;
- 2040 > 9 miliardi di abitanti previsti.

In poco meno di 40 anni la popolazione della Terra è quasi raddoppiata.

2. La distribuzione della ricchezza
Il 2% della popolazione adulta del mondo possiede oltre la metà di tutta la ricchezza mondiale: è quanto risulta da uno studio del World Institute for Development Economics Research delle Nazioni Unite (ONU-WIDER) che ha sede a Helsinki.
Secondo la Banca d'Italia, nel 2008 e nel 2009, il 10% della popolazione italiana possiede il 45% della ricchezza nazionale.

3. L'aumento della richiesta di energia
Sulla base dei più recenti dati disponibili («BP Statistical Review of World Energy», giugno 2009) **i consumi mondiali di energia sono stati nel 2008 di 11,3 miliardi di tep** (tonnellate equivalenti di petrolio), in aumento dell'1,4% rispetto al 2007 (un trend che peraltro risulta costante: negli ultimi dieci anni i consumi mondiali sono infatti aumentati del 24,6%).

4. L'inquinamento dell'aria e l'effetto serra
L'industrializzazione e la ricrescente richiesta di energia sono alla base della produzione di gas serra (anidride carbonica, clorofluorocarburi ecc.) responsabili dell'effetto serra. Questo fenomeno, che di per sé è naturale, nel corso degli ultimi decenni è stato ingigantito dall'azione dell'uomo.
Ciò ha determinato il progressivo innalzamento della temperatura del pianeta con le conseguenti variazioni climatiche e i fenomeni estremi che sempre più frequentemente si verificano.

5. L'esaurimento delle risorse
Il nostro pianeta è un sistema chiuso le cui risorse provengono da due diversi tipi di fonti: le prime sono limitate, e dunque destinate a esaurirsi, le altre si rinnovano costantemente. Fra le risorse che rischiano di esaurirsi la principale è l'**acqua**: un miliardo di persone non ha acqua sufficiente per le proprie fondamentali esigenze; in media ne consumiamo circa il doppio di quanta se ne consumava all'inizio del Novecento.
Per quanto riguarda la principale fonte di energia, il **petrolio**, secondo autorevoli studi è già stato consumato il 42% delle riserve di petrolio inizialmente disponibili; quello che rimane sul pianeta è sufficiente per circa 40 anni.

• E allora che fare? Prima di tutto capire

Per acquisire e diffondere la consapevolezza della gravità della situazione che stiamo vivendo documentatevi in modo serio e scientifico su ciascuno dei cinque problemi esposti sopra:

> l'aumento della popolazione nel mondo;
> la distribuzione della ricchezza
> l'aumento della richiesta di energia
> l'inquinamento dell'aria e l'effetto serra
> l'esaurimento delle risorse.

1. Dividete la classe in cinque gruppi; ogni gruppo raccoglie dati sul problema scelto, li organizza e li presenta in un Power Point di almeno 5 slide ciascuno. Almeno una delle slide deve essere dedicata alla presentazione di un aspetto del problema osservato direttamente da voi, deve cioè presentare un'osservazione, oppure dei dati, che siano frutto della vostra esperienza.

◉ Cambiare rotta: inventare nuovi stili di vita

I problemi che abbiamo studiato sono immensi, ma non irrisolvibili.
A una condizione, però, che è **irrinunciabile**: e cioè che **tutti**, quindi ciascuno di voi, i vostri genitori, gli insegnanti, insomma proprio tutti, siamo disposti ad **assumerci le nostre responsabilità e a collaborare** a un'impresa grande, a vincere la sfida per la nostra sopravvivenza.

Perciò con questo progetto vogliamo occuparci non tanto di quello che dovrebbero fare i governi, le autorità, i potenti, ma di quello che **ciascuno di noi può fare** e di **ciò che può chiedere, con diritto, che sia fatto**.
Come possiamo noi concretamente **cambiare rotta**?
Come possiamo trovare **nuovi stili di vita**? Che cosa possiamo fare per diffondere la consapevolezza che è urgente farlo?

• A livello individuale: vivere con sobrietà

Cambiare rotta è possibile solo se si cambiano i valori, ciò che è ritenuto importante, irrinunciabile. Se fino a ora è stato importante "consumare", oggi la strada maestra è quella della sobrietà: uno stile di vita più parsimonioso, più pulito, più lento, più intelligente, più rispettoso di noi stessi, di tutti gli esseri viventi, della natura.

Siamo esseri umani o consumatori?

Cominciamo riflettendo onestamente e con intelligenza sulla nostra vita e sui nostri comportamenti nei vari momenti della giornata: **quando andiamo a scuola, quando mangiamo, quando ci laviamo, quando scegliamo le cose che acquistiamo, quando uscia-**

PROGETTO COMPETENZE

mo con gli amici... Ogni aspetto dovrebbe essere indagato in modo critico e potrete farlo, sviluppando autonomamente il progetto.
Qui ci limitiamo a indicarvi due esempi per prendere coscienza di quanto sprechiamo.

1° esempio L'armadio

> Guardiamo nei nostri armadi, nei nostri scaffali, nelle nostre camere

- Quante sono le cose che vi servono davvero per vestirvi, studiare, divertirvi, vivere bene?
- Quante sono quelle inutili, rotte e mai riparate, o superflue?
- Quante cose avete comprato o vi siete fatti comprare nell'ultimo anno e poi non avete usato?
- Quante cose vengono gettate prima che siano consumate o non più riparabili?

> Quantifichiamo il livello di spreco di ciascuno di noi, assegnandoci un punteggio da uno a dieci (più è alto, più si spreca).
> Ogni gruppo organizzi questa indagine fra i propri componenti e raccolga in un piccolo dossier i risultati, i commenti e le considerazioni che ciascuno avrà fatto e il "voto" che si è dato.

2° esempio Il frigorifero

Nello stesso modo potremmo analizzare criticamente ciò che contiene il nostro frigorifero, e quindi qual è il nostro modo di nutrirci. Soprattutto, potremmo indagare quale impatto hanno sul consumo di risorse e sull'inquinamento **le nostre scelte alimentari**. Basandovi sull'esempio precedente, organizzate un'indagine sul livello di spreco alimentare, ponetevi le domande e raccogliete i dati.

Bisogni veri e bisogni falsi

Se acquistiamo cose è perché siamo spinti da un **bisogno** che stiamo cercando di soddisfare. Ma i bisogni non sono tutti uguali: alcuni sono **veri**, **autentici**, altri sono **indotti** dall'esterno (pubblicità, moda, tv, gruppo di amici, società). Possiamo allora distinguere **bisogni falsi** e **bisogni veri**: i primi ci spingono a voler avere sempre più cose, sempre più nuove, sempre più alla moda, e ci rendono inquieti, insoddisfatti, frustrati; gli altri ci aiutano a vivere bene e a essere felici.

All'interno di ogni gruppo discutete questo tema e ogni gruppo produca un elenco su due colonne di bisogni indotti e di bisogni veri. Non è necessario, né possibile, indicare tutti i bisogni: è importante invece distinguere quei bisogni profondi che ci indicano la strada per essere felici.

Bisogni indotti	Bisogni veri

Dopo aver messo a confronto e discusso gli elenchi, ogni gruppo cerchi immagini da quotidiani, riviste o in Internet e rappresenti attraverso un collage cartaceo o digitale due diverse giornate: quella di un ragazzo che insegue bisogni indotti dall'esterno e quella di uno guidato dalla sua intelligenza e dai suoi sentimenti.

• A livello collettivo: ridurre e riciclare

Popolazione, consumi e rifiuti

Naturalmente non dobbiamo limitarci a rivedere i nostri consumi privati: dobbiamo anche ragionare su quelli collettivi. Per esempio, dovremo capire che cosa si fa per risparmiare energia, per mantenere accettabile la pulizia dell'aria, per proteggere il territorio e il paesaggio. Uno dei maggiori problemi con cui le diverse collettività devono fare i conti è quello dei rifiuti. Dobbiamo ricordare che il nostro pianeta è un sistema chiuso, sul quale i processi e le reazioni chimiche che hanno permesso e diversificato la vita nel corso di tempi lunghissimi non hanno mai prodotto rifiuti. Sono le attività umane che li creano, e la crescita dei consumi ha accelerato vertiginosamente la trasformazione di un prodotto in rifiuto. Dunque con l'aumento della popolazione e dei consumi, il rischio di essere sommersi da un mare di rifiuti è molto concreto e recentemente si è anche verificato in alcune città italiane.
Di fronte alla quantità di rifiuti che la nostra società produce dobbiamo assumere due impegni fondamentali: **ridurre** e **riciclare**.

Occhio alle pattumiere

Guardiamo ora nelle nostre pattumiere e facciamo un rapido inventario di ciò che ci finisce ogni giorno.

Provate a verificare quanti rifiuti produce quotidianamente la famiglia di ciascun componente di ogni gruppo; utilizzate come unità di misura il chilogrammo. Considerate separatamente:

> i rifiuti organici: avanzi di cibo, scarti delle verdure e della frutta;
> plastica (flaconi, bottiglie, plastica da imballaggi ecc.);
> lattine e metalli;
> vetro.

Raccogliete i risultati, usando una tabella simile a quella proposta a pagina seguente e confrontateli con quelli degli altri quattro gruppi. Ci sono differenze significative?

PROGETTO COMPETENZE

Tipi di rifiuti	Quantità
Rifiuti organici	kg
Plastica (flaconi, bottiglie, plastica da imballaggi ecc.)	kg
Lattine e metalli	kg
Vetro	kg
TOTALE	kg

Ora sommate i risultati dell'indagine di ciascun gruppo, utilizzando una tabella analoga: stabilite quanti rifiuti produce in totale la vostra classe e quanti di ciascuno dei tipi indicati. Organizzate poi i dati in alcune slide che potete intitolare *Noi e i rifiuti: la situazione della nostra classe*.

Il parere di uno studioso

E ora che avete chiara la situazione della vostra classe leggete il brano che segue, scritto dallo studioso Luca Mercalli.

Usa e getta

Di rifiuti oggi ne facciamo troppi: ben 540 kg all'anno per persona, circa 1,5 kg al giorno. Trentadue milioni di tonnellate all'anno per tutti gli italiani. Poi ci sono i rifiuti industriali, qui non conteggiati. Molti dei quali sotterrati abusivamente o gettati a mare, un traffico illecito sul quale si sono spesi fiumi di parole.

Ho visto i miei nonni usare ogni oggetto con cura e parsimonia, pensando che quando qualcosa si "consumava" era un danno, significava doverlo ricomprare. Si consumava una scarpa, un abito, una lima, una ruota. Oggi invece è un vanto essere promossi "consumatori"! Usa e getta, usa e getta, sempre più in fretta! Mi dà molto fastidio buttare via qualcosa, quindi cerco di evitare il più possibile la produzione di rifiuti all'origine. Quelle poche volte che entro in un supermercato, cerco di acquistare prodotti con poco imballaggio, ad alta concentrazione di materia utile: per esempio una confezione di fagioli secchi è meglio di una scatoletta di fagioli già pronti, dove compri prevalentemente acqua. Evito i poliaccoppiati di materiali diversi, tipo il tetrapak (del quale si può riciclare solo la parte cellulosica, quindi con molto scarto e con l'impiego di molta energia), o i temibili alimenti precotti in buste di alluminio plastificato stampato con attraenti figure colorate. Evito l'acquisto di acqua minerale in bottiglia, che oltre al polietilene tereftalato da avviare poi al riciclo o peggio all'incenerimento, ha viaggiato spesso per migliaia di chilometri, emettendo gas serra per puro capriccio! Scelgo detersivi in flaconi ricaricabili e il latte alla spina con bottiglia di vetro riutilizzata. Vado a fare la spesa con sporte di tela e respingo quasi sempre il sacchetto di plastica (www.portalasporta.it): ne consumiamo solo in Italia circa 20 miliardi all'anno, cioè quasi uno al giorno per persona, e gran parte finisce sui bordi della strada, impigliata nei rovi, nei canali, in mare. Speriamo che il divieto riduca questo problema.

Differenziata e rifiuti zero

Ovviamente questo non vuol dire che non produca rifiuti, diciamo che cerco sempre di interrogarmi a ogni acquisto se ne potrei fare di meno. E in linea di massima posso stimare in circa 100 kg il risparmio annuo rispetto ai 540 kg medi. Ciò che resta lo differenzio in modo scientifico e quasi ossessivo. Come segue.

Gli **avanzi di cucina**, tutto ciò che è **organico** (l'umido) finisce subito nella concimaia (o compostiera) dell'orto. Diventerà ottimo concime, e rappresenta circa il 30% del carico annuo di rifiuti domestici, circa 150 kg per persona. È del tutto inutile far muovere un camion e consumare gasolio per trasportarlo al centro di compostaggio. Ciò vale ovviamente per le aree rurali, dove si dispone di un pezzetto, anche minimo, di terra. Nelle zone urbane è chiaro che tocca conferirlo negli appositi cassonetti, ma ormai all'estero si stanno diffondendo pure le compostiere condominiali o comunitarie, grosse vasche dove i residui vengono rimescolati, aerati e mantenuti a temperatura ottimale per trasformarsi velocemente e senza odori in terriccio (www.compostaggiolocale.it) e i Community Composting Parks (CCP), aree pubbliche di compostaggio: a Zurigo ce ne sono un migliaio, in Italia sono ancora fantascienza!

Eppure divento furibondo quando vedo persone che abitano nel classico villino con praticello che invece di trovare un angoletto nascosto per il compost consegnano l'erba ben avvolta nella plastica alla raccolta meccanizzata! Con il mio comune sto lavorando per sperimentare la soppressione della raccolta dell'umido almeno nelle strade che interessano aree rurali dove tutte le case hanno un po' di terra. Non so se ci riuscirò, le resistenze culturali sono enormi. Eppure in molti comuni, chi fa il compost ha una riduzione di qualche decina di euro sulle tasse di raccolta.

Il **vetro**, soprattutto i **vasetti** con buona chiusura, lo riuso per marmellate e conserve. Bottiglie e vasetti non utilizzabili finiscono nell'apposito cassonetto della raccolta porta a porta.

La **carta**: quella di giornale o imballaggi leggeri, tovaglioli usati, mi serve per accendere la stufa. Cartoncino, riviste e altri imballaggi vanno nel cassonetto della carta, cercando di togliere prima spirali metalliche o copertine in plastica, che vanno nell'indifferenziato.

Plastica da imballaggi flaconi, confezioni, polistirolo, bottiglie in Pet hanno il loro cassonetto apposito.

Lattine di bibite in alluminio e scatolame in banda ferrosa finiscono insieme alla plastica per la raccolta differenziata, verranno separate nell'impianto di riciclaggio.

Alla fine, quello che rimane – a mio parere ancora troppo – va nel bidone dell'indifferenziato. Ma è sempre un atto doloroso.

(L. Mercalli, *Un piano per salvarci*, Edizioni Chiarelettere)

PROGETTO COMPETENZE

▶ Obiettivo *rifiuti zero*

Come suggerisce la lettura del saggio precedente sono molte le cose che potremmo fare per ridurre i rifiuti. A cominciare da noi stessi ovviamente, ma comunicando anche agli altri le nostre scoperte.

• Il nostro impegno personale

Dopo aver discusso in ogni gruppo il saggio di Luca Mercalli ciascuno, anche riflettendo sulla propria esperienza, elabori una serie di proposte facili e concrete per ridurre la produzione di rifiuti.
Quando le avrete definite, prima di tutto impegnatevi solennemente a metterle in atto.
Potete annotare i vostri progressi e verificare dopo un mese se sono cambiate le vostre abitudini a questo proposito.

• La comunicazione agli altri

Pensate quindi a come proporre ad altri le vostre scoperte e le vostre conclusioni, per informarli di come sia importante ridurre la quantità di rifiuti che ciascuno di noi produce e di come sia possibile farlo in modo semplice.
Progettate un volantino, un pieghevole o un opuscolo da distribuire ai compagni delle altre classi e alle loro famiglie per convincerli che ridurre la quantità di rifiuti individuali è semplice e possibile.
Potete intitolarlo *Obiettivo: rifiuti zero*; dovrete dare un'informazione chiara, precisa, e presentare le vostre proposte in modo semplice e accattivante, usando una bella grafica, slogan efficaci, immagini e colori.

• Dalla classe alla città

Raccogliere informazioni sul servizio di raccolta rifiuti

Come è organizzata la raccolta dei rifiuti nel vostro paese/città? Chiedetevi prima di tutto chi la gestisce. Rivolgetevi al Comune, o andate sul sito dell'azienda municipalizzata che organizza questo servizio.
Qui potete trovare i dati che riguardano le caratteristiche del servizio e la quantità di rifiuti raccolti. Altrimenti contattate l'Ufficio relazioni con il pubblico dell'azienda stessa. Tenete conto che molte aziende municipalizzate di questo tipo, come per esempio quella di Milano, hanno un settore dedicato alle scuole, dove potrete sicuramente trovare materiali interessanti.

Se volete avere un quadro chiaro della situazione della raccolta rifiuti nella vostra zona, chiedete un incontro con un responsabile del servizio: potrete verificare la possibilità di organizzare una visita all'azienda e di rivolgergli un'**intervista** per sapere come è organizzata la raccolta dei rifiuti nella vostra zona.

A titolo indicativo vi proponiamo la seguente **traccia di intervista**.

INTERVISTA A UN FUNZIONARIO DELL'AZIENDA MUNICIPALIZZATA CHE GESTISCE LA RACCOLTA DEI RIFIUTI

Potreste chiedergli:

> Quanti dipendenti ha l'azienda municipalizzata?
> Che mansioni hanno?
> Come è organizzata la raccolta?
> Esiste la raccolta differenziata? Sì ☐ No ☐
> Se no, perché no?
> Se sì, la popolazione collabora?
> Quanti rifiuti vengono raccolti quotidianamente? Quanti per tipo?
> Quanti rifiuti producono in media, quotidianamente, i cittadini? E qual è la media individuale?
> Dove finiscono i rifiuti raccolti? Breve descrizione del viaggio dei rifiuti dalla pattumiera di casa a...

Collaborare con la Pubblica Amministrazione: opuscoli, graphic novel, mostre

Una volta conclusa l'intervista, potreste mostrare al vostro intervistato i lavori che avete prodotto nell'ambito di questo progetto e in particolare il pieghevole che avete realizzato: se il lavoro è ben riuscito, proponete all'azienda di stamparlo e di utilizzarlo per le informazioni alla cittadinanza.
Se ve la sentite, potreste anche concordare di produrre per l'azienda una *graphic novel* da mandare in stampa e da distribuire alla cittadinanza per illustrare la storia dei rifiuti. Troppo difficile? Non è detto: se si usa buona volontà, spirito di iniziativa, intelligenza e voglia di fare... può essere una sfida molto interessante.

La collaborazione con le autorità comunali può avvenire anche su molti altri terreni. Vi suggeriamo per esempio la possibilità di organizzare una **mostra del riciclo e del riuso**, che presenti idee realizzate per recuperare oggetti e dare loro una nuova vita.

PROGETTO COMPETENZE

Valutiamo il lavoro svolto
Scheda di autovalutazione

Ogni alunno che ha partecipato al progetto può valutare il proprio lavoro usando questa scheda di autovalutazione.

Alunno ....

Attività svolte nel gruppo: ....

	Limitato	Buono	Ottimo
Contributo all'organizzazione del lavoro	☐	☐	☐
Contributo alla ricerca dei materiali	☐	☐	☐
Contributo alla scelta dei materiali	☐	☐	☐
Contributo alla stesura dei testi	☐	☐	☐
Contributo alla ricerca dei contatti con l'esterno	☐	☐	☐
Contributo all'ideazione e alla realizzazione dei Power Point, del pieghevole, dell'intervista, della graphic novel	☐	☐	☐

Scheda per la valutazione dell'insegnante

L'insegnante o gli insegnanti coinvolti nel progetto utilizzeranno questa scheda per valutare le competenze espresse da ogni alunno. In questo lavoro terranno conto delle relazioni svolte dai coordinatori di ciascun gruppo.

Alunno ....

	Elementare	Intermedio	Esperto
Comunicazione nella madre lingua			
• esprimersi in modo linguisticamente chiaro e concettualmente ordinato attraverso la produzione di testi di tipo espositivo e argomentativo	☐	☐	☐
• esprimersi in modo personale e creativo attraverso l'invenzione e la progettazione di testi di tipo narrativo	☐	☐	☐
• organizzare la comunicazione per far conoscere all'esterno il prodotto del proprio lavoro	☐	☐	☐
Competenza digitale			
• usare con efficacia il computer e in particolare Word e Power Point per produrre e presentare testi multimediali	☐	☐	☐
• usare la rete Internet per reperire materiali necessari alla realizzazione di un progetto	☐	☐	☐
• visitare siti della Pubblica amministrazione e interagire	☐	☐	☐
Competenze sociali e civiche			
• partecipare in modo costruttivo a un lavoro di gruppo sia nella fase di progettazione sia in quella di realizzazione e in particolare:			
– portare il proprio contributo	☐	☐	☐
– rispettare e valorizzare quello degli altri	☐	☐	☐
– assumersi responsabilità e mantenere gli impegni	☐	☐	☐
– cercare il confronto	☐	☐	☐
– collaborare e stabilire sinergie	☐	☐	☐

• individuare persone esterne alla situazione scolastica e istituzioni pubbliche adeguate per contribuire alla realizzazione del progetto e stabilire contatti con loro	☐	☐	☐
Senso di iniziativa e imprenditorialità			
• pianificare le operazioni necessarie per realizzare fasi e aspetti di un progetto, in armonia con i suoi obiettivi generali	☐	☐	☐
• trovare soluzioni ai problemi che il lavoro presenta	☐	☐	☐
• senso critico e disponibilità a mettere in discussione e a rivedere quanto fatto, se necessario	☐	☐	☐
• reperire e stabilire contatti con persone e istituzioni che si ritengono utili allo svolgimento del progetto	☐	☐	☐
Consapevolezza ed espressione culturale			
• attingere alla propria enciclopedia personale e arricchirla collegando a essa nuove conoscenze	☐	☐	☐
• decentrarsi e assumere punti di vista molto diversi dal proprio	☐	☐	☐
• considerare autocriticamente le proprie idee, abitudini e stili di vita	☐	☐	☐
• ricercare e organizzare dati per acquisire informazioni	☐	☐	☐
• intuire relazioni fra fenomeni e cogliere relazioni problematiche	☐	☐	☐
• esprimere e condividere le proprie idee e darne espressione creativa con mezzi di comunicazione diversi (linguistici, visivi, multimediali ecc.)	☐	☐	☐
Imparare a imparare			
• cercare gli strumenti adeguati a raggiungere i propri scopi	☐	☐	☐
• stabilire relazioni e chiedere contributi a persone individuate come adeguate	☐	☐	☐
• avere consapevolezza del senso e del percorso di lavoro svolto	☐	☐	☐

UNITÀ 3

Nel primo volume di questa antologia hai letto testi narrativi che raccontano viaggi nati da motivazioni diverse; nel secondo volume hai scoperto che, attraverso resoconti e diari, è possibile riportare incontri, sensazioni, emozioni di un viaggio, cercare di trasmetterli agli altri e ritrovarli anche dopo molto tempo.

Quest'anno vogliamo invitarti, attraverso la lettura di reportage, testi giornalistici che raccontano viaggi, ad aprire il tuo orizzonte alla conoscenza del mondo globale, di paesaggi tanto diversi dai nostri, di culture differenti, di problemi che hanno radici storiche lontane.

UN MONDO SEMPRE PIÙ PICCOLO

Conoscenze
- Conoscere le caratteristiche del reportage di viaggio
- Conoscere luoghi, storie, personaggi

Competenze
- Individuare le caratteristiche di un reportage di viaggio
- Produrre reportage di viaggio
- Progettare e realizzare una ricerca

Raccontare i luoghi
M. Cattaneo, *Magia bianca* `+ facile`
L. Bignami, *La vita verde nell'isola di fuoco*
Per approfondire > Il reportage di viaggio
A. Semplici, *In piroga sul fiume Niger*
E. Mo, *Il corridoio azzurro che fa litigare l'Egitto con il resto dell'Africa*
A. Terzani Staude, *Ritorno in Cina* `+ difficile`
Un film per te > *I diari della motocicletta*
Un libro per te > *Ebano*
PER FARE IL PUNTO

IL MIO PERCORSO nell'eBook

RACCONTARE I LUOGHI

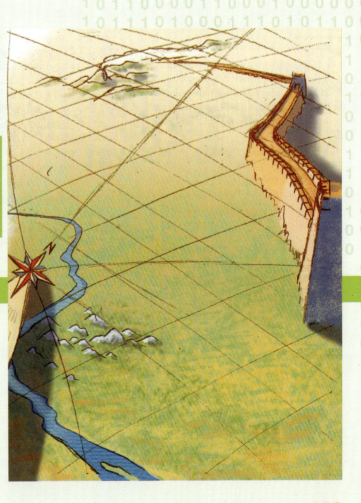

NOI, GLI ALTRI, IL MONDO

BIOGRAFIE

Acquaviva Sabino è nato a Padova nel 1929 ed è sociologo, giornalista e scrittore. Una tematica affrontata in modo ricorrente nelle sue opere è quella della comunicazione massmediatica, con tutti i suoi problemi e le questioni dibattute.
- I figli devono capire i genitori?, p. 383

Allende Isabel è nata a Lima, in Perù, nel 1942 ma ha vissuto, fin dall'infanzia, in Cile. Dopo il golpe di Pinochet, nel 1975 si è trasferita in Venezuela e poi negli Stati Uniti. Con il suo primo romanzo *La casa degli spiriti* (1982) si è affermata tra i narratori contemporanei più importanti.
- Perché ricordare, p. 274
- Alexander e Nadia, eBook

Ambrosoli Umberto, milanese, avvocato penalista, non è uno scrittore di professione. In *Qualunque cosa succeda* presenta la figura e la storia del padre, l'avvocato Giorgio Ambrosoli, assassinato a Milano nel 1979 da un killer assoldato dal banchiere Michele Sindona.
- L'uomo con la pistola, p. 616
- L'esame di coscienza di chi sa e non parla, eBook

Ammaniti Niccolò è nato a Roma nel 1966. Il suo primo romanzo, *Branchie*, è uscito nel 1997. Il romanzo che lo ha fatto conoscere al grande pubblico è stato *Io non ho paura*, pubblicato nel 2001. Quest'opera, insieme a *Come Dio comanda* del 2006, tratta il tema del rapporto padre-figlio. I libri di Ammaniti sono tradotti in francese, tedesco, spagnolo, greco e russo.
- Mio papà ti ci ha messo qua, p. 88

Asimov Isaac, nato in Russia nel 1920 e morto a New York nel 1972, è stato narratore e divulgatore scientifico prima di diventare scrittore di fantascienza. Tra i suoi scritti il più famoso è la *Trilogia galattica*.
- A scuola nel 2155, eBook

Bakolo Ngoi Paul è nato a Mbandaka (Repubblica Democratica del Congo, ex Zaire) nel 1962. Dopo il liceo classico a Kinshasa, si è laureato a Pavia con una tesi sui movimenti di indipendenza dei Paesi africani visti dalla stampa italiana, per poi specializzarsi presso la Scuola di Comunicazioni Sociali dell'Università Cattolica di Milano. Giornalista pubblicista e free-lance, ha collaborato a lungo con il quotidiano «Il Giorno».
- Dal villaggio alla città, p. 14

Balossi Restelli Nicola è nato a Milano nel 1979 ed è laureato in lettere. È autore della biografia romanzata *Dracula, mito e realtà*.
- Nel buio, p. 590

Baroni Federica è nata a Milano nel 1975. È giornalista e scrittrice, soprattutto di libri per bambini di argomento scientifico.
- Cyberbulli? No grazie, eBook

Bazoli Alfredo è nato a Brescia nel 1969, dove ancora oggi vive e svolge la professione di avvocato. Nella sua famiglia c'è una lunga tradizione di impegno civile: suo padre, e prima di lui suo nonno e il suo bisnonno, ebbero ruoli significativi nella vita politica cittadina e sua madre, sindacalista della scuola, fu una delle vittime della strage di piazza della Loggia, a Brescia, nel maggio 1974. Alfredo Bazoli è attivamente impegnato in politica e nel 2013 è stato eletto alla Camera dei Deputati.
- Per volontà di qualcuno, p. 619

BIOGRAFIE

Beckett Samuel, scrittore e drammaturgo irlandese, nacque a Dubino nel 1906 e morì a Parigi nel 1989. Studiò e si laureò al Trinity College di Dublino; dopo avere viaggiato in tutta Europa, si trasferì a Parigi (le sue opere sono scritte alcune in inglese, altre in francese). Durante la Seconda guerra mondiale partecipò attivamente alla Resistenza francese; per questo, dopo la guerra, venne insignito della Croix de guerre e della Médaille de la Résistance dal governo francese. La sua opera teatrale più famosa è *Aspettando Godot*, scritta in francese. Pubblicata nel 1952, la prima rappresentazione avvenne a Parigi, dove ebbe un discusso e controverso successo; due anni dopo apparve la traduzione in inglese curata da Beckett stesso. Dopo un periodo iniziale piuttosto faticoso, l'opera divenne estremamente popolare, in particolar modo negli Stati Uniti e in Germania e tuttora è rappresentata con grande frequenza.

- Aspettando Godot, p. 516

Ben Jelloun Tahar, scrittore marocchino di lingua francese, è nato nel 1944. I suoi romanzi si occupano di temi civili e sociali. Tra i più famosi, *Creatura di sabbia*, *Notte fatale* e *Il libro nel buio*. Importante è la sua opera *Il razzismo spiegato a mia figlia*, nella quale riflette sulla convivenza fra etnie e religioni diverse.

- Integrazione, assimilazione e identità per i figli di immigrati, p. 601
- Il razzismo, eBook

Benni Stefano è nato a Bologna nel 1947, è narratore, poeta, giornalista e consulente artistico. Ha pubblicato numerosi romanzi e racconti, soprattutto satirici.

- Parigi: una incredibile avventura che comincia dal freddo, p. 239

Bradbury Ray, nato nel 1920 negli Stati Uniti, è narratore, commediografo e sceneggiatore. Tra i suoi romanzi il più famoso è *Fahrenheit 451*, in cui vengono esasperati i pericoli di una società sempre più automatizzata e dimentica dei valori della cultura.

- L'amabile sorriso, p. 214

Brecht Bertolt, drammaturgo e poeta tedesco, nacque ad Augusta, in Germania, nel 1898. A partire dal 1928 si dedicò sempre più attivamente ai problemi sociali, avvicinandosi all'ideologia marxista. Si oppose al nazismo e nel 1933 lasciò la Germania trasferendosi in Danimarca, in Svezia, in Finlandia e infine negli Stati Uniti, dove rimase fino al 1947. Nel 1948 si stabilì poi definitivamente a Berlino Est, dove organizzò la compagnia teatrale "Berlino Ensemble" e dove morì nel 1956. Tra le sue opere teatrali vanno ricordate *L'opera da tre soldi*, *Santa Giovanna dei macelli*, *Madre Courage e i suoi figli*, *Vita di Galileo*. Vasta fu anche la sua produzione poetica, a cui si dedicò soprattutto negli anni dell'esilio.

- La guerra che verrà, p. 464
- Generale, p. 489
- Chi sta in alto dice: pace e guerra, p. 493

Brenifier Oscar Dottore in Filosofia e formatore, ha lavorato in molti paesi per promuovere corsi di filosofia per adulti e una pratica filosofica per bambini. È autore di libri per l'infanzia e l'adolescenza tradotti in più di trenta lingue.

- Per capire meglio noi stessi, p. 549

Vedi anche **Després Jacques**.

Brisson Pat vive a Phillipsburg, New Jersey, con il marito e quattro figli. E' autrice di numerosi libri per bambini ed è responsabile di una biblioteca.

- L'ultimo sguardo al cielo, p. 107

Brown Fredric, nato a Cincinnati, negli Stati Uniti, nel 1906 e morto nel 1972, è stato uno dei più importanti autori di fantascienza statunitensi. Si è cimentato anche nel genere giallo. Molti suoi racconti, come *Sentinella*, sono brevi e basati sull'effetto dato dal cambiamento repentino del punto di vista.

- Sentinella, p. 210
- Vietato l'accesso, p. 224

Buzzati Dino nacque a Belluno nel 1906 e visse a Milano, dove il padre era docente universitario. Pubblicò i primi racconti su settimanali e sul quotidiano «Corriere della Sera», per il quale lavorò fino alla morte, nel 1972. È stato scrittore, giornalista e pittore.

- La giacca stregata, p. 48
- Il colombre, p. 125

Calvino Italo nacque nel 1923 a Santiago de Las Vegas, presso l'Avana, a Cuba, dove il padre lavorava in una stazione sperimentale di agricoltura. Dopo due anni la famiglia ritornò in Italia, a San Remo. Terminato il liceo nel 1941, Calvino si iscrisse alla facoltà di agraria di Torino, per poi passare a quella di Firenze. Intanto coltivava altri interessi: scrisse brevi racconti, poesie, testi teatrali. Dal 1944 si unì ai partigiani. L'esperienza della Resistenza fu breve, ma particolarmente intensa. Al termine della guerra si trasferì a Torino, dove conobbe altri scrittori, quali Cesare Pavese, Natalia Ginzburg ed Elio Vittorini. Con quest'ultimo collaborò ad alcune riviste letterarie. La sua prima produzione ha un carattere personale e si ispira agli anni della Resistenza. Tra le sue opere ricordiamo la trilogia fantastico-allegorica composta da *Il visconte dimezzato* (1952), *Il barone rampante* (1957) e *Il cavaliere inesistente* (1959); la raccolta *Fiabe italiane* (1956); *Marcovaldo ovvero le stagioni in città* (1963); *Le cosmicomiche* (1965); *Se una notte d'inverno un viaggiatore* (1979). Morì il 19 settembre 1985.

- Una questione complicata per il re, p. 120
- Sugli alberi sotto la pioggia, p. 305

Camilleri Andrea è nato in provincia di Agrigento nel 1925 e ha lavorato a lungo per la televisione come sceneggiatore e regista; sua è la produzione delle serie del commissario Maigret e del tenente Sheridan. Il suo primo romanzo, *Il corso delle cose*, è uscito nel 1978. Sono seguiti molti altri romanzi, tra cui quelli che hanno come protagonista il commissario Montalbano.

- Guardie e ladri, eBook

Campanile Achille (Roma 1900-Velletri 1977) è stato commediografo, sceneggiatore, giornalista e soprattutto scrittore di testi umoristici, per la narrativa e per il teatro. Nonostante il padre volesse evitargli la carriera di giornalista, cominciò presto a familiarizzare con la carta stampata come correttore di bozze al quotidiano «La Tribuna». Fin da subito scelse la strada dell'umorismo giocato sull'assurdo, sulla creazione linguistica, sulle situa-

BIOGRAFIE

zioni paradossali, fuori da ogni logica che non fosse quella della battuta improvvisa, capace di spiazzare il lettore o lo spettatore. Il suo teatro fu apprezzato da Pirandello ma ebbe poca fortuna sulla scena, mentre la sua collaborazione ai testi televisivi e cinematografici degli anni Cinquanta ebbe ampio successo. Le sue opere più famose restano *L'inventore del cavallo* (1924), *Tragedie in due battute* (1925), *La moglie ingenua e il marito malato* (1942), *Gli asparagi e l'immortalità dell'anima* (1974).

- Tragedie in due battute, p. 508
- La lettera di Ramesse, p. 511

Canetti Elias (1905-1994), scrittore bulgaro di origine ebrea, si rifugiò in Gran Bretagna nel 1938 e vi rimase per il resto della sua vita. Il suo romanzo più famoso è *Auto da fé*, pubblicato negli anni della conquista del potere da parte di Hitler. Nel 1981 fu insignito del premio Nobel per la letteratura.

- Il venerdì degli zingari, eBook

Caproni Giorgio, nato a Livorno nel 1912, visse a lungo in Liguria, poi a Roma, dove lavorò come insegnante, traduttore e critico letterario. La sua opera poetica, raccolta nel volume *Poesie*, ha un'intensità espressiva e una tensione narrativa molto forti. Morì a Roma nel 1990.

- Congedo del viaggiatore cerimonioso, p. 455

Casati Modignani Sveva è lo pseudonimo usato da Bice Cairati (nata a Milano nel 1938) e da Nullo Cantaroni (nato a Milano nel 1928 e morto nel 2004), moglie e marito, giornalisti che hanno scritto insieme molti libri, fino alla morte di Cantaroni. In seguito Bice Cairati ha continuato a scrivere.

- Sant'Antonio e le crocchette di patate, p. 260

Čechov Anton (1860-1904) è stato uno dei maggiori esponenti della narrativa russa dell'Ottocento. Cresciuto in una famiglia economicamente disagiata, si laureò in medicina nel 1884, ma esercitò solo saltuariamente la professione di medico, dedicandosi esclusivamente all'attività letteraria. Scrisse molti racconti e opere teatrali (tra cui *Zio Vanja*, *Il gabbiano*, *Il giardino dei ciliegi*), ancora oggi rappresentate in tutto il mondo.

- Lo specchio curvo, p. 46

Chandler Raymond (1888-1959), scrittore statunitense di gialli, pubblicò il suo primo racconto nel 1933 e il suo primo romanzo, *Il grande sonno*, nel 1939. Lavorò anche come sceneggiatore per la Paramount dal 1943. Fu molto critico con il poliziesco tradizionale ed espresse le sue teorie di costruzione di un giallo nel saggio *La semplice arte del delitto*. Il suo stile è originale e fa uso frequente del discorso diretto. Tra i molti romanzi e racconti i più noti sono quelli che hanno come protagonista il detective Philip Marlowe.

- Philip Marlowe: appostamenti e corse in auto sotto la pioggia, p. 182

Christie Agatha, all'anagrafe Agatha Mary Clarissa Miller, nacque nel Devonshire, in Inghilterra, nel 1890. Non seguì studi regolari ma fu educata privatamente. Si sposò nel 1914 con Archibald Christie, un ufficiale che due giorni dopo il matrimonio partì per il fronte nella Raf, l'aviazione inglese. Aghata Christie cominciò a scrivere le sue *detective stories* quando prestò servizio come crocerossina in un ospedale. Il suo primo libro, *Poirot a Styles Court*, fu pubblicato nel 1920. Dal 1922 al 1926 pubblicò altri romanzi. Quando il marito le chiese il divorzio, nel 1926, Agatha, in pieno esaurimento nervoso, scomparve e fu ritrovata nove giorni dopo in un albergo, registrata con il nome della sua rivale, l'amante del marito. Superato questo momento difficile, continuò a scrivere con sempre più grande successo. Morì nel 1976. Ancora oggi i suoi romanzi sono letti e ricercati in tutto il mondo; la Christie è la scrittrice inglese più tradotta nel mondo. Dai suoi libri sono state tratte molte versioni cinematografiche e per la TV.

- La dama velata, p. 196
- Un'inquietante filastrocca e una voce disumana, p. 293

Clarke Arthur Charles (1917-2008) è stato uno scienziato e scrittore inglese, autore di volumi di divulgazione scientifica e romanzi di fantascienza, tra cui il più famoso è *2001: Odissea nello spazio*.

- La base Clavius, p. 220

Colombo Gherardo, nato a Briosco, in provincia di Monza e Brianza, nel 1946, è stato uno dei più importanti magistrati milanesi degli anni Novanta del Novecento. Ritiratosi dalla Magistratura, è impegnato nell'educazione alla legalità all'interno delle scuole. Dal 2009 è presidente della casa editrice Garzanti.

- La scelta di una professione, p. 22
- Un Paese immaginario, eBook
- Che cosa dice l'articolo 3 della Costituzione, p. 599

Conan Doyle Arthur (1859-1930) è stato uno scrittore britannico considerato il fondatore del giallo deduttivo. Sherlock Holmes, il detective da lui creato, è tra i più noti della letteratura gialla. Le prime due opere con Sherlock Holmes sono *Uno studio in rosso* (1887) e *Il segno dei quattro* (1890). Conan Doyle scrisse anche romanzi storici, d'avventura e di fantascienza.

- Sherlock Holmes: il personaggio e il suo metodo d'indagine, p. 173

D'Adamo Francesco è nato nel 1949 a Milano, dove vive, scrive le sue storie e partecipa a numerosi incontri con insegnanti e ragazzi. Nei suoi libri ha dato voce ai problemi dei giovani che vivono nelle periferie italiane, ma anche ai drammi dei bambini del mondo sfruttati per il lavoro, per la guerra, oppure costretti ad affrontare il mare in cerca di un futuro. Il suo libro più famoso è *La storia di Iqbal*, la storia vera di un bambino pakistano che ha saputo denunciare la piaga del lavoro minorile e ha pagato con la vita il suo coraggio.

- La battaglia, p. 342

Després Jacques Dopo aver studiato Belle Arti, all'inizio degli anni novanta ha lasciato l'arte convenzionale per avventurarsi nel mondo dell'illustrazione virtuale. I suoi personaggi in 3D hanno conquistato grandi e bambini in tutta Europa.

- Per capire meglio noi stessi, p. 549

Vedi anche **Brenifier Oscar**.

BIOGRAFIE

Dick Philip K., scrittore americano nato nel 1928 e morto nel 1982, è considerato uno dei maestri del genere fantascientifico. Tra le sue opere ricordiamo *La svastica sul sole*.

- La pecora sul terrazzo, p. 235

Dickens Charles nacque a Portsmouth (Inghilterra) nel 1812. Divenne famoso con l'opera *Il circolo Pickwick*, la cui pubblicazione, in dispense mensili, iniziò nel 1836. Seguirono molti altri racconti e romanzi sociali tra cui *Oliver Twist*, *Tempi difficili* e *David Copperfield*. Morì nel 1870.

- In un covo di ladri, p. 289

Dulbecco Renato è un biologo di nazionalità statunitense ma nato in Italia nel 1914. Nel 1975 ha condiviso con David Baltimore e Howard Temin il premio Nobel per la medicina, assegnato loro per gli studi compiuti sullo sviluppo delle cellule tumorali.

- Non riuscivo a nutrire ostilità per quella gente, p. 579

Ellis Deborah è un'assistente sociale che fin da giovane ha lavorato in progetti di sostegno a popolazioni colpite da guerre o catastrofi umanitarie. Ha vissuto per mesi nei campi profughi per rifugiati afghani in Pakistan, dove ha conosciuto molte bambine e donne afghane e ne ha ascoltato le storie. Queste storie sono state lo spunto per i suoi libri e in particolare per *La trilogia del burqa*. Nonostante la sua attività di scrittrice, è ancora impegnata in attività assistenziali nel suo Paese di origine, il Canada.

- Una scelta difficile, p. 353

Eluard Paul, pseudonimo di **Eugène Grindel** (1895-1952), è stato un poeta francese tra i fondatori del movimento culturale del surrealismo. Durante la Seconda guerra mondiale partecipò alla vita politica e scrisse poesie che inneggiavano alla Resistenza (*Poesia e verità*, *Appuntamento coi tedeschi*).

- Non verremo alla meta ad uno ad uno, p. 426

Equiano Olaudah nacque nel 1745 a Essaka, un villaggio igbo dell'attuale Nigeria. Fu rapito con la sorella a undici anni, venduto ai mercanti di schiavi e portato nel continente americano dove lavorò nelle piantagioni in Virginia. Dopo essere stato venduto a più padroni, a ventun anni riscattò la propria libertà. Viaggiò in tutto il mondo affrontando ogni genere di pericoli e avventure. A Londra, dove si stabilì, lavorò attivamente nel movimento per l'abolizione della schiavitù.

- Il rapimento, eBook

Evtushenko Evghenij è un poeta, fotografo e attore russo nato a Zima nel 1933. Dissidente durante il regime sovietico, ha vissuto a lungo all'estero. È oggi uno dei protagonisti della rinascita culturale russa.

- La scuola di Beslan, eBook

Fasanotti Roberta è un'insegnante, molto attenta ai problemi e alle situazioni vissute dai suoi alunni, da cui ha preso spunto per alcuni suoi romanzi, come *Faccia di cavolfiore* o *A tredici anni*. Appassionata di storia, ha cercato di avvicinare i ragazzi alle problematiche del passato attraverso storie che li coinvolgessero e li emozionassero.

- Bambini italiani sotto la dittatura fascista, p. 320

Feiffer Jules, nato a New York nel 1929, è scrittore, autore di fumetti, cartoonist e vignettista. Nel 1986 ha vinto il premio Pulitzer. È noto soprattutto per le sue strisce di argomento politico e satirico ma anche poetico e psicologico. Tra le vignette politiche sono note quelle sul presidente statunitense Richard Nixon e lo scandalo Watergate.

- Ospiti inattesi, p. 142
- I problemi di Jimmy, eBook

Fo Dario è una delle maggiori personalità del teatro italiano. È scrittore di teatro, attore, regista, produttore. È nato nel 1926 a S. Giano in provincia di Varese da padre ferroviere e madre contadina. I numerosi trasferimenti che il mestiere del padre ha imposto alla famiglia hanno reso la sua infanzia ricca di incontri e di esperienze sempre nuove. A Milano ha frequentato l'accademia di Brera e ha studiato architettura al Politecnico. Ha cominciato a scrivere testi teatrali molto presto; negli anni Cinquanta ha iniziato anche a lavorare in RAI come autore e attore. Nel 1954 ha sposato l'attrice Franca Rame. Nel 1969 ha fondato una compagnia teatrale, *La comune*, con la quale ha prodotto le opere più significative e di maggior successo, che ponendosi dal punto di vista dei deboli e degli oppressi trattano i temi più scottanti dell'attualità (come *Morte accidentale di un anarchico*), o criticano le storture e gli abusi della nostra società, recuperando le storie e la comicità dei giullari medievali (come il suo capolavoro, *Mistero buffo*). Nel 1997 ha ricevuto il premio Nobel per la letteratura.

- Mistero buffo, eBook

Follett Ken è nato nel 1949 a Cardiff, nel Galles. Dopo gli studi filosofici ha lavorato dapprima come giornalista e poi come redattore in una piccola casa editrice, dove è diventato direttore editoriale. Ha scritto i suoi primi libri firmandosi con vari pseudonimi. La sua prima opera di successo, *La cruna dell'ago*, è stata pubblicata nel 1978 ed è un thriller di spionaggio. Con questo libro ha vinto il premio Edgar Allan Poe, il massimo riconoscimento per la narrativa del mistero. Dopo altre *spy stories*, tra gli anni Ottanta e Novanta ha pubblicato cinque romanzi storici, tra cui *I pilastri della terra*, ambientato nel Medioevo. Negli anni successivi ha scritto storie attuali che pongono l'attenzione sulle nuove tecnologie. Ha proseguito poi con avventure di spionaggio e mistero.

- L'ufficio di zio Grigorian, p. 300

Fontana Micol, nata in provincia di Parma, è stata, insieme alle sorelle, la fondatrice a Roma della sartoria *Sorelle Fontana*, una delle più rilevanti case di alta moda italiane del Novecento, a cui si sono rivolte le più importanti donne del mondo. I modelli di punta della Casa sono oggi esposti presso la sede della Fondazione Micol Fontana a Roma.

- Il drittofilo, eBook

Fortini Franco, pseudonimo di **Franco Lattes**, è stato saggista, critico letterario e poeta. Nato a Firenze nel 1917, partecipò alla Seconda guerra mondiale, ma dopo l'8 settembre 1943 si arruolò nella Resistenza. Collaborò

653

BIOGRAFIE

alle più importanti riviste letterarie del dopoguerra. Morì a Milano nel 1994.

- A mia moglie, p. 436

Fraioli Luca è laureato in astrofisica e ha iniziato la sua carriera come divulgatore scientifico per riviste come «Le Scienze» e «Sapere» e per programmi TV come Superquark. Ha scritto, come giornalista, per le pagine scientifiche de «L'Unità» e «l'Espresso» e attualmente lavora per il quotidiano «repubblica». Nel 1995 è stato tra i fondatori di Galileo, primo sito internet di giornalismo scientifico in Italia.

- La signora delle Scienze. Fabiola Giannotti si racconta, p. 24

Friedman Pavel non è stato uno scrittore di professione, ma uno degli internati del campo di concentramento di Terezin, il maggior campo sul territorio cecoslovacco durante la Seconda guerra mondiale. Nacque nel 1921 e morì nel 1944 ad Auschwitz.

- La farfalla, p. 469

Gaarder Jostein è nato nel 1952 e vive a Oslo in Norvegia, con la moglie e i due figli. Si è dedicato allo studio della filosofia, della teologia e della letteratura insegnando per anni filosofia. La sua prima opera letteraria venne pubblicata nel 1986 ma il suo romanzo più famoso è *Il mondo di Sofia*, uscito in Norvegia nel 1991 e diffuso presto con grande successo in tutto il mondo. Si ricordano inoltre tra i suoi romanzi: *In uno specchio, in un enigma*, *Cosa c'è dietro le stelle*, *Lilli de Libris e la biblioteca magica*.

- Chi sei tu?, p. 546

Gariglio Carla è nata a Torino nel 1947 e ha insegnato per molti anni nella Scuola primaria. È promotrice di attività culturali e scrittrice di poesie e racconti per ragazzi.

- Bellissimo, p. 562

Gentile Andrea è nato nel 1985 a Isernia e vive a Milano. Nel suo libro *Volevo nascere vento* racconta la storia di Rita Atria, una giovane collaboratrice di giustizia, e del suo rapporto con il giudice Paolo Borsellino.

- Il mostro, p. 596

Ginzburg Natalia, all'anagrafe Natalia Levi, nacque a Palermo nel 1916, ma trascorse l'infanzia e la giovinezza a Torino. Dopo il matrimonio con l'ebreo russo Leone Ginzburg, visse in Abruzzo, dove il marito fu costretto al confino. Lavorò presso la casa editrice Einaudi, dedicandosi alla produzione di romanzi, il più famoso dei quali è l'autobiografia *Lessico famigliare* (1963), e saggi. Partecipò attivamente alla vita politica italiana. Morì a Roma nel 1991.

- Il signor Paolo Ferrari, p. 254
- In ricordo di Leone, p. 446

Giordano Paolo è nato a Torino nel 1982, si è laureato in fisica all'Università di Torino, dove ha vinto una borsa di studio per il conseguimento del dottorato di ricerca in fisica delle particelle. *La solitudine dei numeri primi* è il suo primo romanzo, pubblicato nel 2008, che ha ottenuto più di un riconoscimento.

- La tesi di laurea, p. 111

Gogol' Nicolaj Vasil'evič nacque nel 1809 in Ucraina, in una famiglia di piccoli proprietari terrieri e manifestò assai presto il suo interesse per la letteratura e per il teatro. Trasferitosi in Russia, insegnò all'Università di San Pietroburgo, successivamente trascorse alcuni anni in Italia e in altri Paesi d'Europa. Tra le opere più significative ricordiamo i racconti *Taras Bul'ba* e *Arabeschi*, la commedia *L'ispettore* e il romanzo *Le anime morte*. Morì a Mosca nel 1882.

- Il naso, p. 131

Govoni Corrado nacque in provincia di Ferrara nel 1884. Partecipò al movimento culturale del futurismo, a quello poetico dei crepuscolari e collaborò a diverse riviste letterarie, tra cui la «La Voce» e «Lacerba». Oltre a poesie, scrisse molti romanzi, novelle, lavori teatrali. Morì nel 1965.

- Una domanda, p. 451

Hernández Miguel, nato nel 1910 a Orihuela (Alicante, Spagna) da una famiglia di pastori, fu attratto giovanissimo dalla poesia e da autodidatta lesse e scrisse, pubblicando nel 1933 *Perito en lunas*. Scoppiata la guerra civile spagnola, militò fra i repubblicani. Incarcerato, venne condannato a morte nel 1940; la condanna venne poi commutata nel carcere a vita, ma nel 1942 la tubercolosi polmonare lo condusse alla morte.

- (Guerra), eBook

Hesse Hermann, nato nel 1877 e morto nel 1962, è stato uno scrittore e poeta tedesco, premio Nobel per la letteratura nel 1946. La sua opera, iniziata nella scia della tradizione romantica, fu in seguito influenzata dal contatto dapprima con la tradizione della spiritualità orientale, poi con la psicanalisi. Tra i numerosi romanzi ricordiamo *Siddharta* (1922) e *Il lupo della steppa* (1927).

- Se la mia vita, p. 437

Ibsen Henrik è il più famoso drammaturgo della letteratura norvegese, nato nel 1828 e morto nel 1906. In seguito al fallimento dell'attività del padre, commerciante in legname, dovette abbandonare gli studi e iniziò a lavorare in una farmacia, mentre componeva drammi per il teatro. Trasferitosi a Oslo, si laureò in medicina, e lavorò come assistente teatrale e scrittore. Portò in teatro la borghesia ottocentesca, mettendone a nudo le contraddizioni e il profondo maschilismo. Tra le sue opere ricordiamo *Peer Gynt*, che narra le vicende mitiche di un eroe popolare, *Spettri* e *Casa di bambola*, due drammi in cui l'autore studia le relazioni all'interno di famiglie benestanti e all'apparenza serene, ma che nascondono profondi traumi e tensioni.

- Casa di bambola, eBook

Joyce James (1882-1941) è stato un poeta e scrittore irlandese. Primogenito di una numerosa famiglia della buona società di Dublino, di forte tradizione cattolica, studiò nei migliori collegi cattolici della città. L'educazione ricevuta fu fondamentale nella sua formazione e lo portò a una rivolta contro la religione. Nel 1904 lasciò l'Irlanda per recarsi in volontario "esilio" sul continente. Nel 1914 uscì la sua raccolta *Gente di Dublino*, in cui vengono narrate storie di vita quotidiana della sua città natale. Il capolavoro di Joyce è il romanzo *Ulisse*, pubblicato nel 1922.

- Eveline, eBook

BIOGRAFIE

Kafka Franz nacque a Praga nel 1883, si laureò in giurisprudenza ma ben presto manifestò interessi letterari. Scrisse numerosi racconti, tra cui il più celebre è *La metamorfosi* (1916) e due romanzi incompiuti. Morì a Vienna nel 1924.

• Un enorme insetto immondo, p. 137

Kambanellis Iakovos è un poeta, drammaturgo e scrittore greco, nato nel 1922 a Naxos. È stato internato nei lager nazisti durante la Seconda guerra mondiale. Vive e lavora ad Atene.

• Quando la guerra finirà, p. 490

Lamarque Vivian è una scrittrice, giornalista e poetessa contemporanea. È nata in provincia di Trento ma ha sempre vissuto a Milano. Ha scritto numerosi libri per ragazzi, tra cui *Il flauto magico*, che ha vinto il premio Andersen nel 2000.

• Contagiosa morte, p. 488

Le Guin Ursula K. è una delle scrittrici contemporanee più interessanti e poliedriche del panorama americano, famosa come autrice di testi di fantascienza e fantasy.

• Le ambizioni di Natalie, p. 11

Levi Montalcini Rita, nata a Torino nel 1909 da una famiglia di origini ebree, è una scienziata di fama mondiale. È stata insignita del premio Nobel per la medicina nel 1986. Nel 2001 il presidente della Repubblica Carlo Azeglio Ciampi l'ha nominata senatrice a vita.

• Una scelta, p. 29

Levi Primo nacque a Torino il 31 luglio 1919 da Cesare e Ester Luzzati, di origine ebraica. Conseguita la licenza liceale, nel 1937 si iscrisse alla facoltà di Chimica di Torino, dove si laureò con lode nel 1941. Dopo aver lavorato per alcuni anni in fabbriche chimiche, nel settembre del 1943 si unì alle formazioni partigiane operanti in Piemonte e Valle d'Aosta. Catturato dalle forze nazifasciste durante un rastrellamento, venne dapprima inviato al campo di raccolta di Fossoli (Modena) e quindi trasferito in un campo di lavoro dipendente dal campo di sterminio di Auschwitz-Birkenau in Polonia. Sopravvissuto a quella tremenda esperienza, tornò in Italia, dove si sposò e riprese a lavorare nell'industria chimica. Il desiderio di raccontare la sua disumana prigionia lo condusse a scrivere e a pubblicare nel 1947 *Se questo è un uomo* e nel 1963 *La tregua*. Dal 1977 avviò una collaborazione con il quotidiano «La Stampa» scrivendo racconti, ricordi, recensioni. Scrisse altre opere tra cui *La chiave a stella* (1978) e il suo unico romanzo *Se non ora quando?*, che nel 1982 ottiene i premi Viareggio e Campiello. L'ultima sua opera, *I sommersi e i salvati*, uscì nel 1986. L'anno dopo, l'11 aprile, Levi morì suicida.

• Se questo è un uomo, p. 309
• Vergogne, p. 610
Vedi anche **Udovisi Graziano**

Levine Karen, autrice canadese, si occupa di programmi radiofonici; infatti, *La valigia di Hana*. È nato come documentario radiofonico e in seguito è diventato un libro.

• Alla ricerca di Hana, p. 330

Lodi Mario, nato nel 1922 a Vho di Piadena, in provincia di Cremona, dal 1940 si è dedicato all'insegnamento. Durante la Seconda guerra mondiale è stato incarcerato per attività clandestina antifascista. Ha collaborato a numerose riviste scolastiche e ha pubblicato libri per ragazzi (il più famoso è *Cipì*) e testi di riflessione pedagogica sulla sua attività di maestro e sui fondamenti di una scuola che educhi alla libertà, all'espressione di sé, al rispetto, alla collaborazione e alla solidarietà: *C'è speranza se questo accade al Vho* (1963), *Il paese sbagliato* (1970), *Cominciare dal bambino* (1977) e *La scuola e i diritti del bambino* (1983). Ha continuato con passione la sua attività di maestro fino alla pensione, ma non ha mai smesso di occuparsi concretamente di bambini e della loro educazione. Tuttora lavora alla cascina Drizzona, dove dirige la *Casa delle Arti e del Gioco* da lui fondata, con i proventi del premio internazionale LEGO, ottenuto nel 1989.

• Il mio primo giorno di scuola… da maestro, p. 250

Lodoli Marco è insegnante, scrittore e giornalista. Grazie alla sua esperienza in un istituto professionale di Roma, si occupa soprattutto di articoli riguardanti il mondo dei giovani e il loro rapporto con la scuola.

• Il demone della Facilità, p. 394

Lucarelli Carlo, nato a Parma nel 1960, è giornalista, sceneggiatore e scrittore. È anche autore e conduttore di programmi televisivi. Ha scritto racconti e romanzi, tra cui le serie con protagonisti il commissario De Luca, l'ispettore Coliandro e l'ispettore Grazia Nigro. È anche autore di fumetti.

• Il delitto di Natale, p. 158

Lussu Emilio nacque a Cagliari nel 1890 e combatté durante la Prima guerra mondiale come ufficiale di fanteria della Brigata Sassari. Antifascista, fu condannato al confino a Lipari, da cui fuggì. Trovò rifugio a Parigi dove con Carlo Rosselli e Fausto Nitti fondò il movimento "Giustizia e libertà". Partecipò alla Resistenza e, nel dopoguerra, fu deputato. Morì nel 1975.

• Soldati in marcia, eBook

Maida Bruno insegna Storia contemporanea all'Università degli Studi di Torino. È membro del comitato scientifico dell'Istituto piemontese per la storia della Resistenza e della società contemporanea e del comitato scientifico della Fondazione per la Memoria della Deportazione di Milano.

• Vivere ancora, p. 613

Mantegazza Raffaele è professore associato di Pedagogia generale e sociale della Facoltà di Scienze della formazione dell'Università di Milano-Bicocca. Le sue aree di ricerca sono Pedagogia interculturale e dialogo interreligioso, Auschwitz e la pedagogia dello sterminio, Pratiche di resistenza e di opposizione al dominio in chiave pedagogica. Ha pubblicato saggi di pedagogia.

• Per combattere il pregiudizio, eBook

May Fiona è nata nel 1969 a Derby, in Inghilterra, da genitori giamaicani ed è diventata italiana nel 1994, in seguito al matrimonio con l'atleta Gianni Iapichino. È stata "regina" dell'atletica italiana per molti anni nella specialità del salto in lungo, ed è la prima e unica rappresentante di colore nella storia

BIOGRAFIE

della nostra atletica. Attualmente vive a Firenze.

- Un futuro nello sport, p. 19

Vedi anche **Paola Zannoner**.

Mazzolari Primo (1890-1959) è stato un sacerdote coraggioso che espresse le sue idee con decisione sia all'interno della Chiesa che nella società civile, opponendosi all'ideologia fascista e a ogni forma di violenza. Partecipò alla lotta di liberazione dopo l'8 settembre.

- L'unica alternativa è la non violenza, p. 582

Merini Alda, nata a Milano nel 1931 e morta nel 2009, è stata una delle più importanti poetesse italiane contemporanee. Ha esordito giovanissima, a sedici anni, con un libro che ebbe subito un grande successo di critica. La sua esperienza personale e poetica fu fortemente condizionata dalla malattia mentale che la colpì, costringendola a lunghi soggiorni in manicomio. Proprio la follia, insieme all'amore, alla città di Milano e, negli ultimi anni, al senso del sacro, sono i temi principali della sua opera poetica.

- Dio mi ha messo in mano una cetra, p. 449

Mitton Tony, figlio di un militare, ha trascorso la sua infanzia fra l'Africa, dove è nato nel 1951, la Germania e Hong Kong. Tra i 25 e i 49 anni ha lavorato come insegnante, dapprima a tempo pieno e poi part-time, dedicando 2-3 giorni la settimana alla scrittura di poesie e storie per testi scolastici. In seguito si è dedicato totalmente alla scrittura, soprattutto di letteratura per bambini. Attualmente vive a Cambridge con la famiglia.

- La sposa del mare, p. 429

Montale Eugenio nacque a Genova nel 1896 e visse poi a Firenze e Milano, dove morì nel 1981. Prima di avvicinarsi alla poesia, studiò musica e canto. A Firenze collaborò a riviste come «Solaria», «Pegaso» e «Letteratura» e si allontanò via via dalla matrice ligure della sua prima raccolta, le liriche di *Ossi di seppia*. Nell'ambiente fiorentino maturò la poesia delle *Occasioni* e sviluppò la sua attività di traduttore. Negli anni successivi svolse anche attività di giornalista e critico musicale. Vinse il premio Nobel per la letteratura nel 1975.

- Ho sceso, dandoti il braccio, p. 444
- La tua parola così stenta e imprudente, eBook

Morante Elsa nacque a Roma nel 1912. Imparò a leggere e scrivere in famiglia e ancora bambina scrisse storie in prosa e in versi. Questo suo precoce talento fu incoraggiato dalla madre. Elsa frequentò regolarmente il ginnasio e il liceo, al termine del quale andò a vivere da sola. Nel 1936 conobbe Alberto Moravia, scrittore già importante e famoso, che sposò nel 1941. Il suo primo romanzo di successo, *Menzogna e sortilegio*, fu pubblicato nel 1948. Nel 1957 uscì *L'isola di Arturo* e nel 1974 *La storia*. Nel 1976 la Morante iniziò a scrivere l'ultimo suo romanzo *Aracoeli*, a cui dedicò cinque anni di lavoro, pubblicato nel 1982. Morì il 25 novembre del 1985.

- L'isola come la reggia di re Mida, p. 94
- Il bombardamento di Roma, p. 571

Morgenstern Susie, scrittrice di origine ebrea, è nata nel New Jersey e ha studiato negli Stati Uniti, in Israele e in Francia, dove ora vive e insegna all'università. I suoi romanzi trattano con concretezza e ironia i problemi della vita quotidiana degli adolescenti e dei preadolescenti.

- Un amore che può aspettare, p. 559

Mormando Federica è un medico psichiatra e psicoterapeuta e presidente di Eurotalent Italia, associazione di riconoscimento dei talenti, che si occupa di consulenze psicologiche e didattiche per bambini.

- Bambini coraggiosi. Insegnare a cadere (e a rialzarsi), p. 396

Nove Aldo, pseudonimo di Antonio Centanin, è nato nel 1967 a Viggiù in provincia di Varese. Ha pubblicato nel 1995 il racconto *Il mondo dell'amore* nella raccolta *Gioventù cannibale*; per questo è stato annoverato nel gruppo degli scrittori "cannibali", che negli anni Novanta del Novecento sono stati etichettati così per il crudo e violento realismo dei loro romanzi. Nel 2000 è uscito il suo romanzo *Amore mio infinito*, che si allontana dal genere dei "cannibali" fino ad allora seguito.

- La bambina, p. 565

Olmi Ermanno è nato a Bergamo nel 1931. Dopo aver seguito i corsi di recitazione dell'Accademia di Arte Drammatica, debutta, nel 1959, con il lungometraggio *Il tempo si è fermato*. Seguono altri successi, tra cui il suo capolavoro *L'albero degli zoccoli* (1978), la storia di quattro famiglie di contadini della campagna bergamasca.

- L'unica cosa che avevo in mente era il teatro, p. 266

Orlev Uri è uno scrittore polacco, nato nel 1931 e vissuto a Varsavia durante i tragici anni della Seconda guerra mondiale. Come alcuni protagonisti dei suoi romanzi, è rimasto a lungo nascosto nel ghetto insieme alla sua famiglia, finché è stato deportato a Bergen-Belsen. Ora vive in Israele, dedicandosi alla scrittura di romanzi e racconti, con i quali ha vinto numerosi premi.

- La rivolta, eBook

Palumbo Daniela è nata a Roma nel 1965. È una giornalista e scrittrice per ragazzi. Ha pubblicato il suo primo, sul tema della disabilità, nel 1998; nel 2010 ha vinto il premio Il Battello a Vapore per *Le valigie di Auschwitz*.

- Io chi sono?, p. 347

Paulsen Gary è nato nel Minnesota, vive in un ranch nel Nuovo Messico ed è uno dei più grandi scrittori per ragazzi degli Stati Uniti. Ha scritto anche alcuni libri per adulti in cui racconta la sua difficile infanzia e le molte avventure vissute tra le nevi dell'Alaska.

- Il futuro oltre il confine, p. 6

Pavese Cesare (1908-1950), scrittore di origine piemontese, si interessò alla letteratura statunitense, di cui tradusse testi di molti autori, tra cui Melville. Il suo primo libro fu la raccolta di poesie *Lavorare stanca*. L'opera che lo fece conoscere al pubblico fu il romanzo *Paesi tuoi*. Altri romanzi sono *Il compagno*, *La casa in collina* e *La luna e i falò*.

- Ogni guerra è una guerra civile, eBook

BIOGRAFIE

Pirandello Luigi è uno dei maggiori autori della nostra letteratura e senz'altro il maggior drammaturgo. Nacque a Girgenti (Agrigento) nel 1867, da una famiglia di buone condizioni economiche, che aveva sostenuto attivamente l'unificazione italiana, compiutasi qualche anno prima, e che traeva le sue ricchezze dalle miniere di zolfo. Studiò a Palermo, a Roma e poi a Bonn, dove si laureò in Lettere. Tornato in Italia si stabilì a Roma dove strinse rapporti di amicizia con importanti letterati del tempo come Luigi Capuana, esponente del movimento verista, e divenne docente all'Istituto superiore di Magistero. Cominciò a scrivere, soprattutto novelle, e ne pubblicò una raccolta, intitolata *Amori senza amore*; nel 1901 pubblicò il suo primo romanzo, *L'esclusa*, che, pur risentendo dell'influenza verista, non era espressione di un'arte che vuole riprodurre fedelmente i fatti della realtà. Nel 1903 la famiglia fu rovinata dall'allagamento di una zolfara in cui il padre aveva impegnato tutti i capitali; l'anno dopo Pirandello pubblicò il suo romanzo più famoso, *Il fu mattia Pascal*. I temi delle sue opere riflettono i problemi esistenziali dell'uomo contemporaneo: la solitudine, l'ipocrisia delle convenzioni sociali, il contrasto fra realtà e apparenza; lo stile è spesso ironico e grottesco. La sua intensissima attività letteraria si volse poi verso il teatro: produsse molti atti unici ricavati dalle sue novelle, e molti drammi, come *Sei personaggi in cerca d'autore* ed *Enrico IV*, apprezzati sia in Italia che all'estero, dove lo scrittore si recò spesso in tournée con la compagnia teatrale che aveva fondato. Nel 1934 il premio Nobel per la letteratura coronò la sua fama mondiale. Morì nel 1936 e i suoi funerali avvennero come egli aveva disposto nel testamento: «Carro d'infima classe, quello dei poveri. Nudo. E nessuno m'accompagni, né parenti né amici. Il carro, il cavallo, il cocchiere e basta. Bruciatemi».

- Una giornata, p. 148
- La patente, eBook

Piumini Roberto, nato a Edolo, in provincia di Brescia, nel 1947, ha conseguito la laurea in Pedagogia e si è imposto all'attenzione del grande pubblico attraverso una serie di sperimentazioni sulla composizione poetica, compiute nelle scuole in collaborazione con diversi insegnanti. È autore di numerosi romanzi e raccolte poetiche, prevalentemente per ragazzi.

- Se meno piena sarà la canzone, p. 439

Poe Edgar Allan nacque a Boston nel 1809. In seguito alle prime poesie, Poe si dedicò ai racconti, che anticiparono il genere poliziesco dei successivi anni. Con le sue opere anticipò anche le caratteristiche del romanzo contemporaneo, per questo è ritenuto il padre della moderna letteratura americana. Morì nel 1849.

- La lettera rubata, p. 187

Quarenghi Giusi è nata nel 1951 in provincia di Bergamo. Ha scritto racconti, poesie, sceneggiature e romanzi per ragazzi. Nel 2006 ha vinto il premio Andersen come miglior scrittore. Nel 2010, con la raccolta di poesie *E sulle case il cielo*, è stata selezionata nella Honour List Ibby, che propone a livello internazionale i migliori libri per ragazzi.

- La valle come compagna di giochi, p. 257

Quasimodo Salvatore (1901-1968), poeta siciliano, visse molti anni a Milano lavorando come giornalista e come insegnante di Letteratura italiana presso il Conservatorio. Portò avanti queste attività parallelamente alla sua vocazione di poeta e di traduttore di opere classiche. Partecipò attivamente alla vita della società del tempo e al dibattito letterario di quegli anni. Nel 1959 gli fu assegnato il premio Nobel per la letteratura.

- Milano, agosto 1943, p. 481
- Alle fronde dei salici, p. 482

Queen Ellery. Dietro questo nome si nascondono due cugini statunitensi: Frederic Dannay (1905-1982) e Manfred Bennington Lee (1905-1961). Scrittori di racconti e romanzi polizieschi, crearono il personaggio Ellery Queen, il cui nome assunsero come pseudonimo.

- Lo zio d'Australia, eBook

Ravasi Gianfranco, nato a Merate, in provincia di Lecco, nel 1942, è sacerdote, cardinale, illustre studioso e docente di esegesi biblica alla Facoltà Teologica dell'Italia Settentrionale. È stato prefetto della Biblioteca Ambrosiana, scrittore e pubblicista; è presidente del Pontificio Consiglio della Cultura. Tra le sue opere: lo studio e la versione dei *Salmi* e del *Libro di Giobbe* e il mirabile commento del *Cantico dei Cantici*.

- Dal cratere di una granata, eBook

Rawlings Marjorie Kinnan (1896-1953), nata a Washington, negli Stati Uniti, è stata giornalista e scrittrice. Il suo romanzo più conosciuto è *Il cucciolo*, vincitore nel 1938 del prestigioso premio Pulitzer.

- Una decisione difficile da accettare, p. 98

Rivolta Simona è psicopedagogista e formatrice, lavora come consulente psicologica in ambito scolastico ed educativo. Si interessa particolarmente di dispersione, demotivazione e insuccesso a scuola. Si occupa di progetti destinati a preadolescenti e adolescenti nell'ambito della prevenzione dei comportamenti a rischio.

- E invece io sono diverso, p. 544

Vedi anche **Rosci Elena**.

Ronca Antonello, insegnante e giornalista torinese, si è occupato prevalentemente di problematiche giovanili.

- Castelli di sabbia, eBook

Rosci Elena vive a Milano dove lavora come psicoterapeuta. Coordina l'équipe di psicologia femminile all'Istituto Minotauro e insegna Psicologia della Coppia e della Famiglia presso la scuola di specializzazione in psicoterapia. Ha pubblicato saggi sull'adolescenza. Tra i più recenti ricordiamo la curatela di due testi collettivi editi da Franco Angeli: *Sedici anni più o meno* (2000) e *Fare male, farsi male* (2003).

- E invece io sono diverso, p. 544

Vedi anche **Rivolta Simona**.

Rumiz Paolo, nato a Trieste nel 1947, è giornalista e scrittore. Viaggia moltissimo, sia per lavoro sia per piacere; nei suoi numerosi reportage di viaggio, in autobus, treno, bicicletta, riporta osservazioni attente sul paesaggio e sulle persone incontrate.

- Un viaggio "sostenibile", p. 632

BIOGRAFIE

Saba Umberto nacque nel 1883 a Trieste, dove fu cresciuto solo dalla madre, abbandonata dal marito prima che il figlio nascesse; per questo assunse il cognome di lei, che apparteneva a una famiglia ebrea, rifiutando quello del padre, Poli. Cominciò presto a scrivere poesie e dopo la Prima guerra mondiale aprì a Trieste una libreria antiquaria, continuando a dedicarsi all'attività poetica. A partire dal 1929 affrontò una terapia psicanalitica per curare le crisi depressive di cui soffriva. Durante il periodo fascista dovette nascondersi a Parigi e a Firenze per sfuggire alle leggi razziali. La sua poesia, lontana dai movimenti dominanti negli anni Trenta, come l'ermetismo, fu per questo ignorata ed emarginata: solo dopo la seconda edizione del *Canzoniere*, che raccoglie tutte le sue liriche, pubblicata nel 1945, ebbe fama e riconoscimenti tanto da essere considerato tra i più grandi poeti italiani del Novecento. I temi che ricorrono nelle sue poesie sono la città di Trieste, l'amore, la solitudine, il dolore. Morì nel 1957.

- Ritratto della mia bambina, p. 49
- Ed amai nuovamente, p. 427
- A mia moglie, p. 433

Sachs Nelly, nata a Berlino nel 1891 da una famiglia ebrea dell'alta borghesia, venne educata privatamente. Nel 1940, per sfuggire dalle persecuzioni hitleriane, si rifugiò a Stoccolma con l'aiuto di un'amica. Le angosciose esperienze del razzismo e della guerra, oltre che diventare oggetto privilegiato della sua scrittura, ne modificarono la poetica, che abbandonò ogni influsso della precedente tradizione romantica. Nel 1966 ricevette il premio Nobel per la letteratura. Morì a Stoccolma nel 1970.

- A voi che costruite la nuova casa, p. 491

Salinger Jerome David nacque a New York nel 1919 da una famiglia di commercianti ebrei. Fin da piccolo si rivelò irrequieto e ottenne risultati poco brillanti a scuola. Partito per la Seconda guerra mondiale, partecipò alle operazioni dello sbarco in Normandia. Nel 1948 pubblicò i suoi racconti sul «New Yorker». Nel 1951 uscì il romanzo *Il giovane Holden*, che ebbe un successo immediato. Grande favore di pubblico ottenne anche la raccolta *Nove racconti*, pubblicata nel 1953. Nel 1955 si sposò con una studentessa e visse con la famiglia in una località isolata, rifuggendo i legami sociali. All'inizio degli anni Sessanta pubblicò altri racconti. Morì il 27 gennaio 2010.

- Phoebe, p. 103

Schneider Helga è nata nel 1937 in Slesia, una regione che oggi fa parte della Polonia. Durante la sua infanzia ha vissuto drammaticamente le vicende della Germania nazista: la madre, mentre il padre era già lontano per la guerra, ha abbandonato la piccola Helga di quattro anni e suo fratello di pochi mesi a Berlino per arruolarsi come ausiliaria nelle SS. Helga è stata accudita prima da una zia, poi dalla nonna paterna, ma è stata internata anche in un istituto di correzione e in un collegio, finché nel 1944 è tornata in una Berlino ormai distrutta dai bombardamenti. Dal 1963 vive in Italia, a Bologna, dove ha incominciato a scrivere libri che raccontano le difficili esperienze della sua infanzia di bambina tedesca, vittima dell'ideologia nazista.

- Salute, Hitler!, p. 336

Sclavi Tiziano è nato nel 1953 ed è scrittore e autore di fumetti. La sua creazione più famosa è Dylan Dog. Tra i suoi romanzi *DellaMorte DellAmore* nel 1994 è diventato un film che ha riscosso grande successo tra gli appassionati di horror.

- Testimone oculare, p. 165

Sereni Vittorio nacque a Luino nel 1913. Le sue prime esperienze come poeta e scrittore furono interrotte dalla Seconda Guerra Mondiale, durante la quale viene fatto prigioniero. A conflitto finito riprese il lavoro di insegnante, abbandonato a causa della guerra e in seguito divenne direttore editoriale per la casa editrice Mondadori. Morì a Milano nel 1983.

- Non sa più nulla, è alto sulle ali, p. 486

Serres Alain è nato nel 1956 a Biarritz (Francia). È autore di libri per ragazzi ed è fondatore della casa editrice Rue du monde.

- E Picasso dipinge *Guernica*, p. 575

Severgnini Giuseppe è nato a Crema nel 1956. Come giornalista ha lavorato presso *Il Giornale* di Indro Montanelli, *La Voce* e attualmente lavora a *Il Corriere della sera*. Severgnini è anche scrittore, soprattutto di libri che trattano della cultura e della società italiana e del mondo anglosassone.

- L'educazione digitale che manca ai ragazzi per non ferire gli altri, p. 593

Sierra I Fabra Jordy, spagnolo, nato nel 1947, ha scritto il suo primo racconto a 12 anni. Appassionato di musica rock, ha presentato programmi radiofonici e ha scritto su riviste specializzate. Ha pubblicato 80 opere di tutti i generi e, come scrittore per l'infanzia, è tra i più apprezzati e letti nei Paesi di lingua spagnola.

- Zuk-1, l'uomo macchina, eBook

Simenon George (1903-1989), scrittore francese di origine belga, è stato l'ideatore di Maigret, l'ispettore della polizia parigina, tra i personaggi più popolari della narrativa poliziesca. Scrisse innumerevoli romanzi e racconti, non solo di genere poliziesco. Di molte sue opere venne fatta la versione cinematografica.

- Il commissario Maigret: un delitto in periferia, p. 177

Spinelli Jerry è nato a Norristown, in Pennsylvania, e vive a Phoenixville. È autore di romanzi per bambini e ragazzi (i più famosi sono *Guerre in famiglia*, *A rapporto col preside*, *La schiappa*) ed è considerato uno dei più attenti conoscitori del mondo giovanile.

- Mitico e Mars, eBook
- I treni, p. 324

St. Clair Margaret nacque nel 1911 a Huchinson (Stati Uniti). Autrici di libri di fantascienza, ha scritto 100 racconti brevi e 9 romanzi. Morì nel 1995.

- Prott, p. 229

Stella Gian Antonio, giornalista e scrittore di origine veneta, è editorialista del «Corriere della Sera». Scrive di politica, cronaca e costume. Tra i suoi libri più famosi, *La casta*, dura critica alla politica italiana.

- Bel paese, brutta gente, eBook

BIOGRAFIE

Swift Jonathan nacque a Dublino nel 1667. Scrisse poesie, saggi e romanzi, il più importante dei quali è *I viaggi di Gulliver*. Nelle sue opere denigrò spesso, attraverso la satira, la vanità e l'ipocrisia dei potenti dell'epoca. Morì a Dublino nel 1745.
- Gulliver tra i lillipuziani, eBook

Tagore Rabindrānāth, è stato un poeta indiano vissuto tra il 1861 e il 1941, vincitore del premio Nobel nel 1913. Le sue poesie, in apparenza molto semplici perché parlano di piccoli elementi della natura, esprimono una concezione gioiosa della vita in tutte le sue manifestazioni.
- Hai colorato i miei pensieri e i miei sogni, eBook

Terzani Tiziano, nato a Trieste nel 1938, è stato giornalista e scrittore. Grazie al suo lavoro ha viaggiato in tutto il mondo. È morto nel 2004.
- Ritorno alle fonti, eBook

Tien Min Li (1908-1993) è stato un politico, storico e scrittore taiwanese.
- La pace, p. 494

Udovisi Graziano nacque a Pola il 6 luglio 1925. Fu ufficiale comandante del Presidio di Portole d'Istria e di Rovigno d'Istria. Riuscì a sfuggire alla morte in una foiba e raccontò la sua storia nel libro-testimonianza *Sopravvissuto alle foibe* e in molte interviste televisive. Morì nel 2010.
- Vergogne, p. 610
Vedi anche **Levi Primo**.

Uhlman Fred (1901-1985) è stato uno scrittore inglese di origine tedesca. Lasciò la Germania nel 1933 per sfuggire alla persecuzione antisemita e visse alcuni anni a Parigi, per poi trasferirsi a Londra. Scrisse un'autobiografia dal titolo *Storia di un uomo* (1960), ed altri testi brevi. Il suo nome rimane legato all'opera *L'amico ritrovato* (1971), che fa parte della *Trilogia del ritorno* insieme a *Un'anima non vile* e *Niente resurrezioni, per favore*, e che si ispira agli anni della sua adolescenza.
- Il processo di sradicamento era iniziato, eBook

Ungaretti Giuseppe nacque ad Alessandria d'Egitto nel 1888, si trasferì in seguito in Francia, poi rientrò in Italia per partecipare alla Prima guerra mondiale. È stato poeta, giornalista, insegnante e docente universitario. Morì a Milano nel 1970. Le sue poesie, pubblicate n diverse raccolte nel corso degli anni, sono state riunite nel volume *Vita d'un uomo*.
- Senza più peso, p. 453
- In dormiveglia, p. 465
- Veglia, p. 471
- Sono una creatura, p. 473
- San Martino del Carso, p. 475
- Fratelli, p. 476
- Soldati, p. 477
- Natale, p. 479

Valeri Diego è stato scrittore, saggista e poeta. Nacque a Piove di Sacco, in provincia di Padova, nel 1887. Si trasferì con la famiglia a Padova e in seguito in diverse città italiane, lavorando come professore di liceo e di università. Fu inviato in esilio in Svizzera durante la Seconda guerra mondiale. Morì a Roma nel 1976.
- Campo di esilio, p. 484

Verdone Carlo è nato a Roma nel 1950. Dopo il diploma in regia e la laurea in Lettere Moderne, inizia a lavorare in televisione e a realizzare cortometraggi. Il suo primo lungometraggio da regista, oltre a interprete, è *Un sacco bello*, cui seguono numerosi altri film.
- Principi, streghe e diavoli in corridoio, p. 271

Vigan Delphine de è una scrittrice francese nata nel 1966. È autrice di quattro romanzi, di cui l'ultimo *Gli effetti secondari dei sogni*, pubblicato nel 2007, ha ottenuto il Prix des Libraires.
- Un'amicizia coraggiosa, eBook

Vitier Cintio nacque a Key West nel 1921. Nonostante la laurea in giurisprudenza, non esercitò mai la professione di avvocato. Oltre a scrivere poesie, fu maestro di francese. Scrisse anche un romanzo di memorie. Nel 2002 ricevette il premio Juan Rulfo. Morì nel 2009 a L'Avana.
- Il tuo viso, p. 442

Wright Richard (1908-1960), scrittore statunitense, sperimentò i disagi vissuti dalla popolazione nera nella prima metà del Novecento. Dopo aver svolto diversi lavori per mantenersi, cominciò a collaborare con riviste comuniste. I suoi primi racconti, che hanno come tema le tensioni razziali, furono pubblicati nella raccolta *I figli dello zio Tom*. Scrisse anche romanzi, tra cui *Paura*, *Ragazzo negro*, il racconto della sua giovinezza, *Ma nel settimo giorno*, *Ho bruciato la notte* e *Il lungo sogno*.
- Un lavoro per Richard, eBook

Yehoshua Abraham è nato nel 1936 a Gerusalemme. Autore di racconti, romanzi e opere teatrali, è lo scrittore israeliano più conosciuto. Il tema fondamentale delle sue opere è quello delle relazioni tra culture diverse unito a quello delle dinamiche famigliari.
- Dafi e Na'im, p. 567

Yunus Muhammad è nato e cresciuto a Chittangong, principale porto mercantile del Bengala. Laureato in Economia, ha lavorato all'Università di Boulder, in Colorado, e alla Vanderbilt University di Nashville, nel Tennessee. Ha poi diretto il dipartimento di economia dell'Università di Chittangong. Nel 1977 ha fondato la Grameen Bank, un istituto di credito indipendente che pratica il microcredito senza garanzie. Oggi la Grameen, oltre a essere presente in migliaia di villaggi del Bangladesh, è diffusa in decine di Paesi in ogni parte del mondo. Yunus ha ricevuto la laurea Honoris causa all'Università di Firenze nel 2004 e ha vinto il Nobel per la pace nel 2006.
- Il banchiere dei poveri, p. 51

Zannoner Paola è nata a Grosseto nel 1958 e vive a Firenze. Dopo aver sperimentato diversi mestieri, si è dedicata alla letteratura per ragazzi. Promuove corsi e laboratori sulla lettura e ha scritto numerosi libri sulle problematiche dei giovani di oggi, di cui parla negli incontri che tiene nelle scuole. Fra questi ricordiamo *La linea del traguardo*, *La settima strega* e *Il vento di Santiago*.
- Un futuro nello sport, p. 19
- La bomba, p. 318
- Donne che ballano, eBook
Vedi anche **May Fiona**.

internet: deascuola.it
e-mail: info@deascuola.it

Il Sistema di Gestione per la Qualità di De Agostini Scuola S.p.A.
è certificato per l'attività di "Progettazione, realizzazione
e distribuzione di prodotti di editoria scolastica"

Redattore responsabile: Laura Lanzeni
Redazione: Conedit Libri srl – Cormano (MI)
Redazione digitale: Sergio Raffaele
Tecnico responsabile: Daniela Maieron
Progetto grafico: Mariagrazia Rocchetti, Daniela Maieron
Impaginazione e prestampa: M3P Srl – Milano
Copertina: Tiziana Pesce, Michele Riffaldi
Illustrazioni: Ilaria Angelini, Alfredo Belli, Ivan Canu, Stefano Delli Veneri, Laura Fanelli, Libero Gozzini, Stefano Pietramala, Paolo Rui, Alberto Stefani, Studio creativo EffeBi, Fabio Visintin
Cartografia: LS International Cartography

Art Director: Nadia Maestri

Proprietà letteraria riservata
© 2014 De Agostini Scuola SpA – Novara
1ª edizione: gennaio 2014
Printed in Italy

Le fotografie di questo volume sono state fornite da: De Agostini Picture Library, Corbis, Getty Images, iStockphoto, Marka, Photos.com, Shutterstock

Illustrazione di copertina: Anna Godeassi

L'Editore dichiara la propria disponibilità a regolarizzare eventuali omissioni o errori di attribuzione.

Nel rispetto del DL 74/92 sulla trasparenza nella pubblicità, le immagini escludono ogni e qualsiasi possibile intenzione o effetto promozionale verso i lettori.

Tutti i diritti riservati. Nessuna parte del materiale protetto da questo copyright potrà essere riprodotta in alcuna forma senza l'autorizzazione scritta dell'Editore.

Fotocopie per uso personale del lettore possono essere effettuate nei limiti del 15% di ciascun volume dietro pagamento alla SIAE del compenso previsto dall'art. 68, commi 4 e 5, della legge 22 aprile 1941 n. 633. Le fotocopie effettuate per finalità di carattere professionale, economico o commerciale o comunque per uso diverso da quello personale possono essere effettuate a seguito di specifica autorizzazione rilasciata da CLEARedi, Centro Licenze e Autorizzazioni per le Riproduzioni Editoriali, Corso di Porta Romana, 108 – 20122 Milano – e-mail: *autorizzazioni@clearedi.org* e sito web *www.clearedi.org*.

Eventuali segnalazioni di errori, refusi, richieste di chiarimento/funzionamento dei supporti multimediali o spiegazioni sulle scelte operate dagli autori e dalla Casa Editrice possono essere inviate all'indirizzo di posta elettronica *info@deascuola.it*.

Stampa: La Tipografica Varese srl – Varese

Ristampa	3	4	5	6	7	8	9	10	11
Anno				2017		2018		2019	